Spiro Kostof

Geschichte der Architektur

Band 2

Vom Frühmittelalter bis zum Spätbarock

Zeichnungen von Richard Tobias

Deutsche Verlags-Anstalt Stuttgart

Aus dem Englischen übertragen
von Grete Felten, Karl-Eberhardt Felten,
Constanze Buchbinder-Felten

Die Deutsche Bibliothek – CIP-Einheitsaufnahme

Geschichte der Architektur / Spiro Kostof.
Zeichn. von Richard Tobias.
[Aus dem Engl. übertr. von Grete Felten...]. –
Stuttgart : Deutsche Verlags-Anstalt
  Einheitssacht.: A history of architecture ⟨dt.⟩
  ISBN 3–421–02998–9
NE: Kostof, Spiro; Tobias, Richard; EST

Bd. 2. Vom Frühmittelalter bis zum Spätbarock. – 1993
  ISBN 3–421–03042–1

© 1993 Deutsche Verlags-Anstalt GmbH,
Stuttgart (für die deutsche Ausgabe)
Originalausgabe »A History of Architecture«,
Oxford University Press, New York
Alle Rechte vorbehalten
Schutzumschlagentwurf:
Brigitte und Hans Peter Willberg, Eppstein
Umschlagmotiv: Dom zu Speyer
Gesamtherstellung: Ludwig Auer GmbH,
Donauwörth
Printed in Germany

Inhalt

Neue Ansprüche

11 Der Triumph Christi 233

Der Wendepunkt:
    Rom im dritten Jahrhundert 233
Heimstätte für das Königreich
    des Himmels 241
Das Primat Konstantinopels 248

12 Das Mittelmeergebiet im frühen Mittelalter 255

Der Niedergang des Westens 255
Der karolingische Aufbruch
    zur Erneuerung 260
Das Reich Mohammeds 270

13 Die Geburt der Nationen: Europa nach Karl dem Großen 279

Europa von Karl bis Otto 279
Das elfte Jahrhundert 282
Die romanische Kirche 288
Der italienische Kontrapunkt 298

14 Der französische Stil 305

Die Romanik und das
    Opus Modernum 305
Chartres 315
Gotik außerhalb Frankreichs 322

15 Die Entwicklung des Städtewesens in Europa 1100 bis 1300 329

Die Stadt erhält ihre alte Bedeutung 329
Die öffentliche und private bürgerliche
    Architektur 336
Zwei grundverschiedene Städte:
    Kairo und Florenz 346

16 Der Ausgang des Mittelalters 353

Florenz am Kreuzweg 353
Das Stadtzentrum 353
Europa im vierzehnten Jahrhundert 363
Spätformen von Traditionen in
    anderen Ländern 371

17 Die Renaissance – Ideal und Mode 379

Der erste Schritt 379
Der Fürst und das Volk:
    Bauherren in Norditalien 388
Die Italomanie 403

18 Spanien und die Neue Welt 407

Der Schauplatz Amerika 408
Der spanische Einfluß 416

19 Istanbul und Venedig 425

Eine türkische Renaissance 426
Die Vollendung Venedigs 438

20 Die Päpste als Planer: Rom, 1450 bis 1650 453

Die Stadt wird zu einem Ganzen 453
»Eine Weide für alle unsere Sinne« 463

21 Absolutismus und Bourgeoisie: Europäische Architektur, 1600 bis 1750 477

Der römische Barockstil 478
Frankreich: Das *Grand Siècle* 491
Das Antlitz des Protestantismus 502

Eine Übersicht über den Inhalt
der Bände 1 und 3 finden Sie auf der
nächsten Seite.

Im Anhang des dritten Bandes
(S. 701 ff.) finden Sie ein Glossar,
einen Orts- und Namenindex sowie
den Bildnachweis für alle drei Bände
des vorliegenden Werkes.

BAND 1
VON DEN ANFÄNGEN BIS ZUM RÖMISCHEN REICH

Ein Platz auf Erden

1 Das Studium dessen, was wir gebaut haben 11

Die Geschichte der Architektur 11
Der Gesamtkontext der Architektur 15

2 Die Höhle und der Himmel – Steinzeit in Europa 27

Der Anfang 27
Die Architektur der Altsteinzeit 29
Die Höhle von Lascaux 29
Architektur der Jungsteinzeit 32
Die Tempel von Malta 36
Stonehenge 41

3 Die Entstehung der Stadt – Architektur in Westasien 47

Die Stadtrevolution 47
Regungen des städtischen Bewußtseins 48
Die Städte Mesopotamiens 54

4 Die Architektur Altägyptens 69

Das Land Ägypten 69
Die Bestattung der Könige 73
Die Zeit der Götter 79
Das Fortbestehen des ägyptischen Tempels 89

5 Städte der Bronzezeit – Die Ägäis und Kleinasien 91

Kleinasien 91
Mykener und Minoer 98
Das Ende der Bronzezeit 111

6 Der griechische Tempel und »barbarische« Alternativen 113

Der Übergang aus der Bronzezeit 113
Griechenland tritt in Erscheinung 115
Der griechische Tempel 118

7 Polis und Akropolis 135

Athen und sein Reich 135
Die Form der Polis 136
Athen – das »Auge Griechenlands« 143

8 Das hellenistische Reich 157

Die neue Ordnung 157
Der hellenistische Tempel 163
Sakrale Schauplätze 165
Die prächtige Metropole 169

9 Rom: Caput Mundi 183

Frührömische Architektur 183
Bestandteile einer römischen Stadt: Pompeji 187
Das Gesicht eines Reichs: Das tausendjährige Rom 198

10 Die Welt in ihrer Gesamtheit – Parallelen zu Rom 207

Der römische Kosmos 207
Jenseits der Reichsgrenzen 209
Die andere antike Welt 217
Ein einsamer Kontinent 225

BAND 3
VOM KLASSIZISMUS BIS ZUR MODERNE

Die Suche nach der eigenen Identität

22 Architektur für eine neue Welt 509

Europa in Gärung 509
Eine Welt zur Auswahl 515
Form und Reform 528

23 Architektur als Kunst und die Industrielandschaft, 1800 bis 1850 531

Eine Sache der Stile 531
Bauen mit Eisen 550

24 Die amerikanische Praxis 561

Koloniale Abhängigkeit 563
Architektur für eine Nation 571
Griechenland für jede Jahreszeit 584

25 Viktorianische Umwelt 589

Das vergoldete Zeitalter 589
Das viktorianische Amerika 602

26 Die Experimente des Modernismus 621

Alternativen der Städte 621
Auf dem Wege zur Architektur des zwanzigsten Jahrhunderts 632

27 Die Architektur und der Staat: Die Jahre zwischen den Kriegen 645

Die zwanziger Jahre 645
Die andere Seite 656
Die Sprache der Macht 668

28 Ausgesöhnt mit der Vergangenheit: Die jüngsten Jahrzehnte 671

Der Internationale Stil 671
Die »Rückkehr« der Geschichte 689

Anhang

Glossar 701
Ortsindex 709
Namenindex 713
Bildnachweis 715

Neue Ansprüche

Istanbul, Hagia Sophia, 532–537 n. Chr., Isidoros und Anthemios von Tralles.

11. Kapitel

Der Triumph Christi

Das 3. Jh. n. Chr. erwies sich als eine Zeit allgemeiner Unruhe in der Alten Welt. In China beseitigten Bauernaufstände und eine intrigante Bürokratie im Jahr 200 die vierhundertjährige Han-Dynastie, Spaltung und Bürgerkrieg folgten und leiteten eine Zeit blutiger Kämpfe ein. Vier Jahre später bereitete Ardaschir I. der kosmopolitischen Verwaltung der Parther in Persien ein Ende und begründete einen Nationalstaat unter seinem eigenen sassanidischen Haus. 235 wurde Kaiser Alexander Severus, der Letzte einer fähigen, kraftvollen Familie nordafrikanischer Herkunft, die mehrere Jahrzehnte die Staatsgeschäfte Roms geführt hatte, ermordet. Das Ende der Herrschaft des Severischen Hauses stürzte das Mittelmeergebiet in die Anarchie.

Der Wendepunkt: Rom im dritten Jahrhundert

Schwierigkeiten hatte Rom nicht nur in den Außengebieten, sondern auch im Inneren. Eine ungeordnete, oft von meuternden Heeren bestimmte Thronfolge machte die Vorteile der Herrschaft eines einzelnen zunichte. Die einst unbesiegbaren römischen Legionen konnten, durch Streitigkeiten und die Verlockung zum Königmachen geschwächt, räuberische Eindringlinge nicht mehr in Schach halten. Die Nordgrenze wurde unsicher, durch sie brachen unaufhaltsam Randzonenvölker ein, die zeitweise bis zum Po vorstießen. Landhäuser und Bauerngüter wurden, wo sie nicht ausreichend gesichert waren, verlassen. Zum ersten Mal seit der Regierung des Kaisers Augustus mußten selbst Städte an ihre Verteidigung denken. Siebzig von ihnen wurden zerstört, als die Franken 276 n. Chr. den Rhein überschritten und in Gallien einfielen.

Rom selbst fühlte sich nicht mehr sicher. Die Servischen Mauern aus dem 4. Jh. v. Chr. waren schon lange unwirksam. Seit den letzten Jahren der Republik war die Stadt in allen Richtungen über sie hinausgewachsen. Jetzt, 270 n. Chr., zehn Jahre nach der verheerenden Niederlage im Osten, bei der Kaiser Valerian und seine Truppen in die Gefangenschaft der Sassaniden geraten waren, zog man in aller Eile einen starken Mauerring um Rom (Abb. 11.1). In weniger als zehn Jahren war der Mauerbau vollendet, der den gesamten Stadtbereich auf dem linken Tiberufer und das volkreiche Viertel jenseits des Flusses, Transtiberim (Trastevere), umschloß. Niedrigere Flußmauern waren mit dem Hauptsystem verbunden und bezogen alle Stadtbrücken ein mit Ausnahme des Pons Aelius, der zum Grabmal Hadrians am Vatikan führte und seinen eigenen Brückenkopf besaß. Die Gesamtlänge betrug etwa 20 Kilometer. In ihrer ursprünglichen Form war die Mauer vier Meter breit und acht Meter hoch mit einem durchgehenden Wehrgang auf der Mauerkrone, den eine Brustwehr und Zinnen schützten. Vorspringende quadratische Türme für Artillerie (*Ballistae*, Wurfgeschütze) waren in Abständen von etwa dreißig Metern errichtet. Es gab achtzehn Haupttore zwischen jeweils zwei halbkreisförmigen Türmen. Sie waren durch mit Fenstern versehene Galerien verbunden, in denen sich die Mechanismen für die Fallgatter befanden.

Ein Stimmungswandel

Der Niedergang Roms hatte schon früher begonnen. Im Verlauf des unruhigen dritten Jahrhunderts hatte Italien allmählich seinen Vorsprung vor dem übrigen Reich verloren. Mehrere Provinzmetropolen wetteiferten mit Rom im äußeren Erscheinungsbild und sogar im Ansehen. Kaiser kamen oft aus den Provinzen – den Anfang machten Trajan und Hadrian, die beide gebürtige Spanier waren, oder sie wurden von Regionalheeren zum Kaiser ausgerufen. Ein Symbol dieses Wandels könnte man darin sehen, daß sogar der Palatin neu nach Süden ausgerichtet wurde, als man ihm eine phantastische dreistöckige Marmorfassade vorsetzte, das Septizodium, das den Blick auf die Via Appia einrahmte. Es wurde von Septimius Severus errichtet, »damit seine Landsleute, wenn sie aus Afrika kämen, sogleich ein ihm gewidmetes Denkmal vor Augen hätten«, wie ein Zeitgenosse erklärend schrieb.

Am Ende des Jahrhunderts war die Oberhoheit Roms nur noch Tradition. Mit Diokletian (284 bis 305 römischer Kaiser) wurde die *Tetrarchie* eingeführt: Das kaiserliche Amt nahmen vier gleichberechtigte Kaiser wahr, von denen jeder in einer Ecke des Reichs hofhielt. Infolgedessen entstanden mehrere neue Hauptstädte, oder vielmehr, es wurden strategisch günstig gelegene Städte in Regierungssitze mit einer entsprechenden Ausstattung an Palastkomplexen, Bädern, Basiliken und ähnlichem umgewandelt. Im Osten spielten Thessaloniki in Nordgriechenland sowie Antiochia in Syrien eine wichtige Rolle, im Westen Mailand und Augusta Treverorum, das heutige Trier, das an der Mosel unmittelbar im rheinischen Grenzgebiet lag.

Doch dem Reich drohte nicht nur in militärischer und wirtschaftlicher Hinsicht eine Krise. Das schlimmere Problem war auf weitere Sicht eine geistige Krise. Vielleicht war schon zur Zeit Hadrians (117–138 römischer Kaiser), auf dem Gipfel materiellen Wohlstands, das Bedürfnis nach geistigem Reichtum und die Erkenntnis, daß Sicherheit, öffentliche Spiele und ein hoher Lebensstandard nicht alles sein können, offenbar geworden – und zwar nirgends deutlicher als beim Kaiser selbst. Hadrian, der ausgezeichnete Administrator und verantwortungsbewußte Lenker des Staats, war ein unfroher und geplagter Mensch. Als das Wichtigste galt ihm eine private Welt, wie sie sich am deutlichsten in seiner Villa in Tivoli (dem antiken Tibur) widerspiegelt, einem weitverzweigten, düsteren Projekt, das ihn bis zu seinem Tod beschäftigte und das er unvollendet zurückließ – ein Entwurf bei der Suche nach einem Ziel. Im Osten und Nordosten von Hügeln begrenzt und im Westen offen für die Aussicht auf die römische Landschaft, bestand der Komplex aus einer Reihe von herrlich gelegenen Einzelbauten, die der Tradition der Senatoren- und Kaiservillen entsprachen (Abb. 11.2). Doch trotz all ihrer funkelnden, phantasievollen und heiteren Einfälle stimmt Hadrians Villa melancholisch. Sie ist erfüllt von Erinnerungen an Antinous, einen Jüngling aus Bithynien, den der Kaiser liebte und der auf geheimnisvolle Weise im Nil ertrunken war. Statuen zeigen ihn als einen ernsten, nachdenklichen jungen Menschen. Er könnte ein treffendes Symbol für einen Aspekt des Hadrianischen Zeitalters sein – für den Zweifel an dem genormten Glück des Lebens unter der Sonne Roms, an jenem großen zweckdienlichen Modell, das wir als Zivilisation bezeichnen. Wir erkennen in den Ruinen die einsame Suche Hadrians nicht nach römischen, sondern nach menschlichen Werten, ein Hoffen auf persönliche Erlösung, auf eine Jugend ohne Ende. Wir denken an ihn, wenn wir bei Mark Aurel in den *Selbstbetrachtungen* lesen: »Man sucht sich private Zufluchtsstätten auf dem Land, an der See, im Gebirge... doch nirgends finden wir eine bessere Zuflucht als in der eigenen Seele.«

Das alles könnte man für reine Spekulation halten, gäbe es nicht die Bestätigung durch die nachfolgende offizielle Kunst. Kaiserporträts, über lange Zeit Idealporträts für den öffentlichen Bedarf, Bilder mit glatten Allerweltsgesichtern, die alterslos und unbewegt wirkten, wurden nach Hadrian persönlicher (Abb. 10.2, 11.3). Das Gesicht mit seinen jetzt häufig leeren statt getönten Pupillen schien dazu bestimmt, die psychologische Vieldeutigkeit des Porträtierten widerzuspiegeln. Die Weigerung, den Kaiser zu idealisieren oder zu glorifizieren, könnte

1. Kapitolin
2. Palatin
3. Vatikanischer Hügel
4. Republikanische Mauer
5. Aurelianische Mauer
6. Circus Maximus
7. Forum Romanum
8. Kaiserforen
9. Maxentiusbasilika
10. Tempel der Venus und Roma
11. Trajansmärkte
12. Caracallathermen
13. Trajansthermen
14. Diokletiansthermen
15. Pantheon
16. Marcellustheater
17. Flavisches Amphitheater (Kolosseum)
18. Engelsbrücke (Ponte San Angelo)
19. Mausoleum Hadrians
20. Castra Praetoria

Abb. 11.1 Rom (Italien), etwa 300 n. Chr.
Der Verlauf der Aurelianischen Mauer, begonnen 270–271 n. Chr.

Abb. 11.2 Tivoli (das antike Tibur, Italien), Hadriansvilla, 118 bis 125 n. Chr.; der Canopus-See mit einem Heiligtum des ägyptischen Gottes Serapis am rückwärtigen Ende.

man als ein Wiederaufleben der republikanischen *Virtus* deuten. Aber diese Ehrlichkeit in dem verwüsteten Gesicht ist als Zeugnis eines erfüllten und harten Lebens mehr als Stolz. In dem seelenvollen Ausdruck der nach oben gerichteten Augen liegt vielmehr etwas, das an verwandte Gedankengänge des Philosophen Plotin (um 205 bis 270) erinnert – an dessen Widerwillen gegen äußeren Schein und an seine Behauptung, daß Schönheit nicht im Körper, sondern in der Seele und in deren Sehnsucht nach der universalen Seele Gottes wohne. »Häßlich ist das, was keine Seele hat.«

Politische Kunst weicht gleichfalls von der Norm ab. In dem Bericht auf der Säule Mark Aurels, die zur Erinnerung an seine in den Jahren 172 bis 175 errungenen Siege über germanische Stämme errichtet wurde, verblüfft das Fehlen der heroischen Entschlossenheit der Dakerfeldzüge Trajans. Hier dominieren die Brutalität und Sinnlosigkeit des Krieges (Abb. 11.4). Die Künstler verweilen bei den Frauen und Kindern, jenen Opfern feindseliger Ereignisse, bei Darstellungen willkürlicher Zerstörung und des Schmerzes. Der Kaiser tut stoisch seine Pflicht, die ihm jetzt nur düstere Trauer beschert. In seinen *Selbstbetrachtungen* erklärt er dazu in tiefem Pessimismus: »Spielereien und Torheiten zu Hause, Kriege in der Fremde: manchmal Schrecken, manchmal Schlaffheit oder stupide Faulheit: das ist deine tägliche Sklaverei.«

Mysterienkulte

Die Sphäre, welche diese wachsenden Zweifel ganz natürlich aufsog und in ein System brachte, war die Religion. Im dritten Jahrhundert ergriff die römische Welt eine neue Unzufriedenheit mit den Staatskulten. In ihnen bedeutete der Glaube Loyalität gegenüber dem Staat. Die Frommen waren gute Bürger, aber nicht unbedingt gute Männer und Frauen. Die Vorkehrungen für ein Leben nach dem Tode waren vage. Durch unvermittelte blutige Umstürze war selbst der Kaiserkult trivialisiert worden. Die Menschen suchten eine tiefere Gläubigkeit in fremden Kulten, die im Osten winkten.

Natürlich war die Anziehungskraft der östlichen Gottheiten nichts Neues. Seit der schwarze Kultstein der Kybele 205/04 v. Chr. aus Phrygien nach Rom gebracht und in einem Tempel auf dem Palatin verwahrt worden war, boten die oft orgiastischen Kulthandlungen (an denen sich zu beteiligen römischen Bürgern nicht erlaubt war) ihren Anhängern die notwendige Ergänzung zu der zurückhaltenden und im Grunde unpersönlichen Staatsreligion. Östliche Gottheiten wurden, gebührend abgeschwächt, in das römische Pantheon eingeführt. Der Unterschied zu früher bestand darin, daß jetzt jeder Kult seine ausschließliche Macht über die Seele des Reichs behauptete und daß der eine oder andere je nach dem Ausmaß des kaiserlichen Patronats eine weitgehend monotheistische Anziehungskraft gewann.

Zwei von diesen östlichen Religionen, der Mithraskult und das Christentum, entwickelten sich in jenen ungewissen Jahrzehnten besonders stark. Mithras, ein Mitglied der heiligen Dreiheit des persischen Mazdaismus, war bei den Soldaten sehr beliebt. Als unbesiegbarer Gott des Lichts sprach er die Truppen an den Grenzen an, und sein Kult genoß vollen offiziellen Schutz. Das Christentum fand seinen Anhang unter den Armen. Da es eindeutig monotheistisch und zu keinerlei Zugeständnissen bereit war, wurde es vom Staat nicht gebilligt und zeitweise verfolgt. In beiden Fällen handelte es sich um Mysterienkulte mit Einweihungsriten, die ein unwandelbares seelisches Wohlbefinden und die Gewißheit eines glückseligen Zustands nach dem Tod verliehen. Für die Eingeweihten waren der Mithraskult oder das Christentum ein Lebensstil; ihr Glaube verlangte eine moralisch einwandfreie Lebensführung. Bei ihren Gottesdiensten versammelten sie sich hinter geschlossenen Türen, fern von jeder Öffentlichkeit –

Abb. 11.3 Kaiser Maximinus Thrax (235–238 n. Chr.); Porträtbüste (Palazzo Capitolino, Rom).

Abb. 11.4 Rom, Mark-Aurel-Säule, zum Gedenken an die Donaufeldzüge des Kaisers von 172–175 n. Chr.; Ausschnitt. Die Säule steht auf der heutigen Piazza Colonna.

Abb. 11.5 Rom, Mithrasheiligtum (Mithraeum), frühes 3. Jh. n. Chr. Es liegt unter der Kirche S. Clemente, östlich des Kolosseums, und befand sich in einem Privathaus des 1. Jh. n. Chr.

auch das unterschied sie von der griechisch-römischen Götterverehrung, die öffentlich und unter freiem Himmel stattfand und im Tempel ein privilegiertes Heiligtum sah, zu dem das Volk keinen Zutritt hatte.

Eine vom Propheten Zarathustra stammende Überlieferung verlangte, daß Mithras, der wunderbarerweise jedes Jahr am 25. Dezember in einer Höhle neu geboren wurde, an dunklen Stätten in der Nähe fließenden Wassers verehrt werden mußte. Die Mithräen waren also unterirdisch und gewölbt wie eine Höhle, die in Wirklichkeit Symbol des Himmelsgewölbes war (Abb. 11.5). Längs beider Seiten verliefen Bänke, und zwischen ihnen befand sich eine Mulde, in die das Opferblut ablief. Das Kultbild zeigte Mithras mit gespreizten Beinen über einem Stier, den zu töten er im Begriff war. Er stellte dem edlen Tier auf Anweisung des obersten Gottes der Götter nach, dessen Schöpfung es war, fing es ein, überwältigte es und tötete es später in der Höhle, um es vor dem ewigen Feind, dem Gott des Bösen, zu bewahren. Aus dem Blut des Tieres, dem Rückenmark und dem Schwanz entwuchsen junge Pflanzen und volle Kornähren: Dem Tod entsprang neues Leben.

Christus hatte sich für die Erlösung der Welt geopfert und war dann von den Toten auferstanden. Sein Leib und sein Blut, symbolisiert durch Brot und Wein, waren Hauptgegenstand der christlichen Verehrung. Um bei der Messe daran teilzuhaben, mußte man sich einer rituellen Taufe unterziehen. Für diese beiden Sakramente, die Messe und die Taufe, hatte die christliche Architektur Sorge zu tragen. Die Kultstätten waren überaus bescheiden und verrieten, daß es sich um eine unterdrückte und plebejische Bewegung handelte. Treffpunkte für die Gemeinde richtete man in umgebauten, äußerlich unscheinbaren Häusern ein.

Ein gutes Beispiel hat sich in Dura Europos erhalten (Abb. 11.6). Ein um 200 n. Chr. am Stadtrand erbautes gewöhnliches Peristylhaus wurde 231 von einer christlichen Gemeinde erworben und innen umgebaut. Aus zwei Zimmern im Südflügel entstand ein Versammlungsraum für etwa fünfzig Personen. Das schmale östliche Ende wurde zu einem Podium für den Bischof erhöht. In einem auf der Westseite des Hofs gelegenen und an den Versammlungssaal angrenzenden großen Raum hielten sich während der Gottesdienste die noch ungetauften Mitglieder der Gemeinde auf, welche die Messe hören, aber nicht Zeugen des Geheimnisses der Transsubstantiation, des wichtigsten Kultaktes, sein durften. Wenn nach einer langen Zeit der Unterweisung, die wahrscheinlich in demselben Raum stattfand, ein Mitglied sich als der Einweihung würdig erwiesen hatte, wurde es in einem kleinen rechtwinkligen Raum in der Nordwestecke des Hauses getauft, wo an der Westwand eine mit einem Baldachin versehene Wanne stand.

Im übrigen waren die einzigen charakteristischen Bereiche der frühen Christen die Friedhöfe. Auf diesen Ruhestätten (das ist die Bedeutung des Wortes *Coemeterium*) erwarteten die Gläubigen den Posaunenstoß der Wiederkehr Christi, bei der Sünder und Gerechte den Lohn empfangen würden, der ihrem Gnadenstand entsprach. Verbrennung, die übliche römische Bestattungsart, kam nicht in Frage, da man das Auferstehen der Toten wörtlich nahm. Im 3. Jh. n. Chr. begann man gemischte Friedhöfe als unrein anzusehen. Die christliche Kirche übernahm die Verantwortung für die Erschließung und Verwaltung von Friedhöfen zum ausschließlichen Gebrauch durch

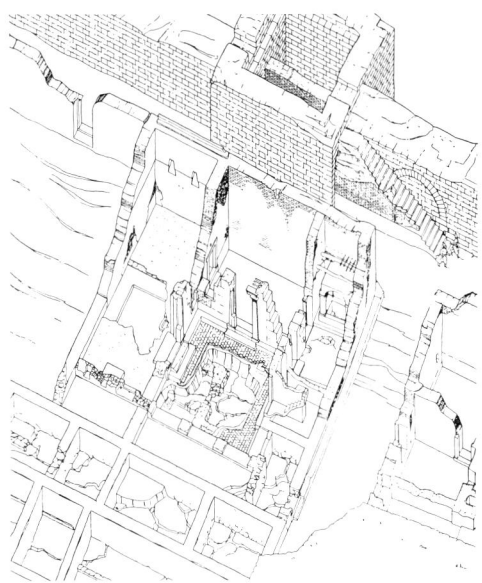

Abb. 11.6 Dura Europos (Salhiyeh, Syrien), Haus der christlichen Gemeinde, 231 n. Chr., ein umgebautes Privathaus von etwa 200 n. Chr. Der Versammlungssaal liegt links, das Baptisterium rechts hinten.

Unreinheit an, die althergebrachte römische Gesetze gegen Begräbnisse innerhalb der Stadtgrenzen rechtfertigte. Nur am Allerseelentag oder am Jahrestag irgendeines bekannten Martyriums besuchten Christen in großer Anzahl ihre Toten, um das *Refrigeratium* zu vollziehen, zu dem Trankspenden und die Einnahme eines Mahls gehörten.

Spätheidnische Architektur

Diese anspruchslosen Friedhöfe und Versammlungshäuser der frühen Christen bilden den Anfang einer neuen Baukultur, die im Dienst eines letztlich siegreichen Christentums in den von Rom beherrschten Ländern und darüber hinaus jahrhundertelang maßgebend sein wird und der wir einige der bekanntesten Höhepunkte in der Geschichte der Architektur verdanken: die Hagia Sophia, romanische Wallfahrtskirchen, gotische Dome und die Peterskirche in Rom. Die herausragenden Monumente des 3. Jh. dagegen sind der erstaunliche Schwanengesang der heidnischen Kultur, die sich auf dem Rückzug befindet.

Dennoch verstärkt die römische Architektur gerade während dieser letzten Anstrengung ihre Individualität, distanziert sich schärfer von Verpflichtungen gegenüber der Klassik und bringt Bauten hervor, aus denen zu lernen Bauherren und Baumeister der ersten offiziell christlichen Jahrhunderte sich intensiv bemühen werden. Die Caracalla- und Diokletiansthermen und

ihre eigene Anhängerschaft. Als in manchen Städten der verfügbare Raum unter freiem Himmel erschöpft war, folgten die Christen dem Beispiel der Heiden und Juden und wichen unter die Erde aus.

Die römischen Katakomben sind die bekanntesten unter diesen unterirdischen Grabstätten. Zunächst waren sie sehr ordentlich in geraden rechtwinkligen Reihen angelegt worden, doch als die Christen immer zahlreicher wurden, ging man zu labyrinthischen vielschichtigen Anlagen über (Abb. 11.7). Die düsteren, unheimlichen Gänge wurden durch in lebhaften Farben gemalte Bilder aufgehellt, die betende Gestalten, Christus als den Guten Hirten mit dem Lamm über den Schultern und einige Szenen aus dem Alten Testament – David in der Löwengrube, Jonas mit dem Walfisch und die drei Jünglinge im Feuerofen – darstellten (Abb. 11.8). Diese Beispiele wunderbarer Errettung waren die visuellen Gegenstücke zum *Ordo Commendationis Animae*, einem alten Gebet, das begann: »Errette, o Herr, die Seele deines Dieners, wie du Noah errettet hast vor der Sintflut, David aus der Löwengrube, Jonas aus dem Bauch des Walfischs...« Entgegen einer weitverbreiteten Annahme gab es in den Katakomben keine regelmäßigen Gottesdienste. Für diesen Zweck waren sie zu eng, und als den Stätten des Todes haftete ihnen jene

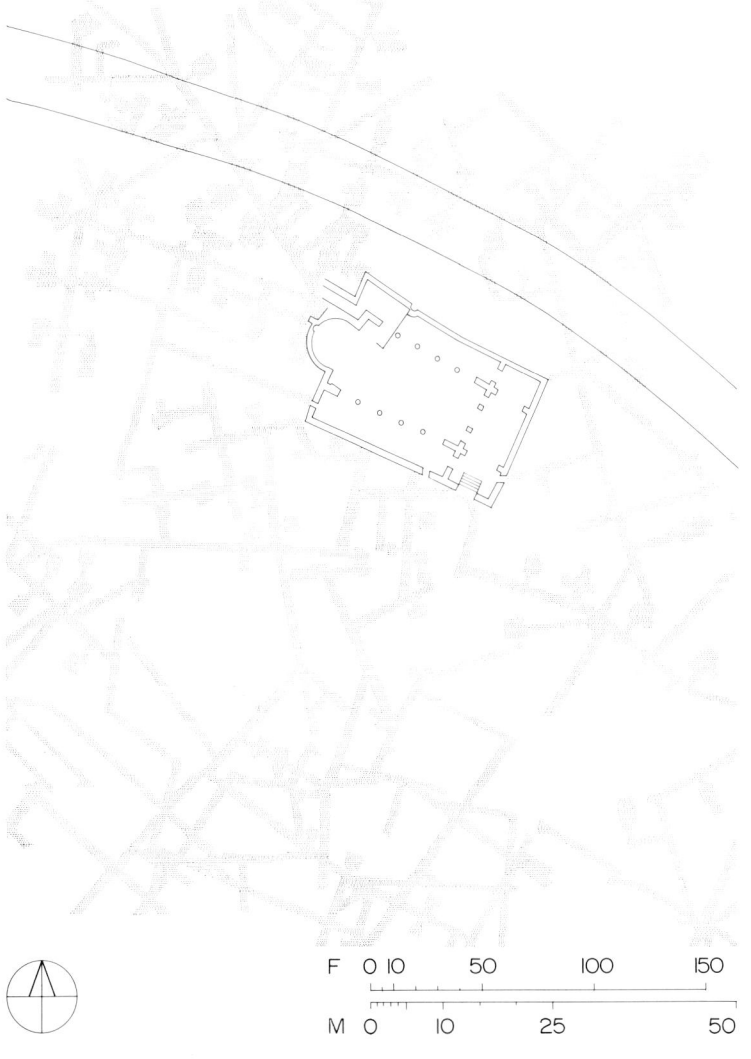

Abb. 11.7 Rom, Domitilla-Katakomben (an der Via Ardeatina, im Süden der Stadt) dienten als Friedhof der Christen seit etwa 200 n. Chr.; Plan des Abschnitts unter der heutigen Via delle Sette Chiese. Die Kirche wurde um 580–590 über den Gräbern der Heiligen Nereus, Achilleus und Domitilla errichtet.

Abb. 11.8a Rom, Katakombe S. Panfilo, 3. oder 4. Jh. n. Chr.; Blick in eine der Galerien. Sie liegt unter der alten Via Salaria, außerhalb der Stadtmauern.

die Maxentiusbasilika in Rom, der Diokletianspalast in Split (Spalato) und der Palast Konstantins in Trier, eine Reihe spätantiker überkuppelter Rundbauten – hier finden wir den Ursprung der Formen und Stimmungen, welche die Umwelt des Urchristentums in eine Welt der Pracht verwandeln sollte. Wir verstehen nun, warum Kitzinger sagt: »Die klassische Kunst wurde *mittelalterlich*, ehe sie christlich wurde.« (E. Kitzinger, *Early Medieval Art*, 2. Aufl., London, British Museum, 1955, S. 16.)

Wie die Trajans- und Caracallathermen erkennen lassen (Abb. 9.25, 11.9), wurde die Grundform der ersten beiden Jahrhunderte in den Kaiserthermen auf verschiedene Weise gesteigert. Der Hauptblock steht jetzt losgelöst von der Umfassungsmauer im Mittelpunkt des riesigen Komplexes; er soll die Eingangsseite hervorheben. Bei der Anlage des Blocks ist eine Querachse, die durch das Frigidarium zu den beiden seitlichen Palästren oder Trainingsplätzen verläuft, ebenso überlegt entwickelt worden wie der Weg, auf dem die Badenden sich durch die kalten, warmen und heißen Räume bewegen. Damit die Palästren auf direktem Weg erreicht werden können, sind die Haupteingänge zum Block so plaziert, daß sie rechts

Abb. 11.8b Rom, S. Priscilla-Katakomben im Nordosten der Stadt, unter der Via Salaria; sie waren als christlicher Friedhof seit dem Ende des 2. Jh. in Gebrauch; Deckengemälde aus dem 3. Jh. Sie zeigen in der Mitte den Guten Hirten und darunter die Verstorbene in Gebetshaltung, flankiert von einem Lehrer und zwei Schülern (links) und einer Mutter mit Kind, möglicherweise Maria mit dem Jesusknaben (rechts).

und links vom Schwimmbassin liegen, mit dem die Abfolge der Bäder beginnt; das Frigidarium betritt man auf der Querachse. Dieser mächtige Saal rechtfertigt seine zentrale Lage im Schnittpunkt der beiden Achsen dadurch, daß er die lange Flucht seiner drei Joche mit Kreuzgewölben (die zumindest scheinbar aus acht Einzelsäulen entspringen) durch jeweils in der Seitenmitte gelegene Nischen zum Schwimmbassin, zum warmen Raum und den flankierenden Bassin-Nischen hin ausgleicht: Diese Nischen erweitern den Raum der Halle nach den beiden Langseiten zu, und ihre Tonnengewölbe im rechten Winkel zur großen Halle fangen den Horizontalschub ihres hohen Gewölbes ab.

Das Schema dieses Frigidariums wurde auf die 307 n. Chr. begonnene Basilika des Maxentius nördlich von Hadrians Tempel für Venus und Roma übertragen (Abb. 11.10). Hier ist die Verbindung der seitli-

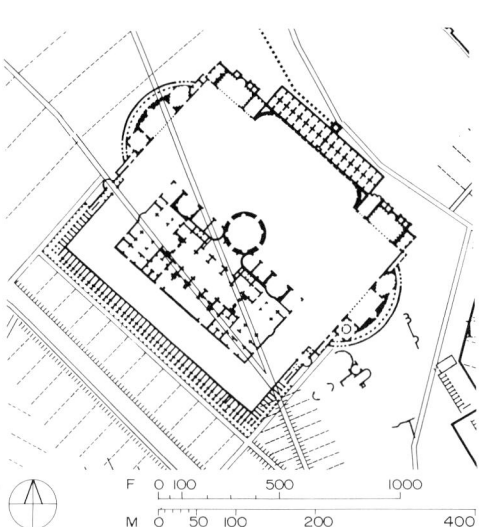 

Abb. 11.9 Rom, Caracallathermen (212–216 n. Chr.), im Altertum bekannt als Thermae Antonianae (Nr. 12 in Abb. 11.1). Links: Grundriß. Rechts: Luftaufnahme von Westen; das Caldarium befindet sich unmittelbar rechts von der Mitte. Grundriß und Schnitt des Caldariums zeigt Abb. 11.13. Die Thermen wurden über bestehenden Straßen errichtet, die hier im Grundriß angegeben sind.

chen Nischen mit dem Schiff unbehindert. Sie sind ziemlich geräumig (ihre Breite beträgt zwei Drittel des Schiffs), und ihre kassettierten Tonnengewölbe sind so niedrig gehalten, daß sie reichlich Licht durch das Oberfenster einlassen. Die Außenwände verzichten auf die Konventionen klassischer Fassaden (Abb. 11.11). Rundbogenfenster sind in Dreiergruppen zweigeschossig angeordnet und in dem aufwärtsstrebenden Umriß des Tonnengewölbes zusammengefaßt. Die säulenfreie Ästhetik der Marktbauten Trajans und der Wohnhäuser von Ostia (Abb. 9.11) wird jetzt in einem offiziellen Staatsbau stolz zur Schau gestellt. Sie beruht ausschließlich auf dem Rhythmus der freien Flächen in der glatten Wand und deutet gleichzeitig auch die innere Gliederung an, die eine traditionelle klassische Fassade bewußt verdeckt haben würde.

Doch die Vorliebe für aufgereihte Rundbogenfenster mit ihrer rhythmischen Abfolge unter einem umschließenden Bogensystem erstreckte sich sogar auf Gebäude mit Holzdach. Bei der Audienzhalle des Palasts in Trier aus dem frühen 4. Jh. wirkt die überraschende Außenansicht für die schlichte rechtwinklige Halle völlig willkürlich (Abb. 11.12). Stellt man diese Außenansicht neben die eines älteren römischen Theaters, etwa das Kolosseum oder die Marktbauten Trajans, so wird die Neuartigkeit dieses spätantiken Entwurfs ganz deut-

lich (Abb. 9.22, 9.29). Selbst bei den beiden äußeren Versorgungsgängen, die sich ohne Unterbrechung an den Fenstern entlangzogen, hatte man in Trier vertikal und nicht horizontal gedacht. Und natürlich sind auch die klassischen Einfassungselemente wie vorgestellte Säulen und Gebälke verschwunden.

Von der Aula Traiana in den trajanischen Märkten (Abb. 9.30) zum Frigidarium der Caracallathermen und zur Maxentiusbasilika können wir den Gang der Entwicklung

Abb. 11.10 Rom, Maxentiusbasilika, 307–312 n. Chr., vollendet von Konstantin kurz danach; die Rekonstruktionszeichnung zeigt eine perspektivische Innenansicht des Mittelschiffs und der nördlichen Joche.

Abb. 11.11 Rom, Maxentiusbasilika; Außenansicht von der Via dei Fori Imperiali aus.

Abb. 11.12 Trier (Deutschland), Palast Konstantins, frühes 4. Jh.
Außenansicht der Audienzhalle. Der Palast lag im Nordosten der Stadt;
die Audienzhalle war ursprünglich von zwei mit Säulenhallen umgebenen Höfen flankiert.

zur gewölbten langen Halle verfolgen. Eine gleichlaufende Entwicklung zur zentral geplanten Kuppelhalle begänne mit dem achteckigen Raum in Esquilinflügel der Domus Aurea Neros und dem Pantheon, um dann zu einigen Einzelbauten der Hadriansvilla und zum Caldarium der Caracallathermen, zum sog. Minerva-Medica-Tempel und zu einer Gruppe spätantiker Mausoleen für Mitglieder der kaiserlichen Familie weiterzuführen (Abb. 11.3). Drei verwandte Tendenzen sind für diese Weiterentwicklung maßgebend: die Freude an der Höhe, an größerem Raum für Fenster und an der Öffnung des überkuppelten Kerns auf scheinbar selbständige angrenzende Räume.

Die Sorge um die Stabilität hatte im Achteck des Goldenen Hauses und im Pantheon die Lichtquelle auf das Opäum am höchsten Punkt beschränkt, das sich jeweils gut in das Bauwerk einfügte. Das runde Caldarium der Caracallathermen dagegen weist – vielleicht weil es zu einem Drittel seines Umfangs in der stützenden Struktur des größeren Gebäudes steckt – statt dessen vier große Fenster unmittelbar unter dem Kuppelansatz auf, die es von dem Zwang auf eine zentrale Öffnung befreien. Trotz all der Nischen in der dicken Mauer der Rotunde bleibt das Pantheon (und übrigens auch Neros Oktogon) eine auf sich selbst bezogene hermetische Welt. Das Caldarium dagegen signalisiert die Ausweitung eines zentral angelegten Gebäudes vergleichbarer Größe – ein Prozeß, der sich auf zwei verschiedenen Wegen vollziehen wird.

Der eine Weg führt zur Einbeziehung eines Umgangs. Er ist funktional begründet für Mausoleen, weil es im Reich üblich war, die Grabstätte dreimal in feierlicher Prozession zu umkreisen. Bei S. Costanza in Rom, dem Mausoleum für die Tochter Kaiser Konstantins, ruhen die Kuppel und ihr hoher, von sechzehn Fenstern durchbrochener Tambour auf einem Kreis aus zwölf Säulenpaaren, die durch Bogen miteinander verbunden sind (Abb. 11.14). Diesen gut beleuchteten Kernraum umgibt ein Umgang mit Tonnengewölbe. Die dicke Außenwand birgt Nischen, von denen eine, die dem Eingang gegenüberliegt, den Porphyrsarkophag der Prinzessin enthielt.

Der andere Weg, der in einigen weniger wichtigen Räumen der Hadriansvilla ausprobiert worden war, führt uns zu einem Pavillon (aus dem frühen 4. Jh. in den Gärten des Licinius in Rom), der lange fälschlich »Tempel der Minerva Medica« genannt wurde. Hier ist der mit der Kuppel überdeckte Zylinder durch einen Ring vorspringender Apsiden erweitert, von denen die vier auf der Querachse befindlichen von Dreifachbogen auf Säulen durchbrochen werden, die auf äußere Einfassungen hinausgehen. Gemauerte Zwickel verbinden die Apsiden und steigen an den Tambourfenstern vorbei zu einer leicht gebauten Kuppel hinauf, die sie abstützen (Abb. 11.15). Die Kuppel war, obgleich sie aus verkleidetem Beton bestand, durch Ziegelrippen in kleine Abschnitte unterteilt, was die Errichtung des Baus erleichtern sollte. Ziegelrippen gehören zu den Bemühungen, das Gewicht der Kuppel dadurch zu vermindern, daß man leichtes poröses Füllmaterial verwendete oder große leere Terrakottakrüge in sie einfügte. Eine wahrscheinlich in Nordafrika erfundene Gewölbetechnik verarbeitete hohle Terrakottaröhren. Sie wurden ineinandergesteckt und in konzentrischen Lagen übereinandergefügt (Abb. 11.16). Diese Variante sowie die aus einfachen Ziegeln errichteten Gewölbe, die in den Ostprovinzen eine Zeitlang weit verbreitet gewesen waren, kamen in Italien im 4. und 5. Jh. immer mehr in Gebrauch, als die Verwendung von Beton abnahm und schließlich ganz aufgegeben wurde.

Heimstätte für das Königreich des Himmels

Am 28. Oktober 312 n. Chr. gebot eine Schlacht vor Rom, in der zwei Kaiser um die

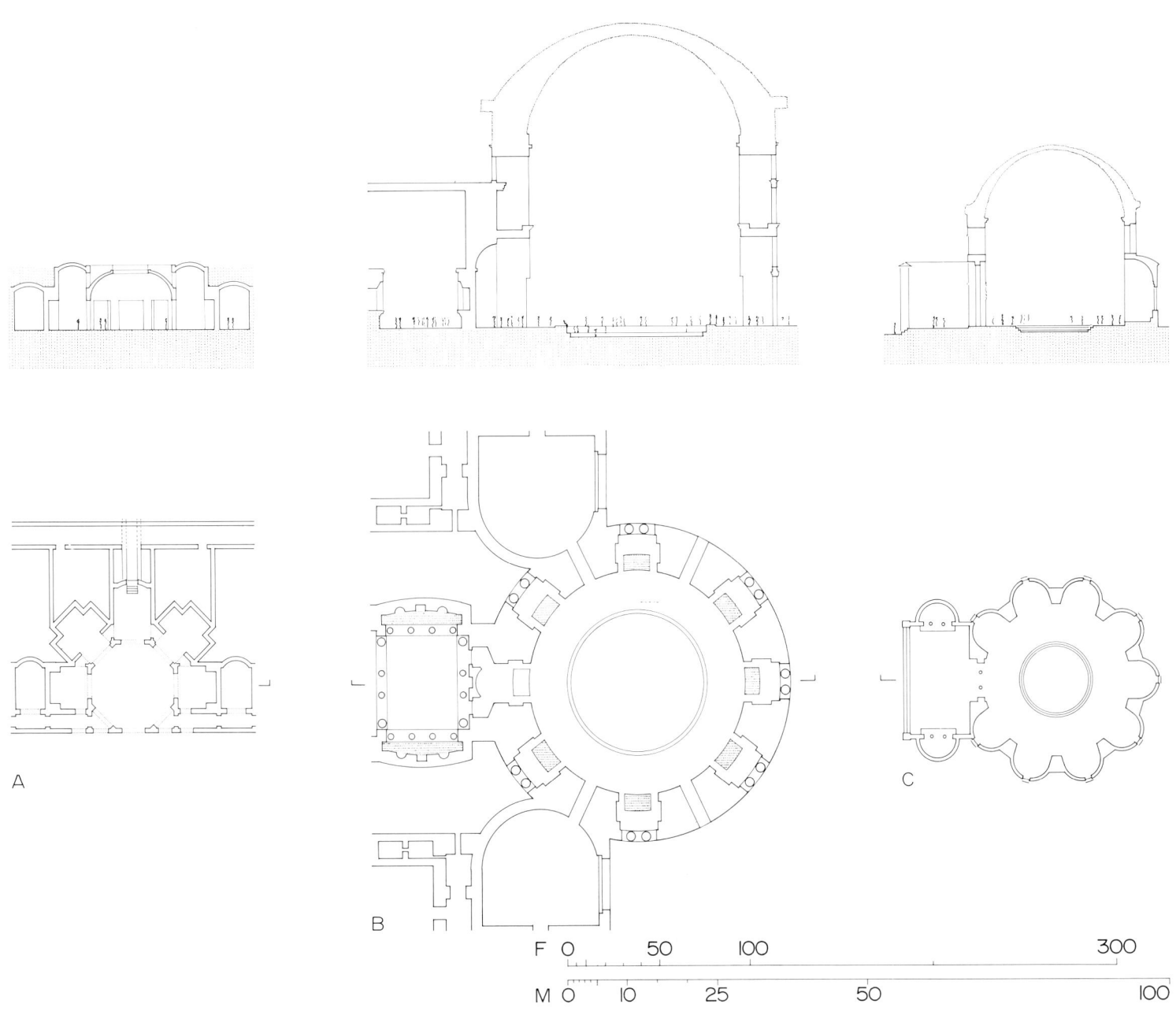

Abb. 11.13 Rom, Drei Zentralbauten, Kaiserzeit; Grundrisse und Schnitte: links: oktogonaler Saal in Neros Goldenem Haus (vgl. Abb. 9.24, 9.25); Mitte, das Caldarium der Caracallathermen (vgl. Abb. 11.9); rechts, der sog. Minerva-Medica-Tempel, ein Pavillon in den Licinischen Gärten, frühes 4. Jh.

242 *Neue Ansprüche*

Abb. 11.14 Rom, Sta. Costanza, um 350; Innenansicht. Der Bau wurde an der Via Nomentana im Nordosten der Stadt als Mausoleum der Constantia, Tochter des Kaisers Konstantin, errichtet.

Herrschaft stritten, dem jahrelangen Dahintreiben des römischen Staatsschiffs Einhalt und setzte es auf einen höchst erstaunlichen neuen Kurs.

Diokletian, der gegen Ende des 3. Jh. das Reich noch einmal geeint hatte, zog sich 305 von den Regierungsgeschäften in seine befestigte Villa in Split an der dalmatinischen Küste zurück. Sein älterer Mitregent Maximinian tat es ihm nach und ließ sich auf einem Familienbesitz in Mittelsizilien nieder. Die beiden kaiserlichen Residenzen, die in ihrer Anlage grundverschieden waren, repräsentieren gemeinsam die reiche Erfahrung der römischen gebauten Umwelt in ihrer Hochblüte. Bei der Villa Maximinians in Piazza Armerina sind eine Basilika, eine Thermenanlage, ein repräsentativer Torbau in Form eines Triumphbogens mit eingearbeiteten Brunnen und einem von Säulenhallen umgebenen halbkreisförmigen Hof dahinter sowie ein Zeremonialflügel mit einem Dreikonchensaal und einem ovalen Vorhof ungezwungen um ein ausgedehntes Peristyl komponiert (Abb. 11.17). Die pittoreske Anordnung imitiert – allerdings in verdichteter Form – die lose Gruppierung selbständiger Einzelbauten in der Villa Hadrians, die dort durch die Ausdehnung und das Bodenprofil des Grundstücks gerechtfertigt war.

Der Palast Diokletians in Split dagegen (etwa 300–306) erinnert an das römische Legionslager (Abb. 11.18). Innerhalb eines rechteckigen Verteidigungssystems kreuzen sich zwei mit Kolonnaden versehene Straßen im rechten Winkel. Die eigentliche Residenz befindet sich in den südlichen Quadranten. Jenseits der Kreuzung durchschritt man – nach Passieren eines kleinen Tempels auf der rechten und des Mausoleums Diokletians auf der linken Seite – eine Vorhalle (wo der Kaiser sich der Menschenmenge zeigte) und ein Vestibül, um dann den Hauptflügel zu erreichen, der die gesamte dem Meer zugekehrte Seite des Rechtecks einnahm. Vom Meer aus stellte sich die Fassade als fortlaufende Arkadengalerie zwischen zwei Ecktürmen dar, ein Schema, das in den befestigten Landsitzen des späten Altertums weite Verbreitung fand. Die Galerie zierten drei Pavillons, in deren Giebelfelder wie bei der Vorhalle ein Bogen einschnitt – ein typisch syrisches Detail.

Abb. 11.15 Rom, Tempel der Minerva Medica, Inneres (vgl. Abb. 11.13).

Abb. 11.16 Ravenna (Italien), Baptisterium der Orthodoxen, um 400–450; Innenansicht der Kuppel. Das Bild wurde aufgenommen, als die Mosaiken zur Instandsetzung entfernt worden waren.
Es zeigt die Konstruktionstechnik, bei der man sich hohler Röhren bediente.

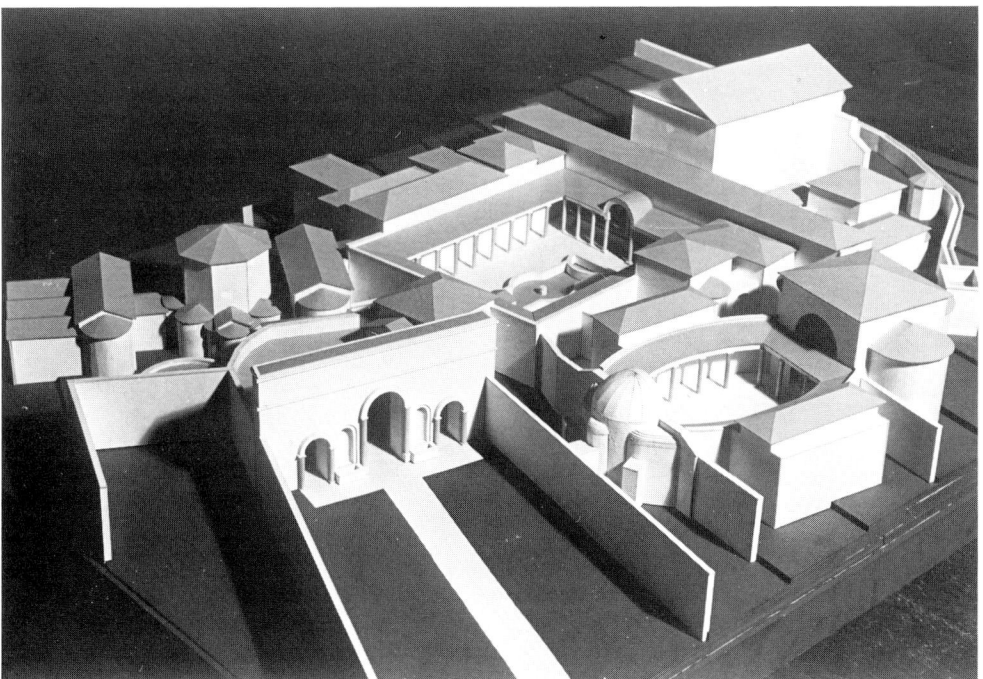

Abb. 11.17 Piazza Armerina (Sizilien, Italien), Villa des Kaisers Maximian, frühes 4. Jh.; Rekonstruktionsmodell. Links hinter einem monumentalen dreigliedrigen Torbau liegt eine Thermenanlage; im Vordergrund rechts ein Zeremonialflügel, angeordnet um einen ovalen, von Säulenhallen umgebenen Hof; weiter hinten ein Peristylgarten, der von Wohnräumen flankiert wird, und rückwärtig eine mit Apsis versehene Audienzhalle.

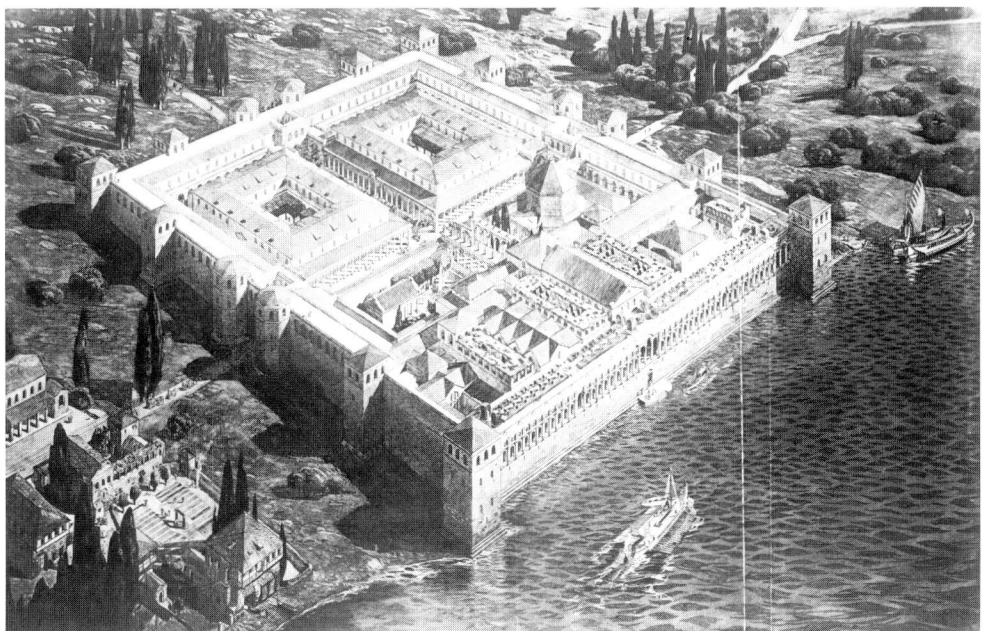

Abb. 11.18 Spalato (Split, Südjugoslawien), Der Palast des Kaisers Diokletian, um 300–306; Rekonstruktionszeichnung.

Die Bekehrung Konstantins

Das System der Tetrarchie, der vier gemeinsamen Herrscher, das sich unter der festen Hand Diokletians gut bewährt hatte, begann nach seinem Ausscheiden zu wanken. Unter den Männern, die sich in die Macht teilen sollten, brachen Streitigkeiten aus. Der junge Konstantin, der über den Norden mit der Hauptstadt Trier gebot, löste den Bürgerkrieg aus, als er beschloß, gegen Rom zu marschieren, wo damals Maxentius, der Sohn Maximinians, herrschte. In aller Eile wurden die Mauern erhöht. Doch im letzten Augenblick zog es Maxentius vor, die Entscheidung auf dem Schlachtfeld zu suchen. Die beiden Bewerber um den Westen stießen nördlich von Rom dort aufeinander, wo die Via Flaminia auf der Milvischen Brücke den Tiber überquert. Maxentius verlor, und seine Streitmacht, die zwischen den nördlichen Legionen und dem Tiber eingekeilt war, wurde vernichtet.

Die römische Geschichte kannte viele Zusammenstöße rivalisierender Generäle, und dieser Fall hätte eigentlich nichts Besonderes sein sollen. Aber Konstantin hatte am Vorabend völlig unerwartet seinen Übertritt zum Christentum, einem aufblühenden, aber immer noch verbotenen östlichen Kult, verkündet, dessen Anhänger in der Stadt eine kleine Minorität bildeten. Er schrieb jetzt seinen Sieg diesem neugefundenen Glauben zu. Christus war der ewige König, und Konstantin war sein Diener und Stellvertreter auf Erden.

Das römische Establishment war empört. Die Kirche triumphierte – und war bereit. Von Anfang an hatte sie jeden Kompromiß abgelehnt, der ihren zentralen Glaubenssatz gefährdete, daß das Christentum die einzig rechtmäßige Religion sei. Die Kirchenväter hatten den Zusammenbruch des heidnischen Roms vorausgesagt, jener großen, mit Juwelen geschmückten Hure, die sich in Sünden wälzte. In den sozialen und politischen Wirren des 3. Jh. hatten sie das Christentum als das geistige Gewissen des Reichs hingestellt. Wie es einer von ihnen ausdrückte: »Was die Seele im Körper ist, das sind die Christen in der Welt.« Gleichzeitig schuf sich die kirchliche Hierarchie eine wohlgeordnete Infrastruktur, die ihren Platz im größeren Staatskörper ausfüllen konnte. Da man inzwischen ganz allgemein der Ansicht war, Rom sei ein Konzept, das sich auf jede Stadt übertragen lasse, in der sich der Kaiser befinde, sahen die Verteidiger der christlichen Religion in Rom den

Abb. 11.19 Ravenna, San Vitale, vollendet 546–548; das Apsismosaik zeigt, wie Bischof Ecclesius Christus ein Modell der Kirche darbietet. Christus, von Engeln flankiert, thront auf der Weltkugel und überreicht dem Kirchenpatron St. Vitalis (ganz links) die Märtyrerkrone.

als das geschriebene Wort seiner Inschriften, die gemalten Bilder und der Akt des Sakraments ein ganz besonderes und in sich schlüssiges Ambiente schufen, das bei aller Ähnlichkeit mit nichtchristlichen Bauten keine echten Vorläufer hatte.

Der Übergang zu herrscherlichem Bildwerk verlangte keine hastig ersonnene Begründung. Die Bibel und die Kirchenväter rühmen oft das himmlische Königreich und spielen auf dessen Herrlichkeit an. Allerdings machte die Verwandlung des niedrigen Hirten in einen Monarchen auf dem Thron, im kaiserlichen Purpur, umgeben von den Aposteln im Senatorengewand und von aufwartenden Engeln, einen tiefen Eindruck auf die Gedankenwelt der Kirche (Abb. 11.19).

Architektur für Gottesdienst und für besondere Zwecke

Unter architektonischem Aspekt gab es eine Eigenheit, die selbst die schlichteste Pfarrkirche von vorkonstantinischen Versammlungssälen wie dem von Dura Europos unterschied: die Apsis. In der römischen Architektur bildete die Apsis den – höchst ansehnlichen – Abschluß der langen Achse der Gerichtshalle und des Tempels. Sie war die mit Baldachin versehene Tribüne für die Person des Kaisers oder dessen Statue – oder auch für die Statuen der Götter, in deren Reihe der Kaiser seit Augustus aufgenommen worden war. Jetzt machte man die Apsis zum verengten Ende des Versamm-

eigentlichen Ort der Erneuerung, den Sitz Petri. Christus hatte ja zu Petrus gesagt: »Auf diesen Felsen will ich meine Kirche bauen.« So bereitete eine disziplinierte und mutige Minorität geduldig den Boden für jenes Ereignis vor, das sie als eine unvermeidliche Wachablösung betrachtete. Alles übrige besorgte der Übertritt Konstantins.

Die Schlacht an der Milvischen Brücke leitete zugleich mit einer neuen sozialen und politischen Ära auch eine neue Ordnung in der Architektur ein. Die große Herausforderung, für die neue Staatsreligion einen monumentalen Hintergrund zu schaffen, war einerseits unbegrenzt, andererseits durch die alte und noch herrschende christliche Gewohnheit eingeschränkt. Die Architektur, die sich so ergab, bedeutete infolgedessen sowohl einen Bruch mit der Überlieferung als auch ein Festhalten an Konventionen.

Der Platz für christliche Monumente war weitgehend vorherbestimmt. Das Leben Christi mit seinen Begebenheiten und die Reisen der Apostel und Märtyrer hatten auf Erden ihre Spuren hinterlassen. Man wußte genau, wo Christus geboren war, wo er drei Tage lang als Toter gelegen hatte, und man kannte auch die Stelle auf dem Ölberg, von Jerusalem aus jenseits des Kidrontals, wo er auferstanden war. Auf einem öffentlichen Friedhof Roms, innerhalb des vor den Mauern gelegenen Vatikanbereichs, kannte man mindestens seit dem Jahr 125 das Grab Petri, während Paulus, der große Reisende und Verkünder des Wortes Gottes, neben der Straße begraben lag, die Rom mit seinem Hafen verband. Diese Richtpunkte waren der eigentliche Anfang der christlichen Architektur. Über diesen Gedenkstätten würden sich großartige architektonische Komplexe erheben, weil das so sein mußte.

Ihre Form jedoch war durch den Glauben nicht vorgeschrieben, und darin lag das aufregend Neue. Die christliche Kirche konnte sich allerdings im Bautyp auf die heidnischen Basiliken der römischen Städte stützen, und für Baptisterium und Märtyrerheiligtum konnten die zentral angelegten Thermenkomplexe und Kaisermausoleen Vorbild sein. Dennoch gibt es im vorkonstantinischen Rom nichts, was der Peterskirche genau entspräche, und das erste Baptisterium der Stadt am Lateran – nichts anderes als ein umgebautes spätrömisches Bauwerk – war insofern auch eine echte Erfindung,

Abb. 11.20 Rom, S. Sabina auf dem Aventin, 422–432; Mittelschiff.

lungsraums, in dem Christus, der König der Könige, mit Gefolge seinen Platz hatte. Der Bischof und seine Presbyter nahmen in Nachahmung des an die Apsiswölbung gemalten himmlischen Kollegiums unten Platz. Wo die Apsis in den Versammlungsraum oder das Kirchenschiff überging, wurde der Altar aufgestellt. Auf einer Seite des Altars befand sich ein erhöhtes Podium, der *Ambo*, von dem aus das Evangelium verlesen wurde. Die Formel, die, vielfach abgewandelt, auf neu gebaute Kirchen, umgebaute Versammlungsräume der Urchristen oder ehemals heidnische Bauten angewandt wurde, umfaßte im wesentlichen eine rechtwinklige Halle, deren Längsachse der Eucharistieprozession der Gläubigen entsprach, sowie die Apsis, wo das Brot und der Wein, von der Gemeinde dargebracht, auf dem Höhepunkt des Gottesdienstes in den Leib und das Blut Christi verwandelt wurden (Abb. 11.20).

Natürlich gab es eindrucksvolle Ausgestaltungen, besonders bei offiziell geförderten Kirchen in der Tradition heidnischer Basiliken wie der Basilika Ulpia neben dem Trajansforum in Rom. Doch jetzt lag das Forum vor der Längsachse der Kirche, ein als *Atrium* bezeichneter Kolonnadenhof (nicht zu verwechseln mit dem Atrium eines pompejanischen Hauses) mit einem Brunnen in der Mitte. Die neue Papstkirche in Rom, Vorgängerin der heutigen Basilika San Giovanni in Laterano, errichtete Konstantin sofort nach seinem Sieg an der Milvischen Brücke über einer geschleiften Kaserne der Gardereiter, die gegen ihn gekämpft hatten. Sie ist das früheste Beispiel einer solchen vom Kaiser geförderten Kirche. Ihre Lage in der Südostecke der Stadt, gerade noch innerhalb der Mauern, wurde mit Bedacht in entsprechender Entfernung vom monumentalen heidnischen Zentrum gewählt. Es handelte sich um eine fünfschiffige Basilika mit einem Holzdach und großen Oberlichtfenstern. Die Apsis lag am Westende, eine Eigenheit der meisten konstantinischen Kirchen. Niedrige Flügel zweigten unmittelbar vor der Apsis vom Kirchenschiff wie ein angedeutetes Querhaus ab. Die kreuzförmige Anlage des Grundrisses war vielleicht schon auf das Kreuzsymbol abgestellt, das ja für die Christen immer im Vordergrund stand. Der Rohbau wurde prächtig verkleidet und ausstaffiert. Das Balkenwerk des offenen Holzdachs war mit Blattgold, die Halbkuppel der Apsis mit Mosaikarbeit geschmückt. Im Sanktuarium und in der Sakristei standen ein Altar und sechs Opfertische aus Gold. Die Säulen im Hauptschiff und in den Seitenschiffen bestanden aus gelb-, rot- und grüngeäderten Marmoren.

Die Kirche machte sich also jene künstlerische Wirkung von Farbe und Licht zunutze, die für die besten Denkmäler des römischen gewölbten Stils charakteristisch und zum Kennzeichen kaiserlichen Patronats geworden war. Den Gewölbestil selbst jedoch, die schwebenden, von Bogen überspannten Raumformen der nahezu gleichzeitigen Bauten, etwa der Diokletiansthermen oder der Maxentiusbasilika, lehnte sie ab. Sie griff zurück auf ein altes, klassische Stilformen nachahmendes Baumuster, das strukturell rückständig war und überholte Formen wiederbelebte. Vielleicht stand die Absicht dahinter, die Kirche von den meisten öffentlichen Aktivitäten der heidnischen Welt abzusetzen, die in gewölbten Hallen stattfanden, und sich an die Basilikaform anzulehnen, die – mit der einzigen Ausnahme der Maxentiusbasilika – dem Erscheinungsbild treu geblieben war, das auf hölzernem Dachstuhl und Säulen beruhte.

Was auch immer der Grund gewesen sein mag – Gewölbe in Kirchen mit regelmäßigem Gottesdienst wurden hundert Jahre oder noch länger vermieden; nur die Apsis erhielt eine Halbkuppel. In Rom und andernorts entwarfen Architekten manchmal Bauten in einem robusten Klassizismus mit dichten Säulenreihen, die wiederverwendete Kapitelle und ein kräftiges Marmorgebälk zeigten. In der Hauptsache jedoch bewegte sich die Kirchenarchitektur auf den zurückhaltenden Klassizismus der Spätantike zu, wie wir ihn am ausgeprägtesten in der Basilika von Trier sahen (Abb. 11.12). Die Säulen des Hauptschiffs trugen Arkaden, deren Spandrillen mit Marmor verkleidet waren. Diese glatte Fläche setzte sich nach oben in die Fensterwand fort, die ihrerseits durch einen Überzug aus Wandbildern in Fresko oder Mosaik aufgelockert wurde. Auf diese Weise entstand ein substanzloses Gehäuse aus ebenen, oszillierenden Flächen über Säulen, die in einem frei fließenden vergeistigten Raum sich sanft auf dem mit Platten belegten Fußboden niederzulassen schienen.

Die Fassaden waren nur selten eindrucksvoll. Die untere Zone wurde von der Säulenhalle des Atriums verdeckt. Über seinem mit Ziegeln gedeckten Pultdach erhob sich eine glatte, mit Fenstern versehene Giebelwand. Nur die Hausteinkirchen Syriens zeigten interessante Fassaden: Ecktürme mit Giebeldach und einem Eingang in der Mitte, dessen breiter Bogen in den Rundbogennischen nachklingt, die ihn flankieren,

Abb. 11.21 Der Turmanin (Syrien), Kirche, um 480; Rekonstruktionszeichnung der Hauptfassade.

und auch in den Bogen wiederkehrt, die eine Galerie in der mittleren Zone bekrönen (Abb. 11.21). Die Wirkung ist verblüffend, weil sie an spätere mittelalterliche Fassaden im Westen erinnert. Das trifft auch auf die Innenräume aus massivem Mauerwerk mit ihren querverlaufenden Scheidewandbogen und den Pfeilerbündeln zu, die so sehr an das Innere romanischer Kirchen denken lassen.

Der hintere Bereich mit dem Sanktuarium wurde von der Apsis beherrscht, die bisweilen außen polygonal war oder, wie in Syrien, Nordafrika und Kleinasien, in einem rechtwinkligem Rahmen, der oft Verteidigungszwecken diente. Zwei flankierende Räume, die *Pastophorien*, ermöglichten liturgische Vorbereitungen. Bisweilen hatten sie eigene Apsiden. In seltenen Fällen zeigte der Sanktuariumsteil Dreiblattform wie die Zeremonialhalle der Villa von Piazza Armerina. Kurz, reizvolle regionale Abwandlungen waren genauso wie in vorchristlicher Zeit die Regel auch für die gebaute Umgebung des Reiches Christi.

Neben diesen eindeutigen Kultbauten brauchte die Kirche auch Gebäude für besondere Zwecke. Sie dienten bestimmten Riten, etwa der Taufe, oder standen als Denkmäler an Stätten betonter Heiligkeit, Märtyrergräbern oder geheiligten Stellen, die mit den Ursprüngen des Christentums in Zusammenhang standen. In solchen Fällen sollte ein einzelnes Objekt – ein Grab, ein Felsblock oder ein Taufstein – geehrt werden. Der Architekt errichtete zu diesem Zweck einen Baldachin unmittelbar über dem Objekt, eine symbolische Himmelskuppel, die es als geheiligt kennzeichnete. Im Gegensatz zu der gerichteten Achse der Kirchenbasilika waren die Martyrien und Baptisterien (Taufkirchen) auf die Mitte fixiert, so daß sich für diese Bauten ganz natürlich die zentralorientierten Räume und Gebäude der späten heidnischen Architektur als Modelle anboten. Die bevorzugte Form für Baptisterien war das Oktogon, weil es Assoziationen an Auferstehung und Wiedergeburt weckt, die mit der Zahl acht verbunden waren.

Die wunderbar erhaltene Taufkirche der Orthodoxen in Ravenna aus der Mitte des 5. Jh. wird uns die unverkennbare Besonderheit dieser Bauten für besondere Gelegenheiten deutlich machen (Abb. 11.22). Eine anspruchslose Ziegelschale verbirgt einen Innenraum durch ein Dekorsystem, das, mit Hilfe von Mosaik, bemaltem Stuck, bunten Marmoren und Inschriften ins Übersinnliche gesteigert, pure Materie vor dem Auge des Betenden verhüllt und seine visuelle und geistliche Herrschaft über dem strukturellen Gerüst aus Lasten und Stützen errichtet. In diesem kunstvollen Gewirk bringen religiöse Bilder die Autorität ihrer Welt zur Geltung. Propheten des Alten Testaments umgeben den Taufstein als Zeugen. Die zwölf Apostel in goldenen Gewändern, die ihre Märtyrerkrone vorweisen, schreiten vor einem Hintergrund aus paradiesischem Blau. Die Mitte nimmt das Rundbild mit der Taufe Christi ein. Der Hintergrund ist jetzt reines Gold. Jordan, der inzwischen aus dem Gebrauch gekommene heidnische Flußgott, taucht aus seinen Fluten auf, er hält in der einen Hand eine Sumpfpflanze, in der anderen ein grünes Tuch, das er ehrerbietig dem neuen fleischgewordenen Gott entgegenhält. Diese Taufe ist das heilige Vorbild, das die Taufe der Neophyten am Taufstein unmittelbar darunter widerspiegelt. Wir können uns vorstellen, wie zutiefst bewegt in diesem Augenblick Männer und Frauen die Schwelle des kleinen anspruchslosen Gebäudes neben dem Dom überschritten und ein Zauberreich betraten, das ihnen nach Jahren geisti-

Abb. 11.22 Ravenna, Baptisterium der Orthodoxen; Inneres.

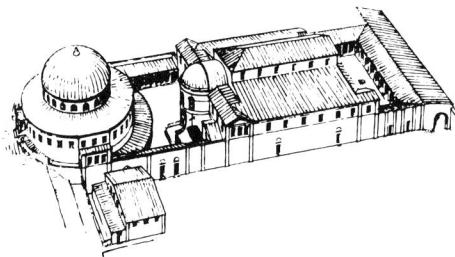

Abb. 11.23 Jerusalem, Die Grabeskirche, 328–336; Rekonstruktionszeichnung.

ger Vorbereitung und Erwartung wie ein Blick ins Himmelreich erscheinen mußte.

Die Martyrien verlangten eine andere Architektur. Als Wallfahrtsziele zogen sie einen stetigen Besucherstrom an, Menschen, die an der heiligen Stelle vorüber oder um sie herum wandeln und dort an Gottesdiensten teilnehmen wollten. Eine naheliegende Lösung bestand darin, daß man das Martyrion mit einer Gemeindebasilika verband. Konstantins Architekten entwarfen für die berühmtesten Schauplätze des Urchristentums in Rom und im Heiligen Land eine Anzahl nach diesen Gesichtspunkten serienmäßig konzipierter Pläne. In Bethlehem war eine mit dem üblichen Atrium versehene fünfschiffige Basilika ziemlich ungeschickt einem achteckigen Martyrion über der Geburtsgrotte vorgelagert, das die Stelle der Apsis einnahm. Das Kenotaph Christi in Jerusalem wurde zur Krönung eines starren axialen Rahmens, der mehrere Gedenkstätten einfaßt (Abb. 11.23). Die riesige fünfschiffige Basilika der Anastasis, die man von der in nord-südlicher Richtung verlaufenden Hauptstraße der Stadt über eine Monumentaltreppe und ein Atrium erreichte, wurde über der Höhle errichtet, in der die heilige Helena, Konstantins Mutter, das wahre Kreuz der Passion Christi gefunden hatte. Zwei im Westen gelegene Marksteine des großen Dramas – die eigentliche Stätte der Kreuzigung, Golgatha, und das Felsengrab, in dem der Körper vor der Auferstehung drei Tage lang geruht hatte – lagen jetzt in einem weiten, von Säulenhallen eingefaßten gepflasterten Hof. Das nach dem Judenaufstand im Jahre 135 von Hadrian angelegte Forum und Kapitol waren wegen der Errichtung dieser Gedenkstätten beseitigt worden. Golgatha erhielt die Form eines Würfels und wurde mit einem riesigen Kreuz gekrönt. Das Heilige Grab barg ein Zentralbau mit Chorumgang und einer Galerie darüber, welche die Menschen auf-

nahm, die der Umgang nicht faßte. Dieser heute stark veränderte Rundbau ähnelte der oben beschriebenen S. Costanza in Rom, hatte aber eine größere Ausdehnung und eine Holzkuppel (Abb. 11.14).

Am anderen Ende des Reichs wurde Petrus ebenfalls mit hohen Ehren bedacht. Sein schlichtes Grab am Vatikanfriedhof wurde zum Mittelpunkt einer ungewöhnlichen Gedächtniskirche (Abb. 11.24). Konstantin nahm das Risiko einer schweren Sünde, nämlich die der Verletzung von Grabstätten, auf sich, als er den Friedhof einebnen, mit Erde auffüllen und nach Westen hin den Vatikanhügel anschneiden ließ. Auf der so entstandenen riesigen Terrasse erhob sich die einzigartige T-förmige Kirche, die sehr bald und für immer zum Mittelpunkt der abendländischen Christenheit wurde.

Der Weg zu St. Peter führte auf der gegenüberliegenden Tiberseite durch die Stadt. Man überquerte den Fluß auf dem Pons Aelius dort, wo der hochragende Zylinder des Hadriansmausoleums auf dem rechten Ufer stand. Die neue Kirche war auf die Stadt ausgerichtet. Wie in Jerusalem führten Stufen zum Atrium, hinter dem die riesenhafte Kirche lag – 84 Meter lang und 58 Meter breit. Man hatte durchweg antike Säulen aus farbigem Stein – Cipollino, Breccia, grauem und rotem Granit – verwendet. Die das Hauptschiff vom ersten Seitenschiffpaar trennenden Säulen trugen ein starkes Gebälk, so breit, daß man darauf gehen konnte. Die darüberliegende Mauer war von großen Fenstern mit Alabastergittern unterbrochen, durch die Helligkeit einsickerte und den ungeheuren Raum in mildes Licht tauchte.

Eine erste Funktion dieser Halle bestand darin, Stätte der Bestattungsfeier am Jahrestag des Martyriums Petri zu sein, einer Zeremonie, die im folgenden Jahrhundert wegen der damit verbundenen Auswüchse verboten wurde. Grabstätten jener, welche in nächster Nähe des Apostelfürsten begraben werden wollten, füllten gleich anfangs die Fläche des Fußbodens. Am Westende des Hauptschiffes wandte sich Konstantin über dem Triumphbogen an seinen Gott mit folgender Inschrift: »Weil sich unter deiner Führung die Welt triumphierend zum Himmel erhob, hat dir Konstantin, selbst ein Sieger, diese Halle erbaut.« Offenbar sollte der Bau den doppelten Sieg (den Sieg Christi über den Tod und den Sieg des Kaisers über seine politischen Gegner) verherrlichen und dazu noch Petris Grab, das eigentliche Martyrion, auszeichnen. Letzteres

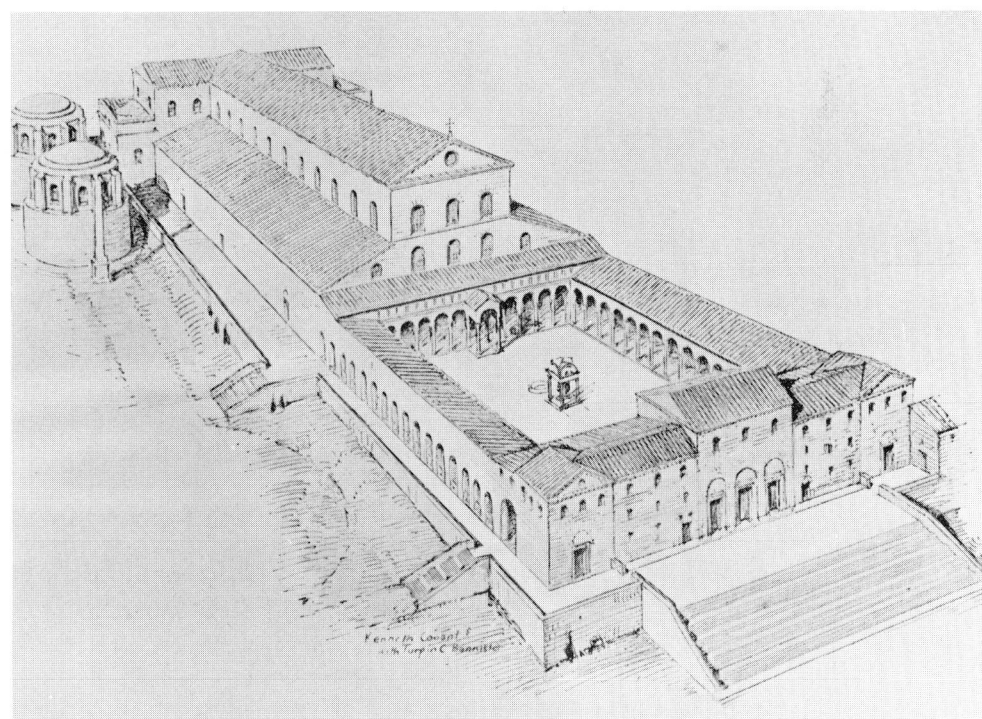

Abb. 11.24 Rom, Alt-St. Peter, um 320–330, mit späteren Anbauten (bis etwa 500); Rekonstruktionszeichnung.

248 *Neue Ansprüche*

Abb. 11.25 Ravenna, San Vitale; Ansicht der Altarnische mit dem Mosaikfeld Justinians.
(Das in Abb. 11.19 gezeigte Apsismosaik rechts davon ist hier nicht zu sehen.)

Kirche die Längsorientierung einer langen Halle, die den liturgischen Gang zur Apsis ergänzt, nicht mit dem vertikalen Akzent der Himmelskuppel verbinden?

Zwei von diesen Experimenten nahmen eine Spitzenstellung ein: San Vitale in Ravenna und die Hagia Sophia in Konstantinopel. Beide entstanden während der Regierungszeit des Kaisers Justinian I., der in der ersten Hälfte des 6. Jh. n. Chr. versuchte, den schwindenden Besitzstand des Römischen Reichs wiederherzustellen und die Grenzen wieder so zu ziehen, wie sie im goldenen Zeitalter Trajans und Hadrians verlaufen waren. Seine Hauptstadt Konstantinopel lag am Bosporus, wohin Konstantin im Jahre 330 seine Hofhaltung verlegt hatte.

Ravenna war der Sitz des Repräsentanten Konstantins im Westen. Die Kirche San Vitale stand, obwohl sie örtlich finanziert wurde, ideell und künstlerisch offensichtlich in der Schuld Konstantinopels. In ihrem Sanktuarium zeigt ein Mosaikfeld Justinian nicht nur mit Kaiserpurpur und Diadem, sondern auch mit dem Nimbus eines christlichen Heiligen (Abb. 11.25). Er hält die Patene (Hostienteller) in der Hand – ein Symbol seiner Teilhabe am Sakrament der Messe oder Eucharistie, wie sie in der Ostkirche

wurde tatsächlich auf einzigartige Weise erzielt. Ein Querhaus verlief rechtwinklig zur Richtung des Hauptschiffes, von dem es abgeschirmt war. Das Grab Petri befand sich in seiner Apsis, in deren Kuppel über fünf Rundbogenfenstern ein leuchtendes Mosaik mit dem zwischen Petrus und Paulus und den Palmen des Paradieses thronenden Christus in starkem Gegensatz zu den einfach verputzten Wänden des Querhauses stand.

Das Primat Konstantinopels

Im 5. und 6. Jh. befaßten sich einige der interessantesten architektonischen Experimente der christlichen Architektur mit einer Verschmelzung der Formen von Bauten für Gemeindezwecke und für andere Gelegenheiten. Es ist vorstellbar, daß man sich fragte: Müssen normale Kirchen unbedingt Basiliken mit Holzdach sein? Vorausgesetzt, daß Zentralbauten groß genug sind, um ihre Gemeinde aufzunehmen – könnten sie nicht ihren Zweck ebenso gut erfüllen wie Basiliken, ja ihnen in ihrer Symbolik sogar überlegen sein? Kann der Grundriß einer

Abb. 11.26 Ravenna, San Vitale; Inneres, Blick auf die Altarnische.

Abb. 11.27 Istanbul (Konstantinopel, Türkei), Bereich des Großen Palasts der Byzantinischen Kaiser; Luftaufnahme in Richtung Norden. Vgl. Abb. 11.29 und 11.31. Oben rechts von der Mitte die Hagia Sophia auf der Höhe über dem Goldenen Horn. Südlich der Hagia Sophia die Ottomanische Moschee Sultan Achmeds I. (Blaue Moschee), 1609–1617; links davon der Hippodrom (heute At Meydani), Nr. 16 auf Abb. 11.29.

heißt. Militär und Geistlichkeit stehen ihm zur Seite: er herrscht durch das Schwert und das Buch, als römischer Kaiser und als Haupt der Kirche. Zu verantworten hat er sich allein vor Christus, der in der Apsis dargestellt ist: auf der Erdkugel thronend und von Engeln und örtlichen Heiligen umgeben, wie er vom Bischof von Ravenna ein Modell dieser Kirche als Weihegabe entgegennimmt (Abb. 11.19).

Der Grundriß von San Vitale ist der eines Zentralbaus (Abb. 11.26). Acht durch Bogen verbundene keilförmige Pfeiler tragen eine Kuppel auf einem hohen Tambour. Dieser Kern steht innerhalb eines zweiten, zweigeschossigen Achtecks, das bis zur Kuppelbasis emporreicht. Das ist das Grundschema des Martyrions, wie wir es im Rundbau des Heiligen Grabes in Jerusalem gefunden haben. Das Neue in San Vitale war, daß ein betont längs verlaufender Weg zur Apsis hin, der durch das Eingangsatrium und den tiefen Altarraum festgelegt war, dem Eindruck einer Konzentration auf die Höhe entgegenwirken sollte. Das Hauptschiff dieser außergewöhnlichen Kirche war jetzt ein lichtdurchfluteter, auf die Mitte ausgerichteter Raum, hoch und erhebend, der sich sowohl auf der Seitenschiffebene wie auch auf Galerieniveau durch sieben Nischen mit Bogen in Dreiergruppen in den Ring des ihn umgebenden Korridors ausweitete. Schräge Durchblicke bestimmten den Eindruck. Die vielfache Verflechtung des Hauptraums mit den Nebenräumen, das gedämpfte Licht, die allgegenwärtige Bogenform, die sich vielfach wiederholte, ja wucherte und sich übereinandertürmte – das alles befreite den Bau von seinen prosaischen Elementen und verwandelte Bewegung in einen rituellen Ablauf.

Hagia Sophia

San Vitale zeigt die lokale Bautechnik – ein einfacher Ziegelbau trägt eine Kuppel aus ineinandergeschobenen hohlen Terrakottaröhren –, und der Gesamtplan ist im großen ganzen westlicher Tradition verpflichtet, vor allem Bauten in der Art des Tempels der Minerva Medica. Die Abhängigkeit von Konstantinopel bezeugen die aus den kaiserlichen Steinbrüchen von Prokonnesos importierten Säulenschäfte und -kapitelle und die Einbeziehung des Kaisers in das Dekorsystem des Sanktuariums. Wichtiger ist jedoch, daß gerade im unmittelbaren Wirkungsbereich Konstantinopels die kühnsten Versuche des neuen Plans der Kuppelkirche etwa zehn Jahre vor der Vollendung von San Vitale verwirklicht wurden.

In der Christus als Heiliger Weisheit geweihten Kirche Hagia Sophia wurde der Grundriß einer Gemeindebasilika mit einem gewölbten Oberbau so vereint, daß keiner von beiden den Gesamteindruck bestimmte (Abb. 11.27, 11.28). Die Architekten Anthemios und Isidoros sicherten die Bewegung hin zum Sanktuarium dadurch, daß sie abschirmende Wände zwischen Hauptschiff und Nebenschiffe mit Galerie stelltten. Das Hauptschiff jedoch schlossen sie nicht mit dem flachen Deckel der traditionellen Basilika mit Holzdach. Über den unmittelbar nutzbaren bodennahen Raum hinaus schwillt die Kirche zu einem großartigen System aus Gewölben von zunehmender Höhe an. Vier breite Bogen heben eine Mittelkuppel aus Ziegeln etwa 50 Meter über den Fußboden empor. Ihre Basis bildet ein von vierzig Rundbogenfenstern erzeugtes Lichtband. Im Osten und Westen streben niedrigere Halbkuppeln zum Sanktuarium und zur Eingangshalle hin. Zweistöckige Säulennischen wie in San Vitale lassen die Kanten dieser mit Halbkuppeln über-

Abb. 11.28 Istanbul, Hagia Sophia, 532–537, Isidoros und Anthemios; Inneres.

spannten Raumeinheiten in die Seitenschiffe und die Galerie übergehen.

Dieser komplizierte Oberbau ist schwer zu fassen, abweisend und unerreichbar. Der Mensch als Einzelner zählt unter ihm nicht. Der ungeheure gewölbte Raum, den man von den Seitenschiffen, von der Galerie oder vom Hauptschiff aus sieht, vermittelt nicht das Gefühl der Geborgenheit. Nichts erscheint von hier aus so fest oder bestimmt, daß es den Eindruck einer Zuflucht erwecken könnte. Unzählige Lichtbalken, in verschiedener Höhe rhythmisch eingesetzt, dienen weniger der Raumbegrenzung als der Verstärkung des Geheimnisvollen.

Die Kuppel der Hagia Sophia hat nicht wie die Kuppeln der Martyrien die Aufgabe, ein Kultobjekt hervorzuheben. Das Bedürfnis, in regelmäßig benutzten Kirchen Reliquien unterzubringen, war im Osten niemals dringend. Es war üblich, solche kostbaren Schätze in einem angrenzenden Gebäude oder in transportablen Reliquiaren aufzubewahren. Im Westen dagegen war es im 7. Jh. schon Vorschrift, einer Kirche durch irgendeine Reliquie ihre Weihe zu geben. Der Platz dafür lag unter dem Altar (der inzwischen ziemlich weit in die Apsis hineinverlegt worden war), wie es in der Offenbarung des Johannes (6.9) heißt: »Und da es das fünfte Siegel auftat, sah ich unter dem Altar die Seelen derer, die erwürgt worden waren um des Wortes Gottes willen und um ihres Zeugnisses willen.«

Will man der Kuppel der Hagia Sophia eine symbolische Bedeutung unterstellen, so kann sich diese Bekrönung nur auf die Heiligkeit des ganzen Bauwerks als einer irdischen Analogie zum Himmel beziehen.

Das sichtbare Universum war nach byzantinischer Vorstellung ein von einer Kuppel überwölbter Kubus. Das mittlere Joch der Hagia Sophia läßt sich unschwer als Abbild des idealen Universums deuten, das mit der Gründung der Kirche seinen Anfang nahm. Tatsächlich wird das in einer Hymne aus dem 6. oder 7. Jh. zu Ehren einer anderen Hagia Sophia, der in Edessa, bestätigt. Justinians großartige Kirche drückte diese Vorstellung durch Größe, Licht, Atmosphäre und Feinheiten der Form aus. Sie bediente sich keiner figurativen Ausschmückung, welche ihre Absicht hätte verdeutlichen können. Der gewaltige Raum des Hauptschiffes vermittelte spontan seinen Sinn, wenn die vom Patriarchen von Konstantinopel angeführte Geistlichkeit und der Kaiser mit Gefolge an der eucharistischen Feier teilnahmen.

Für die erste Generation der Gläubigen war die Kirche dort, wo die Christen waren. Das Wort Ekklesia, Kirche, bezeichnete die Gemeinde der Christen, die keiner vorgeschriebenen Gebäude bedurften, um ihren Glauben zu verkündigen und dessen Bindungen zu befestigen. Die Menschen selbst waren die Architektur. In den etwa hundert Jahren vor Konstantin gewannen die zufälligen Versammlungsorte dieses Urchristentums allmählich ihre Form, und nach dem plötzlichen Durchbruch infolge der Konversion des Kaisers erkannte man, daß zur Förderung des Ansehens und der Autorität eine monumentale gebaute Ordnung unerläßlich war.

Fünfhundert Jahre nach Aufkommen des Christentums und zweihundert Jahre nach seiner Sanktionierung entwarf man diese Bauten jetzt in der Form eines Ersatzhimmels, den man an jedem Sonn- und Feiertag betreten und unter dem man stehen konnte. Die Kirche war wirklich das Haus Gottes und mußte infolgedessen auch entsprechend gestaltet werden. Wie zur Zeit des sumerischen Fürsten Gudea von Lagasch oder Salomons und Davids nahm jetzt Gott selbst die Architektur in die Hand. So jedenfalls beschreibt Justinians Hofgeschichtsschreiber Prokopius die Rolle, welche Gott beim Entwurf der Hagia Sophia spielte:

»Jeder, der diese Kirche zum Beten betritt, spürt sofort, daß dieses Werk nicht durch menschliche Kraft oder Kunstfertigkeit so herrlich geworden ist, sondern durch die Einwirkung Gottes. Deshalb erhebt sich seine Seele zu Gott und fühlt, daß Er nicht fern sein kann, sondern daß es Ihm besonders lieb sein muß, an diesem Ort zu weilen, den Er sich erwählt hat.«

Die klassische Vorstellung von Schönheit beruht, wie schon gesagt, auf einer materiellen Ordnung – einer Ordnung, deren Grenzen endlich sind und visuell in begreifbarer Reichweite liegen; ihre Konstruktion ist das logische Ergebnis der Zusammenfügung selbständiger Teile; einer Ordnung ferner, die auf den einzelnen Benutzer bezogen belangvoll ist. Die von schönen klassischen Bauten sich herleitende Wirkung liegt darin, daß wir die Architektur als eine Erweiterung unserer Glieder empfinden.

Das alles gilt nicht für die Hagia Sophia. Wir bewegen uns hier in jenem Bereich, den die moderne Philosophie als das Erhabene bezeichnet. Es gründet sich auf eine metaphysische Ordnung. Teile gehen in einer größeren Komposition vollständig auf und verlieren ihre Individualität. Die Säulen, die früher als anpassungsfähige Gebieter eines architektonischen Humanismus verwendet wurden, sind jetzt wie Phantasiestickerei in den Gobelin der Wände verwoben. Mit ihren wie Spitzen wirkenden Kapitellen und dem unwirklichen Aussehen sind sie weder fähig, das Gebäude aufrecht zu halten, noch sehen sie so aus, als ob sie es trügen. So wird auch der einzelne Mensch in der Kirche absorbiert. Der Maßstab ist theokratisch, auf Gott konzentriert, und deshalb dem menschlichen Maßstab der klassischen Ar-

Abb. 11.29a Konstantinopel im 9. bis 11. Jh.; Rekonstruktion.

chitektur diametral entgegengesetzt. Der Besucher empfindet gewissermaßen das Gebäude nicht mehr zutiefst von seinem Körper her, sondern wird vielmehr von ihm aufgenommen, zumindest ergriffen, im besten Fall aufgerichtet und erhoben.

Das zweite Rom

Die Hagia Sophia krönte den ausgedehnten Bereich, den der Große Palast der byzantinischen Kaiser einnahm (Abb. 11.29). Die Stadt lag auf einer annähernd dreieckigen, von Wasser umgebenen Halbinsel, die nur auf der Westseite durch eine gewaltige, sechs Kilometer lange dreifache Mauer geschützt war. Eine niedrigere Außenmauer stand auf der Stadtseite eines Grabens, der durch rechtwinklige Sperren unterteilt war. Hinter ihm erhob sich der *Peribolos*, eine breite Terrasse, und dann folgte der hohe innere Mauerring mit 96 Türmen in regelmäßigen Abständen. Auf der oberen Ebene waren die Türme durch einen Wehrgang miteinander verbunden. Ihn erreichte man über Rampen und eine Treppe, die rechtwinklig zur Mauer verlief. Letztere bestand aus einem Schuttkern, der abwechselnd mit Streifen aus Ziegeln und Hausteinen verkleidet war. Unter mehreren Hauptforen diente das südlichste, das Goldene Tor, als Zeremonialeingang in die Stadt. Hier begann die Mese, die Kolonnadenstraße, die nach Osten zur Stadtmitte und dem Palastkomplex auf der Spitze der Insel führte. Eine Anzahl unterirdischer Zisternen ermöglichte es der Stadt, lange Belagerungen auszuhalten, deren es in der tausendjährigen Geschichte der Stadt nicht wenige gab.

Dies waren aber nicht die ursprünglichen Befestigungsanlagen der Stadt, die Konstantin im Jahr 330 feierlich einweihte. Seine Mauern verliefen weiter östlich. Sie bewirkten damals eine bedeutende Vergrößerung der bescheidenen römischen Stadt, die sich der Kaiser als Hauptstadt seines neuen christlichen Staats erwählt hatte. Diese ältere Stadtgruppe, Byzantium, gruppierte sich um die alte Akropolis, eine Anhöhe, von der aus man auf die schmale Bucht des Goldenen Horns herabblickte, und um einen anderen, weiter westlich gelegenen Hügel. Sie verfügte über die übliche Ausstattung eines romanisierten Provinzzentrums: ein Forum, ein Theater, einen Zirkus (oder Hippodrom) für die Wagenrennen, Tempel und Heiligtümer. Abgesehen von ihrer herrlichen Lage dort, wo Europa und Asien sich begegneten, empfahl sich diese Stadt Konstantin, weil sie unbekannt war. Unbelastet von der tausendjährigen heidnischen Überlieferung Roms, konnte sie leichter und schmerzloser in einen Schauplatz christlicher Aktivitäten umgewandelt werden.

Konstantinopel sollte ein zweites Rom werden. Die sieben Hügel, die es bedeckte, und die vierzehn Bezirke, die es umfaßte, waren gewollte Ähnlichkeiten, und das galt auch für die Lage des Kaiserpalasts zu seiten des Hippodroms, der damit dem bekannten Vorbild des Palatins und des Circus Maximus folgte. Der Senat versammelte sich in einer nahe gelegenen Basilika auf der Südseite des alten Forums oder, wie es jetzt

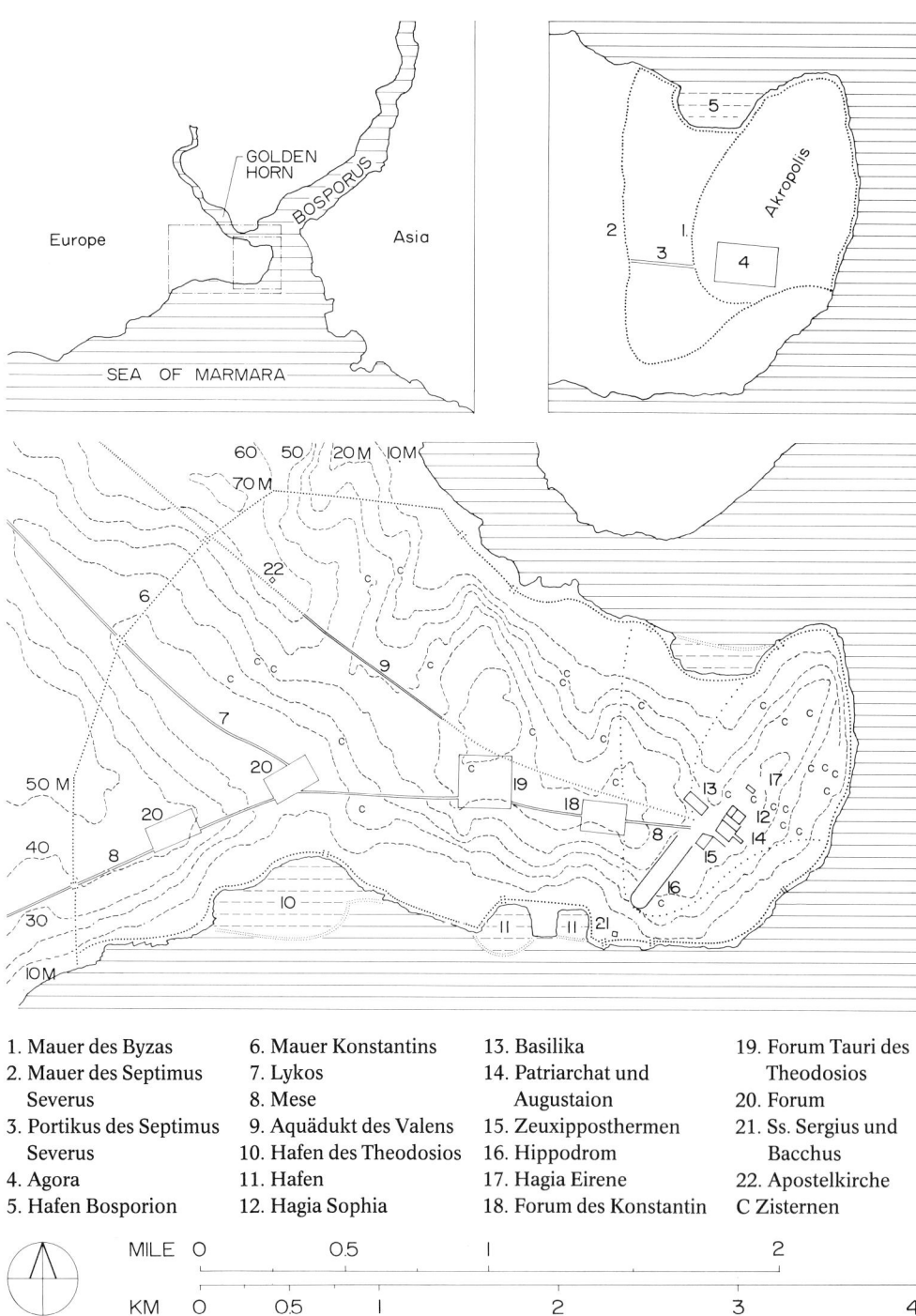

1. Mauer des Byzas
2. Mauer des Septimus Severus
3. Portikus des Septimus Severus
4. Agora
5. Hafen Bosporion
6. Mauer Konstantins
7. Lykos
8. Mese
9. Aquädukt des Valens
10. Hafen des Theodosios
11. Hafen
12. Hagia Sophia
13. Basilika
14. Patriarchat und Augustaion
15. Zeuxippostherm
16. Hippodrom
17. Hagia Eirene
18. Forum des Konstantin
19. Forum Tauri des Theodosios
20. Forum
21. Ss. Sergius und Bacchus
22. Apostelkirche
C Zisternen

Abb. 11.29b Gebiet von Konstantinopel. Links oben, Gesamtlageplan; rechts oben, die römische Stadt Byzantium (Bereich der kleinen Nebenkarte in der Karte links). Unten: Die Stadt Konstantins (Bereich der größeren Nebenkarte).

hieß, Augustaions. Unter Konstantin nahm dieses Forum den Charakter eines offiziellen Hofs zwischen dem Palast und der ersten Hagia Sophia an, einem basilikalen Bau, den der Kaiser begonnen hatte, aber erst 360 einweihte. Das neue ovale Forum mit je einem großen Marmorbogen an beiden Enden und einer Marmorsäule in der Mitte, auf der hoch oben die Kaiserstatue thronte, war das erste in der Reihe mehrerer anderer Foren längs der Mese.

In der Außenstadt gab es mindestens zwei weitere Kolonnadenstraßen, die zu Haupttoren in den landwärts gelegenen Mauern führten. Die radiale Ausrichtung aller Außenstraßen – eine deutliche Abweichung vom rechtwinkligen Schema der alten Stadt – paßt sich zwanglos der fächerförmigen Halbinsel an. Das einzige bemerkenswerte christliche Bauwerk in dieser Außenstadt war die Kirche der Heiligen Apostel, die weithin sichtbar auf dem Gipfel des vierten Hügels lag. Sie hatte die Form eines Kreuzes, in dessen Mittelpunkt unter einem kegelförmigen Dach auf einem gut beleuchteten Podium der Sarkophag Konstantins stand, der als *Isopostolos*, Ebenbürtiger der Apostel, verehrt wurde. (Nach dem Tod des Kaisers wurde sein Leichnam in ein dem Herkommen besser entsprechendes kreisrundes Mausoleum neben der Kirche überführt.) Die Kreuzarme der Kirche hatten bis zur Zeit Justinians Kassettendecken. Im Nika-Aufstand von 532, am Beginn der Regierungszeit Justinians, wurde der ursprüngliche Bau zerstört. Der Kaiser erneuerte ihn mit fünf Kuppeln über der Vierung und den vier Flügeln und fügte einen zweistöckigen Ring aus Seitenschiffen und Galerien rings um die Peripherie des Gebäudes hinzu. Eine Vorstellung von dem heute nicht mehr vorhandenen ursprünglichen Bau kann man durch einen Besuch der Markuskirche in Venedig gewinnen, die mehrere Jahrhunderte später ihn nachzuahmen bestrebt war (Abb. 11.30).

Im Nika-Aufstand brannte auch die zweite Hagia Sophia ab, die Konstantins Bau kurz nach seiner Zerstörung von 404 ersetzt hatte. Justinians Kuppelkirche, deren Bau sich fünf Jahre hinzog, gab die Basilikaform mit Holzdach ihrer zwei Vorgängerinnen endgültig auf. Sie war jetzt ein Hauptbestandteil des Großen Palasts geworden, der sich seit der Zeit Konstantins zu einer ausgedehnten Anlage mit Höfen, Gärten, Audienzsälen, Wohnungen für Hofbeamte, Kasernen für die kaiserliche Garde, Arsenalen, Webereien und Werkstätten für andere kaiserlich geförderte Handwerksarten ausgeweitet hatte (Abb. 11.31). Der offizielle Eingang war die Chalke, das Bronzehaus, ein mit Gemälden von Justinians Feldzügen geschmückter Kuppelbau. Das Augustaion und die Hagia Sophia standen rechts vom Eingang. Auf der linken Seite befanden sich ein Bau für ein Kontingent der kaiserlichen Garde, die staatlichen Seidenwebereien und das Hippodrom. Den Mittelblock nahmen die wichtigen Staatsräume ein, zu denen schließlich noch der Chrysotriklinos, eine große achteckige Halle, und der Trikonchos gehörten, eine Dreikonchenhalle, wie wir sie in der Villa von Piazza Armerina fanden. Ein von Terrassen und Gärten umgebener Nordflügel ging unmittelbar auf die westliche Hauptfassade der Hagia Sophia hinaus. Die großartige Kirche spielte eine bestimmende Rolle in jenem Leben voll vorgeschriebener Zeremonien und langsam dahinziehender Prozessionen, mit deren Hilfe nach den Worten eines späteren Kaisers »die kaiserliche Macht in Harmonie und Ordnung ausgeübt werden und der Kaiser auf diese Weise die Bewegung des Universums wiederholen konnte, wie sie vom Schöpfer vollzogen wurde«. Sieht man vom Hinweis auf einen Schöpfer ab, so ist das eine Beschreibung des Staats, die aus Ktesiphon oder Ch'ang-an hätte stammen können.

Wie die Kirche der Heiligen Apostel hatte auch die Hagia Sophia auf allen Seiten offene Höfe. Außen schlossen sich zwei Baptisterien an, das wichtigere an der Südwestecke. An der Nordostecke befand sich eine runde Sakristei. Hier wurde alles für die Eucharistie vorbereitet und im gegebenen Augenblick hineingetragen. Auf der Südseite der Kirche lag die Residenz des Patriarchen. Außen erlaubten vier Treppenaufgänge Zutritt zu den Galerien, wo die Ungetauften den Gottesdienst während der Lesung aus dem Evangelium verfolgten. Auch die Kaiserin mag mit ihren Hofdamen die Galerie benutzt haben, höchstwahrscheinlich den Teil auf der Westseite über dem inneren Narthex. Der Kaiser mit seinem Gefolge hatte seinen Platz im südlichen Seitenschiff.

Vor Beginn der Gottesdienste strömten Menschenmassen aus allen Teilen der Stadt zu diesem Sammelpunkt auf dem ersten Hügel. Sie kamen im Atrium der Kirche zusammen, um die Ankunft des Patriarchen zu erwarten (Abb. 1.4). Der Kaiser, der schon vorher unter feierlichen Zeremonien aus dem Palast eingetroffen war, begleitet von höfischen Würdenträgern, Senatoren und einer Ehrengarde, nahm seinen Sitz im äußeren Narthex ein. Hier begegneten sich die beiden Männer und begrüßten einander, während die Menge ihnen zujubelte. Vor dem Königstor stehend, dem mittleren der neun Tore, die vom inneren Narthex in die Kirche führten, machten sie, Kerzen in der Hand haltend, drei Verbeugungen. Während dann die Menschenmenge vom Zeremonienmeister beim Gesang des *Troparions* angeführt wurde, zogen der Patriarch und der Kaiser unter Vortritt eines Diakons, der das Evangelium trug, und gefolgt von der Geistlichkeit und dem kaiserlichen Hofstaat, in die Kirche ein und durchquerten das leere Hauptschiff. Hinter dieser prunkvollen Prozession drängte singend die Menge des gemeinen Volkes herein und fand Platz im Westteil des Hauptschiffs und in den Seitenschiffen. Dieser »Kleine Einzug« bedeutete die Ankunft Christi in der Person des Patriarchen »und die Bekehrung jener, die durch ihn und mit ihm eintreten«, wie ein zeitgenössischer Theologe, Maximus Confessor, uns erklärt – »eine Bekehrung vom Unglauben zum Glauben, von der Sittenlosigkeit zur Tugend, von der Unwissenheit zum Wissen«.

Der Altar stand wohl zu Justinians Zeit immer noch ein wenig vor der Apsis, und

Abb. 11.30 Venedig, Markuskirche, begonnen 1063; Hauptschiff.

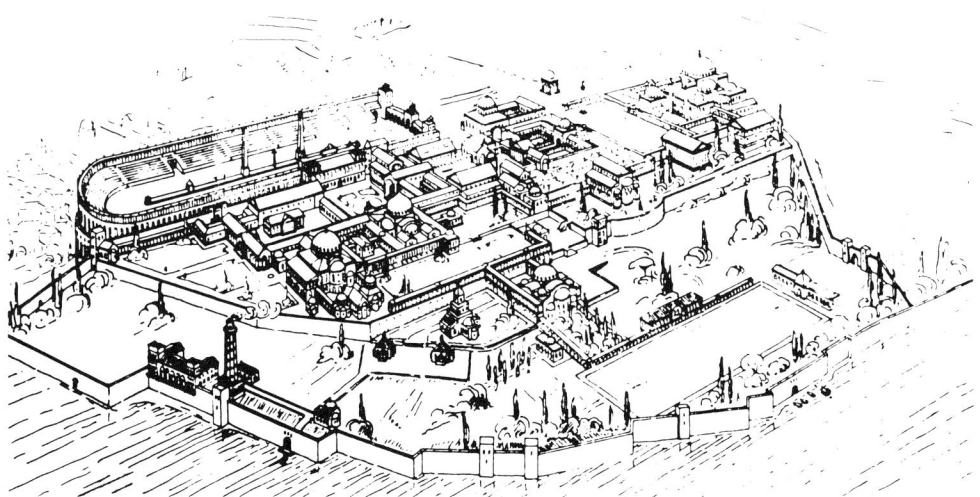

Abb. 11.31 Istanbul, Großer Palast der Byzantinischen Kaiser; Versuch einer perspektivischen Ansicht von etwa 950, Blick nach Nordwesten.

der Bereich um ihn war durch eine niedrige Chorschranke abgeschirmt. Ein Gang mit einer niedrigen Brüstung zu beiden Seiten, *Solea* genannt, begann unter der großen Mittelkuppel und verband eine große Kanzel auf einer ovalen oder kreisrunden Plattform mit dem Allerheiligsten. Die Ehrengarde des Kaisers stand mit Stäben und Standarten zu beiden Seiten dieses Ganges, während sich der Rest der Prozession auf ihm nach Westen bewegte, um zur Heiligen Tür des Sanktuariums zu gelangen. Der Patriarch betrat es als Erster und nahm seinen Platz auf dem hohen Thron ein, der gegen die Apsismitte gerichtet war. Der Kaiser folgte ihm in das Sanktuarium, legte eine Goldspende auf den Altar und zog sich dann auf seinen Thron im südlichen Seitenschiff zurück.

Lesungen aus dem Alten und Neuen Testament und eine vom Patriarchen ex cathedra gehaltene Rede bildeten den ersten Teil des Gottesdienstes. Danach wurden die Ungetauften entlassen. Sie entfernten sich über die äußeren Treppenrampen aus den Galerien, ohne das Erdgeschoß zu betreten. Jetzt wurden die Kirchentüren geschlossen, und mit dem Herbeibringen von Brot und Wein für die Eucharistie aus der Sakristei begann der »Große Einzug«. Der Kaiser legte seinen Purpurmantel an und durchquerte das Hauptschiff zum Ambo, um die Prozession zu begrüßen, die von der Gegenseite herkam. Man reichte ihm jetzt eine Lampe, und mit ihr begleitete er den Diakon, welcher Patene, Kelch und einzelne Schleier bereithielt, die während des »Verhüllens des Geheimnisses« über jeden einzelnen gebreitet wurden, und außerdem auch den *Aer* oder großen Schleier, den er zuletzt über alle zusammen ausbreitete. Dem ganzen Gefolge schritten Kerzenträger und Diakone voran, die Weihrauchkessel schwenkten. Am Heiligen Tor traf der Kaiser mit dem Patriarchen zusammen, ließ seine Lampe zurück und kehrte in Begleitung seiner Kammerherren und Minister auf seinen Platz zurück.

Die Gläubigen gaben einander jetzt den Friedenskuß und sagten das Credo ihrer Glaubensgemeinschaft auf. Dann sahen sie zu, wie die Geistlichkeit im Sanktuarium das Hauptgebet der Liturgie anstimmte und nach seiner Beendigung zur Heiligen Tür schritt, um zu kommunizieren. Der Kaiser durfte das Sanktuarium betreten und empfing dort vom Patriarchen die Eucharistie. Danach, am Ende des Gottesdienstes, entließ der Diakon die Gemeinde. Zuletzt zogen die Darsteller dieses großartigen Glaubensschauspiels genau so, wie sie gekommen waren, durch die Kirche, durch die beiden Narthexe und das Atrium. »Und dann gehen wir hinaus«, schrieb der Patriarch Eutychios, »ein jeder in seine Wohnung« – der Patriarch in seine nahe gelegene Residenz, der Kaiser in seinen riesigen Palast, und das Volk verteilte sich durch die strahlenförmig angelegten Straßen, um in seine überfüllten Wohnquartiere zu gelangen.

Die Halle der Heiligen Weisheit war nun wieder leer – ohne Beter, Kerzen, Gewänder und Requisiten –, die große Kuppel schwebte über ihren weiten Räumen, süß von Weihrauch und durchtränkt von der Aura himmlischer Heerscharen.

12. Kapitel

Das Mittelmeergebiet im frühen Mittelalter

Der Niedergang des Westens

Kaiser Justinian I. starb 565, ohne seinen Traum, die Herrschaft Roms rings um das Mittelmeer wiederherzustellen, verwirklicht zu haben. Das Byzantinische Kaiserreich, die griechischsprechende Osthälfte des Reichs, erlebte noch neun ereignisreiche Jahrhunderte (Abb. 12.1). Der Westen war unter dem Druck germanischer Stämme für immer zersplittert. Die Goten hatten schon mindestens hundert Jahre vor Justinian den größten Teil Italiens überflutet. Ein neues germanisches Volk, die Langobarden, fiel drei Jahre nach dem Tod des Kaisers ein und ließ sich in der Po-Ebene nieder. Die Franken, die 276 zum ersten Mal den Rhein überquert hatten, waren jetzt unangefochtene Herren Galliens; sie befanden sich unter den Merowingern auf dem Weg zu einer festen Ordnung. Den größten Teil Nordafrikas beherrschten die Wandalen, und in Spanien saßen die Westgoten. Oberflächlich vereinte sie das Christentum, seitdem sie alle seit dem 4. Jh. nacheinander bekehrt worden waren; aber der gemeinsame Glaube führte nicht zu gutem Einvernehmen unter den Germanen, und der Arianismus, eine Sonderform des Christentums, der sie zumeist anhingen, wurde von Rom und Konstantinopel streng verurteilt.

Der Ansturm des Islams

Inzwischen bildete sich während der ersten Hälfte des 7. Jh. in der arabischen Wüste eine neue und gänzlich unvorhergesehene Gefahr für das alte römische Staatswesen im Mittelmeerraum heraus: Anhänger einer neuen Religion, die sich »Islam« nannte, machten mit geradezu unglaublichem Erfolg den christlichen Ansprüchen auf ein ungeschmälertes römisches Erbe ein Ende. Anders als die Germanen, die rücksichtslos und ohne jeden klaren Gesamtplan mit hartnäckiger Tatkraft das zivilisierte Reich bedrängten, erwies sich der Islam als das Produkt eines kultivierten kosmopolitischen Milieus: der Städte Mekka und Medina. Er bezog seine Kraft aus einem neuen Glaubenssystem, das sich als Alternative zu den alten und verfolgten monotheistischen Religionen des Ostens, zu Christentum und Judentum, darstellte. Im Namen dieses Systems, das im Koran verkündet wurde, machte der Islam seine Eroberungen und organisierte das eroberte Gebiet auch unverzüglich gemäß seiner Lebensanschauung. Überall, wo die Moslems hinkamen, schufen sie dauerhafte Einrichtungen. Sie veränderten die alten Städte, die ihnen zufielen, und bauten neue.

Der große Stifter dieser neuen Religion war Mohammed (570?–632). Er hatte seine besten Jahre den Bemühungen gewidmet, seinen Landsleuten in den Städten und Wüsten Arabiens einzuprägen, daß er der letzte Prophet des Herrn sei und daß in ihm und seinem Buch die einzige noch verbleibende Hoffnung für das Heil der Menschheit liege. In einem wohlüberlegten Schachzug machte er sich die heidnische Pilgerfahrt nach Mekka zunutze, deren Hauptziel die Kaaba mit ihrem Schwarzen Stein war, und verwandelte diesen alten Brauch in eine der unumgänglichen Pflichten des Islams. Als die Bekehrung vollzogen war, brachen seine Anhänger schon zwei Jahre nach seinem Tod aus ihrer bisherigen Isolation aus und strömten geradewegs in byzantinisches Territorium ein. 634 fiel die Festung Bostra in Transjordanien, und 635 folgte Damaskus. In der Schlacht von Yarmuk (636) eroberten sie ganz Syrien, eine bedeutende byzantinische Provinz. Ein Jahr später öffnete Jerusalem seine Tore moslemischen Heeren. Schon bald sah sich das höchste christliche Heiligtum mit der kompromißlos monotheistischen Botschaft des Korans konfrontiert, die Christi Heiligkeit, nicht aber seine Göttlichkeit anerkannte und die Lehre von der Dreieinigkeit für verkappten Polytheismus hielt.

Jenseits dieser Siege lag Persien, das damals von der mächtigen Dynastie der Sassaniden beherrscht wurde. Dieses riesige Reich des Gottes Ahuramazda mit seinem Feuerkult – die alten Gebiete Mesopotamiens und die wilden Hochebenen Irans – wurde jetzt dem Willen Allahs unterworfen. Die unwiderstehliche Flut ergoß sich durch die Sinaiwüste auch nach Westen. 641 unterlag das byzantinische Ägypten dem hervorragenden General Amr. 670 gab es schon ein ständiges Militärlager und bald darauf eine neue Stadt in Kairuan in Tunesien, die zum Schutz vor der byzantinischen Flotte landeinwärts erbaut wurde. Dann kam Spanien an die Reihe, und 711 stand ein Reich, das vom persischen Hochland bis zum Atlantischen Ozean die ganze südliche Hälfte des Mittelmeerraums umfaßte, an den Pyrenäen den merowingischen Franken gegenüber.

Die gewaltigen Auswirkungen dieser Vorgänge liegen auf der Hand. Die Stadtkultur des Römischen Reichs wurzelte im Handel, im freien Handel im Mittelmeerbecken, und in den von römischen Heeren gesicherten Landwegen. Dieser Handel war jetzt unterbrochen. Südeuropa blieb auf das Festland beschränkt. Vieles aus der nachfolgenden Geschichte des Westens mag sich mit der Gewichtsverlagerung vom Binnenmeer in die Gebiete nördlich der Alpen erklären.

Die Misere der Städte

Lange hieß es, die Zeit zwischen dem 5. und dem 8. Jh. sei als das »dunkle Zeitalter« anzusehen, in dem die abendländische Zivilisation durch die vereinten Angriffe der Moslems und der Germanen stark beeinträchtigt worden sei. Die Unterbrechung des Fernhandels habe – so sagte man – die alten römischen Städte ruiniert. Der Lebensstandard sank rapid. Der Westen wandte sich nach innen und versuchte, sich seinen neuen germanischen Herren anzupassen. Das war eine Konfrontation, die Epoche machte: auf der einen Seite eine alte Kultur, die sich auf Städte gründete, auf eine humane und urbane Vorstellung von der Welt, auf eine durch Gesetze garantierte Menschenwürde, auf monumentale Architektur und großformatige Steinskulptur, die Dauer und menschliche Leistung verherrlichte; auf der anderen Seite jene barbarische Sicht der Verhältnisse, die auf der Macht der Stämme und der Kriegsherren beruhte, auf dem Gesetz der Erblichkeit im Gegensatz zum Prinzip der Wahl, auf einem halbnomadischen Dasein, das ein bewegliches und kostbares Artefakt höher einschätzte als alles Ortsgebundene und Monumentale, und auf einer visuellen Konvention, welche das Abbilden der menschlichen Gestalt zugunsten abstrakter und geometrisch verschlungener Formen mied. Auf Grund dieser verhängnisvollen barbarischen Weltsicht überwand das Ornament das Abbild des Menschen, Städte unterwarfen sich dem Gesetz des Landlebens, und an die Stelle des Urbanismus trat das Mönchtum. Das war der erste Akt.

Dann kam Karl der Große oder Charlemagne (747–814), der König der Franken. Er eroberte weite Gebiete für sein Volk, brachte für einen großen Teil Europas eine gewisse kulturelle Einheit und eine geordnete Verwaltung zustande und ging daran, ganz bewußt das Römische Reich samt seinen Werten neu zu beleben. Am 25. Dezember 800 in Rom zum Kaiser gekrönt, war er der Initiator einer humanistischen Renaissance in klassischer Literatur, Buchmalerei und Architektur.

Doch diese Erneuerungsbewegung hielt nicht an. Schon fünfzig Jahre nach dem Tod des Kaisers war das Reich der Karolinger im Niedergang begriffen. Ernsthafte Streitigkeiten unter den Erben und neue Invasionswellen aus dem Norden und Osten (Wikinger und Magyaren) machten aus dem europäischen Zusammenhalt einen Trümmerhaufen. Erst im 11. Jh., nachdem die nordischen und magyarischen Eindringlinge bekehrt und seßhaft geworden waren, sollte in dem ehemaligen Gebiet des Karolingerreichs ein neuer Glaube an die Zukunft erwachen, und als dann plötzlich allenthalben große Bauten in dem monumentalen, als Romanik bezeichneten Baustil aufgeführt wurden, überzog es sich mit Burgen und imposanten Wallfahrtskirchen.

Jedoch läßt dieses Bild eines unter Karl dem Großen vorübergehend unterbrochenen Rückschritts und sorgenvollen Zustands die Energie, die Spannkraft und die anpassungsbereite Phantasie Europas in dieser langen und schwierigen Zeitspanne außer Betracht. Es unterschätzt auch die Kräfte des Beharrens und der kulturellen Entwicklung. Die Städte zum Beispiel starben ja nicht. Richtig ist, daß die Gesellschaft seit den letzten Phasen des Römischen Reichs das Hauptgewicht auf die Landwirtschaft verlagert hatte. Grund und Boden war jetzt Quelle des Wohlstands und politischen Einflusses. Mit dem allmählichen Schrumpfen des Handels nahm das Umlaufvermögen rasch ab, und die eigentliche Macht ging auf den Landadel über. Gleichzeitig mit der Förderung durch den Kaiser schwand auch der Bürgerstolz dahin, der die Wohlhabenden zu verschwenderischen Bauten, als Zierden ihrer Stadt, bewogen hatte.

Dennoch hatte die Stadt, wenngleich verkleinert und verändert, auch weiterhin Bestand. Die *Civitas*, die Gesamtheit der Bür-

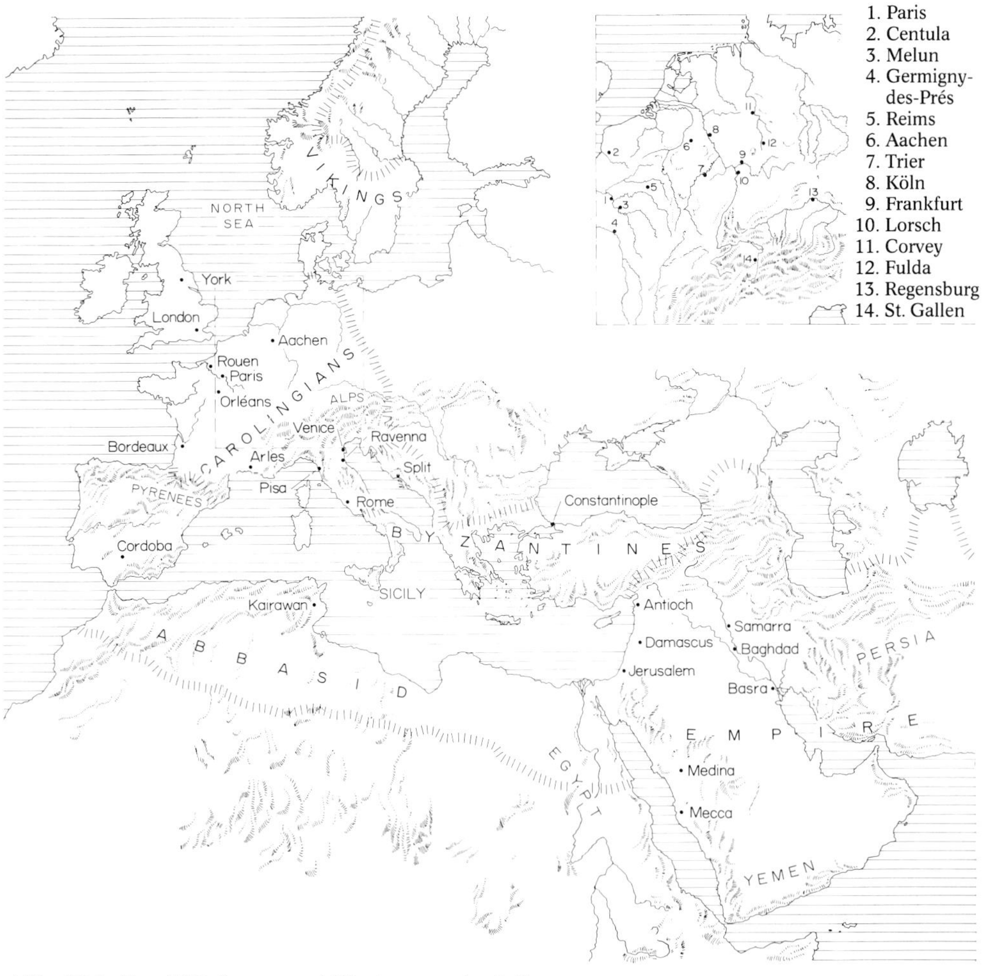

Abb. 12.1 Das Mittelmeer und Westeuropa im 9. Jh.

1. Paris
2. Centula
3. Melun
4. Germigny-des-Prés
5. Reims
6. Aachen
7. Trier
8. Köln
9. Frankfurt
10. Lorsch
11. Corvey
12. Fulda
13. Regensburg
14. St. Gallen

Das Mittelmeergebiet im frühen Mittelalter 257

Abb. 12.2 Mekka (Saudi-Arabien), Die Kaaba in ihrem heutigen Zustand.

Bisweilen fand die zahlenmäßig reduzierte Bürgerschaft in einem einzigen römischen Bauwerk Platz. Das frühmittelalterliche Arles zog in das Amphitheater, der Palast Diokletians wurde zur Stadt Split (Abb. 12.3). In seltenen Fällen wurde, wenn die ursprüngliche römische Wallanlage ihrer Stadt auch weiterhin Schutz bot, die darin befindliche ererbte Stadtstruktur dem bescheidenen neuen Dasein in stark eingeschränkten Verhältnissen angepaßt. Das klassische Beispiel ist Rom selbst. Nachdem der Hof sich zurückgezogen hatte, verkleinerte sich die Stadt im Laufe mehrerer Jahrhunderte auf den Raum innerhalb der imposanten Mauer Aurelians. Die äußeren Gebiete wurden in Ackerland verwandelt, Material wurde wiederverwendet, weitläufige Gebäude führte man neuen Verwendungszwecken zu und spaltete so nach und nach das großartige alte System der öffentlichen Bereiche – den Campus Martius, die Kaiserforen – zu einem kleinteiligen, leicht zu bewältigenden Geflecht auf, das beredt von Fortleben und kultureller Neubewertung kündete.

Die Religion war der Weg zum Fortbestehen. Städte ohne Bischöfe schwanden dahin. Eine Reliquie, ein Heiliger, eine Erscheinung konnten Langlebigkeit sichern. Rom retteten seine Heiligtümer und die Autorität seines Bischofs. Wallfahrten und Jahrmärkte förderten die Wirtschaft dieser heiligen Städte. Im übrigen mußte man sich auf Handel und Behördengunst verlassen. Paris als Hauptstadt der Merowinger-, Pavia als die der Langobardenherrschaft erfreuten sich einer gewissen Stabilität. Da es keine organisierte Bürokratie und keinen Staatsapparat wie im alten Rom gab, waren die Könige zu einer mit Reisen verbundenen Überwachung gezwungen, die einer Reihe anderer Städte zugute kam.

Der Handel hörte keineswegs auf. Bis ins 7. Jh. war der Seehandel zwischen Osten und Westen zwar unbedeutend, aber niemals ganz abgeschnitten. Als die Moslems zuerst ihren Anspruch auf die Gewässer des Mittelmeers geltend machten, blieb der Handel auf der Seine, der Loire und dem Po davon unberührt, ja seine Bedeutung nahm unter den gegebenen Umständen sogar noch zu. Es dauerte auch nicht lange, bis unternehmende norditalienische Städte wie Venedig und Pisa heimlich die »Sarazenen« einbezogen, wenn sie auch in die öffentliche Verurteilung Mohammeds als einer Gottesgeißel einstimmten.

Wahrscheinlich wäre der Niedergang der

ger, trat an die Stelle der schwerverständlichen Vorstellung von der römischen Urbs; »nicht die Steine, sondern die Menschen«, wie es bei Isidor von Sevilla heißt. In Italien funktionierte besonders im Norden weiterhin eine aktive Bürgerschaft, die sich von Bischöfen und lombardischen Lehnsherren nicht den Mund verbieten ließ, und auch in Spanien bestanden die römischen Städte unter den Westgoten auf ihren Rechten, so daß die moslemischen Eroberer sie für eine Übernahme und Entwicklung bereit fanden.

Als Folge der ersten Invasionen hatte in gallischen Städten jener Prozeß der Befestigung und des Schrumpfens eingesetzt, der

dazu führte, daß im 7. Jh. eine Einwohnerzahl von 2000 oder 3000 schon eine Ausnahme war. Etwa fünfzig Städte von der Nordsee bis zur Rhône, alle im Tal der Loire und strategisch günstig am Zugang zum Garonnetal gelegen, verwandelten sich in Festungen. Sie errichteten feste Mauern um einen kleinen Stadtbezirk, der entweder auf einer Höhe lag oder über andere natürliche Verteidigungsmittel verfügte. Den Rest der Stadt samt Vorstädten ließ man verfallen. Die schmale krumme Straße, die zu unserer Vorstellung von einer mittelalterlichen Stadt gehört, entstand unter diesen Beschränkungen.

Abb. 12.3 Arles (Frankreich), Die mittelalterliche Stadt innerhalb des römischen Amphitheaters.

Städte im Westen auch ohne das Auftreten von Barbaren unausweichlich gewesen. Das Beispiel des Ostens beweist, daß die großen Städte unter der byzantinischen Herrschaft ihre Unabhängigkeit und ihre Fähigkeit zu hervorragenden Leistungen einbüßten. Die Steuern gingen jetzt an die Zentralregierung, und wenn die auch ein Drittel der Einnahmen an die Städte zurückführte, damit sie nicht völlig zusammenbrachen, genügte diese Summe allenfalls für die Instandhaltung von Mauern, Straßen und Wasserleitungen. Alles übrige überließ man dem Zerfall. Die Foren und die zugehörigen Bauten fielen einer veralteten Selbstregierung zum Opfer. Theater, Gymnasien und öffentliche Bäder wurden zu Schauplätzen für überholte Funktionen, welche die Kirche verurteilte. Nach einer Pause der Zurückhaltung zerstörte man auch die Tempel, nutzte sie als Steinbrüche oder stellte sie in den Dienst des Christentums. Nur Städte von strategischer Bedeutung oder solche, zu denen sich irgendeine spezielle religiöse Beziehung herstellen ließ – ein Beispiel ist die Verbindung von Ephesus mit dem Marienkult –, rechtfertigten eine betont urbane Geltung. Der Islam gewann also mit der Eroberung Syriens und Ägyptens nicht die glanzvollen griechisch-römischen Städte, sondern nur deren entwertete Hülsen. Das ganze Mittelalter hindurch blieb Konstantinopel, märchenhaft und unbezwinglich, »die Stadt« im unaufhaltsam dahinschwindenden Gebiet des Oströmischen Reiches.

Die Deformierungen der Architektur

Von den im Westen zwischen dem Niedergang des Römischen Reichs und dem Aufstieg Karls des Großen errichteten Bauten dürfen wir weder erwarten, daß es so viele waren wie früher, noch daß in der Produktion der Mechanisierungsgrad der römischen Baupraxis erreicht wurde. Staatliche Brennöfen für Ziegel, Beförderung ausländischen Marmors, beliebig viele Sklaven oder Soldaten als Arbeitskräfte gab es nicht mehr. Auftraggeber war jetzt in erster Linie, wenn auch nicht ausschließlich, die Kirche. Bei den Barbarenherrschern bildete sich sehr rasch die Erkenntnis heraus, daß die Pflege der Künste Pflicht der Fürsten sei und sich auf diese Weise mühelos Prestige erwerben lasse. Ihnen und ihrem Gefolge genügten als Residenzen gallo-römische Villen oder sonstige requirierte Gebäude, für ihre Kirchen jedoch trafen sie gute Vorsorge. Theoderichs arianischen Dom in Ravenna mit seinem Baptisterium und sein steinernes Mausoleum können wir heute noch sehen. Dieser vorurteilsfreie Gote hat durch eine Reihe von Maßnahmen zur Wiederherstellung und Erhaltung der großartigen kaiserlichen Monumente einem Verfall Roms Einhalt geboten. Theoderichs Antwort an einen Bittsteller, der um die Erlaubnis bat, ein neues Gebäude über einem Teil des Trajansforums zu errichten, paßt auch auf unser eigenes Dilemma im Städtebau. Der König erteilte die Erlaubnis mit der Begründung, verlassene Bauten gingen leicht zugrunde; wenn man sie weiterhin verwende, so verhindere das den altersbedingten Verfall.

Die Geschichte der Architektur sollte mehr umfassen als das Festhalten dessen, was neu gebaut wird. Die Darstellung, wie das im frühen Mittelalter entstehende Europa seinen ererbten Bestand an Bauten unter dem Gesichtspunkt der Wiederherstellung und Wiederverwendung verwaltete, ergäbe eine fesselnde und lehrreiche Geschichte. Die Zentren von Florenz und Verona beruhen immer noch auf dem römischen Raster (Abb. 9.2, 16.2). Das 28 v. Chr. errichtete Mausoleum des Kaisers Augustus hat sich in Resten bis heute erhalten, weil man dem Ratschlag Theoderichs entsprechend immer wieder Verwendung dafür fand.

Bei den neuen Bauwerken handelte es sich in erster Linie um Sakralbauten. Kernpunkt der Städte war jetzt der Dom mit der Bischofsresidenz. Die Hauptkirche, in welcher der Bischof amtierte, war der Jungfrau Maria geweiht, während die täglichen Gottesdienste in einer parallel zum Dom gelegenen Nebenkirche stattfanden. Zwischen beiden lag das Baptisterium. Basiliken mit Märtyrergräbern standen an den Zugangsstraßen zur Stadt, wo sich die alten Friedhöfe befunden hatten. Auch Klöster gab es an den Landstraßen wie innerhalb der Stadtmauern.

Das Mönchtum, eine frühe Einrichtung aus dem Osten, hatte den Westen im späten 4. Jh. über Tours an der Loire und die vor der Südküste Frankreichs gelegenen Inseln Lérins erreicht. Infolge der Bemühungen des heiligen Benedikt von Nursia nahm es allmählich Formen an, die mit seiner Regel übereinstimmten. Die ersten Klöster waren in ihrer Anlage zweifellos ungeplant. Eine regelrechte Planung scheint es vor dem 8. Jh. nicht gegeben zu haben. Sie hatten mit Türmen verstärkte Mauern, Gästequartiere, eine oder mehrere Kirchen, einen Kreuzgang, ein Refektorium und ein Badehaus und wirkten als Zentren eines geordneten Gemeindelebens, als feste Inseln in den bewegten Fluten des politischen und sozialen Lebens sowie als Vorposten der Missionsarbeit.

Rund um die außerhalb der Mauern gelegenen Basiliken und klösterlichen Enklaven entstanden Gemeinden, in denen ein betriebsames Leben herrschte. Als der Fernhandel wieder in Schwung gekommen war, begannen Kaufmannskolonien ihre eigenen Zentren außerhalb der Mauern zu gründen, welche die Gerichtsbarkeit der alten Städte in Frage stellten. Um 700 werden sie zum ersten Mal erwähnt. Aus solchen Konstellationen entwickelten sich allmählich die mittelalterlichen Städte. Das Land war wirtschaftlich nach dem Feudalsystem organisiert. Die Hauptrolle spielte dort, zumindest in Gallien, die *Seigneurie* oder *Ville*, ein ausgedehnter Grundbesitz, auf dem der Grundeigentümer sich ein für allemal einrichtete. Ein Teil des Grundes, die Domäne, wurde unter unmittelbarer Aufsicht des Herrn oder seiner Verwalter bewirtschaftet. Den Rest vergab man in Form kleiner oder mittelgroßer Pachtgüter, der sogenannten Lehen, an dienstbare Siedler.

Die Kirchen waren rechteckige Hallen mit oder ohne Apsis und Querschiffe. An den Längsseiten und manchmal auch vor der Westfassade konnten sie mit offenen Vorhallen versehen sein, wie wir sie aus römischen öffentlichen Gebäuden kennen. Es führte sich ein, daß privilegierte Verstorbene hier ihre letzte Ruhestätte fanden. Im großen und ganzen hatten die Gebäude Holzdächer. Holzarchitektur war jetzt stärker vertreten. Fachwerkkonstruktionen fanden sich in Kirchen und Palästen. Die bodenständige Standardform war jenes mit Seitenschiffen versehene und in Joche unterteilte nordische Langhaus, dem wir zuerst in prähistorischer Zeit begegnet sind und das sich seit damals in Gotland, Island,

Abb. 12.5 Poitiers (Frankreich), Baptisterium St. Jean, 7. Jh.

Abb. 12.4 Leicestershire (England), Die große Halle von Leicestershire Castle, um 1150; Rekonstruktion des Inneren.

Deutschland, Belgien und Holland eines ununterbrochenen Daseins erfreut hatte. Belegt ist diese Tradition durch eine Reihe Ausgrabungen in diesen Gebieten, durch juristische oder administrative Dokumente aus dem frühen Mittelalter und durch das literarische Beweismaterial der nordischen Sagas. Das Langhaus bildete eine rechteckige, von niedrigen Mauern aus Erde und Stein umschlossene Halle (Abb. 12.4). Innen ruhten Pfostenpaare mit Steinbasen auf dem Fußboden aus Erde; sie trugen Querbalken, die wiederum das Giebeldach hielten. Diese Bauweise könnte die Architekten im Norden dazu bewogen haben, die Planung unter dem Gesichtspunkt rechtwinkliger Joche beizubehalten, gleichviel, wie das Baumaterial beschaffen war, mit dem sie arbeiteten.

Steinarchitektur und die dafür erforderlichen Techniken starben nicht aus, und auch das Gewölbe geriet nicht in Vergessenheit. Einheimische Traditionen hielten sich hartnäckig – wenn auch in drastisch reduziertem Ausmaß und Niveau. In Norditalien, vor allem in der Lombardei, blieb die Ziegelbauweise Ravennas lebendig. Die Lombardei liegt in der weiten Schwemmlandebene des Po; die aus dem reichlich vorhandenen Flußlehm hergestellten Ziegel zeigen gebrannt die schönen braunen und roten Farbtöne. Hier hielt sich der rechteckige byzantinische Ziegel, und man errichtete aus ihm Mauern ohne Schalarbeit. »Lombardus« bedeutete allmählich soviel wie Maurer. Die Anfertigung steinerner Kapitelle und Sarkophage hielt sich in Aquitanien, und die dortigen berühmten Marmorbrüche wurden noch bis ins 8. Jh. betrieben. Außerdem erinnerten ja überall die ehrwürdigen alten römischen Baukomplexe ständig daran, was machbar war. Alte Säulen, Kapitelle und Steinblöcke wurden regelmäßig in neuen Gebäuden wiederverwendet, und diese beredten Überreste müssen als Zeichen einer immerwährenden, wenn auch schwer bedrängten Tradition angesehen worden sein.

Einige wenige erhaltene Bauten bezeugen die Unabhängigkeit und die Kraft dieser vorkarolingischen Periode. Römische Anklänge sind unübersehbar, aber es besteht kein Verlangen nach Beachtung des klassischen Kanons. Das Baptisterium von Poitiers aus dem 7. Jh. zeigt außen antike Elemente – Giebel, Pilaster, Gesimse –, ohne daß ein Interesse an sachgerechter Interpretation spürbar wäre (Abb. 12.5). Bis zu einem gewissen Grade verfolgt man hier die gleichen Ziele wie sie in jener Vermischung struktureller und dekorativer Impulse zum Ausdruck kommen, die wir im Inneren des

Abb. 12.6 El Campilo (Spanien), San Pedro dela Nave, 680–711.

Baptisteriums der Orthodoxen in Ravenna feststellten (Abb. 11.22). Doch in Poitiers verlagert sich das Gleichgewicht zugunsten des Ornaments, der geometrischen Abstraktion. Rudimentäre Ziergiebel werden zu Füllseln des Hauptgiebelfelds und sind selbst willkürlich mit Terrakottarosetten angefüllt.

Für diese Sinnentfremdung wird nur allzu leicht der barbarische Geschmack verantwortlich gemacht. Wir sollten nicht vergessen, daß die Kunst des Westens sich schon vor der Besetzung römischer Gebiete vom Naturalismus entfernt hatte. Bereits im 3. und 4. Jh., als es in der Philosophie um Wirklichkeit oder flüchtige Erscheinung und um Spiritualität oder universales Sein ging, hatten sich Plotin und Porphyrios für das abstrakte, reine Sein entschieden.

Gerade diese in der westlichen Welt vorherrschende Tendenz zur Abstraktion, ob sie nun in der Behandlung der menschlichen Gestalt oder in der Logik antiker Bauart und Ornamentik auftrat, kam der Vorliebe der Barbaren für verschlungene Muster und ihrer Abneigung gegen leere Stellen in der Mustergestaltung entgegen. Die immer noch lebendige Schöpferkraft der alten Städte erneuerte die kleinmaßstäbliche Verzierung und erhob sie durch Verschmelzung mit Erinnerungen an antike Formen auf das Niveau großer Kunst.

Dieselbe Mißachtung klassischer Prinzipien in der frühmittelalterlichen Architektur zeigt sich auch in der Dreidimensionalität – in der Wechselbeziehung zwischen Grundriß und Aufriß und in der Anordnung von äußeren Massen und Innenraum. Die kleinen, aber wunderbar proportionierten Kirchen des vormoslemischen Spaniens lassen sich in keiner Weise als unmittelbare Nachfolger der römischen oder frühchristlichen Basiliken deuten. Man denke an San Pedro dela Nave in der Provinzhauptstadt Zamora nahe der portugiesischen Grenze (Abb. 12.6). Das quadratische Heiligtum (mit einem rätselhaften, unzugänglichen Raum darüber) und die Querschiffarme sind keine mit der Gesamtkomposition zusammenhängenden Elemente, sondern nur Anhängsel der rechteckigen Hauptmasse der eigentlichen Kirche. Diese ist in sich gespalten. Nur die Westhälfte läßt sich als dreischiffige Basilika mit überhöhtem Mittelschiff deuten. Der Querschiffstreifen mit dem Laternenturm über dem Mitteljoch unterscheidet diesen Gemeindeversammlungsraum deutlich vom Chor, und die Form der Fenster unterstreicht diesen Unterschied noch. Unterteilung erleichtert den Gewölbebau. Der funktionale Grund für dieses geteilte Innere, das die römische Berücksichtigung des Raumzusammenhangs mißachtet, sind jedoch die zunehmende Trennung der Geistlichkeit von der Gemeinde und die strenge Raumzuteilung für jede liturgische Handlung. In diesem Punkt und auch noch in mehreren anderen Einzelheiten – dem Kreuzungsturm, der Bevorzugung von Pfeilern anstelle von Säulen, der Bedeutung, die man den Querschiffeingängen beimißt, und den Kapitellen mit geschichtlichen Darstellungen – ist San Pedro ein Vorläufer der späten mittelalterlichen Praxis.

Der karolingische Aufbruch zur Erneuerung

Der Bericht über das sog. »dunkle Zeitalter« sollte unsere Vorstellung von der karolingischen Epoche in Europa modifizieren, ohne deren Bedeutsamkeit zu verringern. Wir sollten diesen Zeitabschnitt nicht als ein plötzliches Aufleuchten in fast völliger Dunkelheit betrachten, sondern als einen Schimmer, der sich unter Karl dem Großen außerordentlich verstärkte. Alles in allem haben wir es mit einem Zeitraum von weniger als hundert Jahren zu tun, der um 790 beginnt. Die Ordnung, die Karl und seine Söhne den unruhigen und weitgehend unentwickelten Kräften Mittel- und Westeuropas zu bringen vermochten, war eine verheißungsvolle Leistung, der zudem der bewußte Vorsatz der Bischöfe Roms vorausgegangen war, die politische Führung im Westen zu übernehmen.

Um die Mitte des 8. Jh. erwies sich das oströmische Exarchat von Ravenna als unwirksam, weil sich der geringe Einfluß des byzantinischen Kaisers in Italien auf die Südspitze und Sizilien beschränkte. Die Päpste fühlten sich berechtigt, eine von Konstantinopel unabhängige Politik zu betreiben. Sie suchten Unterstützung im Norden und forderten die Franken auf, den Stuhl Petri gegen die langobardischen Könige zu verteidigen. Zur selben Zeit (zwischen 752 und 806) wollte eine gefälschte Urkunde – die sog. Konstantinische Schenkung – beweisen, daß Kaiser Konstantin nach der Schlacht an der Milvischen Brücke dem Bischof von Rom und der Kurie durch Überlassung des Lateranpalasts samt dazugehörigem Grundbesitz für alle Zeiten auch die Würden und Privilegien des Westreichs übertragen habe. Der Lateran wurde jetzt als kaiserlicher Palast renoviert und sollte in seiner Geltung an die Stelle des verlassenen Palatins treten. Karls Vater Pippin wurde 754 von Papst Stephan in der Kirche von St. Denis bei Paris zum König der Franken gekrönt – ein Vorspiel zu Karls Krönung als Kaiser des Westreichs, die weniger als fünfzig Jahre später in der Peterskirche erfolgte. Wie stark die Bande zwischen Rom und dem fränkischen Königreich waren, beweist die Tatsache, daß unter Pippin an die Stelle der römischen Liturgie die der gallischen Nationalkirche trat, was sich besonders auch in der Architektur auswirkte – so wurden zum Beispiel in Übereinstimmung mit dem konstantinischen Brauch die Dome und Klosterkirchen nach Westen ausgerichtet und die Bauprogramme Karls den Formen des Petersdoms und des Lateranpalasts angeglichen.

Das kaiserliche Vorbild

Eine wichtige Überlegung: Wenn Karl wünschte, daß seine Herrschaft die Zeiten des Römischen Imperiums erneuern sollte, dann schloß diese Zeitspanne nach seiner Meinung auch die ersten Jahrhunderte der siegreichen Kirche mit ein. Unter dem Gesichtspunkt der Architektur hatten die christlichen Denkmäler des Westens, vor allem die in Rom und Ravenna, dieselbe Bedeutung wie das Pantheon oder die Kaiserforen. Seine *Renovatio Romae* sollte sich in der Kirche manifestieren. Die Religion diente nicht nur dem Seelenheil des einzelnen, sondern auch der Förderung und Verwandlung der Gesellschaft. Die Regeln für das Verhalten der Geistlichkeit und der Mönche, ja auch die Vorschriften für die Gestaltung der sakralen Architektur wurden am Hofe formuliert, denn Karl machte keinen Unterschied zwischen Kirche und Staat, nicht anders als die byzantinischen Kaiser, denen die Doktrin des Caesaropapismus ihre Oberhoheit sowohl im politischen wie auch im religiösen Bereich bestätigte.

In seinen realen oder zumindest geplanten Leistungen steht das karolingische Zeitalter hinter den bedeutendsten Bauphasen in der Geschichte des Westens nicht zurück. Karls Hilfsquellen waren seine Eroberungen, und sie ermöglichten das Bauen in großem Maßstab auch nach seinem Tode noch mindestens bis 845, als die Invasion der Normannen ihren Höhepunkt erreichte. Über das Reich hin entstanden mehrere Pfalzkomplexe, deren der nicht ortsfeste Hof bedurfte. In der Pfalz umgab sich der Kaiser mit Gelehrten aus allen seinen Provinzen: Petrus von Pisa und Paulus Diaconus aus Italien, Theodulf aus Spanien, dem großen Alkuin aus Northumberland und dem späteren Biographen des Kaisers, Einhard aus Deutschland. In königlichen Skriptorien wurden antike Handschriften abgeschrieben und farbig illustriert. Und das alles, obwohl die Oberschicht der karolingischen Gesellschaft an Bildung nicht interessiert war und Lesen und Schreiben als ein Geschäft Untergeordneter ansah. Die allgemeine Renaissance der Literatur fiel zumindest für den Kaiser mit dessen Interesse an der genauen Bestimmung der Dogmen und dem Rückgriff auf Quellen für die vor-

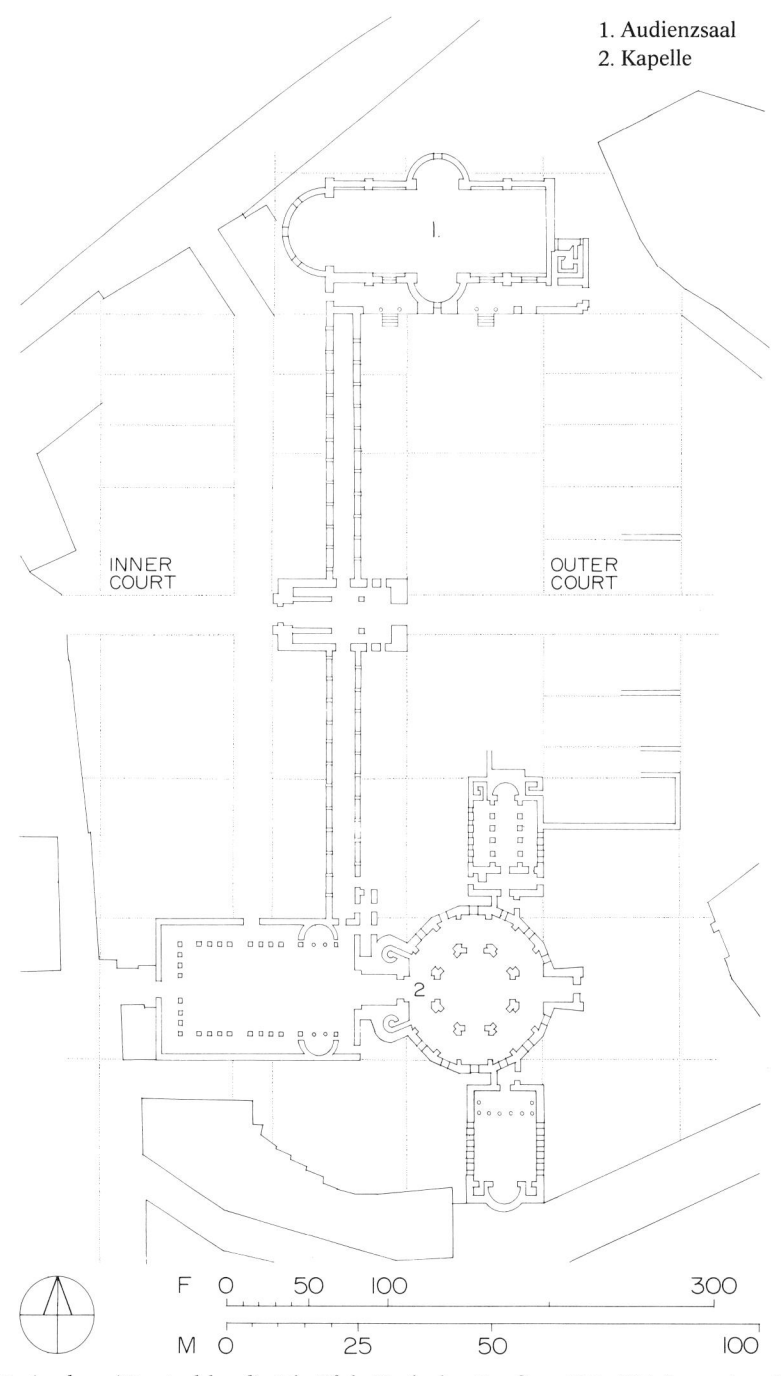

Abb. 12.7 Aachen (Deutschland), Die Pfalz Karls des Großen, 796–804; Lageplan des Hauptteils mit angenommenem Modulornetz. Die umrandenden Linien bezeichnen moderne Anlagen. Von der Pfalz ist nur noch die berühmte Kapelle erhalten (heute die Hauptkirche der Stadt), die in der Zeit der Gotik ein neues Äußeres erhielt.

schriftmäßige Ausübung des christlichen Glaubens zusammen.

Die Klöster waren jetzt staatliche Einrichtungen, ihre Hunderte von Insassen wurden angeworben, ja ausgehoben, und ihre Verwaltung war hochstehenden Persönlichkeiten des Staates übertragen. Die großzügig angelegten Klöster waren in Wirklichkeit Alternativen zur Stadt; sie waren meist auf dem Land angesiedelte, voll betriebsfähige Verwaltungs-, Wirtschafts- und Kulturzentren. Einige regelrechte Städte – Reims, Frankfurt, Melun und Regensburg – fühlten sich unter der Obhut der Karolinger so sicher, daß sie ihre beengenden Mauern abrissen und sich vergrößerten. Alte Domkomplexe wurden zu Bischofssitzen umgebaut. Allmählich traten imponierende Gebäudegruppen an die Stelle merowingischer Provisorien; alles war jetzt auf die Kirche als Mittelpunkt bezogen, die nun auch die Aufgaben der Nebenkirche und des Baptisteriums übernahm. Aus diesen Erneuerungen erwuchs ein neuer Kirchentyp, der nun auf lange Zeit hinaus maßgebend blieb.

Zwei besondere Kennzeichen, die Größe und die geometrische Ordnung, verbanden die karolingischen Bestrebungen mit dem Vorbild des kaiserlichen Roms. In Aachen (Aix-la-Chapelle) nahmen der Palast und eine stattliche königliche Kirche zwei einander gegenüberliegende Enden eines Hofs ein, der über 200 Meter lang war (Abb. 12.7). Der gesamte Grundriß beruhte auf einem Modul von 58 Fuß und entsprach damit einer damaligen Regel. Besser ausgedrückt: er war innerhalb eines Rasters entworfen, dessen Seiten diese Länge hatten. Eine neuere Untersuchung interpretiert die Anlage mit Hilfe eines Grundwerts von 12 Fuß. Der Hof war ein vollkommenes Quadrat mit einer Seitenlänge von 360 Fuß. Innen war das Quadrat in sechzehn Quadrate von 84 Fuß Seitenlänge unterteilt. Die Kirche stand nahe dem Südrand, eine Audienzhalle mit Apsis nahe dem Nordrand des Hofs. Das Pfalzgrundstück wurde von zwei 24 Fuß breiten Straßen durchquert, die sich in rechten Winkeln so schnitten, daß ein innerer und ein äußerer Hof entstand. Ein Teil des Grundstücks erhielt den Namen Lateran, nach der Papstresidenz in Rom, und in Nachahmung der dort aufgestellten berühmten bronzenen Reiterstatue, die man für Konstantin hielt, wurde aus Ravenna die Reiterstatue Theoderichs herbeigeholt, die den Schauplatz dieses wieder auferstandenen *Imperiums* schmücken sollte.

Die Pfalzkapelle steht noch; ihr Äußeres ist allerdings zur Zeit der Gotik verändert worden. Ihr Entwurf stammt von Odo von Metz, der Bau wurde 792 begonnen. Vor dem Hauptbau lag ein rechteckiges Atrium mit zweistöckigen Galerien auf drei Seiten. Die vierte Seite nahm das großartige *Westwerk* ein. Im Erdgeschoß führte eine Vorhalle in die eigentliche Kirche. Die beiden Ecktürme des Westwerks enthielten Wendeltreppen, die bis zur Höhe der Galerie emporführten, wo der Kaiser sich zeigte und dem Gottesdienst beiwohnte. Dieser Raum setzte sich nach oben in einer Reliquiarkapelle fort, in der sich die sagenhafte Reliquiensammlung Karls befand. Von beiden Seiten des Thronraums aus führten ringförmige Galerien, die gegen den Mittelraum durch Säulen abgeschirmt waren, zu einem genau gegenüberliegenden Sanktuarium (Abb. 12.8). Darunter, im Erdgeschoß, führte ein Sanktuarium zu je einer Basilikakapelle im Norden und Süden. Die nördli-

Abb. 12.8 Aachen, Pfalzkapelle Karls des Großen, 796–804, Odo von Metz; Innenansicht.

che verband die Kirche mit der Audienzhalle auf der anderen Seite des Hofs durch eine zweigeschossige Passage. Im Erdgeschoß öffnete sich durch ungeteilte einfache Bogen ein Umgang zum Mittelraum der Kirche. Nach außen wies es sechzehn Seiten auf. Jede zweite Seite war mit einem der acht Innenpfeiler durch Kreuzgewölbe oder vielmehr durch ringförmig abgewinkelte Tonnengewölbe verbunden. In den Galerien des zweiten Geschosses waren die acht quadratischen Joche durch Tonnengewölbe überspannt, während den Mittelraum ein achteckiges Klostergewölbe bedeckte.

Eine allgemeine Ähnlichkeit mit der Pfalzkapelle San Vitale in Ravenna ist schon oft festgestellt worden. Sie war zweifellos beabsichtigt. Doch ist die Einzigartigkeit des Aachener Baus interessanter. Läßt man das mehrgeschossige Westwerk, eine der großartigen Erfindungen der karolingischen Architekten, beiseite, so zeigt die Kirche weit mehr Gemeinsamkeiten mit frühmittelalterlichen Formen im Westen, deren Eigenart wir an San Pedro dela Nave feststellten, als mit den byzantinischen Bauten in Ravenna oder Konstantinopel. Der Nachdruck, den man auf massive Pfeiler legte, eine innere Gliederung, die Vielteiligkeit und Kompliziertheit anstrebt, enge, schachtähnliche Raumteile – das alles unterscheidet Odos Werk von Justinians Präzedenzfall San Vitale (Abb. 11.26).

Auch äußerlich hat die karolingische Baukörperaufteilung wenig mit Byzanz zu tun. Aachen ist heute stark verändert, aber eine kleine Kirche in Germigny-des-Prés bei Orléans, die von Bischof Theodulf gebaut und 806 geweiht wurde, ist hinreichend bekannt und kann den Vergleich deutlich machen (Abb. 12.9). Ihr fünfkuppeliger Grundriß wurde mehrere Jahrzehnte später in der byzantinischen Kirchenarchitektur üblich. Im Osten läßt sich in der Tat aus der Zeit zwischen Justinian und dem 9. Jh. nur sehr wenig vorzeigen, da das Aufkommen des Islams und der blutige Bürgerkrieg um religiöse Bilder, der sog. Bilderstreit, über hundert Jahre lang das Reich erschütterten und wenig Raum für neues Bauen ließen. Als 843 mit dem Sieg der Ikonodulen oder Bilderverehrer der Frieden wiederhergestellt war, begnügte sich die Architektur mit einem System, das in den nächsten fünfhundert Jahren endlos wiederholt wurde: mit dem Zentralbau. Im Grunde handelt es sich hier um ein Schema mit neun Jochen, von denen das mittlere mit einer Kuppel auf einem hohen Tambour und die Eckjoche mit kleinen Kuppeln oder Kreuzgewölben bedeckt waren, während alles übrige – die Arme des eingeschriebenen Kreuzes – Tonnengewölbe aufwies. Die Arme öffneten den Raum des Hauptschiffs in Richtung auf die Seitenschiffe; die Längsachse zum Altar hin war stark verkürzt. In der meist sehr kleinen zentralisierten Form dieser neuen Kirchen versammelte sich die Gemeinde um das überkuppelte Mittelquadrat und innerhalb desselben, das im Erdgeschoß nichts Bedeutenderes aufwies als vier schöne Säulen oder Pfeiler.

Uns interessiert hier der Gegensatz zum karolingischen Zentralbau. Die hohe Laterne und der quadratische Turm, Bekrönungen der Bischofskirche von Germigny, bezeichnen den vielleicht auffälligsten Unter-

Abb. 12.9 Germigny-des-Prés (Frankreich), Oratorium des Bischofs Theodulf von Orléans, geweiht 806; Außenansicht. Das Oratorium war ursprünglich Teil der Villa Theodulfs; ihre heutige Gestalt verdankt die Kirche weitgehend dem Wiederaufbau im 19. Jh.

Abb. 12.10 Mistra (Griechenland), Brontocheion, spätbyzantinische Klosterkirche, um 1300; Ansicht von Osten.

schied. Mächtige, aufwärtsstrebende Massen sind bei den Bauten des westlichen Mittelalters besonders beliebt. Diese betonte Vertikalität, das Hinausheben der Masse über das höchste Dachniveau, hat nicht mehr viel mit der byzantinischen Kirche zu tun, die ihre Baumassen zu der Mittelkuppel hin auflöst und die Glockentürme an eine Ecke außerhalb der Hauptform des Gebäudes verweist (Abb. 12.10).

Die Anordnung axialer Apsiden in Germigny ist ebenfalls einzigartig. Eine byzantinische Kirche aus der Zeit nach dem Bilderstreit hatte drei Apsiden am Ostende, wobei die Apsis des Hauptsanktuariums zwischen den Apsiden zweier nach Norden und Süden gerichteten Kapellen lag. Schon im 6. Jh. war man von der Vorschrift der frühen Kirche abgewichen, die nur einen einzigen Altar, den für die Liturgie, erlaubte. Die erstaunliche Beliebtheit des Reliquienkults machte zusätzliche Altäre auch im Westen nötig, wo die Verbindung von Altar und Reliquie Vorschrift geworden war. Eine karolingische Kirche mußte bis zu zwanzig Altäre vorsehen. Man brachte sie in traditionellen symbolischen Gehäusen wie Apsiden des erweiterten mehrgeschossigen Innenraums unter oder trennte sie vom Hauptraum durch Brüstungen ab.

Die dem Hochaltar gegenüberliegende Westapsis von Germigny macht aus dieser Kirche eine doppelchorige Anlage – ein weiteres, für die karolingische Sakralarchitektur typisches Merkmal. Diese Westapsis war seit dem frühen 8. Jh. durch die Entwicklung der Ostergottesdienste notwendig geworden. Sie erzwang ein Abweichen von axialen Eingängen, die dem Sanktuarium genau gegenüber lagen, und das beschleunigte zusammen mit der durch die Brüstungen bewirkten optischen Zerstückelung jene Vernachlässigung der klassischen Prinzipien, welche mit der vorkarolingischen Bauform begonnen hatte.

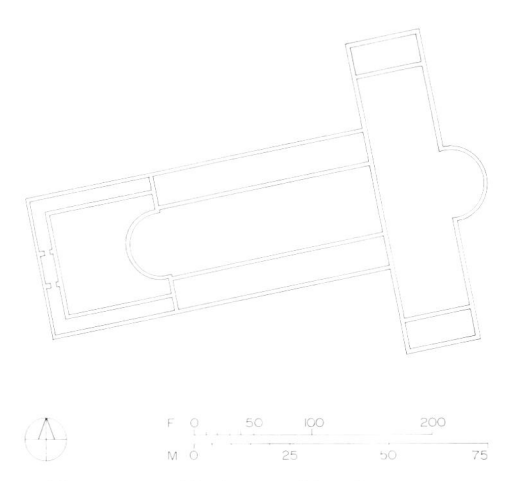

Abb. 12.11 Fulda (Deutschland), Karolingische Kirche, 802–817; Fundamentplan.
Dem Plan liegt Alt-St. Peter zugrunde (vgl. Abb. 11.24 und 12.15).

Basilikale Kirchen

Im Westen blieben kirchliche Zentralbauten eine Ausnahme. Sie traten allenfalls als Pfalzkapellen, Nachbildungen des Heiligen Grabes in Jerusalem und als Baptisterien in wenigen Gebieten (vor allem in Italien) in Erscheinung. Im Byzantinischen Reich war die Basilika längst schon als Kirchentypus ungebräuchlich geworden; nicht einmal die justinianische Kuppelbasilika wie die Hagia Sophia hatte Nachfolge gefunden. Die einzelnen Schritte, in denen sich diese Kuppelbasiliken zum Zentralbau entwickelt haben könnten, lassen sich nicht genau bestimmen, und möglicherweise gab es da auch gar keine systematische Entwicklung. Die westliche Sakralarchitektur dagegen blieb bei ihrer Vorliebe für den Basilikagrundriß, und der karolingische Beitrag zu dessen fortwährender Verbesserung war hervorragend.

Natürlich gab es sehr viele verschiedene Lösungen. Die einfachste behielt das vorkarolingische Schema bei: eine einzige rechteckige Halle, der zusätzliche Einheiten nach Bedarf angefügt wurden – Apsis, rechteckiger Chor, axialer Turm an der Eingangsfront –, die mit der Haupthalle nur durch kleine Türen verbunden waren. Niedrige Querarme konnten so etwas wie ein Querschiff bilden, oder eine Anzahl von Anbauten konnten an einer, auch an zwei Seiten der Kirche oder sogar rings um sie herum aufgereiht sein. Das Innere war reich verziert mit Stuckarbeiten (ein Vermächtnis der Spätantike), Fresken und gelegentlich auch Mosaiken.

Die angesehenen Kirchen jedoch, die Bischofs- oder Klosterkirchen, waren im allgemeinen mehrschiffige Basiliken mit einem Atrium vor der Fassade, von dem aus man das Gebäude entweder durch ein Westwerk oder, im Falle der doppelchörigen Anlagen, von einer oder von beiden Seiten der Gegenapsis betrat. Der Gesamtgrundriß läßt sich auf Grund der Ausgrabungen in Fulda und der romanischen Kirchen in Deutschland rekonstruieren, welche viel länger an den karolingischen Formen festhielten, als es in allen anderen Teilen Europas der Fall war (Abb. 12.11). Die benediktinische Abteikirche St. Vitus in Corvey an der Weser hat uns den Anblick eines karolingischen Westwerks erhalten. Zu den echten karolingischen Überbleibseln gehört auch die berühmte Torhalle in Lorsch; sie stand ursprünglich für sich allein an der Westseite des ausgedehnten Atriums, das der Kirche der dortigen bedeutenden Abtei vorgelagert war (Abb. 12.12, 12.13).

Das Atrium nahm in Anlehnung an Rom einen westlichen Kirchengrundriß wieder auf – *more romano*, wie der Chronist von Fulda es ausdrückt. Wahrscheinlich bezieht sich diese Feststellung auf Konstantinische

Abb. 12.12 Lorsch (Deutschland), Karolingisches Kloster, Torbau, um 800.

Gründungen wie die Lateransbasilika und die Peterskirche. Aber die Torhalle von Lorsch, die einem Triumphbogen nachgebaut ist, erinnert auch an das Trajansforum, bei dem man den öffentlichen, von Kolon-

Abb. 12.13 Kloster Lorsch, Torbau, Saal im Oberstock.

Abb. 12.14 Corvey (Deutschland), Benediktinerabtei, St. Vituskirche; Westwerk, 873–885.

schen denen sich ein später hinzugefügtes mit Arkaden versehenes Glockenhaus erstreckt. Im Inneren nahm ein gewölbter Raum das Erdgeschoß ein, während im zweiten Geschoß ein hoher, breiter Raum, der heute Johanneschor heißt, von zweistöckigen Arkaden umgeben war, hinter denen Galerien lagen. In der Pfalzkapelle von Aachen war die entsprechende Geschoßebene offensichtlich mit dem Kaiserthron und insofern mit der Teilnahme des Kaisers am Gottesdienst verbunden. Vielleicht lassen sich daraus Schlüsse auf zumindest eine Verwendung des Johanneschors ziehen.

Unter dem Gesichtspunkt der Symbolik jedoch spielte das Westwerk in der Konzeption des karolingischen Basilikakomplexes wohl vor allem eine Rolle als ein Analogon zum Heiligen Grab in Jerusalem; so entsprach die eigentliche Basilika der mehrschiffigen Auferstehungskirche, das Atrium dem Kalvarienhof und das Westwerk der Rotunde über dem Grab Christi. Der Altar in dieser Vorkirche feierte dann die Auferstehung Christi. Die hohen Türme waren den Erzengeln, den Wächtern des himmlischen Jerusalems, geweiht. Diese Betonung des Triumphs in der Liturgie wich allmählich der Betrachtung der Qualen der Passion; im 11. Jh. war das Westwerk schon auf eine Fassade mit zwei Türmen reduziert und ganz von einem Schmuckprogramm in Anspruch genommen, das die Heimsuchungen der Apokalypse und die Freuden der Wiederkunft Christi eingehend darstellte.

Architektonisch stellte das Westwerk ein Gleichgewicht zwischen den seitlichen Massen des Querschiffs am Ostende her, während seine Vertikalität durch den Turm über der Vierung ausbalanciert wurde. Als man dazu überging, auch auf der Westseite der Kirche die Apsis des Sanktuariums nachzuahmen, fand die westliche Apsis ihre Rechtfertigung in der Tatsache, daß die bedeutenden Basiliken Roms nach Osten ausgerichtet waren, eine Eigenheit, die auf eine Vorliebe Konstantins zurückging, der die meisten von ihnen gegründet hatte. In diesen römischen Kirchen gab es allerdings nur eine Apsis, und zwar die im Westen. In der Abteikirche von Fulda, welche den Anspruch erhob, eine Kopie von St. Peter zu sein, gab es zwei Apsiden, die sich an beiden Enden der Kirche gegenüberlagen. Doch dieser »Zweiender« war keine karolingische Erfindung. In älteren Bauten beherbergte die zweite Apsis wichtige Grabstätten. Jetzt war sie mit einem Altar versehen und erwies sich im Grunde als Gegenchor,

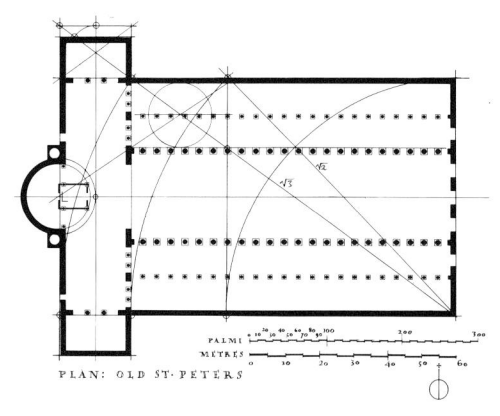

Abb. 12.15 Rom, Alt-St. Peter, um 320–330; Grundriß mit unterlegtem Konstruktionsdiagramm.

naden umgebenen Platz durch einen Bogen mit drei Öffnungen betrat (Abb. 9.28). Die antik inspirierten Ordnungen der beiden Hauptfassaden sind bei der Torhalle von Lorsch mit dem durchgehenden zweidimensionalen Muster einer Steininkrustation versehen. Für die runden Treppentürme an beiden Enden und den geräumigen Saal im Obergeschoß findet sich im römischen Triumphbogen keine Parallele. Ein passenderes Vorbild könnten spätantike Stadttore wie jene in den Aurelianischen Mauern Roms sein, wo es auf diesem Niveau zwischen den beiden flankierenden Türmen einen benutzbaren Raum gab.

Der Verwendungszweck dieses innen sehr schön mit einem illusionistischen Dekor *all'antico* bemalten Saals ist unbekannt (Abb. 12.13). Es könnte sein, daß hier Empfänge stattfanden, wenn sich der Kaiser in Wahrnehmung seiner Vorrechte als Gründer in der Abtei aufhielt. Könige hatten oft eigene Wohnungen am Klostereingang. Vielleicht diente der Raum aber auch als Audienzsaal für den Abt, der damit den alten Brauch aufnahm, nach dem der Bischof über einem der Tore seiner Stadt wohnte.

Auch die Verwendung des Westwerks liegt im dunkeln. Der in Corvey erhaltene Bau wurde zwischen 873 und 885 errichtet (Abb. 12.14). Er zeigt eine hoch aufgemauerte Fassade mit einem vorspringenden Mitteltrakt, flankiert von hohen Türmen, zwi-

der die Kirche polarisierte und der dazu anreizte, den Eingang auf die Längsseiten zu verlegen.

Zwischen St. Peter und der Abteikirche von Fulda besteht noch ein weiterer Unterschied. Das römische Vorbild hat zwei parallel verlaufende Kirchenschiffwände, die sich über Säulenreihen erheben. Die Abstände dieser Säulen beruhen nicht auf einem Modulverhältnis zur Länge oder Breite der Kirche. Der Entwurf zu St. Peter könnte, wie unsere Zeichnung erkennen läßt, von einem Grundquadrat ausgegangen sein, dessen Diagonale die Länge des longitudinalen Teils der Kirche (Hauptschiff und Seitenschiffe) bestimmte (Abb. 12.15). Die Diagonale des so entstandenen Rechtecks wiederum bestimmte die Gesamtlänge einschließlich des Querschiffs. Da die Diagonale in keinem ungebrochenen Verhältnis zu den Seiten steht, können Maße wie die Breite der Seitenschiffe im Verhältnis zum Hauptschiff oder die Stellung der Säulen keine arithmetische oder durch einen Modul bestimmbare Rationalität aufweisen.

Die Modulbasis der karolingischen Architektur, wie sie im Kaiserpalast von Aachen zutage tritt, führte in den westlichen Kirchengrundriß ein von Walter Horn als »quadratischer Schematismus« bezeichnetes Prinzip ein, nach dem die Bestandteile der Kirche als Vielfaches einer Standard-Raumeinheit – gewöhnlich der des Vierungsquadrats – berechnet werden. In Fulda zum Beispiel besteht das Hauptschiff aus drei solchen Einheiten, das Querschiff ebenfalls aus drei Einheiten, zu denen an den Enden noch jeweils eine halbe hinzukommt. Das vollentwickelte System

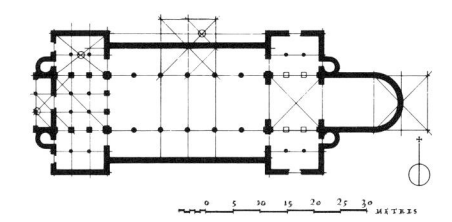

Abb. 12.16 St. Riquier (Centula, Frankreich), Abteikirche, 790–799; Grundriß mit unterlegtem Quadratnetz.

kennzeichnen drei Charakteristika. Erstens erhalten Hauptschiff und Querschiff die gleiche Breite, so daß sie, ineinandergefügt, das Standardquadrat ergeben (Abb. 12.16). Zweitens besteht ein festes Verhältnis zwischen Breite und Länge der Raumbestandteile der Kirche, nämlich der Joche. Drittens wird die Plazierung der Säulen oder Pfeiler, welche die Wände des Schiffs tragen, rhythmisch so zu den Modulquadraten ausgerichtet, daß sie nicht mehr wie in St. Peter eine zufällige Reihe bilden.

Dieses strenge Kompositionsschema hängt möglicherweise mit dem Kreuzgewölbe-Jochsystem in Bauwerken der Spätantike – etwa im Frigidarium der Caracallathermen oder in der Maxentiusbasilika in Rom – zusammen. Sehr wahrscheinlich ist aber auch, daß wir es hier mit einem *germanischen* Beitrag zu tun haben, der unter anderem auf die dem Charakter des Landes angepaßte Holzbauweise nördlicher Kulturen zurückgeht, genauer: auf das mit Schiff versehene und durch Joche unterteilte Langhaus, in welchem sich die Verwendung eines Modulrahmens folgerichtig ergibt (Abb. 11.10, 12.4).

Klöster

Der wahre Spielraum der karolingischen Architektur erhellt sich aus dem, was wir von ihren Klöstern wissen. Auch dafür gibt es kein vollständig erhaltenes Exemplar, und hier fehlen uns zudem die Informationen aus Urkunden. Die Abtei von Centula, dem heutigen St. Riquier, in Nordfrankreich in der Nähe von Amiens gelegen, beherbergte ursprünglich 300 Mönche, 100 Novizen und viele Leibeigene und Bedienstete (Abb. 12.17). Sie gehörte zu einem kleinen Ort mit 7000 Einwohnern und bildete mit ihm zusammen so etwas wie ein verkleinertes Rom. Der Schwiegersohn Karls, der bedeutende Schriftsteller Angilbert, war (Laien-) Abt und gleichzeitig Bürgermeister des völlig regelmäßig angelegten Ortes sowie der Ritter, Kaufleute und Handwerker, die in getrennten Quartieren wohnten und zu Dienstleistungen für die Abtei verpflichtet waren. Sieben nahe gelegene Dörfer spielten in religiöser Hinsicht eine ähnliche Rolle wie die sieben Pilgerstationen Roms, und an kirchlichen Feiertagen zogen Prozessionen aus Mönchen und Laien von einem Weiler zum andern.

Die Abtei war der Dreieinigkeit geweiht, und man hatte der gesamten Anlage die Form eines riesigen Dreiecks gegeben, um dieses Patrozinium zu unterstreichen. Drei Kirchen an den Eckpunkten waren durch Mauern und Säulengänge miteinander verbunden, und rings um den so umfriedeten Raum standen zusätzliche Klostergebäude. Die Gottesdienste rissen nicht ab, denn jeder Mönch war verpflichtet, täglich die Messe zu lesen. In der dem Erlöser geweihten Hauptkirche sangen drei Chöre – in der Apsis, im Westwerk und in der Mitte des Hauptschiffs – abwechselnd Tag und Nacht. Das Leben im Kloster war in jeder Einzelheit durch die Regel des heiligen Benedikt und zusätzliche, vom Hof erlassene Vorschriften bestimmt.

Vielleicht war das Kloster die zentrale politische Einrichtung im Reiche Karls des Großen. Es übernahm militärische und wirtschaftliche Verantwortlichkeiten, beherbergte und bewirtete den Hof bei Besuchen und war zugleich Schule und Forschungszentrum. Die Bauten, in denen man dieses umfassende Programm unterbrachte, wurden zu einem Hauptanliegen des Hofs. Als staatliche Gründungen plante man die Klöster in großem Stil und stattete sie mit Grundbesitz und Leibeigenen aus.

Zu diesem Thema verfügen wir über ein Zeugnis von einzigartiger Bedeutung, das heute in der Stiftsbibliothek von St. Gallen in der Schweiz aufbewahrt wird. Es handelt sich um den Idealplan eines Klosters, der bei Hof erarbeitet wurde, als 816/817 in Aachen Synoden stattfanden. Mit Hilfe dieses Grundrisses hat man den Komplex einigermaßen genau rekonstruiert (Abb. 12.18). Der Entwurf beruht auf einem Modul von 40 Fuß (etwa 12 Metern), der in 16 Einheiten von 2,5 Fuß unterteilt ist, wobei diese Einheit durch das einfache Verfahren fortgesetzten Halbierens gewonnen wurde. Es ist vielleicht kein Zufall, daß die Zahl 40 besonders viele biblische, vor allem für Mönche bedeutungsvolle Assoziationen auslöst, die mit Zeiten der Erwartung und Buße zu tun haben: die vierzig Tage der Sintflut, die vierzig Jahre, in denen die Israeliten durch die Wüste zogen, die vierzig Tage, die Moses auf dem Berg Sinai verbrachte, und ähnliche Themen.

Die Kirche, das einzige aus Stein errichtete Gebäude am Platze, mit zwei Apsiden und zwei Türmen, mit Halbkuppeln an beiden Enden und einem Holzdach über dem Mittelteil, dem mit Pflaster belegten Bereich des Mittelschiffs und den durch Brüstungen in eine Reihe von Raumabschnitten aufgeteilten Seitenschiffen, die jeweils einen Altar aufwiesen, ist uns nun schon vertraut (Abb. 12.19). Eine auf dem Dokument befindliche schriftliche Bemerkung verkürzt die Länge der Kirche von den im Maßstab der Zeichnung angegebenen 300 Fuß (91 Meter) auf 200 Fuß (61 Meter). Die Größe der Kirche war unter den Brüdern, die viel von ihrer Zeit und einen bedeutenden Teil des Klostervermögens auf den Bau verwenden mußten, zum Zankapfel geworden. Wir wissen, daß 812 die Mönche von Fulda gegen ihren Abt Ratger rebellierten, der die neue Abteikirche so planen ließ, daß sie an Größe und Form St. Peter gleichkam. Sie baten den Kaiser, diese »übergroßen und überflüs-

Abb. 12.17 St. Riquier (Centula, Frankreich), Abtei, gegründet im 7. Jh., umgebaut von Angilbert, dem Schwiegersohn Karls des Großen, um 790–799; nach einem Stich von 1612.

Abb. 12.18 Idealbild eines karolingischen Klosters, wie im Plan von St. Gallen um 820 dargestellt; Rekonstruktionsmodell. Links die mit Türmen versehene Kirche.

sigen Bauten« zu verhindern oder einzuschränken. Das Bittgesuch wurde abgelehnt; aber unter Ludwig, dem Sohn Karls, wurde der Abt abgelöst, und sein Nachfolger Eigil wurde vom Kaiser ermahnt, »die Bauvorhaben des Klosters auf normale Ausmaße zu beschränken«. Der abgeänderte Grundriß von St. Gallen läßt diese konservative Tendenz erkennen.

In anderen strittigen Fällen scheint das liberale Element in den kaiserlichen Synoden siegreich geblieben zu sein. Der Grundriß gestattet einen getrennten Wohnsitz des Abts, eine Anzahl von Bädern und eine außerhalb des Klosterbezirks gelegene Schule, die der ganzen Gemeinde zugute kommen sollte – lauter Themen, die auf einen zunehmenden Widerstand seitens einflußreicher Bischöfe, Äbte und anderer maßgeblicher Personen stießen. Abgesehen von der Frage des zulässigen Komforts spielte dabei eine Hauptrolle die Frage, bis zu welchem Grade ein Kloster die Außenwelt berücksichtigen müsse. Die Größe der Kirchen ließ sich oft teilweise dadurch rechtfertigen, daß sie häufig eine doppelte Funktion – als Gemeindekirche und als Pilgerkirche – erfüllten. Ein vordringliches Ziel des Grundrisses bestand darin, die Wege durchreisender Beter getrennt zu halten von der Klausurroutine der im Kloster wohnenden Mönche, und dies galt auch für die Trennung der Brüder von ihren Leibeigenen und Bediensteten, die auf den Feldern arbeiteten oder sonstige niedere Arbeit verrichteten, ohne das Mönchsgelübde abgelegt zu haben.

So finden wir die Stallungen, Scheunen, Arbeiterwohnungen und Bauten für andere untergeordnete Funktionen am Südrand des Komplexes. Im Norden befanden sich Einrichtungen für Gäste, das Haus des Abts und die außerhalb gelegene Schule. Zugrunde lag allen diesen für Gäste und Dienstleistungen bestimmten Gebäuden eine rechtwinklige Einheit mit einer Feuerstelle in der Mitte und einer entsprechenden Laterne oder einem Turmaufsatz auf dem Satteldach, das heißt, eine Variante des traditionellen germanischen Holzhauses. Im Ostteil des Bezirks wohnten die Novizen, die über eine eigene kleine Kirche mit Kreuzgang verfügten. Diese kleine Gruppe lag zwischen Hospital und Friedhof.

Das von diesen peripheren Aktivitäten streng getrennte Kernstück der Anlage behielten sich die Mönche vor. Die beherrschenden Elemente und die Hauptschauplätze ihres Daseins waren die Kirche und der Kreuzgang an deren Südseite. Dieser quadratische Arkadenhof, der mit Kreuzwegen und einem Brunnen in der Mitte zumindest seiner Form nach ein Abkömmling des antiken Peristyls war, maß genau 100 Quadratfuß. Er war auf drei Seiten von zweistöckigen Gebäuden umgeben: dem Dormitorium, in dem 77 Betten vorgesehen waren und das über einem geheizten Tagesraum lag, dem Refektorium über der Kleiderkammer und einem Keller für die Bierfässer, den Speck und andere »lebensnotwendige Dinge«.

Abb. 12.19 Idealbild einer karolingischen Klosterkirche nach dem Plan von St. Gallen; Rekonstruktionsversuch der Innenansicht nach Osten.

Der einzige Zugang in diese innere *Klausur* führte durch einen kleinen Raum in der Nordwestecke, das *Mandatum*, Sprechzimmer der Mönche, wo sich die Eintretenden wohl die Füße wuschen. Hier verbrachten die Mönche ihre Tage ohne jede Störung, in genauer Beachtung der Regel des heiligen Benedikt, die sie täglich laut lasen. Sie versammelten sich zu diesem Zweck in dem an die Kirche angrenzenden Flügel des Kreuzgangs. Hier beteten sie, besuchten siebenmal am Tag Gemeindegottesdienste, versuchten aber auch – und das war ebenso wichtig –, sich an Benedikts Beschreibung des mönchischen Lebens, die »Anleitung zu guten Werken«, zu halten:

»Zu jeder Stunde des Tages das eigene Handeln überwachen. – Sich gewiß sein, daß Gott einen überall sieht. – ... Seine Lippen davor bewahren, daß sie böse oder sündhafte Worte aussprechen. – Nicht gerne viel reden... oder lachen. – Die Keuschheit lieben. – ... Sich nicht anmaßend zeigen. – Das Alter ehren. – Die Jugend lieben.«

Rings um diesen stillen Sammelpunkt beschaulicher Frömmigkeit brandete an den Rändern des Klosters und darüber hinaus allenthalben das Leben. Der Boden wurde bestellt und die Ernte eingebracht, das Vieh wurde gefüttert, die Kinder gingen zur Schule, hohe Würdenträger kamen zu Besuch und wurden vom Abt bewirtet, und aus weiter Ferne trafen Pilger ein, um die Reliquien der Kirche und die Heiligmäßigkeit toter Brüder zu verehren. Weiter draußen trieben Städte Handel und haderten miteinander, die Bauern mühten sich für ihre Herren ab und die Herren für ihre Oberherren, der Kaiser zog mit seinem Gefolge von einer Pfalz zur andern, die Großen des Reichs – Grafen, Äbte, Bischöfe – besuchten feierliche Hoftage im Mai und dann wieder im Herbst, und die *Vassi dominici*, die Vasallen in den königlichen Ländereien, verwalteten die Provinzen nach eigenem Ermessen. Und außerhalb des Reichs, in Gebieten, in denen die Herrschaft des Kaisers noch nicht gefestigt war, nützten feindliche Völker ihren Vorteil, verheerten Küste und Binnenland ohne Furcht vor einer Flotte oder einem stehenden Heer, denn sie wußten, daß es beides nicht gab.

Abb. 12.20 Trelleborg (Dänemark), Wikingerlager, 9. Jh.; Rekonstruktionsmodell.

Das Reich Mohammeds

Die stärkste Bedrohung des karolingischen Friedens lag im unbeständigen Norden. Zwei neue Gruppen wandernder Völker, die Wikinger und die Magyaren, griffen im Abstand eines halben Jahrhunderts an, und danach erschütterten ihre ständigen Einfälle die Stabilität Europas, da sie Entvölkerung, Niedergang der Landwirtschaft und des Wohlstands im Gefolge hatten. Schon seit 830 hatten Wikingertrupps angefangen, in den Gebieten, die sie überfielen, zu überwintern, und schon bald gingen sie zielbewußt dazu über, sich die städtischen Zentren zu unterwerfen. Köln, London, York, Bordeaux und Rouen waren 888 schon gefallen. Die magyarischen Invasionen aus dem Osten, die danach einsetzten, hätten vielleicht in einer erträglichen Zeitspanne aufgehalten werden können, wenn sich Byzanz nicht den Bekehrungsbestrebungen der karolingischen Kirche widersetzt hätte, deren Erfolg den lateinischen Westen aufgewertet haben würde. Unter solchen Umständen ließen die Angriffe bis zum Anfang des 11. Jh. nicht nach. Zu dieser Zeit hatten sich die Magyaren – endlich bekehrt – in Ungarn unter König Stephan als Staat etabliert.

Wir wissen nur wenig von den Umweltbedingungen dieser Völker, aber zumindest im Falle der Wikinger waren sie keineswegs unbedeutend. Ihre langen, wendigen Schiffe, die an die Küsten Frankreichs und Englands vorstießen und die Ströme samt ihren Nebenflüssen erkundeten, waren bewundernswert zweckmäßig. Ihre Lager ließen überlegte Planung erkennen. Das Lager von Trelleborg, auf der dänischen Insel Seeland, westlich der Stadt Slagelse gelegen, wo zwei Flüsse sich vereinigen, bestand aus zwei Bezirken: Eine äußere Befestigungsanlage mit halbkreisförmiger Mauer schützte fünfzehn Häuser, deren Achsen vom Mittelpunkt der Anlage ausstrahlten, und eine innere Festung bestand aus sechzehn Häusern, die in vier Quadraten aus jeweils vier Häusern angeordnet waren (Abb. 12.20). Die Straßen hatten ein Holzpflaster, und die Häuser sahen aus wie Wikingerschiffe. Jedes Haus faßte 75 Mann, so daß die ganze Garnison etwa 2300 Mann stark war. Die äußere Festung enthielt einen Begräbnisplatz am Meer. Im allgemeinen gab es für Anführer Schiffsbestattungen, oder sie wurden in schiffartigen Megalithgräbern wie der auch heute noch eindrucksvollen Gruppengrabstätte Kaseberga an der schwedischen Küste bestattet.

Der mohammedanische Gegner war berechenbarer. Sieht man von den regelmäßigen Piratenzügen und einigen späten Besitznahmen wie Sizilien ab, so blieb das aus den Eroberungen des ersten islamischen Jahrhunderts gebildete Reich unverändert. Karls Feldzug gegen das Teilreich der Omayyaden in Spanien war ein Fehlschlag, und schon bald tauschte der Kaiser Gesandtschaften mit Harun-al-Raschid aus, dem herrschenden Abbasidenkalif dieses weitverbreiteten Volkes Mohammeds, dessen Hauptstadt damals die neuerbaute Stadt Bagdad war.

Bagdad bot ein glänzendes Bild, vergleichbar mit Aachen und der kaiserlichen Pracht Konstantinopels. Angeregt vom parthisch-sassanidischen Vorbild, hatte man die Stadt als einen vollkommenen Kreis angelegt, der von einem Graben und von einer Doppelmauer aus Lehmziegeln umgeben war (Abb. 12.21). Die Mitte war dem Palast, der großartigen Moschee und den Verwal-

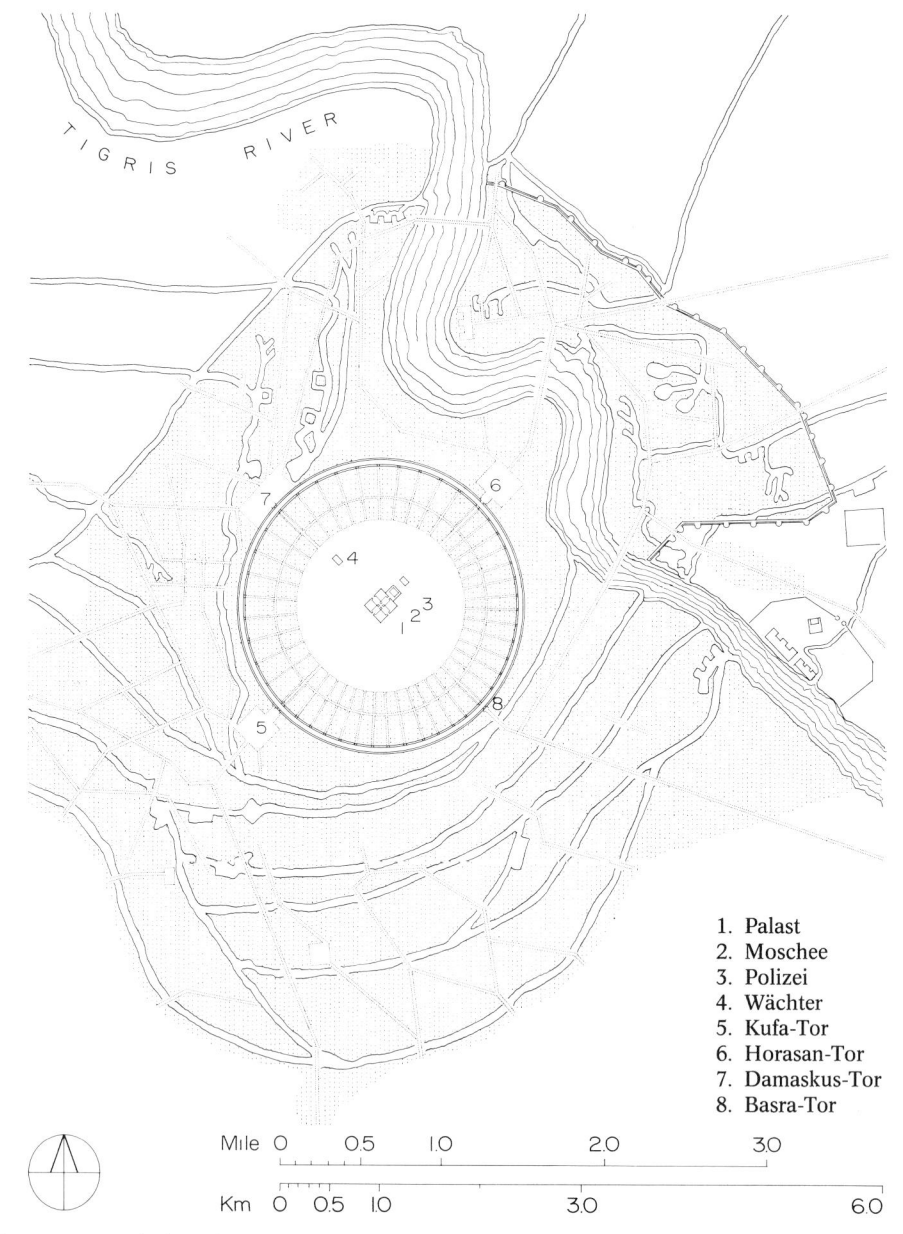

1. Palast
2. Moschee
3. Polizei
4. Wächter
5. Kufa-Tor
6. Horasan-Tor
7. Damaskus-Tor
8. Basra-Tor

Abb. 12.21 Bagdad (Irak), gegründet von Kalif al-Mansur, 762–767; Grundriß. Die Stadt lag an einer Stelle, wo der Tigris dem Euphrat im Westen am nächsten kommt. Ein Netz von Kanälen bildete die Verbindung zwischen beiden. Schon eine Generation später durchbrach die Stadt ihre ursprüngliche Kreisform und breitete sich entlang den Kanälen aus.

tungen der sieben Regierungsdepartements vorbehalten. An der Peripherie erschlossen zwei Straßenringe einen Wohnbereich, der radial unterteilt war. Die vier Hauptstraßen hatten von goldenen Kuppeln überragte Tore, die nach den wichtigsten Städten und Provinzen benannt waren, auf die sie hinführten – Kufa, Basra, Khorasan und Damaskus. Die Einwohnerschaft war so ausgewählt, daß sie die hauptsächlichen ethnischen, stammesmäßigen und wirtschaftlichen Gruppen des Reichs repräsentierten. Dies war der Nabel des moslemischen Universums, und in seinem Mittelpunkt saß der Kalif in seiner Pracht, unter der Grünen Kuppel mit der Statue eines Reiters, dessen Lanze, wie man glaubte, immer in die Richtung der Feinde des Islams zeigte.

Der Rang der Architektur

Bagdad ist seit seiner Gründung im Jahre 762 ständig bewohnt gewesen. Von seiner frühen Vergangenheit ist nichts mehr vorhanden, aber das etwa 100 km nördlich ebenfalls am Tigris gelegene Samarra, das zeitweise Hauptstadt war, ist vollständig ausgegraben worden. Seine Paläste offenbaren die unglaubliche Verfeinerung des höfischen Lebens seit den frühen, einfachen Tagen des Moslemreichs. Freitagsmoscheen in Kairouan, Tunesien und Córdoba in Spanien bezeugen den hohen Grad an Macht und Differenziertheit, den die Architektur in den etwa hundert Jahren erworben hatte, die der karolingischen Epoche entsprachen, und sie zeigen auch, wie grundverschieden die Einstellung der Moslems zur Andachtsübung in der Gemeinschaft von der ihrer christlichen Zeitgenossen in Europa und Byzanz war.

Das Land, in dem der Islam entstand, der Hedschas oder mittlere Teil Arabiens, besaß keine Monumentalbauten. Yemen, der südliche Teil der Halbinsel, war schon früh vom Hellenismus beeinflußt, den der Karawanenhandel ins Land gebracht hatte. Wir besitzen Zeugnisse in Form von Tempeln, Palästen und den dort üblichen hohen Turmhäusern. Dennoch gab es in der Wüstenheimat der moslemischen Eroberer nichts, was sie ausreichend auf den erstaunlichen Anblick der Architektur in den alten griechisch-römischen Städten oder am Hof der Sassaniden hätte vorbereiten können. Und doch entwickelte sich innerhalb von drei oder vier Generationen eine charakteristisch moslemische Architektur, die sich einheimische Formen und Fähigkeiten zu nutze machte und sie ihren spezifischen Absichten und ihrer Lebensweise anpaßte.

Übungsmöglichkeiten ergaben sich beim Umbau nicht-moslemischer Bauten und bei der unmittelbaren Nachahmung bedeutender Monumente in den eroberten Ländern. Die mit Säulenreihen versehene Straße der antiken Städte, deren Joche allmählich ummauert wurden, verwandelte sich in die typischen langgestreckten Märkte oder Bazare, die auf arabisch Suqs heißen (Abb. 12.22). Die rechteckige Schale eines heidnischen Tempelbezirks mit Ecktürmen lag der Form der großen Moschee von Damaskus zugrunde, der Hauptstadt der Omayyaden, der ersten Herrscherdynastie des Islams. Die Autorität dieses ersten Heiligtums übertrug dessen wiederverwendeten Umriß auf viele folgende Exemplare dieses Bautyps. Das allererste Monument des neuen Glaubens, der Felsendom in Jerusalem, war ganz offenkundig im Wettbewerb dazu errichtet

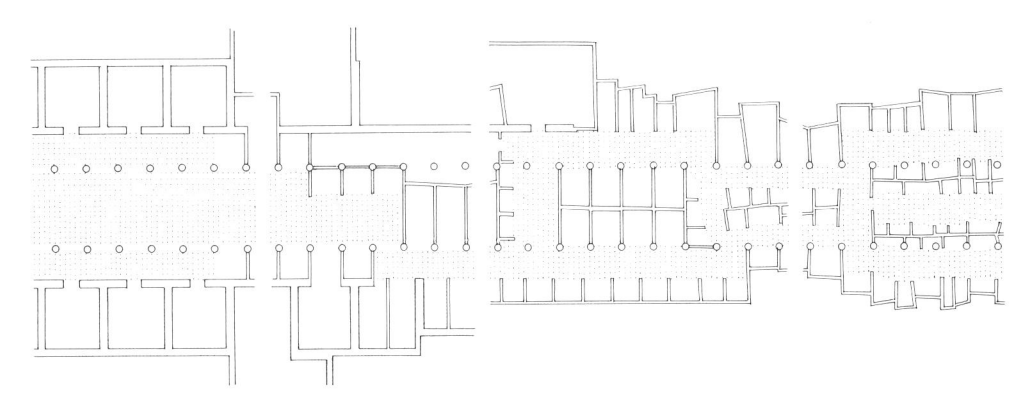

Abb. 12.22a Eine von Kolonnaden gesäumte Straße der klassischen Antike (ganz links), wie sie unten abgebildet ist, verwandelt sich stufenweise in einen mittelalterlichen Basar; schematische Fortentwicklung von links nach rechts.

Abb. 12.22b Timgad (Thamugadi, Algerien), Hauptstraße, die von Osten nach Westen auf den Trajansbogen (im Hintergrund) zuführt, 2. Jh. n. Chr. (vgl. Abb. 10.6).

Abb. 12.23 Jerusalem, Ansicht von Westen. Im Vordergrund der Tempelberg, ganz links die Al-Aksa-Moschee, erbaut 705, umgebaut um 780 und danach wieder im 11. Jh.; ganz rechts der Felsendom (Kubbal-as-Sakhra), um 685–690.

Abb. 12.24 Qasr Kharaneh (Jordanien), Omayyadenpalast, um 710 n. Chr.

(Abb. 12.23). Er erhob sich an der Stelle des jüdischen Tempels, auf dem Berg Moria, der in der Vergangenheit abwechselnd als Stätte der Erschaffung und des Todes Adams und auch der Opferung Isaaks gegolten hatte. Im wesentlichen war das Gebäude eine genaue Kopie der Rotunde über dem Heiligen Grab (Abb. 12.23).

Die Beweggründe für diese dekorativen Sakralbauten erklärt angesichts der Mißbilligung, die Mohammed, wie man wußte, gegenüber kostspieligen Bauten empfand, eine Quelle aus dem 10. Jh. Bei Muqaddasi, einem Geographen, heißt es: »(Der Kalif) al-Walid sah, daß Syrien ein Land war, das sich lange im Besitz der Christen befunden hatte, und ihm fielen dort die schönen Kirchen auf, die ihnen noch gehörten, so bezaubernd schön und so berühmt wegen ihrer Pracht... Und auf dieselbe Weise... fühlte sich auch Abd-al-Malik beim Anblick der Großartigkeit des Martyrions [des Heiligen Grabes] und dessen Pracht veranlaßt, dafür zu sorgen, daß es die Moslems nicht verwirrte. Daher errichtete er über dem Felsen die Kuppel, die heute dort zu sehen ist.«

Von Anfang an erkannte der Islam nicht nur die Notwendigkeit eindrucksvoller Bauten, sondern auch die Bedeutung der Stadt. Trotz aller Reize des Nomadenlebens mit seiner Schlichtheit und Ungebundenheit (»Gott schuf für euch Häuser aus Tierhäuten«, sagte der Prophet, »damit sie euch leicht sind an dem Tag, an dem ihr eure Wohnung verlegt, und an dem Tag, an dem ihr bleibt«) ließ der Islam gelten, daß Städte die einzige Umgebung seien, in der ein volles, echtes Moslemleben geführt werden konnte. Von den ersten Amsar oder Garnisonstädten an bis ans Ende des Mittelalters galt das Erbauen von Städten als eine fürstliche Betätigung, und viele alte unterworfene Städte lebten unter einem toleranten Regime fort, das religiöse und ethnische Verschiedenheit zuließ.

Dennoch gab es im Moslemreich keine privilegierten Städte mit selbständigen städtischen Einrichtungen. Das System machte nur wenig Unterschiede zwischen dem einzelnen und der Gemeinde *(Umma)*. Die Notabeln – das heißt, die gelehrten Geistlichen und die Kaufleute – verbanden ihre Interessen mit denen der Stadt, die sie mit Moscheen und Schulen versorgte und ihnen die Möglichkeit eines ungefährdeten Handels bot. Und diese Vorteile stammten vom Herrscher. Seine Macht verbürgte den ungefährdeten Ackerbau, der die Stadt ernährte, und sichere Handelswege, die ihr Wohlstand brachten.

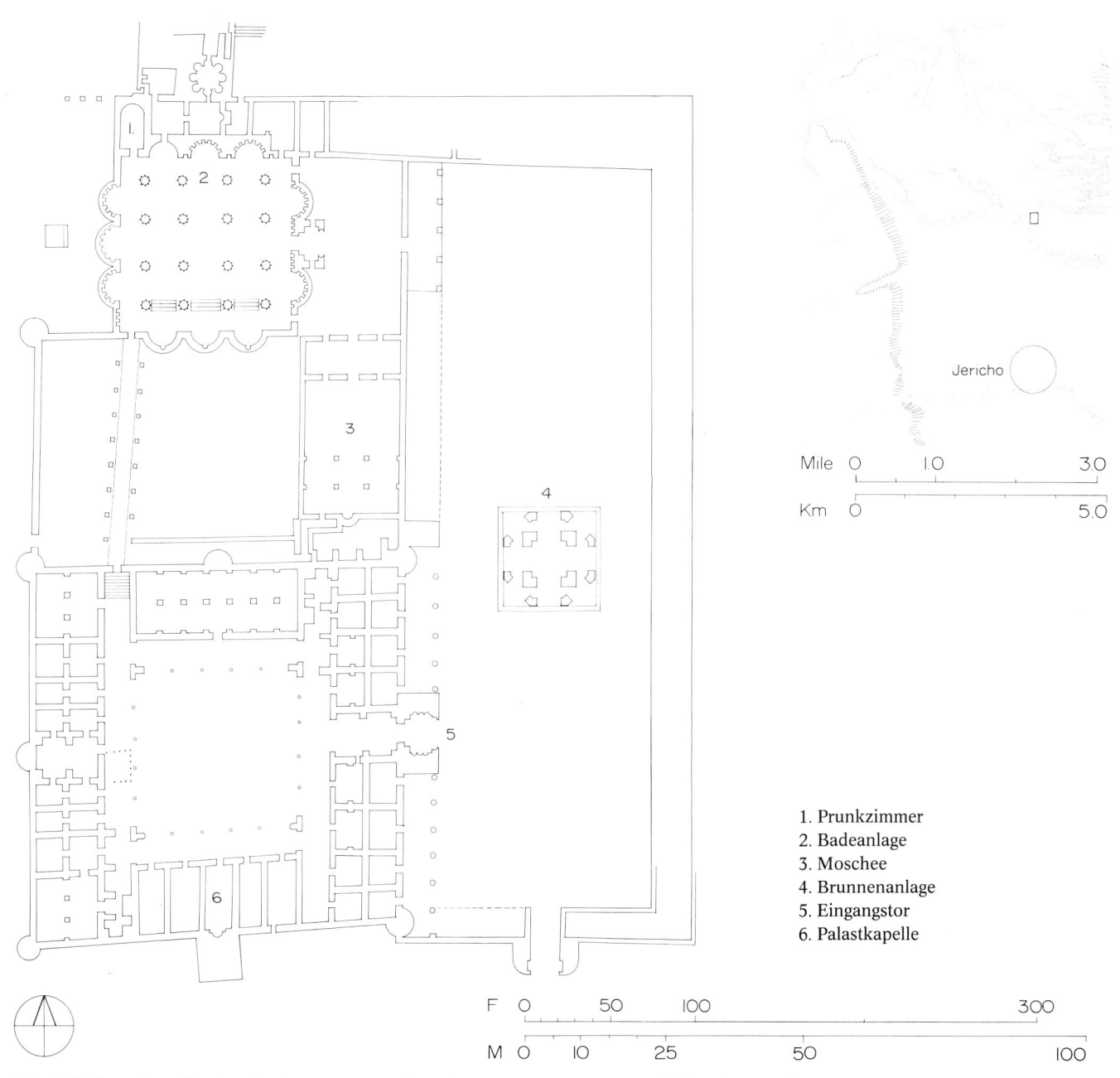

1. Prunkzimmer
2. Badeanlage
3. Moschee
4. Brunnenanlage
5. Eingangstor
6. Palastkapelle

Abb. 12.25 Khirbat-al-Mafjar (Jordanien), Omayyadenpalast, um 739–744; Grundriß und Lageplan.

Der Palast

Die erhaltenen Omayyadenpaläste am Rande der transjordanischen Wüste waren zu ihrer Zeit Mittelpunkte ausgedehnten landwirtschaftlichen Grundbesitzes und boten außerdem den Kalifen und den bedeutenden Stammesführern, welche mit ihrem riesigen Gefolge die eigentliche Stärke des frühen Islams ausmachten, angemessenere Voraussetzungen für Zusammenkünfte als Damaskus (Abb. 12.24). Das festungsähnliche Äußere des Palasts hatte eher symbolische als funktionale Bedeutung. Er kopierte die römischen und byzantinischen Festungen (wir kennen den Diokletianspalast in Split) als einen Ausdruck der Macht.

Die rechteckigen Einfassungen enthielten zwei Geschosse mit rings um einen Mittelhof gelegenen Räumen, ein Schema, das sich im Nahen Osten lange gehalten hat (Abb. 12.25). Den bisweilen über dem einzigen Eingangstor gelegenen Thronsaal erkennt man an seinen vorgeschriebenen Formen, die kleine Moschee, die nicht nur für den Hof, sondern für die ganze Gemeinde da war, am Mihrab, einer kleinen, nach Mekka ausgerichteten Nische. Die Wohnzimmer waren einfache Vielzweckräume, denn spezielle Schlaf- und Speisezimmer waren nicht üblich. Küchen fehlten, die Speisen wurden außerhalb des Palasts zubereitet und wie bei den heutigen Beduinen hineingetragen. Ebenfalls außerhalb des Palasts lagen die Häuser für Gäste, ein Tiergarten und Bäder.

Die Bäder hatte man aus der römischen Welt übernommen. Die Moslems verzichteten dabei nur auf das Tepidarium (Abkühlraum). Wie in Rom berücksichtigte das Programm nicht nur das Baden, sondern hatte in den Städten eine wichtige soziale Funktion. Die Bäder waren Schauplätze des Gemeinschaftslebens und auch feierlicher Veranstaltungen wie Hochzeiten und Beschneidungen. In omayyadischen Palästen gehört zum Badekomplex ein Festsaal, und in zeitgenössischen Berichten ist die Rede von Audienzen und Dichterlesungen. Wandgemälde zeigen Tänzer, Musiker, Sportler und Personifizierungen der Künste. Diese Mischung aus zeremoniellen Staatsfunktionen und sportlichem Vergnügen bleibt für den Moslempalast bezeichnend. Sie setzte eine sehr alte nahöstliche Tradition fort, in der Zeitvertreib und Vergnügen in offizielle Betätigungen übergingen und so die Bedeutung des Fürsten widerspiegelten.

Die Paläste der Abbasiden in Samarra sind – hundert Jahre später – ungleich komplizierter. Gausaq al-Haqani, die Residenz des Kalifen, nimmt 173 Hektar auf einem Felsplateau über dem Tigristal ein (Abb. 12.26). Das fruchtbare Schwemmland zwischen Fels und Fluß prangte mit Blumen- und Obstgärten. Ganz im Norden befanden sich noch innerhalb des Palastbereichs Kasernen mit eigenen kleinen Moscheen und befestigte Bereiche für die Schatzkammer und das Arsenal. Den Raum zwischen ihnen und dem Palast nahm ein klassisches Amphitheater ein. Ein irrgartenähnliches Gebäude im Süden könnte ein Harem gewesen sein, da die Abbasidendynastie die Isolierung der Frauen in die Moslemkultur eingeführt hat.

Vom einzigen öffentlichen Zugang auf der Flußseite bis zum Poloplatz auf der Gegenseite zog sich eine riesige Achse durch den eigentlichen Palast. Das Eingangstor, eine großartige dreibogige Anlage, öffnete sich zu den Iwanen im persischen Stil; man erreichte sie über eine breite Treppe, die von einem Zierteich heraufführte. Eine vom römischen *Adventus*, der feierlichen Begrüßung des Kaisers an Stadttoren, inspirierte Zeremonie war von den Abbasiden eingeführt und in späteren Jahrhunderten beibehalten und erweitert worden. Das Palasttor bezeichnete schließlich den Berührungspunkt zwischen Volk und Herrscher – hier durften Bittschriften überreicht, konnte Recht gesprochen und Zutritt zu höheren Behörden erbeten werden. Namen späterer Paläste – der ottomanische Topkapi oder der Ali Qapu im safawidischen Isfahan – waren Abwandlungen dessen, was im Westen »Hohe Pforte« hieß.

Jenseits des Tores erreichte man nach fünf aufeinanderfolgenden querverlaufenden Sälen einen viereckigen Hof mit einem Brunnen. Nördlich davon befanden sich die Appartements des Kalifen, südlich der verbotene Zugang zum Harem. Ein rechteckiger Ehrenhof führte dann zum kreuzförmigen Thronsaal, einem überkuppelten zentralen Raum, von dem vier T-förmige, mit Seitenschiffen versehene Basiliken ausgingen. Weiter draußen folgte hinter einem riesigen Portikus, dem sog. »Versammlungssaal«, die Große Esplanade, ein offener Raum von etwa 350 mal 200 Meter, der von Kanälen durchzogen war, und eine Brücke. Am östlichen Ende der Esplanade befand sich ein in den Fels gehauener Pavillon für heiße Tage, der von Stallungen und Tribünen umgeben war. Von hier aus konnten der Kalif und sein Gefolge die Vorführung von Pferden beobachten.

Abb. 12.26 Samarra (Irak), Abbasidenpalast Gausaq-al-Hagani oder Bayt-al-Khalifa, um 836–837; Rekonstruktionsmodell.

Die Moschee

Bis zum 9. Jh. hatte sich der Palast von der Freitagsmoschee in dem Maße entfernt, in dem die Rituale der königlichen Würde den Abstand zwischen dem Herrscher und den Beherrschten immer mehr vergrößerten. In den frühen Jahrzehnten des Islams standen die Verwaltungs- und Wohnungsbauten der Gouverneure oder des Kalifen unmittelbar neben der Moschee, zu der sie direkten Zugang hatten. Die Moschee war im Grunde mehr als das religiöse Zentrum der Gemeinde. Sie nahm die Stelle des Kernstücks ein, das in Rom Forum und Basilika bildeten. Die Gebete im Inneren sprach der Herrscher oder sein offizieller Vertreter vor, und die Predigt, die sich daran anschloß, die

Abb. 12.27 Kairouan (Tunesien), Große Moschee, gegründet im 7. Jh., in der heutigen Gestalt erbaut etwa 820–836; Luftbild.

Kutba, war nicht an eine moslemische Liturgie gebunden. Sie war eine politische Ansprache, die unverrückbar mit einem von der Gemeinde dargebrachten Treuegelöbnis endete.

Im Gegensatz zum Palast, einem Gebäudetyp, für den es eine lange mediterrane Tradition gab, war die Moschee zwangsläufig ohne Vorgänger. Dem Moslem war befohlen, fünfmal täglich zu beten – das war eines der fünf Gebote des Islams –, dazu mußte er die *Schahada*, das Glaubensbekenntnis, aufsagen (»Es gibt nur einen Gott, und Mohammed ist sein Prophet«), im Monat Ramadan, dem neunten Monat des Mondjahres, fasten, er mußte Almosen geben und nach Mekka pilgern. Die täglichen Gebete, zu denen eine bestimmte Anzahl von Verbeugungen, begleitet von einer Litanei, gehörten, konnten an jedem beliebigen Ort stattfinden, vorausgesetzt, daß die rituelle Waschung vorausgegangen war und die Richtung nach Mekka beachtet wurde. Doch sooft es möglich war und stets beim Gebet am Freitag mittag, beteten die Moslems als Gemeinde unter der Führung eines *Imams*, der vor den Reihen der Betenden stand und den Takt der Zeremonie angab.

Im Gegensatz zur christlichen Liturgie gab es für die moslemischen Gottesdienste keinerlei theatralische Ausschmückung. Der Glaube gründete sich auf einen strengen Monotheismus, der jeden Reliquien- oder Heiligenkult ausschloß. Zumindest am Anfang war er frei von metaphysischen Streitereien wie jenen über die Dreieinigkeit, die beiden Naturen Christi oder die religiösen Bilder; Auseinandersetzungen, die in der christlichen Welt zu schmerzlichen Spaltungen führten. Zwischen dem Gläubigen und Gott stand keine Priesteroligarchie.

Die Moschee brauchte infolgedessen auch nicht die komplizierte Architektur, die für die byzantinische Eucharistie oder die westliche Messe notwendig war, d. h., sie brauchte keine Apsiden und Querschiffe, keine Krypten und Westwerke und nicht die symbolische Unterbringung des Himmels. Das Programm war einfach: ein weiter, nach Mekka orientierter Raum, nach den Seiten hin für Reihen von Betern eingerichtet, und ein Brunnen für die vorgeschriebenen Waschungen. Theoretisch konnte also jedes Gebäude benutzt werden, das diese Ansprüche erfüllte. Die erste Moschee war das Haus des Propheten in Medina, und noch jahrzehntelang wurden in den eroberten Ländern vorhandene weitläufige Gebäude aller Art als Moscheen beschlagnahmt.

Zur Erfindung eines neuen Gebäudetyps und seines spezifischen architektonischen Gepräges kam es in Gebieten, wo man sich, wie etwa in den neuen Grenzstädten, noch nicht an eine bestimmte Umgebung anpassen konnte, oder in unterworfenen Städten, wo die Größe der Gemeinde oder der Stolz der neuen Religion es nicht zuließen, daß bereits vorhandene Gebäude benutzt wurden. Die erste Generation der Moscheen umfaßte zwei verschiedene Kategorien von formbestimmenden Faktoren. Die neuen Bauten sollten den einfachen Forderungen des Programms höhere Bedeutung verleihen, und in diesem Bestreben nähmen sie optische Merkmale (und bisweilen auch Architekturteile) älterer Bauten anderer Kulturen in sich auf. Auf diese Weise tauchten Erinnerungen an Apsiden, Säulenreihen, Kuppeln und Ähnliches in der Moschee auf, die keine entsprechende funktionale oder symbolische Bedeutung hatten. Man versuchte nirgends, die Kaaba von Mekka oder den Felsendom nachzubilden, Bauwerke,

Abb. 12.28 Kairouan, Große Moschee; Mihrabnische und hölzerne Kanzel (*Minbar*), um 860.

die beide unter besonderen Umständen und bei einer besonderen Gelegenheit entstanden waren.

In der Großen Moschee von Kairouan ist der neue Gebäudetyp am deutlichsten ausgeprägt. Ihre Gründung erfolgte schon 669, aber ihre heutige Form erhielt sie nach mehreren Umbauten erst im 9. Jh. Eine wuchtige Umfassungsmauer umschreibt ein Rechteck, das in zwei ungleiche Teile zerfällt (Abb. 12.27). Der östliche Teil ist die Versammlungshalle, der westliche ein marmorgepflasterter Hof mit Arkaden. Deren flache Dächer und der Gebetssaal sind an drei Merkmalen sofort zu erkennen: einem abgestuften Minarett auf der Westseite des Hofs, von dem der Ruf zum Gebet erging, und zwei Kuppeln an den beiden Enden des mittleren von siebzehn Schiffen, die den Raum der Gebetshalle unterteilen. Diese Schiffe sind durch Arkaden abgegrenzt, die auf Reihen wiederverwendeter klassischer Säulen ruhen. Sie verlaufen senkrecht auf die Endmauer zu, erreichen sie aber nicht, sondern enden ein Joch vor ihr, wo sie auf einen Querkorridor stoßen, der die Halle in ihrer ganzen Breite durchläuft. Er bildet ein T mit dem Mittelschiff, das breiter ist als die anderen Schiffe und zur Belichtung des Innenraums über das Dach hinausragt. Das Joch, in dem die beiden Arme des T zusammentreffen, erfährt eine besondere Behandlung. Die Vertiefung der Mihrabnische ist mit Marmorplatten verkleidet und außen mit sehr schönen glänzenden Ziegeln eingerahmt (Abb. 12.28). Rechts von ihr steht der holzgeschnitzte Minbar, der aus Tafeln mit abwechselnd floralen und geometrischen Mustern zusammengesetzt ist. Die Kuppel, die dieses Joch hervorhebt, besteht aus konkaven, durch 24 vorstehende Rippen abgeteilten Segmenten und ruht auf einem kunstvoll verzierten Tambour.

Dies ist der einzige Schmuck des Innenraums. Nirgends sonst an den Wänden oder den zahlreichen weißgetünchten Arkaden, die sanft und beruhigend über ihren antiken Säulen aufsteigen, hat man sich irgendeine dekorative Ausnahme gestattet. Der Boden ist mit Matten bedeckt und wirkt irgendwie anheimelnd. Hier standen die Gläubigen reihenweise wie Säulen, unterschiedslos in ihrem Verhältnis zu Gott als ihrem Schöpfer, bereit, die vorgeschriebenen Bewegungen auszuführen und die Formeln aufzusagen, die ihren Gehorsam und ihre Hingabe ausdrückten.

Dieses Ritual in Gebärden und Worten durfte nicht leichtgenommen werden. Vor sich hatte der Beter Mekka. Hinter ihm lauerte der Engel des Todes. Zur Linken war die Hölle, die der Koran eindringlich beschrieb. Ein falscher Schritt, und er wurde »an seiner sündhaft verlogenen Stirnlocke gepackt« und in das Feuer geworfen, in dem er ewig verharren mußte. Er mußte kochendes Wasser trinken und die Früchte des *Zakkum* essen, die Teufelsköpfen ähneln und im Bauch wie geschmolzenes Erz sind. Und es werden viele sein, die dorthin gehen. Gott verspricht, die Hölle mit ihnen zu füllen, aber die Hölle ist grenzenlos. »Am letzten Tag, wenn wir zur Hölle sagen werden: ›Bist du voll?‹ ... wird die Hölle antworten: ›Gibt es noch mehr?‹« Zur Rechten aber ist das Paradies, die große Alternative. Es ist der Raum der strömenden Flüsse, der seidenen Betten, himmlischen Speisen und Getränke, der dunkeläugigen Jungfrauen und Frauen von vollkommener Reinheit.

So stand der Moslem zwischen den Säulen, im Schwebezustand auf einem kleinen Erdenfleck, gefangen zwischen ewiger Verdammnis und ewiger Seligkeit, die beide in seiner Reichweite lagen; und nichts konnte ihm die Wahl abnehmen, die einzig und allein sein eigenes Gewissen zu treffen hatte. Das ist der Hauptinhalt seines Gebets: die ständig wiederholte Zurschaustellung von Zucht und blindem Gehorsam an jedem Tag seines Lebens und der Traum von dem süßen Lohn, der ihm zuteil werden mag.

Krak des Chevaliers (Qalaat el Hosn, Syrien), 1100–1200.

13. Kapitel

Die Geburt der Nationen: Europa nach Karl dem Großen

Im 9. Jh. war das Mittelmeerbecken von drei Bereichen umgeben, die sich in der Ausübung praktischer Macht und in der Vorstellung von kulturellem Leben deutlich voneinander unterschieden.

Das Kalifat der Abbasiden mit Bagdad als Mittelpunkt beherrschte zumindest nominell das gesamte Moslemreich mit Ausnahme Spaniens, wo ein rivalisierender Kalif, Nachkomme der Omayyaden, an der Spitze einer blühenden kosmopolitischen Zivilisation stand. Die Hauptstadt Córdoba, einst Kapitale der römischen Provinz, erstreckte sich zu beiden Seiten des Guadalquivir in der weiten, fruchtbaren Ebene Andalusiens an der alten Straße, welche die Halbinsel von Cadiz nach Narbonne durchquerte. Die im Laufe des 9. und 10. Jh. mehrfach erweiterte Große Moschee steht heute noch. Von der zur gleichen Zeit erbauten Moschee in Kairouan unterscheidet sie sich durch ihre Polychromie und die Brillanz des Dekors. Das zeigt sich deutlich an den in die sonst unverzierte Umfassungsmauer eingefügten Torpaneelen, den Streifenmustern aus Keilsteinen in den zweigeschossigen Arkaden des Gebetssaales, und – am prächtigsten – an den elegant durch ineinander verschränkte, gelappte Bogen miteinander verbundenen Mihrabjochen, die sich dreidimensional in den herrlich aufstrebenden Kuppeln mit ihren Laternen auflösen (Abb. 13.1).

Die Mosaikarbeiter, die zu diesem Glanz beitrugen, kamen aus Konstantinopel. Nach dem Bilderstreit war das Byzantinische Reich unter der Makedonischen Dynastie (867–1057) zur Ruhe gekommen und neu erstarkt. Es wurde wieder gebaut. Die streng überwachten Künste kehrten zu ausgewählten religiösen Themen zurück. In Fresko oder Goldgrundmosaik ausgeführt, sah man die Motive jetzt im Inneren der Kirchen, die in der Form eines griechischen Kreuzes errichtet waren. Sie folgten einem strengen Schema, das der Rangordnung im Himmel und dem liturgischen Kalender der Hauptfeste entsprechen sollte (Abb. 1.9). Christos Pantokrator, der Allherrscher, war in Begleitung der Apostel in der Hauptkuppel dargestellt, während Szenen aus seiner Kindheit in den vier Pendentifs angeordnet waren. Wunder und Passion fanden sich an den Wänden der oberen Zone, darunter in Augenhöhe Heilige und Kirchenväter. In der Apsiswölbung schließlich thronte, von Erzengeln umrahmt, die Jungfrau mit dem Kind. Luxusgegenstände, die in den Palastwerkstätten emsig angefertigt wurden – Emailplatten und Elfenbeinschnitzereien, Reliquiare, farbig illustrierte Handschriften und Textilien –, trugen dazu bei, diese neuartige Bilderwelt zu verbreiten.

Dieser byzantinische Stil erreichte den Westen über derartige transportable Kostbarkeiten, über Skizzenbücher, aber auch unmittelbar über reisende Handwerker. Byzantinische Meister arbeiteten im 10. Jh. in Córdoba, im 11. Jh. in der Benediktinerabtei Monte Cassino in Italien und im 12. Jh. im normannischen Sizilien und waren überall auch als Lehrer einheimischer Talente tätig. Als Venedig, die Kaufmannsrepublik mit engen diplomatischen und wirtschaftlichen Beziehungen zu Byzanz, den Bau der Markuskirche begann, in der die im Jahr 828 aus Alexandria überführten Reliquien des Evangelisten ihren Platz finden sollten, nahm man sich die Kirche der Heiligen Apostel in Konstantinopel zum Vorbild. Und der Kirchengrundriß in Form eines griechischen Kreuzes setzte sich durch, zusammen mit dem orthodoxen Glauben des Ostens in den jungen Nationen Bulgarien, Serbien und Rußland.

Europa von Karl bis Otto

Der dritte Bereich war das karolingische Europa. Unter Karl dem Großen war ein Gebiet, zu dem das heutige Deutschland, Frankreich und Italien gehörten, durch eine einzige Herrscherfamilie vereinigt, die eine einheitliche Haltung gegenüber einem organisierten Leben einnahm und eine starke Verpflichtung hinsichtlich einer aristokratischen, vom Hofe geförderten Architektur samt den sie unterstützenden Künsten empfand. Diese ehrgeizige Umweltgestaltung bedeutete eine Rückkehr zur Monumentalität des alten Roms, zu einer weitgespannten Vision, welche Vertrauen in die bestehende Ordnung verriet sowie auch die Entschlossenheit, Festigkeit und Dauerhaftigkeit vorzuführen. Das architektonische Produkt war, wie wir im vorigen Kapitel zu zeigen versuchten, eine maßvolle Verschmelzung von Originalität und Tradition, von Innovation und Kontinuität. Die Kunst illustrierter Handschriften und die großartigen Bilder in Kirche und Palast strebten nach einer neuen Körperlichkeit, die das humanistische Ideal der klassischen Kunst lebendig erhielt. Und das zu einer Zeit, in welcher der Islam auf Abstraktion bestand, jede figürliche Kunst untersagte, und Byzanz nach dem Bilderstreit die Vorliebe für das Unkörperliche in den asketischen, unplastischen Bildern der frühchristlichen Phase mit ihrer religiösen Ikonographie und dem ätherischen, unergründlichen Goldgrund beibehielt.

Das Problem der Westkirche

Die karolingische Gesellschaft war klerikal, an die Kirche gebunden. Ihr konstruktives Geschick zeigte sich am deutlichsten in der Architektur. Die neue, von fränkischen Bauherren und Architekten propagierte Kirchenform bestimmte in der Folgezeit die gebaute Umwelt des späten Mittelalters im Westen und bildete gleichzeitig den Hauptsammelpunkt des gesellschaftlichen Lebens in Europa. Die karolingische Basilika – St. Riquier (Centula), Fulda, St. Gallen – stellt die erste Phase in diesem universellen architektonischen Prozeß dar (Abb. 12.19). Die Wallfahrtskirchen im 11. Jh., jene großartigen Zufluchtsstätten eines unter den bedeutenden Mönchsorden, den Zisterziensern und den Kluniazensern, neubelebten Europas, bilden die zweite Phase; die romanischen und die Filigrangehäuse der gotischen Kathedralen inmitten der blühenden Städte im 12. und 13. Jh. die dritte Phase (Abb. 13.13, 14.15).

Es liegt eine gewisse Folgerichtigkeit in der Art und Weise, in der die christliche Kirche im Westen sich vom späten 8. bis zum 14. Jh. entwickelte, und in jedem Stadium dieser Entwicklung kann man unschwer den Nährboden des folgenden erkennen. Doch das liegt nur daran, daß dies alles schon vor so langer Zeit abgeschlossen war und wir im Rückblick dazu neigen, es unter dem Aspekt einer Weiterentwicklung zu sehen. In Wirklichkeit unterscheidet sich die romanische Kirche, trotz Vorwegnahmen und Übergängen, in Form, Stimmung und Charakter stark von der karolingischen, und die gotische von der romanischen Kirche. Man könnte beispielsweise die Ansicht vertreten, daß die gotischen Kathedralen vom äußeren Erscheinungsbild her ihren romanischen Vorfahren weniger nahestehen als der schwerelosen Heiterkeit frühchristlicher Basiliken (Abb. 11.20, 14.15). Natürlich hätten die Ursprünge auch ganz woanders liegen können, und wenn das der Fall wäre, fänden wir ein ebenso einleuchtendes Argument, um es zu erklären. Es liegt in der Natur historischer Ereignisse, daß sie geschehen, wie es ihnen paßt, und die Historiker wiederum fühlen sich stets versucht, sie so zu erklären, als hätte es anders gar nicht kommen können.

In Wirklichkeit vollzog sich der Übergang vom Karolingischen zum Romanischen weder glatt noch ohne Unterbrechung. Das letzte große Unterfangen der karolingischen Architektur, das diese Bezeichnung verdient, war St. Vitus in Corvey. Im vorigen Kapitel haben wir das von 873 bis 885 erbaute *Westwerk* behandelt. Schon vorher war die Bauwut, die mit der Thronbesteigung Karls das Reich befallen hatte, erloschen. Die ersten bedeutsamen Bauten, die danach irgendwo im Reich entstehen, sind erst gegen Ende des 10. Jh. anzusetzen. Infolgedessen mußten die um das Jahr 1000 so zahlreich emporwachsenden romanischen Kirchen eine unterbrochene Debatte wiederaufnehmen und die strukturellen und ästhetischen Lektionen der Ära Karls bis zu einem gewissen Grad neu lernen.

Abb. 13.1 Córdoba (Spanien), Große Moschee, 8. bis 10. Jh.; das Mihrabjoch, 962–966.

Die Architektur der Anarchie

Die Ursache dieser Unterbrechung waren zwei eng zusammenhängende Umstände. Nach Karls Tod stritten sich seine Söhne um das Reich; es fiel auseinander. Moslemische Überfälle an der südspanischen Küste machten sich diese politische Auflösung zunutze, und Überfälle der Nordmänner und Magyaren verwüsteten im Norden und Osten des Reichs Land und Städte. Jeder Teil des zerstückelten Reichs reagierte in seiner Weise auf die störenden Kräfte dieser Jahrzehnte. Die Völker, die nach und nach aus dem Chaos auftauchten, waren entsprechend eigenständig. Und jenseits ihrer Grenzen waren die Neuorganisation karolingischer Gebiete und der Anreiz zur Invasion ein Ansporn für den inneren Zusammenhalt neuer nationaler Gebilde.

Im heutigen Frankreich führte um 1000 der Streit zwischen legitimen Karolingern und den Grafen von Paris zur Etablierung eines einheimischen Königshauses, der Kapetinger. Doch erst seit der Thronbesteigung Ludwigs VI. im Jahre 1100 spielte die Monarchie allmählich wirklich eine Rolle. Die Hauptmacht im nachkarolingischen Frankreich war das Feudalsystem. Nachdem es auf dem Land lange schon im Bereich der Wirtschaft wirksam gewesen war, trat es jetzt als ein auf Protektion beruhendes politisches System auf den Plan. Die Monarchie, die nicht in der Lage war, ihr Territorium gegen die Wikinger zu verteidigen, trat an Bedeutung hinter ein Netz von lokalen Treueverhältnissen zurück. Die zahlenmäßig geringe Klasse der freien Bauern verschwand ganz und gar. Jetzt gab es nur noch den Adel (der nicht durch die Geburt qualifiziert war, sondern durch die Fähigkeit, Waffen zu tragen) und Hörige. Auch die Kirche sah sich gezwungen, feudal zu werden, und minderte dadurch die unmittelbare Unterstützung der Monarchie, die sie den fränkischen Königen gewährt hatte.

England hatte dem Karolingerreich nie angehört. Die Insel litt unter den Angriffen der Wikinger schwerer als alle Territorien des Kontinents. Nach und nach gelang es den westsächsischen Königen, deren Macht weitgehend auf Eroberung beruhte, einen bemerkenswerten Verwaltungsapparat zu schaffen, der dem Ansturm Einhalt gebieten sollte. Ein Netz aus Bezirken und Grafschaften unterteilte das Land in leicht zu handhabende Einheiten. Eine von Alfred dem Großen (871–899) aufgestellte Flotte und eine Kette befestigter Plätze, der sog. *Burhs*, bildeten das Rückgrat der Verteidigung gegen die Wikinger. Am Ende der Regierung Eduards d. Ä. (899–924) erstreckte sich das Festungssystem über Wessex und Mercia, und um die Mitte des Jahrhunderts waren einige Plätze schon auf dem Wege, Boroughs im heutigen Sinn zu werden, das heißt, sich zu städtischen Ansiedlungen und Mittelpunkten des örtlichen Handels zu entwickeln. In England ergriffen also die angelsächsischen Könige die Initiative bei der Einrichtung lokaler Verwaltung; sie überließen das nicht, wie es in Frankreich geschah, feudalen Fürsten.

Einzig und allein auf deutschem Boden wurde die Legitimität der Karolingerherrschaft unwidersprochen hingenommen. Das Feudalsystem wirkte sich hier nicht als unerträgliche Unterdrückung aus. Das in fünf große Herzogtümer unterteilte Land war weitgehend ein Bauernland. Außerdem war es politisch so stark, daß es später im 10. Jh. unter den sächsischen Ottonen ein neues Reich errichten konnte, das seine Hegemonie auf Italien ausdehnte und das schwankende Papsttum stützte. Tatsächlich lassen sich in Deutschland und Italien die ersten wichtigen postkarolingischen Experimente der Kirchenarchitektur feststellen – St. Michael in Hildesheim, der Dom von Speyer und andere.

Abb. 13.2 Essex (England), Castle Hedingham; normannischer Keep, um 1140.

In England und Frankreich sollten wir in dieser unruhigen Übergangszeit, etwa von 850 bis 980, von militärischer Architektur sprechen. In Frankreich waren jede Grafschaft, jedes Tal auf Selbstverteidigung an-

Abb. 13.3 Ávila (Spanien); Stadtmauern, begonnen 1090.

gewiesen; allenthalben wurden Hunderte von Erdwällen und Befestigungsanlagen gebaut. Städte besserten ihre Mauern aus, so gut sie konnten, und nahmen in seltenen Fällen sogar die hohen Kosten für neue Mauern in Kauf. Dome und Klöster verstärkten die eigenen Befestigungsringe und bekräftigten so sichtbar die Vorstellung von der mittelalterlichen Kirche als einer festen Stadt Gottes. Kurz, Westeuropa befestigte seine Berge und Küsten, grub die Erde auf einer Gesamtlänge von vielen hundert Kilometern auf, spickte die Landschaft mit Bergfrieden und Ritterburgen und zeichnete den Horizont mit drohenden, zinnengekrönten Mauern. Es war ein großartiges architektonisches Unternehmen, von dem heute leider nur noch sehr wenig zu sehen ist.

Holz und Erde waren in der Invasionsphase das hauptsächliche Baumaterial, und die Technik umfaßte Palisaden, Bastionen und Gräben, die trocken blieben oder mit Wasser gefüllt waren. Steinbau tritt im allgemeinen erst später, in der Romanik, auf. Die großen *Donjons* von Loches und Beaugency, normannische Keeps, wie Castle Hedingham in Essex, sind Beispiele gemauerter Verteidigungsanlagen (Abb. 13.2). Doch ihr Vorgänger ist die frühmittelalterliche *Motte* (Schanze), ein künstlicher, von einer Außenmauer umgebener Hügel mit einem Graben ringsum und einem hölzernen Turmbau oben auf dem Hügel. Der Turm sah regelmäßig so aus, daß sich im Erdgeschoß ein Vorratsraum für Lebensmittel befand, im ersten Stock ein großer Raum, wo – um eine Quelle aus dem 11. Jh. anzuführen – »der Mächtige ... zusammen mit seinem Haushalt wohnte, sich unterhielt, aß und schlief«. Das Kochhaus stand ein wenig abseits vom Turm, was die Gefahr eines Brands verhindern sollte.

Das elfte Jahrhundert

Am Ende des 11. Jh. war das Schlimmste vorbei. Die heidnischen Eindringlinge ließen sich – freiwillig oder gezwungen – nieder, wurden Christen und übernahmen das Prinzip der Staatsbildung. Die Magyaren, die 955 von Otto I. am Lech entscheidend geschlagen worden waren, kamen in Ungarn zur Ruhe. Böhmen und Polen wurden zu neuen Nationen, und Rußland griff infolge des Glaubenseifers der Ostkirche und des Ansehens des Kaisers in Konstantinopel bis hinter die Steppen aus. Das Reich Knuts des Großen umfaßte Skandinavien und Teile Englands. Ein Teil der unruhigen Nordmänner, die Normannen, schlug im Nordwesten Frankreichs Wurzeln, wo ihnen der französische König ein Lehen gewährt hatte. Auch die Bedrohung durch den Islam ging zurück. Das Kalifat von Bagdad hatte immer häufiger Schwierigkeiten mit autonomen Provinzgouverneuren, und der Omayyadenstaat in Spanien trieb unaufhaltsam der Zersplitterung zu. In Frankreich gewann die Monarchie an Boden gegenüber dem Feudaladel, und das deutsche Reich der Ottonen bot Mitteleuropa Sicherheit.

Hochkonjunktur im Bauen

Diese Stabilität hatte unter anderem eine Beschleunigung von Handelsaktivitäten zur Folge. Unter dem Schirm des deutschen Kaisers zu neuem Leben erwacht, erschloß Italien das Mittelmeer und bereitete den Schauplatz für den unerhörten Aufstieg von

Abb. 13.4 Pyrenäen, Landstraße oder *Camino* auf der Pilgerroute nach Santiago de Compostela, 11. Jh.

Abb. 13.5 Puente la Reina (Spanien), Brücke über die Arga, zugeschrieben der Königin Urraca, der Tochter König Alfonsos VI. von Kastilien (1065–1109).

Kaufmannsrepubliken wie Pisa, Genua und – vor allem – Venedig vor. Zum ersten Mal seit der Antike lebte der Fernhandel mit dem Osten wieder auf, jetzt allerdings durch die Ostsee über die Insel Gotland. Hinlängliche Sicherheit und neuer Reichtum lösten ein überschäumendes und stärkendes Vertrauen in die Struktur Europas aus, das seinen greifbaren Ausdruck in einer Fülle von Bauvorhaben fand. Die berühmte Bemerkung des Mönchs Radulf Glaber, eines zeitgenössischen Zeugen, unterstreicht den religiösen Aspekt dieses Baubooms:

»Kurz nach dem Jahr 1000 geschah es, daß so gut wie überall in der Welt Kirchen umgebaut wurden, vor allem aber in Italien und Gallien; und wenn auch die meisten von ihnen noch durchaus brauchbar und Änderungen kaum notwendig waren, hatte alle christlichen Völker ein großes Verlangen ergriffen, einander an Pracht zu überbieten. Es war, als schüttele die Welt ihr hohes Alter ab und lege allenthalben den weißen Mantel der Kirchen an.«

Doch das war noch längst nicht alles. Allerorts entstanden auch Bauten für militärische Zwecke, die jetzt viel raffinierter ausfielen. Die bisher turmlosen Mauern gewannen jetzt wieder den Rhythmus der Aurelianischen Mauern Roms und der legendären Landmauern Konstantinopels (Abb. 11.29a, 13.3). Buchstäblich Tausende von Burgen schossen überall aus dem Boden, neu gebaut oder als steinerne Verstärkungen älterer Festungen. Die Belagerungstechniken blieben unverändert, und neue Waffen kamen erst hundert oder zweihundert Jahre später auf. Ein großer Teil all dieser Anstrengungen war offensichtlich symbolisch – eine monumentale Verherrlichung der Macht, wie ja auch die großartigen Kirchen jetzt als eine Verherrlichung des Glaubens an die Stelle ausreichender Vorgängerbauten traten.

Die Verbesserung der alten Kontinentalstraßen wie auch die Anlage von neuen Verbindungen setzen regionale Überlegungen voraus. Ihr Daseinszweck waren Wallfahrerverkehr und Handel – Unternehmungen, die zu allen Zeiten miteinander zusammenhingen. Hospize, Wirtshäuser und ähnliche Unterkünfte gab es in Menge. In Städten standen sie meist außerhalb der Mauern, so daß die Reisenden kommen und gehen konnten, wenn die Tore abends schon geschlossen waren. Den Hospizen war stets eine Kapelle angegliedert, und ringsum wuchsen die Pilgerherbergen empor. Im »Faubourg St. Jaques« hat sich in vielen Städten Frankreichs bis heute der Name dieser Quartiere erhalten, der an das bekannteste aller Wallfahrtsziele erinnert: das Heiligtum des Apostels Jakobus in Kastilien (spanisch: Santiago de Compostela).

Der größte Teil dieser Einrichtungen stand unter der Aufsicht von Mönchsorden, vor allem der Kluniazenser, welche die Wallfahrten leiteten. Hinzu kamen die Augustiner-Chorherren und später die Ritterorden der Johanniter und der Templer, die viele der Hospize betrieben. Sie sorgten für die Arbeitskräfte am Bau, für das Material und teilweise auch für die Mittel aus ihren eigenen beträchtlichen Ressourcen. Aber auch das Königshaus und die adligen Grundbesitzerfamilien leisteten ihren Beitrag. Der Kirchenbau hatte politische Bedeutung. »Wir glauben, daß der Schutz unseres Reiches eng mit dem steigenden Ansehen des christlichen Gottesdienstes verbunden ist«, sagte Otto I. (936–973). Damals konnte der Katholizismus nicht mit der unerschütterlichen Loyalität des einfachen Volks rechnen. Heidnische Trugbilder und seltsame Irrlehren waren weit verbreitet, und die ungläubigen Eindringlinge hatten das alles noch verschlimmert. Eine starke Kirche war die Vorbedingung für eine feste Gesellschaftsordnung.

Doch von den Herrschern wurde noch mehr erwartet. Honorius von Regensburg machte ihnen zur Pflicht, »die Kirchen mit Büchern, Gewändern und Schmuck auszustatten, zerstörte oder aufgelassene Kirchen zu erneuern«, aber auch »Brücken und Straßen zu bauen und so euren Weg zum Himmel zu bereiten«. Wenn verbesserte Verkehrswege dem Pilger und dem Kaufmann zugute kamen, so bewirkten sie auch, daß der König sein Land fester in der Hand hatte. Die Straße von Paris nach Bordeaux war der Anfang des hochbedeutsamen Pilgerwegs nach Santiago; es war kein Zufall, daß sie auch für die Kapetinger als unbehinderte Verkehrsader zwischen ihren beiden Hauptstädten, Paris und Orléans, unerläßlich war. Der Bau des *Camino*, der Hauptstraße längs den Pyrenäen, die alle Zubringer der Pilgerroute auf der letzten Strecke zum großen Heiligtum aufnahm, war das Werk von König Alfons V. (999–1027) und Alfons VI. (1065–1109), die den Ehrgeiz hatten, über das ganze, von den Moslems

284 *Neue Ansprüche*

zurückeroberte Gebiet Spaniens zu herrschen (Abb. 13.4). Das Projekt schloß auch den Bau mehrerer Brücken ein (Abb. 13.5).

Zum Bau von Brücken entschlossen sich auch einzelne Adlige, die in der Lage waren, die Bedingungen für deren Benutzung zu stellen. 1035 begann der Herzog von Blois und Tours eine 27bogige Brücke über die Loire zu bauen, »um nicht durch irdische Habgier seine himmlische Belohnung zu verwirken«, und er versprach freie Benutzung für jedermann, »gleichviel, ob er fremd oder einheimisch, Pilger oder Kaufmann, arm oder reich sei, ob er zu Fuß oder beritten, mit oder ohne Last« komme. Öfter war für den Bau eine gerichtliche Entscheidung notwendig. In Streitfällen wandte man sich an eine höhere Stelle. In einem späten Fall richtete die Bürgerschaft von Saumur eine dringende Bitte an den englischen König Heinrich II. (1154–1189), der als Herr der Normandie die höchste Instanz des Gebiets war. Es ging um eine Holzbrücke, welche die Einwohner zu ihrem eigenen Nutzen gebaut hatten. Der Abt von St. Florent beanspruchte das Recht, Brückenzoll zu erheben. Heinrichs Verordnung bestimmte, daß Kaufleute, welche die Brücke zur Beförderung ihrer Waren auf Lasttieren benutzten, dem Abt zollpflichtig sein sollten, während Ritter und Bürger von Saumur die Brücke zollfrei passieren durften. Ferner mußten sich die Mönche verpflichten, die Brücke allmählich durch eine steinerne zu ersetzen, von der jedes Jahr ein Bogen errichtet werden sollte.

Kirchenfieber

Wenn von der erstaunlichen Blüte der sakralen Architektur im 11. Jh. die Rede ist, sollte die politische und wirtschaftliche Gesundung stärker hervorgehoben werden als der Aufschwung nach dem Jahr 1000, auf den Radulf Glaber anspielt.

Tatsächlich hatte man lange angenommen, daß tausend Jahre nach der Auferstehung Christi das Weltende herannahen, das Jüngste Gericht die Sünder von den Seligen trennen und das Reich Christi sein Ende haben werde. Große Ungewißheit herrschte jedoch in bezug auf die genaue Bedeutung des tausendjährigen Reichs. »Und wenn die tausend Jahre vorüber sind«, heißt es in der Offenbarung des Johannes. War damit das Jahr 1000 nach Christi Geburt gemeint, oder hieß das: tausend Jahre nach einem Ereignis von theologischer Bedeutung? Die byzantinische Kirche hatte aus Angst davor, daß die Wiederkunft Christi und die Rückkehr des Antichrist wörtlich genommen werden könnten, die Offenbarung aus den kanonischen Büchern verbannt. Im Westen dauerte die weitverbreitete Furcht an, obwohl sich die Kirche offiziell bemühte, die objektive Wirklichkeit dieser Vision herunterzuspielen. Meteore wurden außergewöhnlich wichtig genommen, und die Kirche hielt es für notwendig, immer wieder Edikte gegen die monolithischen Monumente der vorchristlichen Zeit – die Dolmen, Menhire und Alignements in der Bretagne – zu erlassen, deren machtvolle Präsenz der gegebene Mittelpunkt des Dämonenglaubens zu sein schien.

Das Jahr 1000 kam heran und ging vorüber – und nichts passierte. Die allmähliche Stabilisierung des Kontinents und ein Alltagsleben in mehr Ruhe und Sicherheit ließen die Ängste in Vergessenheit geraten oder vielmehr zu etwas Selbstverständlichem werden. Mit erstaunlicher Erfindungsgabe bildete man jetzt den Teufel, die Höllenqualen und Ungeheuer aller Art in den neuen Kirchen ab, die nun über Stadt und Land emporragten (Abb. 13.6). Der Triumph des Teufels war keine unausweichliche Notwendigkeit. Er konnte auf unbeschränkte Zeit in Schach gehalten werden, wenn man die Zuflucht im rechten Glauben suchte. Hier seht ihr, wie er aussieht, sagte die Kirche und ließ ihre Künstler die apokalyptische Literatur und die eigene Phantasie ungehindert ausloten. Sie durften schauerliche Dämonen an Fassaden und Säulenkapitellen zeigen: hier siehst du, was dir passieren kann. Aber derselbe Ort, der diese erschreckende Botschaft verkündete, war auch der Schauplatz der Erlösung. Man brauchte nicht davonzulaufen oder zu verzweifeln. Diese mächtigen Steingebäude – so verkündete die Kirche – sind euer Schutz, eure geistlichen Garanten. Ihr braucht also nicht täglich um euer Schicksal zu bangen, ihr könnt gewiß sein, daß ihr beim Jüngsten Gericht, wann immer es kommen mag, da es ja eines Tages kommen muß, auf der richtigen Seite stehen werdet. Wenn ihr jetzt der Verdammnis anheimfielet, so geschähe das nicht auf Grund eines unausweichlichen Schicksals, sondern wegen eurer eigenen Sündhaftigkeit.

Monumentalarchitektur verrät Wohlstand oder doch die Erwartung glücklicher Umstände. So lagen die Dinge im 11. Jh. Der Boden brachte immer reichere Ernten. Weite Gebiete, viele tausend Morgen, wurden zum ersten Mal für landwirtschaftliche

Abb. 13.6 Autun (Frankreich), St. Lazare, 1120–1132; Kapitell.

Abb. 13.7 Tavan (Frankreich), St. Nicolas, Wandgemälde in der Krypta mit der Darstellung eines mittelalterlichen Pilgers, Mitte des 12. Jh.

Zwecke gerodet oder aus aufgegebenem und überwuchertem Bauernland zurückgewonnen. Die großen Wälder wurden gerodet, man hob Gräben aus und warf Dämme auf, um den düsteren Bereich der Ritter und Ungeheuer zugänglich zu machen und eine rapid zunehmende Bevölkerung zu ernähren. Auf dem gewonnenen Grund errichteten unternehmende Barone oder Äbte Dörfer nach festem Plan. Die Anordnung der Häuser konnte in einem regelmäßigen Raster bestehen oder auch in einem Längsstreifen aus Haus und Grundstück an einer neugebauten Straße, zu deren beiden Seiten sich Felder im Fischgrätmuster hinzogen. Manche dieser Siedlungen wuchsen sich nach und nach zu Städten aus.

Roden hieß Kolonisieren. Die Etablierung neuer Staaten wie Polen und Böhmen setzte eine lebhafte Kolonisationstätigkeit von Deutschland her in Gang. Spanische Herrscher, welche die moslemischen Emirate hartnäckig zurückdrängten, erschlossen inzwischen weite neue Gebiete, für die sie Siedler von der anderen Seite der Pyrenäen zu vorteilhaften Bedingungen herbeilockten. Am Ende des 11. Jh. setzten sich dann durch ganz Europa hin beträchtliche Menschenmassen in Richtung auf den Nahen Osten in Bewegung, deren Ziel nach außen hin die Befreiung der Stätten des Heiligen Landes von der Herrschaft der Moslems war. Doch in Wirklichkeit handelte es sich bei diesen Kreuzzügen um eine gewaltige Welle kolonialer Expansion, die fränkische Bräuche nach Kleinasien, Syrien und Palästina verpflanzte, das Äußere einiger uralter Städte und berühmter Denkmäler veränderte und die wiedergewonnenen Gebiete mit romanischen Burgen und Klöstern übersäte.

Die Pilgerfahrt

Die Geschichte der Architektur im 11. Jh. ist also mehr als der Aufstieg und Triumph der romanischen Kirche. Gasthäuser, Hospize, ländliche Siedlungen, Straßen, Brücken und Burgen – das alles sollte in dieser Geschichte seinen Platz finden. Und alles sollte als das gemeinsame Wirken an einem faszinierenden Umweltgobelin gesehen werden, wie er sich den Augen des Ritters, des reisenden Gefolges eines hohen Lehensherrn, des Kaufmanns und der vielen tausend abgerissenen Pilger darbot, die über die Wallfahrtsstraßen des Kontinents mühselig ihren fernen Zielen entgegenstapften (Abb. 13.7).

Sakrale Architektur fügt sich gut in diesen Gobelin ein. Ihre Überreste sind bedeutsamer als all das andere Zubehör des Alltagslebens. Ihre Schauplätze, weiter verbreitet und verschwenderischer ausgestattet als die sonstige gebaute Umwelt, sind dauerhafter. Noch heute spürt man deutlich, wie stark diese Spuren des Kults sich dem Land aufgeprägt haben, nämlich wenn man auf einigen der Hauptrouten durch Frankreich und Spanien der Fährte der Pilger folgt und an den vielen hundert Kapellen am Straßenrand vorüberkommt, an einsamen Klosterkirchen und städtischen Kathedralen, die den langen, ermüdenden Marsch unterbrachen und ihnen neuer Ansporn waren. Manche dieser Bauwerke sind heute nur noch Trümmerhaufen, andere hat man wieder aufgebaut und immer wieder neu gestaltet, so daß sie ein Sammelsurium von Stilen und Zweckbestimmungen darstellen. Viele sind ganz dahin, Opfer bewußter Zerstörung, etwa während der Französischen Revolution, oder einer Zeit der Gleichgültigkeit. Cluny, die Mutterkirche eines erstaunlichen Mönchsreiches, das zur Zeit seiner Hochblüte über 1500 Klöster mit nicht abzuschätzenden Pachtgütern samt Grundbesitz und Sachwerten verfügte, ist fast zur Gänze verschwunden. Dennoch ist noch genug unversehrt oder nur wenig verändert, so daß wir Glabers »weißen Mantel aus Kirchen« bewundern und in Ehrfurcht betrachten können.

Das ganze Mittelalter hindurch pflegte man den Brauch, zu kostbaren Reliquien zu pilgern, besonders intensiv wahrscheinlich zur Zeit Karls des Großen. Doch meist entfernte man sich dabei nicht allzu weit von der Heimat. Rom war das einzige Ziel von Wallfahrten über weite Entfernungen hinweg. Riesige Menschenmassen aus dem Norden strömten alljährlich dort zusammen, um die Heiligen Petrus und Paulus zu verehren und auch die übrigen bedeutsamen Stationen in der Stadt und ihrer näheren Umgebung aufzusuchen. Die Pilgerrou-

Abb. 13.8 Pilgerwege nach Santiago de Compostela.

te durchquerte die Alpen nach Italien über den Paß des Großen St. Bernhard oder des Mont Cenis, vereinigte sich mit der Via Aemilia bei Modena, stieß bei Arezzo auf die Via Cassia und erreichte so Rom über Viterbo. Viele Pilger blieben für immer. Schon im frühen 9. Jh. beherbergte der Vatikanbezirk eine Reihe nationaler Gruppen, die sog. Scholae, die jeweils ihre eigene Kirche und eine eigene Herberge besaßen.

Zwei weitere Bußfahrten standen hoch im Kurs. Das Heilige Land war vor den Kreuzzügen so gut wie unerreichbar gewesen. Santiago lag näher und in einem ähnlich umstrittenen Gebiet, das den Ungläubigen erst entrissen werden mußte. Es war schon vor der kraftvollen Wiedereroberung Nordspaniens unter den Königen von Navarra und Kastilien überaus volkstümlich. Das Heiligtum stand am Rande der mittelalterlichen Welt, auf dem westlichsten Vorgebirge der Iberischen Halbinsel, nicht weit vom Meer entfernt. Der Pilger, der es nach einer Reise von zwei oder drei Monaten erreichte, ging hinab nach Padron, wo der Leichnam des Apostels, wie man annahm, auf dem Seeweg angekommen war, und dann zur Kapelle Nuestra Señora am Kap Finisterre (lat. Finis terrae, dem Ende der Erde). Hier, zwischen den galicischen Nebeln und dem Anblick des endlosen Meeres, muß es den Pilgern, nachdem die Moslems von den christlichen Rittern gebändigt und die Mühsale der schweren Prüfung überstanden waren, zumute gewesen sein, als befänden sie sich an einem auserwählten Ort, einem Stück Himmel auf Erden, der versprochenen Seligkeit im Jenseits so nahe, wie es einem demütigen Sünder überhaupt beschieden sein konnte.

Vier Hauptpilgerwege durchquerten Frankreich auf der ersten Strecke des Weges nach Santiago (Abb. 13.8). Am Paß von Roncesvalles, bekannt als eines der Schlachtfelder Karls des Großen, trafen sie zusammen. Einer der Wege begann in Paris, dem offiziellen Ausgangspunkt vieler französischer, englischer und deutscher Pilger. Er führte über Orléans nach Tours, wo die bedeutende Kirche St. Martin (etwa 1050) stand, von der heute nur noch ein Fassadenturm und der Turm des nördlichen Querschiffs erhalten sind. Im alten Teil der Stadt gelegen, mag sie die erste gewesen sein, welche den Bauplan vorführte, der in Cluny und Santiago und den Hauptstationen der anderen Routen verwendet wurde: St. Martial in Limoges, heute zerstört, St. Sernin in Toulouse, noch erhalten, und Ste. Foy in Conques. Zwischen Tours und Bordeaux schlossen sich Engländer, die den Golf von Biscaya überquert hatten, der Wallfahrt an. Schließlich vermehrten sich ihre Reihen um jene Pilger, die im burgundischen Vézelay, dem Herzstück der kluniazensischen Macht, aufgebrochen und über Limoges und Périgeux nach Südwesten gezogen waren. Die dritte Route war die kürzeste. Sie begann in Le Puy im Bergland der Auvergne und führte durch Conques und Moissac.

In Saint-Jean-Pied-de-Port, unmittelbar vor dem Paß, pflanzten die Pilger die Kreuze, die sie getragen hatten, in den Boden ein; zu jeder Zeit konnte man Tausende sehen, die dort am kontinentalen Tor zu Spanien aufragten. Dann betrat die Prozession, angefeuert von Spielleuten, die zu Drehleierbegleitung Heldenlieder von Karl dem Großen und seinen Paladinen sangen, den Camino, wo sie den Luxus einer neuen Stra-

Abb. 13.9 Conques (Frankreich), Zufahrt zur Stadt mit Blick auf Ste. Foy.

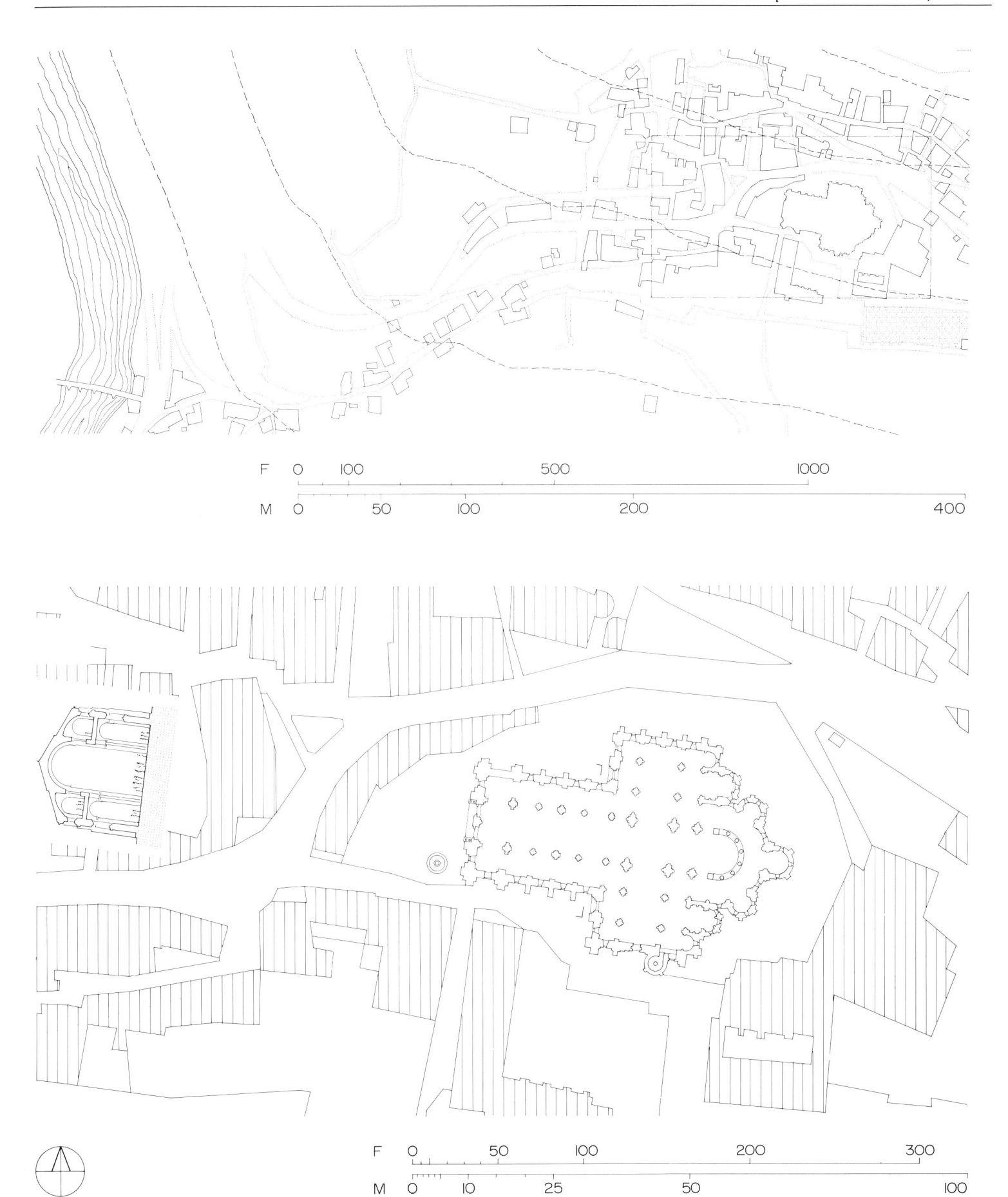

Abb. 13.10 Conques, Ste. Foy, etwa 1050–1120; oben: Lageplan; unten: Grundriß und Querschnitt durch das Schiff.

ße genossen. Streckenweise war sie stark ausgetreten von den vielen Füßen, die durch die Jahrhunderte auf ihr entlanggegangen waren, und zerfurcht von den Wagenrädern derer, die vornehm reisten. In Puente la Reina, wo die Straße auf der Brücke der Königin Urraca die Arga überquerte, schlossen sich Pilger von der vierten französischen Route an. Sie kamen von Arles aus dem Süden Frankreichs, hatten Toulouse passiert und die Pyrenäen auf einem anderen Paß überquert. Der nunmehr vereinte Strom der Pilger zog über die letzten 300 Kilometer durch ein erst unlängst gerodetes und noch spärlich besiedeltes Land, über Burgos und León, die Hauptstadt der Könige Asturiens, bis zum letzten Hügel vor Santiago, dem Mons Gaudii, dem Berg der Freude.

Die Pilger betraten Santiago von Nordosten durch eins ihrer sieben Tore. Über eine schmale, von Hospizen gesäumte Straße gelangten sie vor die Nordportale der Kathedrale. Der heutige Bau wurde gegen 1075 begonnen und erst 1211 geweiht. Eine vergoldete und mit Edelsteinen besetzte Statue des heiligen Jakobus stand oberhalb des Hochaltars über der Krypta, in der sich der Reliquienschrein befindet. Dieser war der Magnet der wagemutigen Reise, und es ist auch heute noch ein bewegender Anblick, wenn man sieht, wie der Pilger sich von der Rückseite des Altars her der Statue nähert, sie umarmt und ihr den Pilgerhut aufsetzt, an dem die Muschelschale, das Symbol des Heiligen, befestigt ist.

Die romanische Kirche

Es gibt keine typische romanische Kirche. Wir verkennen selten die Eigenheiten des romanischen Stils, und doch liegt seine Stärke in der – regionalen und programmatischen – Abweichung. Es handelt sich um einen lokal gefärbten und gleichzeitig internationalen Stil. Jeder einzelne Bau unterliegt den starken Einflüssen, wie sie längs der Pilgerroute wirksam waren und alle Kolonisierungsbestrebungen der Mönchsorden färbten; er ist aber auch durch Material, die Wahl der Formen und Themen und durch seinen konservativen oder fortschrittlichen Geist in die örtliche Überlieferung eingebettet.

Ste. Foy in Conques

Beginnen wir mit Ste. Foy in Conques (etwa 1050–1120), das uns ein gutes Beispiel für die fünf oder sechs bekanntesten Kirchen auf dem Weg nach Santiago zu sein scheint (Abb. 13.9, 13.10). Es hat den Vorzug, zumindest in den Anfängen »früh« zu sein, dazu gut erhalten und »rein« insofern, als ihm spätere Modernisierungen erspart geblieben sind. Conques ist immer noch das Dorf, das es damals war, als Karl der Große eine Benediktinerabtei in diesem abgelegenen Tal der südlichen Auvergne gründete. Die heutige Kirche wurde um die Mitte des 11. Jh. begonnen und sollte den vorhandenen karolingischen Bau ersetzen. Majestätisch ragt sie am Ende der steil ansteigenden Rue Charlemagne empor, eines echten Stücks Pilgerweg, der sich eher den kahlen, sonnenverbrannten Hügeln anpaßt als dem ungeordneten Haufen schlichter Häuser mit grauen Schieferdächern. Moissac und Vézelay haben bessere Skulpturen, St. Sernin ist größer, ein Dutzend französischer romanischer Kirchen sind kunstvoller. Aber keine

Abb. 13.11 Conques, Ste. Foy, Ansicht von Osten.

erfaßt so gut den unverfälschten und zeitlosen Geist der mittelalterlichen Pilgerfahrt wie Ste. Foy.

Man betrachte nebeneinander den Grundriß und die Außenansicht: ein Mittelschiff, flankiert von zwei zweigeschossigen Seitenschiffen, die keine obere Belichtung zulassen; ein Querschiff, um das herum die Seitenschiffe – mit Ausnahme der Ostseite – weitergeführt sind; und ein wunderschön entfaltetes Sanktuarium, bestehend aus einer Apsis, hinter deren Säulenschranke sich ein halbkreisförmiger Chorumgang befindet, auf den sich wiederum drei kleine, gerundete Kapellen öffnen. Zwei zusätzliche Kapellen ungleicher Größe beschließen die beiden östlichen Enden des Querschiffs. Die Westfassade ist mit zwei rechteckigen Türmen besetzt. Ein polygonaler Glockenturm erhebt sich über der Vierung dort, wo die Giebeldächer des Mittelschiffs, der beiden Querschiffe und der Joche vor der Apsis, alle von gleicher Höhe, zusammenstoßen. Von Osten her ein Crescendo aus gekrümmten Formen: die niedrigen, strahlenförmig angeordneten Kapellen, die zur hohen kantigen Schulter des Chorumgangs emporreichen, und dann der hohe Halbzylinder der Apsis, gestützt von den abgeschrägten Blöcken der begleitenden Nischen und besetzt mit Blendarkaden, die den Blick zum Dach hinaufführen, wo er auf den Glockenturm trifft (Abb. 13.11).

Die Fassade ist unvollendet und im 19. Jh. nicht unangetastet geblieben. Das ist bei romanischen Kirchen nichts Besonderes. Oft ging während des Baus das Geld aus, und es kam zu langen Verzögerungen. Es hatte keinen Sinn, klein anzufangen und erst dann zu vergrößern, wenn man es sich leisten konnte. Anders als bei einer Moschee – etwa in Córdoba –, deren in Reihen angeordneter Grundriß entsprechend der zunehmenden Einwohnerzahl wiederholte Vergrößerungen erlaubte, hatte die christliche Kirche ein ideelles und liturgisch so präzises Schema, daß ein völliger Neubau sinnvoller war als eine Erweiterung. Man mußte sich also für ein Grundkonzept entscheiden und dann vom Fundament bis zur Spitze so bauen, wie es Einkünfte und private Schenkungen ermöglichten. Der Baukörper mußte funktional sein, in gefährdeten Gegenden vielleicht sogar außen befestigt, und Türme waren für den Status und die Fernwirkung notwendig. Das Schmuckprogramm stand an letzter Stelle. Fassaden wurden als kostbare Schaustücke entworfen, und so gerieten sie ins Hintertreffen.

Ganz ohne figürlichen Schmuck sollte Conques offenbar nicht bleiben, und so brachte man ihn um 1130 über den Hauptportalen an (Abb. 13.12). Inzwischen konnte keine der am Pilgerweg gelegenen größeren Kirchen darauf verzichten, ihre Kulträume im Inneren »einzuleiten« mit einer Darstellung des Jüngsten Gerichts in Hochrelief, die mit Farbe verschönt und in das Tympanon, das überwölbte Giebelfeld über dem Hauptportal, eingesetzt wurde. In Ste. Foy ist das Relief in drei Reihen angeordnet. Ganz oben halten zwei kraftvolle Engel die Krone, während zwei andere die Posaunen des Jüngsten Gerichts blasen. In der Mitte der nächsten Reihe thront Christus in einer sternübersäten Mandorla, auf Wolken schwebend, eine bärtige, ernste Gestalt, welche die rechte Hand erhebt, um die Seligen zu erhöhen, und die Linke zur Hölle hin senkt. »Kommt herbei, Gesegnete meines Vaters«, verkündet das eine der Banner über seinem Haupt, »ergreift Besitz von dem Königreich, das euch bereitet ist«; und das andere spricht schuldig: »Hinweg von mir, Verdammte.« Zu seinen Füßen werden die Toten aus ihren Gräbern gehoben. Nachdem ihre Seelen gewogen worden sind, werden einige von den Engeln weggeführt, andere von häßlichen Dämonen angefallen. Die Reihe der Seligen wird von der Jungfrau Maria und dem heiligen Petrus angeführt, sie schließt auch einen Abt und einen König ein. Auf der anderen Seite des Tympanons werden die Verdammten, darunter auch Mönche und Ritter, von Wächterengeln mit Schild und Lanze vom Richter ferngehalten. Die Inschrift lautet: *Homines perversi sic sunt in tartara mersi*, »Verstockte werden so in den Abgrund geschleudert.« Darunter stellen zwei Giebelbauten das Königreich des Himmels, wo Abraham die Seelen der Gerechten empfängt, dem Reich der Hölle gegenüber, wo der grimassierende Luzifer den Stab über ein munteres Ballett von Greueln führt.

Geläutert durch dieses großartige kosmische Drama wird der Pilger dann die Kirche in Demut und neuerwachter Ehrfurcht betreten haben (Abb. 13.13). Heute ist das Innere von Ste. Foy kahl. Aufnahmen, die unweigerlich dann gemacht werden, wenn die Kirche menschenleer ist, scheinen eine Vorstellung davon vermitteln zu wollen, wie ein romanisches Kircheninneres laut Lehrbuch auszusehen habe. In Wirklichkeit waren diese Kirchen reich und pomphaft ausgestattet, quollen über von Leben und Ge-

Abb. 13.12 Conques, Ste. Foy, Hauptportal der Westfassade mit der Tympanonplastik von etwa 1130.

pränge. Auf Kapitellen und in versteckten Ecken wimmelte es von bizarren und wunderlichen Tierfiguren, einem Bestiarium, das von allen Ungeheuern der Antike angeregt und einem geometrisch-analytischen wie auch vielgestaltigen Formprozeß unterworfen ist. Bei dem bedeutenden französischen Kunsthistoriker Henri Focillon heißt es: »Die Tiere werden unterteilt, wieder zusammengesetzt, haben zwei Köpfe an einem Körper und zwei Körper für einen Kopf, sie betasten einander, verschlingen einander und werden wieder geboren – alles in einem nicht zu enträtselnden erregten Hin und Her... wie die Bilder eines ungeheuren kollektiven Alptraums.« Erzählende Bilder biblischen oder profanen Inhalts überzogen die Gewölbe und Wände des Kirchenschiffs, Stoffe und Gobelins milderten die Wucht des strengen rauhen Mauerwerks. Auf dem Hauptaltar waren die Schätze der Kirche zur Schau gestellt, schimmernde Gebilde aus Gold und Edelsteinen unter dem von Licht erfüllten Baldachin des Apsisgewölbes.

In dieser Hinsicht kam keine Wallfahrtskirche Conques gleich. Die Heiligenstatue, eines der ältesten Stücke mittelalterlicher Plastik, ist ein mit Edelsteinen überzogenes Bildnis von urtümlicher Kraft (Abb. 13.14). Diese *Majesté de Ste. Foy* (Fides) nahm einen Ehrenplatz unter den übrigen gerühmten Schätzen der Abtei ein. Die Kapellen hatten ihre eigenen Attraktionen, und die Pilger schlurften die Kirchenschiffe entlang und durch den Chorumgang und bewunderten sie. In den Räumen des Querschiffs sangen die Mönche, tief in ihr Gestühl gedrückt und durch niedrige Steinbalustraden von der Vierung getrennt, die Liturgie, und ihre Stimmen hallten in den Gewölben wider und wogten in den Vierungsturm hinauf. In dienstfreien Stunden und zu besonderen Festen gab es in diesem Teil der Kirche auch ein kraftvolles Musizieren, an dem sich Instrumentalisten aller Art beteiligten. Und nachts oder in den frühen Morgenstunden durchzog geheimnisvoll einstimmiger Wechselgesang diesen massigen, dichtgefügten Bau aus dunkel getöntem vulkanischen Gestein.

Nackt und leer, erlaubt uns Ste. Foy, die romanische Bauweise (Abb. 13.13) genau in Augenschein zu nehmen. Das Mittelschiff weist ein Tonnengewölbe auf, das aber unterteilt ist. Aus den Bündelpfeilern, welche die rechteckigen Joche begrenzen, erheben sich Schäfte bis zur vollen Höhe des Schiffs und laufen als Gurtbögen quer über die Unterseite des Gewölbes. An der Vierung sind die Pfeiler dicker. Aus ihnen entspringen vier Bogen, die den zweigeschossigen, achteckigen Tambour des Turms mit Öffnungen auf jeder Seite und auch die achteckige Kuppel mit dem spitzen Turm tragen. Die Seitenschiffe zeigen im Erdgeschoß Joche mit Kreuzgewölbe, und in den Emporen reichen durch seitliche Rippen verstärkte Vierteltonnen bis zum Gewölbe des Hauptschiffs hinauf und stützen es in seiner ganzen Länge. Doch um das zu leisten, entzieht diese Emporenebene dem Hauptschiff das Licht. Natürliches Licht findet seinen Weg durch die Empore hindurch in den oberen Teil des Hauptschiffs durch rundbogige Zwillingsöffnungen, eine in jedem Joch, und verbreitet sich in länglichen Bändern quer über den Fußboden der unteren Seitenschiffe. Dieses diffuse Licht betont die Höhe und

Abb. 13.13 Conques, Ste. Foy; Inneres, Blick nach Osten.

Abb. 13.14 Conques, Ste. Foy; mit Gold überzogene Statue der Heiligen, spätes 10. Jh.

nen Fällen eine Vorhalle, die ein Joch tief ist und an einem Ende das Taufbecken enthält). Die Dreiteilung dieser Wand entspricht vertikal der Innenteilung von Hauptschiff und Seitenschiffen. Zum vollständigen französischen Typus gehören ein Bogenportal mit gestaffelten Archivolten, darüber eine Hauptfenstergruppe oder Loggia, gekrönt vom Giebel des Mittelschiffs, und seitliche Portale im Erdgeschoß der Türme (Abb. 13.15). Das ist die eine Lösung. In einer anderen kann der Giebel die gesamte Fassade überspannen, wobei er sich über die Seitenschiffe ausbreitet oder sich über ihre Dachschrägen erhebt; die Ecktürme sind dabei geschrumpft oder gar nicht vorhanden (Abb. 13.16).

Bedeutende Veränderungen sind auch im Sanktuariumsteil festzustellen. Wo die karolingische Kirche versuchte, dem Bedürf-

hebt das Ostende der Kirche hervor, wo große Fenster in den Wandrundungen der radial angeordneten Kapellen und andere Fenster unmittelbar unter der Halbkuppel der Apsis eine leuchtende Krone hervorzaubern, die uns zu ihr hinzieht.

Der Präzedenzfall

Es entstehen zwei Fragen: Inwiefern unterscheidet sich Ste. Foy in Conques von der Basilikakirche der karolingischen Zeit, und welche Experimente – sollte es sie gegeben haben – liegen dazwischen?

Zuerst das, was nicht vorhanden ist: Ste. Foy hat kein Atrium, keine westliche Gegenapsis, kein Westwerk im Sinne einer verwendbaren mehrgeschossigen Eingangseinheit. Die Fassade ist jetzt eine dünne, von Türmen eingefaßte Wand, hinter der unmittelbar der Kirchenraum liegt (oder in selte-

Abb. 13.15 Caen (Frankreich), Abbaye-aux-hommes, St. Étienne, begonnen um 1068; Westfassade.

nis nach vielfachen Altären dadurch gerecht zu werden, daß sie den Innenraum durch Schranken unterteilte, findet die romanische Kirche eine architektonisch glückliche Lösung.

Eine Anzahl von Einzelkapellen schwingen an der Ostseite des Querschiffs aus der Hauptkontur aus. Die Hauptapsis ist von einem halbkreisförmigen Chorumgang umgeben, der zwischen ihr und der östlichsten der Kapellen verläuft. Dieser Chorumgang setzt die Linie der Seitenschiffe rings um den Hochaltar fort, so daß der Strom der Gläubigen, wenn sie vor den bedeutendsten Reliquien der Kirche ihre Gebete verrichten, den Ablauf des Gottesdienstes nicht stören. Diese Reliquien befanden sich auch oft in einer geräumigen gewölbten Krypta. Solche unterirdischen Kammern, umgeben von einem schmalen Rundgang mit einem Fenster, das Einblick ermöglichte, kannte man schon in vorkarolingischer Zeit. Doch im Gegensatz zu dem beengten kellerartigen Notbehelf, der bis ins 10. Jh. üblich war, ist die romanische Krypta eine mehrschiffige Halle aus quadratischen Jochen mit Kreuzgewölben, die alle gleich hoch sind und so den Fußboden des Kirchenschiffs gleichmäßig stützen.

Für die ersten Generationen von Kirchgängern, die es erlebten, wie Bauten dieser Art an die Stelle der alten karolingischen Kirchen traten, muß die erstaunlichste Neuerung in den hohen gewölbten Kirchenschiffen bestanden haben. Wir brauchen nur in das Innere der Abteikirche von St. Gallen zu schauen, um dieses Staunen nachzuempfinden (Abb. 12.19, 13.13). In St. Gallen erheben sich die flachen Wände des Kirchenschiffs, die von Reihen kleiner Oberlichtfenster durchbrochen sind, über Arkaden auf Einzelsäulen und tragen ein offenes Holzdach. In Conques bilden dicht gruppierte Pfeiler, die sich in drei verschiedenen Ebenen und in drei Richtungen verzweigen, eine wuchtige steinerne Stütze für die Gewölbe der Seitenschiffe, der Emporen und des Mittelschiffs. Jeder Pfeiler besteht aus einem rechteckigen Kern, dem seitlich Pilaster oder eingelassene Säulen angefügt sind. Zwei von ihnen, an der Ost- und an der Westseite des Pfeilers, tragen die Arkaden des Mittelschiffs. Aus einem der beiden übrigen entspringen die Bogen, die das Seitenschiff und die Empore als Teil des Gewölbesystems überspannen. Das letzte, dem Mittelschiff zugewandte Teilglied des Pfeilers schwingt sich über die volle Höhe der Erdgeschoßarkaden und der Empore hinaus bis dorthin, wo die querverlaufenden Gurtbögen ein luftiges Tonnengewölbe abstützen. Seit der Hagia Sophia haben wir keinen geschlossenen gewölbten Raum von dieser Kraft und diesem Ausmaß gesehen, und sie war ja selbst eine christliche Übertragung der riesigen Schalenkuppeln spätrömischer Bauten, etwa der Caracallathermen und der Maxentiusbasilika, in Ziegelbauweise. Und eben das soll diese vieldeutige Bezeichnung »romanisch« auch ausdrücken: irgendwie römisch.

Zwei getrennte Entwicklungen des späteren 10. und frühen 11. Jh. liefern uns die Übergangselemente, welche uns von der karolingischen zur romanischen Architektur führen. Die eine stellt sich als eine architektonische Ausdrucksweise dar, die manchmal als »Erste Romanik« bezeichnet wird und die in Spanien, Südfrankreich und Norditalien zu Hause war. Wahrscheinlich hatte sie ihren Ursprung in der Lombardei,

Abb. 13.16 St. Jouin-des-Marnes (Poitou, Frankreich), Kirche, um 1130; Westfassade.

Die Geburt der Nationen: Europa nach Karl dem Großen 293

Abb. 13.17 St.-Martin-de-Canigou (Frankreich), Kloster, 1001–1026; Blick von Süden.

Abb. 13.18 St.-Martin-de-Canigou, Klosterkirche; Inneres, Blick nach Osten.

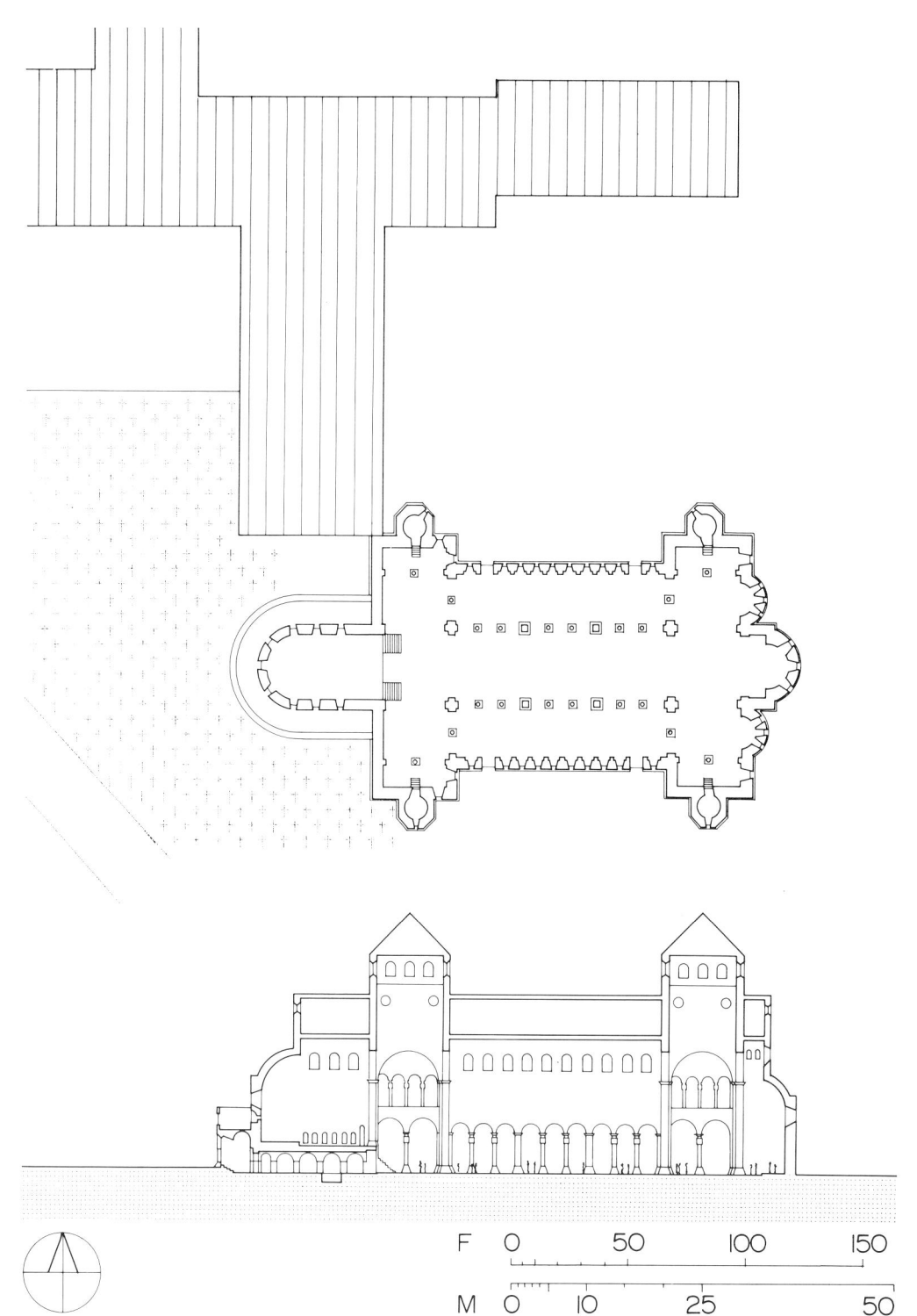

Abb. 13.19 Hildesheim (Deutschland), St. Michael, Kirche des Bischofs Bernward, 1001–1033; Grundriß. Die angedeutete Umgebung ist einer älteren Karte entnommen.

wo, wie wir im vorigen Kapitel sahen, die Tradition des Ziegelbaus früher christlicher Hauptstädte wie Mailand und Ravenna in den folgenden Jahrhunderten weiterlebte. Der Stil wird durch einen Außendekor von Blendarkaden und Pilastern charakterisiert, der unter der Bezeichnung »lombardische Bänder« Giebelschrägen säumt und zwischen Stockwerken verläuft. Sie lockern die doch recht schwere Massigkeit auf, die für diese Kirchen typisch ist, deren wuchtige Bauweise oft noch durch eine rauhe, felsige Umgebung unterstrichen wird. Vor allem in Katalonien weisen manche überwölbte Schiffe auf, die, schwer und mit wenigen Öffnungen versehen, düster und streng wirken. Diese Bauweise steht mit der vormoslemischen spanischen Überlieferung in Ein-

294 *Neue Ansprüche*

Abb. 13.20 Hildesheim (Deutschland), St. Godehard, 1133–1172; Inneres, Blick nach Osten.

Abb. 13.21 Speyer (Deutschland), Dom, erste Phase, etwa 1030–1061; Inneres, Blick nach Osten, Rekonstruktionszeichnung.

Abb. 13.22a Vézelay (Frankreich), Ste. Madeleine, um 1104–1132; Inneres, Beispiel eines zweistöckigen Kirchenschiffs (Hauptschiffarkaden, Lichtgaden).

Abb. 13.22b Nevers (Frankreich), St. Étienne, etwa 1083–1097; Inneres, Beispiel eines dreistöckigen Kirchenschiffs (Hauptschiffarkaden, Empore, Lichtgaden).

klang, in der Kirchen wie San Pedro dela Nave entstanden. Das Gewölbe war oft ein ungegliederter Halbzylinder, nur selten mit querverlaufenden Gurtbögen. Das Kloster St. Martin de Canigou (1001–1026), malerisch auf einem Felssporn in Französisch-Katalonien gelegen, ist ein Musterbeispiel der »Ersten Romanik« (Abb. 13.17, 13.18).

Der andere Beitrag zu dem Stil, den wir als romanisch bezeichnen, bestand aus der sakralen Architektur Deutschlands, die unter den Ottonen entstand. Diese Herrscher und ihr Hof förderten in einem bewußten Versuch, das Ansehen der Karolingerzeit zu erhalten, ein monumentales Bauprogramm, das die Formen des 9. Jh. sowohl bewahrt als auch festigt. Die Massigkeit ist karolingisch; die Hauptdächer sind aus Holz. Besondere Aufmerksamkeit widmet man jedoch der Innengestaltung. Hier werden die Wahl der Stützen und die Gliederung der Wände eher unter dem Aspekt des gewünschten optischen Eindrucks als unter dem der strukturellen Bedürfnisse des Dachgebälks getroffen.

Bei St. Michael in Hildesheim, 1001–1033 für Bischof Bernward erbaut, ist der karolingische Kirchengrundriß fortgeführt und rationalisiert (Abb. 13.19). Der »Doppelender« ist hier insofern voll ausgebildet, als nicht nur zwei abschließende Apsiden vorhanden sind, sondern auch zwei entsprechende Querschiffe. Die Eingänge liegen auf der Seite, östlich und westlich der drei Quadrate, in die das Mittelschiff durch Pfeiler unterteilt ist; letztere wechseln mit Säulenpaaren ab. Die Wände des Mittelschiffs über

Abb. 13.22c Tournai (Belgien), Kathedrale, Inneres von etwa 1110, Beispiel eines vierstöckigen Kirchenschiffs (Hauptschiffarkaden, Empore, Triforium, Lichtgaden).

Abb. 13.22d St. Savin-sur-Gartempe (Frankreich), Abteikirche, um 1060–1115; Mittelschiff. Das Beispiel einer Hallenkirche, d. h. einer Kirche, deren Seitenschiffe dieselbe Höhe haben wie das Mittelschiff. Das Tonnengewölbe des Mittelschiffs zeigt einen Gemäldezyklus mit Szenen aus dem Alten Testament.

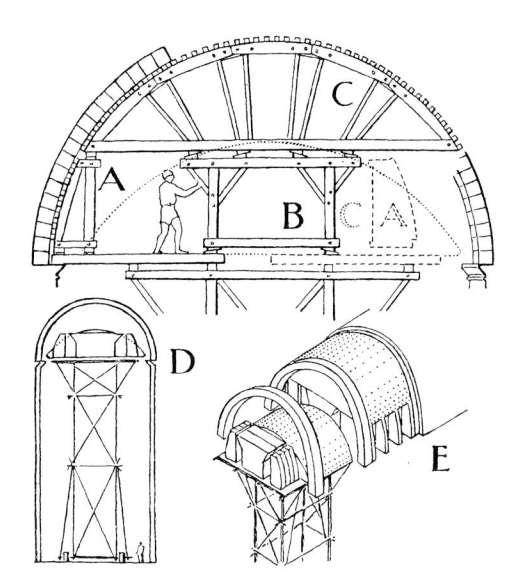

Abb. 13.23 Schalung zum Bau romanischer Gewölbe; Versuch einer Rekonstruktion. Die Zeichnungen zeigen ein mit Gurtbogen verstärktes Tonnengewölbe (vgl. Abb. 13.22a, 13.22b und 14.4). Der Bau derartiger Gewölbe erfolgte wahrscheinlich mit Hilfe eines verschiebbaren Gerüsts. Die obere Zeichnung gibt das Lehrgerüst wieder. Teilstück (**A**) und die Plattform, auf welcher der Arbeiter steht, wurden abgebaut, wenn man die Schalung zum nächsten Joch (**E**) vorrücken mußte.

den rhythmisch wechselnden Stützen sind, von den oben liegenden Fenstern abgesehen, ohne jeden Schmuck. Allerdings könnte über den Mittelschiffarkaden ein Sims verlaufen sein, wie es in der nahe gelegenen Kirche St. Godehard der Fall ist, wo außerdem noch Pilasterstreifen die Joche in der oberen Zone kennzeichnen (Abb. 13.20).

Der erste Dom in Speyer (um 1030–1061) zeigte einen anderen Innenaufbau. Die Wandgliederung wurde dort durch eine Kolossalordnung von Wandpfeilern erreicht – Halbsäulen, die vom Fußboden etwa 25 Meter aufstiegen und oben durch Bogen verbunden waren (Abb. 13.21). Dieses Jochsystem bezog in der Art der spätantiken Audienzhalle von Trier (Abb. 11.12) sowohl die Arkaden des Mittelschiffs als auch die mit Rundbogen versehenen oberen Fenster mit ein.

Auf die Gefahr hin, zu stark zu vereinfachen oder leicht zu verzerren, könnten wir sagen, daß ein Grundzug romanischer Kirchen aus dieser Verbindung von Steingewölben mit den Speyerer Halbsäulen herrührt, die aufwärts streben und die Wandfläche vereinheitlichen. Diese beiden Komponenten miteinander zu vereinen bedeutet, daß, anders als in Speyer, das System visuell nicht auf zweidimensionale Weise an der Fläche der Mittelschiffwand haftet, sondern mit querverlaufenden Bogen in den Raum des Schiffs ausschwingt, welche Wand und Decke zu einer Einheit zusammenschließen. Die Wände sind jetzt einem ungeheuren Gewölbeschub ausgesetzt. Sie werden dicker und kräftiger. Ein Teil der Belastung wird über eine horizontale Ebene auf die dahinterliegenden Stützen übertragen. Die vertikalen Glieder erfüllen eine doppelte Pflicht: als optische Organisatoren und als graphische Verdeutlichung des strukturellen Systems, so daß sie sich zu Gruppen vermehren müssen, die ebenso viele Zweige haben, wie das strukturelle System es rechtfertigt.

Die vielleicht vorsichtigste Lösung zur Aufnahme der Auflagekräfte des Kirchenschiffgewölbes ist die von Ste. Foy in Conques: Emporen über den Seitenschiffen. Aber der Reichtum romanischer Formgebung läßt sich nicht allein aus struktureller Formgebung erklären. Form, Funktion und Struktur wandeln sich von Kirche zu Kirche. Was in Conques unter dem Aspekt der Form, der Funktion oder der Struktur sinnvoll ist, könnte anderswo aus anderen Gründen aufgegriffen, spielerisch erprobt, verschönert und dann in diesem neuen Gewand in wieder einem anderen Bauwerk nachgeahmt werden. Die Aussteifung durch Emporen ist offensichtlich, aber trotzdem findet man sie auch in Basiliken mit Holzdach, wo sie keine stabilisierende Funktion haben. Emporen stellten eine Art obere Kirche dar, die Raum für zusätzliche Altäre bot und so einen Teil der Pilgermassen und Gemeindemitglieder abzog, die bei besonderen Anlässen die Kirche füllten. Doch Emporen hatten bisweilen – unbegreiflicherweise – keinen Fußboden, waren also nicht verwendbar, wurden aber als ein Mittel zur Erhöhung des Schiffs um der ästhetischen Wirkung willen dennoch beibehalten.

Diese Erhöhung gibt es in mehreren Varianten (Abb. 13.22). Die zweistöckige Ausführung von Conques besteht aus Arkade und Empore im Mittelschiff. Durch Hinzufügung einer Belichtungszone darüber ergibt sich eine dreistöckige Variante. Man könnte an die Stelle der Empore ein sogenanntes Triforium setzen – einen schmalen, gerade noch begehbaren Gang, der zum Schiff hin durch Blendbögen oder Nischen belebt ist, gewöhnlich drei in jedem Joch, woraus sich die Bezeichnung »Triforium« ableitet. Der Laufgang nimmt den Raum zwischen dem Scheitel des Seitenschiff-

Abb. 13.24 Pisa (Italien), Domkomplex, 11. bis 14. Jh.; Ansicht von Westen. Im Vordergrund das Baptisterium.

1. Friedhof
2. Baptisterium
3. Dom
4. Glockenturm

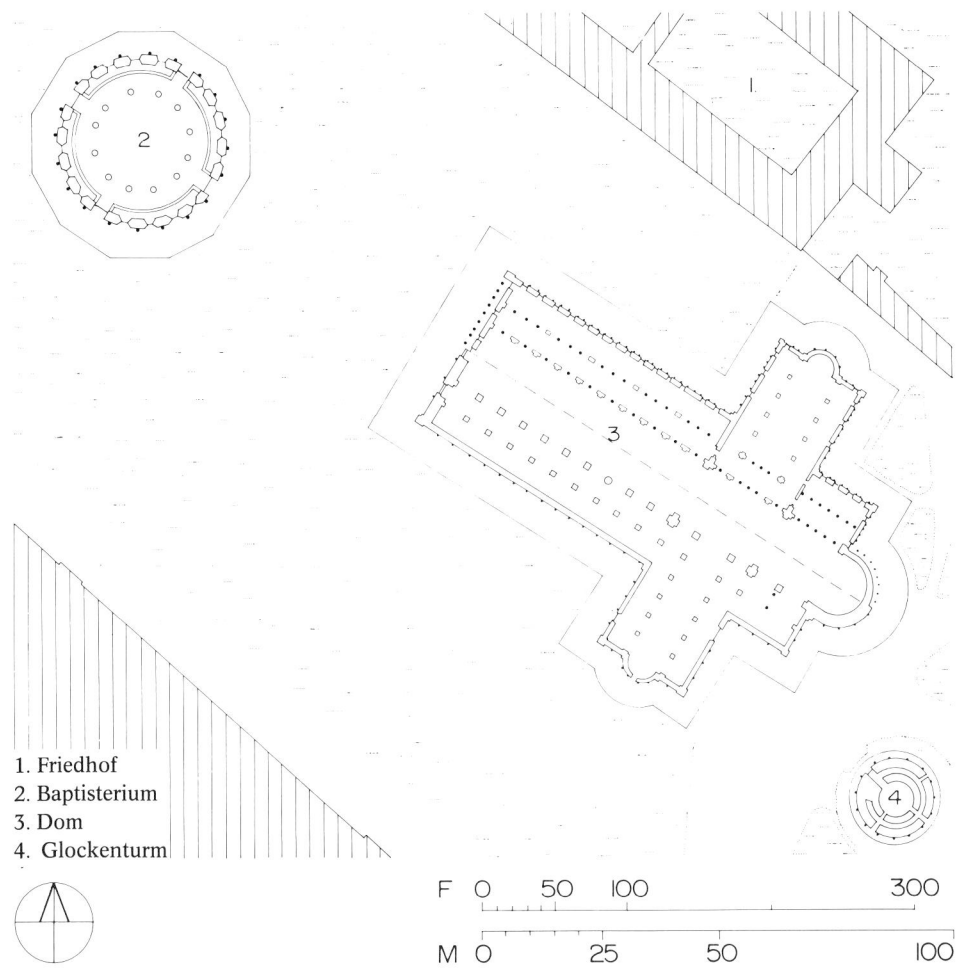

Abb. 13.25 Pisa, Dom, 1063–1118; Grundriß in Fußboden- und in Emporenebene.

Abb. 13.26 Pisa, Dom; Innenansicht, Blick durch das Mittelschiff in das nördliche Querschiff.

gewölbes und dessen Pultdach ein, muß jedoch in ein festes Mauerband zwischen Schiffarkaden und Oberlichtern eingefügt sein. Man könnte aber auch auf das Triforium verzichten und Schiffarkaden und Oberlichtfenster einfach in zwei ungefähr gleichmäßigen, durch ein Gesims getrennten Zonen übereinandersetzen. In Belgien zeigt die Kathedrale von Tournai, die ursprünglich ein Holzdach hatte, einen vierstöckigen Aufriß, bei dem das Triforiumband zwischen der Empore und dem Oberlicht verläuft. In den sogenannten Hallenkirchen schließlich verschwindet die Wand des Mittelschiffs gänzlich, da die Seitenschiffe ebenso hoch sind wie das Mittelschiff und sich in voller Höhe zu ihm hin öffnen.

Am auffallendsten ist bei alledem, daß das Wesen der Wand sich geändert hat. In Hildesheim und überhaupt seit der frühchristlichen Basilika war die Wand eine dünne begrenzende Fläche mit einer aufgesetzten Gliederungsordnung. Im romanischen Frankreich ist sie ein massives Element, das tiefe Öffnungen aufweist. Manchmal enthält sie sogar in den oberen Ebenen eine tunnelähnliche Höhlung, die so groß ist, daß ein Mensch hindurchgehen kann. Diese doppelschalige Wand kann von Fenstern oder Arkaden durchbrochen sein, die nach innen oder außen gerichtet sind. Die Höhlung dient als schmaler Gang, der in seiner am weitesten entwickelten Form die Fassade entlang, durch das ganze Hauptschiff und um das Querschiff läuft. Solche Tunnel in den dicken Mauern waren natürlich für die Instandhaltung dieser riesigen Baumassen sehr wichtig.

Die Baugewohnheiten gründeten sich meist auf Erfahrung. In jeder Bauphase spielten Gerüste, die entweder vom Boden aus aufgestellt oder an Bauteilen aufgehängt wurden, eine wichtige Rolle (Abb. 13.23). Wahrscheinlich waren die erwähnten Gänge während des Bauvorgangs insofern nützlich, als sie den Bedarf an Baugerüsten verringerten und damit die hohen Ausgaben für Bauholz senkten. Schwere Balken waren auch erforderlich, um Teile des Gebäudes abzustützen, damit sie sich nicht neigten, während darüber gearbeitet wurde. Doch

Abb. 13.27 Pavia (Italien), S. Michele, um 1110–1160; Westfassade.

Abb. 13.28 Pomposa bei Ferrara (Italien), Abteikirche S. Maria mit Glockenturm, 1063.

Abb. 13.29 Rom, S. Giorgio in Velabro, Glockenturm, 12. Jh.

der größte Bedarf an Holz fiel durch Lehrgerüste an, auf denen jeder Bogen und jedes Gewölbe geformt werden mußte. Bei Kirchen wie Ste. Foy konstruierte man wahrscheinlich bewegliche Teilgerüste auf Rädern für die mit Gurtbögen versehenen Tonnengewölbe. Die quer verlaufenden Bogen, die ein so hervorstechendes Charakteristikum dieser Innenräume sind, erleichterten den Bau insofern, als sie ein Arbeiten in Abschnitten erlaubten und außerdem eine Versteifung bewirkten.

Formen aus Erde auf Bühnen, die bis zur Gewölbeebene emporreichten, wurden manchmal für Gewölbe ohne Gurtbögen, beispielsweise für die Mittelschiffe von Hallenkirchen, verwendet, und auch Kryptengewölbe errichtete man über festen, vom Fußboden an aufgefüllten Erdhaufen. Nichts von alledem war leicht, alles war mühsam. Aber Arbeitskräfte waren billig im Mittelalter. Die eigentlichen Kosten verursachte das Material.

Der italienische Kontrapunkt

Während der Jahrzehnte, in denen u. a. in Conques Ste. Foy entstand, hatte die Seerepublik Pisa, reich durch Gewinne aus dem Osthandel und stolz auf die einträglichen Siege über die Araber in Sizilien und Sardinien, einen anspruchsvollen neuen Dom zu Ehren der Jungfrau, der Beschützerin der Stadt, in Angriff genommen (Abb. 13.24, 13.25). Die Arbeit begann 1063, und geweiht wurde der Bau 1118 durch Papst Gelasius II., als er von der Vollendung noch weit entfernt war. An der Fassade wird ein gewisser Busketos als Architekt genannt. Wir wissen nichts über ihn, aber sein Meisterstück steht noch heute auf der weiten offenen Fläche an der Nordostecke der Stadt, zusammen mit einem runden Baptisterium und einem Glockenturm, der sich im Laufe der Zeit einseitig gesenkt hat und schwindelerregend schief steht. Diese Geistererscheinung in ihrem marmornen Spitzengespinst, eines der bekanntesten architektonischen Ensembles der Welt, verkörpert die höchste Vollendung, die Italien in der romanischen Periode erreicht hat. Und es sieht ganz und gar nicht so aus wie sein Zeitgenosse in Conques.

Werfen wir zunächst einen Blick auf das freistehende Baptisterium und den Campanile. Funktionen, die in Europa längst schon in den Baukörper der Kirche eingegangen waren, haben hier ihre eigenen, selbständigen Gebäude erhalten. Dann der Dom selbst (Abb. 13.26): Außen und innen aus wunderschön verwittertem Haustein und Marmor errichtet, wirkt er hell und heiter. Fassade und Vierung bleiben ohne Türme, und weder über den Portalen noch an Kapitellen und Kämpferblöcken schreckt Apokalyptisches. Die drei Eingangstüren sind in einen Fries aus rundbogigen Blendarkaden gesetzt, und über ihnen verlaufen vier Geschosse von Galerien mit offenen Arkaden. Der Grundriß ist übrigens weit eher frühchristlich oder römisch als romanisch. Das Mittelschiff hat eine flache Kassettendecke, und die Arkaden zwischen ihm und den beiderseits doppelten Seitenschiffen ruhen auf wiederverwendeten antiken Säulen aus Granit und Marmor. Die Flügel des Querschiffs gleichen selbst kleineren römischen Basiliken mit jeweils einer eigenen Apsis. An ihren inneren Enden vereinigt sich ein vorspringendes Seitenschiff mit dem inneren Seitenschiff des Hauptschiffes. Über der Vierung sitzt eine geräumige ovale Kuppel, das Ostende weist eine einzige breite Apsis auf. Wenn das romanisch ist, dürfen wir nicht mehr behaupten, daß die großartigen Pilgerkirchen Spaniens in irgendeiner Hinsicht normativ wären – oder wir müssen den Terminus neu so definieren, daß man sich dabei mehr vorstellen kann als Bündelpfeiler, Tonnengewölbe mit Gurtbögen und radiale Kapellen.

Italien hat sich niemals zwanglos in ein Grundschema der mittelalterlichen Architektur des Abendlands einfügen lassen. Hier verflechten sich mehrere Fäden unserer Darstellung – Einheimisch-Römisches, Byzantinisches, Islamisches und Transalpin-Mittelalterliches. Das Ergebnis sind einige der einzigartigsten und außergewöhnlichsten Bauten des Mittelalters. Die mittelalterliche Architektur ist in Italien zwitterhaft und gefühlsbeherrscht. Sie folgt nicht ohne weiteres puristischen oder logischen Gestaltungsweisen – aus diesem Grund liegt ihr die Gotik nicht. Sie findet Vergnügen am besonderen, mutwilligen Effekt. Sie befaßt sich intensiv mit der kunstvollen Ausgestaltung von Oberflächen. Und schließlich ist ihr bedeutendster Beitrag zur mittelalterlichen Umweltgestaltung vielleicht ihre Fähigkeit, die Kirche als Element der Begrenzung eines öffentlichen Raums, des Stadtplatzes, zu sehen (Abb. 13.27). Es ist kein Zufall, daß Kirchenfassaden oft das Volumen des Innenraums überschreiten, indem sie sich in einer Art falscher Front über die Dachlinie erheben. Sie sind nicht nur dazu da, auf ein religiöses Erlebnis einzustimmen, sondern sollen auch eine Lücke im Stadtbild ausfüllen.

Wenn wir von Italien sprechen, so ist das allerdings ein wenig irreführend. Eine solche geeinte Nation gibt es – zumindest politisch – erst seit 1870. Nach dem Ende des Römischen Reichs und nach dem Rückzug seiner byzantinischen Verwalter entwickelte sich Italien in eine Reihe höchst sensibler Staatsgebiete, von denen jedes seine eigene politische Verantwortung, Zielvorstellung und Oberhoheit hatte. Der Norden blieb niemals lange ohne irgendwelche Kontakte mit den Germanen; das auf Unabhängigkeit bedachte und unternehmende Venedig war das große Tor zum Osten; Toskana hielt ganz bewußt an seiner römischen Vergangenheit und dem klassischen Begriff der Stadt mit Selbstverwaltung fest; der oft in träger Ruhe verharrende Kirchenstaat in der Mitte des Stiefels trennte all das vom Süden, wo im 11. und 12. Jh. byzantinische und moslemische Elemente sich mit dem Erbe der normannischen Abenteurer vermischten.

Was die Architektur angeht, so könnte man für das Umweltkaleidoskop des mittelalterlichen Italiens, das den Fremdeinflüssen aus Byzanz, aus dem Islam und aus dem germanischen Europa ausgesetzt war, drei wichtige Quellen hervorheben.

Wenn wir mit der zeitlich nächstliegenden beginnen, so stoßen wir auf die Mauertradition der Lombardei, die von der frühchristlichen Zeit bis zur »Ersten Romanik« lebendig war. Hier pflegte man die Wandflächengestaltung (lombardische Bänder, Terrakottaeinlagen usw.) und errichtete freistehende Glockentürme. Die Türme traten zuerst im Ravenna des 9. Jh. auf, wo sie damals zylindrisch und nicht unterteilt waren.

Abb. 13.30 Mailand (Italien), S. Ambrogio, 10. bis 12. Jh.; Blick durch das Atrium.

Schon bald entschied man sich für eine rechtwinklige und vielgeschossige Version. Ausnahmen waren selten, der schiefe Turm von Pisa ist die bekannteste.

Der eleganteste dieser frühen freistehenden Glockentürme findet sich an der Abtei Pomposa bei Ferrara (Abb. 13.28). Er ist 1063 entstanden und hat neun Geschosse. Auf allen Seiten erweitern sich die Öffnungen von einem einzigen schmalen Sehschlitz bis zu vier großzügigen Bogen auf der Glockenstubenebene. Um 1100 erreichte die neue Mode Rom, wo bald schon zwanzig Kirchen sich durch diese Glockentürme auszeichneten. Sie bauten sich in Zonen mit Arkaden auf und zeigten Scheiben aus Porphyr und Serpentin, manchmal auch farbige Fliesen, die in ihre warmen Ziegelflächen eingebettet waren (Abb. 13.29). Zwischen den Geschossen verliefen Sägezahn-Ziegelbänder und Steingesimse über eleganten Sockeln. Optisch – was hier politisch zu deuten ist – drückte sich der Wettbewerb um die mit Spitzen geschmückte Silhouette der großen Stadt in den von feudalen Parteien massenweise errichteten Befestigungstürmen aus – sie waren trutzig und drohend und zeigten nur geringe Durchbrechungen in ihren massiven Formen.

Die zweite Quelle ist das Vermächtnis der frühchristlichen Architektur, vor allem das Vorbild der konstantinischen Gründungen wie etwa St. Peter. Ausgesprochene Neubelebungen lassen sich noch lange nach der Karolingerzeit feststellen; als Beispiel ist die Benediktinerabtei von Monte Cassino unter Abt Desiderius (1058–1087) gut dokumentiert. Man hatte aber auch immer seine Freude an einzelnen Elementen wie dem Atrium (San Ambrogio in Mailand), dem Basilikagrundriß oder der hohen Einzelapsis ohne radiale Kapellen (Abb. 13.30).

Schließlich kommen wir zum Erbe der klassischen Antike, das hier nie ganz verlorenging und niemals absichtlich vermieden wurde, wie dies in den antiklassischen Entwürfen der fränkischen Welt vor Karl dem Großen der Fall war. Dieses Erbe wurde zu einer Art bodenständigen Brauchs, zu der Gewohnheit, bei der Konzeption des architektonischen Raums und seiner Ordnung römisch zu denken – zum Beispiel, sich für die breiten Proportionen des antiken Jochs zu entscheiden und Steinsäulen in Verbin-

Abb. 13.31 Périgeux (Frankreich), St. Front, um 1100; Innenansicht nach Nordosten.

Abb. 13.32 Cambridge (England), Kirche zum Heiligen Grab, um 1130. Vgl. die Grabeskirche in Jerusalem, Abb. 11.23.

Abb. 13.33 Florenz (Italien), Baptisterium, 11. bis 12. Jh., und Campanile des Doms, 1334–1357. Der Campanile wurde von Giotto begonnen und von Andrea Pisano und Francesco Talenti vollendet.

Front. Letztlich kam die Anregung zu dieser einzig dastehenden Schule innerhalb der romanischen Architektur wahrscheinlich aus dem Osten. Ein bodenständiges Modell in der örtlichen Tradition ist das mit einer rudimentären Kuppel überdachte Rundhaus. In jedem Fall haben diese Kuppelbasiliken im Périgord, der Saintonge, der Gascogne und dem Poitou einen kraftvollen, offenen und edlen Innenraum, der sie von dem streng unterteilten Volumen der bekannten französischen romanischen Innenräume unterscheidet.

Runde oder viereckige zentral geplante Kirchen waren oft als Nachbildungen des Heiligen Grabes in Jerusalem gedacht. Die Befreiung Palästinas durch den Ersten Kreuzzug hatte jenen unmittelbaren Anstoß gegeben, der früheren Versuchen, an das hohe Heiligtum zu erinnern, gefehlt hatte. Im allgemeinen hat dieser Gebäudetyp eine überkuppelte Mitteleinheit, die rings von einem ein- oder zweistöckigen Umgang umdung mit Stürzen oder, wie in Pisa, mit halbkreisförmigen Bogen zu verwenden. Dieser antiken Quelle (und ihrer späteren Wiederbelebung in Byzanz) sollten wir wahrscheinlich die anhaltende Faszination der Kuppel zuschreiben. Eine gute Begründung dafür war die Beibehaltung des Baptisteriums, aber es gab auch zentral geplante Kirchen, und welcher Wetteifer in Toskana um Vierungskuppeln entbrannt war, verraten uns die Dombauten von Pisa, Siena und Florenz. Dazu kommt, daß man es sich in byzantinischen Gebieten wie Venedig und dem normannischen Sizilien nicht leisten konnte, auf die Kuppel zu verzichten. Das echte Zentralbauschema findet sich in Sizilien in Kirchen von der Art der 1143 geweihten Martorana in Palermo, wo auch die Auskleidung mit Goldmosaik nicht fehlt. Die Markuskirche in Venedig erinnert an ein älteres Vorbild, nämlich – wie bereits erwähnt – an Justinians Kirche der Heiligen Apostel in Konstantinopel, von der sie nicht einmal in den Ausmaßen abweicht: sie sind fast identisch.

Die Kuppeln der Markuskirche zeigen von außen eine hohe Zwiebelform, doch das ist nur eine exotische Maskierung, die auf islamische Einflüsse um die Mitte des 15. Jh. zurückgeht. Innen ist ihre alte Form noch erhalten (Abb. 11.30). Der halbkugelförmige Anstieg und der Fensterring an der Basis erinnern an die Kuppel der Hagia Sophia. Doch in Wirklichkeit sind die Kuppeln der Markuskirche im Grundriß elliptisch, und die mittlere, die etwas größer ist als die übrigen, ist fast eiförmig. In beiden Fällen sind Ziegel das Baumaterial, doch während in Byzanz dicke Mörtelschichten das Mauerwerk fast monolithisch erscheinen lassen, sind in Venedig große Ziegel nur durch sehr dünne, nach westlicher Art aufgetragene Mörtelschichten verbunden. Die Kuppeln ruhen auf stämmigen Pfeilern, die ausgehöhlt wurden; zwischen ihnen erstrecken sich einstöckige Kolonnaden und offene, mit querverlaufenden Tonnengewölben überdeckte Galerien.

Wie das Innere etwa 1100 ausgesehen haben mag, ehe es später mit Mosaiken ausgelegt und mit Marmor verkleidet wurde, können wir an St. Front in Périgeux erkennen, einer Kirche, die in regionalem Kalkstein Aquitaniens die Markuskirche kopieren wollte (Abb. 13.31). Auf die Galerien und Kolonnaden hat man hier verzichtet und nur durch die Blendarkaden der Hauptwand optisch an sie erinnert. In Aquitanien gibt es mehrere Kuppelkirchen, von denen einige älter und einige jünger sind als St.

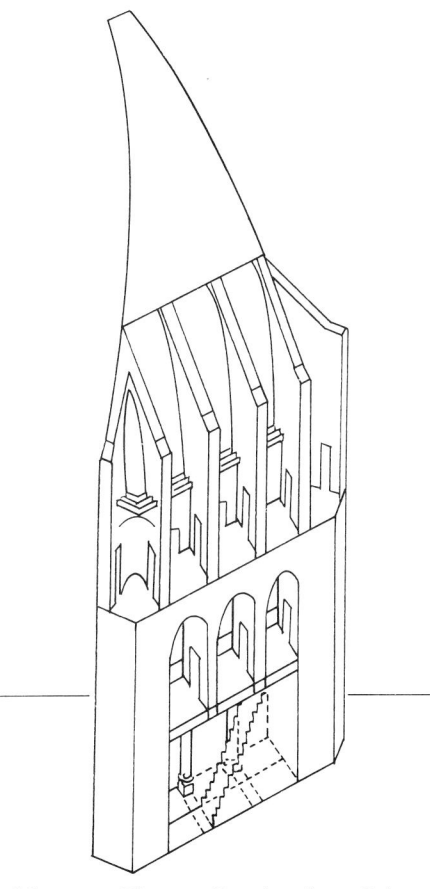

Abb. 13.34 Florenz, Baptisterium; Schema der Wandkonstruktion. Die quergestellten Trennwände leiten den Schub der Kuppel in den gesamten unteren Teil des Bauwerks ab.

geben ist. In seiner Ausführung greift er oft auf römische oder frühchristliche Vorbilder im Westen zurück. In England gibt es vier heilige Gräber, von denen die ältesten in Northampton und Cambridge (etwa 1100 und 1130) stehen (Abb. 13.32). Auch Dänemark besitzt einige, die zweifellos von König Sigurds des Großen Pilgerfahrt ins Heilige Land (um 1100) angeregt waren.

Unter den Kuppelbauten aus romanischer Zeit sind Baptisterien nur in Italien zu finden. Auch sie teilten das neuerwachte Interesse am Heiligen Grab. Wie das Sakrament der Taufe symbolisch mit dem Tod verbunden war, so das Baptisterium mit Grabarchitektur. Man denke an Paulus im Römerbrief: »Wisset ihr nicht, daß alle, die wir in Jesum Christum getauft sind, die sind in seinen Tod getauft? So sind wir ja mit ihm begraben, durch die Taufe in den Tod, auf daß, gleichwie Christus ist auferweckt von den Toten durch die Herrlichkeit des Vaters, also sollen auch wir in einem neuen Leben wandeln.« Es besteht kein Zweifel, daß das Baptisterium in Pisa, das 1153 begonnen wurde, eine angemessene Replik des Grabes Christi sein wollte – das erklärt den merkwürdigen Kegel, der durch die halbkugelförmige Kuppel aus dem 14. Jh. hindurchstößt. Das ursprüngliche Dach war ein oben offener Kegelstumpf, der wie die konische Holzkuppel des Vorbilds in Palästina aussehen sollte.

Das größte und großartigste dieser Baptisterien steht in Florenz (Abb. 13.33). Was die Bauweise angeht, so läßt sich das Vorbild des Pantheons nicht verleugnen, aber es ist bezeichnenderweise so abgewandelt, daß es den Weg zu Brunelleschis Kuppel über der Vierung des Florentiner Doms weist, die ein frühes Denkmal der Renaissance darstellt. Man könnte annehmen, daß das Baptisterium auf römischen Fundamenten stehe, aber wahrscheinlich gehört der Bau im wesentlichen in das 11. Jh., und mit Sicherheit gilt das für die Außenverkleidung, die der Freigebigkeit der Markgräfin Mathilde von Tuscien (1046–1115), der bedeutenden Förderin der Künste und der Wissenschaften, zu verdanken ist. Jedenfalls besteht das Oktagon aus einer doppelschaligen Mauer, in deren Hohlraum ein System vertikaler Trennwände bis in das Attikageschoß der Kuppel hinaufreicht (Abb. 13.34). Das ist ganz anders als beim Pantheon, wo eine Reihe von Entlastungsgewölben, die in die ungeheuer dicke Rotundenmauer eingebaut sind, den Druck auf eine Anzahl von Punkten längs dem Umfang verteilt (Abb. 10.3). Das heutige Pyramidendach wird nicht von Anfang an dagewesen sein. Jenseits einer Außenattika, die den Ansatz der Kuppel kaschierte, waren die einfach mit Ziegeln belegten acht Felder der Kuppel sichtbar und ganz oben die anmutige, fast klassische Laterne, die, einer örtlichen Quelle zufolge, 1150 von der für den Bau verantwortlichen Tuchmachergilde aufgesetzt wurde.

Drei einheimische Quellen also speisten alles, was wir in Italien an romanischer Architektur sehen – die römische, die frühchristliche und die lombardische Tradition. Sie färbten auch alles das, was italienische Architekten dem Ausland entlehnten, und natürlich wirkten diese einheimischen Einflüsse in einem fruchtbaren Austausch auch aufeinander ein. Das »frühchristliche« Atrium von S. Ambrogio in Mailand aus dem späten 11. Jh. zeigt, was auch das Äußere der Kirche und der Glockenturm erkennen lassen: die vertraute Außengestaltung der »Ersten Romanik«. Das Material geht, wenn wir uns Toskana nähern, vom Ziegel zum Stein über. Hier verwandeln die Verfügbarkeit von Marmor und das Gefühl für die dem klassischen Stil entsprechende Form lombardische Bänder in offene Arkaden: Der »Ersten Romanik« wurde Römisches aufgesetzt. Schon bei S. Michele in Pavia (frühes 12. Jh.), also noch in der Lombardei, durchbricht eine felswandähnliche Steinfassade mit einem einzigen ausladenden Giebel die Dichte der dicken Mauer mit drei Arkadenabschnitten unter dem Giebelsims, der wie eine offene Treppe abgestuft ist (Abb. 13.27). Bei dem Dom von Modena (1099–1184), das geographisch zur Lombardei gehört, zur Zeit seiner Entstehung aber im Herrschaftsgebiet der Markgräfin Mathilde lag, läuft eine durchgehende Außen-

Abb. 13.35 Modena (Italien), Dom, 1099–1184; Ansicht von Südwesten.

galerie, mit Dreifachbogen in jedem Joch, rings um das ganze Gebäude und spart nur das Hauptportal aus (Abb. 13.35).

Sobald wir in die eigentliche Toskana kommen, überzieht das System die ganze Oberfläche der Kirche. Bei S. Michele in Lucca trägt eine riesige Arkadenordnung, die sich fast ganz von der Wandfläche gelöst hat, längs den Seitenwänden eine kleinere offene Reihe und vier Reihen an der Fassade aus dem 13. Jh. die von der Statue des drachentötenden Erzengels bekrönt wird (Abb. 13.36). In Pisa zeigen die Seitenwände des Doms Blendarkaden; sie werden erst in der oberen Zone der Apsis, an der Basis der Vierungskuppel und natürlich an der Giebelfassade aufgelöst, wo sie starke dunkle Schatten einfangen, die mit dem Flachrelief der übrigen Außenwände kontrastieren (Abb. 13.24). In Florenz sehen wir am Baptisterium und an S. Miniato, der Abteikirche der Benediktiner, die von einem Hügel auf die Stadt herabblickt, wie plastische Effekte zugunsten einer lebhaften, aber meisterlich gebändigten Farbgebung zurückgesetzt werden (Abb. 13.33). Auf die glatte weiße Marmorverkleidung der Wand sind mit dunkelgrünem Marmor Arkaden und eine Vielfalt von Feldern gezeichnet.

Diese Verwendung von Einlegearbeit hat in der römischen Antike kein genaues Pendant. Ihre rationale Ordnung jedoch und ihre klassischen Proportionen, zusammen mit der Andeutung von Säulen, Rundbogen und Giebelfeldern, verliehen ihr das authentische Aussehen jener fernen Vergangenheit, die ihren Reiz niemals verloren hat. Hundert oder zweihundert Jahre nach ihrer Entstehung glaubte jedermann, beim Baptisterium und S. Miniato handle es sich tatsächlich um erhaltene römische Bauten. Und gerade auf diesen Glauben gründeten sich anfangs das Studium und die Wiederbelebung der antiken Tradition in der Architektur, als ruhelose Geister ein Ende des Mittelalters herannahen fühlten und beschlossen, sich nach rückwärts zu wenden, um nach vorn zu schauen. In der Geschichte ist alles möglich, aber vielleicht könnten wir nachträglich gute Gründe dafür vorbringen, warum Florenz als Geburtsort der Renaissance gilt und nicht Paris oder Speyer.

Abb. 13.36 Lucca (Italien), S. Michele, begonnen 1143; Ansicht von Südwesten.

Kathedrale von Chartres, 1194–1260; Strebebogen.

14. Kapitel

Der französische Stil

Die Romanik und das Opus Modernum

Etwa um 1124 richtete Abt Bernhard von Clairvaux eine geharnischte Anklage gegen Cluny, den mächtigen Mönchsorden, der das christliche Europa beherrschte. Bernhard war der Anführer einer neuen Reformbewegung: der Zisterzienser. Ihr Ziel waren der Verzicht auf die weltlichen Erfolge, die das Mönchtum seit dem Abflauen der nachkarolingischen Unordnung eingeheimst hatte, und die Rückkehr zum einstigen Idealismus der Regel des heiligen Benedikt. Verärgert über den phantastischen Neubau des Kluniazensischen Mutterhauses (Abb. 14.1), einer Kirche, die sich als die größte erweisen sollte, die jemals auf französischem Boden errichtet worden war und die auch alle anderen romanischen Kirchen an Größe übertraf, geißelte Bernhard »die ungeheure Höhe eurer Kirchen, ihre unmäßige Länge, ihre unnötige Breite, den verschwenderischen Schmuck und die seltsamen Bilder, die den Blick der Kirchgänger auf sich ziehen und sie von ihrer Andacht ablenken... O Eitelkeit der Eitelkeiten, und doch nicht nur eitel, sondern geradezu unsinnig. Die Kirche strahlt innerhalb ihrer Mauern, aber ihre Armen leiden Notdurft; sie kleidet ihre Steine in Gold und läßt ihre Kinder nackt; das Auge des Reichen wird auf Kosten der Armen ergötzt.«

Wenig später begann ein anderer angesehener Abt, Suger von St. Denis, einen größeren Umbau seiner Kirche und verband den Lobpreis dieses kostspieligen Unternehmens stolz mit einem persönlichen Rechenschaftsbericht über seine Amtszeit. Er verweilte liebevoll bei den Schätzen und Kirchengeräten des Sanktuariums (Abb. 14.2) und antwortete auf die Bedenken von Kritikern wie Bernhard, indem er sein Vorgehen folgendermaßen rechtfertigte:

»Ich bekenne, daß mir stets eines als vor allem anderen angemessen erschienen ist, nämlich daß jedes kostbare und kostbarste Ding in erster Linie der Darreichung des heiligen Abendmahls dienen sollte... Die Verleumder wenden auch ein, daß ein frommer Sinn, ein reines Herz, eine gläubige Absicht für diese heilige Ausübung genügen müsse, und auch wir bestätigen ausdrücklich und ganz besonders, daß es gerade darauf in erster Linie ankommt. Wir behaupten (jedoch), daß wir auch durch... äußeren Zierat huldigen müssen... mit aller inneren Reinheit und mit allem äußeren Glanz.«

Suger war kein Kluniazenser. Seine Verteidigung galt nicht der Form und dem Prunk jenes Typs der romanischen Kirche, gegen den Bernhards Zorn sich richtete. St. Denis war eigentlich gar kein romanischer Bau, sondern eine ehrwürdige karolingische Gründung. Als erster seit drei Jahrhunderten veränderte Suger dieses bejahrte Bauwerk, und er tat das auf eine Weise, die ganz bewußt vom üblichen Brauch abwich. Für ihn war die Gottheit etwas Unaussprechliches, das sich in dieser Welt der Materie vielleicht am ehesten durch starke Licht- und Brechungseffekte ausdrücken ließ – durch Edelsteine, farbiges Glas und eine Architektur, welche die Materie soweit wie möglich reduzierte und die Wände transparent machte.

Diese beiden französischen Äbte forderten also jeder auf seine Weise die Dogmen des romanischen Kirchenbaus in seiner kluniazensischen Hochform heraus: der eine, indem er die Kirche von ihren Kunstwerken, ihrer Ausstattung und ihrer prätentiösen Monumentalität entblößte, der andere, indem er all das durch eine verführerische neue Architektur von höchster Zartheit und juwelenartiger Qualität ersetzte. Schließlich brachten Bernhards puristisches Ethos und Sugers lichtdurchlässige Erfindungen die Entwicklung eines Stils in Gang, den wir als gotisch bezeichnen. Sie gingen von gegensätzlichen Impulsen – Schlichtheit und Glanz – aus und gelangten zu einer gemeinsamen Wahrheit: daß Grundprinzipien der Architektur wie Licht, Proportion und die Behandlung von Baustoffen ein Ambiente schaffen können, das nicht von dieser Welt zu sein scheint und das nicht weniger bewegt und überzeugt als der zusätzliche Inhalt aus figurativer Kunst und Oberflächendekor.

Die zisterziensische Herausforderung

Um die zisterziensische Revolution zu verstehen, müssen wir das fürstliche Milieu von Cluny in seinem spätesten Gewand genau ins Auge fassen.

Der erstaunliche Wohlstand des Klosters erklärt sich teilweise aus der Tatsache, daß es weder dem Reich noch der französischen Monarchie unterstand. Die ausschließliche Treuepflicht gegenüber dem Papst befreite den Orden von nähergelegenen Lehensverhältnissen. In weniger als zweihundert Jah-

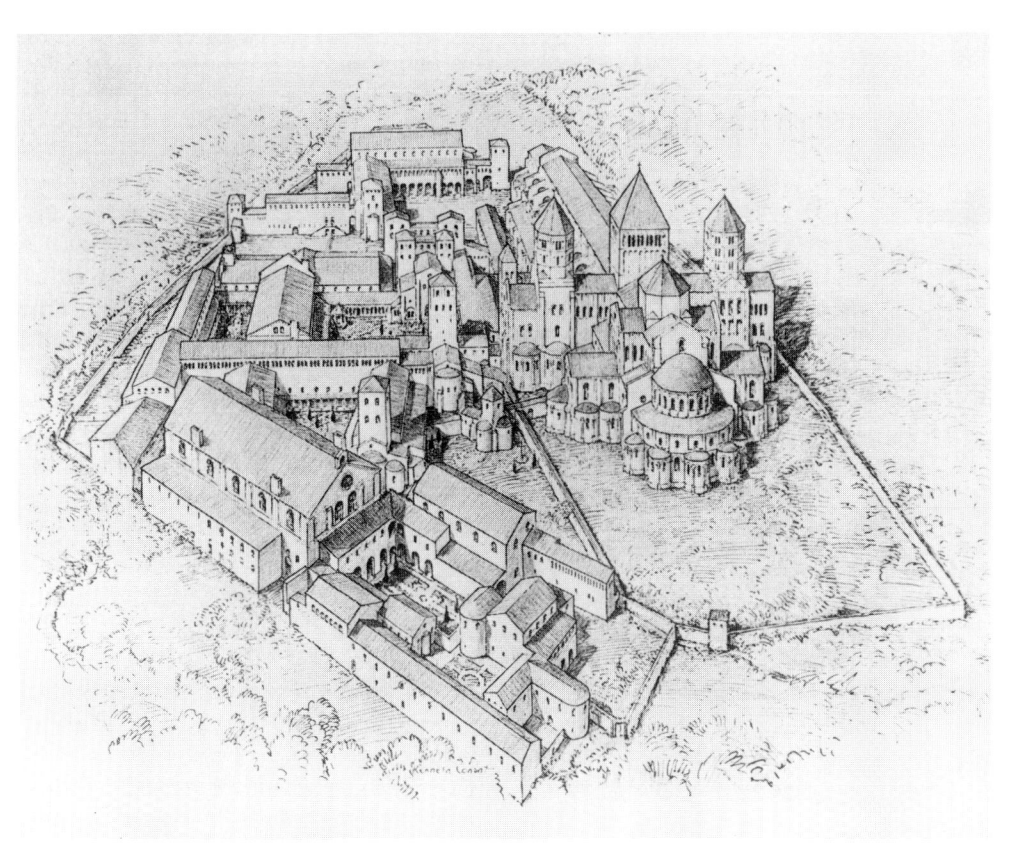

Abb. 14.1 Cluny (Frankreich), Mutterabtei des Kluniazenserordens, dritte Bauphase, 1095 und später; Ansicht von Südosten im Jahr 1157, Rekonstruktion.
Rechts die Kirche, im Vordergrund die Gebäude des Hospitals, unmittelbar dahinter der Kreuzgang.

ren wuchs sich die kleine Anlage im Grosnetal im Herzen Burgunds unter Äbten wie Odo, Hugo von Sémur und Petrus Venerabilis zu einer kleinen Stadt aus. Sie sammelte einen ungeheuren Reichtum an Grundbesitz an und unterwarf sich Hunderte einst selbständiger Abteien in allen Teilen Europas, die es zu Prioraten unter dem Regiment des Mutterhauses degradierte. Seine Insassen – etwa 500 an der Zahl – überließen die Sorge für ihre Ländereien und Viehherden den *Conversi* (Laienbrüdern), einer niederen Mönchsklasse, während sie selbst die unaufhörliche Erweiterung ihres Hauptsitzes und die Geschäfte ihres Mönchsverbands überwachten. Die übrige Zeit war von lange hingezogenen Gottesdiensten ausgefüllt, die für Meditation wenig und für körperliche Arbeit gar keine Zeit übrigließen.

Man legte keinen Wert darauf, die ausgeglichene Lebensweise zu fördern, die von der Benediktinerregel vorgeschrieben war, mit einer Tageseinteilung, die Raum ließ für die Feier der Liturgie, das Studium der heiligen Schrift und körperliche Betätigung. Hinter seinem Reichtum und seine weltlich ausgerichtete Prachtentfaltung hatte Cluny auch die vordringlichsten mönchischen Forderungen nach Zurückgezogenheit, Armut und einem Leben unter bescheidenen Bedingungen zurücktreten lassen. Die Kluniazenser waren keine Mönche, die, wie es bei Bernhard von Clairvaux heißt, »sich von den Menschen zurückgezogen... und alle die kostbaren und schönen Dinge der Welt um Christi willen verlassen haben... und, damit wir Christum erlangen mögen, alles für Kot erachten, was schön anzusehen oder schmeichlerisch anzuhören, süß zu riechen, köstlich zu schmecken oder angenehm zu berühren ist«. Die Verwandlung einer frommen Gemeinschaft in einen sozioökonomischen Apparat war bereits unter Karl dem Großen vollzogen worden. Jetzt war das Kloster dazu übergegangen, sich selbst zu einem reichen Staatswesen zu entwickeln.

In gewisser Weise richtete sich die Anlage von Cluny nach dem benediktinischen Schema, das in den Kapitularien Karls des Großen festgelegt worden war (Abb. 14.1). Doch wenn wir Cluny mit dem St. Gallener Plan für das ideale karolingische Kloster vergleichen, stellen sich gewisse bedeutsame Unterschiede heraus (Abb. 12.18). Gebäude, die der Plan von St. Gallen für landwirtschaftliche Betätigung vorsieht, sind weggefallen. Cluny betrieb seine Landwirtschaft durch Pächter. Ein Flügel für die Laienbrüder, der abseits vom Klausurbereich liegt, läßt die Distanzierung von niedriger Arbeit erkennen. Die Hauptbeschäftigung der Mönche wird aus der erstaunlichen Größe der Kirche ersichtlich, deren Verhältnis zu ihren Vorgängerinnen an dieser Stelle sich leicht aus den beiden Enden der alten Kirche, dem Chor und der Eingangsvorhalle, abschätzen läßt, die in den spätesten Kreuzgang einbezogen sind. In der Nähe des erhaltenen Chors befindet sich der Kapitelsaal – eine Neuerung. Für das Vorlesen der Hausregel, ein Ritual, das früher in dem an die Kirche anschließenden Kreuzgang stattfand, ist jetzt ein eigenes Gebäude geschaffen. Es war eigentlich ein Beratungsraum für Entscheidungen des Kapitels, die sich auf die Verwaltung bezogen. Das Gebäude stand in Verbindung mit einer eigenen kleinen Kirche, der Marienkapelle, die auch das hinter ihr liegende große Hospital versorgte. Kapitelsaal und Marienkapelle gehören zum Grundstock späterer mittelalterlicher Klöster. Vor allem in England wurde besondere Sorgfalt auf sie verwendet.

Doch der Ruhm Clunys gründet sich nicht auf seine Anlage. Zeitgenossen staunten über seine Ausstattung, über seine erlesenen Kirchengeräte, den Psalmengesang in der Hauptkirche, die Größe des Ganzen, die es ermöglichte, 1200 Mönche und Laienbrüder in Dormitorien und Speisesälen unterzubringen, Tausenden in der Kirche Platz zu bieten und vierzig Edelleute und vierzig Edelfrauen in zwei Palästen zu beherbergen. Es gab zwölf Badehäuser und eine Anzahl Brunnen, die alle mit fließendem Wasser aus verborgenen Rohrleitungen versorgt wurden. Vorbild für diese Installationen war zweifellos das moslemische Spanien. Die Kirche hatte zwei Querschiffe und fünfzehn vorspringende Kapellen. Beide Vierungen waren durch Türme hervorgehoben, und auch über den Enden des westlichen Querschiffs wie über der Fassade erhoben sich Türme. In den Fenstern fand sich hier und da farbiges Glas. Die Chorkapitelle, von denen einige erhalten sind, stellten Personifizierungen der neun Töne des gregorianischen Gesangs dar. Ihre hervorragende

Abb. 14.2 Kelch des Abts Suger, Mitte des 12. Jh., ursprünglich in St. Denis, heute in der National Gallery of Art, Washington, D.C.
In Sugers Schriften heißt es, er sei gefertigt »aus einem einzigen Sardonyx..., in dem... die rote Tönung des Sard gewissermaßen ihre Eigenheit aufgibt und so stark mit der Schwärze des Onyx wetteifert, daß es aussieht, als wollten beide Farben in die jeweils andere übergehen«.

hard zurückschreckte, »diese unsauberen Affen, diese grimmigen Löwen, diese fürchterlichen Kentauren, diese Halbmenschen ... diese kämpfenden Ritter, diese Jäger, die ins Horn stoßen... Um Gottes willen, wenn Menschen sich dieser Torheiten schon nicht schämen, warum schrecken sie dann nicht wenigstens vor den Kosten zurück?«

Der Erbauer der Kirche von Cluny war Gunzo, ein Kleriker, der hauptsächlich als Musiker bekannt war. Wahrscheinlich hielt man ihn gerade deswegen für einen besonders geeigneten Architekten. Schon Jahrhunderte vorher hatte der heilige Augustinus erklärt, Musik sei »die Wissenschaft der guten Modulation«, und diese Wissenschaft sei ihrem Wesen nach mathematisch. Sie gründe sich auf ein System von Verhältnissen, unter denen das der Gleichheit – d. h. 1:1 – das wichtigste sei; dann folgten die vollkommenen Konsonanzen, eine Oktave, eine Quinte und eine Quarte – 2:1, 3:2 und 4:3. Laut Augustinus waren dieselben Prinzipien auch auf die visuellen Künste einschließlich der Architektur anwendbar. Dem späten Mittelalter galten »musikalische« Zahlen als grundlegend für die Ordnung und Stabilität des Universums. Proportionsschemata sind natürlich eine Funktion der Geometrie, und die Geometrie war

wie die Musik eine »anagogische« Betätigung, das heißt, sie war fähig, den Geist von der Welt der Erscheinungen zur Betrachtung der göttlichen Ordnung zu führen. Es überrascht nicht, daß in der späteren mittelalterlichen Architektur geometrische Proportionen soviel Aufmerksamkeit fanden und daß die romanische Skulptur selbst in ihrer ausdrucksvollsten Wildheit strukturell und kompositorisch strengen geometrischen Vorschriften folgte. Kenneth Conant hat reiches Beweismaterial dafür gefunden, daß in den Proportionen der Kirche von Cluny »musikalische« Zahlen neben einer Moduleinheit von fünf römischen Fuß (etwa 1,5 m) eine wichtige Rolle spielen.

Natürlich hatte Bernhard recht. Die unmäßige Höhe des Hauptschiffs verfolgte ebensowenig wie die der Hagia Sophia einen praktischen Zweck. Die unglaublich weit in die Höhe gezogenen Pfeiler des Hauptschiffs würden einen Griechen abgestoßen und einen Römer überrascht haben. Dabei handelt es sich nicht nur um die Größe – Bauten der römischen Kaiser bleiben dahinter nicht zurück. Es geht vielmehr darum, daß romanische Innenräume wie in Cluny oder die der noch erhaltenen Kirche St. Sernin in Toulouse, die der von Cluny ähnlich ist, ganz bewußt die Vertikalität im

Qualität sagt uns, wieviel wir verloren haben, als die wütenden Scharen der Französischen Revolution ihren lange schon schwelenden Haß auf kirchliche Privilegien an den noch vorhandenen Resten der legendären Abtei ausließen, die der berühmte französische Gelehrte Émile Mâle als die »bedeutendste Schöpfung des Mittelalters« bezeichnet hat.

Die Kirche kann man sich heute nur mit Hilfe der sorgfältigen Rekonstruktionen Kenneth Conants vorstellen. Der Marmorkreuzgang mit seinen skulptierten und bemalten Kapitellen – einem riesigen Aufgebot von Szenen aus dem Alten und Neuen Testament, von Wundern und Martyrien der Heiligen und von Phantasiegeschöpfen – läßt sich vielleicht aus den von ihm inspirierten Kreuzgängen in Moissac, Arles und Toulouse erahnen, die noch erhalten sind (Abb. 14.3). Hier kann man noch heute »jene unfaßbare und entstellte Schönheit, jene schöne Entstellung« sehen, vor der Bern-

Abb. 14.3 Moissac (Frankreich), Kluniazensische Abtei; Blick in den Kreuzgang, um 1100.

Abb. 14.4 Cluny III, Abteikirche, 1095–1130; Rekonstruktion des Mittelschiffs, Blick nach Osten.

Raum verherrlichen (Abb. 14.4). Rom arbeitete mit beiden Dimensionen. Gerade das Überfließen des Raums in weite seitliche Räume wie etwa in der Maxentiusbasilika führte zu einer Ausgewogenheit zwischen Höhe und Breite (Abb. 11.10). Auch blieben die vertikalen Stützen frei von Gewölben, die sich ihrerseits von Konzentrationspunkten nach oben ausdehnten, wie aufgebläht von einem zielbewußten Wind, frei, ihre eigenen Raumreservoirs zu bilden, die sich von denen der darunterliegenden Halle unterschieden. Kurz gesagt, es gab nur wenige weite Joche; die großen Bogen verliefen eher seitlich als quer, und die vertikale Stütze war immer noch eine Säule, mit einer Basis, auf der sie ruhte, einem reichverzierten Kopf, mit dem sie trug.

Zweihundert Jahre später hatten die Architekten der Hagia Sophia die Seitenräume durch Säulenreihen verdunkelt (Abb. 11.28). Sie hatten auch die Unterscheidung zwischen Struktur und äußerem Erscheinungsbild extrem weit getrieben, eine Unterscheidung, die schon im römischen Bauwerk zu finden ist, wo es so aussieht, als trügen die Riesensäulen ganz allein die Gewölbe, was in Wirklichkeit nicht der Fall ist. Das Ziel in Justinians Meisterstück war eine schwebende Kuppel, der das Gebäude über eine Aufhäufung gekrümmter Formen an beiden Enden und durch die herabwallenden seitlichen Bogenvorhänge entgegenstrebt.

Im romanischen Innenraum steigen die Stützen zum Gewölbe empor und auf der anderen Seite wieder hinab zum Boden, manchmal in einer einzigen Linie, manchmal gestaffelt nach Stockwerken. Wenn ein Kapitell vorhanden ist, so ist es zu klein, zuwenig ausgeprägt, seine Leistung zu linear, als daß es als eine selbständige, beachtenswert wirkende Kraft erscheinen könnte. Zwischen unterem und oberem Raum ist nicht unterschieden; der Oberbau ist nicht hinreichend abgesetzt wie im römischen Bauwerk und auch nicht hierarchisch in Szene gesetzt wie in der Hagia Sophia. Das Vorwärtsstreben zum Altar hin ist zumindest bis zur Vierung geradezu zwanghaft, und dasselbe gilt auch für den Zug nach oben. Das Ganze ist krampfhaft und spannungsgeladen – nicht eigentlich friedvoll. Man hat den Eindruck, als müsse der Betende immer ein wenig nervös gewesen sein, als habe er mit geschärften Sinnen eher Erregung als Beruhigung erfahren.

Das also war Cluny. Und die Grundstimmung der Zisterzienser stand hierzu in schroffem Gegensatz. »Keines von unseren Klöstern soll in Städten, Burgen oder Dörfern errichtet werden«, heißt es im ersten Kapitel der Grundregeln des Ordens, »sondern an Stellen, die fern von menschlichem Verkehr liegen.« Und auch fern von der irdischen Rechtsprechung eines Bischofs oder eines weltlichen Oberherrn, könnte man hinzufügen. Vom Mutterhaus in den Sümpfen von Cîteaux brachen in den Anfangsjahren des 12. Jh. Gruppen von je zwölf Mönchen unter einem Abt auf, um abgelegene Gegenden ausfindig zu machen. Und aus dieser ersten Generation von Abteien entsprangen neue Sprößlinge, entschlossen, in jeden Winkel der christlichen Welt vorzudringen. Im ausgehenden Mittelalter gab es 742 Zisterzienserklöster, von Irland bis nach Griechenland und zum Heiligen Land, und ebenso viele Nonnenklöster.

Die Plätze lagen gewöhnlich an einem Fluß in einem unbewohnten Tal. Zähmung der wilden Natur in unablässiger Arbeit war der Grundantrieb; die Hilfe der Laienbrüder befreite den Mönch niemals von der Bearbeitung des Bodens und von der Viehzucht. Der Orden gewann Erfahrung in Ackerbau, Viehzucht und Forstwirtschaft. Dabei wurde er reich, denn er verwaltete Grundbesitz, zu dem Mühlen, Bergwerke, Bauerngüter, ja sogar Dörfer gehörten. Aber das war nicht das Ziel dieser asketischen und fanatischen Bewegung. Selbstaufopferung und schwere Arbeit waren die Parole, und Prunk oder Ablenkung jeder Art wurden abgelehnt. Zurückgewiesen wurde auch jeder Anreiz zu gelehrter oder künstlerischer Tätigkeit. Man verachtete Wissen, Literatur und die Her-

Abb. 14.5 Fontenay (Frankreich), Zisterzienserabtei, 1139–1147; Schmiede und Mühle.

vorbringung von Kunstwerken; und jener Architektur, auf die man nicht verzichten konnte, wurden in dem, was sie zu erfinden und auszudrücken vermochte, enge Grenzen gesetzt.

Die Zisterzienser nützten die maschinenorientierte Technik des späten Mittelalters voll aus und förderten sie fleißig. Mit Wasserkraft kannten sie sich gut aus. Sie nützten den Fluß, der durch ihren Grund floß, für den Betrieb von Maschinen zum Zerschroten von Weizen, zum Mehlsieben, Tuchwalken, Gerben und wahrscheinlich auch für die Blasebälge, die das Feuer unter den Bierbottichen in Gang hielten. Dämme stauten das Wasser für den wirkungsvolleren Betrieb von Mühlen. Hunderte von Eichenpfählen wurden in das Flußbett gerammt und bildeten eine Reihe parallellaufender Palisaden. Den Zwischenraum füllte man jeweils mit Erde, Kies und Geröll aus, damit der Damm kein Wasser durchließ. Auch zisterziensische Werkstätten, von denen einige erhalten sind, verdienen unsere Beachtung. Jedes Kloster besaß eine solche, die oft so groß war wie die Kirche und unmittelbar neben ihr errichtet wurde (Abb. 14.5). Hier schmiedete man wohl das Eisen aus nahe gelegenen Gruben zu Krampen, Stäben, Schlössern und Nägeln.

Der Plan für das Klostergrundstück blieb stets derselbe (Abb. 14.6). Die Kirche lag an der Nordseite, der Kreuzgang unmittelbar südlich von ihr. Das Refektorium stand weiter südlich im rechten Winkel zum Kreuzgang so, daß zwischen ihm und dem Refektorium der Laienbrüder im Westen noch eine Küche Platz fand. Der Kapitelsaal, der Gemeinschaftsraum und ein kleiner Raum für die Novizen lagen hintereinander an der Ostseite, und eine Treppe führte zum Dormitorium hinauf, das sich über die ganze Gebäudereihe erstreckte. Diese Gruppierung führte zu eindrucksvollen rechteckigen Gebäuden, die außen durch Strebepfeiler im Erdgeschoß gegliedert waren. Es gab weder ein Badehaus noch einen getrennten Wohnsitz des Abts. Alle Bauten waren aus hellem glattbehauenem Stein errichtet. Selbst die Latrinen und Korridore hatten Steingewölbe. Säulen, Pfeiler und Fenster ruhten sämtlich auf einer durchlaufenden Basis. Verputz war nicht gestattet, da er den ersten Schritt zum Wanddekor bedeutete. Derartiges wurde auf keinen Fall geduldet: »Wir verbieten jede Art von Statuen oder Bildern in unseren Kirchen oder in irgendwelchen anderen Räumen unserer Klöster, weil die Aufmerksamkeit, die solchen Dingen zugewendet wird, oft dem Nutzen vernünftigen Meditierens und der Einübung religiösen Ernstes abträglich ist.«

Auch die Kirche hielt sich an die strenge allgemeine Rechtwinkligkeit der Komposition. Das Sanktuarium war quadratisch. Eine Reihe quadratischer Kapellen entstand längs der Ostseite des Querschiffs durch Trennwände, die im rechten Winkel zur Rückwand angeordnet waren. Eine Tür im nördlichen Querschiffarm, das sog. Friedhofstor, wurde benutzt, wenn Verstorbene nach dem Trauergottesdienst auf den Kirchhof getragen wurden. Im Südarm stellte eine Treppe, die nachts benutzt wurde, die Verbindung mit dem Dormitorium her. Ein Lettner trennte die für die Mönche bestimmte Hälfte der Kirche von der Hälfte für die Laienbrüder, die durch einen zwischen ihren Quartieren und den Klausurbauten verlaufenden Korridor in die Kirche gelangten. Es gab keine monumentale Fassade und keine Türme, die der Baumasse von außen einen Akzent verliehen hätten. Die Fenster sollten klare Scheiben haben. Die Anziehungskraft des damals neuartigen farbigen Glases hatte eine strenge Mahnung des Generalkapitels von 1182 zur Folge: »Bunte Glasfenster sollen innerhalb von zwei Jahren ersetzt werden; andernfalls sollen Abt,

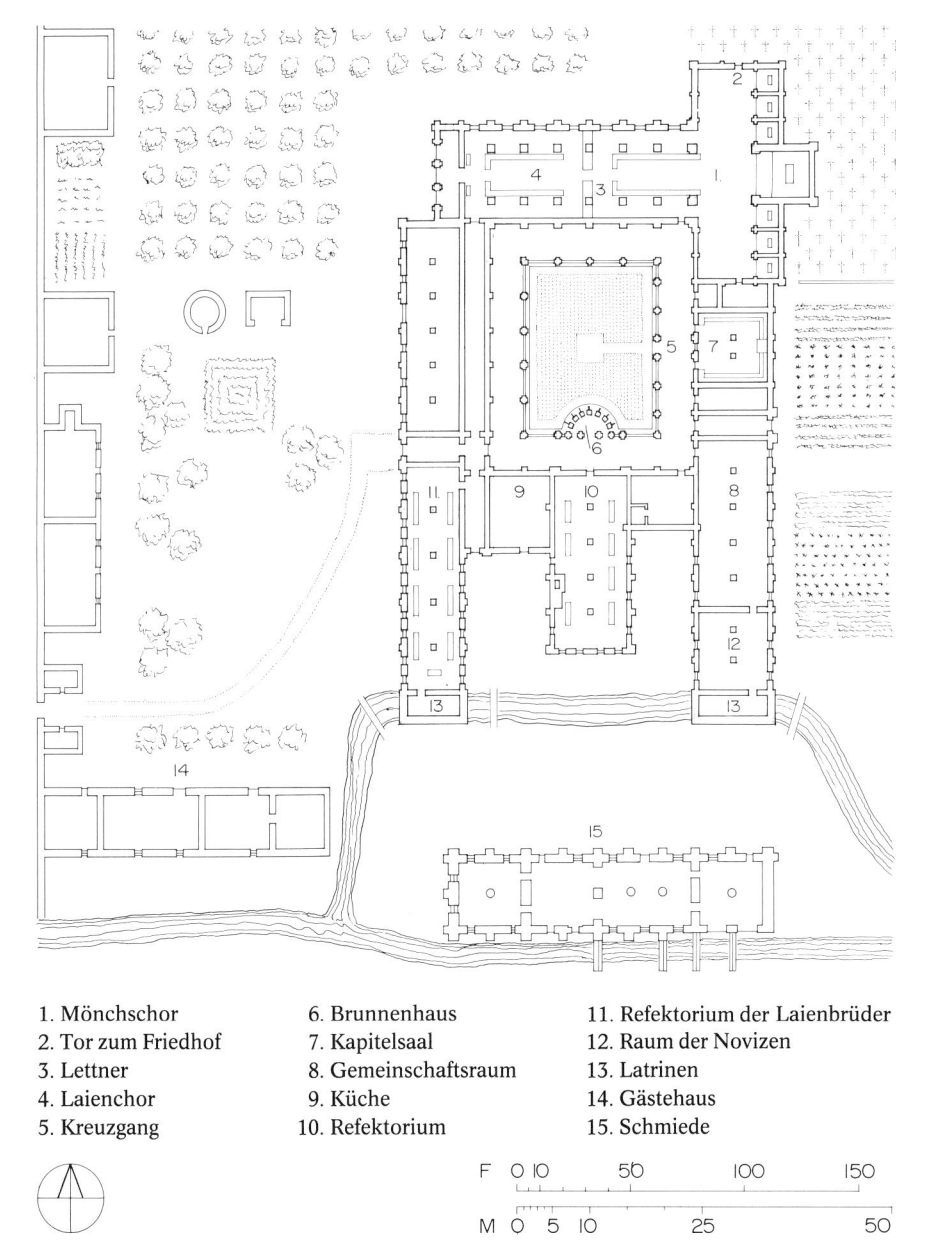

1. Mönchschor
2. Tor zum Friedhof
3. Lettner
4. Laienchor
5. Kreuzgang
6. Brunnenhaus
7. Kapitelsaal
8. Gemeinschaftsraum
9. Küche
10. Refektorium
11. Refektorium der Laienbrüder
12. Raum der Novizen
13. Latrinen
14. Gästehaus
15. Schmiede

Abb. 14.6 Idealplan eines Zisterzienserklosters.

Prior und Kellermeister von jetzt an jeden sechsten Tag bei Brot und Wasser fasten, bis die Fenster ersetzt sind.«

Was blieb dann dem Architekten noch übrig? Was unterschied die Kirche von der Schmiede oder den Dormitorien? Vergeistigte Environments des Glaubens, die Selbstprüfung und abstrakte Spiritualität fördern, sind nicht leicht herzustellen. Um zu verhindern, daß sie weder weltlich noch langweilig aussehen, muß man sich auf eine sehr schöne Konstruktion mit vollkommen klaren Details stützen, auf ein besonderes Gefühl für Licht und einen unfehlbaren Sinn für architektonische Proportionen. Das sind alles vage Worte – schön, besonders, unfehlbar. Aber alle Erörterungen über Gebäude, die uns bewegen, haben etwas Vages. Niemals ist es die Größe allein, die Eindruck macht, sondern die Qualität der Größe, niemals die Art des Materials, sondern die Art, in der es behandelt ist, Es gibt Regeln, selbstverständlich, und sie verbürgen sachgerechte, befriedigende Bauwerke. Aber sie allein reichen nicht aus, um überzeugende Bauten zu schaffen.

Auch die zisterziensische Architektur hatte ihre Regeln. Das »vollkommene« Verhältnis von 1:2 des heiligen Augustinus ist verbindlich für den Aufriß und den Grundriß, zum Beispiel für das Verhältnis der Gesamtlänge der Kirche zur Breite des Querschiffs, der Breite des Querschiffs zu seiner Tiefe, der Breite des Hauptschiffs zur Breite der Seitenschiffe. Die Joche der Seitenschiffe sind von gleicher Länge und Breite, und dasselbe Maß ist vertikal durch einen Sims an der Wand des Hauptschiffs angegeben. Wir haben also Reihen von Kuben auf beiden Seiten des Mittelschiffs. Anzahl, Größe und Lage der Fenster mögen eher intuitiv als nach einer strengen Theorie bestimmt worden sein (Abb. 14.7). Im allgemeinen herrscht gedämpfte Helligkeit. Milde Flecke oder Bahnen aus Licht sind so gelenkt, daß sie auf tintige Schatten fallen, welche die scharfen rechten Winkel der Mauerung mildern. Und natürlich sind die akustischen Eigenschaften zisterziensischer Kirchen gut bezeugt. Es ist kaum möglich, das Andachtserlebnis dieser kahlen, sachlichen Kirchen richtig einzuschätzen, ohne die weichen Echos des antiphonischen Gesangs zu berücksichtigen, der ihren Raum täglich so viele Stunden lang erfüllte.

Die gotische Herausforderung

Die Abtei St. Denis ist nur einen Katzensprung von Paris entfernt (Abb. 14.8). Im 12. Jh. lag dieses Gebiet in der Mitte des königlichen Herrschaftsbereichs. Paris war die Hauptstadt der Kapetinger – zwei Sandinseln in der Seine, die am Anfang des Jahrhunderts mit neuen Mauern umgeben worden waren, mit einer Zitadelle auf dem rechten und einer unbefestigten Siedlung auf dem linken Ufer. Im nahen Reims wurden die Könige gekrönt und gesalbt, in St. Denis wurden sie begraben. Im Hinblick auf sakrale Architektur war man hier nicht sehr wagemutig. Das benediktinische Mönchtum und Cluny, sein einflußreichster Orden, hatten den romanischen Stil gepflegt. Die unverbrüchliche Treue, mit der die Kluniazenser und später die Zisterzienser dem Heiligen Stuhl anhingen, bewirkte, daß sie nicht nur für die national betonten Ziele des Königshauses, sondern auch für den mächtigen Adel, der auf den größten Teil des Landes Anspruch erhob, eine Bedrohung darstellten. Es sollte nicht überraschen, daß ein Baustil, der im Dienst des Mönchtums und des Feudalismus entstanden war, auf der Île de France nicht gedeihen konnte, jenem

Abb. 14.7 Fontenay, Abteikirche; Inneres, Blick nach Osten.

Gebiet im Umkreis von 160 Kilometern um Paris, das der Krone gehörte.

Wir sollten auch erwarten, daß die Könige, als sie allmählich die Oberhand gewannen, darauf bedacht waren, nach einer eigenen Architektursprache zu suchen. Der gotische Stil entstand in einer Abtei – aber es war eine königliche Abtei. Suger kam wie Bernhard aus dem Kloster, aber er war in erster Linie ein Diener der französischen Könige. Er betrieb eifrig die nationale Versöhnung zwischen Kirche und Krone im Kampf gegen den feudalen Adel einerseits und die internationalen Ambitionen des Reichs andererseits. Von St. Denis strahlte der neue Stil, den zeitgenössische Quellen schon sehr bald den französischen oder modernen Stil *(Opus francigenum, Opus modernum)* tauften, proportional zur Ausweitung der Rechtsprechung und des Einflusses des Königs weiter aus. Seine ersten voll ausgereiften Schöpfungen waren Kathedralen in den Städten des königlichen Herrschaftsgebiets – Chartres, Amiens, Reims und Bourges. Auch in dieser Hinsicht ist die Gotik die Bekräftigung einer nationalen Aufwallung, denn sie verdrängte den Stil, der in erster Linie einem stadtfeindlichen Patronat von Mönchen und Oberherren dienstbar gewesen war. Diese Kathedralen wurden in ihrer Finanzierung und Ikonographie der vornehmliche Schauplatz für die politischen und sozialen Auseinandersetzungen zwischen Königen, Prälaten, Adelshäusern und den Kaufleuten und Künstlern der nunmehr selbstbewußten Städte.

Natürlich hatte die Form der Gotik nichts offensichtlich Königliches an sich: die Identifikation war assoziativ. Die Religion umschloß im Mittelalter alles. Kein Herrscher konnte hoffen zu gewinnen, wenn er sich offen gegen sie wandte oder ihren äußeren Schmuck vernachlässigte. In seinen Schriften bestimmt Suger das Neue an seinen architektonischen Arbeiten in theologischer Terminologie; schließlich bestand diese Arbeit aus einem neuen Chor und einer neuen Fassade für ein kanonisches christliches Gebäude. Die politische Botschaft lag im Kontext des Bauwerks, in seiner einzigartigen Beziehung zu den Königen von Frankreich.

St. Denis (der heilige Dionys), der Apostel Frankreichs, war offensichtlich als Nationalheiliger unübertroffen. Seine Kirche weckte gleichzeitig patriotische und religiöse Gefühle. Hier waren Pippin und Karl der Große gekrönt und gesalbt worden; hier lagen Pippin und Karl der Kahle begraben. Als der Kaiser in einem Streit mit dem Papst 1124 mit einem Einmarsch in Frankreich drohte, konnte Ludwig VI. das Land dadurch für sich gewinnen, daß er dem Banner des Heiligen spontan seine Ehrerbietung erwies. Seither war die Fahne die offizielle Standarte der königlichen Waffen. Der König nannte die Abtei »die Hauptstadt des Reichs«, und St. Denis wurde tatsächlich jetzt das erste echte religiöse Zentrum Frankreichs und das Symbol der Partnerschaft zwischen dem Königshaus und der Nationalkirche. Ludwig räumte der Abtei die Rechtsprechung über den am Fest des heiligen Denis stattfindenden Jahrmarkt ein. Er überführte auch die Krone Philipps I., seines Vaters, in die Schatzkammer des Heiligen. Vor dem Aufbruch Ludwigs VII., seines Nachfolgers, zum Zweiten Kreuzzug wählte der Kronrat Suger zum Regenten von Frankreich.

Einzelheiten des Unternehmens und auch Sugers eigene Worte lassen kaum daran zweifeln, daß er beim Umbau von St. Denis an die mystische Verherrlichung einer wiedererstehenden französischen Monarchie dachte und im Entwurf ein Modell für die sakrale Architektur des Reichs sah. Für den gebildeten mittelalterlichen Geist waren die Dinge mehr, als sie zu sein schienen. Mit den bloßen gebauten Formen und auch mit Fahnen, merkwürdigen Erscheinungen oder geometrischen Konfigurationen verbanden sich Unmengen von Bedeutungen. Die Privilegierten konnten sie mit Hilfe ihrer Gelehrsamkeit erklären, und das gemeine Volk konnte sie intuitiv vage erfassen. Vielleicht sollten wir das alles nicht nur auf das Mittelalter beschränken. Jedes öffentliche Bauwerk hat, wie wir das in diesem Buch immer wieder gesehen haben, eine Bedeutung, die über seinen bloßen Nutzen hinausgeht. Der Benützer gibt ihm mehr und nimmt deshalb auch mehr von ihm entgegen, als das materielle Gerüst rechtfertigt. In der voll entwickelten gotischen Kathedrale war dieses Gewebe aus Bedeutungen vielleicht dichter gesponnen als in allen anderen bisher betrachteten Bauten. Und wenn wir es entwirren wollen, müssen wir Sugers Meinung über

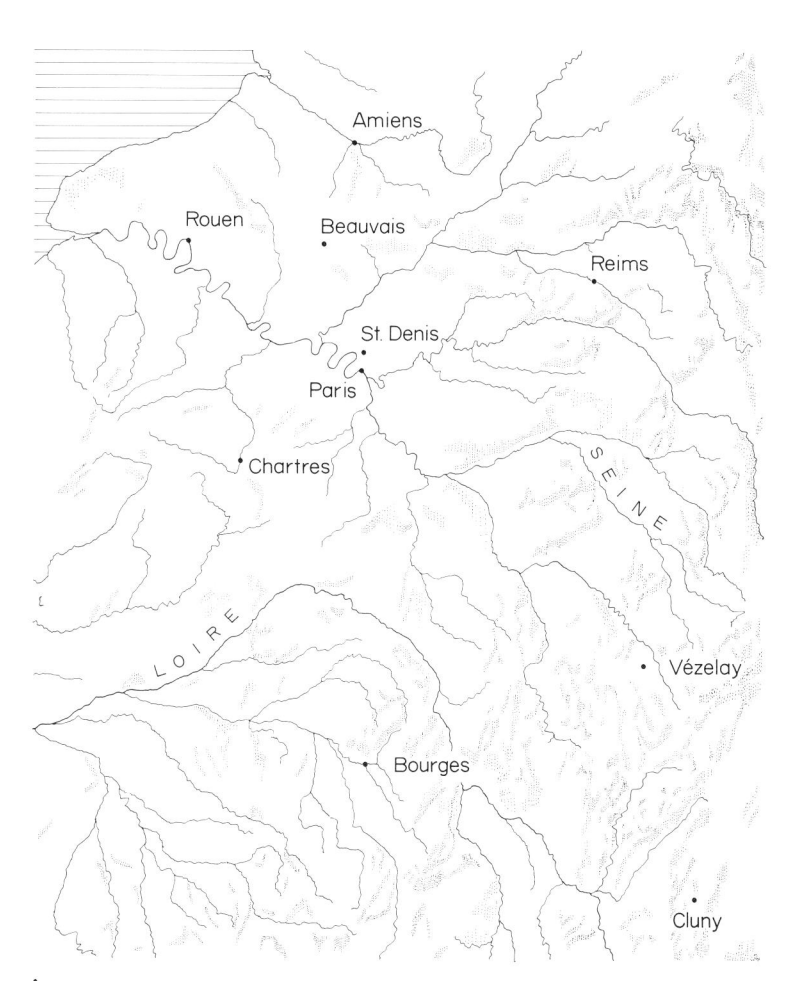

Abb. 14.8 Île de France, Hauptorte des gotischen Kirchenbaus.

das, was er erreicht zu haben glaubte, beachten.

St. Denis verkörperte tatsächlich zwei historische Personen, die man irrtümlich miteinander verschmolzen hatte. Dem Missionar aus dem 3. Jh., der Frankreich bekehrt hatte, wurden auf diese Weise die Schriften des Pseudo-Dionysios Areopagita, eines östlichen Mystikers aus dem 5. Jh., zugeschrieben. In diesen Schriften mischt sich neuplatonische Philosophie mit christlicher Theologie, vor allem mit dem Johannesevangelium und seiner Lehre von Christus als dem wahren Licht, das die Welt erleuchtet. Wie andere seiner berühmten Zeitgenossen war auch Suger fasziniert von der komplizierten Symbolik des Lichts. Vor allem an der berühmten Domschule von Chartres erörterte man das Licht als die edelste aller Naturerscheinungen, das am wenigsten materielle Phänomen, das der reinen Form am nächsten kam. Dieser Aspekt der neuplatonischen Metaphysik führte in die Symbolik eine rationale mathematische Denkweise ein, der wir sowohl in kluniazensischen als auch in zisterziensischen Kreisen begegneten und die auf St. Augustinus' Deutung einer Stelle aus den *Sprüchen Salomons* zurückging: »Du hast alle Dinge nach Maß, Zahl und Gewicht geordnet.« Der Kosmos galt in der Schule von Chartres als ein Bauwerk, das Gott in Übereinstimmung mit einem System mathematischer Proportionen entworfen hatte. Für Thomas von Aquin und Hugo von St. Victor im folgenden Jahrhundert hat Schönheit zwei Hauptkennzeichen: die Übereinstimmung der Proportionen und die Helligkeit.

Gerade diese neue Betonung des Lichts unterscheidet die gotische Architektur ästhetisch und theologisch von der romanischen. Beiden galt die Kirche als ein Abbild des Himmels, als die Stadt Gottes. Es gibt zwei grundlegende Texte, in denen diese Stadt beschrieben ist: das Buch Tobias (um 200 v. Chr.) und die Offenbarung des Johannes. Beide schildern eindringlich die furchtbaren, verheerenden Ereignisse, die sich zutragen werden, ehe man die Stadt Gottes betreten kann, und gerade diesem Thema hat sich die romanische Kunst zugewandt. Die Schilderungen jedoch zaubern eine leuchtende Vision hervor: »Und der Bau ihrer Mauer war von Jaspis, und die Stadt war von lauterm Gold gleich dem reinen Glase.« Das zu verherrlichen war das Ziel der gotischen Kathedralen der Île de France. Und der Auftakt dieser kristallgleichen Architektur ist Sugers neuer Chor für St. Denis.

Man betrachte den Grundriß und vergleiche ihn mit dem Grundriß des Chors von Cluny oder Ste. Foy in Conques (Abb. 14.9, 13.10). In St. Denis finden wir einen doppelten Chorumgang, von dem neun Kapellen ausstrahlen. Doch der äußere Umgang und die Kapellen gehen in Wirklichkeit ineinander über, und die radiale Anordnung der Pfeiler und Säulen, bezogen auf einen einzigen Mittelpunkt innerhalb der Apsis, macht es möglich, daß Licht von außen ungehindert in die Apsis gelangen kann. Die Krümmungen der Kapellen sind sogar fast ganz nach außen hin geöffnet. Sie schwingen zwischen keilförmigen, von Strebepfeilern verstärkten Pfeilern, welche die radialen Linien der Apsissäulen und des ersten Chorumgangs fortsetzen. Jede Kapellenkrümmung birgt einen weiteren schlanken Pfeiler in ihrer Mitte – und das ist die einzige feste Materie der äußeren Umrißlinie des Chors (Abb. 14.10). Alles übrige ist Licht oder, genauer gesagt, sind viele Stücke farbigen Glases, die zu religiösen Bildern zusammengesetzt sind. »Das ganze Sanktuarium«, schreibt Suger begeistert, »ist auf diese Weise von einem wunderbaren und von nichts unterbrochenen Licht durchflutet, das durch die überaus heiligen Fenster eindringt.«

Das ist die erste Tatsache, die wir uns von der gotischen Kathedrale merken sollten. Wir sprechen von ihr als von einem leuchtenden, von Licht erfüllten Environment und heben den Gegensatz zu den düsteren Innenräumen romanischer Kirchen hervor. In Wirklichkeit jedoch war das Innere gotischer Kirchen keineswegs hell. Die dicken, farbigen Scheiben aus buntem Glas erglühten nur, wenn die Sonne sie direkt beschien, und selbst dann erzeugten sie nur eine milde, farbig getönte Beleuchtung. Und gerade

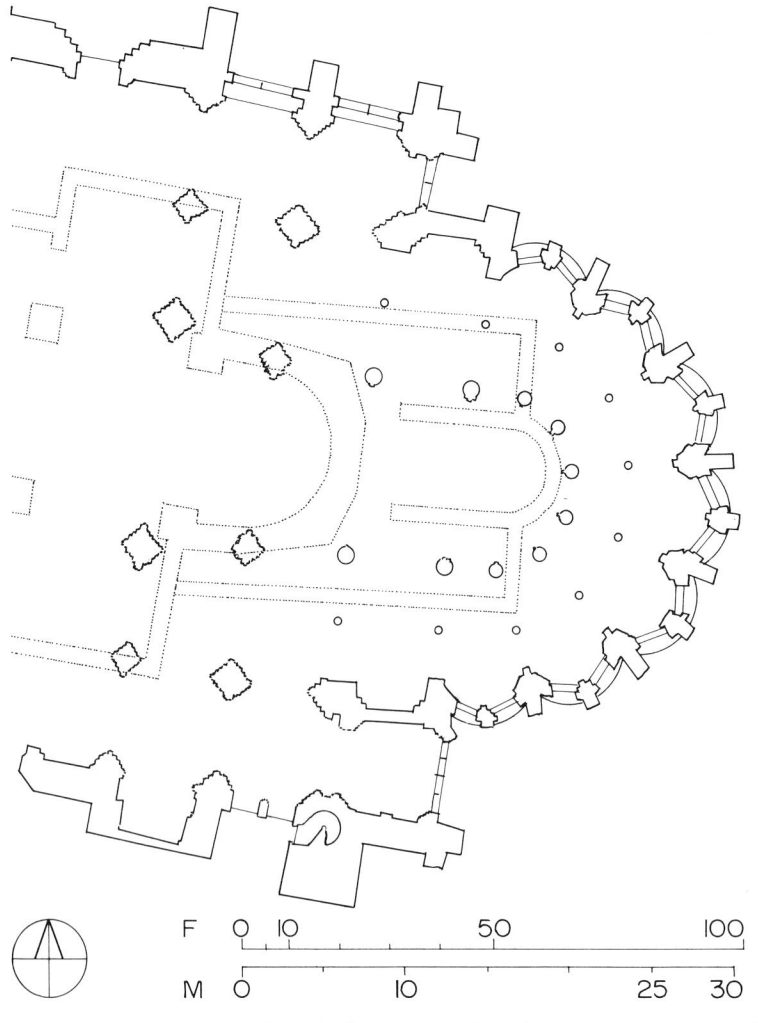

Abb. 14.9 St. Denis (Frankreich), Abteikirche, Sugers Chor, begonnen 1144; Grundriß. Dem Plan des neuen Chors ist der Grundriß des karolingischen Querschiffs aus dem 8. Jh. sowie der Apsiserweiterung des 9. Jh. unterlegt.

diese reiche, tiefe, inkrustierte Transparenz erinnerte an den edelsteingeschmückten Bau des himmlischen Jerusalems: »... und zeigte mir die große Stadt, das heilige Jerusalem, herniederfahren aus dem Himmel von Gott, die hatte die Herrlichkeit Gottes. Und ihr Licht war gleich dem alleredelsten Stein, einem hellen Jaspis...«

Das war also kein alltägliches Licht. Es fiel durch heilige Bilder und verwandelte sich dadurch in etwas Neues, in das neue Licht, *lux nova*, wie Suger Christus nennt.

Wir können die Liebe, die er für die reichen Schätze im Sanktuarium empfindet, verstehen, seine Überzeugung, daß nur das kostbarste Material dem heiligen Ritual der Messe angemessen sei. Sinnliches Erleben war der erste Schritt. Unser Geist erhebt sich zur Wahrheit mit Hilfe materieller Dinge. Aber erheben muß er sich, vom Materiellen zum Immateriellen (*de materialibus ad immaterialia*, wie er es ausdrückt), und der durchsichtige Käfig der Kirche, zusammen mit der kostbaren Ausstattung des Sanktuariums, wird uns zu dieser Transzendenz befreien.

Wie aber kann diese durchscheinende Atmosphäre erreicht werden? Wie können die Wände, die vorhanden sein müssen, um die luftigen Gewölbe dieser riesigen Steinbauten aufrecht zu erhalten, durch zerbrechliche Glasflächen ersetzt werden? Das ist das Wunder der gotischen Technik, das Geschichtsschreiber und staunende Generationen moderner Besucher seit eh und je fasziniert.

Im Mittelpunkt der Erörterungen stehen drei strukturelle Behelfe: der Spitzbogen, die Gewölberippe und der Strebepfeiler. Keines von ihnen haben die gotischen Baumeister erfunden. Das gilt auch für das farbige Glas. Man muß das unbedingt betonen, weil die gotische Kathedrale nur allzuoft als der Triumph struktureller Logik hingestellt worden ist, als Endergebnis einer Reihe von Experimenten bei der Suche nach einer Verminderung und elastischen Verteilung der Materie. Die Technik, die für eine derart lockere Gestaltung notwendig war, hatte es partiell schon in der romanischen Zeit gegeben. Aber Technik bedarf einer Vision, um zum Stil zu werden; man muß etwas mit ihr sagen wollen, ehe sie lebendig wird. Der Beton Roms, der längst schon prosaischen Zwecken diente, wurde durch die ungestüme Risikofreudigkeit eines jungen Reichs zu ausdrucksvoller Beredsamkeit emporgehoben. Gotische Architekten verbanden die Prinzipien des spitzen Bogens mit der gewölbten Rippe und dem Strebepfeiler, indem sie diese rationalen Elemente mit farbigem Glas vereinten und so auf eine jubelnde Mystik des Lichts und die gleichzeitige Verjüngung Frankreichs unter der unverbrauchten Lebenskraft seiner Könige reagierten.

Der Spitzbogen, bei dem es sich um einen Bogen handelt, der von zwei benachbarten Mittelpunkten aus geschlagen wird, hat einen doppelten Vorzug (Abb. 14.11). Er vermag Lasten sicherer zu verteilen als sein rundköpfiger Vetter, was die Moslems von Anfang an zu schätzen wußten, und er ist für das Kreuzgewölbe eines rechteckigen Jochs besser geeignet. Letzteres beruht darauf, daß man den Winkel der Bogenspitze ohne weiteres variieren und trotz verschiedener Breite der Jochseiten dieselbe Scheitellinie erreichen kann. Wenn Rundbogen die vier Seiten eines rechteckigen Jochs begrenzen, kann die Scheitellinie nur durch die Senkung eines Bogenpaars beibehalten werden, was wiederum dessen Einsturzge-

Abb. 14.10 St. Denis, Abteikirche, Innenansicht von Sugers Chor.

fahr mit sich bringt. Und warum bevorzugte man für ein Joch ein Kreuzgewölbe? Ein Tonnengewölbe übt einen gleichmäßigen Druck auf die Wände aus. Durch das Kreuzen zweier Tonnen im rechten Winkel kann man den Druck des Gewölbes an den Graten entlangführen und an den Ecken des Jochs auf vier Punkte konzentrieren. Diese Punkte des stärksten Drucks können dann jeweils im rechten Winkel durch Halbbogen gestützt werden, was im Grunde auf einen Strebebogen hinausläuft. Das ist ganz offensichtlich ökonomischer als der Zwang, dem Schub, den ein Tonnengewölbe nach außen ausübt, durch irgendeine aufwendige Konstruktion entlang den Flanken zu begegnen.

Im kluniazensischen Burgund griff man diese strukturellen Vorteile begierig auf, um die romanische Statik zu beleben. Seitenschiffe mit Kreuzgewölbe waren häufig, obwohl ihre Joche meist quadratisch waren. In Autun etwa waren die querverlaufenden Entlastungsbogen der Tonnen im Hauptschiff leicht zugespitzt. Gunzos Kirche in Cluny hatte Strebebogen, die über den Dächern der Seitenschiffe sichtbar waren; man verwendete sie allerdings in Verbindung mit einem typisch romanischen Tonnengewölbe. Normannische Architekten, etwa in Caen in Nordfrankreich oder in Durham unmittelbar südlich der schottischen Grenze, experimentierten vorgreifend mit dem dritten charakteristischen Geistesblitz gotischer Bauweise, der Gewölberippe. Sie verwendeten sie, um den Grat von Kreuzgewölben zu verstärken, und zwar über weite Strecken des Hauptschiffs hin. Normannische Gewölbe sind aus Schutt errichtet und sehr schwer. Dieses System einer Verstärkung verteilte ihr Gewicht wirkungsvoller. Die Diagonalrippen überspannten gleichzeitig zwei der rechteckigen Joche, die zusammen ein Quadrat bildeten. Auf diese Weise umging man das Problem, in der Abfolge rechteckiger Joche eine einheitliche Scheitellinie einzuhalten. Diese zwei Joche überspannenden Rippengewölbe nennt man sechsteilige Gewölbe deswegen, weil die drei quer verlaufenden und die zwei diagonal verlaufenden Rippen das Gewölbe in sechs gekrümmte Dreiecke teilen.

Hier nun lag der gotische Fortschritt: Man erkannte das Potential der Rippe als ein selbständiges Kreuzungselement, welches den Gewölbebau dadurch zu erleichtern vermochte, daß die Dreiecke nacheinander mit Hilfe eines sehr kleinen Wölbgerüsts hergestellt werden konnten, das man zum jeweils nächsten Dreieck weiterrückte. Das

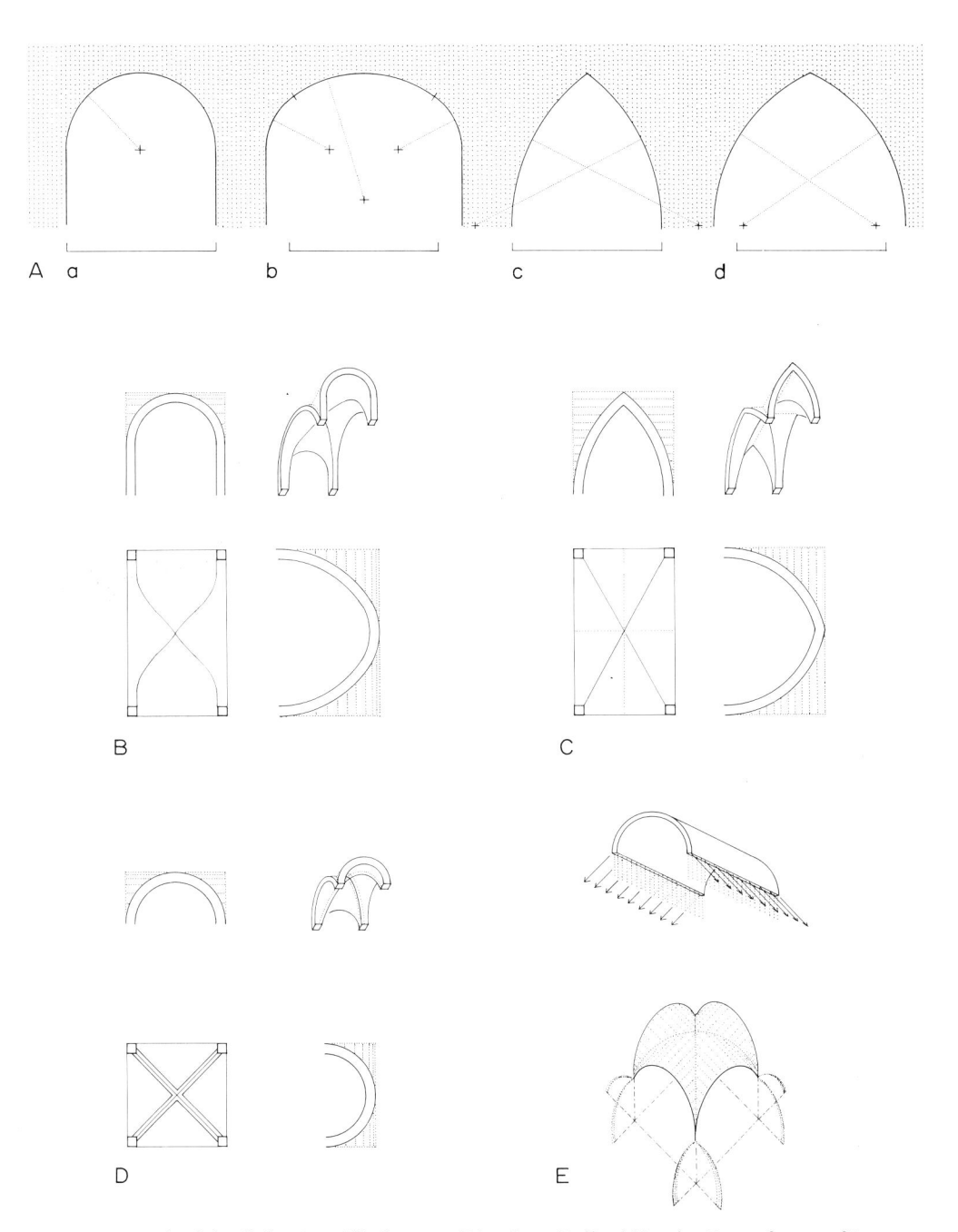

Abb. 14.11 Mittelalterliche Gewölbeformen. Die obere Reihe (**A**) zeigt Bogenformen für jeweils eine Jocheinheit von einheitlicher Breite. Das Joch kann mit einem Rundbogen (**a**) oder mit einem Spitzbogen überspannt werden, der von zwei außerhalb der Jochbreite liegenden Mittelpunkten aus geschlagen wird (**c**). Soll ein Joch überspannt werden, das die Einheitsbreite überschreitet, so muß der runde Bogen (**b**) von drei Mittelpunkten aus konstruiert werden, wodurch er flacher und bedeutend weniger tragfähig wird; dagegen bleibt der spitze Bogen, der von Mittelpunkten innerhalb der Bogenbreite aus geschlagen wird, strukturell stabil (**d**). Diese Regeln finden als Gewölbe ihre dreidimensionale Entsprechung. Ein quadratisches Joch (**D**) erhält ein Kreuzgewölbe von vier gleichen Rundbögen. Ein rechteckiges Joch (**B**) erfordert Rundbögen mit zwei verschiedenen Spannweiten; der Bogen, der die breitere Seite des Jochs überspannt und wie in (**A–b**) flacher ist, wird daher schwächer sein. Man kann diesen strukturellen Mangel beseitigen, indem man über einem rechteckigen Joch Spitzbögen verwendet (**C**). Die beiden Zeichnungen rechts unten (**E**) zeigen den Gegensatz zwischen dem Schub eines Tonnengewölbes (oben), der auf beiden Seiten kontinuierlich wirkt, und einem Kreuzgewölbe, dessen Schub sich auf die vier Ecken des Jochs konzentriert. Deshalb braucht das Tonnengewölbe Strebepfeiler über seine ganze Länge, das Kreuzgewölbe aber nur an seinen vier Eckstützen.

Rippengitter war also nicht mehr an das Mauerwerk des Gewölbes gebunden, sondern ging ihm vielmehr voraus. Doch mit der »Befreiung« vom Mauerwerk verselbständigte es sich, und da es Spitzbogen gibt, die verschiedene Stützweiten überbrücken, konnte die Rippe Joche jeder Größe überspannen, Ecken umgehen und so üppig sprießen wie die Zweige eines Baums.

Wenden wir uns unter diesem Gesichtspunkt wieder Sugers Chor zu, so können wir ihm seine Erregung und seine für einen Mönch unpassende Prahlerei verzeihen: Aus Einzelsäulen entspringen anmutige Schößlinge aus Mauerwerk; zwischen ihnen breiten sich dünne, straffe Gewölbe aus; ein gleichmäßiger Flor aus Licht hängt duftig unter diesem zarten und kräftigen Baldachin. Man bedenke auch, daß er die Dinge symbolisch und mystisch sah, daß Erbauung für ihn sowohl die körperliche Arbeit des Konstruierens als auch den geistigen Vorgang des Instruierens umfaßte. Säulen waren Apostel und Propheten, Jesus »der Schlußstein, der eine Mauer mit der anderen verbindet«. Wie seine gelehrten Zeitgenossen in Chartres und andernorts glaubte auch er an die anagogische Natur der Schönheit und deren Teilhabe an einem mystischen Prototyp. Sieht man alles mit seinen Augen, so wirken seine Worte nicht wie Phantastereien eines Schriftstellers, sondern wie ein ernstzunehmender Versuch, das zu erklären, was für ihn eine offensichtliche Erfahrung war:

»Wenn mich – aus lauter Entzücken über die Schönheit des Gotteshauses – die Herrlichkeit der bunten Edelsteine von äußeren Verpflichtungen abgelenkt und wertvolle Meditation, die das, was materiell ist, auf das überträgt, was immateriell ist, zum Nachdenken über die Verschiedenheit der heiligen Tugenden gebracht hat, dann ist mir, als weilte ich gewissermaßen in einem fremden Bereich des Universums, der weder ganz aus dem Schlamm der Erde noch ganz aus der Reinheit des Himmels besteht; und daß ich, durch die Gnade Gottes, auf mystische Weise aus dieser niedrigen in jene höhere Welt versetzt werden kann.«

Chartres

Der Erfolg, der Sugers Werk beschieden war, wirkte sich in der Île de France sofort aus. Noch ehe er eine Möglichkeit hatte, den neuen Stil des Chors und der Westfront auf die übrigen Teile dieser karolingischen Kirche auszudehnen, wetteiferten mehrere benachbarte Städte darum, die strukturellen und ästhetischen Lehren dieses Bauwerks und das Prestige, das es brachte, für sich zu nützen. Die Kathedrale von Sens war vermutlich die erste, dann folgten in kurzem Abstand Paris, Noyon, Senlis und Laon. 1174, dreißig Jahre nach den glänzenden Einweihungsfeierlichkeiten von St. Denis, wurde ein Architekt namens Guillaume aus der Bauhütte von Sens nach Canterbury eingeladen, um dort Ratschläge für den Bau des Kathedralenchors zu geben, der durch einen Brand zerstört worden war. Damit begann die internationale Anwendung des gotischen Stils. Während der nächsten dreihundert Jahre werden dann die Voraussetzungen der architektonischen Revolution, die St. Denis anfachte, erprobt, verbessert und bis an die Grenzen konstruktionstechnischer Vernunft – oder auch darüber hinaus – vorangetrieben.

Die Kathedrale von Chartres, die edelste und geliebteste aller gotischen Kirchen, ver-

Abb. 14.12 Chartres (Frankreich), Blick auf die Kathedrale über einem Ährenfeld.

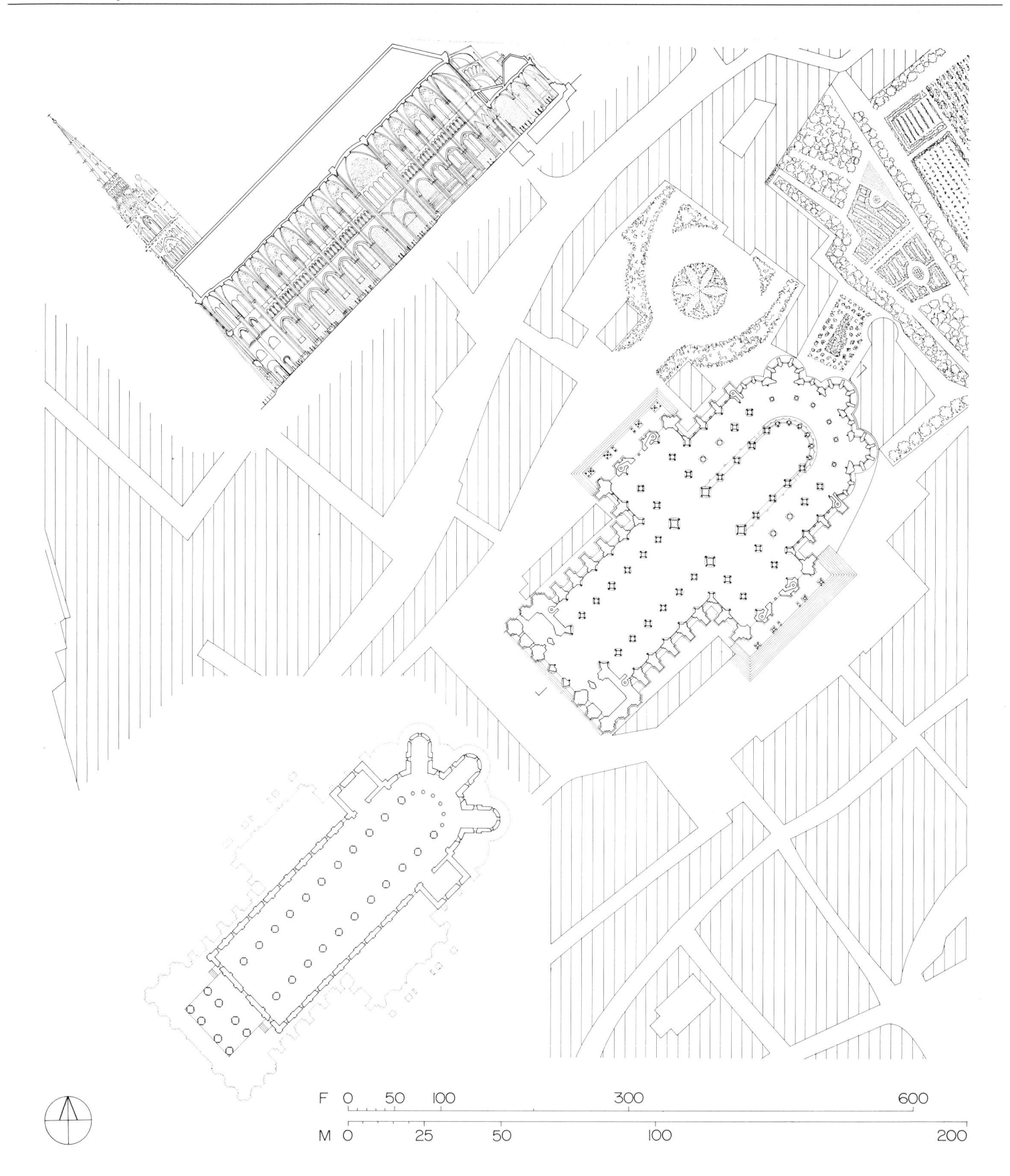

Abb. 14.13 Kathedrale von Chartres; Grundriß und Schnitt. Der kleine Grundriß zeigt die romanische Kirche des Bischofs Fulbert aus dem 11. Jh. in ihrer Gestalt um 1100. Der heutige Bau entstand von 1194 bis 1260 mit Ausnahme der Westfassade, die älter ist (um 1140). Im Grundriß ist die Kapelle weggelassen, die im 14. Jh. dem Chor im Osten angebaut wurde.
Die städtische Umgebung ist einer älteren Karte entnommen.

eint in sich alle Erfahrungen frühgotischer Gestaltung. Die verschiedenen Baukampagnen von 1130 bis in die Mitte des 13. Jh. umspannen in einem einzigartigen Rahmen mehrere Vervollkommnungen dieses durch und durch französischen Architekturstils.

Chartres besaß das Kleid, das die Jungfrau Maria bei der Geburt Christi trug. Es war ein Geschenk Karls des Kahlen, der es aus Konstantinopel erhalten hatte, und es war der Anfang der Verbindung zwischen dem Königshaus Frankreichs mit dieser kleinen Stadt am Rande der Beauce. Das heilige Gewand übte eine solche Anziehungskraft aus, daß Chartres um 1100 zum Mittelpunkt der Marienverehrung in Frankreich geworden war, eines im späten Mittelalter weitverbreiteten Kults. In der berühmten Domschule von Chartres wurde Maria als Thron der Weisheit, als christliches Pendant Athenas, der mit Weisheit begabten Jungfrau der klassischen Antike, gepriesen. Für das Volk war sie die gütige Fürsprecherin, mild und mitfühlend, eine weibliche Mischung aus Liebe und Leid. An ihren Festtagen versammelten sich viermal im Jahr große Menschenmassen in dieser Stadt auf dem Hügel inmitten üppiger Getreidefelder, um das Gewand zu verehren und an betriebsamen Jahrmärkten teilzunehmen (Abb. 14.12).

Im 11. Jh. hatte eine romanische Kirche mit Holzdach die ursprüngliche Basilika ersetzt, die seit frühchristlichen Zeiten mehrere Male abgebrannt und wieder aufgebaut worden war (Abb. 14.13). Der größte Teil der Fundamente unter dem Mittelschiff der heutigen Kathedrale geht auf diese Kirche zurück. Das gilt auch für den Chor mit seinen drei radialen Kapellen. Vielleicht hat die ältere Kirche auch die Proportionen des Grundrisses bestimmt, vor allem die der Joche der Seitenschiffe und des Mittelschiffes und deren jeweilige Breite. In den dreißiger Jahren des 12. Jh. begann dann eine Phase der Erweiterung und Modernisierung. Das

Abb. 14.14 Kathedrale von Chartres; Westfassade, Königsportal um 1145. Man vergleiche damit die romanische Portalplastik von Conques, Abb. 13.12.

Geld lieferten der Getreidehandel, die Silberminen der Bischöfe von Chartres, der Grundbesitz des Kapitels und die Einkünfte der Stadt aus der Herstellung von Textilien, Waffen und Harnischen.

Vor dem Westende der romanischen Kirche begann man als ersten Schritt zur Vergrößerung des Kirchenschiffs den Bau einer neuen doppeltürmigen Fassade. Der Skulpturenschmuck für diese Fassade wurde in denselben Jahren vollendet, in denen Suger 90 Kilometer weiter den Umbau seiner Kirche betrieb.

Die sog. Königsportale stellen für das figurative Programm der abendländischen Kirche denselben Übergang vom Romanischen dar, den der Chor von St. Denis für die Architektur bedeutet. Die stillen, edlen Themen könnten durchaus eine Antwort auf Bernhards Verurteilung des unheimlichen Repertoires der Steinmetze der Romanik sein. Sie stellen einen rationalen und umfassenden Kommentar zur Manifestation des Göttlichen dar, der die bedrängenden Weltgerichtsängste der romanischen Portale nicht kennt. Die Betonung liegt auf der Gesamtheit der religiösen Erfahrung, auf dem Wissen als einer Vorbedingung für die Erlösung. Am rechten Portal werden in graphischer Deutlichkeit Szenen gezeigt, die sich auf die Menschwerdung Christi beziehen. Die entscheidenden Episoden seiner Kindheit erreichen ihren Höhepunkt im Tympanon mit einem großen Bild der Jungfrau mit dem Kind, umgeben von den sieben freien Künsten in den umrahmenden Bogen. Es ist die Welt des Intellekts mit Christus als höchstem Thema aller Gelehrsamkeit. Am linken Portal ist das Hauptthema die Himmelfahrt, umrahmt von den Tierkreiszeichen und Monatsbildern. Hier ist Christus als Herr des Himmels und der Erde, der Zeit und des Handwerks dargestellt. Der Nachdruck liegt auf der niedrigen Arbeit, auf den ewigen Zyklen der Natur und des Lebens. Am mittleren Portal sehen wir Christus in seiner Herrlichkeit (Abb. 14.14). Unter ihm stehen die Apostel, und der gestaffelte Tympanonbogen zeigt säulengleiche Statuen von Figuren des Alten Testaments und Könige und Königinnen von Frankreich in biblischem Gewand. Die architektonische Idee zu diesen Statuensäulen, die sich zu den Seitenportalen hinziehen, war von Sugers mehrere Jahre zuvor entstandener Fassade von St. Denis übernommen. Das Thema verrät volle Übereinstimmung mit dessen royalistischen Zielen: ein in Stein übertragenes Gebet, das seit der Karolingerzeit Bestandteil der Krönungsriten gewesen war und in dem der Herr angefleht wurde, den gesalbten Herrschern Frankreichs die Tugenden von Königen des Alten Testaments zu verleihen.

Getragen von diesen königlichen Gestalten aus alter und neuer Zeit und umgeben von Aposteln, Engeln und den vierundzwanzig Ältesten der Apokalypse, die Zeugen seiner Wiederkehr sind, thront Christus in einer Aureole der Herrlichkeit. Ringsum sind die den vier Evangelisten beigegebenen Symbole dargestellt, die »hatten keine Ruhe Tag und Nacht und sprachen: ›Heilig, heilig, heilig ist Gott der Herr, der Allmächtige, der war und der da ist und der da kommt!‹« Nichts ist angedeutet von den Strafen und Belohnungen, die bei der Wiederkunft ausgeteilt werden sollen. Die Frommen wissen von ihnen in ihren Herzen. Die Steinmetze haben es vorgezogen, das eigentliche Ereignis zu verherrlichen, ernst und würdig, um

Abb. 14.15 Kathedrale von Chartres; Blick in das Mittelschiff nach Westen, mit der großen Fensterrose aus dem frühen 13. Jh.

Christus als den menschenfreundlichen Richter zu zeigen, von dem Gnade und Erbarmen erwartet werden können. In gewisser Weise erinnert das an den Übergang vom archaischen zum klassischen Ethos im alten Griechenland. Auch hier stehen wir an einem Wendepunkt, an dem die Furcht durch Gewißheit beiseite gefegt wird. Das Wissen ist sich selbst eine schwere Bürde. Seinen Platz im Plan der Dinge kennen heißt mit Selbstachtung handeln, klug vorausschauen, tapfer ausharren.

Die neue Fassade war halb fertig, als das Unheil zuschlug. Von den neuen Türmen hatte man drei Stockwerke aufgeführt. Zwischen ihnen befanden sich, den Königsportalen entsprechend, drei Lanzettfenster aus farbigem Glas. Sie erhellten eine Vorhalle mit Steingewölbe, die mit der dahinterliegenden romanischen Kathedrale verbunden war. Da wütete in der Nacht des 10. Juni 1194 ein Feuer in weiten Bereichen der Stadt, das auf seinem Wege nichts verschonte. Die Kathedrale ging fast ganz zugrunde und mit ihr, wie die Menschenmengen, die sich angesammelt hatten, unter Tränen annehmen mußten, auch das heilige Gewand der Jungfrau Maria, der Grundstein ihrer Existenz.

Der romanische Chor jedoch und die neue Fassade mit ihrer Vorhalle hatten, da sie aus Stein errichtet waren, den Flammen widerstanden. In der Krypta unter dem Chor fanden die Priester das unbeschädigte Gewand, das sie den verzweifelten Stadtbewohnern vorzeigten. Sie erklärten ihnen, dieses Wunder könne nur bedeuten, daß Maria in größerer Herrlichkeit wieder eingesetzt werden wollte. Fast sofort begannen die Bauarbeiten zwischen den angekohlten Fundamenten des Chors und der Fassade. 1220 war Unsere Liebe Frau von Chartres zur Einweihung bereit. Und den staunenden Massen der Gläubigen muß deutlich geworden sein, daß ihre neue, im modernsten Stil errichtete Kathedrale auch selbst so etwas wie ein Wunder war. Wie der Dichter Guillaume le Breton es ausdrückte: »Maria hat Vulkan erlaubt, die Kirche zu zerstören«, und aus ihrer Asche hatte sie eine der schönsten Kirchen der Christenheit erstehen lassen.

Das neue Kirchenschiff mußte verhältnismäßig kurz bleiben. Da der Bauplatz nach Osten hin von einer Verwerfung durchschnitten wird, ließ sich der Chor nicht nach außen vorschieben. Statt dessen verringerte ein äußerer Umgang in der Art von St. Denis die Tiefe der radialen Kapellen des romanischen Chors und bewirkte, daß sie unauffälliger und gotischer wurden. Die Westgrenze war durch die Fassade mit den Königsportalen festgelegt. Doch wenn die neue Kirche nicht durch ihre Länge glänzen konnte, so machte sie das durch ihre Höhe wett. Der Architekt brachte, um die ungleiche Höhe zwischen dem hochragenden Schiff und der älteren Fassade auszugleichen, eine große Fensterrose über den bereits vorhandenen drei Lanzettfenstern an (Abb. 14.15). Auch das hatte Suger für seine Fassade von St. Denis erfunden. Es war gleichzeitig Sonne und Rose, ein Doppelsymbol für Christus als die neue Sonne und Maria als »die Rose ohne Dornen«, wie sie in der Litanei von Loreto heißt. Auch die Querschiffe wurden von wundervollen Maßwerkrosen abgeschlossen. Diese Flügel empfand man jetzt sogar als monumentale, durch Fassaden mit Dreifachportalen und Vorhallen begrenzte Einheiten (Abb. 14.16). Sie luden unwiderstehlich zu Skulpturenschmuck ein, und diese Gelegenheit wurde

Abb. 14.16 Kathedrale von Chartres; Fassade des südlichen Querschiffs. Die Vorhalle wurde wahrscheinlich 1224 begonnen.

Abb. 14.17 Kathedrale von Chartres; Ausschnitt, Buntglasfenster, frühes 13. Jh., mit einem Bild, das die Zunft der Zimmerleute charakterisiert.

Abb. 14.18 Kathedrale von Chartres; Strebebögen an der Südseite.

aufs beste genutzt. Die Hauptszenen haben das Verhältnis Christi zu seiner Mutter und zu seiner Braut, der Kirche, zum Thema. Hunderte von Einzelfiguren sind in die Archivolten und in die Gewände der Tore eingepaßt. Sie ehren Heilige und Propheten, Märtyrer und Bekenner. Die immer noch mit Säulen verbundenen Gewändefiguren lockern ihren Stand, bewegen ihren Körper in weiten, lose fallenden Gewändern und wenden ihren Kopf uns oder einander zu. Die Strenge der Königsportale ist gemildert und menschlicher geworden. Die betriebsamen Werkstätten der Maurer und Steinmetze, Glasmacher und Metallarbeiter, Zimmerleute und Dachdecker arbeiteten dreißig Jahre lang fieberhaft. Der Baumeister, dessen Namen wir nicht kennen, hatte ein Gefühl für die Feinheiten der neu entstehenden gotischen Sprache, er verwendete sie elegant und führte sie auf eine beispielhafte Höhe. Den schönen muschelhaltigen Kalkstein holte man aus den nahe gelegenen Steinbrüchen von Berchères. Die Auftraggeber waren, juristisch gesehen, der Bischof und das Kapitel der Kathedrale, aber die Kirche war auch ein Bauwerk der Stadt, und der Kreis ihrer Förderer reichte noch weiter. Sie entstand durch ein Zusammenwirken vieler Elemente der französischen Gesellschaft.

Der König und seine Familie waren mit der Grafschaft blutsmäßig verbunden. Der Graf von Chartres, der dem noch immer mächtigen und wohlhabenden Hochadel Frankreichs angehörte, war aktiv beteiligt. Das Bauwerk stellte in der Tat eine soziale Aussage dar. Die Wiederannäherung zwischen Kirche und Krone höhlte die Macht des grundbesitzenden niederen Adels und dessen feudale Institutionen aus, und der Bischof ermunterte die Kaufleute, sich an dieser Partnerschaft zu beteiligen. Er bewerkstelligte das dadurch, daß er führende Personen der Kaufmannschaft als Ehrenmitglieder des Kapitels in die Kathedralenfamilie aufnahm und ihre Versuche unterstützte, Zusammenschlüsse jener Gewerbe und Berufe zu bilden, die noch keiner Zunft angehörten. Diese Gruppen hatten angefangen, mit dem Segen der Kirche religiöse Bruderschaften einzurichten, und sie erwiesen sich jetzt als beachtenswerte Gruppe in der gesellschaftlichen Allianz, den Bau der Kathedrale zu fördern.

Die Fenster von Chartres sind der augenfälligste Beweis für die breitgestreute Mitwirkung am Bau der neuen Kathedrale. Hier sehen wir König Philipp August und seine Schwiegertochter, Königin Blanca von Kastilien, die Mutter Ludwigs XI.: sie bezahlte die gesamte Fassade des nördlichen Querschiffs mit der großen Fensterrose, den Spitzbogenfenstern und der Portalskulptur mit Maria und ihren biblischen Vorfahren. Peter von Dreux, Herzog der Bretagne, stiftete die Fenster des südlichen Querschiffs. Die adeligen Häuser der Île de France, die Montfort, Courtenay und Montmorency, waren sämtlich vertreten, und ihre Wappen prangten in farbigem Glas unter den heiligen Bildern, die sie als ihren Beitrag ausgewählt hatten. Die Zünfte beteiligten sich mit Darstellungen aus ihrem Berufsleben – die Tischler und Stellmacher, die Böttcher, Zimmerleute, Waffenschmiede und Steinmetze, die Fleischer, Bäcker und Weinhändler (Abb. 14.17). Diese wetteifernde Eigenwerbung hatte allerdings die Tendenz, die Klarheit des übergeordneten Programms zu stören und jener disziplinierten und zusammenhängenden Ikonographie der Königsportale entgegenzuwirken, die unter der gelehrten Leitung der Domschule aufgestellt worden war. Aber dieses Zusammentreffen bestätigte eine wichtige gesellschaftliche Wirklichkeit: Die gotischen Kathedralen waren nicht nur Hallen des Glaubens, sondern in gleichem Maße auch Gemeindezentren. Wiederholt hören wir, daß sie für Bürgerversammlungen, Gerichtsverhandlungen, Theater- und Musikvorführungen verwendet wurden. Die Kirche des Bischofs kündete, zumindest in Frankreich, nicht mehr laut von dessen feudalen Vorrechten. Sie war jetzt sowohl ein nationales Denkmal als auch der Mittelpunkt der Stadt, deren Wohlstand und Stolz sie zum Ausdruck brachte. Diese freigebigen Patenschaften für die Fenster von Chartres sagen etwas über die Architektur dieser neuen Kathedrale aus. Die Durchsichtigkeit des Sugerschen Chors hatte sich über die ganze Kirche verbreitet. Schon der Grundriß zeigt die Situation auf Bodenniveau an. Die schweren Mauerlinien längs der Umgrenzung sind die Strebepfeiler. Man erkennt sie auf der Photographie der Außenseite: getreppte Mauervorsprünge erheben sich massiv bis zur Höhe des Seitenschiffs senkrecht zur Mauer und überbrücken jenseits dieses Punkts den Raum über den Seitenschiffen durch Strebebogen (Abb. 14.18). Diese treffen auf die Fensterwand dort, wo das Kirchenschiffgewölbe beginnt, und dann wieder in Dachhöhe (eine spätere Vorsichtsmaßnahme). In die Mauerfläche des Hauptstrebebogens sind kleine Arkaden eingeschnitten, die in den späteren Jochen zierlicher werden und auf diese Weise einen größeren Teil des Mauerwerks ersparen. Zwischen diesen Strebepfeilern ist die Wand größtenteils verschwunden. An ihrer Stelle befinden sich große Seitenschiffenster auf Erdgeschoßebene sowie eine obere Fensterreihe, die unbehindert bis zum Gewölbe hinaufreicht. Von innen gesehen zeigt der Wandaufriß, daß die Arkaden des Hauptschiffs und die oberen Fenster von ungefähr gleicher Höhe sind, getrennt durch eine schmale Triforiumgalerie, die ein Schattenband zwischen die beiden hohen durchsichtigen Glasbänder legt.

Betrachtet man die Innenansichten von Chartres, Ste. Foy, Cluny oder St. Sernin in Toulouse, so wird sofort die grundlegende Verschiedenheit ihrer Grundidee deutlich (Abb. 13.13, 14.14, 14.15). Zeitlich beträgt der Abstand weniger als hundert Jahre. Äußerlich lassen sich diese Bauten durchaus miteinander vergleichen. Aber wo die romanische Kirche räumliche Abschnitte und den zeremoniell wichtigen Gang nach Osten zum Chor unterstreicht, bekennt sich Chartres zur Einheit. Wo der eine massiv baut und sich auf Oberflächendekor verläßt, um nicht bedrückend zu wirken, macht es dem anderen Freude, der Wand ihre Masse vorzuenthalten. Wo der eine wegen der Emporengalerien auf eine Oberlichtbeleuchtung verzichtet oder sie unter dem mächtigen Tonnengewölbe nur in Maßen zuläßt,

um den Ernst des Raumes nicht zu mindern, verglast Chartres jedes Joch mit zwei ausfüllenden Fenstern und langt überdies um des Lichtes willen mit bekrönenden Rosen nach oben. Sein Kampf gegen den Ernst ist ein bedenklicher Balanceakt. Chartres kann

Abb. 14.19 Beauvais (Frankreich), Kathedrale St. Pierre, begonnen um 1225; Innenansicht, Blick in das Chorgewölbe.

ihn besser bewältigen, weil es weniger zu leisten hat. Es gibt überhaupt keinen Schnitt zwischen Struktur und Erscheinungsbild. Jedes sichtbare Glied erfüllt eine Aufgabe und dient auch als lineare Graphik dieser Aufgabe.

Die Rippen, die sich in gewaltiger Höhe überschneiden, kommen über dem Schiff zur Ruhe und erlauben dünnen Mauerhäuten, sich leicht auf sie zu stützen. Dieser straff gespannten Plane bedient sich der Mittelschiffpfeiler, um festen Fuß zu fassen. Diese sind elegante Bündel von Säulenschäften, von denen jeder eine Rippe durch den Fensterbereich, das Triforium und einen Teil der Erdgeschoßarkade abwärtsführt, ehe er sich auf wohlgeformten Pfeilern niederläßt, die aus vier schlanken, einem abwechselnd zylindrischen und achteckigen Kern vorgesetzten Säulen bestehen. Nach der Apsis hin werden die Abstände zwischen diesen Pfeilern größer, was eine perspektivische Verzerrung verhindert. Zwischen ihnen erblicken wir das Seitenschiff, das – jetzt ohne Empore – hoch und unbehindert vor uns steht. Wir lassen den Blick an den Pfeilern aufwärts wandern, die auf den verschiedenen Ebenen markiert sind und so die horizontale Gliederung der Wandfläche kennzeichnen, ohne sich indes von ihrem geraden Verlauf bis zur Fensterfläche ablenken zu lassen. Hier verweilt unser Auge auf dem reichgetönten blau und roten Fries der mit legendären Szenen geschmückten Fenster. Unsichtbar für uns spannen sich grazile Bogen über die Seitenschiffdächer, um die Pfeiler zu versteifen und den Schub der mit Rippen versehenen Decke sicher und elegant nach unten auf den Boden zu leiten. Innen und außen ist alles tätige Kraft, die ihr Gleichgewicht sucht und auch findet.

Gotik außerhalb Frankreichs

Reims, Amiens, Beauvais und Bourges – das sind die vier großen Stätten der Île de France, an denen sich der Aufstieg der gotischen Kathedrale über Chartres hinaus vollzog. Die kritischen Jahrzehnte liegen zwischen 1220 und 1270, und so etwas wie eine oberste Grenze hochgotischer Kühnheit zeigt 1284 der Einsturz des Chors von Beauvais an. Diese überwältigenden Bauten trugen ihren Wettstreit mit Chartres und untereinander auf verschiedene Weise aus. Natürlich spielte die Höhe eine Rolle. Das Mittelschiff erreicht in Amiens eine Höhe von fast 42 Metern gegenüber 38 in Chartres. Der Baumeister von Beauvais wollte unbedingt mehr als 45 Meter und schaffte das auch – aber nur für zehn Jahre (Abb. 14.19). Natürlich war das kein unmögliches Ziel. Das Pantheon ist schließlich ebenso hoch und die Hagia Sophia noch höher. Die Kühnheit eines Jean d'Orbais, Robert de Luzarches, Bernard de Soissons, Hugo Libergier – dieser neuen Generation heldenmütiger Architekten, die ihre Bauten stolz signierten und an prominenter Stelle in ihnen begraben wurden – strebte unentwegt nach oben, während sie gleichzeitig die Baumasse unter den Gewölben ständig verringerte. Schließlich konnte man von Mauern kaum noch sprechen. Das Skelett aus Bündelpfeilern, Netzgewölben und Strebebogen ist tatsächlich alles, was an Substanz übrigbleibt; hinzu kommt nur noch das feingesponnene Maßwerk für die Fenster.

Im Grundriß geht die Tendenz auf einen mehr oder weniger vereinheitlichten Raum (Abb. 14.20). Querschiffe werden weniger betont; sie zerlegen das Kirchenganze in zwei fast gleiche Teile: einen stark erweiterten Chorbereich und ein kurzes Hauptschiff. Bourges hat überhaupt kein Querschiff. Eine Krypta gibt es nicht mehr. Mit der Zeit wird der Raum zwischen den Strebebogen verglast und in Kapellen umgewandelt. Auf Simsen und Kapitellen entfalten sich naturalistische Ornamente. Es ist, als wende sich der Geist, der lange nur von Symbolen gezehrt hatte, der schlichten Beobachtung zu. »Wie groß ist noch die geringste Schönheit dieser Welt«, stellt Vincent de Beauvais staunend fest, und Thomas von Aquin erklärt, er könne natürliche Schönheit aus vollem Herzen genauso genießen, wie Gott selbst sich »an allen Dingen« erfreue, »weil alles mit Seinem Wesen genau übereinstimmt«.

Diesen Pantheismus bestätigt das Äußere der Kathedrale, auf dem es von Skulpturen aller Art, biblischen und auch weltlichen Charakters, wimmelt (Abb. 14.21). Wo er am vielgestaltigsten ist, stellt dieser üppige Dekor, der die Portale der Westfassade und der Querschiffe füllt und aus Strebepfeilern, Türmen, Giebeln und eigenen Nischen quillt, eine Enzyklopädie des Wissens dar. Daß sie erschöpfend sein will, ist ein Charakteristikum des 13. Jh. Aquins *Summa Theologicae* umfaßte die gesamte christliche Lehre, Jacobus a Voragines *Legenda Aurea* die Leben der Heiligen und die christlichen Festtage. Hilfreicher für das Verständnis der Kathedralenskulptur etwa der Kathedrale von Amiens war das *Specu-*

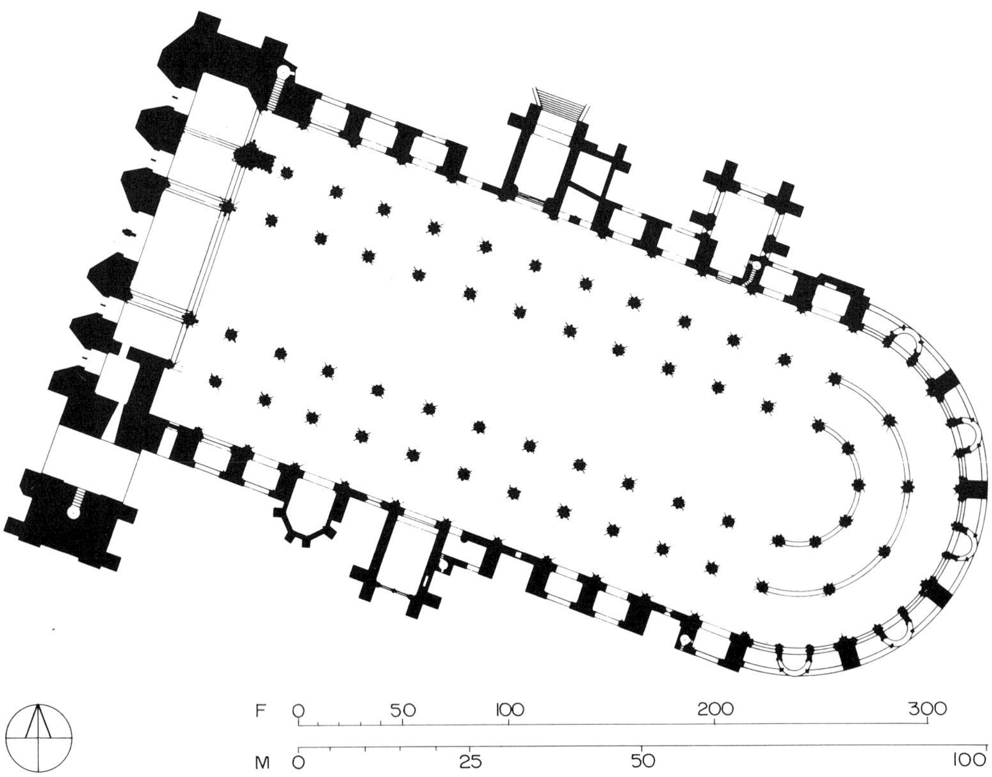

Abb. 14.20 Bourges (Frankreich), Kathedrale St. Étienne, 1195 bis um 1250; Grundriß.

Abb. 14.21 Amiens (Frankreich), Kathedrale Notre Dame, begonnen 1220; Ansicht der Westfassade.

lum Maius von Vinzenz von Beauvais, ein Kompendium des Universalwissens in achtzig Büchern, das mit der natürlichen Welt beginnt, die niedrigen und geistigen Künste, Tugenden und Laster umfaßt und in der Geschichte der Menschheit gipfelt, die mit Abel, dem ersten Gerechten, beginnt und mit den zeitgenössischen Königen von Frankreich endet.

Um die Mitte des Jahrhunderts drang der gotische Stil über die Grenzen der Kronländer nach Frankreich hinein. Le Mans und Coutances hielten sich bei den Chören ihrer Kathedralen an das Vorbild von Bourges; eine konservative burgundische Spezies tauchte in Dijon und Auxerre auf, und die Kathedrale von Bayeux in der Normandie modernisierte ihr romanisches Hauptschiff mit Hilfe riesiger gotischer Fenster. Chartres war Vorbild für Tours und Troyes. Doch inzwischen war der französische Stil schon weithin exportiert worden.

Die Zisterzienser erwiesen sich als die erfolgreichsten Verbreiter. Sehr früh schon übernahmen sie selbst eine vereinfachte Form der Gotik – ohne Türme, bunte Glasfenster und Skulpturenschmuck. Danach wurden Netzgewölbe überall dort, wo sie hinkamen, etwas Selbstverständliches. In England, Deutschland, Spanien und Portugal bewiesen ganze Klöster, von der Kirche bis zur Küche und zum Brunnenhaus, die Vielseitigkeit von Sugers Geistesprodukt. Zu den eindrucksvollsten Beispielen dieser frühen Abkömmlinge zählen heute noch die Abtei Poblet in Katalonien, Eberbach im Rheingau und die gespenstischen Ruinen von Rievaulx und Fountains in England. In Frankreich selbst ließ sich der Orden etwa in Ourscamp und Royaumont dazu verführen, die eindrucksvolleren Wirkungen gotischer Kathedralen mit einer Hemmungslosigkeit anzustreben, die Bernhard in Zorn versetzt haben würde. In Griechenland dagegen, das durch den Vierten Kreuzzug und die Einnahme und Besetzung Konstantinopels von 1204 der lateinischen Kirche zugänglich gemacht worden war, begnügte man sich damit, byzantinische Klöster umzubauen, die man ihnen überlassen hatte, und einige neue von bescheidenen Ausmaßen zu gründen.

Daß der Stil der Île de France in seinem vollen Umfang über die Grenzen der französischsprachenden Gebiete hinausgetragen wurde, war reisenden Baumeistern zu verdanken. Guillaume de Sens hielt sich 1174 in Canterbury auf, Meister Henri 1209 im spanischen León, und Étienne de Bonneuil

Abb. 14.22 Winchester (England), Kathedrale; Innenansicht des nördlichen Querschiffs, um 1080–1090.

ist für den Gestalter nur einer von mehreren verschiedenartigen Faktoren, die Einfluß auf die Arbeit haben, mit der er gerade befaßt ist. Einige besonders bemerkenswerte Bauten verdanken wir Verletzungen des Kanons und Irrtümern. Wer in Limburg oder Assisi nach Chartres sucht, beraubt sich der Freude an zwei einzigartigen Schöpfungen desselben Zeitabschnitts.

Deutschland

Wenn wir die Gotik außerhalb Frankreichs untersuchen, sollte unsere erste Überlegung der landesüblichen Bausprache gelten, welcher der neue Stil aufgepfropft wurde. Deutschland besaß im Gegensatz zur Île de France eine lebendige, im Land entstandene Romanik, die seit den Ottonen die offizielle Architektur bestimmt hatte. Die Kirchen verbanden karolingische Baumassen mit den lombardischen Bändern der »Ersten Romanik« und mit der eleganten Wandflächengestaltung ottonischer Innenräume, wie sie sich in St. Michael in Hildesheim findet. In Norddeutschland und den ferner gelegenen kolonisierten Gebieten waren Ziegel das bevorzugte Baumaterial. Hier wurde der nationale Widerstand gegen den französischen Stil, der ein so willkommenes Hilfsmittel für das französische Königshaus und dessen zunehmende Ansprüche auf eine führende Rolle in Europa war, noch dadurch unterstützt, daß die Ziegelkonstruktion, die kompakt und ausladend ist, schlecht zu der skelettartigen Leichtigkeit der Gotik paßt. Sieht man vom Einfluß der Zisterzienser ab, so dauerte es, von St. Denis aus gerechnet, fast hundert Jahre, bis die Hochgotik in Deutschland angenommen

1287 in Uppsala in Schweden. Die Bauten selbst sprechen für diese nicht bezeugten Besuche. Die Kathedrale von Toledo gehört zu der Bourges-Gruppe, während der bis ins 19. Jh. unvollendete Kölner Dom Amiens widerspiegelt. Köln ist weniger interessant als Toledo, weil es sein Vorbild so gekonnt und vollständig wiedergibt. Das ist eine seltene Ausnahme. Viel häufiger überarbeitete man ältere Kirchen mit Hilfe des französischen Stils, um sie modern erscheinen zu lassen. Und wenn Gotik bei vollständigen Umbauten oder bei Neugründungen konsequent angewendet wurde, war sie von örtlicher Vorliebe und Eigenheit geprägt und erlangte dadurch einen Eigenwert. Fern von der Île de France gewann der französische Stil die Freiheit zur Erfindung.

Für uns ist das nichts Neues. Wir haben gesehen, was sizilische Städte mit dem griechischen Tempel machten, wie die Provinzen den römischen Gewölbestil auffaßten und was südlich der Alpen aus dem romanischen Stil wurde. Und wir rechnen inzwischen mit dem unbeengten Mut zur Abwandlung und erkennen, wie belanglos es ist, Bauwerke danach zu beurteilen, wie weit sie »reinen« Vorbildern treu sind. Moden nachzuvollziehen ist ein Akt der Vorstellungskraft. Ein architektonisches Modell

Abb. 14.23 Salisbury (England), Kathedrale, 1220–1258; Luftbild.

wurde – und auch dann geschah es nur bedingt.

Im großen und ganzen blieben die Bauten frei von äußeren Skulpturprogrammen, sofern es sich nicht um umittelbare französische Importe wie bei den Domen von Köln und Straßburg handelte. Große Giebelfassaden in der Ziegelbauweise Bayerns und der Ostseegebiete verweigerten sich jedem Skulpturenschmuck. Die Skulptur zog sich ins Kircheninnere zurück, auf Chorschranken und in Form von freistehenden Statuen an den Pfeilern. Die Festigkeit der Mauermasse wurde weiterhin geschätzt, und Strebepfeiler errichtete man als einzelne kompakte Blöcke aus unverziertem Mauerwerk. Innenaufrisse, die lange Zeit das Andenken an die karolingische und ottonische Vergangenheit hochhielten, standen zumindest anfangs optisch häufig im Widerspruch zum Gewölbesystem. Die Grundrisse variierten. Architekten und Auftraggeber gaben Planungen für Zentralbauten nicht auf, und es gibt dafür wenigstens ein hervorragendes Beispiel, die Liebfrauenkirche in Trier, die uns eine gotische Replik der Kapelle Karls des Großen in Aachen vermittelt. St. Elisabeth in Marburg wurde 1235 begonnen und hat einen Kleeblattchor. Außerdem ist sie eine Hallenkirche, das heißt, die Gewölbe im Mittelschiff und in den Seitenschiffen sind gleich hoch. Einzelne Hallenkirchen kommen in Frankreich sowohl in der romanischen als auch in der gotischen Stilperiode vor. In Deutschland waren sie besonders beliebt.

Die Anregung zu Hallenkirchen könnte aus den Klosterrefektorien gekommen sein, und wahrscheinlich haben wir diese Entritualisierung der Kirchenplanung den Zisterziensern zu verdanken. Für sie war die Kirche ein Ort des Gebets, ein Oratorium. Sie gab nicht vor, das Modell des himmlischen Jerusalems oder das Haus Gottes zu sein. Und als spätere Zisterziensergenerationen diese einfache Art der Gemeinschaft mit Gott aufgaben und sich für die strahlenden Chöre gotischer Kirchen entschieden, schlossen die Bettelorden des frühen 13. Jh., die Nachfolger des heiligen Dominikus und des heiligen Franz von Assisi, sich an. Für die Dominikaner und Franziskaner bedeutete das liturgische Gepränge im Chor weniger als die Kanzel und der Beichtstuhl. Der Höhepunkt des Gottesdienstes war die lange Predigt. Es war überaus wichtig, daß man sich um die Kanzel versammelte, um den Prediger zu sehen und zu hören. Für diesen Zweck war die Hallenkirche viel besser geeignet als die übliche Rangordnung von Haupt- und Nebenschiffen.

Die Bettelorden waren in Deutschland besonders verbreitet. Ihr Erfolg hinterließ seine Spuren natürlich auch in der sakralen Architektur. Querschiffe, Chorumgänge und radiale Kapellen verloren ihren Reiz. Sogar Gewölbe schienen, wenn man vom Chor absah, den Bettelmönchen für die Zwecke eines Lehrordens überflüssig zu sein. Sie zogen Decken aus Holz vor, und selbst wenn die Kirchenschiffe gewölbt waren, wirkten sie niedrig und breit.

England

In England verlief alles anders. Der europäischen Romanik entsprechen hier zwei durch die normannische Eroberung von 1066 voneinander getrennte Zeitabschnitte. Von dem angelsächsischen Bauen vor der Ankunft Wilhelms des Eroberers ist uns nicht viel erhalten. Einzelne Reste wie Earl's Barton, der Turm in Northamptonshire aus dem 10. oder 11. Jh., wirken bäurisch und urtümlich. Jenseits des Kanals war die normannische Architektur sehr viel weiter entwickelt. Die normannische Schule gehörte sogar zu den fortschrittlichsten unter den

Abb. 14.24 Salisbury, Kapitelsaal der Kathedrale, 1263–1284; Blick in das Gewölbe.

regionalen romanischen Stilarten. Ihre weit vorausgreifenden Experimente schlossen schon die zweitürmige Fassade und das Kreuzgewölbe ein (Abb. 13.15).

Der Normanneneinfall verwandelte England in ein Grenzgebiet, das diese architektonische Wendigkeit unterstützte. In ganz kurzer Zeit entstanden schmucklose massive Keeps und Kirchen, die manchmal aus dem lederfarbenen und weißen Kalkstein errichtet wurden, den man aus Caen in der Normandie einführte. Die Kirchen wurden immer wieder modernisiert, aber es gibt genügend Reste, die einen Eindruck von ihrer einstigen kraftvollen Schönheit vermitteln: St. Albans in Hertfordshire, eine aus Bruchstein und wiederverwendeten römischen Ziegeln aus dem nahen antiken Verulamium erbaute Abtei, das Querschiff der Kathedrale von Winchester (Abb. 14.22) und natürlich die Kathedrale von Durham, deren schwere Kreuzgewölbe vielleicht die frühesten Europas sind.

In einer dieser normannischen Kirchen, der im Jahr nach der Eroberung begonnenen und 1133 geweihten Kathedrale von Canterbury, hielt die Gotik ihren Einzug in England. Guillaume de Sens – »ein Mann von hohen Fähigkeiten und ein überaus erfinderischer Arbeiter in Holz und Stein«, wie es bei Gervase von Tilbury heißt, war einer der französischen und englischen Architekten, die 1174 aufgefordert wurden, die Schäden des abgebrannten Chors in Canterbury zu besichtigen. Er riet zum Abriß zugunsten eines Neubaus: »Sie entließen alle übrigen und wählten ihn für die Aufgabe aus... Man achtete darauf, Steine aus dem Ausland zu beschaffen. Er verfertigte die sinnreichsten Maschinen zum Beladen und Entladen der Schiffe und zum Heranholen von Mörtel und Steinen. Er übergab den Steinmetzen auch Holzmodelle für die Bearbeitung der Steine.« Fünf Jahre nach Beginn der Bauarbeiten verletzte sich Guillaume bei einem Sturz vom Gerüst; er kehrte nach Hause zurück und starb. Zu seinem Nachfolger ernannte man einen englischen Namensvetter von ihm. So wurde die englische Gotik, die ihren Anfang mit einem französischen Entwurf und mit französischem Material genommen hatte, schon bald eingebürgert. Anschließend entwickelte sie sich zur Hauptrivalin der Gotik der Île de France, ganz so, wie auch der englische Thron Rivale des französischen Königshauses war. Als 1250 Frankreichs Erfindungskraft erschöpft schien und sich ganz auf die Bearbeitung des Oberflächendekors konzentrierte, übernahm England die Führung für die nächsten hundert Jahre. In dieser Zeit entstanden die Kathedralen von Wells und Gloucester, Worcester und York. Doch die Unabhängigkeit englischer Architekten tritt bereits in den Jahrzehnten, in denen die Île de France ihre Triumphe feierte, deutlich in Canterbury, Winchester, Ely, Salisbury und Exeter zutage.

Eine von ihnen, die Kathedrale St. Mary in Salisbury, die in der ersten Hälfte des 13. Jh. entstand, wollen wir uns jetzt ansehen (Abb. 14.23). Eine Besonderheit liegt darin, daß ihr ein Kreuzgang und ein Kapitelsaal angefügt sind, als ob sie ein Kloster wäre. Doch Salisbury hatte nie Mönche gehabt; es ist stets von einer Bruderschaft von Domherren unter dem Vorsitz ihres Dekans verwaltet worden. Diese mönchischen Zusätze bezeugen eine merkwürdige englische Gewohnheit. In zehn von den siebzehn Diözesen des Landes wohnte der Bischof in einem Kloster, und seine Kathedrale war gleichzeitig eine Klosterkirche. Canterbury, Winchester, Ely und Durham waren sämtlich Kathedralenklöster, bis Heinrich VIII. um 1535 die Klöster auflöste. Damals wurden die Mönche durch Domherren und der Priester durch einen Dekan ersetzt. In den meisten Fällen waren die Klöster zuerst da, und Bischöfe traten erst auf den Plan, wenn die Gemeinde die Größe einer Stadt erreicht hatte.

Abb. 14.25 Salisbury, Kathedrale, Westfassade.

Das alles erklärt die typische Lage englischer Kathedralen. Sie sind nicht so eng mit der Stadt verbunden, wie Chartres sich um seine Kathedrale drängt. Englische Kathedralen können frei atmen. Der Kreuzgang liegt auf der Südseite, und andere Überreste (zum Beispiel das Torhaus) deuten bisweilen noch die Mauereinfriedung der Klöster an, die sie von der Stadt trennte.

Der achteckige Kapitelsaal ist ebenfalls eine englische Besonderheit (Abb. 14.24). Worcester besaß den ersten, Salisbury folgte in den Jahren 1263–1284. Die Form ist stets dieselbe. Ein Mittelpfeiler entfaltet sich zu einem schirmartigen Gewölbe, dessen Rippen dann an den Ecken des Oktagons wieder eingefangen werden. Mit Ausnahme einer niedrigen Blendarkade unmittelbar über den Bänken des Kapitels sind die Wände mit Spitzbogenfenstern von mäßiger Höhe verglast. Diesen wohltuenden, gut beleuchteten Räumen ist das kraftvolle Emporstreben der französischen Gotik fremd.

Da der Bischof sein eigenes Palais besaß, in dem er hofhielt, könnte der Kapitelsaal die Würde seines Stellvertreters, des Priors oder des Dekans, unterstrichen haben. Diese Männer hatten mehr Alltagsberührung mit der Kathedralengemeinde als deren Bischof, der als wichtige politische Figur oft mit Staatsangelegenheiten beschäftigt war. Der Primat des Bischofs in der Kathedrale blieb unangefochten, während sein Recht, den Vorsitz im Kapitel zu führen, bisweilen in Frage gestellt wurde. So lassen sich also in diesen anmutigen Versammlungshallen die Spuren eines Machtkampfs ahnen.

Auch der Grundriß der Kirche ist für eine Zeitgenossin der Kathedrale von Amiens recht bemerkenswert. Der gerade geschlossene Chor wirkt frühzisterziensisch, das doppelte Querschiff kluniazensisch. Die Kathedrale von Salisbury vermeidet – wie alle ihre Schwestern – die räumliche Einheit der französischen Gotik und baut sich mittels getrennter Abschnitte in der Art der romanischen Anlage auf. Offensichtlich wird das in der Baumasse, die sich gelassen, geduckt und großzügig ausbreitet; nur der etwas groß geratene Vierungsturm setzt einen vertikalen Akzent. Die Westtürme sind maßvoll (Abb. 14.25). Sie stehen neben der Fassade jeweils auf einer eigenen Basis, als ob sie nicht ganz dazugehörten. Alles zusammen ergibt eine reich verzierte Voransicht, welche trotz der drei Portale, die mit Mittelschiff und Seitenschiffen korrespondieren, von der Anordnung des Inneren unabhängig ist und ihr eigenes Leben hat. Das Skulpturenprogramm selbst ist nach französischen Maßstäben dürftig. Es spart die Portale aus und unterteilt die Fassade bis oben hin einheitlich in Zonen.

Im Inneren finden wir den gleichen »Zoneneffekt« (Abb. 14.26). Die Pfeiler des Hauptschiffs tragen nur ihre Arkaden, das weit gespannte Triforium hat sein eigenes Stützensystem. Höchst unlogisch wäre einem französischen Architekten erschienen, die Gewölberippen aus Konsolen in der Form von Menschenköpfen entspringen zu lassen, und zwar auf halbem Wege im Triforienband und ohne festen Untergrund. Farbe mag die Autonomie der Geschosse und des Gewölbebaldachins noch unterstrichen

Abb. 14.26 Salisbury, Kathedrale; Mittelschiff, Blick nach Osten.

haben. Als Material wurde hauptsächlich Portlandkalkstein aus den 15 Kilometer entfernten Steinbrüchen von Chilmark verwendet, ein schöner weißer Stein, der zu einem hellen Grau verwittert. Die schlanken Schäfte der Pfeiler in Schiff und Triforium sind aus dunklem Purbeck-»Marmor«. Der Kontrast ist heute abgeschwächt, aber in der ursprünglichen Form war der Wandbereich mit schwarzer Schnörkelverzierung auf rotem Grund dekoriert. Die Kapitelle und das Gesims waren vergoldet und bemalt, und nur das Gewölbe war weiß geblieben.

Die Rippen bilden hier normale vierteilige Joche. In den frühgotischen Kathedralen Englands, etwa in Lincoln, stimmen die Rippen nicht einmal mit dem Jochsystem überein (Abb. 14.27). Eine Scheitelrippe verläuft längs der gesamten Gewölbemitte, und zusätzliche, als Nebenrippen bezeichnete Rippen vermitteln zwischen den Quer- und den Diagonalrippen des vierteiligen Standardjochs. Das Ergebnis ist eine Anordnung sternförmiger Muster. Daß der Rationalismus der Franzosen zugunsten eines dekorativen Effekts abgelehnt wird, ist vielleicht für England ganz besonders charakteristisch.

Was hier gesagt wurde, genügt, um die Aufmerksamkeit auf die Einmaligkeit der Frühgotik in England, oder vielleicht richtiger: auf ihre Unabhängigkeit von Frankreich zu lenken. In den Kathedralen des 13. Jh. kam ein neues Nationalbewußtsein zum Ausdruck, nicht anders als in Simon de Montforts Aufstand gegen die Autorität König Heinrichs III. und in der Einsetzung des englischen Parlaments. Die Gotik mag eine französische Erfindung gewesen sein, aber die englischen Architekten, etwa Elias de Dereham und Nicholas von Ely bei der Kathedrale von Salisbury, verstanden es, sie für nationale Zwecke zu nutzen. Und das ist letzten Endes das typisch Englische an der englischen und das typisch Deutsche an der deutschen Architektur. Es hat nur wenige bedeutende historische Stile gegeben. Einen Stil ins Leben zu rufen ist auf weite Sicht nicht wichtiger als die Gabe, ihn sich aneignen zu können.

Abb. 14.27 Lincoln (England), Kathedrale; Gewölbe des Mittelschiffs, um 1233.

15. Kapitel

Die Entwicklung des Städtewesens in Europa 1100 bis 1300

Die Stadt erhält ihre alte Bedeutung

Fünf Erzbischöfe, 14 Bischöfe und das französische Königspaar waren anwesend, als am 11. Juni 1144 der neue Chor von St. Denis geweiht wurde; nur der Papst fehlte. Er konnte nicht dabeisein, selbst wenn er gewollt hätte: mehrere Monate zuvor hatte sich das Volk von Rom gegen seinen Bischof erhoben. Es stürmte das Kapitol, den Sitz der von der Kirche ernannten Präfekten und Richter, und »wollte die ursprüngliche Würde der Stadt wiederherstellen«, berichtete Bischof Otto von Freising, »es setzte deshalb Senatoren ein, einen Rang, den es lange Zeit nicht mehr gegeben hatte.« Die Einkünfte der Kirche wurden konfisziert, die Wohnsitze der Kardinäle geplündert und ihre festen Häuser geschleift. Das Volk hatte sich *contra domum Dei*, gegen das Haus Gottes erhoben, wie eine geistliche Quelle feststellte. Jetzt nahm es die Stadt in seine Obhut und pflanzte seine Fahne auf dem Hügel auf, der die Burg der heidnischen Republik Rom gewesen war. Doch die Umgebung, die in den Ruinen des Tabulariums, des alten Stadtarchivs, eingebaute Festung, entsprach nicht der frisch erworbenen Würde der Volksregierung. Daher wurde in aller Eile an dieser Stelle ein prächtiger Senatorenpalast errichtet. Er war der Vorgänger jenes Bauwerks, das auf dem Kapitolinischen Hügel heute für die großartige Piazza Michelangelos den Hintergrund bildet (Abb. 20.8).

In demselben Jahr 1144, in dem sich Rom empörte, kam es in Südfrankreich zu einem ähnlichen, wenn auch weniger ernsten Vorfall, der allerdings ganz anders endete. Die Einwohner von Montauriol, einer kleinen Stadt, die sich am Tarn neben der Abtei St. Theodard entwickelt hatte, waren mit ihrem Herrn, dem Abt, seit langem unzufrieden und folgten der Aufforderung des Grafen Alphonse von Toulouse, in einem angrenzenden Gebiet eine eigene Siedlung zu errichten. Der benötigte Grund gehörte ihm, und er war bereit, ihnen einen offiziellen Freibrief zu erteilen, der die Siedler von jeder Verpflichtung gegenüber anderen Herren freistellte. Ihm würden sie Geld schulden – einen mäßigen Pachtbetrag für die Grundstücke, Zölle für Einfuhren von Weizen, Salz und Wein sowie Abgaben aus dem Verkauf von Vieh. Doch sollten sie ihm nicht zu körperlicher Arbeit noch zu sonstigen Herrendiensten verpflichtet sein und würden, falls sie Kriegsdienst leisten müßten, vom Grafen nicht zu Sachleistungen herangezogen werden. Das war der Anfang der *Bastide* von Montauban, dieser hübschen kleinen Stadt mit Ziegelbauten und Terrassen nicht weit nördlich von Toulouse (Abb. 15.1).

Diese räumlich getrennten Vorfälle zeigen die beiden Hauptwege an, auf denen nach dem Niedergang der römischen Zivilisation zum ersten Mal das abendländische Städtewesen wiederauflebt. Der Aufstand gegen den Papst ist bezeichnend für die Volkserhebungen, welche die soziale und politische Ordnung jener alten Städte in Schwung brachten, die das frühe Mittelalter als Bischofssitze überlebt hatten, sowie anderer, die unter dem feudalen Druck einer Abtei oder einer Ritterburg standen. Seit dem Ende des 11. Jh. hatten die neuen besitzenden Klassen sich darauf vorbereitet, dieses System der Herrschaft von Kirche und Adel zu bekämpfen. Das war ein bedeutsamer Wandel, und das Stichwort ist Handel – nicht der ortsgebundene Handel des Feudalismus, sondern ein mittelbarer Handelsverkehr über weite Entfernungen, den eine bestimmte Gruppe von Bürgern berufsmäßig abwickelte. Wir denken beim Entstehen einer Gemeinde oder eines sich selbst verwaltenden Gemeinwesens an neue Gebäudetypen wie den Senatorenpalast in Rom. Die Kommerzielle Revolution, wie sie manchmal genannt wird, schafft sich ihre eigene Architektur mit Zunfthäusern und Speichern, Markthallen und Läden. Doch über diese funktionalen Abwandlungen hinaus erfährt auch die Struktur der Stadt entscheidende Veränderungen. Die Straßen und sonstigen öffentlichen Räume passen sich den Zentren der neuen bürgerlichen Ordnung an. Das Schema des städtischen Bodens, das dadurch entsteht, wirkt sich auf die alte Bauweise der Häuser und Läden aus, und Grundbesitz wird zum Gegenstand eines bedeutenden neuen Geschäftszweigs.

Doch mit dieser Neuorganisierung alter Städte ist es noch nicht getan. Wichtig ist auch die Gründung neuer Städte, der sogenannten *Bastides* in Frankreich und der *Novi Burghi* andernorts. Fast tausend solche Städte sind im späten Mittelalter entstanden, und den Anfang machte Montauban. Manche scheiterten, und viele kamen über das kleine Format nicht hinaus, mit dem sie begonnen hatten. Andere jedoch

330　*Neue Ansprüche*

Abb. 15.1 Montauban (Frankreich), gegründet 1144.

gediehen und sind auch heute noch lebendig, teils als malerische kleine Ortschaften oder als mächtig aufgeblähte Städte, die vom Industriezeitalter überrascht wurden. In beiden Formen finden sie sich in ganz England und Wales, in Spanien, Südfrankreich, in Piemont auf der Südseite der Alpen, in den Niederlanden und in Deutschland östlich der Elbe. Ihre geplante Anlage widerlegt das Klischee von der mittelalterlichen Stadt als einer pittoresken Ansammlung von Häusern auf einem Hügel, von putzigen verwinkelten Gassen, die sich um ihre Domkirche mit den aufwendigen Türmen scharen.

In Wirklichkeit gibt es diese »mittelalterliche Stadt« überhaupt nicht. Denken wir an das gesamte Mittelmeergebiet, so muß diese Bezeichnung nicht nur Konstantinopel einschließen, das zur Zeit Sugers achthundert Jahre alt war und vielleicht schon eine halbe Million Einwohner hatte, sondern auch die großen Stadtzentren des Islams – Bagdad, Kairo, Córdoba –, hinter denen sogar die größten Städte des Westens zurückstehen müssen. Und im christlichen Westen sind Städte mit über 100 000 Einwohnern einzubeziehen, wie Mailand und Venedig, und kleinere mit weniger als 1000 Einwohnern. Hierzu gehören Königsresidenzen, Bischofssitze und schlichte Handelsniederlassungen in ländlicher Umgebung, Häfen, Bergfesten und Bergwerkstädte, aber auch befestigte Inseln, trockengelegte Lagunen und Straßenknotenpunkte. Es gibt dörfliche Pfarrgemeinden, die sich zu Städten entwickelten, und Burgen, die gezwungen waren, ihre Isolation aufzugeben, antike *Civitates*, die ihr Erstgeburtsrecht nie verloren hatten, verlassene römische *Castra*, deren Reste nach Jahrhunderten neu belebt worden sind, und die neuen Anlagen aus dem 12. und 13. Jh. Es gibt bei den Städten radiale, lineare und Rastergrundrisse. Die soziale und politische Ordnung und infolgedessen auch die Morphologie mittelalterlicher Stadtstaaten in Norditalien lassen Charakteristika erkennen, die den Industriezentren Flanderns oder den deutschen Kolonialgründungen mit ihren Handelsmonopolen an der Ost- und Nordsee fremd sind.

Die alten Städte

Die Entfaltung des mittelalterlichen Stadtwesens fällt zeitlich mit dem Aufkommen und der frühen Reife der Gotik zwischen 1150 und 1300 zusammen. Doch die Geschichte der Stadtform reicht weiter zurück als die der städtischen Privilegien. Viele mittelalterlichen Städte gingen auf die Zeiten der Römer zurück, andere auf die daran anschließende Zeit der germanischen Königreiche. Wir müssen den Weg dieser alten, längst etablierten Städte verfolgen, wenn wir die Reichweite und die Intensität der Bemühungen um die Stadtentwicklung zur Zeit von Chartres, Amiens und Salisbury richtig einschätzen wollen. Deshalb soll erst im nächsten Kapitel vom späten Mittelalter die Rede sein, jener widersprüchlichen Zeitspanne, in der die herrlichsten öffentlichen Bauten in Städten entstehen, deren Glanzzeit und Erfolge bereits vorbei waren.

Das römische Erbe war unverwüstlich. Es hinterließ seine Spuren in ganz Europa bis hinein in die walisischen und schottischen Marschen, bis zum Rhein und zur Donau. In den nördlichen Städten waren die öffentlichen Monumente, da sie aus Holz bestanden, längst dahin. Aber auch in den schlimmsten Zeiten hatten manche Städte an ihrer Straßenführung und an den Resten ihrer städtischen Versorgungssysteme festgehalten. Im übrigen schrumpften und improvisierten sie. Sie lebten von dem Kadaver der Stadt, indem sie sich geschickt zunutze machten, was noch vorhanden war, oder einfach dahinlebten, ohne viel Wesens davon zu machen. Am auffallendsten war die Umgruppierung in den einst volkreichen Metropolen, vor allen anderen in Rom (Abb. 20.3). Der Kernpunkt ist, daß zugleich mit dem Wohlstand auch die Selbständigkeit dahinging. Überleben war gleichbedeutend mit Abhängigsein, und auf diese Weise gerieten die Städte unter die Herrschaft von Bischöfen oder mächtigen Feudalherren und gekrönten Häuptern.

Die Stärke der Städte liegt im freien Austausch von Gütern und Diensten, einer Funktion, die weder von den Bischöfen noch von den Feudalherren gefördert wurde. Immerhin brachte eine bischöfliche oder königliche Residenz gewisse Vorteile mit sich. Ihre Beamtenschaft befaßte sich in bescheidenem Maßstab mit Verwaltungs- und Rechtsangelegenheiten und hatte Bedarf an fremden Produkten, zu denen auch Luxusgüter gehörten. In Aachen ließ sich eine kleine Gruppe von Kaufleuten bei der Kaiserpfalz nieder, und hier und da fanden sich in Stadttoren ähnliche, ebenfalls sehr beschränkte Handelsunternehmen. Da die Kirche gewinnbringende Aktivitäten mißbilligte, war dieser Handel meist weder an einen bestimmten Ort noch an bestimmte Termine gebunden. Die reisenden Kaufmannszüge setzten sich weitgehend aus

Fremden und Leuten ohne viele Skrupel zusammen. Die für das Wohlergehen der Städte unerläßlichen alljährlichen Märkte blieben auch nur Interimserscheinungen. Dennoch brachten Messen und Wallfahrten, die nach dem Jahr 1000 zunehmend sicherer wurden, Leben in stagnierende Städte. Die wohlhabenderen unter ihnen verlockten die durchziehenden Händler dazu, sich fest niederzulassen. Diese außerhalb der Mauern gelegenen Kaufmannskolonien – auf französisch *Faubourgs* – führten dann allmählich zu einer Erweiterung der Städte.

Die Faubourgs lagen unmittelbar außerhalb der Stadt, vor einem ihrer Tore oder jenseits des Flusses. Erst viel später wurden sie zu einem Stadtteil. Tatsächlich waren die ergiebigsten Einnahmen für die Stadt oder ihren Herrn die Torzölle, die von jedermann erhoben wurden, der die Stadt betreten und ihren Markt benutzen wollte. Die Mauern dienten zur Kontrolle des Zugangs in Friedenszeiten, sicherten aber auch den Handel Fremder, die für dieses Privileg bezahlten. Nicht nur die persönliche Sicherheit der Stadtbewohner rechtfertigte die Ausgaben für solche Befestigungen. Die Stadt mußte klein bleiben, einmal, weil der Bau der Mauern und ihre Bemannung kostspielig waren, und dann auch, weil eine unbegrenzte Ausdehnung die Einnahmen an den Toren verringert und die Rechte der Innenwohnenden geschmälert hätte. Doch darüber hinaus gab es noch einen anderen triftigen Grund, Wachstum zu scheuen. Der Lebensunterhalt der Handwerker und der Ladenbesitzer hing davon ab, daß sie nicht weit vom Markt entfernt wohnten, und der befand sich in der Stadtmitte. Am erstrebenswertesten war der Bereich rings um diesen Mittelpunkt; die nächstbeste Lage boten die Hauptstraßen, die von den Stadttoren zu ihm hinführten. Selbst in kleineren Städten, die nur 40 oder noch weniger Hektar einnahmen, ließ die Besiedlungsdichte mit der Entfernung von der Stadtmitte nach, und unmittelbar an den Mauern gab es sehr viel unbebautes Gelände. Nur ganz wenige Städte bedeckten mehr als zwei Quadratkilometer Fläche.

Unter diesen Umständen war die vernünftigste Anlageplanung das Rad, in dessen Nabe Straßen strahlenförmig zusammenliefen, die von den Toren einer kreisförmigen Mauer ausgingen (Abb. 15.2 A).

In späteren Städten, die sich aus Dörfern, Abteien oder Festungen organisch entwickelten, findet sich gewöhnlich diese Form in irgendeiner Abwandlung. In den älteren

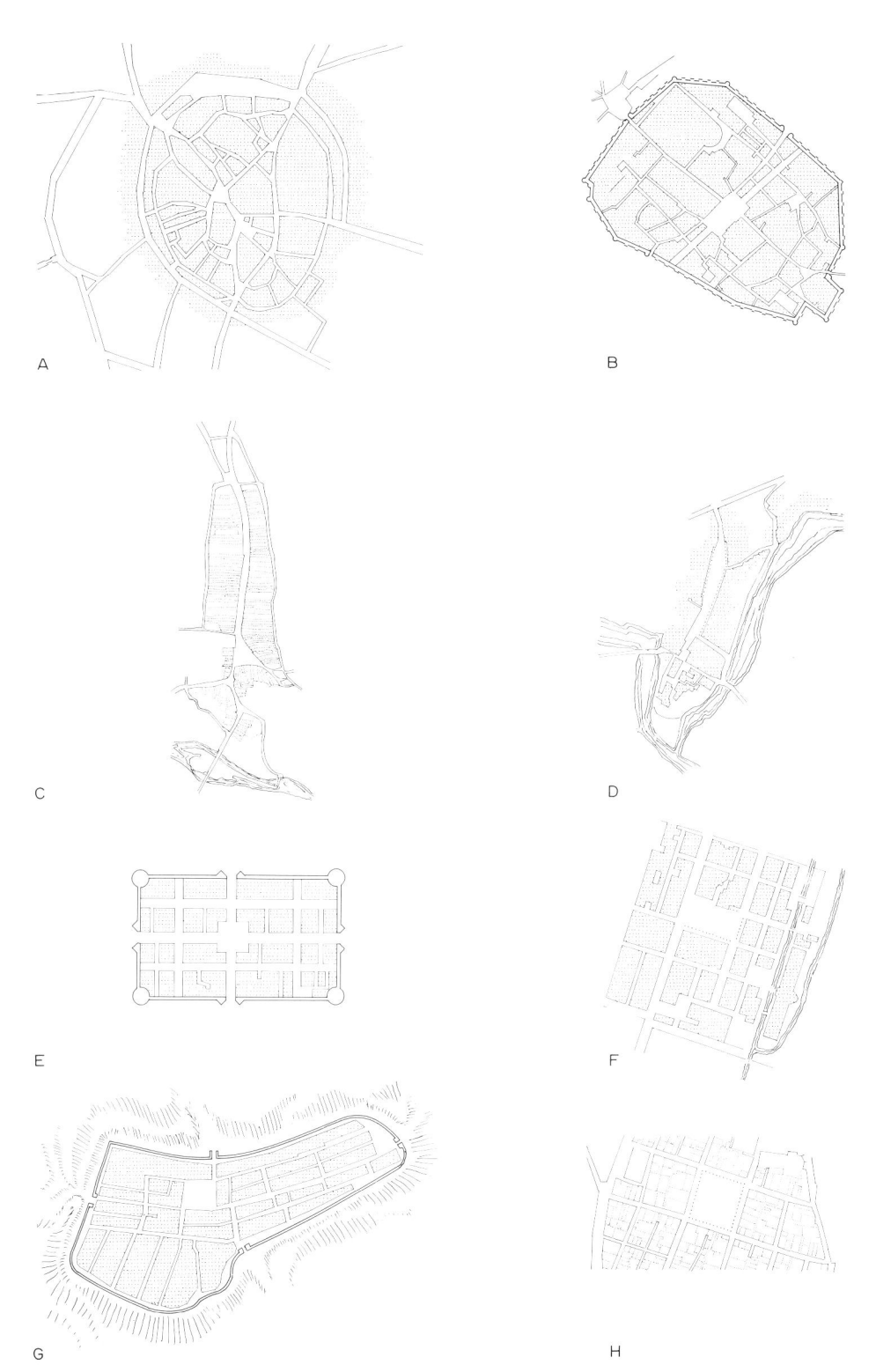

Abb. 15.2 Mittelalterliche Städte; Pläne (in unterschiedlichem Maßstab):

(A) Lennep (Deutschland); radiales Schema.
(B) Barcelona (Spanien); modifizierter römischer Raster.
(C) Olney (England); Stadt, an ein älteres Dorf angeschlossen, um 1230; Plan mit einer Straße als Ausgangslinie.
(D) Stia (Italien); Plan mit einem Markt als Ausgangspunkt.
(E) Villareal de Burriana (Spanien); neue Stadt.
(F) Briviesca (Burgos, Spanien); neue Stadt.
(G) Montségur (Frankreich); neue Stadt, gegründet 1263.
(H) Montflanquis (Frankreich); neue Stadt, gegründet 1256, Ausschnitt.

332 *Neue Ansprüche*

1. Adriatisches Meer
2. Venedig
3. Lagune
4. Marschen

5. Giudecca-Kanal
6. S. Marco-Kanal
7. Il Redentore
8. S. Giorgio Maggiore
9. Markuskirche
10. Dogenpalast
11. Rialto
12. Arsenal
13. Canal Grande

Abb. 15.3 Venedig (Italien). Mutmaßliche Phasen seiner Entwicklung:
links, die Lage der Stadt und ihre Umgebung heute; rechts, drei Stadien in der Konsolidierung der Stadtform; oben, 5. bis 6. Jh. (451 ist das überlieferte Gründungsdatum Venedigs); Mitte, 8. bis 9. Jh.; unten, um 1100. Die Punkte bezeichnen Pfarrkirchen; die punktierten Linien in der unteren Skizze deuten die Hauptkanäle und die Grenzen der heutigen Stadt an.

römischen Rastern andererseits, welche die vier Arme der sich kreuzenden Achsen bevorzugten, konnten auch Diagonalen die rechtwinkligen Blöcke durchschneiden oder vom Hauptmarktplatz entfernt liegende Nebenmärkte vorgesehen sein (Abb. 15.2 B).

Von der Burg, diesem Kennzeichen des auf Grundbesitz beruhenden Feudalismus, möchte man annehmen, daß sie absolut stadtfeindlich gewesen sei, und das Kloster war ja als ein idealer Zufluchtsort vor den Übeln der Stadt konzipiert. Und doch brachten manche Burgen und Abteien dadurch, daß sie Handel vor ihren Toren duldeten, Städte hervor. Das trifft auch auf manche Militärlager zu, die ein Landesherr etwa längs einer gefährdeten Grenze errichtete. Festungen waren keine Produktionszentren, und keine mit ihnen verbundene Stadt konnte sich in Friedenszeiten selbst erhalten, wenn sie nicht über eine gesunde Wirtschaft verfügte, die mehr als den Bedarf der Garnison produzierte. Abteien und feudale Burgen, die eine Produktion förderten, mußten einen beachtlichen Überschuß anstreben, wenn eine Stadt gedeihen sollte, oder sie mußten so günstig liegen, daß sie einen nennenswerten Handel anzogen. Solche »natürlichen« Städte waren dann Sammelplätze für die Dörfer eines ländlichen Bereichs, die deren Produkte erwarben und vertrieben. Diese Zusammenballung von Dörfern entspricht etwa jenem *Synoikismos*, von welchem Aristoteles annimmt, er sei der Ursprung der alten Städte Griechenlands gewesen, und der im Gegensatz steht zu den Gründungen von Kolonien auf fremdem Territorium.

Doch die Funktion als Sammelplatz ländlicher Produkte ist für die Stadt auf lange Sicht vielleicht weniger entscheidend als ihre Lage im Netz eines reich sortierten Fernhandels. Der Hemmschuh einer Feudalwirtschaft ist der Umstand, daß sie das Land als ein System von Pachtgütern behandelt, deren Erträge jeweils ihrem Besitzer, dem Feudalherrn, zufließen. Dieses geschlossene System widersetzt sich einer umfassenderen Betrachtungsweise, nämlich der unter dem Aspekt regionaler oder wirtschaftlicher Integration. Es rechnet mit der Unbeweglichkeit von Kapital und Arbeitskraft und wehrt sich gegen jede Einmischung. Der Handel dagegen braucht, wenn er gedeihen soll, Exterritorialität und die Freiheit des Kommens und Gehens. Gemeinden, die das schon frühzeitig gelernt hatten und sich einer günstigen Lage an maßgeblichen oder vielversprechenden Handelsrouten erfreuten, gediehen, ohne daß ihre ländliche Umgebung dabei eine Rolle spielte.

Das klassische Beispiel hierfür ist Venedig. Die Bewohner Venetiens waren den Germaneneinfällen im frühen Mittelalter dadurch entgangen, daß sie sich in die Lagunen zurückzogen, die sich im Mündungsgebiet der Flüsse Po und Tagliamento gebildet hatten. Venedig war die bedeutendste unter einigen Niederlassungen auf den Inseln zwischen den Ufersümpfen der Flüsse und dem offenen Meer. Nachdem Venedig dank seiner Lage von den lombardischen Landratten verschont geblieben war und sich nominell Byzanz unterstellt hatte, begann seine erstaunliche Karriere im Überseehandel. Am Ende des 11. Jh. war die Inselstadt reich und wohlausgerüstet; ihre Galeeren waren überall anzutreffen.

Die Grundstruktur dieser einzigartigen Stadt war um 1100 angelegt worden und hat sich seither kaum verändert (Abb. 15.3). In der Mitte der Lagune erhebt sich ein flacher Landrücken. Dort treffen mehrere schiffbare Kanäle zusammen. Einer von ihnen, der Canal Grande, durchquert die Stadt in Gestalt eines breiten S. Am südlichen Ende dieses Kanals nehmen der noch heute befestigte Dogenpalast und neben ihm die Markuskirche einen ausgedehnten öffentlichen Raum ein, während sich das Geschäftszentrum, der Rialto, im mittleren Bereich dort befand, wo die Märkte auf beiden Ufern durch eine Schiffsbrücke verbunden waren. Sie wurde schon bald durch eine Holzbrücke ersetzt, die sich nach oben öffnen ließ und Schiffen die Durchfahrt ermöglichte. Nebenkanäle drangen in labyrinthischer Verzweigung bis in jeden Winkel der Landmasse vor. Pfarrkirchen und offene Plätze, mit Zisternen zum Sammeln von Süßwasser, waren über das dichtbebaute Stadtgebiet verstreut. Auf dem schmalen der See zugewandten Landsporn befand sich das Arsenal, ein Hafengelände mit Docks und Werften, wo, wie es hieß, zu gleicher Zeit 24 Kriegsgaleeren gebaut oder repariert werden konnten.

Die Gesundung Europas im 11. Jh. sicherte die Zukunft der Stadt. Eine verhältnismäßig stabile politische Struktur, die eindrucksvolle Bevölkerungszunahme, die spanische Reconquista und der Erste Kreuzzug, der den Einfluß der Moslems im Mittelmeergebiet schwächte – das alles wirkte sich zu ihren Gunsten aus. Allmählich zog man die Lehre aus der anhaltenden Blütezeit der Moslems, aus dem Beispiel Konstantinopels und Venedigs. Städte konnten dem Feudalherrn Gewinn bringen, wenn er bereit war, seinen Druck auf das Volk zu lockern und von Fall zu Fall Privilegien zu bestätigen. Messen und auswärtige Kaufleute auf seinem Grundbesitz waren die ersten, die von diesen wohlberechneten Vergünstigungen profitierten. Und jetzt forderten Städter allenthalben und zunehmend unverblümt das Vorrecht zu reisen, Handel zu treiben, Güter herzustellen und zu verkaufen. Was sie vor allem erstrebten, waren die Aufsicht über den Markt und die zugehörigen Gebäude, eine Überwachung der Zünfte und Vorschriften über Maße und Gewichte, Münzrecht, die Erhebung direkter Steuern sowie die Zuständigkeit für die Verteidigungsanlagen der Stadt. Dafür konnte der Oberherr mit regelmäßigen Einkünften rechnen, die er nach Belieben verwendete. Das erforderte einen Wandel in der althergebrachten Gewohnheit, Grund und Boden und die Leibeigenen, die ihn bearbeiteten, als einzige Quelle des Reichtums anzusehen. Die Emanzipation der Städte, gewiß ein riskanter Vorgang, konnte ja auch zur Emanzipation des Herrn führen.

Das alles brauchte Zeit. Die Gesellschaft hatte ihre festen Formen und scheute jeden Wandel. Doch nach und nach erlangten die Städte ihre Privilegien und damit auch das Recht, ihr Leben zu gestalten. Die Po-Ebene und Toskana, Flandern und Teile Frankreichs, wie die Normandie, die Picardie, die Gascogne und der Süden, bildeten die Vorhut. Das war keineswegs überraschend. Die Hauptachse des europäischen Handels verlief von den Niederlanden im Norden durch das Rheinland und rhôneabwärts nach Norditalien. Von dort aus verlängerten die Galeeren Pisas, Genuas und Venedigs die Achse bis ins östliche Mittelmeer. Auf Zwischenstationen kam Handel mit hochgeschätzten Gütern, etwa englischer Wolle und Wein aus Bordeaux, den Städten an dieser Strecke zugute. Das Transportieren der Waren auf dem Seeweg, der Landrouten, Flüssen und Küstenstrecken vorzuziehen war, überwog bei weitem.

Die neuen Städte

Doch während die älteren Städte ihre Freiheiten schwer erkämpfen mußten, sah man in dieser offensichtlich gewinnbringenden Einrichtung allmählich eine Kapitalanlage. Die Könige von England und Frankreich, die Grafen von Toulouse und gelegentlich auch ein Bischof oder Abt begannen neue

Städte zu gründen. Für die Königshäuser war das eine durchschlagende Taktik, von ihrem Territorium wirksam Besitz zu ergreifen, indem sie es bevölkerten. Der verlockendste Anreiz waren die persönliche Freiheit und die Möglichkeit, die feudale Zwangsjacke abzustreifen und ein Leben zu führen, das sich auf die eigenen Verdienste gründete. Da jede neue Siedlung ein unbeschriebenes Blatt war, würde es für die erste Siedlergruppe die sozialen Unterschiede der alten Städte nicht geben. Diese Leute würden alle unter ziemlich gleichen Voraussetzungen eine gleichberechtigte Gemeinschaft bilden – so wenigstens war es gedacht. Natürlich stellten sich mit der Zeit soziale Unterschiede heraus. Diese *Bastides* – vom französischen Verb *bâtir* gleich bauen – sind in mancher Hinsicht Vorläufer der Kolonialstädte, die später in Amerika und andernorts von den Spaniern, Franzosen und Engländern gegründet wurden. Wie in den Kolonialstädten, sollte man auch in den Bastides einen Triumph der Mittelschicht, nicht aber der Demokratie sehen.

Die Städte waren immer klein, im Höchstfall einen Kilometer lang und einen halben Kilometer breit, und die Kosten belasteten den Gründer nur unerheblich. Der Gewinn wäre bei der bisher üblichen landwirtschaftlichen Nutzung des Bodens nicht der Rede wert gewesen, verglich man ihn mit den Einkünften, die eine Stadt erbringen konnte, wenn sie florierte. Der in Pachtgrundstücke aufgeteilte Grund wurde an jene verteilt, die zuerst kamen. Jeder Mann mußte auf dem zugeteilten Grundstück sein Haus selbst bauen, und zwar innerhalb einer bestimmten Frist von höchstens einem Jahr. Der Gründer oder Bastidor erklärte sich seinerseits bereit, auf seine Kosten die Straßen und den Marktplatz anzulegen und zu planieren. Ein großzügiger Bastidor bot vielleicht an, eine Kirche beizusteuern, aber viele Ansiedlungen besitzen keine. Meist kommt das daher, daß die Stadt ja zwangsläufig in irgendeinem schon vorhandenen Pfarrbezirk lag und der zuständige Bischof sich deshalb oft weigerte, eine unabhängige Kirche zu weihen, die bestehende Rechte beeinträchtigen und eine Neufestlegung der Pfarrbezirksgrenzen erforderlich machen würde. Eine Kapelle ohne Bestattungsgenehmigung mußte genügen. Der Bastidor mußte auch noch für andere Einrichtungen sorgen – Gefängnisse, Zollhäuser, Backhäuser und Mühlen –, die sich nach und nach durch Gebühren bezahlt machten. Der Bau von Stadtmauern war nicht zu finanzieren.

Nur Könige, in deren Macht es stand, die Arbeitskräfte zwangsweise zu verpflichten und Steuern zu erheben oder Kredit zu verlangen, konnten es sich leisten, ihre Städte ausreichend in Verteidigungszustand zu versetzen. Etwa zwei Drittel der französischen und englischen Bastides sind nie mit Mauern umgeben gewesen.

Entscheidend war die Lage. Die Stadt stand oder fiel mit ihrer Fähigkeit, Handel anzuziehen. Sie mußte an einer Hauptverkehrsstraße liegen und leicht zugänglich sein. Es lag nahe, den Schnittpunkt zweier wichtiger Straßen oder einen Flußübergang zu wählen. Ein Hafenplatz an der Küste, eine Brücke, eine Fähre oder Furt über einen Fluß, eine feudalherrschaftliche Burg, ein Königsschloß oder ein königlicher Jagdsitz, ein bedeutendes Kloster – sie alle waren Anziehungspunkte für Menschenansammlungen und kamen deshalb für eine Stadtgründung in Frage. Der Bastidor mußte, wenn sein eigenes Territorium keine derartigen risikolosen Gelegenheiten aufwies, über den Kauf von Land verhandeln. Andernfalls oder auch zusätzlich ließ er es sich etwas kosten, Hauptstraßen auf seine Stadt hin umzuleiten oder deren Verbindungen auf andere Weise zu fördern.

Sobald feststand, wo eine Stadt liegen sollte, wurden mit Hilfe eines Seils die Straßen und Parzellen durch Linien bezeichnet. Der Umriß war gewöhnlich ein Rechteck, desgleichen die Parzelle. Das war die einfachste Methode, nicht nur den Bereich zu vermessen und die Straßen zu ziehen, sondern auch das Gelände in Parzellen einzuteilen, die gleich groß waren oder zumindest leicht ausgemessen und bewertet werden konnten. Man versteifte sich nicht auf ein regelmäßiges Schachbrettmuster. Die Planer berücksichtigten die Geländekonturen und blieben bei der Festlegung von Grenzlinien, vor allem denen auf bergigem Gelände, flexibel. Unsere Auswahl von Plänen in Abb. 15.2 soll diese wohlüberlegte Vielfalt deutlich machen. Der Raster scheint sich zuzutrauen, daß er seine vielen Blocks vom Markt bis hinaus an den Stadtrand bevölkern kann. Doch viele Bastides waren nicht so ehrgeizig. Bei dem Typ, den Maurice Beresford in seiner Geschichte der Bastides als »market-based« (mit dem Markt als Basis) bezeichnet, beginnt und endet die Stadt mit den Parzellen, die den langen, breiten und ebenen Marktplatz einrahmen. Bei den sogenannten »ribbon based«-Plänen (mit einer Straße als Basis) verläuft ein schmaler

Abb. 15.4 Montpazier (Frankreich). Eine neue Stadt, gegründet 1285; Marktplatz mit *Cornières*.

Streifen von Parzellen etwa 500 Meter weit zu beiden Seiten einer Hauptstraße, die an einer Stelle zu einem Marktplatz verbreitert werden kann.

Wahrscheinlich waren diese Planer geschickte Organisatoren. Die Pläne verrieten ein Gefühl für topographische Gegebenheiten, waren aber kaum revolutionär. Aus römischen Städten kannte man Raster schon seit Jahrhunderten – er brauchte nicht erst erfunden zu werden, und das lineare Prinzip der Städte mit Straßenbasis gab es schon in Khirokitia (Abb. 3.5). Als Eduard I. von England, *rex et bastidor*, 1296 vierundzwanzig Städten befahl, »unter euren klügsten und fähigsten Männern jene auszuwählen, die sich am besten darauf verstehen, eine neue Stadt so zu entwerfen, zu ordnen und auszustatten, daß sie Uns und den Kaufleuten den größten Gewinn bringt«, ging es ihm eher um deren Erfahrung in der Gestaltung von Städten als um irgendeine Spezialausbildung. Er dachte dabei an Männer wie Sir Henry le Waleys, einen prominenten Kaufmann, Alderman der Stadt London und Bürgermeister von Bordeaux, und an Luke de Thenney, des Königs Seneschall der Gascogne. »Entwerfen, ordnen und ausstatten« (oder »deviser, ordiner et arrayer«, wie es im französischen Original heißt) schließt Gestaltung ein. Doch diese durchaus üblichen Verben können sich, wie Beresford unterstellt, auch auf die Auswahl und Bereitstellung des Platzes, die Anwerbung der Siedler und Festlegung ihrer rechtsgültigen Privilegien sowie auf die Zuweisung der »ihrer Bestimmung entsprechenden materiellen Ausrüstung« bezogen haben.

Aber wir stellen fest, daß der Normgrundriß oft geschickt abgewandelt wurde und eine erstaunliche Findigkeit im Wechsel zwischen breiten Straßen, schmalen Gassen und dem durch Laubengänge und *Cornières* begrenzten Marktplatz zeigen konnte (Abb. 15.4).

Nachdem die Stadt angelegt worden war, fand eine Zeremonie statt, bei der die Gründung verkündet und Siedler geworben werden sollten. In der Gascogne hob der feudale Stadtgründer oder, wenn es sich um eine Gründung des Königs handelte, dessen Seneschall in der Stadtmitte eine Vertiefung aus für einen Pfahl, das sog. *Palium*, der das Wappen des Bastidors trug. Dann erklärte er die Stadt für frei zugänglich und gelobte feierlich, daß sie sich ihrer Freiheiten im Namen Gottes, der Jungfrau Maria und aller Heiligen erfreuen werde. Die Charta legte sie für alle Zeiten fest. Diese Freiheiten waren sehr verlockend in einer Welt, die an die engen Grenzen des Feudalismus gebunden war. Die Charta von Bridgnorth sichert den Bürgern zu, daß sie »durch Unser Land England kommen und gehen dürfen, daß sie jede Art Handel in Form von Ankauf, Verkauf oder sonstigen Abmachungen frei und ungestört, gut und ehrenhaft, auf Messen und Märkten, in Städten und Marktflecken und allerorts betreiben dürfen«. In Portsmouth gestand König Richard I. den Bürgern zu, daß sie »los und ledig sein sollten aller Zölle und Brückengelder, Standgelder und Abgaben zu Wasser und zu Lande, wo auch immer sie hinkommen in Unserem ganzen Land«. In Newcastle on Tyne »kann jeder Bürger seinen eigenen Backofen und seine eigene Mühle besitzen«.

Wer bezog nun diese Inseln der Freiheit, wo die Stadtbewohner König sein sollten und der Markt ihr Palast? Der Gründer erhoffte sich erfahrene Kaufleute und geübte Handwerker. Die einfacheren Fertigkeiten der Zimmerleute, Bäcker, Schuhmacher und ähnlicher Gewerbe konnte man auch in den Dörfern finden. Kaufleute mußten im allgemeinen aus älteren Städten kommen. Sie übernahmen die besten Parzellen rings um den Marktplatz und dehnten die ebenerdigen Geschäftsräume ihrer Häuser bis in die *Cornières* aus. War ein neuer Ansiedler auf dem Gebiet des Gründers beheimatet, so gab es beim Umzug keine Schwierigkeiten. Oft jedoch erhofften sich Leibeigene eines fremden Feudalherrn dabei eine Chance und suchten zu dessen Mißvergnügen Zuflucht in der neuen Stadt. Diese mußten sich eine Zeitlang verborgen halten, bis sie gesetzlich nicht mehr belangt werden konnten. In der Charta von Haverford West heißt es: »Ein Mann, welcher Rechtsstellung auch immer, der ein Jahr und einen Tag dort wohnt, ohne zurückverlangt zu werden, soll frei sein.«

Wenn die Stadt florierte, kam ihr Lebensmittelbedarf der ländlichen Umgebung zu-

Abb. 15.5 Mittelalterliches Badehaus; Inneres, Miniatur aus dem 12. Jh.

gute. Das Rohmaterial für die städtischen Werkstätten – Wolle, Metall, Holzkohle und Stein – kamen ebenfalls von dort. Aber eine erfolgreiche Bastide mußte sich nicht nur gegenüber anderen Neugründungen, sondern auch gegenüber den alten, etablierten Städten behaupten, die vielleicht nicht weit von ihr entfernt lagen. Viele Bastides kamen nie in die Höhe. Trotz der Verlockungen der Charta blieben die Bürger aus oder stellten sich nur zögernd ein. Die Nähe rivalisierender Städte, langwierige Rechtsstreitigkeiten, Naturkatastrophen oder ähnliche Schwierigkeiten verkürzten manchen Bastides das Leben. Es stellte sich heraus, daß die Gründung einer Stadt, das große Abenteuer des späten Mittelalters, ein großes Glücksspiel war.

Die öffentliche und private bürgerliche Architektur

Wenn wir uns jetzt von dem Gesamtbild der Stadt den einzelnen Bauten zuwenden, aus denen es sich zusammensetzt, müssen unserer kurzen Zusammenfassung zwei allgemeine Bemerkungen vorausgehen. Die erste befaßt sich mit der Vielfalt der Bautypen, die zweite mit der Stadt als Auftraggeber und Benutzer.

Freizeit, Gesundheit und Bildung

Der Niedergang des städtischen Milieus und das Aufkommen der christlichen Ethik führten dazu, daß im frühen Mittelalter die meisten Bautypen, mit denen die Städte der römischen Welt ausgestattet waren – Theater, Amphitheater, Basiliken, Foren, Verwaltungsbauten aller Art, Speicher und Bordelle, Bäder und Zirkusse – verschwanden. Dieser einschneidende Wandel wirkte sich in zweierlei Hinsicht auf das architektonische Denken aus. Da jetzt weithin römische Bauten zu Zwecken verwendet wurden, für die sie ursprünglich nicht bestimmt waren, trat eine Trennung zwischen Form und Funktion ein. Zum Krankenhaus wurde ein Gebäude wegen der Kranken, die es aufnahm, nicht aber auf Grund eines spezifischen architektonischen Entwurfs oder seiner Form. Zur gleichen Zeit konnten Neubauten ähnlicher Grundstruktur als Krankenhäuser oder Schmieden dienen, ohne daß man auf ein programmatisches Äußeres Wert legte. Andererseits konnten mehrere Funktionen unter einem Dach untergebracht werden. Ein Krankenhaus konnte auch Armenhaus und Waisenhaus, ein Altersheim, ein Findlingsheim und ein Hospiz für Pilger und Durchreisende sein.

Das alles ändert sich, sobald im 12. Jh. wieder Städte entstehen. Damit kommt es zu einer Diversifizierung der Programme und nach und nach auch dazu, daß man öffentlichen Funktionen eine architektonische Identität gibt.

Dokumente zeigen, daß Toulouse 1262 fünf Hospize für die Geistlichkeit, fünf Heime für unverheiratete Frauen, sieben Lepraheime und dreizehn Hospitäler besaß – ein Rekord an Spezialisierung. Markthallen, Wechselstuben und Bibliotheken entwickeln ebenfalls allmählich ihre charakteristische Architektur.

Die autonome Stadt verweltlichte auch das Bauprogramm. Das bedeutete zunächst einmal, daß städtische Behörden Bauten in Auftrag gaben oder zuließen, die früher undenkbar gewesen wären. Rathäuser und andere Schauplätze kommunaler Souveränität galten Prälaten und geistlichen Oberherrn in gleichem Maße als verdammenswert. »Commune! neuer und verabscheuungswürdiger Name«, schrieb Abt Guibert von Nogent. »Sie verschafft dem Volk für eine jährliche Steuerzahlung Freiheit von jeder Verpflichtung.« Aber das war noch nicht

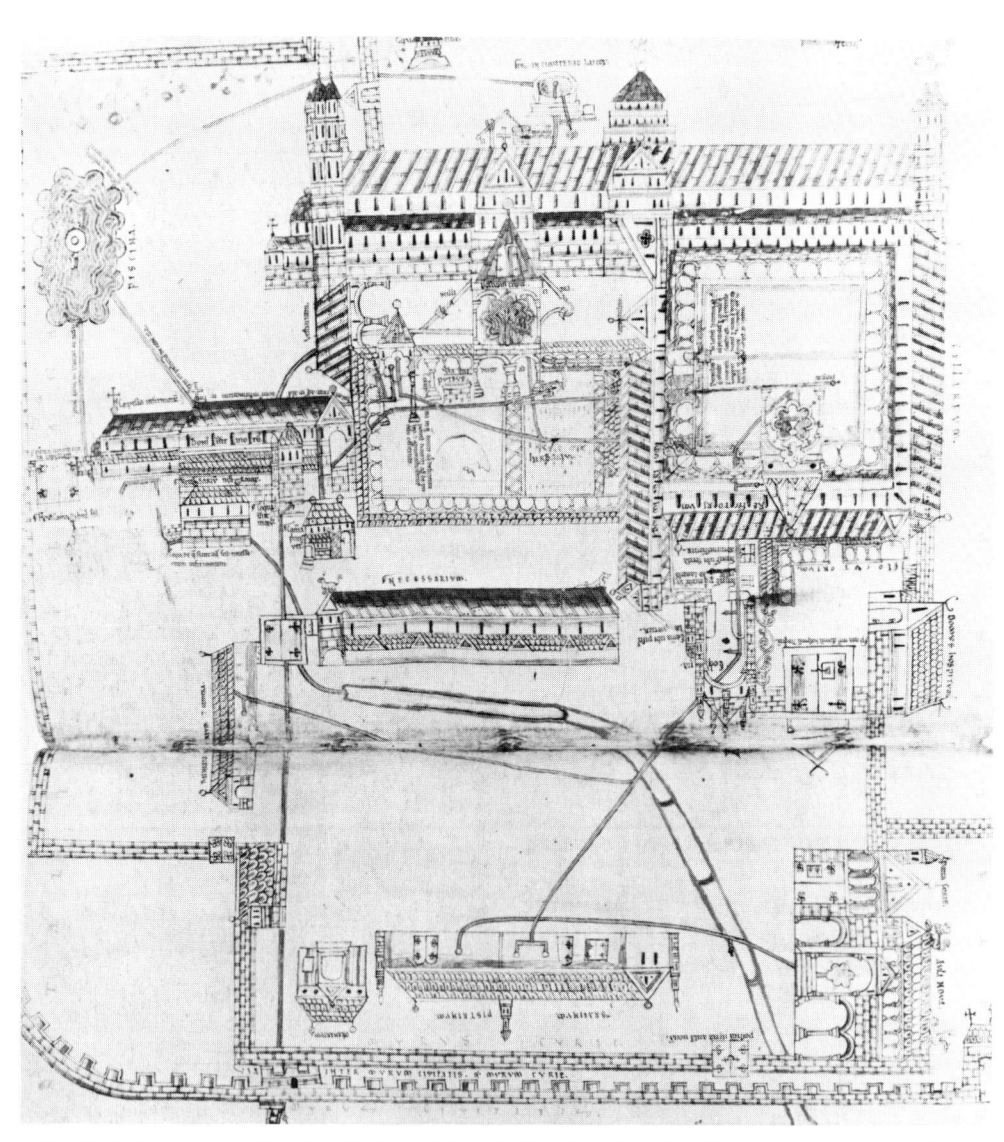

Abb. 15.6 Canterbury (England), Christchurch-Kloster; Plan der Wasserversorgungsanlage, um 1165. Eine der beiden Zeichnungen auf Pergament, die in den berühmten Canterbury-Psalter (ms. 110) in der Library of Trinity College, Cambridge, eingebunden sind. Die Zeichnungen stammen wahrscheinlich von Wibert, dem Schöpfer der Wasserversorgungsanlage.

alles. Die Stadt erlaubte den Betrieb öffentlicher Bäder. Eine wichtige römische Einrichtung, die vom Christentum ausgemerzt und nur als eine Erweiterung des Kreuzgangs beibehalten worden war, wurde auf diese Weise unbekümmert neu belebt. Diese neuen Bäder waren Stätten sozialer Begegnung, ganz wie ihre Vorgänger es gewesen waren. Man badete in Gesellschaft, und dabei wurden Speisen und Getränke serviert (Abb. 15.5). Klösterliche Installationen wie in Cluny zeigen uns, daß man im 12. Jh. Wasserleitungen kannte. Eine berühmte Zeichnung der Abtei von Canterbury zeigt die unterirdischen Rohrleitungen, die installiert wurden, um Wasser von Quellen außerhalb der Stadt herbeizuführen und an geeigneten Stellen in den Gebäuden abzugeben. Dazu gehörte auch das Badehaus des Priors (Abb. 15.6). Im nächsten Jahrhundert gab es zwölf öffentliche Bäder in Nürnberg und neunundzwanzig in Wien. Paris hatte zweiunddreißig für Männer und Frauen, und der für ein Dampfbad festgesetzte Preis unterschied sich von dem, der für ein Wannenbad zu zahlen war.

Noch wichtiger ist, daß die Stadt das religiöse Monopol auf wesentliche öffentliche Dienste wie Gesundheit und Erziehung in Frage stellte. Die Mehrzahl der Krankenhäuser wurde immer noch von den Mönchsorden, vor allem von den Brüdern des heiligen Johannes von Jerusalem (gewöhnlich Hospitaliter genannt), den Templern, den Augustinern und dem Laienorden des Heiligen Geistes gebaut und verwaltet. Himmlischer Trost war obligatorische Medizin für alle Patienten. Das Gebäude war meist ein niedriger, langer, von einem Turm gekrönter Block. Er enthielt einen gotischen Saal mit oder ohne Seitenschiffe, der nicht unterteilt war, so daß von jedem Bett aus der Altar zu sehen war (Abb. 15.7). Eine Apsis oder Kapelle befand sich am Ende eines Krankensaales oder seitlich von ihm.

Nach und nach traten Gemeindebehörden auf den Plan, übernahmen die Verwaltung einiger bereits bestehender Hospitäler und gründeten neue. Weltliches Personal drängte das Übergewicht der Religion gegenüber der Medizin zurück. »Ein Hospital ist keine Kirche« hieß es kurz und bündig in einer späten Urkunde, die das St. Nikolaushospital in Metz betraf. In manchen Häusern rechneten Pensionäre, die ihre Habe für Kost, Wohnung und medizinische Betreuung dem Krankenhaus vermachten – ein im späten Mittelalter nicht ungewöhnliches Abkommen –, mit eigenen Zimmern.

Bald wurde das Bauprogramm noch weiter rationalisiert. Die Pensionäre bewohnten ein Obergeschoß, während der Hauptsaal im Erdgeschoß ausschließlich dem Gemeinschaftsleben der Kranken vorbehalten blieb. Rund um einen Hof schlossen sich Erweiterungs- und Verwaltungsbauten an. Städtische Hospitäler lagen gewöhnlich außerhalb der Stadt in eigenen kleinen Vorstädten oder bildeten den Kern eines Stadtviertels.

Weltliche Gelehrsamkeit war eine in den Augen des Klerus bedenkliche Neuerung. Jahrhundertelang waren die Schulen von Klöstern und Kathedralen betrieben worden, und das Aufkommen der Universitäten war ein harter Schlag. Die ersten entstanden in Bologna und in Paris, doch im 13. Jh. gab es insgesamt zweiundzwanzig Universitäten, davon elf in Italien. Deutsche Bürgersöhne studierten die Rechte in Bologna und Padua, und die Universität in Paris, deren Gründungsurkunde vom König von Frankreich stammte, zog Studenten aus ganz Europa an. Daß es in der Stadt diese jugendliche und lebendige internationale Gruppe gab, war ein soziales Ereignis ersten Ranges.

Was die Architektur angeht, bot sich eine Zeitlang nur ein verschwommenes Bild. Die Universität hatte keine feste Behausung, kein eigenes Gelände, das erwähnenswert war. Die Universitätsangelegenheiten betrieb eine führende Studentengruppe, die Congregatio, die es vorzog, auf jeden Immobilienbesitz und die damit verbundenen rechtlichen Konsequenzen zu verzichten, um in einer auf Besitz fixierten städtischen Gesellschaft den unabhängigen Status der studentischen Selbstverwaltung zu wahren. Die Vorlesungen fanden in gemieteten Räumen oder in Häusern der Lehrer statt, und die Studenten wohnten bei den Bürgern. Beliebte Lehrer sprachen in öffentlichen Gebäuden oder unter freiem Himmel. Das Studentenhaus, ein für Wohnzwecke gemietetes Gebäude, das Studentengruppen unter der Leitung eines von allen gemeinsam gewählten Vorstehers übernahmen, stellt eine frühe Entwicklungsstufe dar. Ebenso verhält es sich mit dem englischen College, einer durch eine Stiftung erhaltenen Einrichtung. Hier besuchten die Studenten Vorlesungen und lebten gemäß den Gründungsstatuten zusammen. Der Master übte

Abb. 15.7 Tonnerre (Frankreich), Hospital Notre-Dame-des-Fontenilles; Inneres. Der Krankensaal ist etwa 100 Meter lang und hat ein hölzernes Tonnengewölbe. Im Hintergrund die Kapelle.

dabei eine mit der Zeit immer stärker zunehmende Autorität aus. Das College war ursprünglich eine Pariser Erfindung, die von den Engländern übernommen wurde. Das 1264 vom Kanzler König Heinrichs III. gegründete Merton College in Oxford war vermutlich das erste auf englischem Boden. Wohngelegenheit bot es nur den Studenten höherer Grade. Das Quad, jenes bekannte Schema des englischen Wohncolleges, bei dem die Gebäude auf den vier Seiten eines weiträumigen Hofes angeordnet sind und das auch den jüngeren Studenten Raum bietet, hat sich erst später herausgebildet.

Universitäten, gleichviel ob es sich um Colleges oder um die auf dem Kontinent verbreiteten Spielarten handelte, brauchten Bücher. Damit löste sich eine weitere Einrichtung, die ein Privileg der Klöster und Kathedralen gewesen war, aus ihrer religiösen Umgebung. Akademische Bibliotheken konnten mehrere hundert Bücher enthalten, die sich anfangs in Wandschränken befanden. So waren sie in den Klöstern untergebracht, falls ihre Anzahl einen eigenen Raum rechtfertigte, was aber nur selten der Fall war. Üblicher war eine Nische im Kreuzgang neben der Kirche, die den Schrank – das *armarium* – enthielt (Abb. 15.8). Akademische Bibliotheken waren einem breiteren Publikum zugänglich. Die beste von ihnen, die Bibliothek der Sorbonne, eines 1254 von Robert de Sorbon, einem Hofgeistlichen König Ludwigs IX. gegründeten Instituts der Pariser Universität, hatte einen Bestand von über tausend Büchern. Es handelte sich um ein recht großes, allein stehendes Gebäude, und es führte ein System ein, das sich als revolutionär herausstellen sollte. Die Bücher waren an Lesepultpaare gekettet, die Rücken an Rücken standen, wobei jedes Paar einem der neunzehn Fenster entsprach, welche die Wand beiderseits aufwies (Abb. 15.9).

In Italien, wo es die Spaltung zwischen geistlichen und weltlichen Fakultäten nicht gab, bediente sich die Universitätsgemeinde der Klosterbibliotheken, und die Stadtklöster der Franziskaner und Dominikaner boten der heimatlosen Studentenschaft sogar eine Art Campus. Unter diesem Aspekt sollte man die großartigen Klosterbibliotheken der Renaissance etwa in Florenz, Padua und Bologna sehen.

Das Stadtregiment und die Zünfte

Der Übergang des Stadtregiments vom Adel auf die Bürgerschaft vollzog sich im Laufe des 11. Jh. zuerst in den alten Bischofssitzen Norditaliens. Er kam nicht so überstürzt und ging auch nicht so gewaltsam vor sich, wie es das Beispiel Roms vermuten lassen könnte. Angesehene Familien waren stets an der bischöflichen Verwaltung beteiligt gewesen. Als der Kampf um unabhängige Gemeinden ernst wurde, besorgten die Häupter dieser Familien die Geschäfte des Stadtstaats zunächst als Konsuln und dann in Form einer Versammlung, die allgemein als »Großer Rat« bezeichnet wurde. Ein kleinerer innerer Rat wirkte als Exekutivorgan, und eine ständig zunehmende Zahl von gewählten Beamten kümmerte sich um die laufenden Geschäfte der Stadt. Die Zwistigkeiten unter den alten Familien, die sich auf die weiter gehende Auseinandersetzung zwischen dem deutschen Kaiser und dem Papst übertragen, ließen das Amt eines *Podestà* entstehen, eines Unbeteiligten, der als unparteiischer Schiedsrichter in zwischenstaatlichen Streitigkeiten tätig sein sollte.

Abb. 15.8 Mittelalterliches Armarium; Buchmalerei aus dem *Codex Amiatinus*, spätes 8. Jh.: der Schreiber Esra bei der Arbeit (Biblioteca Laurenziana, Florenz).

Abb. 15.9 Cambridge (England), Trinity Hall, um 1600; Inneres. Diese Bibliothek veranschaulicht das Boxen-System – eine Kombination von Lesepult und Bücherregal, die bis ins 13. Jh. zurückgeht.

Das Volk, theoretisch der eigentliche Souverän, behauptete in diesem oligarchischen Arrangement sein Recht mit Hilfe der Zünfte, die für Berufsgruppen eintraten, und der Militärkompanien unter ihrem eigenen Beamten, dem *Capitano del popolo*. Vielfach abgewandelt, war dies das Gerüst der städtischen Verfassung, und architektonisch brachte man es durch neue Rathäuser zum Ausdruck, in denen der »Große Rat« zusammentrat, durch Residenzen für den *Podestà* und den *Capitano del popolo* sowie durch Markt- und Zunfthallen.

Frühe Rathäuser entstanden in unmittelbarer Nachbarschaft zum Kathedralenkomplex, der auch den Palast des Bischofs und den offenen Marktraum enthielt. Dieser Bereich entsprach oft der Stelle der alten römischen Foren. Er genoß eine besondere Immunität. Innerhalb seiner Grenzen durften keine Waffen getragen werden, und in ihm begangene Verbrechen wurden ungewöhnlich streng bestraft. Dadurch, daß man für das Rathaus gerade diesen Platz wählte, erhob man Anspruch auf dieses alte Privileg und machte das Recht auf Oberaufsicht über den Marktplatz geltend. Das weltliche Zentrum des freien italienischen Stadtstaats fiel also mit dem religiösen Zentrum zusammen. Das ist durchaus angemessen, denn es handelte sich ja nur um eine Wachablösung. Die Städte suchten weltliche Befugnisse wiederzugewinnen, die seit dem frühen Mittelalter das Bischofsamt übernommen hatte. Ihr Kampf richtete sich gegen den Absolutismus der Kirche, nicht gegen die Religion. Das älteste erhaltene Rathaus, den sog. Palazzo del Broletto in Como von 1215, hatten die Einwohner »der Ehre und dem Ruhm St. Abbondios (ihres Schutzheiligen) und der Stadt Como« geweiht (Abb. 15.11). Und der Dom selbst galt ihnen als ein Bestandteil des Ansehens der Stadt. Die Florentiner bauten ihr Rathaus »zur Ehre und in Verehrung des allmächtigen Gottes und der heiligen Jungfrau Maria ... und zur Ehre, zum Ruhm und zur Zierde der Stadt« (Abb. 15.10).

Das Rathaus von Como fand seinen Platz zwischen dem alten Dom S. Giacomo und der Kirche Santa Maria Maggiore, der Vorgängerin des heutigen Doms. Es ist ein zweistöckiges Gebäude aus glattem, schwarz und weiß gestreiften Mauerwerk mit roten Einlagen. Das Erdgeschoß besteht aus durchgehenden Arkaden auf achteckigen Pfeilern, die seither durch Anhebung des Straßenniveaus beträchtlich verkürzt worden sind. Vor dem Gebäude erstreckte sich der Marktplatz, und auf der Ostseite gab es weiteren offenen Raum. Hier führte eine freistehende Treppe zum zweiten Stockwerk empor, das zur Gänze von einem großen Versammlungssaal mit sichtbarer Holzdachkonstruktion eingenommen wurde. In diesem Saal kam der »Große Rat« unter Vorsitz des Podestà zu Beratungen zusammen. Hier hatten längs den Wänden die Richter ihre Sitze, und hier fand auch das Original der Stadtverfassung seinen Ehrenplatz.

Abb. 15.10 Florenz (Italien), Piazza della Signoria und Palazzo Vecchio, 1299–1314, mit späteren Änderungen und Hinzufügungen. Rechts die öffentliche Loggia (Loggia della Signoria, auch Loggia dei Lanzi oder Loggia dell'Orcagna genannt), 1376–1382 von Benci di Cione und Francesco Talenti.

Eine Reihe von vier Stützen teilte das Erdgeschoß in zwei lange Hallen. Man betrachtete diesen Raum mit flacher Decke als eine Erweiterung des Marktplatzes oder eher noch als einen Amtsraum, von dem aus das Marktgeschehen beaufsichtigt und Gewichte und Maße in Ordnung gehalten werden konnten. Bevorrechtigte Güter wie Eisen, Wein und Grünzeug, aber auch Stadtmonopole, etwa Salz, wurden unter den Arkaden verkauft. Man führte dort auch Versteigerungen durch, und Rechtskundige, Notare, Schreiber und beamtete Schätzer hatten hier ihren Stand. Auf der linken Seite verband ein trutziger Glockenturm das Rathaus mit S. Giacomo. Die Sturmglocke rief den Rat zur Sitzung und das Volk zu einer Stadtversammlung oder zum Kampf. Aber selbst an normalen Tagen herrschte pausenloses Treiben. Das Rathaus war das Herz und der Stolz einer Gemeinde. Ein Brunnen symbolisierte ihre vitale Kraft, ein Löwe im Käfig ihre Souveränität. Das Gefängnis für alle, die der Stadt Unehre gemacht hatten, lag nahebei, außerdem brachte man Gotteslästerer und falsche Zeugen hierher und stellte sie öffentlich aus. »Dieser Ort«, besagt eine Inschrift am Rathaus von Pistoia, »haßt, liebt, straft, bewahrt und ehrt: Faulheit, Gesetze, Verbrechen, Rechte, Tugend.«

Das System von Como, das in Norditalien allgemein angewandt wurde, geht auf den örtlichen Palast eines Bischofs oder Abts zurück, der wiederum das königliche oder kaiserliche Beispiel aus dem frühen Mittelalter widerspiegelt. In der Tat fungierte das Rathaus gelegentlich auch als Residenz. In Mittelitalien benützten es beispielsweise der Podestà oder der Capitano del popolo zu diesem Zweck, und es gab Beamte, die *Priori*, die sogar gesetzlich verpflichtet waren, die zwei Monate ihrer Amtszeit unter seinem Dach zu verbringen. In Toskana war ein zweites System üblich. Städte wie Florenz und Volterra hatten als Rathaus statt eines ausgedehnten zweistöckigen Baus einen mächtigen Block, viergeschossig wie die befestigten Häuser in dieser Region, die oben eine wuchtige Zinnenkrone mit Pechnasen tragen. Seiner Marktfunktionen ist das Rathaus inzwischen ledig. Das Erdgeschoß ist abgeschlossen und wird als Rüstkammer und Tribunal benutzt. Der Palazzo Vecchio in Florenz, das bekannteste Beispiel dieses Typs, ist eine gewaltige Festung in Rustikamauerung (Abb. 15.10). Der Glockenturm erhebt sich aus dem Mittelblock etwas seitlich über der Hauptfassade in zwei ungleichen Abschnitten, deren jeder seinen eigenen Zinnenkranz hat. Der Palazzo ist ein trutziges Bauwerk, in voller Übereinstimmung mit der wilden, auf gegenseitige Vernichtung zielenden Politik der Zeit und der kampflustigen Haltung gegenüber Nachbarstädten, die eine nach der anderen der Herrschaft der Florentiner unterworfen wurden.

Im nördlichen Europa sind die Rathäuser weniger einheitlich. Neue Städte wie Lübeck, die durch Handel entstanden waren und keine Bischofsherrschaft kannten, aber auch ältere Städte wie Brügge, das als Burg der Grafen von Flandern begann, brauchten ihre Souveränität gegenüber dem Domkomplex nicht zu unterstreichen. Das kirchliche Zentrum liegt hier gewöhnlich in einiger Entfernung vom Stadtzentrum, das jetzt ein ausgedehntes Areal mit mehreren eindrucksvollen Gebäuden und – wie in Brügge – mehr als nur einen öffentlichen Platz einnehmen kann (Abb. 15.12). Doch am Anfang spielte das Rathaus nicht die erste Rolle. Lange Zeit trat es hinter der Tuchhalle zurück, dem Ort, an dem Tuch verkauft wurde. In diesem monumentalen Bauwerk der führenden Bürger, der Tuchhändler, trat der Rat häufig zusammen. Erst in der zweiten Hälfte des 13. Jh. und später, als schriftliche Unterlagen sowohl für die Stadtverwaltung als auch für den seßhaften Handel entscheidende Bedeutung erlangten, begannen die Städte ihre einfachen frühen Rathäuser auszubauen und nach und nach zu erweitern. Das Ergebnis ist ein Sammelsurium von Einheiten verschiedenen Ursprungs und Zwecks, die erst spät in einer monumentalen Schale zusammengefaßt

Abb. 15.11 Como (Italien), Rathaus, genannt Palazzo de Broletto, 1215, Westfassade. Es besaß ursprünglich fünf Bogen im Erdgeschoß und vier Fenster im Oberstock; der neue Dom verkürzte es im 15. Jh. um ein Joch. Dieses Rathaus stellt einen Bautyp dar, der sich einige Jahrhunderte halten wird. Englische Markthallen, das First Town House in Boston und ähnliche Bauten sind spätere Beispiele dieses Typs (vgl. Abb. 24.11).

und mit einem Turm versehen wurden. So verlief beispielsweise die Geschichte Lübecks und auch die der mächtigen Rathäuser von Thorn und Krakau in Polen, die im Erdgeschoß eine Markthalle, Gerichtssäle und Läden für den Tuchhandel – die dominierende wirtschaftliche Macht hier wie in den meisten größeren Städten des Nordens –, für Weißwarenhändler, Töpfer, Seifensieder und Bäcker enthielten.

Wir sollten in der Tat die Markthallen in diesen Städten genauer betrachten, etwa die »Alte Halle« in Brügge für die Seidenhändler, Gewürzhändler und Fleischer, oder die prächtige Tuchhalle in Ypern – sie alle stellen die jeweiligen Rathäuser in den Schatten (Abb. 15.13). Doch wenn auch manche dieser Bauten im 13. Jh. begonnen wurden, so erhielten sie ihre heutige Gestalt doch erst viel später. Es muß betont werden, daß die Bedeutung der Kaufleute bei der Entwicklung der Regierungsform mittelalterlicher Städte vor allem in Nordeuropa stetig zunahm. Damit wuchs auch ihr Ehrgeiz, diesen Einfluß in der Architektur ebenfalls sichtbar werden zu lassen. Das war eine öffentliche Kundgabe, die über die funktionellen Bedürfnisse des Handels hinausreichte. Streng zweckgebundene Bauten ohne symbolische Position gab es die ganze Zeit. Zu ihnen gehörten Speicher, Werkstätten und – was höchst interessant ist – der *Fondaco*, ein ausgedehnter, rund um einen Hof angeordneter Komplex, wo Kaufleute aus fremdem Land unter der Gerichtsbarkeit ihres Konsuls und der geistlichen Betreuung ihres Kaplans wohnten, Handel trieben, ihre Waren lagerten und ihre Tiere unterbrachten.

Die Wohnquartiere

Das mittelalterliche Haus ist ebenso vielgestaltig wie die mittelalterliche Stadt. Die hochaufgeschossenen Häuserreihen nördlicher Städte, etwa in Rouen oder Nürnberg, mit ihren steilen Giebeldächern und dem einfallsreichem Fachwerk, die das Ende einer mehrere Jahrhunderte dauernden Entwicklung bilden, sind grundverschieden von den mittelalterlichen Straßen in Siena oder Assisi mit ihren glatten Flächen, unverputzten Ziegelwänden, niedrigen Ziegeldächern, die späte Spur einer ganz anderen Richtung (Abb. 15.14, 15.15).

Genauer gesagt, ist das Haus des 12. und 13. Jh. in erster Linie ein Erbe der Gewohnheit vergangener Zeiten. Im Mittelmeerbereich fuhr man fort, wie seit Jahrhunderten Stein und Ziegel als Material für Wohnungsbauten zu verwenden. Es findet sich sogar eine Rückkehr zu (oder vielleicht ein Fortleben von) römischen Typen. Ein solches Beispiel ist das zweijochige »Streifenhaus« mit dem Ladengeschäft im Erdgeschoß. Hier erreichte man die zwei oder drei Wohngeschosse über Treppen, die neben dem Laden lagen. Ein anderer Typus ist die *Insula* von Ostia, der übliche Wohnungsblock mit einem Innenhof, Ladenreihen hinter einem Arkadenportikus und mit Balkonen; auch die Cornières auf den Marktplätzen der meisten neuen Städte Frankreichs griffen also auf Längstvergangenes zurück. In Bologna hatten alle Straßen Laubengänge, die oft aus Holz bestanden. Ihre Höhe betrug 2,66 m, man konnte sie also reitend passieren. Die festen Turmhäuser, die den italienischen Städten, etwa San Giminiano, eine stolze Silhouette verleihen, stammen aus späterer, feudaler Zeit. Im Norden hatte das Haus andere Ursprünge. Das sächsische Fachwerkhallenhaus lebte in der »Halle« des englischen Hauses nach dem Normanneneinfall fort. Fachwerk und andere alte Techniken der Holzbauweise hielten sich durch die Zeit der Invasionen bis ins späte Mittelalter.

Das nächste Thema ist dann das der Grundstücke. Da für Kaufleute die Straßenfront wichtig war, mußten sich alle in die Straße teilen. Dieser Umstand und die Tatsache, daß die Stadtgrenzen feststanden und Erweiterungen nicht vorgesehen waren, legten schmale Grundstücke mit hohen Häusern nahe. Betätigungen, die nichts mit der Stadt zu tun hatten – jedes Haus mußte ja noch ein Stück Land bearbeiten –, wurden nach hinten verbannt. Hier befanden

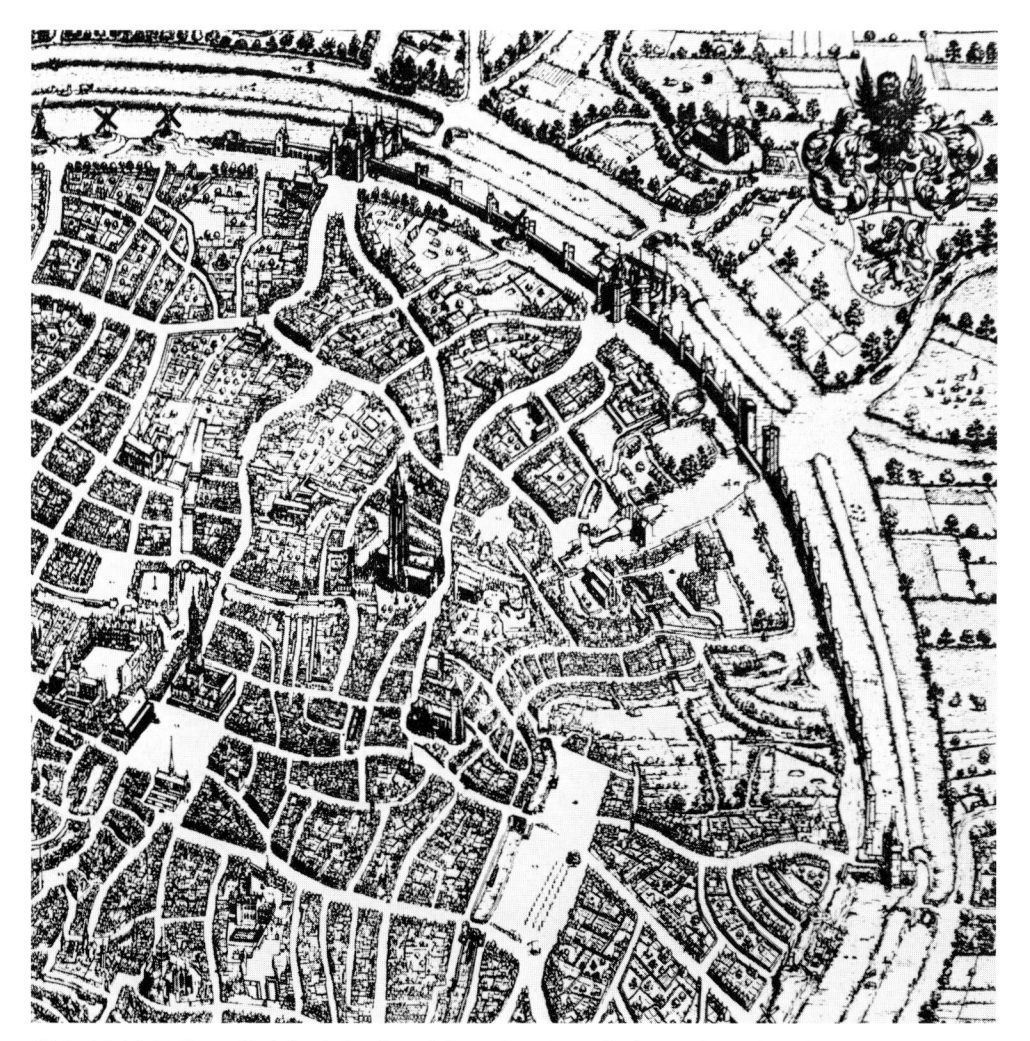

Abb. 15.12 Brügge (Belgien), Stadtansicht, 1562; Ausschnitt. In der Mitte die Liebfrauenkirche. Links unterhalb der Kirche der Fischmarkt und die Markthalle »Alte Halle« mit ihrem Glockenturm, weiter rechts der Burgplatz. Der große freie Platz rechts unten ist der Freitagsmarkt.

Abb. 15.13 Ypern (Belgien), Tuchhalle, begonnen um 1200 und erst 1620 vollendet. Sie enthielt das Rathaus, Gerichtssäle, das Gefängnis und eine Kapelle.

Abb. 15.14 Nürnberg (Deutschland). Eine mittelalterliche Straße. Das große Eckhaus gehörte Albrecht Dürer (1472–1528).

sich in einem Hof, der an den Hof eines Hauses mit Front zur Parallelstraße grenzte, die wenigen Tiere, die Obstbäume und der Küchengarten. Die Giebel blickten zur Straße, und die Häuser stießen mit den Traufseiten aneinander. Zumindest im Norden ergab sich die Grundstücksbreite – gewöhnlich fünf bis sechs Meter – aus der Maximallänge der Eichenbalken für die Decken. Die Höhe der Geschosse, zwei Meter oder wenig mehr, bestimmte der Benutzer. Im sog. »ribbon based«-Plan der englischen Bastides, der bisweilen auch als »Hauptstraßenplan« bezeichnet wird, ließen die einzige Reihe der Grundstücke und das unabgeschlossene System Häuser zu, die breiter als tief waren und mit der Traufenseite zur Straße standen. Nach hinten war offenes Land, der Garten konnte sich beliebig ausdehnen und auch Nebengebäude enthalten.

Schließlich sollten wir uns das funktionale und das soziale Programm ansehen. Das mittelalterliche Stadthaus ist nicht nur das Heim der Familie, sondern auch Produktionsstätte, Kontor, Lager oder Laden. Es wird nicht nur von der Familie im engeren Sinn bewohnt. Die übliche Lehrzeit von sieben Jahren, die von den Handwerkszünften zur Bedingung gemacht worden war, band die jungen Leute auf sieben Jahre an einen Meister und dessen Haus. Gesellen, die Mittelstufe, genossen Freizügigkeit, waren aber immer noch verpflichtet, sich der Aufsicht eines Meisters zu unterstellen, und wohnten wohl auch bei dem Meister, für den sie gerade arbeiteten. Wir haben also den Verkaufsraum im Erdgeschoß, der bei kleinen Gewerben, etwa Schuhmachern und Kerzenziehern, gleichzeitig die Werkstatt sein konnte. Die Familie bewohnte das zweite Geschoß. Lehrlinge und Gesellen waren dann wohl im dritten Geschoß untergebracht, in dem gleichzeitig auch für Gewerbezweige wie Weberei oder Kunsthandwerk, die gutes Licht brauchten, noch Platz sein mußte. Die Dachgeschosse dienten der Lagerung von Rohstoffen, die mit Hilfe eines Flaschenzugs von der Straße hinaufbefördert wurden. Zumindest in England fand sich in einem Kaufmannshaus oft ein feuerfestes Souterrain oder ein Keller mit Steingewölbe, der teilweise unter dem Straßenniveau lag.

Der reiche Bürger, der sich ein seinen Verhältnissen entsprechendes steinernes Haus leisten konnte, wählte Stein selbst dort, wo er selten und daher teuer war, und sicherte seinem Haus damit eine längere Lebensdauer, als sie den durchschnittlichen

Holzhäusern beschieden war. In manchen französischen Städten – Cluny, Provins und Périgeux – sind noch heute einige dieser Steinhäuser erhalten, und weitere finden sich auch in England. Dort ist bemerkenswert vor allem das Jew's House, das Judenhaus, in Lincoln, das zwischen 1170 und 1180 entstand (Abb. 15.16). Die Juden waren mit Wilhelm dem Eroberer ins Land gekommen. Die Zünfte waren ihnen verschlossen, da der vorgeschriebene Schwur auf die Dreieinigkeit für sie nicht in Frage kam. So konzentrierten sie ihre Talente auf das Finanzwesen, da sie vom Kirchenrecht nicht betroffen waren, das Christen verbot, Geld gegen Zinsen auszuleihen. Das zweistöckige Judenhaus war eigentlich eine Bank, ein dauerhaftes, feuersicheres Gebäude, in dem Gold und Silber, aber auch die wertvollen Schuldscheine sicher verwahrt waren. Es grenzte mit einer Seite an die Straße, und man betrat es durch ein verziertes Portal. Über diesem Eingang erhob sich der Rauchabzug des Kamins, der den Saal im zweiten Geschoß heizte.

Die gleiche Anordnung findet sich in dem Haus aus dem 12. Jh. in Cluny, wo ein zylindrischer Rauchabzug unmittelbar über einem Spitzbogen nach oben führt (Abb. 15.17). Rundbogenfenster, je zwei zu beiden Seiten des Kamins, belichteten die Halle (französisch *salle*), die den Hauptwohnraum der Familie bildete. Oft nahm das Schlafzimmer das dritte Stockwerk ein. Die Fenster dieser Räume verrieten den Stadtbewohnern den Geschmack des Hausbesitzers. Sie zeigten die neueste romanische oder gotische Mode und waren mit geöltem Pergament bespannt, das die Kälte fernhielt, oder manchmal auch mit schwarzen oder grünen goldgesäumten Tuchvorhängen versehen. Für Erd- und Dachgeschoß genügten hölzerne Läden. Glas wird erst später weithin üblich.

Im Hausinneren waren die Fußböden mit Binsen belegt. Einfarbige oder mit Stickereien verzierte Leinwandbahnen hingen an den Wänden (Tapeten leistete man sich erst im 14. Jh.), und vor ihnen standen Schränke und Bänke. Ein langer Tisch auf Böcken in der Mitte der Halle wurde nach dem Essen auseinandergenommen. In wohlhabenderen Häusern mögen die Wände mit Holz verkleidet oder auch verputzt und bemalt gewesen sein. Im Schlafzimmer war das Hauptmöbel ein riesiges Bett mit Baldachin, dazu einige Stühle und eine oder zwei Truhen. Selbst in den luxuriösesten Häusern war sparsames und schlichtes Mobiliar die Regel.

Auch beim Fachwerkhaus beschränkte sich Gepränge meist auf das Äußere. Die Füllung des Fachwerks wurde auf verschiedene Weise dekorativ behandelt. In Gebirgsgegenden strich man die glatten Putzflächen in bunten Farben an. In England und in Nordfrankreich wurden sie mit eingeritzten regelmäßigen Mustern versehen. Nach dem dabei verwendeten Gerät heißt diese Technik in England »combwork« (Kammarbeit). In London fand man Kehlleisten und Plattenverkleidungen. In Norddeutschland und in baltischen Städten wurden unverputzte Ziegel bisweilen dadurch zu einem Schmuckelement, daß man sie in dekorativen Mustern verlegte.

Doch Schnitzereien an den Teilen des Rahmenwerks innen und außen boten kühnsten Erfindungen Raum. Alexander Neckam, ein scharf beobachtender Lehrer aus Dunstable, der in den 70er Jahren des

Abb. 15.15 Siena (Italien). Eine mittelalterliche Straße (Via Sallustio Bandini).

Abb. 15.16 Lincoln (England), Jew's House, um 1170–1180, wird manchmal als Haus Aarons, des berühmtesten Juden von Lincoln, bezeichnet. Nach dessen Tod fand man in seinen Büchern als Schuldner einen König von Schottland, fünf Grafen, einen Erzbischof, neun Zisterzienserabteien und die Städte Winchester und Southampton aufgeführt.

Abb. 15.17 Cluny (Frankreich), Stadthaus des 12. Jh.; Rekonstruktionszeichnung.

Abb. 15.18 Ornamentale Details an mittelalterlichen Häusern: (**a**) Chartres, 10–14, Place de la Poissonnerie, Maison Saumon, 15. Jh., einer von drei geschnitzten Pfosten an der Fassade; die anderen zeigen die Verkündigung und einen Weinstock. (**b**) Saffon Waldon, Essex, Erkerfenster an einem Haus mit Laden, um 1500. Dekorative Kehlleisten wie diese finden sich häufig an spätmittelalterlichen Häusern in England, während figürliche Schnitzereien wie bei (**a**) seltener vorkommen.

12. Jh. London und Paris besuchte, war von diesen bourgeoisen Bemühungen keineswegs angetan. In den folgenden Auslassungen über die Wohnungsarchitektur erinnert er an die Klagen Bernhards (von Clairvaux) in *De nominibus utensilium*:

»Was soll ich von den Schnitzereien und Malereien sagen, außer daß Reichtum die Dummheit fördert, Dächer, die vor dem Winter schützen, sollten ausreichend sein. Aber der verderbliche Aufwand des Reichtums und die mörderische Eitelkeit einer Stadt haben die Menschen unter das Joch einer elenden Sklaverei gezwungen... Erwarte überflüssige und eitle Erfindungen an Bauten, Kleidern... und vielfältigen anderen Dingen, und du kannst mit Grund sagen: ›O Eitelkeit, o Überfluß!‹« (Abb. 15.18.)

Und wo wohnten in all dieser Pracht die armen Leute? Wie schon in den römischen Städten wohnten sie überall – als Dienstboten in den Häusern der Reichen, auf den Straßen und in Säulenhallen, an den Stadttoren und auf den Brücken. Sie suchten Zuflucht in klösterlichen oder städtischen Hospizen, den sog. *domus pauperum*. Universitätsstudenten und andere, die es sich leisten konnten, mieteten Einzelzimmer in Privathäusern oder teilten ein Zimmer mit anderen. Die Zünfte halfen den schlechter gestellten Beschäftigten ihres jeweiligen Gewerbezweiges. Die Manufakturen standen außerhalb der Zunftorganisationen, und so waren die dort Arbeitenden, etwa Wollkrempler, -schläger und -kämmerer, vermutlich in Häusern untergebracht, die ihren Arbeitgebern gehörten, aber wir besitzen nur wenige Detailangaben. Gewöhnlich standen diese Unterkünfte am Stadtrand, wo Grundbesitz am wenigsten wert war und die Mieten weit unter dem Niveau des Geschäftsviertels lagen. Störende Gewerbe wie Färbereien waren durch Gesetz verpflichtet, sich ebenfalls in den Außenbezirken niederzulassen, die sich auf diese Weise zu den einzigen echten Slums entwickelten.

1. Mokattam
2. Insel Rode
3. Hafen von Meks
4. Kanal Trajans
5. Kasr el Schama (Festung Babylon)
6. Fustat
7. Hafen von Fustat
8. Amr-Moschee
9. El-Askar
10. Ibn-Tulun-Moschee
11. Al-Qahira
12. Al-Azhar-Moschee
13. Fatimidenpalast
14. Zitadelle
15. Rumailiya-Viertel
16. Aquädukt

Abb. 15.19 Kairo (Ägypten), historische Entwicklung; schematische Pläne.

Abb. 15.20 Kairo. Die Mauern des Fatimidenwezirs Badr al-Gamali, 1087–1092; Ausschnitt mit dem Bab al Futuh oder Tor der Erlösung, auch als Bab-al-Iqbal oder Tor des Wohlstands bekannt. Die Mauern sind das Werk von drei christlichen Architekten aus Edessa, dem heutigen Urfa in der südöstlichen Türkei.

Zwei grundverschiedene Städte: Kairo und Florenz

Dieses Kapitel soll nicht beendet werden, ohne daß von der moslemischen Stadt die Rede ist, jener großen Gegenspielerin der Bastides, *Civitates* und Burghs, die in mancher Hinsicht deren Lehrmeisterin war. Um das in Kürze und im Zusammenhang des bisher Erörterten ausführen zu können, seien hier knappe Schilderungen zweier berühmter Städte nebeneinandergestellt: Kairo und Florenz. Beide sind römischen Ursprungs, und beide haben ein langes und ereignisreiches Leben hinter sich. Ihre materielle Entwicklung vergleichend, wollen wir feststellen, wohin sie um 1300 gelangt waren, und auf diese Weise einige markante Unterschiede zwischen Ost und West hervorheben.

Als die jungen Moslemheere 641 die Sinaiwüste durchquerten, um das byzantinische Ägypten im Namen Allahs zu erobern, gab es an der Stätte des späteren Kairos am Ufer des Nils unmittelbar nördlich der alten Hauptstadt Memphis nur eine kleine, unbedeutende Stadt. Sie hieß Babylon und war einst eine römische Festung gewesen, die Trajan gebaut hatte, um so den Zugang zu

Abb. 15.21 Kairo, Moschee des Schaich Malik al Muajjad, 1415–1420; Innenansicht auf das Allerheiligste zu mit Klassen beim Unterricht. Der Mihrab befindet sich im dritten Joch von links; der Minbar, unmittelbar rechts davon, ist nur teilweise sichtbar. Die meisten Säulen in dieser Moschee sind antiken Ursprungs.

Abb. 15.22 Kairo, Bazar der Seidenhändler; Lithographie von David Roberts, 1849. Diese Marktstraße wurde zwischen der Moschee (links) und dem aus dem frühen 16. Jh. stammenden Grabbau des Sultans Qansuh al-Ghuri eingerichtet.

einer wichtigen Wasserstraße zwischen dem Nil und Suez zu überwachen (Abb. 15.19). Die Araber nahmen sie ein und legten außerhalb ein Militärlager an. Das wuchs sich bald zu einer neuen Stadt rings um eine Freitagsmoschee aus. Ihr Name – Fustat – leitet sich wahrscheinlich vom griechischen Phossaton, einem mit Wall und Graben umgebenen Lager, her. Auf diese Weise entstanden viele große moslemische Städte, als provisorische Heerlager, ganz so, wie sich vorher römische *castra* zu Städten entwikkelt hatten.

Fustat hatte eine glänzende Zukunft. Es wurde Hauptstadt der Provinz Ägypten, zuerst unter den omayyadischen Kalifen und dann unter den Abbasiden. Doch diese zweite islamische Dynastie mußte die Stadt neu erobern, als sie ihre Rivalen quer durch Nordafrika jagte. Das geschah 748, und zu diesem Zweck wurde El Askar nordöstlich von Fustat errichtet. Fustat war jetzt die alte Stadt und El Askar das Verwaltungszentrum des Abbasidengouverneurs.

Dieser Vorgang wiederholte sich. In der Folgezeit errichtete immer wieder ein Eroberer sein Hauptquartier außerhalb der Stadtgrenzen, und da es mit Mauern umgeben war, konnte sich die neue herrschende Schicht mit Erfolg von der Stadtbevölkerung isolieren, die sich höchstwahrscheinlich zu einer anderen und rivalisierenden moslemischen Sekte bekannte. Dann vereinte sich diese Niederlassung mit dem älteren Kern, während sich draußen eine neue Zitadelle erhob. Als Ahmed ibn Tulun, ein Statthalter des 9. Jh., beschloß, sich der Autorität des Abbasidenkalifs in Bagdad zu entziehen, baute er sich weiter nördlich seine eigene fürstliche Niederlassung mit einem zentralen Komplex, der einen Palast und eine Moschee enthielt. Und als die schiitischen Fatimiden von Mahdija aus Tunesien 967 gegen die Stadt zogen, bauten sie wiederum etwa einen Kilometer weiter nördlich ein neues befestigtes Lager und nannten es Al-Qahira, »die Siegreiche«, wovon sich der Name Kairo herleitet.

Abb. 15.23 Kairo, Mausoleum des Sultans Qala'un, um 1285; Innenansicht, Blick in den Tambour der Kuppel.

Dieser Ablauf einer Stadterweiterung deckt sich offensichtlich in keiner Weise mit dem Bourg-Faubourg-Modell des Westens, wo statt dessen außerhalb der Mauern gelegene Handelsvorstädte oder andere derartige Wohngebiete schließlich von der Kernstadt aufgesogen wurden, in welcher sich zu jeder Zeit der Verwaltungsapparat befand.

Gegen Ende des 11. Jh., wenige Jahre bevor der Erste Kreuzzug sich durch Europa wälzte, ersetzte ein syrischer General, der herbeigeholt worden war, um innere Unruhen zu dämpfen, die Lehmziegelmauern der Fatimidenstadt durch Steinmauern (Abb. 15.20). Dieser eindrucksvolle Schutzwall, eines der vorzüglichsten Beispiele militärischer Architektur im Mittelalter, bekennt sich offen zur griechisch-römischen und syrisch-byzantinischen Bautradition. Die Mauern haben einen Schuttkern, der mit sehr schön bearbeitetem Haustein verkleidet ist, und sie werden durch massive quadratische Türme verstärkt. Die drei erhaltenen Torbauten sind Meisterwerke der Befestigungsplanung. Ihre beiden unteren Geschosse sind massiv. Hinter dem dritten Geschoß liegt eine breite Operationsplattform, die Raum für genügend Mannschaft bot, um allen Angreifern trotzen zu können, welche etwa auf fahrbaren Belagerungstürmen herangeführt wurden. Die Fläche vor dem Tor ist geneigt und mit glattpoliertem Granit gepflastert, wodurch Kavallerieangriffe vereitelt werden sollten. In die Mauern sind ein kurzes Stück über dem Boden ganze Säulenschäfte eingesetzt, die den Schuttkern mit den Außenflächen der bearbeiteten Steine verbinden. Sie sollen den Torbau erhalten, falls die unteren Abschnitte von anprallenden Rammen oder feindlichen Truppen, die unter dem Schutz von Kriegsmaschinen, sog. »Schildkröten«, vorgehen, beschädigt werden. An einem der Tore sind die flankierenden Türme unten abgerundet, eine Form, die Vitruv in seiner Abhandlung empfiehlt, da bei quadratischen Türmen die Kanten allzuleicht verwundbar sind.

In dieser Fatimidenfestung führte der Herrscher ein prunkvolles Leben. Der Gesamtplan zeigte einen rechteckigen Grundriß mit Querachsen, ganz wie ein römisches *castrum*. Die fürstliche Residenz bestand aus einem Doppelpalast mit einem Paradeplatz dazwischen. Es gab Kasernen für eine zuverlässige Garnison, eine Münze, ein Arsenal, Wohnsitze für hohe Beamte und Verwaltungsfunktionäre sowie zwei Moscheen, von denen eine an die Mauern angebaut war. Die andere, die Moschee Al-Azhar, entwickelte sich zum Mittelpunkt einer bedeutenden Universität.

Bis zum Jahr 1100 fand in moslemischen Städten jeder Unterricht in Moscheen statt. Im Sitzen an die Säulen der heiligen Stätte gelehnt (man kann das auch heute noch sehen), unterrichtete jeder Lehrer einen Kreis von Schülern in zwei Stoffgebieten (Abb. 15.21). Die sog. moslemischen Wissenschaften befaßten sich mit Theologie, das heißt mit dem Studium und der Auslegung des Korans, mit dem Ritual und dem kanonischen Recht sowie mit der Traditionskunde oder *Hadith*. Die andere, von den Fatimiden stark geförderte Hälfte alles Wissens umfaßte die Wissenschaften fremden oder vorislamischen Ursprungs – Philosophie, Physik, Mathematik, Astronomie und ähnliches –, die Wissenschaften der Alten, wie man sie nannte. Der Beitrag, den die Moslems auf manchen dieser Gebiete leistete, war dem des Westens weit voraus.

Wie die chinesische Kaiserstadt war dieser Verwaltungskomplex für die Allgemein-

Abb. 15.24 Kairo, Mausoleum und Medrese des Sultans Qala'un (1280–1290); Ansicht von Südwesten.

heit nicht zugänglich. Deren Stadt war Fustat, das von Al-Qahira durch ausgedehnte Parkanlagen getrennt war, die während der Nilüberschwemmung unter Wasser standen. Die alte Stadt war – wie Kairo noch heute – ungeheuer übervölkert (Abb. 15.22). Die Häuser erreichten eine Höhe von zehn und mehr Geschossen und konnten bis zu zweihundert Menschen fassen. Ihre Balkone und vorspringenden, von Gitterwerk umschlossenen Erker berührten sich fast über die schmalen Straßen hinweg. Manche Märkte und Hauptstraßen erhielten überhaupt kein Tageslicht. Sie wurden durchgehend von Lampen beleuchtet. Der Wüstenwind trieb Sand herein, der sich in Sackgassen fing. Die Bevölkerung bestand aus Christen, Juden und Moslems. Sie arbeiteten gemeinsam in Handel und Gewerbe und zahlten gleiche Steuern.

In der Regel befanden sich die Häuser in Gemeinschaftsbesitz, aber die Anteile wurden häufiger in Prozenten vom Gesamtpreis als nach Zimmern oder Wohnungen berechnet. Unter den gegebenen Verhältnissen war es schwer, sie regelmäßig instand zu halten, und da Arbeitskräfte teuer waren, fand man es einträglicher, die Gebäude so lange wie möglich zu vermieten, statt die nötigen Reparaturen durchzuführen. Kein Wunder, daß die rechtsgültigen Urkunden und Bestandslisten häufig von »Ruinen« sprechen.

Zu einer Zeit, in der im ganzen Nahen Osten die Kreuzritterburgen in die Höhe schossen, die Fatimiden ihrer syrischen Besitzungen beraubt worden waren und Jerusalem ein römisches Königreich bildete, war Fustat, ein von Mauern umgebenes Mosaik aus älteren Städten, im höchsten Grade verletzbar. Als die Kreuzfahrer 1168 Bilbeis einnahmen und gegen Kairo zogen, gab der Fatimidenkalif den unglaublichen Befehl, Fustat in Brand zu setzen, weil er nicht riskieren wollte, daß es den Ungläubigen in die Hände fiel.

Doch die Kreuzfahrer schafften es nicht. Vielmehr wurde ein strahlender moslemischer Ritter, Salah ah-Din Ajjubi, der den Christen unter dem Namen Saladin bekannt war und mit ihnen höchst erfolgreich in Syrien die Klingen kreuzte, zum Retter Kairos. Er machte der Herrschaft der Fatimiden ein Ende. Die Fatimidenpaläste wurden zerstört, die Herrscherfamilie nach Frauen und Männer getrennt, weil die Dynastie erlöschen sollte.

Jetzt verwandelte sich die befestigte Stadt in das Handelszentrum. Gegen Süden erhob sich vor der öden Klippe des Mokattam eine mächtige Zitadelle, die zum Teil aus den Steinen der Pyramiden von Gizeh errichtet worden war (Abb. 15.19). Auf halber Strecke zwischen den Ruinen von Fustat und Kairo gelegen, versuchte die Festung die Teile der Stadt zusammenzubinden. Beim Bau wurden gefangene Kreuzfahrer eingesetzt, deren Mitwirkung noch heute einzelne perfekt ausgeführte gotische Details beweisen, bei denen es sich zum Teil um echte gotische Bauteile von Kreuzfahrerdenkmälern handelt. Tatsächlich besteht zu diesem Zeitpunkt unverkennbar eine äußerliche Verwandtschaft zwischen der Architektur von Kairo und der Gotik – nicht der Gotik der europäischen Hauptstädte, sondern der vereinfachten, gemäßigten Form,

Abb. 15.25 Kairo, Karawanserei Qansuh al-Ghuris, 1504–1505; Innenhof.
Ursprünglich stand in der Mitte des Hofs eine kleine Gebetshalle.
Die beiden aus Säulenhallen bestehenden unteren Geschosse enthalten Lagerräume;
in den oberen Stockwerken befinden sich Wohnungen,
vertikal angeordnet mit jeweils drei Räumen.

in der sie von den Kreuzfahrern nach Osten gebracht worden war. Hier wie dort finden sich der Spitzbogen, die verschlankten Proportionen und eine skelettartige Eleganz in der Gestaltung von Fassaden. Die Ähnlichkeit endet im Innenbereich Kairos. Hier fehlt die konsequente Fortführung der Vertikalität der Gotik, und man zieht Kuppeln und flache Decken den Rippengewölben vor (Abb. 15.23).

Saladin hat auch die Medrese in Kairo eingeführt. Diese neue Einrichtung, eine ausschließlich der Lehre der moslemischen Wissenschaft gewidmete theologische Akademie, wurde offiziell gefördert, weil sie den Einfluß nicht-orthodoxer Sekten und die freie Forschung der Universitäten hemmen und puritanische Verwaltungsbeamte und Staatsdiener ausbilden sollte. Medresen wurden von Fürsten oder reichen Privatleuten gefördert; sie sollten für alle Bedürfnisse der Studierenden Sorge tragen. In Kairo waren es schmucke Bauten mit zwei axial an beiden Seiten eines Hofs gelegenen Iwanen – ein Grundriß, der sich von damaligen Häusern in Kairo herleitet. Eine Moschee, das mit einer Kuppel versehene Mausoleum des Stifters und bisweilen auch ein Hospital gehören gewöhnlich dazu. Mit einem Minarett ragt die kompakte Baumasse über die Dachlandschaft der sie umgebenden Gebäude hinaus (Abb. 15.24). Ursprünglich war der Medresenkomplex nach Mekka ausgerichtet, aber eine hohe, durchlaufende Fassade schirmt von der Straße her jede notwendige Schrägstellung im Grundriß ab.

So also stellt sich die Stadt Kairo im 13. Jh. dar. Die Zitadelle thront über der flach hingebreiteten Stadt am rechten Ufer des Kalīj Misri, des Kanals Trajans, der parallel zum unbeständigen Flußbett verläuft. Die Elite des Militärs und der Regierung konzentriert sich auf das Rumailiya-Viertel am Fuße der Zitadelle. Die Kaufleute und Handwerker sitzen in der ehemaligen Fatimidenfestung, während die unteren Schichten und störenden Industrien, etwa die Gerber, die schuttbedeckten Hügel von Fustat rings um die Moschee bevölkern, welche der Statthalter Achmed ibn Tulun, der Emporkömmling, im 9. Jh. errichten ließ. Ethnische und religiöse Gruppen – Türken, Kopten, Juden, Griechen, Nubier, Mamelucken – bewohnen ihre eigenen Viertel; aber ein unbebautes Stück Land zu finden ist kaum möglich, es sei denn im Verwaltungskern und auf den ausgedehnten Friedhöfen. Letztere sind nicht einfach stille Parkanlagen für die Toten. Allenthalben stößt man auf Heiligtümer, Klöster und Schulen für Derwischorden, wo der Reisende kostenlos Unterkunft findet.

In keiner Weise ist dies eine Stadt, die sich selbst verwaltet. Es gibt kein Rathaus, keinen richtigen Hauptplatz. Das Marktwesen und berufliche oder religiöse Körperschaften wollen sich nicht durch Monumentalbauten verewigen. Die langen, dämmrigen Tunnel der Basare mit ihrer Überfülle und Hektik graben sich ihren Weg durch das Häusergewirr, vor allem in der Nähe der Hauptverkehrsstraße der ummauerten Stadt. Maqrizi, der spätmittelalterliche Geschichtsschreiber der Stadt, erwähnt 12 000 Läden und zahllose Straßenhändler, welche die öffentlichen Wege versperren. Jeder Handelszweig und noch das geringste Produkt hat seinen eigenen Bereich innerhalb des linearen Marktsystems. Läden säumen auch die Straßenseite der *Khans*, zweistöckiger Gasthöfe, die, wie seit eh und je, um einen Hof herum gebaut sind (Abb. 15.25). Im Erdgeschoß werden in kleinen gewölbten Kammern die Tiere und die Waren eingeschlossen, während der Reisende oben in Zimmern wohnt, die auf eine umlaufende Galerie hinausgehen. Der *Fondaco*, das Kauf- und Lagerhaus, welches westliche Städte im Orient und den Mittelmeerländern als Handelsniederlassung errichten, hat hier sein Vorbild – sogar das Wort ist arabischen Ursprungs: *fonduk* = Unterkunft. Fügt man noch zahlreiche Bäder, Moscheen und Medresen hinzu, die über die Stadt verteilt sind, so ist der Überblick über die öffentlichen Bauten komplett.

Ein Blick auf den Plan der bebauten Fläche ist vielleicht der instruktivste Teil eines Vergleichs mit dem Westen (Abb. 15.26). Freier Raum ist sehr gesucht. Die Straßen sind durchweg schmal, und nur wenige halten über eine längere Strecke hinweg ihre Richtung bei, und das im Bereich des ursprünglichen fatimidischen Kairos, das als regelmäßige rechtwinklige Palaststadt angelegt war. Im Westen dagegen haben offenbar viele römische Raster unbeschädigt die Jahrhunderte überdauert, und selbst mittelalterliche Stadtformen, die weniger starr sind als der Raster, bewahren ein geordnetes Netz aus Haupt- und Nebenstraßen (Abb. 15.2, 20.3). Freiräume sind vielleicht nicht immer selbständige Plätze in der Art des römischen Forums, aber sie sind doch vorhanden und eng mit den Straßen verbunden, die in sie einmünden. Der Moslem faßt die Straße selten als eine öffentliche Passage auf, die einen wichtigen Punkt mit einem anderen verbindet. Der Irrgarten der Sackgassen, die wie Hunderte unbeabsichtigter Risse die kompakte Baumasse des mittelalterlichen Kairos durchziehen, ist bezeichnend. Bestenfalls mochten die wenigen Hauptverkehrsstraßen unregelmäßige Superblöcke begrenzen, doch innerhalb dieser Superblöcke macht die innere Kommunikation das öffentliche Wegenetz durch unzählige tägliche Übertretungen illusorisch.

Überall und zu jeder Zeit spiegelt die Gestalt einer Stadt den Kampf zwischen öffentlichen Rechten und privaten Interessen wider. Der militärische Feudalismus, der in den Städten des Islams herrschte, ließ wenig Raum für eine städtische Organisation, welche den öffentlichen Bereich hätte regeln und sichern können. Die Pflege der Straßen fiel letztlich in die Verantwortung derer, die in ihnen wohnten und sie benutzten. Wenn nicht Nachbarn offizielle Beschwerde einlegten, konnte man öffentlichen Raum widerrechtlich nutzen, ohne sich dafür verantworten zu müssen. Darüber hinaus erlaubte das Gesetz Grundstückseigentümern die bevorzugte Inanspruchnahme einer Grunddienstbarkeit rings um ihr Hausgrundstück und außerdem auch der Luftrechte über der Straße. Es ist unwahrscheinlich, daß unter solchen Umständen ein zweckmäßiges System öffentlicher Verkehrswege unbeschädigt bleiben konnte.

Die Geschichte der Stadt Florenz im späten Mittelalter ist in gewisser Hinsicht die Geschichte des Kampfs einer Stadt um die Verfügungsgewalt über ihre Straßen und Plätze. Der römische Raster war zu der Zeit, als die Gemeinde ihre Rechte geltend machte, kaum mehr intakt. Hauptverkehrsstraßen, oft auch ganze Bezirke, wurden von zerstrittenen Familien blockiert oder verschlossen. Aber auch weniger schwere Übergriffe beeinträchtigten die Gestalt der Stadt ebenso einschneidend wie in Kairo. Die Aufgabe der jungen Republik war eine zweifache: Erstens mußte sie die städtischen Verkehrswege freilegen, alle Stadtviertel miteinander verflechten und auf diese Weise alle gegen ihre Autorität kämpfenden Widerstandsnester beseitigen, und zweitens mußte eine Stadtform auf dem Wege einer bewußten Stadtgestaltung entworfen werden.

Aus der ersten dieser beiden Zielsetzungen resultierten gesetzliche Einschränkungen, finanzielle Regelungen und Gewaltanwendung. Die Regierung erließ ein Baugesetz und Vorschriften für die Gestaltung und Pflege öffentlicher Plätze und Bauten.

Die Entwicklung des Städtewesens in Europa 1100 bis 1300 351

1. Fustat	6. Totenstadt	11. Sultan Hasan-Moschee	16. Nasiri-Kanal
2. Gizeh	7. Friedhof	12. Al-Azhar-Moschee	17. Khaur-Kanal
3. Bulaq	8. Zitadelle	13. Zahir-Moschee	18. Bab al Futuh
4. Roda-Insel	9. Rennbahn	14. Hakim-Moschee	19. Bab al-Nasr
5. Birkal al-Fil	10. Ibn-Tulun-Moschee	15. Khalij Mistri al Kabir	20. Aquädukt

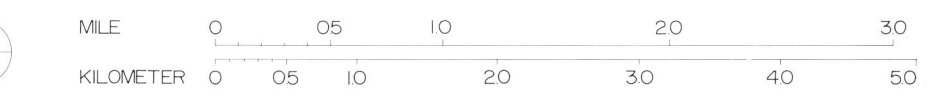

Abb. 15.26 Kairo im 19. Jh. (vgl. Abb. 15.19, deren Nr. 4 hier Nr. 5 entspricht).

Städtische Beamte sahen auf die Befolgung dieser Bestimmungen, die, angefangen von Balkonen, Portiken und Außentreppen bis zum Straßenverkehr und zur Pflasterung, alles regelten. Drei Straßenformen waren zugelassen: *viae publicae* oder Hauptverkehrsstraßen, *viae vicinales* oder Bezirksstraßen, die oft auch Sackgassen waren, und *viae privatae* oder Privatstraßen. Letztere wurden von ihren Besitzern mit der Zeit käuflich erworben, während gefährliche Nebenstraßen ausgebaut und verbreitert wurden. Die Höhe der Geschlechtertürme wurde systematisch reduziert, und Türme unbotmäßiger Adeliger wurden ganz und gar geschleift.

Die Gestaltung der Stadt als Kunstwerk bedeutet weit mehr als praktische Verbesserungen oder prahlerische Monumentalität. Sie erstrebt wahrnehmbare Ordnung, welche wiederum auf der Fähigkeit beruht, die Stadt als eine Ganzheit zu sehen. Wir haben für diese Tendenz in Toskana im 13. Jh. zwei klare Hinweise: Man zeichnete Stadtpläne auf, und man ernannte Stadtbaumeister. Verfügt man über ein umfassendes und faßbares Bild vom Zustand der Dinge und über einen Berater, der für formale Probleme aufgeschlossen ist, so kann das Verfahren einer Stadtgestaltung, also das Treffen von Entscheidungen darüber, wie alles sein sollte, in Gang kommen. Am Ende dieses Verfahrens gilt es dann, sich über die ideellen Prioritäten des Stadtregimes, die Struktur der Gesellschaft dieser Stadt und den Stolz auf ihre Vergangenheit klarzuwerden. Die Mittel dazu sind jene spürbaren Eingriffe, die das Bild in Übereinstimmung mit diesen Zielen bringt, so daß die Stadt ihren Bewohnern und ihren Besuchern das sagt, was sie laut Beschluß ihrer Beamten sagen soll. Im folgenden wollen wir unsere Aufmerksamkeit auf die Mauern, die Straßen und die öffentlichen Gebäude konzentrieren – auf die Hauptelemente des Stadtbilds.

Die Stadt Florenz betrachtete ihre Mauern als einen optischen Aktivposten (Abb. 15.27). Privatbauten durften nicht angrenzen. Einheitliche Türme in regelmäßigen Abständen dienten der »Stärke und Schönheit der Stadt«, schreibt Giovanni Villani 1324. Genauso dachte sechzehnhundert Jahre zuvor Aristoteles über Mauern, und tatsächlich blickt Toskana gerade auf diesen klassischen Präzedenzfall zurück. Breite und gerade Straßen gelten als vorbildlich – ganz wie in hellenistischen und römischen Städten. Die wohltätigen Folgen einer Beseitigung von Unregelmäßigkeiten seien Ge-

Abb. 15.27 Florenz im späten 15. Jh.; Ansicht auf einem Tafelbild.
Die helle Baumasse in der Mitte ist der Domkomplex, die dunklere rechts daneben der Komplex des Palazzo Vecchio und des Bargello. (Englische Privatsammlung.)

sundheit, Annehmlichkeit und Schönheit, heißt es. Öffentliche Denkmäler treten an die Stelle geringerer Vorgänger und werden der Tendenz eines Gesamtplans angepaßt. In einem einzigen Jahr, 1284, hob die Stadt in einer aufeinander abgestimmten Baukampagne unter dem Stadtbaumeister Arnolfo di Cambio den Grund aus für eine neue Stadtmauer, einen neuen Dom und den Palazzo Vecchio, begann aber gleichzeitig auch die Erweiterung des Gemeindegetreidespeichers sowie ein Denkmal für die Zünfte der Stadt. Dom, Rathaus und Zunfthalle wurden durch eine verbreitete Achse, die heutige Via dei Calzaioli, verbunden. Das machte den Abbruch eines Hospitals aus dem 11. Jh. notwendig.

Dies war der Höhepunkt der Stadtrepublik Florenz, und die kühne Neuformung ihrer Struktur sollte ihn endgültig dokumentieren. Die römische Kolonie war nur klein und unbedeutend gewesen (Abb. 9.2). Während der Germaneninvasion war sie fast ganz verschwunden und zu einer byzantinischen Garnison herabgesunken, die sich in der Mitte festgesetzt hatte. Die Langobarden hatten ihr als Hauptstadt ihres Herzogtums Lucca, eine eigene Schöpfung, vorgezogen. Die römischen Mauern wurden wahrscheinlich im 11. Jh. wiederaufgebaut, als die Stadt, nunmehr Hauptstadt der Markgrafschaft Tuscien unter der Markgräfin Mathilde, sich ihrer ersten echten Blüte seit dem Altertum erfreute. Dann begann ihr Kampf um Unabhängigkeit. Der Aufstieg der Gemeinde ging Hand in Hand mit einer Bevölkerungszunahme, die das bebaute Gebiet über das alte Rechteck hinaus erweiterte. Nach 1170 umgab diese überquellende Vorstadt eine neue Mauer, welche auch die Gemeinden auf der anderen Seite des Arnos längs den drei Straßen einschloß, die von der damals einzigen Brücke ausgingen. Im Inneren formten sich die Pfarrgemeinden bereits zu Wohnbezirken und zogen Menschen aus feudalen Enklaven ab. Vier Stadtviertel, die um die ursprünglichen Tore der römischen Wallanlage konzentriert und zu Zwecken der allgemeinen Stadtverteidigung angelegt waren, wirkten in der Folge dem Einfluß feudaler Parteien und damit auch der von ihnen verursachten Zersplitterung der Stadtstruktur entgegen.

Im frühen 13. Jh. war die Einwohnerzahl schon über 50 000 gestiegen. Landumschlossen und nicht ideal gelegen, entwickelte sich die Stadt dennoch zu einem der bedeutendsten Wirtschaftszentren Europas. Sie verdankte das ihren Banken und der Wollindustrie. Die Mauern waren bereits zu eng, und die zwölf Stadttore konnten den überquellenden Verkehr kaum bewältigen. Drei neue Brücken wurden über den Arno gebaut. Sechs Straßen aus der alten Stadt liefen an der nördlichsten dieser Brücken zusammen, und die Piazza S. Trinità an der nächsten Brücke nahm den Charakter eines zum Fluß hin offenen Handelsplatzes an.

Zwei neue Institutionen, die Zünfte und die Bettelorden, übten einen eigenen Druck auf die Stadtstruktur aus. Die Brüder zogen es vor, ihre Klöster außerhalb der Mauern zu errichten: die Dominikaner 1221 im Westen, die Franziskaner wenige Jahre danach auf der gegenüberliegenden Seite. Auf diese Weise entstand eine großartige geistliche Querachse, die in gewisser Weise weder von der Kirche noch vom Staat abhängig war; sie wandte sich unmittelbar an das gemeine Volk, ungeachtet aller Loyalitäten gegenüber Kirchgemeinde und Milizkompanie. Andere Orden – Serviten, Augustiner und Karmeliter – folgten nach. Am Ende des 13. Jh. hatten ihre Klöster bedeutende Vorstädte um sich gebildet, von denen jede über einen weiten Platz für Predigten verfügte.

Das war die Zeit, in der Florenz seinen Gesamtplan entwarf (Abb. 16.2). Mit den neuen Mauern, welche die Mönche in den Stadtbereich mit einbezogen, dem Palazzo Vecchio und seiner Piazza della Signoria, dem neuen Dom S. Maria del Fiore und dem ausgedehnten Bauprogramm der Orden reichte er bis ins 14. und 15. Jh. hinein. In dieser Geschäftigkeit waren die Triebfedern zum Wandel beschlossen. Der beherzte, streitlustige toskanische Stadtstaat übersprang die Schranken seiner Zeit, ließ den ausgeklügelten symbolischen Geist des spätgotischen Europas hinter sich und stieß in ein neues Zeitalter der Vernunft vor, dessen Anliegen die elementare Würde menschlichen Seins war. Villani prophezeite 1338: »Die Stadt Florenz, die Tochter und das Geschöpf Roms, war im Aufstieg begriffen und zu großen Dingen bestimmt.« Dorthin wollen wir ihr jetzt folgen.

16. Kapitel

Der Ausgang des Mittelalters

Florenz am Kreuzweg

»Zu großen Dingen bestimmt«: Kunst- und Literaturhistoriker haben uns gelehrt, in dieser chauvinistischen Lobpreisung Villanis seiner Heimatstadt eine Prophezeiung zu sehen, die in Erfüllung gegangen ist. Sie enthält eine Ehrenliste florentinischen Ruhms für das 14. Jh.: Dante, Petrarca, Giotto und Arnolfo di Cambio. Untersuchungen über Kunst und Architektur der Renaissance des frühen 15. Jh. beginnen unfehlbar mit dem Dreigestirn Brunelleschi, Donatello und Masaccio. Man gesteht Florenz jenes kulturelle Primat zu, das Athen im Altertum innehatte, und Geschichtsschreiber jener Zeit beschreiben ihre Stadt im gleichen selbstzufriedenen Stil. Im vorigen Kapitel wurde Florenz als Beispiel für mittelalterliche Stadtwerdung ausgewählt; Florenz als einer Stadt, die näher an ein Zeitalter der Vernunft und der Würde menschlichen Seins heranrückt.

Der bloße Bericht dessen, was sich in jenen anderthalb Jahrhunderten florentinischer Geschichte ereignete, würde diese Beurteilung scheinbar Lügen strafen: Er ist eine Chronik der Streitlust, des brutalen Parteigeists und der sozialen Unruhe. Nachdem Florenz kleine Städte in diesem Gebiet bereits zielbewußt unterdrückt hatte, ließ es sich nach 1300 auf einen Kampf mit Gegnern ersten Ranges ein – mit Pisa, Mailand, dem deutschen Kaiser, dem Papst und dessen Verteidigern. Genauso erbittert und gewalttätig verliefen die inneren Kämpfe der Bürgerschaft – der päpstlich gesinnten Guelfen gegen die Ghibellinen, der Aristokraten gegen reiche Kaufleute, der großen gegen die kleinen Gilden, der arbeitenden Bevölkerung gegen jedermann. Rachsucht war an der Tagesordnung. Die Führer der Verlierer wurden verbannt oder umgebracht, ihre Liegenschaften planmäßig zerstört. Dante starb im Exil; Petrarca, dessen Vater 1302 die Schande der Verbannung erlitten hatte, lehnte alle späteren Aufforderungen zur Rückkehr ab. Das Rathaus, der Palazzo Vecchio, stehe schiefwinklig da, berichtet uns Villani, um nicht auf dem Grund des geschleiften Besitzes der Uberti stehen zu müssen, einer Ghibellinenfamilie, die um 1250 kurze Zeit an der Macht war – »und das war ein großer Fehler«, schreibt Villani mit der Gewissenhaftigkeit der Frührenaissance, »weil man dem Palazzo eine quadratische oder rechteckige Form hätte geben sollen«. Wie Athen und Rom billigte auch Florenz den Besitz von Sklaven und zog Vorteil aus dem aufblühenden Handel mit Tscherkessen, Serben, Armeniern und Syrern. Der Volksaufstand der Ciompi von 1378 brach aus, weil man Arbeitern der Unterschicht verboten hatte, in Gruppen von mehr als zehn zusammenzukommen und Arbeitsbedingungen zu organisieren oder auszuhandeln.

Wie war Florenz nun wirklich? War es eine aufgeklärte oder eine brutale Stadt, eine in sich einige Stadt oder das Produkt streitsüchtiger Kraft? In Wirklichkeit beides. Ihr ungedämpftes soziales Ferment besaß die Stärke gemeinsamen Handelns. In der Bemühung, Gegner von der Macht fernzuhalten, konnte jede Gruppe Macht ausüben. Persönliche Streitigkeiten wurden dem allgemeinen Ehrgefühl untergeordnet. Es war möglich, florentinische Mitbürger zu hassen und zu unterdrücken und doch Florenz zu lieben. Zu einer Zeit, in der sich die geordnetere Herrschaft von Fürsten überall durchsetzte, widerstand Florenz den Bequemlichkeiten des Absolutismus. Demokratie setzt Eigennutz frei, auch wenn sie eingeschränkt ist. Es gibt keinen Grund, daran zu zweifeln, daß alle sozialen Schichten, selbst wenn sie sich heftig bekämpften, stolz darauf waren, Florentiner zu sein. Florenz war der Ort, an dem seit dem späten 13. Jh. der Gedanke reifte, daß persönliche Freiheit mehr war als ein gesetzlich fixierter Vertrag: sie war ein natürliches Recht. In der Wirklichkeit mag es anders ausgesehen haben, aber die Bürger glaubten daran, daß sie frei waren und eine maßgebliche Rolle spielten. Wie tief sie auch auf der sozialen Leiter stehen mochten – sie waren dennoch Söhne und Töchter eines geachteten, musterhaften Gemeinwesens mit einer urkundlich belegten Vergangenheit, erfolgreich und niemandem untertan.

Das Stadtzentrum

Es war eine Stadt für alle. Schon ihrer Form nach war sie auf Zuwachs und Teilhabe angelegt. Ein Fürst hätte Florenz eine präzisere und zweckdienlichere Gestalt gegeben. Die Mutter, zu der es sich bekannte, das antike Rom, war nach dem Willen von Kaisern neu gestaltet worden, die es mit Schwerpunkten einer höheren Ordnung – den Kaiserforen und dem Palatin – durch-

Abb. 16.1 Donatello, *Il Marzocco*, um 1420 (Museo Nazionale, Florenz, Italien).

setzt hinterließen. Selbst Athen war zur Zeit seiner Hochblüte im 5. Jh. v. Chr. das Geistesprodukt eines Einzelnen, des Staatsmannes Perikles. Florenz dagegen beteiligte seine Bürger an einem fortlaufenden Programm der Stadtgestaltung, das in großen Zügen auf einer Übereinstimmung von Fall zu Fall beruhte. Da gab es das schätzenswerte römische Ideal – gepflasterte Straßen, die »pulchrae, amplae et rectae«, das heißt schön, breit und gerade sein sollten, wie es in einer Quelle heißt. Es gab die Überzeugung, daß sichtbare Ordnung soziale und politische Ordentlichkeit verbürgte, daß Planung den Anstand und das öffentliche Wohl fördern müsse. Und schließlich gab es die Entschlossenheit, für den Magistrat der Stadt und sein gegebenes Wort mit einem Glanz einzutreten, der sich sehen lassen konnte. Die Proklamation von 1296 für einen neuen Dom lautete:

»Da es der deutlichste Beweis für die Voraussicht eines Volkes von edler Herkunft ist, wenn es bei der Führung seiner Geschäfte so verfährt, daß sich in seinen Handlungen nach außen seine Großmut und Weisheit bekundet, befehlen wir Arnolfo, dem obersten Baumeister unserer Gemeinde, einen Entwurf für die Erneuerung von S. Reparata in einem so erhabenen Stil zu verfertigen, daß weder Menschenfleiß noch Menschenkraft ihn übertreffen können.«

Wenn es dabei um einen unmittelbaren Wettstreit mit den bedeutenden rivalisierenden Stadtstaaten Pisa und Siena ging, hatte der Ehrgeiz der Gemeinde auch einen historischen Einschlag. Der Neubau sollte »in seiner Höhe und Schönheit so herrlich sein, daß er alles übertreffen soll, was in dieser Art von den Griechen oder Römern zur Zeit ihrer größten Macht hervorgebracht worden war«.

Die Stadt verließ sich darauf, daß das Talent ihrer Künstler ihre hochgespannten Erwartungen erfüllen werde, und das Volk erwies sich als eine tätige und lautstarke Gefolgschaft. Seine Steuern und seine Arbeitsleistung flossen in den Bau der Mauern. Bürgerausschüsse überwachten die Straßenreinigung und die Projekte zur Stadterneuerung. Die Wiederherstellung des Baptisteriums wurde der Tuchmachergilde, die allgemeine Aufsicht über den Dombau der Gilde der Wollhändler übertragen. Ein 1318 eingesetzter Ausschuß zur Beaufsichtigung dieses Projekts bestand aus drei Mitgliedern, welche die Stadt, den Bischof und das Kapitel vertraten und von denen nur letzterer ein Kleriker sein mußte. Ausführliche Protokolle der Verhandlungen zur Vergrößerung des Doms in den 50er Jahren des 14. Jh. zeigen die Bürgerschaft mitten im Prozeß der Beschlußfassung. Das erste hölzerne Modell wurde von einem Zwölferausschuß beurteilt, dem auch Nichtfachleute, Mitglieder der Familien Portinari und Albizzi, angehörten. In späteren Stadien der Gestaltung wurde die gesamte Bürgerschaft aufgefordert, ihr Urteil abzugeben, und die Namen derjenigen, die ein Urteil abgaben, wurden in den Bericht aufgenommen. Und als die Gruppe öffentlicher Gebäude in der Stadtmitte Gestalt annahm, blieb sie von den inneren Zwistigkeiten und Aufständen unberührt. Das übliche Ziel politischer Vergeltung waren private Liegenschaften. Keine Partei und kein Pöbelhaufen ließ seinen zerstörerischen Zorn etwa am Palazzo Vecchio aus, wer auch immer jeweils dort das Feld räumen mußte. Nach und nach sah man auch in privaten Palazzi ein Mittel, die Erscheinungsform der Stadt zu bereichern und dem Stolz der Stadtbewohner neue Nahrung zu geben.

Im frühen 14. Jh. bildete die Stadtmitte ein eindrucksvolles Ensemble aus neuen öffentlichen Gebäuden, zwischen denen sich immer deutlicher visuelle Beziehungen herausstellten. Da sah man Arnolfos Dom gegenüber dem Baptisterium; den 1310 mit ungewöhnlicher Beteiligung vollendeten Palazzo Vecchio; den noch älteren Bargello, den Sitz des Capitano del popolo (später des Podestà), der in den 1250er Jahren während der ersten Volksregierung in Nachahmung gerade jener festen Häuser des feudalen Adels errichtet worden war, vor denen er die Interessen des Volkes schützen sollte, und schließlich Orsanmichele, das Schaustück der Gilden (Abb. 16.2, 15.27). Alle diese Bauten liegen östlich der von Norden nach Süden verlaufenden Hauptverkehrsader, des *Cardo* der römischen Stadt. An der Stelle des alten Forums befand sich der Markt, dessen Betriebsamkeit sich auf nahe gelegene Straßen und Plätze mit speziellen Bereichen für Wein, Öl, Eier und ähnliches

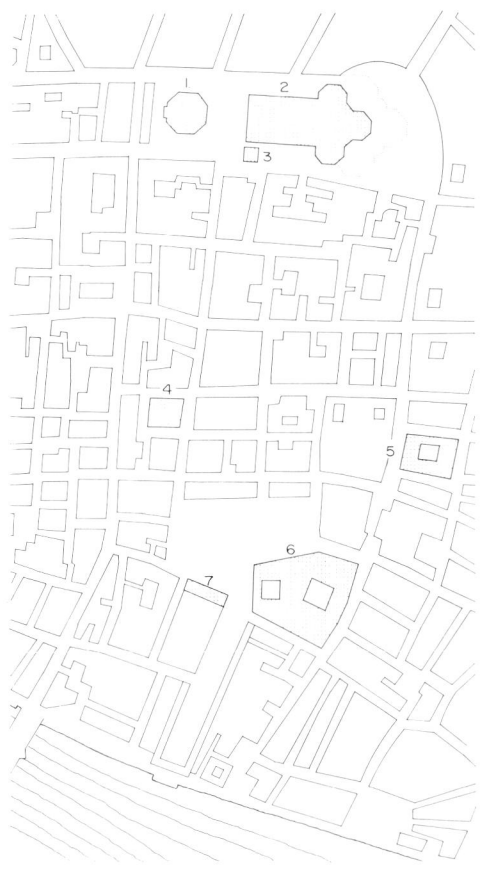

1. Baptisterium
2. Dom
3. Campanile
4. Orsanmichele
5. Bargello
6. Palazzo Vecchio
7. Loggia della Signoria

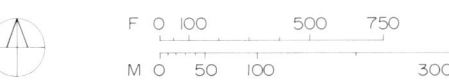

Abb. 16.2 Florenz, Plan des Stadtzentrums mit den wichtigsten mittelalterlichen Bauten (vgl. Abb. 16.12).

sowie auf einen neuen Markt westlich des Palazzo Vecchio ausgedehnt hatte.

Die Einteilung war einfach und zweckmäßig. An den beiden Enden einer Achse, die parallel zum römischen Cardo, der Via dei Calzaioli, verlief, lagen der Domkomplex und das Verwaltungsgebäude der Gemeinde, nicht als feindliche Komplexe, sondern als Gegenstück städtischer Identität. In der Mitte befanden sich der Markt und der Tempel der Gilden. Die Größe, das Volumen und die imponierende Höhe des Palazzo Vecchio mit seiner trutzigen Kontur, die Villani so sehr mißfiel, sicherten ihm seinen herausragenden Status unter den Gebäuden. Vor der kurzen Westseite und rund um die Nordecke, wo sich die ursprüngliche Hauptfassade und der Eingang befanden, schnitt man aus dem geschleiften Besitz der Uberti einen lebensvollen öffentlichen Raum heraus – die Piazza della Signoria. Ihr Wert für Zeremonien nahm drastisch zu, als gegen 1370 eine prachtvolle Loggia an der Südseite hinzugefügt wurde, ein edler offener Bau, der sich von der bedrückenden Masse des Palazzo Vecchio abhob. Hier konnten die öffentlichen Funktionen der Loggia das von Intrigen strotzende Wirken der republikanischen Regierung ergänzen. In der Loggia wurden hohe Verwaltungsbeamte vereidigt und auswärtige Gesandtschaften mit großem Pomp im Namen der Bürgerschaft empfangen (Abb. 15.10).

Diesem Verwaltungsmittelpunkt, dem Symbol eines bald angespannten, bald festlich-fröhlichen öffentlichen Lebens, stand die erhebende Anmut des Glaubens gegenüber. Der an keiner Stelle aufgelockerten Ernsthaftigkeit des Verwaltungsbaus – jenem düsteren Mauerwerk, der wehrhaften Zinnenbekrönung und der Rustika – antwortete am anderen Ende der Achse der helle leuchtende Domkomplex in einer Hülle strahlender Vielfarbigkeit. Etwa um 1330 erhielt der Maler Giotto, damals der künstlerische Berater der Stadt, den Auftrag, die noch unvollendete Kirche durch einen Turm zu ergänzen (Abb. 13.33). Er sollte sich, wie ein einheimischer Geschichtsschreiber es treffend ausdrückte, »zur Ehre ... eines machtvoll vereinten, hochgemuten und in Freiheit souveränen Volkes« erheben – und das klingt nicht so, als handle es sich um einen üblichen Glockenturm. In der Tat war das ein neuartiges Wahrzeichen der Stadt – einzigartig unter den Türmen der feudalen Vergangenheit und den starren Baumassen der Gemeindeverwaltung. Der elegante, mit Marmor verkleidete 89 Meter hohe Turm steht in einer Linie mit der Fassade, ohne mit ihr verbunden zu sein. Die übliche florentinische Anordnung verlangte einen Campanile, der, gewöhnlich nach dem Ostende der Kirche hin, deren linker Seite angefügt war. So verhielt es sich auch bei S. Reparata, dem alten Dom. Giottos Campanile ist dem neuentstandenen Stadtzentrum näher gerückt und steht deutlich sichtbar unmittelbar vor der Via dei Calzaioli. Um keinen Zweifel darüber zu lassen, daß es sich hier um ein städtisches Denkmal handelt, verzichtet Giotto auf die Turmspitze der gotischen Glockentürme und krönt das Gebäude statt dessen mit dem *Ballatoio,* einer mit Pechnasen versehenen Galerie militärischen Charakters, wie er sich – ernst gemeint – am Turm des Palazzo Vecchio befindet. Die gleiche Tendenz verfolgt er an der Basis, wo eine Reihe von Wappenschilden Florenz, die Gemeinde und das Volk ganz allgemein verherrlicht, bezeichnenderweise aber nicht die Kirche.

Palazzi

Während der ersten Hälfte des 14. Jh. war die Gemeinde mit dem Dom, mit Orsanmichele und dem neuen Mauerbau beschäftigt, der, 1284 begonnen, erst 1333 vollendet wurde. Die Mauern, ein gewaltiges Unternehmen, hatten bei 12 Metern Höhe eine Gesamtlänge von 8,5 Kilometer. Wie sich herausstellte, hatte man damit des Guten zuviel getan. Das rasche Wachstum der Stadt in der vorangegangenen Periode hatte in weniger als hundert Jahren den Mauerring des späten 12. Jh. gesprengt, sich dann verlangsamt und um 1350 ganz aufgehört. Der Bereich zwischen den beiden Mauern blieb unbebaut. Eine Ausnahme bildete nur das Gelände in der Nähe der von den Bettelorden errichteten florierenden Klöster. An anderen Stellen säumten einzelne Häuserreihen die Straßen, die zu den Toren führten, während hinter den Häusern Gärten und Felder lagen. Dieser Grüngürtel ist erst im 19. Jh. bebaut worden (Abb. 15.27).

Florenz nahm insofern eine Sonderstellung ein, als es infolge der schrecklichen Prüfungen des 14. Jh. nicht allzu drastisch zusammenschrumpfte. Entvölkerung war das Schicksal fast ganz Europas. Hungersnot, Pest und Krieg schwächten den Kontinent. Die Hungersnot von 1315 bis 1317 war die schlimmste unter vielen. In den großen Tuchzentren des Nordens, die schon längst über ihre örtliche Nahrungsmittelversorgung hinausgewachsen waren, stieg die Sterblichkeitsziffer erschreckend an. Auch Seuchen traten periodisch auf, doch war keine so allgemein und so verheerend wie die Pest von 1348 bis 1350. Über ein Drittel der Bevölkerung Westeuropas raffte sie dahin. Sie ging dem Hundertjährigen Krieg zwischen England und Frankreich um zehn Jahre voraus. Die Bezeichnung »Hundert-

Abb. 16.3 Florenz, Palazzo Davanzati, spätes 14. Jh.: (**a**) Außenansicht; (**b**) Hof im Erdgeschoß. Das Gebäude ist jetzt ein Museum für Möbel und Innenarchitektur.

jähriger Krieg« für die englisch-französischen Auseinandersetzungen übertreibt nicht. Erst um die Mitte des 15. Jh. wurden die Engländer aus den weiten Gebieten Frankreichs vertrieben, die sie um einen so schrecklichen Preis erobert und an denen sie so zäh festgehalten hatten.

Da Florenz in der besten Zeit zwei Drittel seiner Getreideversorgung aus Gebieten außerhalb seiner Gerichtsbarkeit eingeführt hatte, brauchte es jetzt je nach Bedarf nur die Bezugsquellen zu wechseln. Geld war reichlich vorhanden. Als die Tuchindustrie spürbar zurückging, wandte man sich teilweise der Seide zu, und selbst der »Krach« der 1340er Jahre, der die großen Bankiersfamilien der Bardi und der Peruzzi ruinierte, erwies sich als überwindbar. Das Talent der Stadt zu Geschäften großen Maßstabs bezog auch das Land ein, wo reiche Kaufleute ausgedehnte Güter zusammenkauften und mit Gewinn bewirtschafteten. Es wurde üblich, einen Landsitz zu haben. Während der Adel seit dem anfänglichen Erfolg der Gemeinde seine Burgen hatte aufgeben müssen und innerhalb der Mauern wohnte, suchten jetzt die wohlhabenderen Bürger den Zwängen und dem Getriebe der Stadt zu entkommen und sich auf Landgüter zurückzuziehen.

Das Hauptgebäude des Gutes unterschied sich wahrscheinlich kaum vom traditionellen toskanischen Bauernhaus. Vielleicht war es besser gebaut und mit einigen großspurigen Extras versehen, die sich der einfache Bauer nicht leisten konnte. Man findet den Gebäudetyp – einen der Vorfahren der späteren Renaissancevilla – auf Gemälden des 14. Jh.: ein massiger Block aus unbehauenem Stein mit einer Vorhalle oder Loggia, die Arkaden oder Horizontalgebälk aufwies, einem Balkon und einem Außenofen. Die Loggia wird auch weiterhin genau wie beim Gutshaus das charakteristische Element der Villa bleiben, nur wird sie sich jetzt klassisch gebärden, dem Gesamtbau einverleibt und oft mit Seitenflügeln versehen sein (Abb. 19.32).

Das Stadthaus sah anders aus. Es ging ebenfalls auf einen überlieferten Typus zurück – auf das Turmhaus, das wir im vorigen Kapitel kurz erwähnten. Um die Mitte des 14. Jh. jedoch war es dabei, sich zu zivilisieren, es gab sich liebenswürdiger und weniger grimmig. Ein gutes Beispiel dafür ist der westlich des neuen Marktes gelegene Palazzo Davanzati (Abb. 16.3). Ursprünglich war er von der Familie Davizzi irgendwann in der zweiten Hälfte des Jahrhunderts errichtet worden. Noch immer wirkt er schmal und hoch, auch ein wenig steif, aber statt des aggressiven *Ballatoio* ziert sein oberstes Geschoß eine offene Galerie. Typisch für Wohnarchitektur wurden jetzt freundliche Gesten zur Straße hin, etwa *Sporti*, d. h. vorspringende Obergeschosse. Manchmal zeigte sich die Offenheit im Erdgeschoß in Form einer Loggia, in der zeremonielle Vorgänge, etwa Vermählungen, absichtlich den Vorübergehenden sichtbar gemacht wurden. Die große Loggia an der Piazza della Signoria überträgt diese familiäre Note gewissermaßen ins öffentliche Leben (Abb. 15.10).

Am Palazzo Davanzati finden sich jedoch Einzelheiten, die auf die herrschaftlichen Stadtwohnungen des nächsten Jahrhunderts vorausweisen. Die Fassade ist noch unsicher unterteilt, das Erdgeschoß für Läden und Speicher durch eine leichte Rustizierung hervorgehoben. Alle Stockwerke sind säuberlich durch Simse abgegrenzt; ein kunstvolleres Gesims bildet den Abschluß an der Dachkante. Die Bogenfenster sind streng einheitlich gehalten, und die Geschosse werden nach oben niedriger. Innen findet sich als schmückendes Element ein kleiner Hof mit einer Loggia, deren achteckige Säulen reichverzierte Kapitelle tragen. Eine zweiläufige Treppe verbindet die drei Wohngeschosse, in denen jeweils ein Hauptraum die ganze Hausbreite einnimmt und von denen jedes eine eigene Toilette besitzt. Ein Brunnenschacht läuft durch alle Stockwerke, durch den man das Wasser mit Eimern heraufholt. Für den angesehenen Kaufmann oder Bankier, der Geschäfte mit auswärtigen Kunden tätigte, war das Stadthaus ein Zeichen seiner beruflichen Geltung. Für die Stadt boten Bürgerpaläste eine Gelegenheit, dem erneuerten Straßennetz

Abb. 16.4a Florenz, Palazzo Medici, 1444–1460, Michelozzo di Bartolomeo; Außenansicht. Die Hauptveränderung des Entwurfs der Außenseite besteht darin, daß die offene Eckarkade im Erdgeschoß im frühen 16. Jh. mit Fenstern geschlossen wurde, die Michelangelo gestaltete.

Glanz zu verleihen und dichtgedrängte Wohnviertel aufzuwerten. So wurden angesehene Familien in ihren Bemühungen unterstützt, verstreut liegenden Grundbesitz für Monumentalbauten zusammenzulegen. Die Gemeinde willigte in das Verschwinden öffentlichen Raums, einer Gasse oder einer kleinen Piazza ein, nachdem sie sich auf irgendeine Weise mit der betreffenden Familie verständigt hatte, und genehmigte die raumschluckende Gravität dieser Bauten. Die berühmten Stadtpaläste der Medici, der Strozzi und der Pitti sind keine extravagante Erfindung der Renaissance des 15. Jh. Der Gebäudetyp des Palazzo Medici – mit Innenhof, unterteilter Fassade, Rustikaerdgeschoß und einer einstmals offenen Loggia – gehört in das späte Mittelalter (Abb. 16.4). Neu sind am Palazzo Medici die Würde und die Symmetrie, die quadratische Masse mit Freiraum in der Mitte, die den Hof vollständig umschließenden Arkaden mit den dahinter verborgenen Treppen und natürlich die verstärkte Hochschätzung klassischer Formen (man beachte das riesige vorspringende Gesims, das einem körperlosen klassischen Gebälk gleicht) und die klassischen Proportionen.

Sozial gesehen besteht die Veränderung hauptsächlich in der drastischen Ausweitung des Wohnbereichs. Im Widerspruch zur allgemeinen Annahme beherbergten diese stattlichen Räumlichkeiten einen einzigen Haushalt, der aus der engeren Familie und zwei oder drei Dienstboten bestand. Außer einem Büro im Erdgeschoß war für das Geschäft nur wenig oder auch gar kein Raum vorgesehen, und auch an Außenstehende wurde nur selten vermietet. Sogar die üblichen Läden hielt man nach und nach fern. Wir wissen, daß sich der Verkaufswert dieser Renaissancepaläste kaum jemals mit den großen Kosten messen konnte, die der Bau verursacht hatte. Sie waren also nicht etwa kluge Geldanlagen, sondern bezeugten vielmehr augenfällig die kostspielige Haushaltsführung eines erfolgreichen Geschäftsmanns und die Rolle, die er in der Stadt spielte. In ihrem Gesamteindruck ließen sie einen Grad der Zurückgezogenheit erkennen, der dem bewegten Straßenleben des späten Mittelalters unbekannt war. Nachdem die Außenloggien, die Läden und die Wachttürme verschwunden sind, schließt sich der eigentliche Palazzo von jedem Verkehr mit der öffentlichen Sphäre der Straßen ab und verbirgt das Privatleben des Haushalts hinter einem vornehmen, teuren steinernen Vorhang.

Diese zurückhaltende Zurschaustellung setzte sich nur langsam und zögernd durch. Eine unproduktive Verwendung von Kapital widerspricht dem Instinkt eines Bankiers oder Kaufmanns. Außerdem priesen franziskanische Lehrer gerade in Florenz die Armut mit besonderem Nachdruck. Doch ein dauerhaftes Zeugnis ihres Status hatte für jene Männer, die aus eigener Kraft zu Fürsten der Kontore und Buchhaltungen aufgestiegen waren und schließlich die Stadtstaaten Toskanas beherrschten, nicht weniger Reiz als einst für den Baron, den Bischof oder den Abt. Unterstützt wurden sie hierin von den Humanisten, die eine moralische Rechtfertigung des privaten Reichtums und dessen Zurschaustellung vor den Bürgern ersannen. Wie Leon Battista Alberti später in seinen »Zehn Büchern über Architektur« schrieb: »Die Pracht (des Hauses) sollte der Würde des Besitzers entsprechen.« Der reiche Kaufmann konnte den weltlichen Erfolg durch Unterstützung frommer Anliegen oder durch Förderung von Bauten zur Verherrlichung des Glaubens ausgleichen. Und eine Möglichkeit, gleichzeitig Gott und sich selbst zu ehren, bestand darin, daß man eine Familienkapelle in der Pfarrkirche stiftete und von einem namhaften Künstler ausschmücken ließ. Diese eigennützige Förderung, die im 14. Jh. begann, hat uns viele private Kleinode sakraler Kunst beschert, unter ihnen Giottos Peruzzi-Kapelle in Sta. Croce, Michelangelos Medici-Kapelle und später, im 17. Jh., in Rom Berninis Kapelle für die Familie Cornaro in Sta. Maria della Vittoria.

Kirchen

Im spätmittelalterlichen Florenz lag der Kirchenbau, wie wir sahen, in den Händen der Gemeinde und der Mönche. Aber die architektonische Sprache, deren man sich bediente, war stets dieselbe, gleichviel, ob es sich um den neuen Dom oder um die großen Kirchen der Bettelorden handelte – und es war nicht die Sprache weltlicher Bauten, etwa des Palazzo Vecchio mit seiner Loggia oder der Stadthäuser der Reichen. Der Wohnungsbau war dem lokalen Stil der befestigten Häuser und Landgüter, aber auch der dem klassischen Stil entsprechenden Romanik Toskanas verpflichtet, der wir früher begegnet sind. Die sakrale Architektur neigte zu den eher internationalen Traditio-

Abb. 16.4b Palazzo Medici, Innenhof.

Abb. 16.5 Florenz, Sta. Maria Novella, 1278–1350; Schiff, Blick nach Osten.

Abb. 16.6 Florenz, Sta. Croce, begonnen 1295, Arnolfo di Cambio (?); Schiff, Blick nach Osten.

nen der Gotik – allerdings in einer sehr individuellen Ausprägung.

Dieser Stil war mit den Zisterziensern über die Alpen nach Italien gekommen. Die Franziskaner und Dominikaner paßten ihn im 13. Jh. ihren eigenen Zwecken an. Doch es handelt sich dabei bestenfalls um eine äußerliche Übernahme – hier eine Fensterrose, dort ein Rippengewölbe auf unverkennbar italienischem Untergrund. Sta. Maria Novella (1278–1350), die Dominikanerkirche in Florenz, ist in ihrem Grundentwurf zisterziensisch, aber die Joche des Mittelschiffs, des Querschiffs und des Chors sind quadratisch in der Überlieferung Norditaliens. Italienisch ist auch die breite Öffnung des Hauptschiffs auf den hohen Raum der Seitenschiffe (Abb. 16.5). Glatte Flächen überwiegen. Die tragenden Glieder sind durch ihr Material hervorgehoben, den kühlen graugrünen Stein Toskanas, die *Pietra serena*. Der Innenaufriß zeigt über den Bogen des Mittelschiffs in jedem Joch nur ein einziges kleines Rundfenster. Die 1294 begonnene Franziskanerkirche Sta. Croce zeigt anstelle von Gewölberippen ein Holzdach mit freiliegenden Balken (Abb.16.6). Die Proportionen sind gänzlich ungotisch. Man könnte mit geringer Mühe die prismatischen achteckigen Pfeiler durch klassische Säulen ersetzen, die Spitzen der Bogen abrunden und damit jede Vorspiegelung eines gotischen Innenraums beseitigen. Nur die schlanke Grazie der Apsisfenster bliebe ein Widerspruch. Es tut dem erlesenen Genie eines Filippo Brunelleschi (1377–1446) keinen Abbruch, wenn man behauptet, genau das sei hundert Jahre später bei seinen Kirchen in Florenz geschehen (Abb. 16.7). Natürlich ist Brunelleschis Genie damit nicht erschöpft. Die vorgeschlagenen Abänderungen brächten auch eine romanische Kirche wie S. Miniato hervor. Brunelleschi hatte viele Ingredienzien bequem zur Hand: Rundbogen auf Säulen, klassische Pfeiler und Gesimse, flache Decken, quadratische Joche. Aber die Aufgeschlossenheit für diese Elemente konstituiert ebenso wenig den von den Historikern »Renaissance« genannten Architekturstil, wie das zufällige Vorhandensein von Gewölberippen, Spitz-

schon im späten Mittelalter herausgebildet hatte. Was Denken und Gestalten angeht, so unterschied sich das 14. vom 15. Jh. in Florenz nur dem Grade, nicht aber dem Wesen nach.

Die bewußte Ausgeglichenheit einer Renaissancekirche wie Brunelleschis S. Lorenzo oder S. Spirito beruht auf einem Verständnis der Modul-Basis aller klassischen Architektur, d. h. auf der Tatsache, daß ein Ausgangsmaß, oft der halbe Durchmesser einer Säule an ihrer Basis, alle anderen Proportionen des Bauwerks bestimmt. Es kommt also auf den Maßstab und nicht auf die Größe der tatsächlichen Dimensionen an. Je kleiner die Säule ist, desto kleiner ist im Verhältnis der Rest des Gebäudes. Alle Einzelheiten sind durch diesen arithmetischen Modul genauso wie in einem griechischen Tempel aufeinander abgestimmt. Eine Folge davon ist, daß die mittelalterliche Übung, dem Baukörper eine Reihe von Kapellen anzufügen, damit alle Mönche die Messe lesen konnten, Anlaß einer entsprechenden Modul-Verkettung wurde. Für mittelalterliche Kirchen war es typisch, daß manche von diesen Kapellen sehr klein waren, da so viele vorhanden sein mußten, wie es im Kloster Mönche gab, während andere, von Privatfamilien für ihren Gebrauch gestiftete, beliebig groß sein konnten. An Sta. Croce wird das alles deutlich. Doch Brunelleschi nimmt einen eingeführten Gebäudetyp und unterwirft ihn mathematischer Disziplin: Jetzt sind alle Kapellen einheitlich oder entsprechen der jeweils gegenüberliegenden, und in den Proportionen passen sie zum Hauptschiff und den Seitenschiffen (Abb. 16.8 und 16.9).

In Brunelleschis S. Lorenzo (1421–1460) sind einige der größeren Verhältnisse augenfällig. Er begann mit einer quadratischen Vierungseinheit und gewann den Chor und das Querschiff durch die einfache Verdoppelung dieser Einheit. Soweit erinnert uns das Verfahren an den »quadratischen Schematismus« der karolingischen Architektur. Das Schiff besteht aus vier Quadraten, die Seitenschiffe aus Quadraten, die jeweils ein Viertel der Fläche der Haupteinheit messen. Aber das System ist komplizierter. Nimmt man als Modul den halben Durchmesser der Säulen an, so kann man beispielsweise zeigen, daß der Durchmesser einer jeden Deckenkassette 4,5 Moduln mißt und daß dieses Maß genau der Breite der Fenster entspricht.

Doch das System verharrt nicht im Zweidimensionalen – es bezieht auch den Aufriß

Abb. 16.7 Florenz, S. Lorenzo, 1421–1460, Filippo Brunelleschi; Schiff, Blick nach Osten. Der erste Entwurf geht bis 1418 zurück. S. Lorenzo war die Pfarrkirche der Familie Medici; sie wurde an der Stelle einer älteren Kirche errichtet.

bogen und Strebebogen in der Romanik des Nordens der Gotik ihre Neuartigkeit absprechen konnte. Ein neuer Stil ist das Vehikel einer neuen Vision. Das gilt für die Renaissance genauso, wie es für die Gotik galt. Doch wir möchten folgendes deutlich machen: Während die Gotik eine echte Erfindung war, die Leistung einer Region in Frankreich, die keine logischen Voraussetzungen dafür besaß, und während sie mit einer gewichtigen politischen Botschaft zusammenfiel – dem Königtum als dem Schmied des französischen Nationalbewußtseins –, war das Auftreten der Renaissancearchitektur im frühen 15. Jh. in Florenz örtlich schon lange vorausempfunden worden, und es war auch nicht mit einer einschränkenden ideologischen Bürde belastet. Es stellte eher einen Höhepunkt als einen radikalen Wandel dar; es handelte sich um ein kulturelles Ausreifen, ein Wissen und Begreifen, das sich stellenweise

Abb. 16.8 Florenz, S. Lorenzo; ein Mittelschiffjoch, Blick durch das Seitenschiff in eine Kapelle.

Bauten so erleben sollte, als wären sie auf einen perspektivischen Raster projiziert, als beträte der Betrachter ein gemaltes Bild – und tatsächlich wird ja in der Renaissance der Unterschied zwischen Architektur und Malerei zu einem Unterschied eher im künstlerischen Mittel als in der Sache. Natürlich ist das dem Erlebnis der klassischen Architektur von Grund auf fremd, da sie zwar modulbezogen ist, aber nicht in festen perspektivischen Verhältnissen begriffen werden soll – wenn auch offensichtlich jedes Gebäude, das Säulenjoche aneinanderreiht, das Gefühl einer perspektivischen Verkleinerung erzeugen wird.

In der 1436 begonnenen Kirche S. Spirito endeten die Seitenkapellen in Nischen, die als halbkreisförmige Ausbuchtungen sichtbar sein sollten (Abb. 16.9). Damit haben wir hier etwas Plastischeres, das, von innen gesehen, sich der Wirkung von Aushöhlungen in dicken Mauern annähert, wie sie für

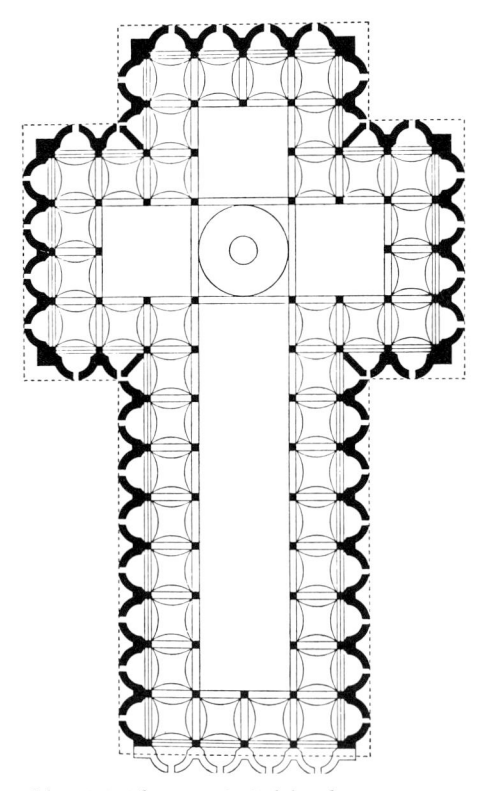

Abb. 16.9 Florenz, S. Spirito, begonnen 1436, Filippo Brunelleschi; Grundriß. Die Kirche wurde erst 1482 vollendet. An dem Plan wurden bedeutsame Änderungen vorgenommen; unter anderem begradigte man die Außenseite durch eine Mauer, um die halbkreisförmigen Kapellen zu verdecken, die nach Brunelleschis Plan sichtbar sein sollten.

mit ein. Der Raum ist in drei Dimensionen gegliedert, die aus volumetrischen Einheiten bestehen. Frühe Zisterzienserkirchen hatten dieses Kompositionsschema schon dreihundert Jahre zuvor ausprobiert. Hier ist es konsequent angewendet und auch noch in ein System der Linearperspektive eingepaßt. Das quadratische Muster des Fußbodens und das Kassettengitter liefern die räumlichen Koordinaten dieser Perspektive, und die gedachte Mittelachsenlinie verlockt den Besucher, sich auf ihr so voranzubewegen, daß beide Hauptschiffwände gleichmäßig zum Fluchtpunkt hin abnehmen. Auf dieselbe Weise kommt es, wenn man auf dieser Linie steht und seitwärts durch die Hauptarkade und das Seitenschiff blickt, zu einer visuellen Verengung, die auf die Mitte der Rückwand der zugehörigen Kapelle zuläuft (Abb. 16.8).

Brunelleschi war der Erfinder der Zentralperspektive. Er wollte, daß man seine

den römischen Gewölbestil charakteristisch waren, und, von außen gesehen, an die bauchig hervortretenden Nischen am sog. Tempel der Minerva Medica oder von S. Vitale erinnert (Abb. 11.13, 11.15, 11.26). Natürlich sind diese beiden Bauten zentral geplant. Brunelleschi versuchte sich an einer solchen Kirche, aber sie wurde unvollendet aufgegeben. Der Grundriß des lateinischen Kreuzes war liturgisch zu fest verwurzelt, als daß radikale Abweichungen möglich gewesen wären. Brunelleschis Interesse an Zentralität äußerte sich mit mehr Erfolg in kleinen Bauten, etwa angebauten Kapellen oder Sakristeien, und in der Behandlung des Ostendes seiner Kirchen. Sowohl S. Lorenzo als auch S. Spirito haben überkuppelte Vierungen, von denen drei Arme gleicher Länge ausgehen; der vierte, längere Arm ist das Mittelschiff. Das Schema umfaßt also eine longitudinale dreischiffige Basilika, die Standardformel des Westens, mit einem Mittelteil für den Altar und die Geistlichkeit.

Für diesen Plan gab es schon Präzedenzfälle im Mittelalter. Das für uns nächstliegende Beispiel ist der neue Dom von Florenz, Sta. Maria del Fiore, wie er in der zweiten Hälfte des 14. Jh. neu gestaltet wurde (Abb. 16.10). Hier hat jeder der drei gleichen Arme außen fünf Seiten, denen innen fünf Kapellen entsprechen. Der Altar stand in der Mitte der achteckigen Vierung, die sich – sehr bemerkenswert – über die volle Breite des Mittelschiffs und der Seitenschiffe erstreckte.

Das Bedürfnis, sich bei einem zentralen Vorgang wie der Messe oder einer wichtigen städtischen Zeremonie, an dem ringsum eine dichtgedrängte Menge teilnahm, in einem Brennpunkt zu vereinen, siegte über die übliche Betonung der Längsachse der mittelalterlichen Kirche, wie ja auch wirklich dieses erstaunliche östliche Dreiblatt das eigentliche Hauptschiff zusammenschrumpfen läßt.

Das einzige Problem bestand darin, daß es sich als sehr schwierig erwies, den über 40 Meter breiten zentralen Raum mit einer Kuppel zu versehen, da sein Ausmaß das übliche Lehrgerüst aus Holz nicht zuließ. Die Achteckform war zweifellos auf das gegenüberliegende Baptisterium zurückzuführen, das nur zwei Drittel der Spannweite aufwies (Abb. 13.33). Vor dem Jahrhundertende war der Bau bis zum Ansatz der Kuppel gediehen. Der Tambour hätte durch Strebebogen verstärkt werden können, doch das geschah nicht. Wahrscheinlich hatte man sie weggelassen, weil sie fremdartig wirkten und weil sie damals im Mailänder Dom in so übertriebenem Maße verwendet wurden, Florenz aber mit Mailand, dessen Hof von Deutschen wimmelte, verfeindet war. Die Kuppel mußte also auf irgendeine Weise ohne Lehrgerüst über eine unvorstellbare Spannweite gebaut werden, und sie mußte sehr dünn und sehr leicht sein, da der Tambour nicht von Strebebogen gestützt wurde. Diese ganz außergewöhnliche Herausforderung versetzte die Steinmetzmeister in Verwirrung.

Wieder einmal erwies sich Brunelleschi zwischen 1420 und 1436 als Retter in der Not. Er vollbrachte, was schon damals zur Legende wurde und seither zu den großen Ereignissen in der Geschichte der Baukunst gehört. Die Anregung kam vom Baptisterium, aber auch vom Pantheon in Rom, wohin Brunelleschi gegangen war, um »die Bauweise und die Proportionen der Alten« zu studieren, wie uns sein Biograph berichtet, und um »die Stütz- und Schubverhältnisse der Bauwerke, ihre Formen, Gewölbe und Erfindungen ... und auch ihre schmückenden Details genau (zu erkunden)« (Abb. 10.3, 13.34).

Doch die eigentliche Lösung des Problems ergab sich aus keinem dieser Bauwerke. Brunelleschi ersann eine doppelschalige Kuppel, bei der jede Schale aus acht gekrümmten Feldern besteht, die durch starke, in einer Spitze zusammenlaufende hochaufgerichtete Rippen verbunden sind (Abb. 16.11). Diese Felder waren durch weitere Rippen unterteilt, wobei letztere unter sich durch verschiedenartige Horizontalglieder verbunden waren: durch Ringe aus Sandsteinblöcken, die mit zinnüberzogenen Eisenstäben ineinander verankert wurden, alle sieben Meter durch Tonnengewölbe, welche sich von Rippe zu Rippe erstreckten, sowie durch hölzerne Verbindungsringe aus

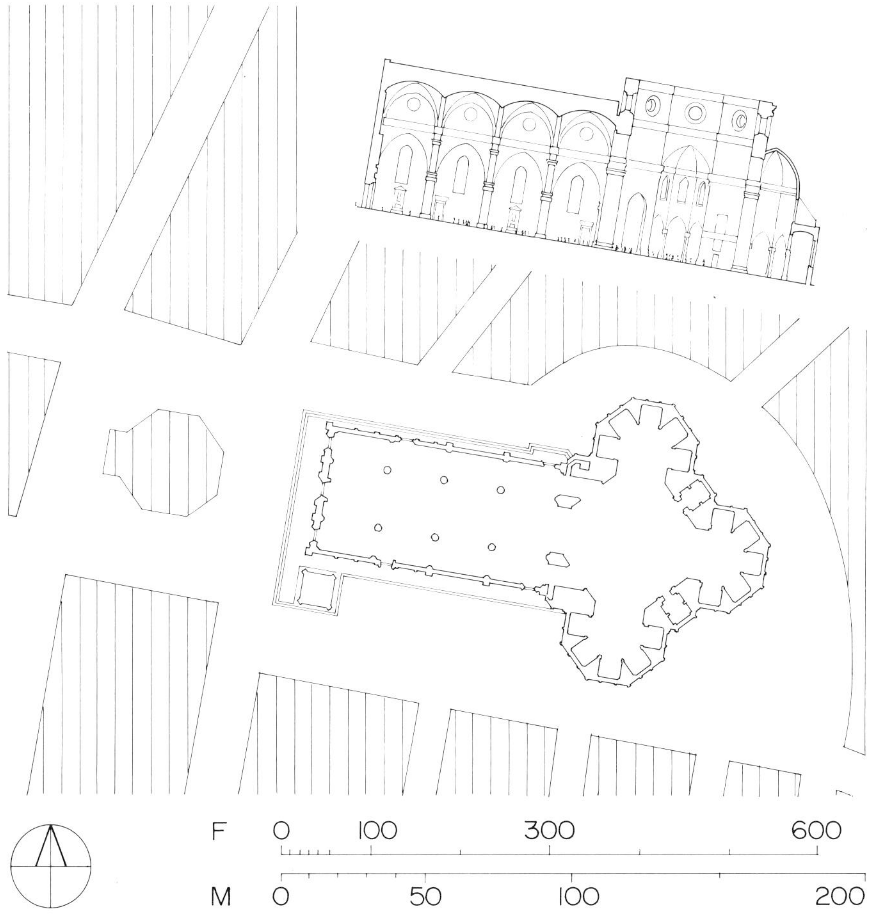

Abb. 16.10 Florenz. Der Dom Sta. Maria del Fiore, begonnen 1296, Arnolfo di Cambio; Kuppel von Brunelleschi, 1420–1436; Grundriß und Längsschnitt.
Das achteckige Gebäude, das hier westlich des Doms angedeutet wird, ist das Baptisterium (vgl. Abb. 13.33).

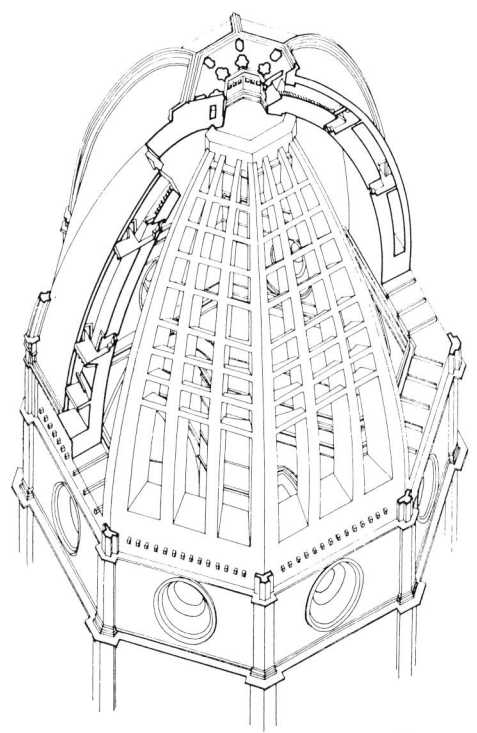

Abb. 16.11 Florenz, Kuppel des Doms, 1420–1436; axonometrische Zeichnung zur Verdeutlichung der Konstruktion.

starken Eichenbalken. Das alles ermöglichte es, die Kuppel schichtweise aufzuführen und sie zu verstärken, während sie in die Höhe wuchs. Die Verankerungsstäbe und der Aufbau in Schichten sind Hilfsmittel der Antike, während die Rippen aus der Gotik kommen. Zwischen den beiden Schalen der konzentrischen Gewölbe wirkten sich diese Rippen in der Tat wie verborgene Strebebogen auf die innere Schale aus, während sie an den Ecken der Außenschale kraftvoll vorspringen und die visuelle Wirkung der Kuppelmasse unterstützen. Denn die Aufgabe bestand ja nicht nur darin, eine technische Lösung zu finden, sondern auch die Silhouette der Stadt mit ihrem markantesten Symbol zu schmücken. Brunelleschi ist sich bei der Beschreibung seines Modells, das dem Bauausschuß vorgeführt wurde, dieses zweifachen Motivs durchaus bewußt. So sagt er etwa von der Außenschale, sie sei notwendig, um die Innenschale vor Wettereinflüssen zu schützen, fügt aber hinzu: »und daß sie sich großartiger und voller wölbe«.

Und das tut die Domkuppel unbestreitbar – sie wölbt sich großartig und voll. Sie ist eine Rundplastik, die von jedem Blickpunkt aus vollkommen wirkt – aus der Nähe und aus der Ferne, von Nordosten und von Südwesten her (Abb. 16.12). In erlesener Klarheit leistet die Kuppel mit ihren roten, durch acht Rippen aus den nahen Marmorbrüchen von Carrara abgesteppten Ziegelfeldern weit mehr, als nur Mittelpunkt der weitausgedehnten Stadt zu sein und sie zusammenzuhalten. Das allerdings gelingt ihr hervorragend – als ob sie die Kräfte aller jener Jahrzehnte des Bauens und den ihnen innewohnenden Gemeinschaftssinn in sich aufgenommen und mit den weißen Marmorstreifen und dem Knoten der Laterne an der Spitze angebunden hätte. Aber die Kuppel vollbringt noch mehr. Sie versammelt um sich den *Contado,* das Gebiet, das außerhalb der Mauern unter ihrer Gerichtsbarkeit steht, und die Bergkette dahinter, und ihre Wirkung greift noch immer weiter aus bis in die fernere Umgebung hinein.

Kein Wunder, daß Florentiner in der Fremde hinfort nicht mehr von Heimweh sprachen, sondern von »Sehnsucht nach der Kuppel«. Ganz abgesehen von ihrem sozialen Status besaßen sie jetzt das vollkommenste Richtmaß für ihre stolze Stadt und deren Bestrebungen – eine Stadt, die sich im 15. Jh. unter der milden Herrschaft der Medici als die Herrin Toskanas, als die Sprecherin ganz Italiens und darüber hinaus als Mentor Europas betrachtete.

Damals rückte an einer Stelle in Norditalien das Mittelalter ganz bewußt und frühreif näher an die neue Zeit heran. Die Florentiner waren sich darüber im klaren, daß sie sich damit von anderen Zentren des Abendlands absetzten, und sie waren stolz darauf, jene geheiligten Wurzeln der Antike wiedergefunden zu haben, die verfälscht wurden, als ein buntes Gemisch von Fremdlingen in das Römische Reich einbrach. In der Architektur lagen dem Zeitalter der Renaissance in Florenz Einstellungen zur Kultur zugrunde, von denen mindestens drei eine Hauptrolle spielten. Zunächst einmal achtete man die heimische Tradition und Kontinuität sehr hoch. Einige der vornehmsten Bemühungen der Baumeister des 15. Jh. galten der Vollendung und Erneuerung bestehender Bauten. Der neue Stil hielt die Mitte zwischen Bewahrung und einer der Umgebung angepaßten Modernisierung, also eine mittlere Position zwischen der Stadt der Vergangenheit und der Stadt der Zukunft. Zweitens war die Architektur

Abb. 16.12 Florenz, Dom; Ansicht von Süden.
Der Flächenraum dieser Ansicht entspricht dem der Abb. 16.2. Die gerade Straße links ist die Via dei Calzaioli, die zwischen dem Baptisterium und der Piazza della Signoria mit dem Palazzo Vecchio im Vordergrund verläuft (vgl. auch Abb. 13.22 und 15.10).

in Florenz eine öffentliche Angelegenheit; sie war jedermanns Anliegen. Bauten spielten eine Rolle. Sie waren ein Quell des Stolzes und auf ihre Art genauso ein Exportartikel des Florentinertums wie der begehrte Florentiner Gulden und das berühmte Tuch. »Alle Bürger«, sagt Alberti in seinem Werk über Architektur, »sind an allem interessiert, was öffentlich ist und zur Stadt gehört.«

Schließlich entstand im 15. Jh. in Florenz eine konsequente Theorie der Architektur, die wie die anderen Künste voraussetzte, daß der Gestaltungsakt in erster Linie eine ideelle Disziplin und nicht eine von Produktionstechnik beherrschte Fertigkeit sei. Brunelleschis Werk war repräsentativ für diesen wichtigen Wandel in der Einstellung: Da gab es die Verwandtschaft zeitgenössischer Arbeiten mit den Formen und Regeln der Antike, insoweit sie sich wiederbeleben ließen und ihre Neuerfindung notwendig wurde, und da gab es die Unentbehrlichkeit der mathematischen Perspektive als eines Mittels, Dinge im Raum optisch genau darzustellen und dadurch jene ideale Proportionalität zu erzielen, die Schönheit erzeugt. Alberti wird noch ein Drittes verkünden: eine Art Mystik, welche der Architektur den übergeordneten Stellenwert einer tiefgreifenden geistigen Aktivität verleiht.

Gerade diesen Punkt des Geistigen, Ideellen übersehen wir oft in unserem Eifer, die Renaissance als einen profanen Stil darzustellen, als eine Sprache des neuen Heidentums und der Weltlichkeit im Gegensatz zu dem, was wir für die enge Religiosität des Mittelalters halten. Geoffrey Scott hat in seinem berühmten Aufsatz von 1914, »The Architecture of Humanism«, ausdrücklich diese Ansicht vertreten, wenn er sagte: »Die Renaissance... ist eine Architektur des Geschmacks, die nicht Logik, Konsequenz oder Rechtfertigung anstrebt, sondern einzig und allein Freude bereiten will.« Florenz war zudem im 15. Jh. ebenso religiös wie vorher. Kirche und Staat waren getrennt, aber durchaus aufeinander angewiesen, und von beiden konnte keines totale Loyalität des Gemeinschaftsgeistes beanspruchen. Der Glaube war noch immer das große Behältnis, mochte er auch jetzt weit gelehrter und »humanistischer« aufgefaßt werden. Die Renaissancearchitektur gründete sich nach Ansicht ihrer Theoretiker und nach den Worten Rudolf Wittkowers, eines ihrer bedeutendsten Kenner, auf »eine Hierarchie von Werten, die in den absoluten Werten sakraler Architektur gipfelte«.

Europa im vierzehnten Jahrhundert

Was Florenz ablehnte, war ganz offensichtlich nicht die programmatische Betonung der zeitgenössischen europäischen Architektur, sondern die Art und Weise, in der dieses Programm allgemein seinen Ausdruck fand. Die Verschiedenheit um 1450 war gewaltig. Für einen Reisenden, der über die Alpen aus dem Norden kam, müssen sie wunderliche Erscheinungen gewesen sein: die viereckigen Steinpaläste, das schachtelförmige Kircheninnere von S. Lorenzo oder S. Spirito, das Waisenhaus am Nordostrand der Stadt, dessen Fassade aus einer Reihe genau gleicher Einheiten bestand, die nach einem einheitlichen Maßstab deutlich abgeteilt waren (Abb. 19.6b), und natürlich auch die große Domkuppel. Bei ihm zu Hause gab es das überquellende Maßwerk der spätgotischen Bauten, reich und immer wieder abgewandelt, das steinerne Filigran des Tympanons und der Fensterrose, die mit Zacken versehenen Strebepfeiler und Kreuzblumen, die schwindelerregende Vertikalität und das Gitterwerk der Rippen, welche das Bauwerk innen krönten, die didaktische Konstruktion des christlichen Universums in farbigem Glas und in der Portalskulptur (Abb. 16.19). Hier in Florenz dagegen: unverzierte und regelmäßige Wände, Einzelsäulen und Pilaster, maßvolle, einheitlich ausgerichtete Joche, die den Raum den Proportionen des Besuchers entsprechend überwölben, die klare, diagrammatische Gliederung horizontaler und vertikaler Koordinaten, das sparsame heraldische Ornament und schließlich die kleinen Tondi (Rundreliefs) aus Terrakotta, welche gefällig in die architektonische Ordnung eingepaßt sind (Abb. 16.4b).

Die Grenzen wurden scharf gezogen. Während Florenz die Zeitgenossen mit

Abb. 16.13 Pavia (Italien), Palast der Visconti (Castello Visconteo), um 1360–1365.

seinen puristischen stilreinen Formen erschreckte und erregte, äußerte es seinerseits verächtlich über die Spätgotik. Hundert Jahre nach Brunelleschis Experimenten mit dem neuen Stil konnte Giorgio Vasari schreiben:

»An allen Fassaden bringen sie diese verwünschten kleinen Nischen an, eine über die andere, mit unzähligen Fialen, Spitzen und Blättern, so daß man – gar nicht zu reden von der ganzen Konstruktion, die unsicher wirkt – glauben muß, die einzelnen Teile könnten jeden Augenblick herunterfallen... Diesen Stil haben die Goten erfunden... sie gestalteten die Bogen mit zugespitzten Segmenten und haben ganz Europa mit diesen Abscheulichkeiten erfüllt. Gott möge jedes Land vor solchen Einfällen und vor diesem Baustil bewahren.«

Alle radikalen Bewegungen sind unduldsam und blind gegenüber den Leistungen ihrer Feinde. Das spätgotische Europa ist alles andere als bankrott, seine architektonischen Schöpfungen lassen sich kaum mit den voreingenommenen Erklärungen eines florentinischen Eiferers abtun. Die Jahre von 1300 bis 1500 sind für unsere Darstellung in zweifacher Hinsicht interessant. Sie sind eine an bemerkenswerten Sakral- und Profanbauten überaus reiche Zeit, in der sich der Stil der Kathedralen von Chartres und Salisbury bei seiner Vervollkommnung auf ein spannendes Abenteuer einläßt. Überdies schaffen Veränderungen im politischen, sozialen und wirtschaftlichen Klima neue Voraussetzungen für die gebaute Umwelt und damit neue Möglichkeiten für Bauherren und Baumeister.

Die Stunde der Fürsten

Das in vieler Hinsicht außergewöhnliche 14. Jh. erwies sich als eine kritische Zeit für Umweltregulierungen. Um mit den negativen Voraussetzungen zu beginnen: Entvölkerung, der Verfall der Wirtschaft in den Städten und einschneidende, durch Hungersnöte, Seuchen und Bürgerkriege verursachte Wanderbewegungen schwächten die Städte Europas. Die Konzentration von Handel und Gewerbe auf einige wenige Zentren hatte bereits zum Niedergang kleinerer Städte geführt. Jetzt war ihr Untergang endgültig. In Flandern spielten nur Brügge, Gent und Ypern noch eine Rolle, und diese Städte waren in die heftige Auseinandersetzung zwischen England und Frankreich verwickelt. Es gab nur sehr wenige neue Städte. Während der Deutschritterorden damit beschäftigt war, Preußen, das letzte heidnische Gebiet Europas, zu erobern, gründete er immer neue, mit Mauern umgebene und mit eingewanderten Bürgern bevölkerte Städte, um die eingeborene Bevölkerung, die man in Leibeigenschaft gezwungen hatte, fest in der Hand zu haben. In England ließ nur das Aufblühen der Tuchindustrie neue Zentren entstehen, die meist in den entfernteren Gebieten Ostanglien und Yorkshire lagen, wo die Flüsse eine starke Strömung hatten und wo es nicht wie in den alten Textilstädten Oxford und Lincoln Widerstände gegen die mechanischen Walkmühlen gab. In Flandern widersetzten sich die mächtigen Städte einmütig einer ähnlichen industriellen Ausweitung, indem sie die Webstühle und die Spannrahmen und Bottiche von Walkern zerstörten. Man kann die ehrgeizigen Tuchhallen von Ypern, Gent und Löwen oder die

Abb. 16.14 Paris (Frankreich), Ste. Chapelle, 1243–1248; Inneres der Oberkapelle.

Abb. 16.15 Paris. Der Louvre nach dem Umbau durch König Karl V. in den 1360er Jahren; nach einer Miniatur in *Très riches Heures du Duc de Berry*, einem Stundenbuch, illustriert von den Brüdern von Limburg 1413–1416 (Musée Condé, Chantilly). Eine spätere Ansicht s. Abb. 21.26.

Abb. 16.16 Bourges (Frankreich), Haus des Silberschmieds und Kaufmanns Jacques Cœur, 1443–1451; Blick in den Hof von Südosten.

Neue Halle von Brügge, die alle genau zu jener Zeit bedeutend vergrößert oder ganz neu gebaut wurden, in der unter Konkurrenzdruck der Wollmärkte Englands und Hollands die hartnäckige Rezession einsetzte, durchaus als Denkmäler einer zunehmend restriktiven und monopolistischen Starrheit seitens dieser bedrohten Stadtgemeinden interpretieren (Abb. 15.13).

Die Städte litten auch unter finanzieller Mißwirtschaft und unter dem Hader zwischen den Kaufmannsaristokratien und der arbeitenden Bürgerschaft. Beide Mißstände lieferten den Königen Gründe, einzugreifen und sogar einige Stadtverfassungen aufzuheben. Die schnelle Zunahme und Konsolidierung der von den kleinen unterdrückten Handwerkern ins Leben gerufenen Gilden wirkten sich zugunsten der Autorität des Monarchen aus. Zumindest in Frankreich fing man jetzt an, die Gewährung von Gildenverfassungen als ein Vorrecht des Königs zu betrachten, der dann diese mit Rechten ausgestatteten Körperschaften dazu benutzte, die Städte im Zaum zu halten.

Doch der Niedergang der städtischen Autonomie war nur *ein* Grund der zunehmenden Macht der Königshäuser von Frankreich, England und Spanien. Das 14. Jh. erlebte das Schwinden der Autorität des Adels, die Demütigung des Papsttums und die Demontage des Heiligen Römischen Reiches deutscher Nation. Die Päpste waren gezwungen, von 1308 bis 1378 im Exil von Avignon, einer Stadt im Südosten Frankreichs, zu leben. Danach wurde die Kirche während des »Großen Schismas« noch weitere fünfzig Jahre von rivalisierenden Ansprüchen auf den Papsttitel heimgesucht. Der Feudaladel hatte seit dem 12. Jh. durch den Aufstieg der Gemeinden an Gewicht verloren. Jetzt untergruben Veränderungen in der Kriegsführung weiterhin das Ansehen dieser einst so mächtigen Klasse. Das Aufkommen des Schießpulvers und des Langbogens im Hundertjährigen Krieg führten dazu, daß die Kampftechnik des berittenen und schwerbewaffneten Ritters veraltete. Nachdem sein Grundprivileg durch den Bürger beschnitten und seine militärische Durchschlagskraft von schnell schießenden Bogenschützen abgewertet worden war, wurde der Adlige immer mehr in den Dienst eines Fürstenhofs getrieben.

Das alles wirkte sich auf die Geschichte der Architektur aus. Die Anwesenheit des Papstes rückte die kleine Provinzstadt Avignon unversehens in den Blickpunkt der Welt. Der dortige befestigte päpstliche Komplex war ein typisch spätmittelalterliches Bauwerk, ein gotischer Lateran. Schießpulver verminderte die Sicherheit von Schutzburgen. Diese Tatsache und der Umstand, daß in der Kriegsführung nicht mehr Belagerungstechniken im Vordergrund standen, sondern große Berufsheere, die in offener Feldschlacht kämpften, entwerteten die Adelsburg strategisch und schalteten sie als eine dringend erforderliche Bauform aus. Die Glanzstücke mittelalterlicher Militärarchitektur mit ihren Mauern, Gräben und Bergfrieden werden zu Hindernissen, die man meidet. Auch als Sitze des Hochadels verschwinden sie vom Schauplatz, da ihre Besitzer den Städten und Fürstenhöfen zustreben.

Wir müssen unsere Aufmerksamkeit jetzt den fürstlichen Palästen und den herrschaftlichen Sitzen des Hofadels zuwenden. Je chaotischer sich die Zustände in Europa gestalteten, desto lauter wurde der Ruf nach der Herrschaft eines Einzigen. »Dem Menschengeschlecht ergeht es am besten unter einem Monarchen«, erklärte Dante, »die Monarchie ist notwendig für die Wohlfahrt der Welt.« Nord- und Mittelitalien, die keine legitimen Könige besaßen, führten schließlich das Amt des Fürsten ein, der Diplomatie und Kriegsführung zu seinen Aufgaben machte. Mit dem Festungspalast verband dieser außergewöhnliche Würdenträger, der zunächst vom Volk eingesetzt wurde, aber, wie vorherzusehen war, auf Erbfolge hinarbeitete, die Planung einer sicheren Residenz mit dem Pomp und den bürokratischen Bedürfnissen der neuen Regierungsform. Das Bauwerk stand, isoliert und geräumig, am Rande der Stadt. Beeinflußt einerseits vom Stadtpalast und andererseits vom Kloster, entwickelte sich der Gebäudetyp sehr schnell zu einem mehr oder weniger symmetrischen Block, der einen rechteckigen Hof enthielt und durch Ecktürme verstärkt war. Der Reiz dieser Bautenkomplexe liegt in der beabsichtigten Ausgewogenheit zwischen Wucht und Gefälligkeit. Der Palast der Visconti in Pavia aus den sechziger Jahren des 14. Jh. ist ein solcher Fall (Abb. 16.13). Bei aller Wirkkraft des breiten tiefen Grabens und des Zugangs mit seiner doppelten Zugbrücke ist die lange Südfassade unter ihrer Zinnenreihe in anmutiger Regelmäßigkeit gestaltet, und der Hof bietet eine elegante Loggia über den breiten spitzbogigen Arkaden des Erdgeschosses.

In London und Paris, den Hauptstädten der beiden bedeutendsten Könige Europas, waren die Paläste alt und weniger regelmäßig. Die Residenz der französischen Könige auf dem Westende der Île de la Cité geht auf die Karolingerzeit zurück. Wenn wir heute überhaupt an sie denken, dann wahrscheinlich wegen der Palastkapelle, der Ste. Chapelle, die unversehrt erhalten ist (Abb. 16.14). Dieses Wunderwerk französischer Gotik entstand etwa um 1240 und sollte Christi Dornenkrone aufnehmen, die Ludwig IX. vom byzantinischen Kaiser Balduin II. gekauft hatte. Die untere Kapelle war der Öffentlichkeit zugänglich, während die Oberkapelle, deren Wände fast ganz aus farbigem Glas bestanden, auf dem Niveau des Palasts lag und sich durch eine Vorhalle und Galerie zu ihm hin öffnete.

Doch wichtiger ist für uns hier, wie der Palastkomplex sich während des 14. Jh. unter den letzten Kapetingern und dem Hause Valois abschnittsweise ausdehnte. Um 1400 war dieser Bau das Regierungszentrum und der Sitz der hohen Gerichtshöfe sowie der königlichen Schatzkammer. Sein weiträumiges Gelände barg das Zweikammerparla-

Abb. 16.17 Westminster (England). Große Halle des Westminster Palace, 1397–1399, Hugh Herland; Innenansicht.

ment, die *Cour de Comptes,* Wohnungen für zahlreiche Höflinge und Quartiere für Gewerbe, die seine reichen Bewohner versorgten. Zu Beginn des nächsten Jahrhunderts wurde die königliche Residenz verlegt, hauptsächlich in den Louvre, die renovierte Feste aus dem 13. Jh. auf dem rechten Ufer, und in den weitläufigen Herrensitz, das Hôtel St. Pol. Hohe Beamte und Adlige im Dienste des Königs hatten inzwischen ihre eigenen palastartigen Wohnsitze errichtet, auf französisch *Hôtels*, die in der Nähe dieser Regierungszentren lagen, während Mitglieder der königlichen Familie überall in der ländlichen Umgebung Lustschlösser und Jagdsitze errichteten.

In ihrem Gesamteindruck wurde diese fürstliche Architektur zunehmend heiterer. Verteidigungsanlagen verwendete man jetzt oft zu weniger ernsten Zwecken, Schutzmauern lockerte man durch Fenster auf, und ihre obersten Terrassen wurden als Promenaden gestaltet (Abb. 16.15). Die Gebäude des Königspalasts gingen innen auf Höfe und Gärten hinaus. Zinnen wurden bisweilen beseitigt, und hohe Rundtürme mit ihren Spitzhelmen zeigten sich jetzt als harmlose Abwandlung eines einst bedrohlichen Anblicks. Die Châteaux und die städtischen Hôtels hatten von Portiken umgebene Innenhöfe und waren im Typus den italienischen Festungspalästen oder Stadthäusern, etwa dem Palazzo Medici, nicht unähnlich, wenn man davon absah, daß sie gewöhnlich polygonal und im spätgotischen Stil gebaut waren. Der aufwendige Wohnsitz Jacques Cœurs, des Finanziers König Karls VII., in Bourges ist ein außerhalb von Paris gelegenes Beispiel (Abb. 16.16).

Die offizielle Residenz der englischen Könige befand sich in Westminster, etwa drei Kilometer westlich von London. Sie lag zwischen dem Fluß und der Westminsterabtei und stammte wie die Abtei aus der Normannenzeit. Um die Mitte des 14. Jh. war Westminster zum ständigen Sitz mehrerer hoher Regierungsämter einschließlich des Finanzministeriums, des Hauptzivilgerichtshofs und des Kanzleigerichts geworden. Das Parlament trat in einem 1346 errichteten neuen Gebäudetrakt, der sog. *Painted Chamber*, zusammen. Ein weiterer Raum hieß *Star Chamber* nach seiner Deckenverzierung. Zwischen Westminster und der Stadt London lagen die Wohnsitze der Prälaten und Adligen. Vom Palast ist nichts erhalten als die zwischen 1394 und 1402 gebaute Große Halle mit ihrer berühmten Stichbalkendecke (Abb. 16.17). Stichbalken sind kurze, dicke, waagrechte Balken, die als Konsolen aus der Wand hervorkragen und Holzbögen tragen, die bis zum Dachfirst oder einem unmittelbar darunter liegenden Kehlbalken aufsteigen. Die Konsolen selbst werden von gekrümmten Kopfbändern gestützt, die aus kurzen Wandpfosten auf Knaggen hervortreten. Es handelt sich hier um eine Spielart der vielgestaltigen Holzdächer, jener Meisterleistung der spätmittelalterlichen Architektur in England. Auf dem Kontinent findet sich nichts Vergleichbares.

Phantasievolle Holzarbeit zierte auch die Häuser der Großen, sowohl die Stadtresidenzen als auch die Güter in der ländlichen Umgebung. Die üblichen regionalen Bestandteile – Halle, Söller, vorspringende Erker – wurden beibehalten, traten aber in vielfältiger Form auf. Eine lockere palastartige Anordnung rund um einen offenen Platz nach kontinentaler Art war eine Möglichkeit. Bischof Gowers Palast in St. David's, Südwales, der zwei Hallen und zwei Kapellen enthält, ist ein Beispiel dieses Typs. Das übliche Wohncollege mit seinen rings um ein Viereck angeordneten Gebäuden, wie es zuerst in dem von William of Wykeham 1379 errichteten New College von Oxford auftrat, ist mit diesem Typus offensichtlich ebenso verwandt wie mit dem klösterlichen Kreuzgang. Eine weitere beliebte Möglichkeit war der Wohnsitz in Form einer Burg mit Türmen, Zinnen und ähnlichen Zutaten, welche die Würde und Kraft eines vergangenen Zeitalters widerspiegelten.

Ockwells Manor in Berkshire ist ein Beispiel des mittelgroßen Landsitzes (Abb. 16.18). Die Halle erreicht die ganze Höhe des Gebäudes. Ein großer Teil der oberen Wandfläche ist mit vielfach unterteilten Fenstern verglast, die sehr schöne heraldische Sinnbilder zeigen. Einer der beiden zweistöckigen Blöcke, welche die Halle einfassen, enthielt die Wirtschaftsräume (Vorratskammer, Anrichte und Küche), der andere ein Empfangszimmer im Erdgeschoß und den Söller oben. Die Holzarbeit ist durchweg hervorragend ausgeführt. Die ausfachenden Ziegel zeigen ein Fischgrätenmuster. Die Giebeldächer der Endblöcke stehen im rechten Winkel zur Hauptrichtung des Hauses, und zwei kleinere Giebel kennzeichnen den Eingang und den Erker, der am erhöhten Ende der Halle neben dem Söllerflügel vorspringt.

Abb. 16.18 Ockwells Manor (Berkshire, England), um 1450; Halle. Das Haus wurde erbaut für Sir John Norreys, Leibknappe der Könige Heinrich VI. und Edward IV.

Spätgotische Blütezeit

Der Palazzo Medici, das Haus Jacques Cœurs und Ockwells Manor – drei gleichzeitige, aber doch sehr verschiedene Arten eines eleganten standesgemäßen Lebens. Wir können dieser Liste noch einige wenige erhaltene Fachwerk-Herrschaftssitze in nördlichen Städten hinzufügen. Sie alle stehen auf einer Stufe des häuslichen Luxus und der Monumentalität, die für das europäische Mittelalter bemerkenswert, aber auch zukunftweisend ist. Als Privatvergnügen geht diese kostspielige kultivierte Eleganz weit über die aus Eitelkeit an der Außenseite der Häuser angebrachten Verzierungen hinaus, die Alexander Neckam so erzürnten. Um 1300 hatte sich Europa voll auf eine Geldwirtschaft umgestellt. Der Reichtum war fließend und beweglich. Entvölkerung und die erhöhte Sterblichkeitsziffer als Folge der Katastrophen des 14. Jh. bewirkten, daß man im allgemeinen wohlhabender war und auch genießen wollte, was man hatte, solange man noch dazu imstande war. Man interessierte sich jetzt für Luxuswaren und fertige Dinge zum eigenen

Abb. 16.19 Albi (Frankreich), Kathedrale Ste. Cécile; Detail aus dem Inneren, Verbindung zwischen Choreinfriedung und Lettner.

Abb. 16.20 Spätmittelalterliche Gewölbetypen: (**a**) Berkshire, Windsor Castle, St. Georgskapelle, 1473–1516; (**b**) Wells (England), Chor der Kathedrale, erste Hälfte des 14. Jh. Als drittes Beispiel s. Abb. 16.22.

Gebrauch oder für die Verzierung des eigenen Hauses an. Oder man versuchte auch, den geschäftigen Fürsten des Schattenreichs zu besänftigen, indem man sich dem Leben nach dem Tode zuwandte. Ein egoistisch motiviertes religiöses Mäzenatentum beauftragte die zusammengeschmolzene Schar der Handwerker und Künstler mit Familienkapellen und Votivaltären, verschwenderisch ausgestatteten Grabstätten und Werken der Erbauungskunst, zu denen auch Porträts der Stifter gehörten, welche die Heiligen anbeteten und ihre Frömmigkeit zur Schau stellten. Die Themen waren gefühlsbeladen und mit sehr viel Pathos dargestellt: Szenen aus der Passion Christi, Johannes der Täufer, überwältigt vom Schmerz über den Verlust des Heilands, oder das neue und sehr beliebte Thema der Pietà: Maria in Trauer mit dem toten Christus auf dem Schoß, das tragische spätmittelalterliche Gegenstück zur traditionellen Ikonographie der Jungfrau mit dem Kind.

Diese theatralische Kunst ist etwas anderes als das öffentliche Prunken mit einem Universalwissen, das sich majestätisch auf den Außenseiten der hochgotischen Kathedralen wie Chartres oder Amiens entfaltet hatte. Sie rückt nach innen, füllt Ecken und Ränder, steht vor den Pfeilern des Mittelschiffs und bevölkert Chorgestühl und Chorschranken. Der vorherrschende Geschmack offenbart eine Liebe zu erzählender Fülle und subtilen Einzelheiten, dazu auch zu einem eleganten modischen Schwung, der die Bitterkeit und den Schmerz des dargestellten Themas mildert. Es ist eine Welt in Auflösung, die ihr architektonisches Echo in der Auflösung der gotischen Rationalität findet, welche sich mit unerschöpflichem Behagen von England bis Böhmen, von Flandern bis Spanien ausbreitet.

In Frankreich hält die anfängliche Logik des Stils noch vor – so weitgehend, daß die linearen Kräfte im Gebäudeinneren mit den Gewölberippen korrespondieren. Die anhaltende Entmaterialisierung glatter Flächen jedoch wird in dieser sog. *Flamboyant*-Phase der Gotik in Wirklichkeit sehr deutlich: im Maßwerkfenster, in der Verfeinerung der Strebepfeiler und in Fassaden, bei denen ganze Filigrangehäuse mit großen schwungvollen Giebeln über die substantielle Architektur gestülpt zu sein scheinen. Die neuartigen Verrenkungen des Dekors sind der Eselsrücken mit seinen kielförmigen Bögen und flammenähnliche Motiven, die sog. *Mouchettes* (Abb. 16.19).

Maßwerkschranken für Chöre und Lettner, Baldachine über Grabmälern, Chorgestühl – das alles wird überreich mit diesem unglaublich kunstvollen und komplizierten Spitzengewebe überzogen, das den Stein über die Grenzen seiner äußersten Leistungsfähigkeit hinaustreibt.

Vollständig aufgegeben jedoch wird jede Vortäuschung struktureller Logik in England und in Deutschland. Hier ignoriert man in Mittel- und Seitenschiffen die Entsprechung von Wandelementen und Rippen oder man treibt ein mutwilliges Spiel mit ihr. In England waren schon sehr früh Gewölbenetze nicht immer rational auf das Jochsystem und dessen Stützen abgestellt. Wir sahen, wie in der 1192 begonnenen Kathedrale von Lincoln der strukturellen Verstärkung vierteiliger Gewölbe willkürliche Scheitelrippen und Nebenrippen hinzugefügt worden waren (Abb. 14.27). Die Vermehrung dieser rein dekorativen Rippen läßt sich in den nächsten drei Jahrhunderten an vielen herrlichen Beispielen verfolgen (Abb. 16.20). Zur gleichen Zeit scheinen die englischen Architekten von Durch-

Abb. 16.21 Wells, Kathedrale; Bogen unter der Vierung (Spannbogen), 1338.

Abb. 16.22 Gloucester (England), Chor der Kathedrale. Ein bemerkenswertes Beispiel des sog. *Perpendicular Style*.

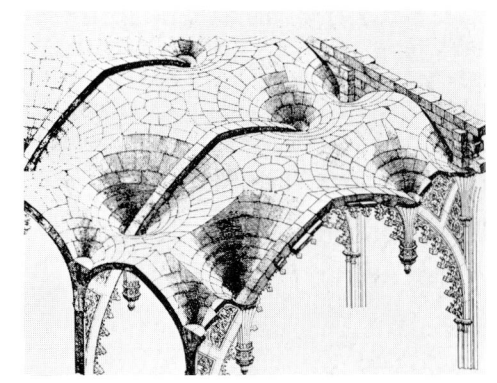

Abb. 16.23 Westminster Abbey, Kapelle Heinrichs VII., um 1510, William Vertue; Konstruktion von Hängegewölben (Draufsicht).

sichteffekten und räumlichen Überraschungen fasziniert gewesen zu sein. Bei der Kathedrale von Bristol bewirken die merkwürdigen Verstrebungsbrücken unter den Gewölben raffinierte Diagonalansichten, und mit den großartigen Spannbogen unter der Vierung der Kathedrale von Wells von 1338, die den Vierungsturm tragen, sich aber offensichtlich auch an ihrem improvisierten Überschwang erfreuen, ist gewissermaßen ein kritischer Punkt erreicht.

Bristol und Wells veranschaulichen den Stil, der in England als »decorated« oder »curvilinear« bezeichnet wird und den frei fließenden Formen, vor allem der Eselsrücken, und eine fast barocke Vernarrtheit in dreidimensionale Bewegung im Raum kennzeichnen (Abb. 16.21). Schon in den Jahren nach 1340 setzt eine Reaktion ein. Ihr Ergebnis: der *Perpendikular Style*, der eine strenge und starre Geradlinigkeit vertritt (Abb. 16.22). Ein Hauptmerkmal dieses Stils ist die Fortführung der vertikalen Linien des Maßwerks, bis sie auf die Krümmung der Fensterbogen auftreffen. Reihen hoher schmaler Felder nehmen ganze Wände ein – etwa die gerade Ostwand eines Chors. Fächergewölbe setzt ein, wo Kapitelhausgewölbe mit der lilienförmigen Anordnung der Rippen aufhört. Hälften dieser Lilien werden reihenweise auf zwei Seiten eines Hallenraums verwendet, wie im Kreuzgang der Kathedrale von Gloucester. Der Schlußsteine bedient man sich gern als Paletten für einfallsreiche plastische Gestaltung. Die letzte Ausweitung dieser intensiven Beschäftigung mit den Bossen könnten möglicherweise die hängenden Gewölbe der Votivkapelle Heinrichs VII. in der Westminster Abbey sein, die William Vertue zwischen 1503 und 1519 baute (Abb. 16.23), oder die etwas frühere Kapelle des King's College in Cambridge des Steinmetzmeisters Reginald Ely. Die Lösung ist einfach, aber genial: Querverlaufende Bogen bilden das strukturelle Rückgrat, um welches das Hängegewölbe zu einer Reihe von Konoiden geformt wird, die jeweils rings um das starre Glied eines nach unten gerichteten kegelförmigen Schlußsteins angeordnet sind. Wir sollten uns erinnern, daß neben diesen Zauberkunststücken der Steinmetzarbeit auch die Arbeit meisterlicher Holzschnitzer – an Chorgestühl und Chorschranken, mehr aber noch an den großartigen Dächern des 14. und 15. Jh. – zu rühmen ist.

Was ist noch da von dem ursprünglichen gotischen Gerüst, das noch nicht vergeudet, spielerisch vertan, substanzlos gemacht worden ist? Die Pfeiler des Mittelschiffs? Deutschland und der Osten werden sich seiner annehmen. Die bürgerliche Gotik des

Gebrauch oder für die Verzierung des eigenen Hauses an. Oder man versuchte auch, den geschäftigen Fürsten des Schattenreichs zu besänftigen, indem man sich dem Leben nach dem Tode zuwandte. Ein egoistisch motiviertes religiöses Mäzenatentum beauftragte die zusammengeschmolzene Schar der Handwerker und Künstler mit Familienkapellen und Votivaltären, verschwenderisch ausgestatteten Grabstätten und Werken der Erbauungskunst, zu denen auch Porträts der Stifter gehörten, welche die Heiligen anbeteten und ihre Frömmigkeit zur Schau stellten. Die Themen waren gefühlsbeladen und mit sehr viel Pathos dargestellt: Szenen aus der Passion Christi, Johannes der Täufer, überwältigt vom Schmerz über den Verlust des Heilands, oder das neue und sehr beliebte Thema der Pietà: Maria in Trauer mit dem toten Christus auf dem Schoß, das tragische spätmittelalterliche Gegenstück zur traditionellen Ikonographie der Jungfrau mit dem Kind.

Diese theatralische Kunst ist etwas anderes als das öffentliche Prunken mit einem Universalwissen, das sich majestätisch auf den Außenseiten der hochgotischen Kathedralen wie Chartres oder Amiens entfaltet hatte. Sie rückt nach innen, füllt Ecken und Ränder, steht vor den Pfeilern des Mittelschiffs und bevölkert Chorgestühl und Chorschranken. Der vorherrschende Geschmack offenbart eine Liebe zu erzählender Fülle und subtilen Einzelheiten, dazu auch zu einem eleganten modischen Schwung, der die Bitterkeit und den Schmerz des dargestellten Themas mildert. Es ist eine Welt in Auflösung, die ihr architektonisches Echo in der Auflösung der gotischen Rationalität findet, welche sich mit unerschöpflichem Behagen von England bis Böhmen, von Flandern bis Spanien ausbreitet.

In Frankreich hält die anfängliche Logik des Stils noch vor – so weitgehend, daß die linearen Kräfte im Gebäudeinneren mit den Gewölberippen korrespondieren. Die anhaltende Entmaterialisierung glatter Flächen jedoch wird in dieser sog. *Flamboyant*-Phase der Gotik in Wirklichkeit sehr deutlich: im Maßwerkfenster, in der Verfeinerung der Strebepfeiler und in Fassaden, bei denen ganze Filigrangehäuse mit großen schwungvollen Giebeln über die substantielle Architektur gestülpt zu sein scheinen. Die neuartigen Verrenkungen des Dekors sind der Eselsrücken mit seinen kielförmigen Bögen und flammenähnliche Motive, die sog. *Mouchettes* (Abb. 16.19).

Maßwerkschranken für Chöre und Lettner, Baldachine über Grabmälern, Chorgestühl – das alles wird überreich mit diesem unglaublich kunstvollen und komplizierten Spitzengewebe überzogen, das den Stein über die Grenzen seiner äußersten Leistungsfähigkeit hinaustreibt.

Vollständig aufgegeben jedoch wird jede Vortäuschung struktureller Logik in England und in Deutschland. Hier ignoriert man in Mittel- und Seitenschiffen die Entsprechung von Wandelementen und Rippen oder man treibt ein mutwilliges Spiel mit ihr. In England waren schon sehr früh Gewölbenetze nicht immer rational auf das Jochsystem und dessen Stützen abgestellt. Wir sahen, wie in der 1192 begonnenen Kathedrale von Lincoln der strukturellen Verstärkung vierteiliger Gewölbe willkürliche Scheitelrippen und Nebenrippen hinzugefügt worden waren (Abb. 14.27). Die Vermehrung dieser rein dekorativen Rippen läßt sich in den nächsten drei Jahrhunderten an vielen herrlichen Beispielen verfolgen (Abb. 16.20). Zur gleichen Zeit scheinen die englischen Architekten von Durch-

Abb. 16.21 Wells, Kathedrale; Bogen unter der Vierung (Spannbogen), 1338.

370 *Neue Ansprüche*

Abb. 16.22 Gloucester (England), Chor der Kathedrale. Ein bemerkenswertes Beispiel des sog. *Perpendicular Style*.

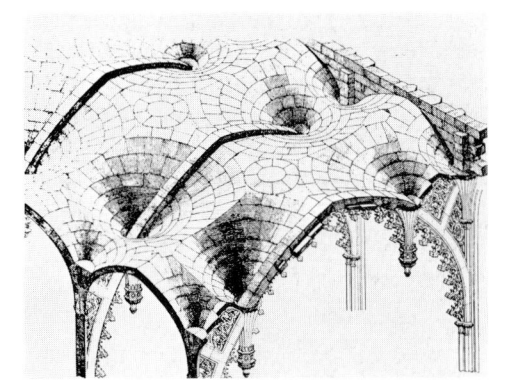

Abb. 16.23 Westminster Abbey, Kapelle Heinrichs VII., um 1510, William Vertue; Konstruktion von Hängegewölben (Draufsicht).

mung der Fensterbogen auftreffen. Reihen hoher schmaler Felder nehmen ganze Wände ein – etwa die gerade Ostwand eines Chors. Fächergewölbe setzt ein, wo Kapitelhausgewölbe mit der lilienförmigen Anordnung der Rippen aufhört. Hälften dieser Lilien werden reihenweise auf zwei Seiten eines Hallenraums verwendet, wie im Kreuzgang der Kathedrale von Gloucester. Der Schlußsteine bedient man sich gern als Paletten für einfallsreiche plastische Gestaltung. Die letzte Ausweitung dieser intensiven Beschäftigung mit den Bossen könnten möglicherweise die hängenden Gewölbe der Votivkapelle Heinrichs VII. in der Westminster Abbey sein, die William Vertue zwischen 1503 und 1519 baute (Abb. 16.23), oder die etwas frühere Kapelle des King's College in Cambridge des Steinmetzmeisters Reginald Ely. Die Lösung ist einfach, aber genial: Querverlaufende Bogen bilden das strukturelle Rückgrat, um welches das Hängegewölbe zu einer Reihe von Konoiden geformt wird, die jeweils rings um das starre Glied eines nach unten gerichteten kegelförmigen Schlußsteins angeordnet sind. Wir sollten uns erinnern, daß neben diesen Zauberkunststücken der Steinmetzarbeit auch die Arbeit meisterlicher Holzschnitzer – an Chorgestühl und Chorschranken, mehr aber noch an den großartigen Dächern des 14. und 15. Jh. – zu rühmen ist.

Was ist noch da von dem ursprünglichen gotischen Gerüst, das noch nicht vergeudet, spielerisch vertan, substanzlos gemacht worden ist? Die Pfeiler des Mittelschiffs? Deutschland und der Osten werden sich seiner annehmen. Die bürgerliche Gotik des

sichteffekten und räumlichen Überraschungen fasziniert gewesen zu sein. Bei der Kathedrale von Bristol bewirken die merkwürdigen Verstrebungsbrücken unter den Gewölben raffinierte Diagonalansichten, und mit den großartigen Spannbogen unter der Vierung der Kathedrale von Wells von 1338, die den Vierungsturm tragen, sich aber offensichtlich auch an ihrem improvisierten Überschwang erfreuen, ist gewissermaßen ein kritischer Punkt erreicht.

Bristol und Wells veranschaulichen den Stil, der in England als »decorated« oder »curvilinear« bezeichnet wird und den frei fließenden Formen, vor allem der Eselsrücken, und eine fast barocke Vernarrtheit in dreidimensionale Bewegung im Raum kennzeichnen (Abb. 16.21). Schon in den Jahren nach 1340 setzt eine Reaktion ein. Ihr Ergebnis: der *Perpendikular Style*, der eine strenge und starre Geradlinigkeit vertritt (Abb. 16.22). Ein Hauptmerkmal dieses Stils ist die Fortführung der vertikalen Linien des Maßwerks, bis sie auf die Krüm-

Abb. 16.24 Annaberg (Sachsen), St. Annenkirche, begonnen 1499; Schiff. Hallenkirche mit Seitenschiffen, welche die gleiche Höhe haben wie das Mittelschiff.

und diese wachsenden, lebendigen Stämme passen wunderbar zu den Statuen in ihren schwebenden, schwingenden Gewändern, die Gegenspieler der S-Kurven sind. In einer letzten eigenartigen Wendung werden die Rippen durch tiefe Deckenfelder ersetzt, die scharfe Grate haben, als wäre das Gewölbe eine Konstruktion aus scharf gefaltetem Papier oder eine kristallisierte, in eine Phantasieform gegossene Flüssigkeit (Zellengewölbe).

Spätformen von Traditionen in anderen Ländern

Der prunkvolle gotische Sonnenuntergang verkündet eine allgemeingültige Botschaft. Junge, festumrissene Formkonventionen neigen dazu, sobald sie den Bereich ihrer eigentlichen Wirksamkeit erprobt haben, in preziöse Gewohnheiten zu verfallen. Für Fertigkeiten, die sich bei der Lösung wesentlicher Probleme herausbilden, kommt irgendwann der Zeitpunkt, an dem sie der Herausforderung der Oberfläche nicht widerstehen können. Das Detail übernimmt die Führung. Die Formen erwärmen sich im Eifer der Erneuerung, die nur Augen hat für eine kultivierte Virtuosität. Moralisten sehen in dieser Vollendung einen Verlust an Charakter, unwiderruflichen Niedergang, ja Verfall. Das zeitgenössische Publikum und spätere Fürsprecher rühmen die Phantasie, prüfen Feinheiten und bewundern Mut und Meisterschaft.

Einige Welttraditionen, die zeitlich mit der späten europäischen Gotik zusammenfallen, liefern uns übereinstimmende Beweise für dieses Phänomen eines brillanten Spätstils. Es wäre zuviel gesagt, wenn wir in ihnen allen den Einfluß eines allgemeinen Zeitgeistes entdecken wollten. Jede kommt in ihrem eigenen Tempo und innerhalb einer finanziell gut gesicherten kulturellen Ordnung zum Überschäumen. Wenn wir hier am Schluß eines Kapitels über das späte Mittelalter dafür einige Beispiele zeigen, so geschieht das ganz einfach aus zwei Gründen: Wir möchten deutlich machen, daß die Gotik kein besonderes Monopol auf unsere Sympathie im Bereich der Architektur besitzt, und es sind die ganz verschiedenen Wege miteinander zu vergleichen, auf denen Baustile ihr Dahinschwinden in Szene setzen.

Byzanz, die andere Hälfte der mittelalterlichen Christenheit, schlägt für sein Standardkirchenschema, den Zentralbau, und

Nordens beginnt ausweichende Spiele mit den Hauptschiffpfeilern in Kirchen wie St. Martin in Landshut, wo überaus schlanke runde oder vieleckige Stützen das Auge verlocken, schräg dorthin zu schweifen, wo die Auflager der Gewölberippen gänzlich beseitigt worden sind. Bisweilen sind die Pfeiler – wie in der St. Annenkirche in Annaberg – konkav, als würden sie von allen Seiten vom Raum bedrängt (Abb. 16.24). In Böhmen (Burg Bechyne) werden Pfeiler und Rippen wie Bäume und Äste behandelt, eine endgültige Romantisierung des Gebäudes. In Braunschweig finden wir verzweigte Pfeiler,

die offiziell vorgeschriebene Rangordnung von Mosaik oder Fresko als Innendekor einen behutsamen Weg der Verfeinerung ein. Die Spätkunst Konstantinopels, etwa die Fresken der Chora-Erlöserkirche (Kariye Cami) aus dem 14. Jh. funkeln von zarten, feingesponnenen Details und einer frischen Farbigkeit, die von der eingeschränkten Farbgebung der nachikonoklastischen Zeiten frei geworden ist. Hand in Hand mit dieser hohen Qualität geht ein erzählerischer Reichtum, wenn der Künstler die Grenzen der erlaubten Thematik und ihrer kodifizierten Darstellung überspringt und mit tiefem Gefühl liebevoll von der jungfräulichen Mutter und ihrem göttlichen Sohn erzählt. Es überrascht nicht, daß diese personalisierte religiöse Kunst auf private Förderung zurückgeht. In den Jahren ihrer Abenddämmerung lockerte die große Hauptstadt des Byzantinischen Reichs – oder der geringen Reste, die unter dem unbarmherzigen Druck der osmanischen Türken von ihm noch übrigblieben – ihre zentralisierte Lenkung öffentlicher Bautätigkeit und erlaubte Offizieren, reichen Witwen und Angehörigen des Hofs, einer subjektiven Frömmigkeit Ausdruck zu verleihen.

Im Bereich der Architektur finden die herrlichen elongierten Formen der spätbyzantinischen Kunst ihre genaueste Analogie in byzantinisierten Randländern wie Serbien. Man vergleiche die Außenansicht der Kirche von Gračanica (1321) mit einem klassischen Beispiel der Kirche in der Form eines griechischen Kreuzes (Abb. 12.10, 16.25). Die Abschwächung, die nervöse Gebrechlichkeit bedürfen keiner eingehenden Behandlung. Hier wird nicht wie in der Spätgotik Masse weggenommen; sie wird vielmehr bedenklich in die Länge gezogen, wenn Tamboure eine Höhe vom Sechs- bis Achtfachen ihrer Breite erreichen und Fensteröffnungen entsprechend schlanker werden. Auch der Grundriß wird kompliziert, wenn die Grundelemente der Mittelkuppel, Kreuzarme mit Tonnengewölbe und Eckkuppeln, durch zusätzliche Giebel unüber-

Abb. 16.25 Gračanica (Jugoslawien), Klosterkirche, 1321. Die äußere Vorhalle ist eine spätere Hinzufügung.

Abb. 16.26a Deogarh (Indien), Vishnu-Tempel, 5.–6. Jh. n. Chr.

Abb. 16.26b Somnathpur (Indien), Keshava-Tempel, 13. Jh.

sichtlicher werden, die halbkreisförmig oder zugespitzt sind und aufgeregt nach oben vorstoßen. Diese serbische Kirche ist eine Übertreibung byzantinischer Tradition, die sich dem Fortschritt verweigert.

Weiter entfernt, in Indien, findet sich die jahrhundertelange Geschichte einer solchen Komplikation in Dutzenden von Hindutempeln, die Gott in der heiligen Gestalt des Quadrats preisen. Das Quadrat ist die Manifestation des *vastu-purusha* Mandala, der von der Welt der Wirklichkeit angenommenen Form, wie Brahma sie bei der Schöpfung bestimmte. Der Tempel ist gleichzeitig das innere Wesen dieser absoluten Gottheit und der heilige Berg Kailasa, die Heimstatt Shivas. Architektonisch gesehen, hat diese Geschichte zwei verwandte Themen: das rasch anwachsende Quadrat und die Oberflächenbehandlung des Bergs. Vielleicht können wir ein wenig von der erstaunlichen Fülle dessen erhaschen, was eine Nebeneinanderstellung eines der frühesten Steintempel, des Vishnu-Tempels in Deogarh aus dem 5. bis 6. Jh., und des Keshava-Tempels in Somnathpur von 1268 ergibt (Abb. 16.26). Im äußeren Erscheinungsbild sind sie so weit voneinander entfernt, daß man kaum glauben möchte, sie könnten Abwandlungen eines einzigen Grundthemas sein. Uns fehlen die vielen Zwischenstufen, die das Quadrat aufnahmen, den Turm, der darübersitzt und es himmelwärts hebt, die Ecktürme, welche seine geometrische Reinheit betonen, den axialen Zugang und die Einfriedung der Plattform, die Zwischenstufen also, die mit dem kontrapunktischen Schwung einer Fuge auf ihnen spielten. Engt man die Zeitspanne ein, so versteht man die subtilen Einzelheiten dieses Verwandlungsfiebers. In Kambodscha, wo indische Einflüsse vorherrschten, erlebte das einheimische Volk der Khmer im 12. und 13. Jh. eine kurze Periode des Glanzes. In dieser Zeit der Größe errichteten die Bauern und Handwerker der Khmer die großartigen Tempel von Angkor Vat und Angkor Thom für ihre Gottkönige (Abb. 16.27). Sie beruhten natürlich auf älteren Vorbildern. Ich setze den Grundriß eines dieser Tempel neben jenen des Bayon in Angkor Thom. Keine zweihundert Jahre trennen sie, aber man wird viel Zeit brauchen, die Auflösung und Zerstückelung der Form nachzuvollziehen, die in der Zwischenzeit stattfanden.

Der kunstvollste dieser Hindutempel entspricht der letzten Generation spätgotischer Bauten, und es zeigt sich eine Schicksals-

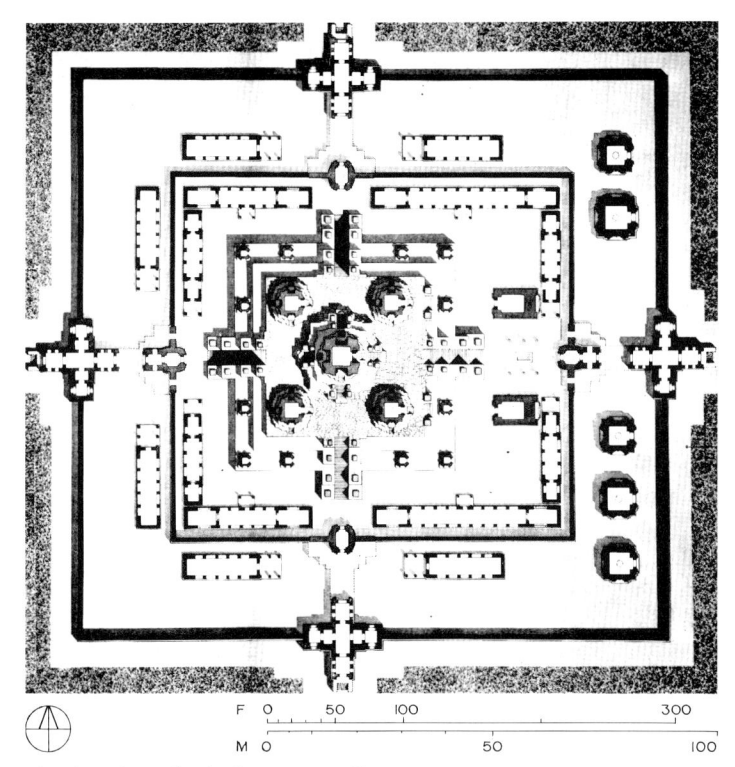

Abb. 16.27a Angkor (Kambodscha), Tempelberg Pre Rup, 961, erbaut von Rajendravarman II.; Grundriß.

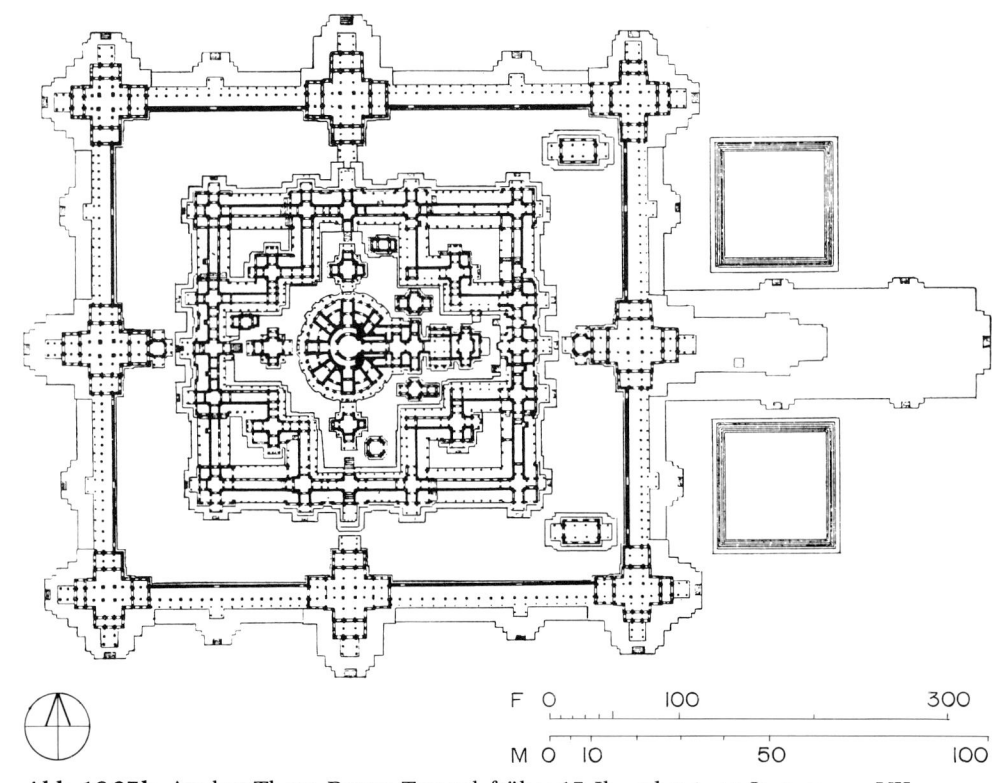

Abb. 16.27b Angkor Thom, Bayon-Tempel, frühes 13. Jh., erbaut von Jayavarman VII., Grundriß.

verwandtschaft, wenn man an die Zerstükkelung der Materie, den bestürzenden Aufruhr der Wendung und Gegenwendung denkt. Doch sie gehen verschieden vor. Gotische Bauten fangen Raum in einem Glashaus ein. Der Hindutempel scheint sich von einem mächtigen massiven Kern her auszubauchen. Dieser riesige Steinhaufen ist vertikal gefaltet, horizontal gestreift und dann durch reichen Skulpturenschmuck gemildert (Abb. 16.28). Die Krümmungen und lässigen Stellungen der unendlich vielen Figuren lösen die Falten und Schichten auf, ohne die eigentliche Struktur auch nur im geringsten zu stören. Aus der Entfernung ergibt sich der Eindruck von mächtigen massiven Formen, doch aus der Nähe erweist sich, daß sie sich aus unzähligen Stückchen Materie zusammensetzen, die mit unendlicher Geduld geformt und angebracht worden sind.

Um 1300 war der Islam eine alte, aber keineswegs eine verbrauchte Kultur. Das ausgedehnte Reich hatte die Kreuzzüge, die weit schmerzlichere Mongoleninvasion und – im Westen – örtlich begrenzte Niederlagen im nordafrikanischen Binnenland und in Spanien ertragen. Doch das Auftreten der Osmanen bewirkte, daß diese Verluste weithin ausgeglichen wurden. Im späten 15. Jh. hatte sich der Islam über Osteuropa verbreitet und pochte an die Tore Wiens. Inzwischen gab es in Indien, das 1188 zum ersten Mal überrannt worden war, mehrere starke moslemische Sultanate. Der Riese rührte sich also mit manchen seiner Glieder immer noch gewaltig, während andere abgetrennt und verdorrt waren. Manche regionale Traditionen traten in eine Endphase ein, die kurz sein oder sich hinziehen konnte, während sich andernorts mit dem Auftreten bedeutender Persönlichkeiten kräftige Schößlinge moslemischer Baukunst entfalteten. Wir dürfen gerade in den vollentwickelten oder in den zum Untergang verurteilten Gebieten die besten Beispiele dieser abschließenden expressiven Übertreibung spätmittelalterlicher Formen erwarten, die wir über die ganze östliche Hemisphäre hin, im Ägypten der Mamelucken wie im Spanien der Nasriden, finden.

Ein einziges Motiv und ein einziger Ort müssen uns als Beispiel genügen. Das Motiv ist das Stalaktiten- oder Wabengewölbe, von den Arabern *Muqarnas* genannt. Der Ort ist der Königspalast des letzten moslemischen Fürstenhauses in Spanien, die Alhambra in Granada.

Es ist zwecklos, den Ursprung des Stalaktitengewölbes bestimmen zu wollen. Als fernen Verwandten könnte man den Stützbogen als architektonisches Samenkorn bezeichnen (Abb. 10.13). Die ersten Wachstumsstufen mögen sich aus Strukturzwängen ergeben haben. Doch wenn Stützbogen in den Ecken sich mehrten und nach außen und oben auffächerten, konnten sie zweifellos ebenso heiter dekorativ wirken wie gotische Gewölberippen. Es ist wirklich nicht völlig unmöglich, wenn man eine Verwandtschaft zwischen dem nördlichen Kuppelraum, der 1088–1089 an die Freitagsmoschee von Isfahan angefügt wurde, und den großartigen Stalaktitengewölben der Alhambra aus dem 14. Jh. (Abb. 16.29, 16.32) in demselben Licht sieht wie etwa die Beziehung der Gewölbe in der Kathedrale von Salisbury zu denen von York oder Gloucester (Abb. 14.26, 16.22). In beiden Fällen mögen die späteren Gewölbe auf den ersten

Abb. 16.28a Angkor Vat, 1113–1150, erbaut von Suryavarman II.; Ansicht des Großen Tempels. Das Hauptheiligtum besteht aus einem 65 m hohen Turm, rechts von der Bildmitte, der von vier Nebentürmen umgeben ist.

Abb. 16.28b Angkor Thom, Bayon-Tempel; Ausschnitt. Der Bayon-Tempel ist das umfangreichste Bauwerk von Angkor. Seine vierundfünfzig Türme, von denen das Bild einen zeigt, sind mit insgesamt 216 Gesichtsskulpturen geschmückt.

Abb. 16.29 Isfahan (Iran), Masgid-i Gami (Große Moschee). Nördlicher Kuppelraum, 1088–1089; Inneres.

Abb. 16.30 Granada (Spanien). Die Alhambra, 13. bis 14. Jh.; Gesamtansicht von Norden.

Blick einen Vergleich abwegig erscheinen lassen, er ist es aber keineswegs – wenn wir sie jeweils im Rahmen ihrer eigenen Tradition sehen, in der sie ein folgerichtiges Ergebnis der visuellen Prinzipien sind – nach denen die älteren Gewölbe entstanden waren.

Doch noch weit einleuchtendere Gründe als diese strahlenden Baldachine bietet die Alhambra dafür, daß uns dieses Bauwerk als unvergeßlicher Abgesang des moslemischen Spaniens erscheint. Vielleicht weil wir wissen, wie alles endete, erscheint uns alles an diesem berühmten Ensemble auf einem der beiden Hügel über dem Flachland der Vega von Granada so berückend und melancholisch (Abb. 16.30). Der als »maurisch« bezeichnete Baustil hatte sich über lange Zeit hin aus der Brillanz der früheren Omayyadenbauten herausgebildet, der wir in der Großen Moschee von Córdoba begegnet waren. Auf diesen Stil gehen – auf beiden Seiten der Straße von Gibraltar – einige der kompliziertesten architektonischen Phantasiegespinste aller Zeit zurück. Er ist verschwenderisch und substanzlos – seine Realität ist die Illusion, sein Ziel ist es, die Wirklichkeit zu fliehen. Das Licht wird umworben und aufgesogen. Eine scharfe Begrenzung der Schatten wird nicht geduldet, und wo Masse nicht unmittelbar greifbar und der Raum keine völlige Leere ist, entsteht eine weiche, schlaffe, fließende Atmosphäre. Zum Teil liegt das an der Struktur der Stuckornamentik, die einst vergoldet und bunt war, zum Teil daran, daß es keine scharfen Umrisse oder rechten Winkel geben kann, weil die Konturen überall mit Stalaktiten behängt oder auf andere Weise verwischt sind. Da die Last ihrem Wesen nach so zart und leicht ist, werden auch die Stützen gewichtslos. Wir haben da ganz dünne Säulen, einzeln oder paarweise, an denen weder Entasis noch Kannelierung irgendeinen Druck erkennen lassen. Übertrieben hohe Kämpferblöcke trennen die Säulen noch stärker von ihrer zarten Last. Das Ganze wirkt kaum wie ein Gebäude, sondern eher wie ein Gespinst, ein Gemälde, ein Zauberwerk (Abb. 1.18).

Die kompositionelle Haupteinheit der Alhambra ist der *Rhiad*, ein von Architektur umrahmter Patio (Abb. 16.31). Den Löwenhof, einen von Portiken umgebenen offenen Raum, durchkreuzen schmale Wasserläufe, die durch die axial angeordneten Pavillons die dahinterliegenden Räume erreichen – wie ein Rinnsal des Lebens, das seinen Ursprung sucht (Abb. 1.18). Im Myrtenhof füllt das Wasser den freien Raum, so daß die Portikusbogen im Wasser zu stehen scheinen. Die schlanken Säulen suchen in dieser Wasserwelt, so gut sie können, einen Halt, und ihre Gebrechlichkeit wirkt in der blassen zitternden Spiegelung noch kraftloser. Die Flächen über und hinter ihnen, die als Wände gelten wollen, bestehen aus vielfarbigen Ziegeln und Stuckrahmenwerk, sie sind fast zwanghaft angefüllt mit geschnitztem, stilisiertem und sich ständig wiederholendem Laubwerk sowie mit ineinandergreifenden Mustern, Sternen und Rauten. Heute sprühen die Brunnen zu stark. Sie werden wohl leise geplätschert haben, hypnotisch wie die Stuckornamente ringsum, und das Zusammenwirken von Ton und Anblick schläferte ein, verzauberte und stimmte melancholisch.

Wir betreten die Räume. Die Decken sind vergoldete Waben, die Fußböden schillernde Spiegel aus Marmor und Fliesen, die Wände, unsichtbar hinter ihrer verzierten Hülle, zu einer Reihe vervielfachter selbständiger Zellen gestaltet (Abb. 16.32). Da gibt es in Augenhöhe keinerlei Öffnung zur Außenwelt. Die Räume sprechen uns durch Inschriften unmittelbar an: »Ich bin das eigentliche Herz des Palasts«, sagt der Saal der Gesandten – als wären Bauwerke Geister, die sprechen können; genauso began-

376 *Neue Ansprüche*

1. Flußlauf des Darro	6. Palast Karls V.	11. Salon de la Barca	16. Saal der Abencerragen
2. Granada	7. Machuca-Hof	12. Saal der Gesandten	17. Saal der Mozaraber
3. Alhambra	8. Mexuar	13. Bäder	18. Saal der Könige
4. Generalife	9. Hof des Cuarto Dorado	14. Löwenhof	19. Daraxa
5. Alcazaba (Zitadelle)	10. Myrtenhof	15. Saal der beiden Schwestern	20. Turm »Peinador de la Reina«

Abb. 16.31 Granada, Alhambra; oben: Lageplan; unten: Grundriß des Mittelteils des Palastes.

Abb. 16.32 Granada, Alhambra, Saal der beiden Schwestern, zweite Hälfte des 14. Jh.; Inneres, Blick in die Kuppel.

nen in der Kindheit oder in unseren Träumen leblose Gegenstände plötzlich zu reden. Es ist wirklich alles »Stoff aus Träumen«, eine Architektur, die das Laute und Starke um des Seltsamen und Melancholischen willen meidet. Das Bild der Festung, das im 11. Jh., als der ursprüngliche Palast entstand, ernst gemeint war, ist jetzt Trug. Die Zeit des Kampfes ist vorbei. *Wa al-ghalib billah*, wie es in dem inhaltsschweren Spruch heißt, der uns durch die Räume folgt: Gott allein ist der Sieger.

Man kann sich unter diesem Environment aus Phantasie und Verinnerlichung, angelegt auf einer idyllischen Hügelkuppe zwischen Myrten, immergrünen Pflanzen und dahinfließenden Bächen, kaum etwas anderes vorstellen als ein irdisches Paradies. Gedichtzeilen, die in das Gefüge der Zimmer eingewoben sind, legen uns diesen Gedanken nahe. Sie sprechen von »Mündern der Gnade, Wonne, Glückseligkeit«, von Konstellationen und der Erhabenheit der Sonne, von offenkundigen und verborgenen Schönheiten, von »himmlischen Sphären über dem glühenden Teich der Dämmerung«. Wir erinnern uns an die Schilderungen des Paradieses im Koran, jene »Pavillons, unter denen Wasser fließt«, und wir sehen sie in den Wasserläufen und den überdachten Säulenhallen der Höfe. Wiederum erinnern die restlos gelungene Mischung aus Natur und Architektur, die frischgrünen, eleganten Patios an die üppige Vision jener großartigen Verse der 55. Sure des Korans:

»Für jene, welche die Majestät ihres Herrn fürchten, gibt es zwei Gärten, bepflanzt mit schattenspendenden Bäumen. Welche Wohltat deines Herrn würdest du zurückweisen?

Beide sind sie von einem fließenden Brunnen bewässert. Welche Wohltat deines Herrn würdest du zurückweisen?

Sie werden auf Ruhebetten liegen, die über und über mit Brokat bezogen sind, und die Früchte beider Gärten werden in ihrer Reichweite hängen. Welche Wohltat deines Herrn würdest du zurückweisen?

Sie werden wohnen mit scheuen Jungfrauen, die noch kein Mann oder Dschinn vorher berührt haben wird. Jungfrauen, so schön wie Korallen und Rubine. Welche Wohltat deines Herrn würdest du zurückweisen?«

Die Melancholie, von der wir sprachen, ist durch die Umstände bedingt. Dies ist ja leider nicht das wirkliche Paradies. Es ist vergänglich, Angriffen ausgesetzt, weit davon entfernt, ewig zu sein. Für die Nasriden-Dynastie, welche in dieser zauberischen Zufluchtsstätte, genannt Alhambra, die grausame Wirklichkeit zu betäuben suchte, kam 1492 das Ende. Granada ergab sich kampflos Isabella von Kastilien und Ferdinand von Aragón. Nahebei wurde eine Stadt erbaut, die den Namen Santa Fe – Heiliger Glaube – erhielt: Ferdinands und Isabellas Glaube.

Die Moslems wurden weder ausgerottet noch verbannt. Sie erschlafften, während ihre Musik in die Klänge spanischer Lieder eindrang und ihre hypnotische Ornamentik auf vielen christlichen Wänden erblühte. Ihre Traumarchitektur jedoch lebte in Nordafrika fort. Die einst so puritanischen Moslems von Ifriqya und Marokko waren zweihundert Jahre vor der Alhambra dem Charme und der heiteren Differenziertheit Andalusiens verfallen. Einige der erlesensten maurischen Schöpfungen – Medresen, Paläste, Grabstätten – finden sich in Fes, Taza, Rabat und Marrakesch. Das sind auch die Stätten, die sich nach dem Fall von Granada noch ein wenig länger in dieser vergänglichen Welt gehalten haben. Dann ging auch ihr Traum zu Ende.

Ansicht einer Idealstadt, um 1490,
unbekannter Meister der mittelitalienischen Schule.

17. Kapitel

Die Renaissance – Ideal und Mode

In den Jahren nach dem Fall Granadas ging Spanien daran, jene Denkmäler endgültig zu beseitigen, welche die Wunder der langlebigen, jetzt für immer verdrängten moslemischen Kultur bezeugten. Gegen Ende des 15. Jh. hatte man schon eine bescheidene gotische Kapelle in die Moschee von Córdoba eingebaut. 1523 entlockte die Geistlichkeit Karl V. die Genehmigung zum Bau einer ansehnlichen Kathedrale in der Mitte des Moslemheiligtums. Durch diese Einbauten wurden die Arkaden des vielschiffigen Innenraums und die Durchblicke, die sie gewährten, rücksichtslos abgeschnitten. Die kreuzförmige überkuppelte Masse brach durch die schwach geneigten Dächer, die vom Hof bis zur *Mihrabwand* wie eine sanfte Dünung über das Gebäude wogten (Abb. 17.1). Die neue Kirche war ganz und gar bedeckt von reicher Ornamentik, die gotische und antike Motive mit dem Plateresken-Stil verbanden – einer wohl vom maurischen Geschmack beeinflußten überladenen, belebten Mischung, die einem einheimischen Stil so nahe kam, wie es für Spanien nach der Wiedereroberung der Halbinsel eben möglich war. Als Karl V. 1525 Córdoba zum ersten Mal besuchte, war er erschüttert. »Wenn ich gewußt hätte, was ihr hier vorhabt«, soll er zu den Leuten des Bischofs gesagt haben, »hättet ihr das nicht tun dürfen, denn was ihr hier macht, findet man überall, und was ihr vorher hattet, gibt es nirgendwo sonst in der Welt.«

Bei der Alhambra griff der König weit besonnener ein. Sein – niemals vollendeter – Palast steht südlich der Höfe und der Wabensäle der Nasriden; er ist schräg gestellt und berührt sie an einer Ecke des Myrtenhofs (Abb. 16.31, oben). Er ist streng klassisch gestaltet. Ein runder Hof, von einer zweistöckigen Säulenhalle umgeben, liegt innerhalb eines Quadrats, das einen Block mit Zimmern umfaßt (Abb. 17.2). Im Erdgeschoß übernehmen toskanische Säulen mit durchgehendem Gebälk den Schub des ringförmigen Gewölbes. Die oberen Säulen sind ionischer Ordnung. Dieser akademische Geschmack ist weit entfernt von dem spätgotischen und platteresken Überschwang der Kathedrale von Córdoba oder überhaupt der Mehrzahl der spanischen Bauten, die in den ersten Jahrzehnten des 16. Jh. entstanden.

Der erste Schritt

Drei verschiedene Baustile waren um 1500 in Spanien verbreitet: einmal die internationale Sprache der Gotik am Ende ihres langen Wirkens, zweitens eine zwitterhafte örtliche Mischung ornamentaler Motive, die ohne Rücksicht auf die Struktur des Gebäudes angebracht wurden, und schließlich die neumodische Gestaltungsweise, welche die Überlieferung des antiken Roms wiederaufnahm und modernisierte.

Diese dritte Möglichkeit kam aus Italien. Ihre Förderer waren die Höfe Europas, die nach und nach in ihr ein Mittel sahen, aufgeklärt zu erscheinen. Das 16. Jh. war die kritische Übergangszeit. Die alten Gewohnheiten hatten ein zähes Leben. Es hatte vieler Generationen von Baumeistern, Mäzenen und Handwerkern bedurft, um den Köder der Gotik schmackhaft zu machen, ihre frühen Formeln auszubilden und lokale Varianten auszuarbeiten, die das gemeine Volk ansprachen.

Inzwischen war eine Kirche gleichbedeutend mit gotischen Gewölben und Maßwerk; ein Schloß bedeutete Türme mit Helm, Zinnen, hohe Spitzbogenfenster und Erker. Das waren die Dinge, auf welche das Baugewerbe sich verstand. Alle Fachkenntnisse, die dazu gehörten, auch die des Baumeisters, waren in den Zünften gepflegt und institutionalisiert worden. Hier war der Widerstand gegen die klassische Welle stark. Nicht anders verhielt es sich beim einfachen Volk, das sich nicht leicht an fremdartige Anblicke gewöhnte.

Leon Battista Alberti

Der Urquell der neuen Architektur, dieser neuen Denkweise, war Florenz gewesen. Dort hatten die reichen Kaufleute und Bankiers an der Spitze der streitlustigen, aber strahlenden Republik sich bereit gefunden, Filippo Brunelleschis Experimente in den ersten Jahrzehnten des 15. Jh. zu unterstützen. Ohne diesen Rückhalt hätten die Bauten, die zur zeugenden Kraft einer internationalen Bewegung werden sollten, nicht entstehen können. Doch es war eine Zweibahnstraße. Als gute Geschäftsleute erkannten die Pazzi, die Medici und die Pitti den Vorteil eines Stils, der sie mit der Stimmung des Wiedererwachens, der Neubestimmung des Lebens verband, welche von Gelehrten und Künstlern ihrer Stadt in Gang gebracht worden war. Die Erregung, der Optimismus

Abb. 17.1 Córdoba (Spanien). Große Moschee, 8. bis 10. Jh., mit der in die Gebetshalle eingebauten Kirche aus dem 16. Jh.; Luftbild von Osten. Die Moschee wurde erstmals 1238 in eine christliche Kathedrale umgewandelt. Der bepflanzte Hof an der Südseite ist der Patio de los Naranjos (Hof der Orangenbäume).

Abb. 17.2 Granada (Spanien). Die Alhambra, Palast Karls V., 1527–1568, Pedro Machuca; Ansicht von der Hofseite. Der Palast ist Nr. 6 auf Abb. 16.31.
Machucas Entwurf zeigt den Einfluß der römischen Bauten von Raffael, dessen Schüler er offenbar war, und von Bramante (vgl. Abb. 17.14).

waren spürbar. Da gab es eine Vergangenheit, von der man sich distanzieren und die man kritisch betrachten konnte. Oder vielmehr: Da waren zwei verschiedene Vergangenheiten, die glorreiche und die unrühmliche, und das Studium der klassischen Literatur konnte den Menschen helfen, die Wirkkraft der ersteren wiederzuerlangen. Es konnte sie zu einem modernen Leben führen, das ebenso reich und kultiviert war wie das der Antike. Wissen war nicht ein Geschenk der Offenbarung, sondern eine objektive Quelle, die angezapft und nutzbar gemacht werden konnte. Eine Handvoll außergewöhnlicher Menschen suchte jetzt dem trübe gewordenen Erbe Griechenlands und Roms Leben einzuhauchen, einem Vermächtnis, das in den Texten und Monumenten dieser bedeutenden Kulturen beschlossen lag. Die Humanisten durchwühlten allerorts Bibliotheken nach der schriftlich fixierten Weisheit des klassischen Altertums. Sie leisteten Schwerarbeit, um Griechisch, die vergessene Sprache, wiederzuerwecken und die Reinheit der lateinischen wiederherzustellen.

Auch Erneuerung der Künste gehörte zu diesen Bemühungen. Fachleute und Gelehrte waren gleichermaßen auf der Jagd nach Gemmen, Münzen und Skulpturen. Sie entzifferten Inschriften, sie vermaßen und zeichneten die verstreuten Überreste des Römischen Reichs. Nach Rom reiste man jetzt nicht nur, um die christlichen Märtyrer zu ehren, sondern ebenso oft, um Ruinen zu bestaunen. Die Päpste, nun endlich befreit von Schisma und Zwistigkeit, suchten diese Ernte der Wiedererweckung für ihre eigenen Pläne eines triumphierenden Heiligen Stuhls einzubringen. Es gab sogar Erkundungsreisen nach Griechenland. Ciriaco d'Ancona reiste in den griechischen Osten, unmittelbar bevor dieser durch die osmanische Eroberung unzugänglich wurde. Er kopierte zahllose Inschriften und zeichnete Bauten und Kunstwerke. In der Medicivilla in Poggio a Caiano bei Florenz gibt ein Portikus in Form einer klassischen Tempelfront seine Zeichnung der Westfassade des Parthenons wieder (Abb. 17.3). Zur gleichen Zeit fanden die Künste Unterstützung durch einen mathematischen Humanismus. Forschungen auf dem Gebiet der Optik und der Geometrie machten die Linearperspektive zur modernen Muse. Sie erscheint unter den Künsten und Wissenschaften, die das Bronzebildnis Papst Sixtus' IV. (1471–1484) auf seinem Grabmal in der Peterskirche umgeben.

Brunelleschis Anwendung dieser altertums- und naturwissenschaftlichen Studien erwiesen sich als entscheidend. Im Lauf von dreißig Jahren hatte er einen vollentwickelten Ersatz für gotische Formen ausgearbeitet und anschaulich gemacht. Wir wollen uns daran erinnern, daß einem spätgotischen Gebäude geheime geometrische Formeln zugrunde lagen, die von der Bauhütte eifersüchtig gehütet wurden. Gotische Architektur funktionierte gemäß einem abstrakten System von Proportionen. Einzelne Elemente des Gebäudes hatten in sich selbst oder in bezug auf die Gesamtmaße kein fest bestimmtes Verhältnis, sondern waren abhängig von inneren Korrelationen, die sich aus den anfänglichen geometrischen Entscheidungen ergaben. Ein flüchtig skizzierter Grundriß genügte zur Registrierung dieser Entscheidungen. Alle Details wurden an Ort und Stelle entworfen und jeweils einzeln ausgeführt. Der Baumeister überwachte jeden Schritt; er lieferte Schablonen für jede Windung des Maßwerks. Improvisation und Änderung an Ort und Stelle während des Bauvorgangs waren nichts Ungewöhnliches.

Diese eingewurzelten gotischen Gewohnheiten wurden jetzt aufgegeben. Der Architekt entwarf das Gebäude und legte es in einem einheitlichen Grundriß fest, der maßstabgerecht gezeichnet wurde. Nach diesem Plan konnten Bauarbeiter den Bau errichten, ohne daß der Architekt sie beaufsichtigte. Das wurde möglich, weil die Verhältnisse einfach und auf ein festes Modul von soundso vielen Braccia (die italienische Maßeinheit) abgestimmt waren und weil die Bauelemente standardisiert waren und auf rationale, vorhersagbare Weise zusammengestellt werden konnten, nicht viel anders als etwa bei griechischen Tempeln. Diese Elemente waren klassischer Herkunft – Säulen, Pfeiler, Gesimse, Giebelfelder, Nischen mit Rundbogen oder Segmenten. Wie sie entworfen wurden und miteinander korrespondierten, wie sie den Raum architektonisch formten oder die Ansicht des Gebäudes gestalteten – das alles waren Dinge, die man lernen mußte, keine Werkstattfertigkeiten. Der Architekt kam jetzt nicht mehr aus der engbegrenzten Welt der Gilden. Er mußte eine breite Ausbildung haben. »Die Baukunst ist eine sehr vornehme Wissenschaft«, schrieb Leon Battista Alberti, »sie ist nicht für jeden Kopf geeignet. Es sollte ein Mann von hohem Geist, von großer Hingabe, von der besten Bildung sein..., wer sich vermißt, sich einen Baumeister zu nennen.«

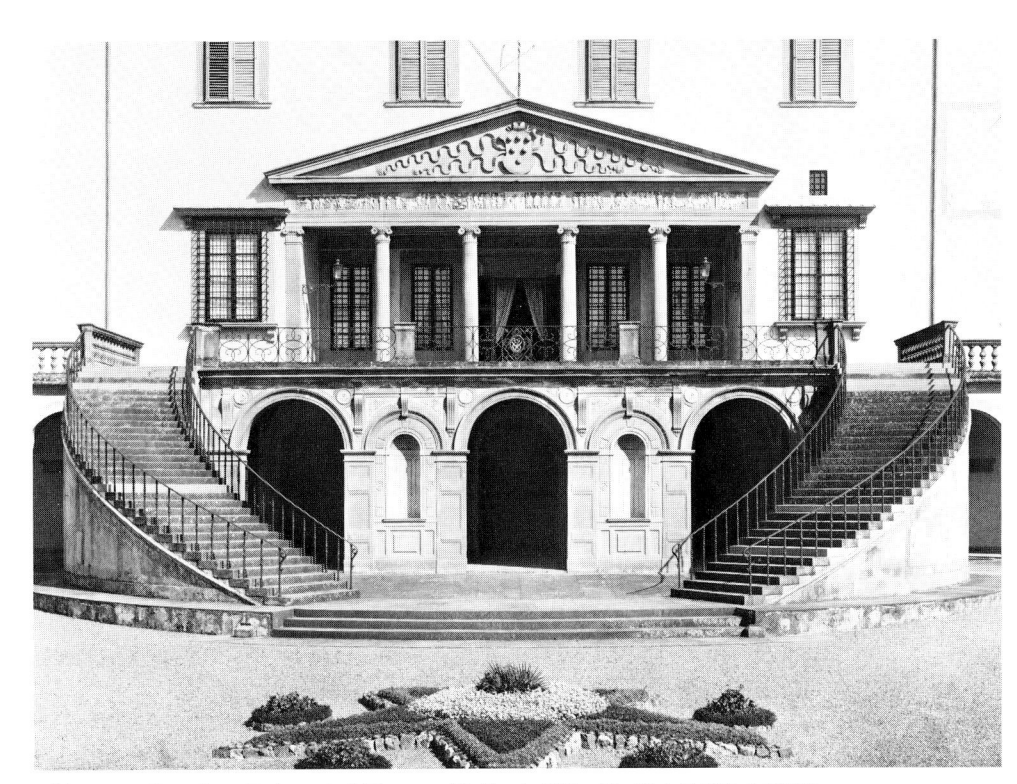

Abb. 17.3 Poggio a Caiano bei Florenz (Italien), Villa Medici (1480–1497?), Giuliano da Sangallo; ionische Eingangshalle.
Die Villa war für Lorenzo de Medici (Il Magnifico) entworfen worden.

Alberti (1404–1472) hat mit diesen Worten sich selbst beschrieben. In der zweiten Hälfte des 15. Jh. war er für die Verbreitung der Renaissancearchitektur ebenso maßgebend, wie es Brunelleschi für ihren Beginn in der ersten Hälfte gewesen war. Doch im Gegensatz zu Brunelleschi, der über das Gildensystem groß geworden war und seine Erkenntnisse als Praktiker gesammelt hatte, war Alberti ein hervorragender Gelehrter, der sich im späteren Abschnitt einer vielseitigen Laufbahn als Kenner der Antike, Schriftsteller, päpstlicher Sekretär, Kunsttheoretiker, Grammatiker und Sozialkommentator der Architektur zuwandte. Er hatte an den Universitäten von Padua und Bologna studiert und wirkte als Berater an mehreren Fürstenhöfen Italiens.

1452 vollendete Alberti eine frühe Fassung der *Zehn Bücher über Architektur*. Es war die erste bedeutende Abhandlung über Architektur seit Vitruv, den er sich in großen Zügen zum Vorbild nahm. Vitruv hatte für seine Zeitgenossen das gesamte Architekturwissen der Griechen zusammengefaßt, die Bräuche vergangener Zeiten festgehalten. Albertis Interesse galt der Architektur als einem Bestandteil der neuen Gelehrsamkeit. Er schrieb nicht in erster Linie als

Abb. 17.4 Neapel (Italien), Triumphbogen Alfons' I. von Aragon, um 1453–1465.
Dieses klassische Siegestor wurde in die Nordwestecke des Castel Nuovo eingefügt, als Alfons das Kastell aus dem 13. Jh. von 1443 an umbaute. Das Relief über dem Hauptbogen stellt den Einzug des Königs in Neapel dar.

1. Sta. Maria
2. Haus des Priors
3. S. Francesco
4. Mittelalterliche Häuser und Gärten
5. Markt
6. Stadtmauer (ungefährer Verlauf)
7. Dom
8. Palazzo Piccolomini
9. Rathaus
10. Bischofspalast
11. Palazzo Ammanati

Abb. 17.5 Pienza (ursprünglich Corsignano, Italien), Platz des Papstes Pius II., 1459–1462, Bernardo Rossellino; oben, Gesamtlageplan; unten links: Plan des Platzes im Mittelalter; unten rechts: derselbe Platz in der Neugestaltung unter Pius.

Praktiker, der sich an andere Praktiker wandte, sondern als ein Humanist, der die einflußreichen begüterten Persönlichkeiten seiner Zeit über den erhabenen Beruf der Architekten und deren Rang im öffentlichen Leben unterrichtete.

Diese Gruppe von Mäzenen war der einzige Personenkreis, den zu pflegen sich lohnte. Dem künftigen Architekten rät er: »Ich wünschte, daß du, wenn möglich, dich nur mit Personen von höchstem Rang und höchster Qualität befassest, die außerdem echte Liebhaber dieser Kunst sind, denn deine Arbeit verliert ihre Würde, wenn sie für geringe Menschen getan wird.« Solche Arbeitgeber hätten nicht nur den besseren Geschmack, sondern sie könnten sich auch das beste Material leisten. Alberti neigte dazu, in ihnen gute Menschen zu sehen. Als ein Mensch seiner Zeit hatte er, obwohl Florentiner, nichts gegen autoritäre Systeme, wohl aber gegen Tyrannei. Der Unterschied ist der zwischen einem Fürsten, welcher gerecht und weise über willige Untertanen herrscht, und einem, der sich von dem Verlangen leiten läßt, »seine Herrschaft über sie fortzusetzen, auch wenn sie sich darunter noch so unbehaglich fühlen«. Für uns ist es heute schwer, in manchen von Albertis Auftraggebern etwas anderes zu sehen als Tyrannen, doch der moralisierende Tenor der Architekten war Mittel zum Zweck. Mochte einer in Wirklichkeit noch so böse sein – das Bekenntnis zu dem neuen Stil machte ihn achtbar. Daß die antikisierende Bauweise unter den Herrschenden in Europa so beliebt war, gehörte zu den Gründen für ihre Verbreitung.

Die Baukunst war für Alberti, wie wir schon sagten, keine bloße Fertigkeit oder Dienstleistung. Der Beruf und seine Anwendung sind weltliche Dinge, die von einem Baumeister leicht bewältigt werden können. Der Architekt aber, ausgerüstet mit dem Wissen von der Linearperspektive und der neuen Mathematik, der sich ganz in die Kenntnis alter Quellen versenkt hat, wird zum Meister eines allumfassenden Gesetzes, das ebenso für die Gestaltung seiner Bauten gilt wie für die Struktur der natürlichen Welt. Und da für Alberti die Natur gleichbedeutend mit Gott ist, nähert sich der Architekt in seinem Tun dem Göttlichen. Solche Reden hörten die Meister der Bauhütten höchst ungern. Sie wurden da von einem buchgelehrten Schlag von Leuten abgekanzelt, die Latein und Griechisch beherrschten und nach Rom gereist waren, um übergrünte Ruinen zu betrachten, die aber keinen Stein bearbeiten und kein Gewölbe fügen konnten. Die Verachtung war gegenseitig.

Doch bei all seiner Beredsamkeit hatte es Alberti nicht eilig, Mittelalterliches abzulehnen, und er sah auch keine Welt aus Renaissancestädten vor sich. Die erste Hälfte des 15. Jh., die Reifezeit Albertis, war für das Bauen nicht günstig. Anhaltende Not in ganz Europa und ein labiles Italien machten größere städtische Vorhaben oder die Planung neuer Städte politisch und wirtschaftlich unmöglich. Das Kapitel über Stadtplanung in den *Zehn Büchern über Architektur* bewertet die Erfahrung mittelalterlicher Praxis, wie wir sie aus Florenz kennen, positiv und befürwortet den neuen Stil als einen beispielhaften Akzent innerhalb des gegebenen Gefüges. Renaissancekirchen und -paläste in prominenter Lage würden eine Stadt veredeln. Nach Plan entworfene Hauptstraßen, deren Zweck der Allgemeinheit dient –

Abb. 17.6 Pienza; Ansicht des Platzes, Blick nach Osten mit Rathaus.

etwa als Zufahrt zur fürstlichen Residenz oder zu einem Tempel (so nannten die Humanisten jetzt die Kirchen) –, würden mit dem verschlungenen Netz vorhandener Straßen kontrastieren, das Alberti wegen seiner visuellen Verschiedenartigkeit und militärischen Zweckmäßigkeit rühmt.

Tatsächlich bildete sich um die Mitte des 15. Jh. ein stabileres Klima heraus. Der Fall Konstantinopels war ein harter Schlag, aber er kam nicht unerwartet. Wichtiger für die Wohlfahrt Europas waren das Ende des Hundertjährigen Kriegs, die Gesundung des Papsttums und die Einstellung der Feindseligkeiten zwischen italienischen Staaten (Friede von Lodi, 1454). Die Bevölkerungsziffer stieg. Ein neuer Wohlstand, gefördert durch die koloniale Expansion der maßgeblichen Monarchien und die Ausbeutung der Silber- und Kupferminen Mitteleuropas, wurde allmählich spürbar. Die Renaissancearchitektur mußte von dieser allgemeinen Gesundung profitieren.

Trotzdem blieben ihre Fortschritte beschränkt. Die von Alberti bevorzugten Auftraggeber neigten dazu, sich mit Einzelplanungen, oft mit dem Teilumbau eines alten Gebäudes zufriedenzugeben. Alfons I. von Aragon, der 1442 den Franzosen das Königreich Neapel entriß, erneuerte die Burg der Stadt, Castel Nuovo, im ursprünglichen gotischen Stil, setzte aber einen klassischen Triumphbogen zwischen die Eingangstürme (Abb. 17.4). In Rimini ließ der Condottiere Sigismondo Malatesta die mittelalterliche Kirche S. Francesco von Alberti mit einer Mauerhülle *all'antica* umgeben und so in ein Denkmal für seine Familie und seinen Hof umwandeln. Der Herzogspalast in Urbino begann als eine Sanierung und Überholung mehrerer mittelalterlicher Bauten, die dort standen. Nikolaus V., der ehrgeizigere Pläne hatte als die weltlichen Fürsten, brachte wenig mehr zustande.

Nikolaus (1447–1455) war der erste humanistische Papst. Er wußte, was Bücher wert waren, und gründete die Vatikanische Bibliothek. Er kannte auch den Wert der Architektur als eines Mittels der Propaganda. Der Heilige Stuhl, nach Jahrzehnten gefährlicher Gärung wieder sicher, verlangte einen entsprechenden Rahmen, der seine wiedererstehende Autorität verkündete. Am besten drückte es der Papst in einer Ansprache von seinem Sterbelager an seine Kardinäle aus:

»Die große hohe Autorität der Römischen Kirche kann nur von denen verstanden werden, die ihre Geschichte aus dem Studium von Büchern kennen. Doch der gemeine Mann weiß nichts von Literatur und hat keine Kultur; wenn ihm auch oft von gelehrten Leuten verkündet wird, daß die höchste Autorität bei der Kirche liegt, und obwohl er das auch glaubt, muß er doch auch durch materielle Dinge beeinflußt werden, damit sein Glaube nicht mit der Zeit dahinschwindet. Doch wenn zur Belehrung durch den Gebildeten die Bestätigung durch großartige Bauten hinzukommt, von Denkmälern in einer gewissermaßen ewigen Gewandung..., wird der Glaube des Volkes gestärkt und gefestigt werden.«

Rom selbst, das heruntergekommen und entvölkert war, konnte unmöglich völlig wiederhergestellt werden. Aber die antiken römischen Monumente, denen alle Welt sich jetzt zuwandte, waren ein unbezahlbarer Besitz. Sie stellten eine Beziehung der Kirche zu der fortschrittlichsten Phase der modernen Kultur her. Um diese Erinnerungen an die Kaiserzeit mit einem zeitgenössischen Programm zu verbinden, wandte Nikolaus seine Aufmerksamkeit dem Borgo zu, dem päpstlichen Viertel jenseits des Tibers. Den verfallenen Lateran hatte man als offizielle Papstresidenz aufgegeben. Jetzt verlegte man den päpstlichen Verwaltungsapparat für immer in den Vatikanpalast neben der Peterskirche. Alberti und der Papst entwarfen gemeinsam einen Plan für eine Idealstadt Gottes unter drei Aspekten: Erstens sollte die alte Kirche vergrößert und verstärkt, der Palast überholt, sein mittelalterliches Äußeres maskiert werden. Zweitens wurden Vorkehrungen getroffen für eine Bibliothek, eine Palastkapelle, einen Park – wahrscheinlich in Übereinstimmung mit den regelmäßig angelegten Gärten, die eben jetzt für florentinische Villen entstanden – und ein antikes Theater. Drittens würde das Viertel zwischen der Peterskirche und der Engelsburg, dem Mausoleum Hadrians, die als befestigter Brückenkopf zum Borgo diente, im Stil Albertis erneuert werden. Drei gerade, mit Kolonnaden versehene Straßen sollten das Brückenende samt seinem neuen Platz mit der Basilika und dem Palast verbinden. Auch an diesem Ende sollte ein Platz regelmäßig gestaltet werden. In die Mitte dieses Platzes, auf gleicher Achse mit der Fassade von St. Peter, würde man den Obelisk von Neros Rennbahn bringen, der bisher auf der Südseite der Basilika gestanden hatte (Abb. 20.13).

Pienza

Dieser kühne Ausgriff nach einem humanistischen Utopia, das bis zu Nikolaus' Tod noch nicht verwirklicht war, wird die nächsten zweihundert Jahre lang als Entwurf für die wunderbare Umgestaltung der Peterskir-

Abb. 17.7 Pienza; Ansicht des Platzes mit Dom (links) und Palazzo Piccolomini (rechts).

che und des Vatikans bestehenbleiben. Ein päpstliches Ensemble allerdings wurde in der Frührenaissance weit entfernt von Rom doch gebaut – auf einem Hügel südlich von Siena. Es ist die erste vollständige Verwirklichung jenes idealen Milieus, welche die Künstler der neuen Schule in Gemälden, Reliefs und Intarsien ersannen. Der Schauplatz ist eine kleine Stadt namens Corsignano, die Heimat der Familie Piccolomini, aus der ein Abkömmling 1458 als Pius II. den päpstlichen Thron bestieg. Der Architekt dieser Stätte war Bernardo Rossellino. Er hatte für Nikolaus an der Peterskirche gearbeitet und war Albertis Assistent in Florenz beim Palazzo Rucellai gewesen. Alberti schaut hier deutlich über Bernardos Schulter; der päpstliche Palast (Palazzo Piccolomini) in Pienza ist eine fast bis ins Detail getreue Kopie des Palazzo Rucellai.

Doch Pius wußte genau, was er wollte. Wenn die neue Gemeinschaft der Humanisten den Architekten auf das Niveau eines Herrn erhoben hatte, so hatte sie auch dem aufgeklärten Auftraggeber die Kenntnisse vermittelt, sich sachkundig einzuschalten. Die alte Stadt, die auf zwei Seiten eines sanft gewellten Rückens gewachsen war, ließ man unangetastet. Auf dem Gipfel der hügeligen Stätte jedoch ließ Pius auf der Südseite des Rückens eine Renaissance-Piazza anlegen, die mit Ziegeln gepflastert und mit einem perspektivischen Gitter aus hellem Stein versehen war (Abb. 17.5). Sie war auf drei Seiten umschlossen von der Kirche auf der Hauptachse und Palästen auf beiden Seiten. Diese Paläste waren schräg gestellt, so daß die divergierenden Linien die Monumentalität der Kirchenfassade unterstrichen und gleichzeitig den formalen Raum weit genug öffneten, um uns die ungeheure Weite des Himmels und des Tals empfinden zu lassen. (Diese trapezförmige Anordnung war zum Teil durch die ursprüngliche Ausrichtung der alten Kirche Sta. Maria und das Gebäude im Osten nahegelegt, das der offizielle Wohnsitz des Priors und anderer Beamten gewesen war.) Die vierte Seite des Rückens, seine Nordseite, war einem kleinen Rathaus östlich der Zugangsstraße mit einer Loggia im Erdgeschoß zugewiesen worden. Ein Kardinalspalast begrenzte die restliche Ecke des Trapezes (Abb. 17.6).

Dieses in seiner Gesamtheit geplante städtische Ensemble bewährt sich erfolgreich auf verschiedenen Ebenen. Corsignano erstreckt sich in die Länge, die alte Kirche war vorschriftsmäßig orientiert und lag infolgedessen parallel zum Bergrücken. Das Priorgebäude im Osten war ein altes Haus, das Pius kaufte und seinem Vizekanzler unter der Bedingung übergab, »daß er an dieser Stelle einen Bischofspalast errichtete und der Jungfrau Maria stiftete«. Der neue Dom blickt nach Norden, zieht die langgedehnte Stadt zu sich heran und bildet zum Verlauf des Bergrückens eine kräftige Gegenachse.

Das politische Diagramm ist eindeutig. Das größte Gebäude – im Grundriß oder aus der Vogelperspektive – ist der Palazzo Piccolomini (Abb. 17.7). Die Kirche nimmt den Ehrenplatz in der Mitte ein. Das Rathaus ist unscheinbar und bescheiden in eine Ecke gerückt, eine symbolische Geste. Hinter ihm liegt der alte Marktplatz. Der nun noch verbleibende Palast, die Bischofsresidenz, steht vor allem um des Entwurfs willen an seiner Stelle. Aus dieser Blickebene, von der Piazza aus gesehen, läßt der päpstliche Block nicht viel von sich sehen, um die beidseitige Symmetrie zu wahren. Der Hauptzugang im Osten rückt nach rechts von der Mitte, um Verbindung mit dem Platz zu halten. Die Proportionen aller drei Gebäude südlich des Rückens werden durch den dazwischenliegenden Raum und dessen Raster bestimmt und festgehalten. Ein Brunnen an einer Ecke durchbricht mit voller Absicht das strenge Gleichgewicht des Ganzen und bringt eine menschliche Note in diese durch und durch rationale Ordnung. Er soll an die elementaren Gewohnheiten des Volkes erinnern, die alten Bräuche, welche durch Intellektualisierung nicht beiseite gefegt werden können.

Der Brunnen ist wie ein Totem der mittelalterlichen Stadt Corsignano, die jetzt nach ihrem hohen Herrn »Pienza« heißt. Er symbolisiert das Taktgefühl, mit dem das moderne Zeitalter sich in einer überkommenen Umgebung einrichtete. Wir betreten die Piazza von der Straße längs des Rückens oder von der nördlichen Querstraße her. Keine von beiden ist erweitert, begradigt oder auf das Renaissanceschema hin ausgerichtet worden. Im Gegenteil, die Schräge der flankierenden Paläste respektiert die Biegung des Rückens. Kardinäle, die man drängte, alte Häuser zu renovieren oder neue zu bauen, zogen es ebenfalls vor, sich an die alten Fronten zu halten. Diese Rücksichtnahme lohnt sich. Die Wirkung des Neuen wird dadurch erhöht, daß sie auf natürliche Weise erzielt wird, ohne sich auffallender oder städtisch formaler Mittel zu bedienen. In dieselbe Richtung weist, daß auch extreme Gegensätze im Maßstab zwischen alt und neu vermieden werden. Weder vom Orciatal her noch von drinnen gesehen übertrumpfen die Bauten Pius' die Landschaft. Ihre Überlegenheit drückt sich im Geist und nicht in brutaler Größe aus.

Abb. 17.8 Pienza; Palazzo Piccolomini, Gartenseite; rechts der Dom.

Vornehm in ihrer äußeren Erscheinung, bietet die neue Architektur von Pienza dem Bauherrn alle Bequemlichkeiten. Der Palazzo Piccolomini, eine städtische quadratische Masse im florentinischen Stil, die über älteren Häusern errichtet wurde, hatte auf dem Dach ein Reservoir für Regenwasser, das durch Eisenrohre verteilt wurde. Durch Kies gefiltert, füllte es drei Zisternen auf dem Grundstück. Pius berichtet in seinen *Commentarii*: »Ganz oben auf dem Dach waren dreiundzwanzig mit Zinnen, Strebepfeilern und verschiedenen Gemälden verzierte turmartige Aufbauten errichtet, die man schon aus der Ferne sah und die viel zum Reiz und zur Pracht des Gebäudes beitrugen.« An der dem Tal zugewandten Seite öffnet sich der Palast auf einen regelmäßig angelegten Garten und auf den Berg Amiata, der genau auf Achse dahinter liegt (Abb. 17.8). Die Südfassade besteht aus dreistöckigen Arkaden, die einzig und allein dem Ausblick auf die Landschaft dienen – ganz so, wie Renaissancegemälde ihre Porträts mit tiefen naturalistischen Hintergründen oder religiösen Szenen versehen.

Der Dom ist ebenfalls charakteristisch. Das Innere verbindet eine Tribuna mit Kapellen, die an die östlichen Konchen des Florentiner Doms erinnern, mit einem typisch österreichischen Kirchenschiff. Pius war Legat in Österreich gewesen, ehe er Papst wurde, und hatte dort die Saalkirchen wegen ihrer Offenheit und Helligkeit bewundert. Die breiten Fenster sind hier jedoch aus klarem Glas, das der Himmel ausfüllt. Suger und seine anagogische *Lux nova* sind Vergangenheit. Pius liebte Licht aus erster Hand: »Wenn die Sonne scheint, lassen (die Fenster) soviel Licht herein, daß die Beter in der Kirche denken, sie sind in einem Haus, das nicht aus Stein, sondern aus Glas besteht.« Es gibt auch keinen Wanddekor wie jene Freskenzyklen, die in den mittelalterlichen Kirchen Italiens die Wände der Familienkapellen überzogen. Kleine, bei sienesischen Meistern bestellte Einzelbilder sind sachverständig hier und da plaziert – sie lassen die Architektur für sich selbst sprechen. Und Pius wollte, daß seine Kirche auch für alle Zeit so bleiben sollte. Eine Bulle vom 16. September 1462 ordnet an: »Niemand soll die Form der Kirche verändern, weder unten noch oben... Wenn jemand nicht gehorcht, soll er verflucht sein.«

Die Fassaden am Platz und seinen Zugängen kehren zur Albertischen Orthodoxie zurück. Der Palastentwurf geht in einem wichtigen Punkt über das frühe Renaissancemodell in Florenz hinaus, das wir im Palazzo Medici kennenlernten. Zwischen den Fenstern sind vertikale Unterteilungen hinzugekommen; sie betonen die Joche. In den drei Geschossen genau übereinandergestellt bilden sie zusammen mit den durchlaufenden Gesimsen ein Muster, das im Aufriß das Rastermuster des gepflasterten Platzes wiederaufnimmt. Doch auch ohne diese offensichtlich urbane Anspielung auf Albertis Palazzo Rucellai beziehen die vertikalen Unterteilungen den öffentlichen Platz unmittelbar ein; sie fordern den Passanten auf, sich umzudrehen und das Gebäude ins Auge zu fassen (Abb. 17.9). Der Medici-Typus ist horizontal geschichtet (Abb. 16.4a). Er lenkt das Auge durch den perspektivischen Zwang der Bodenlinie und der Simse sowie durch die ungehemmte Prozession der Fensterarkaden die Fassade entlang. Die Fassade bestimmt passiv das Straßenvolumen. Man könnte sagen, ihr Rhythmus gleiche

Abb. 17.9 Florenz, Palazzo Rucellai, Leon Battista Alberti; Fassade. Datierung unsicher, etwa 1450–1470.

dem eines römischen Aquädukts. In diesem Sinne ist er beliebig verlängerbar. Der Rucellai-Typus dagegen stellt eine aktive Beziehung zwischen sich und der Straße her. Er zeigt ein eingebautes Gleichgewicht zwischen Breite und Höhe, nicht nur infolge der Koordinierung der vertikalen und horizontalen Glieder, sondern auch infolge des fein differenzierten Rhythmus der Joche, der a-a-b-a-a-b-a-(a) skandiert. (Das letzte Joch blieb unvollendet.) Diese Fassade müßte unter jeder rücksichtslosen Verlängerung leiden, die nicht nach Höhe und Volumen dem öffentlichen Platz angeglichen würde, der vor ihr liegt.

Doch das ist nur ein Teil des Albertischen Schemas. Wir dürfen auch noch etwas anderes nicht übersehen. Die Hinzufügung der vertikalen Glieder führt uns näher an eine klassische Komposition, da die Gesimse nicht mehr ungestützt zu schweben scheinen wie an der Medicifassade. Im griechisch-römischen Entwurf sind Senkrechte – zumindest optisch, wenn nicht auch strukturell – unerläßlich als Träger von Stürzen, Gebälken und ähnlichem. Der Aufriß des Rucellai verweist auf »korrekte« Modelle, etwa das Kolosseum. Tatsächlich versieht Alberti seine Stützen mit Kapitellen verschiedener Ordnungen wie das Kolosseum. Er beginnt mit toskanischen im Erdgeschoß, geht dann zu Kompositkapitellen (nicht zu ionischen wie das Kolosseum auf dieser Ebene) und oben zu korinthischen über. Er verflacht die römischen Halbsäulen zu Pilastern, die sich mit ihrer glatten Oberfläche von der gefugten Rustika-Hauptfläche abheben.

Alberti faßt Säulen ornamental auf, während Brunelleschi sie als lastentragende und raumbegrenzende Teile verwendet hatte. Stabilität und Begrenzung sind für Alberti Funktionen der Wände. Die Architektur verfügt über zwei Elemente, die der ästhetischen Befriedigung dienen: Schönheit und Ornament. Schönheit ist immanent. Sie liegt in den Proportionen – in der »Harmonie und Übereinstimmung aller Teile auf solche Weise, daß nichts hinzugefügt, weggenommen oder verändert werden könnte, ohne daß das Ganze Schaden litte«. Das Ornament wird hinzugefügt. Hier kommen die Säule und der von ihr abgeleitete Pilaster ins Spiel. Pfeiler können dagegen als Abkürzungen der Wand auf angemessene Weise zur Stützung von Oberbauten eingesetzt werden. Bogenformen müssen von Pfeilern oder auch Pilastern ausgehen; der richtige Abschluß für Säulen ist das Gebälk.

Rossellino ist dem Meister bei der Fassade der Kirche von Pienza nicht gefolgt, denn er stellt in den Jochen des zweiten Geschosses Bögen auf Säulen. Trotzdem versucht er hier schon früh, eine Kirchenfassade im neuen Stil zu komponieren. Dieses Gestaltungsproblem hatte Brunelleschi nicht gelöst. Weder S. Lorenzo noch S. Spirito sind außen vollendet worden. Alberti nahm in

Abb. 17.10 Rimini (Italien), Albertis ursprünglicher Entwurf für S. Francesco (den sog. Tempio Malatestiano); Bronzegedenkmünze nach Matteo de'Pasti, 1450.

Abb. 17.11a Florenz, Sta. Maria Novella, 1460–1467; Fassade, umgestaltet von Leon Battista Alberti. Das mittelalterliche Innere zeigt Abb. 16.5.

Abb. 17.11 b Rom; Fassade von Il Gesù, der Kirche des Jesuitenordens, etwa 1575–1584, Giacomo della Porta.

dieser Frage einen ersten Anlauf bei S. Francesco in Rimini. Die naheliegende Parallele zur Renaissancekirche war der antike Tempel, laut Pius auch für seinen Dom. Aber die Standardform des Tempels ließ sich schwer mit der Dreiteilung in Mittel- und Seitenschiffe vereinbaren. Der Denkmalscharakter des Plans von Rimini mag Albertis Bau beeinflußt haben: ein Triumphbogen mit drei Öffnungen wie beim Konstantinsbogen in Rom. Damit war die Dreiteilung im Inneren vorbereitet, nicht aber die verschiedene Höhe des Mittelschiffs und der Seitenschiffe, da Triumphbögen über ihrem einzigen Geschoß nur eine Attika aufweisen. Albertis nur teilweise verwirklichte Absicht war es, den Mittelbogen über dem Eingang zu wiederholen, ihn als Fenster zu behandeln und ihm segmentförmige Keile aus Mauerwerk zur Seite zu stellen, welche die Pultdächer der Seitenschiffe verdecken sollten (Abb. 17.10).

Dieses recht unansehnliche zweite Geschoß wird an der Fassade von Sta. Maria Novella in Florenz mit mehr Erfolg behandelt (Abb. 17.11). Die untere Anordnung war durch mittelalterliche Arbeit bedingt. Albertis Riesen-Säulenordnung faßt sie in einen breiten Rahmen und trägt eine hohe Attika. Eine flache Tempelfassade, deren Mitte über dem Eingang liegt, verdeckt das Kirchenschiffdach, und die Ecken sind durch Voluten ausgefüllt. Wie zu erwarten, liegen dem Ganzen einfache proportionale Beziehungen zugrunde. Die Tempelfassade des Obergeschosses einschließlich der Attika läßt sich durch eine Linie halbieren, die mitten durch die Türöffnung verläuft. Jedes dieser Quadrate bildet ein Viertel der Fläche eines größeren Quadrats, das die gesamte Fassade genau umschreiben würde. Genauso verhält es sich auch mit den kleineren Maßen.

Die allgemeine Formel dieser zweistöckigen Fassade und der mit ihr verbundenen Voluten erfreute sich großer Beliebtheit in der Kirchenarchitektur der Renaissance. Hundert Jahre später finden wir sie wieder an der Jesuitenkirche in Rom, und noch einmal hundert Jahre danach an Sta. Maria in Campitelli (Abb. 17.11b, 21.3C). Natürlich erlebt sie auf diesem Wege mancherlei, aber ihr Prinzip bleibt dasselbe. Das ist das Wesen genialer Lösungen für brennende architektonische Probleme. Wir nehmen sie als zweckdienlich und selbstverständlich hin – und erst dann fällt uns ein, daß jemand so gescheit war, sie zu erfinden.

Der Fürst und das Volk: Bauherren in Norditalien

Alberti gelang es, in zwei weiteren von ihm entworfenen Kirchen in Mantua seine Fassaden so zu gestalten, daß sie einer klassischen Tempelfront ähnelten. Da es sich um Kirchenneubauten handelte, hatte er volle Freiheit. Bei S. Andrea verengt er die volle Breite der Kirche mit Hilfe eines hohen Vestibüls, das eine einzigartige Version der Tempelfassade zeigt (Abb. 17.12). Vier Pilaster auf hohen Basen bilden Eckjoche. Jedes Joch enthält eine Tür, darüber eine Rundbogennische und noch höher ein Rundbogenfenster. Zwischen diesen Jochen ruht auf eigenen Pilastern ein Bogen, der bis zum Gebälk aufsteigt und über dem Haupteingang ein Tonnengewölbe bildet.

Dieses Schema eines tiefen gewölbten Jochs, flankiert von schmalen flachen Streifen, wird innen fortgeführt, wo es zu seiten des tonnengewölbten Schiffs geräumige Kapellen begrenzt, die mit kleineren Nebenräumen abwechseln (Abb. 17.13). In größerem Maßstab wiederholt sich das im Querschiff. Vier Pfeiler tragen die Vierungskuppel. Alberti kommt hier dem Geist der römischen Architektur, zumindest dem Gewölbestil der Kaiserzeit, näher als Brunelleschi in seinen Florentiner Kirchen. Florentinische Innenräume mit ihren einzelnen Säulenreihen und ihren flachen Decken haben etwas Ursprüngliches und Leichtes, eine intelligente Reinheit des architektonischen Ausdrucks, die fast griechisch anmutet (Abb. 16.7). Bei S. Andrea denken wir an römische Größe – an die schwellenden, einander durchdringenden Raumteile der Kaiserthermen oder an die Maxentiusbasilika (Abb. 11.10). Diese Erfindung Albertis erschien auch den folgenden Jahrzehnten sehr reizvoll. Wir können uns das Innere der Jesuitenkirche in Rom oder die neue Peterskirche ohne das bemerkenswerte Vorbild in Mantua aus den 70er Jahren des 15. Jh. nicht vorstellen (Abb. 20.23, 21.1).

Mantua

Das Mantua der Gonzaga war ein bemerkenswertes Zentrum der Renaissance. Außer Alberti dienten dem Hof der Maler Andrea Mantegna (1413–1506) und nach 1524 Giulio Romano (1499?–1546), der hochbegabte Schüler Raffaels (1483–1520). Eine Zeitlang bekleidete Mantegna das Amt eines Generalinspektors der Künste. Die ungewöhnliche Form seines Hauses geht wohl auf ihn selbst zurück; der massige, durch einen zylindrischen Hof belüftete Kubus war ein Vorläufer *en miniature* des Alhambrapalasts Karls V. Giulio Romano schuf für Mantua einen neuen Justizpalast und einen neuen Dom, und für seinen Gönner Federigo Gonzaga baute er eine Villa in der Vorstadt, den Palazzo del Tè. In allen diesen Bauten können wir die anhaltenden Experimente der Renaissancearchitektur verfolgen und daraus eines deutlich erkennen: Es würde in der Auseinandersetzung mit der Antike nicht nur eine einzige repräsentative Stilart geben.

Die Untersuchungen Brunelleschis und Albertis hatten in verschiedene Richtungen geführt. Um die Jahrhundertwende versuchte dann eine Künstlergeneration eine großartige Zusammenfassung dieser vielfältigen Experimente. Meister wie Raffael, Bramante (ca. 1444–1514) und Leonardo da Vinci (1452–1519), die für eine Eliteschicht arbeiteten, der sie selbst angehörten, versuchten die kraftvolle, bisweilen widersprüchliche und oft zwitterhafte Produktion mehrerer Jahrzehnte zu stabilisieren. Die Duldsamkeit gegenüber mittelalterlichen Tendenzen nahm ab.

Auf ihrem Weg zu einer abstrakten idealen Vollkommenheit erdachten sie ruhevolle Welten der Dauer und Ausgeglichenheit. Sie bevorzugten freistehende, auf die Mitte hin konzipierte Gebäude, einheitlich umschlossene Höfe, Stadtformen von makelloser Geometrie sowie Fassaden, die beiderseits einer hervorgehobenen Mitte streng ausgewogen waren. Die architektonischen Gebilde erhielten ihre Form durch dicke Mauern, die man um einer plastischen Wirkung willen durch Nischen oder Rund- bzw. Halbsäulen zum Relief erhöhte. Ein Stadtplan aus einer Abhandlung Francesco di Giorgios aus Siena von etwa 1480, Bramantes Gedächtnisbau in Rom (der sog. Tempietto) über der Stelle der Kreuzigung St. Peters und die Fassade des Hauses Raffaels ebendort und ebenfalls von Bramante sollten genügen, um diese hermetische und puristische Vorstellung deutlich zu machen (Abb. 17.14). (Bramantes Arbeit für den Papst behandeln wir in Kapitel 20.)

In solcher Gesellschaft verbrachte Giulio Romano seine Lehrzeit. Doch seine künstlerische Tätigkeit in Mantua scheint darauf abzuzielen, jene kühle, distanzierte Ordnung, die der Kreis seines Meisters eingeführt hatte, zu durchbrechen. In seinen Ergänzungsbauten zum herzoglichen Palast in Mantua erregt er nervöse Unruhe in der Fläche durch gewundene Säulen, massive Rustikaeffekte und beabsichtigtes Zusammendrängen. Im Palazzo del Tè bildet eine anmutige Gartenfront mit glatten Mauern – man erreicht sie über die Brücke eines Grabens – einen scharfen Gegensatz zu der rauhen Struktur der Hauptfassade, die der Stadt zugewandt ist. An anderer Stelle sind Triglyphen in die Zone unterhalb ihres Frieses verrutscht, werden Giebelfelder nur durch Konsolen gestützt und sind Schlußsteine grotesk übertrieben (Abb. 17.15). Im sog. Saal der Riesen *(Sala dei Giganti)* ist die Dekoration, ein Kraftakt illusionistischer Malerei, beunruhigend, ja bizarr (Abb. 17.16). Ein riesiger Rundtempel schwebt drohend an der Decke über unseren Köpfen – der Schauplatz einer Götterversammlung, mit Jupiter an der Spitze, der Blitze schleudert. Die Götter eilen umher, bemüht, den Aufruhr der Giganten zu stillen, die auf den Wänden erschreckend realistisch dargestellt sind, wie sie unter ungeheuren Felsblöcken und zusammenstürzenden Gebäuden zermalmt werden – eine Weltuntergangsszene, in der wir unsere eigene Sicherheit bedroht fühlen. Alles das ist ohne irgendwelche Einrahmung gemalt, als sollte der Betrachter in das Chaos des mythischen Vorgangs mit einbezogen werden. Es gibt keine Trennung zwischen der Decke und den Wänden – der

Abb. 17.12 Mantua (Italien), S. Andrea, 1470–1472, vollendet erst 1481, Leon Battista Alberti; Hauptfassade. Das merkwürdige Gewölbe über dem Giebelfeld ist eine spätere Hinzufügung, es soll das große Fenster schützen, durch das Licht in das Schiff von Westen fällt. Links von der Fassade wird noch ein Teil des spätgotischen Glockenturms sichtbar.

Abb. 17.13 Mantua, S. Andrea; Inneres, Blick nach Osten.

Abb. 17.14a Rom, Tempietto im Kloster S. Pietro in Montorio, 1504, Donato Bramante.

Abb. 17.14b Rom, Palazzo Caprino (das sog. Haus Raffaels), um 1512, Donato Bramante; nach einem Stich aus dem 16. Jh.

ganze Raum ist ein einziger zusammenhängender Schauplatz.

Dieser Zusammenbruch der klassischen Etikette erlaubt mindestens zwei Deutungen. Wenn wir unter der Gestaltungssynthese der reifen Renaissance Stabilität, Dauer und Vollkommenheit verstehen, muß deren absichtliche Entstellung darauf abzielen, uns Unbehagen zu verschaffen, das heißt, Schmerz oder Mißstimmung hervorzurufen. Die Verletzung anerkannter Regeln kann zu einem ausdrucksstarken Werkzeug psychologischer Spannungen und Zwiespältigkeiten werden. Aber was hier versucht wird, könnte auch einen harmloseren Zweck haben: Humor, Spielerei, Vielfalt anstelle von Einheit; Erfindung um ihrer selbst willen. In jedem Fall mußte das moralische Ansehen der Wiederbelebung der Antike, wie Alberti und die Generation nach ihm sie auffaßten, dadurch Schaden leiden.

In der Kunstgeschichte bezeichnet man diese Phase der nachmittelalterlichen Periode als Manierismus. Sie reicht über Giulio Romano hinaus und wirkt sich auf alle Künste und auf weite Teile Europas im 16. Jh. aus. Diese Tendenz zeigt, daß das, was Brunelleschi und Alberti bestimmten, schließlich doch ein Architekturstil wie alle anderen war – eine Reihe von formalen Konventionen, die sich individueller Behandlung anboten und soviel oder sowenig aussagen konnten, wie ihren Schöpfern und Nutznießern genehm war. Was für manche ein Ideal bedeutete, wurde für andere ganz einfach eine Mode.

Die schmerzvolle Tiefe eines Michelangelo ergänzte den leichtgewichtigen Schlag weniger komplizierter Gestalter rings um ihn oder erschien einem Zeitgenossen in Flandern oder Frankreich als interessante *Manier*, nach der man sich richten konnte. Es gibt viele Arten klassischer Architektur, die sich vom 15. Jh. bis heute in der westlichen Bauweise widergespiegelt haben. Alle hängen mittelbar oder unmittelbar mit Griechenland oder Rom zusammen, einer Überlieferung, die reich genug ist, um eine so zahlreiche Nachkommenschaft zu ernähren, und alle sind auch untereinander verbunden. »Jeder große Architekt findet seine eigene Antike«, hat James Ackerman gesagt. Und die weniger großen treiben sich eklektisch in den Zwischenräumen herum.

In Norditalien hatte die Anwendung des Renaissancestils sowohl ideelle als auch modische Gründe. Die Fürsten machten sich gegenseitig die Dienste der bedeutenden Künstler streitig. Man hielt es für vordringlich, dieses gesuchte Talent zuerst für die fürstliche Residenz zu nützen und dann für ausgewählte Projekte der jeweiligen Stadt. Aufträge für öffentliche Gebäude beschränkten sich auf Kirchen und auf seltene Fälle, die der Wohlfahrt der Gemeinde dienten, beispielsweise Hospitäler. Doch auch die Stadtform wurde soweit wie möglich modernisiert, denn die Sicherheit und Schönheit der fürstlichen Residenz warfen ihr Licht auch auf den Fürsten. Ein weiterer Grund war, daß sich sein Verhältnis zum Volk von Eingriffen in das Stadtbild ablesen ließ. Die eine Hälfte dieses Dialogs galt der Stadt, die andere dem Palast. Es war wichtig, wie beide einander begegneten und aufeinander einwirkten. Da der Marchese oder Herzog als höchste Autorität für diese Aktivitäten insgesamt verantwortlich zeichnete, hielt er es oft für sinnvoll, den Vorgang des Entwurfs und seiner Realisierung einem einzigen Künstler zu übertragen. Mit einem entsprechenden Titel und der unbeschränkten Macht ausgestattet, die er der Gunst des Herrschers verdankte, konnte dieser dann alles überwachen, was im Herrschaftsbereich entstand, vom Dekor in den Wohngemächern der Herrscherfamilie auf dem Palastgelände bis hin zum Befestigungssystem des gesamten Staatswesens.

Um 1400 war in Italien Autokratie erblich geworden. Trotzdem war sie als Institution immer noch problematisch. Der Herr oder *Signore* besaß keine zwingende Legitimität – das Gottesgnadentum der Könige fehlte ihm. Seine Macht bedurfte der Anerkennung seitens des deutschen Kaisers, des Papstes oder eines übergeordneten regionalen Fürsten. Innerhalb der Stadt mußte sein Status gegenüber dem Bischof und dem

Die Renaissance – Ideal und Mode 391

Abb. 17.15 Mantua, Palazzo del Tè, 1526–1534, Giulio Romano; Detail der Gartenfassade.

Abb. 17.16 Mantua, Palazzo del Tè, Sala dei Giganti; Fresko von Giulio Romano mit der Darstellung des Kampfs zwischen Göttern und Giganten.

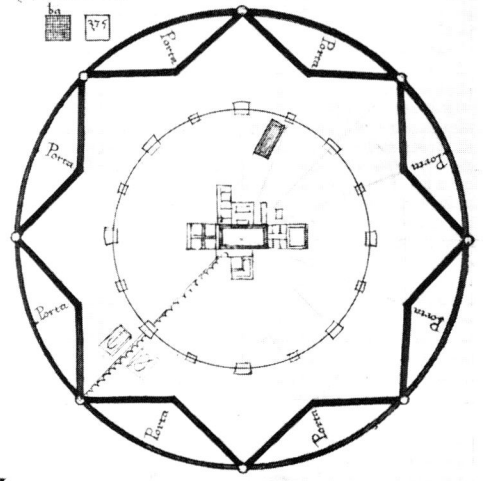

Abb. 17.17 Antonio Averlino, genannt Filarete. Die Idealstadt Sforzinda in seinem Traktat über Architektur, etwa 1461–1462.

Abb. 17.18 Mantua, Piazza Sordello (Nr. 8 in Abb. 17.19); Blick nach Nordosten auf die Domus Magna.

392 *Neue Ansprüche*

Volk bis zu einem gewissen Grade künstlich definiert werden. Die Traditionen des Gemeinwesens waren noch mächtig, seine Wirkungsstätten augenfällig im Stadtbild vertreten. Unter diesen Umständen konnte das Amtsgebäude des *Signore* innerhalb der Stadtstruktur architektonisch nicht immer unmittelbar oder einheitlich zum Ausdruck kommen. Theoretiker wie Filarete schlugen übersichtliche, radikale Lösungen vor. Seine dem Herzog von Mailand, Francesco Sforza, gewidmete Idealstadt Sforzinda war ein von einem kreisrunden Graben umgebener sechzehnseitiger Stern (Abb. 17.17). Sechzehn Hauptstraßen liefen im Zentrum zusammen, wo der Hauptplatz den herzoglichen Palast, den Dom und die Residenz des Erzbischofs um sich versammelte. Die

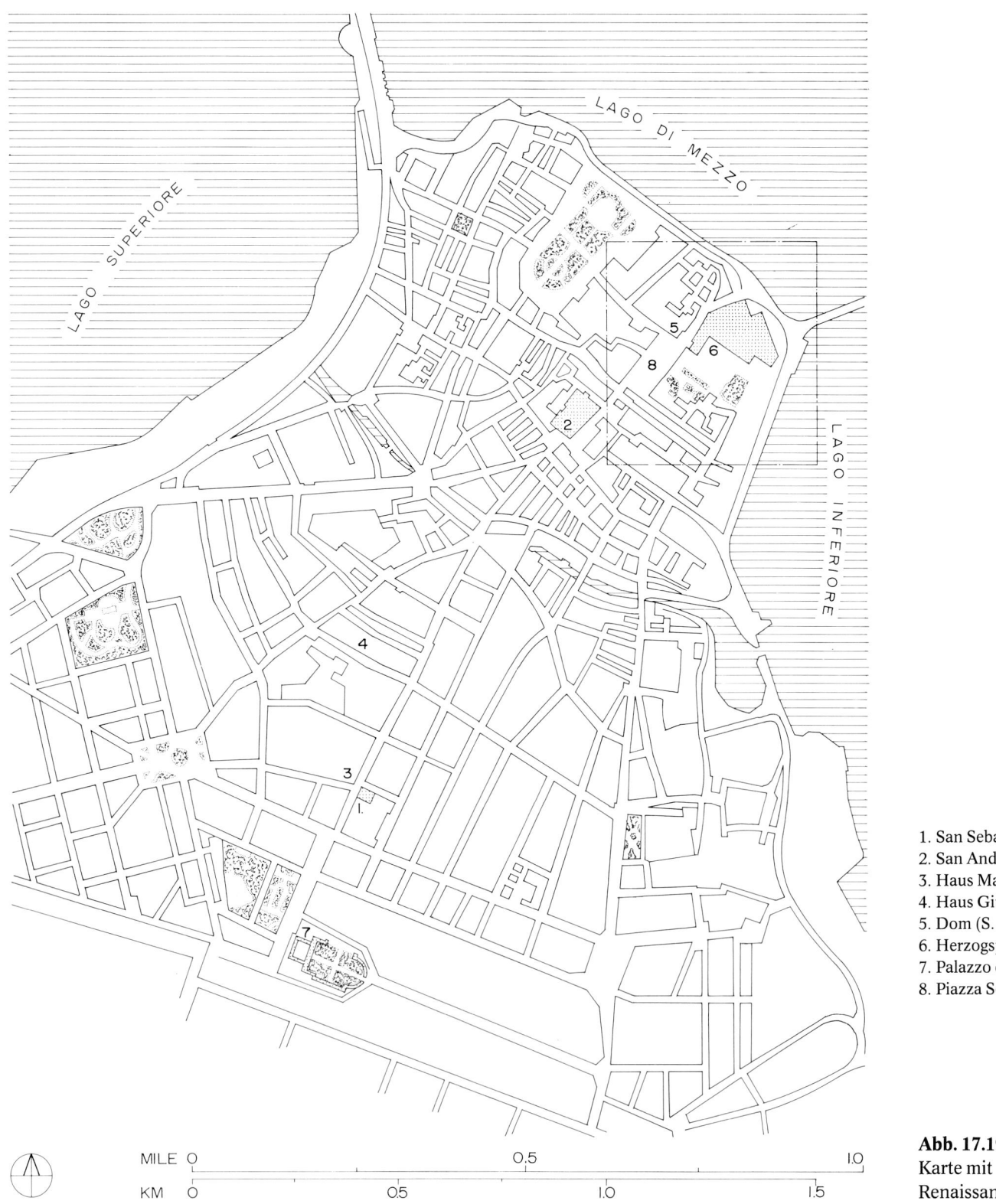

1. San Sebastiano
2. San Andrea
3. Haus Mantegnas
4. Haus Giulio Romanos
5. Dom (S. Pietro)
6. Herzogspalast
7. Palazzo del Tè
8. Piazza Sordello

Abb. 17.19 Mantua, Karte mit den großen Renaissancebauten.

anderen öffentlichen Bauten – Rathaus, Gefängnis, Münze und ähnliche – gruppierten sich um zwei kleinere Plätze. Wir erkennen das städtische Ideogramm des Absolutismus, das schon viel früher für den abbasidischen Kalifen in der runden Stadt Bagdad entworfen worden war (Abb. 12.21).

Die vollkommene Form verlangt nach dem utopischen Bild einer vollkommenen Regierung. Doch Sforza und seine fürstlichen Gefährten hatten die Zügel uralter Städte ergriffen, die sich nicht in die Zwangsjacke einer symbolischen Geometrie stecken ließen.

Ihre Herrschaft mag sich vom Amt des *Podestà* oder des *Capitano del popolo* herleiten, und das Gebäude, das es beherbergte, hatte dann wohl zumindest am Anfang heraldische Bedeutung wie in Mantua. Oder der Herzog konnte sein Amt in einem ererbten Heim, einem alten feudalen Schloß irgendwo in der Stadt, einrichten. So lagen die Dinge, wie wir bald sehen werden, in Urbino. Doch selbst wenn, wie in Mailand, ein neuer Anfang mit einem fürstlichen Wohnsitz gemacht wurde, der außerhalb des Zentrums der Gemeinderegierung lag, mußte man entscheiden, wie er aussehen sollte und welche Form politischer Symbolik angebracht war.

Auch hierüber hatten die Theoretiker ihre bestimmten Vorstellungen. Alberti schrieb:

»Der Palast eines Königs sollte im Herzen einer Stadt stehen; er sollte leicht zugänglich, prächtig verziert und eher elegant und vornehm als stolz und stattlich wirken. Ein Herzog jedoch sollte lieber eine Burg als einen Palast haben, und sie sollte so gelegen sein, daß sie außerhalb der Stadt, zugleich aber auch in ihr steht.«

Die Familien jedoch, die Mantua, Ferrara und unbedeutende Stadtstaaten regierten, zeigten sich in steigendem Maße empfindlich gegenüber dieser Botschaft von Türmen und Befestigungen – sie fanden nämlich, daß Türme, wie Alberti es ausdrückte, »mit dem friedlichen Anblick einer gut regierten Stadt oder Gemeinschaft gänzlich unvereinbar seien, da sie entweder ein Mißtrauen gegenüber unseren Landsleuten oder eine Absicht, ihnen gegenüber Gewalt anzuwenden, zeigen«. Eine Ankündigung von Zwangsherrschaft war im Zeitalter des Humanismus eine schlechte Politik. Besser sollte der Wohnsitz des *Signore* Macht und Geschmack, Respekt vor der Tradition und Aufgeschlossenheit gegenüber dem Neuen, Liebe zur Heimat und Weltoffenheit zum Ausdruck bringen.

In Mantua hatten die Gonzaga ihre führende Stellung 1328 mit dem Sturz der Bonacolsi eingeleitet. Unter den früheren Machthabern war das Regierungszentrum die Domus Magna gewesen, ein Palast, der um 1300 auf der Ostseite des Domplatzes, der heutigen Piazza Sordello, gegenüber dem Familiensitz der Bonacolsi, errichtet worden war (Abb. 17.18). Die Stadt anerkannte diesen Bau als den Palast des *Capitano del popolo*, nominell eines städtischen Amtes. Südlich davon lagen an der Piazza Broletto das Rathaus und der Palast des *Podestà*. Die Gonzaga respektierten diese veralteten städtischen Strukturen, beschlossen aber, sich im Zusammenhang mit der Domus Magna zu präsentieren. Die Fassade dieses Komplexes ließ man unverändert. Hinter diesem symbolischen Schirm machten sie sich im nächsten Jahrhundert daran, eine fürstliche Residenz nach den Regeln der Renaissance zu schaffen. Sie zogen sich vom Zentrum der alten Stadt in Richtung auf den See zurück, und zwar mit einer Reihe von Gebäuden und Anbauten, die im 17. Jh. einen der ausgedehntesten und prächtigsten Fürstensitze Europas darstellten.

Mantua ist wie Venedig auf allen Seiten von Wasser umgeben (Abb. 17.19). Die Insellage war im späten 12. Jh. mit Hilfe eines umfangreichen Wasserbauprogramms geschaffen worden, deren Ergebnis die drei vom Mincio gespeisten Seen waren. Danach dehnte sich die Stadt nach Süden auf zurückgewonnenem Feuchtland aus. Albertis S. Sebastiano und das Haus Mantegnas bezeichneten die äußerste Grenze der Erweiterung, und der Palazzo del Tè lag unmittelbar außerhalb des letzten Mauerrings in Richtung Süden. Der herzogliche Palast nahm ein gutes Stück des alten Stadtkerns ein und besetzte auf dem höchsten Punkt des Geländes den Raum zwischen der Piazza Sordello und dem Wasser. Eine lange Steinbrücke verband die Stadt hier mit dem gegenüberliegenden Ufer des Mincio, wo am Ende der Straße von Venedig die Vorstadt S. Giorgio lag.

Ende des 14. Jh. wurden die Befestigungen längs dieses verletzlichen Ufers umgebaut. Das Kastell S. Giorgio wurde als stark befestigter Brückenkopf zur Verteidigung des Palasts und der Stadt gegen Angriffe aus der Richtung Venedigs errichtet (Abb. 17.20). Es hielt sich noch stark an mittelalterliche Traditionen, aber seine regelmäßige Anlage mit vier Ecktürmen entsprach auch einem Renaissanceentwurf. Hierher verlegten die Gonzaga ihre Hauptresidenz. Da es sich als zu klein und zu abgelegen für einen humanistischen Hof erwies, erhielt Luca Fancelli den Auftrag zum Bau der Domus Nova zwischen dem alten Palast und dem Kastell (Abb. 17.21). Die paarweise Anordnung von Stockwerken zwischen schweren Gesimsen ist neu für eine Palastfront, und das gilt auch für die beiden Flügel, die aus der Fassadenfläche nur wenig vorspringen und sich in der Form von Loggiatürmen bis

Abb. 17.20 Mantua, Kastell S. Giorgio (Nr. 8 in Abb. 17.21); Blick nach Südwesten über den Lago di Mezzo.

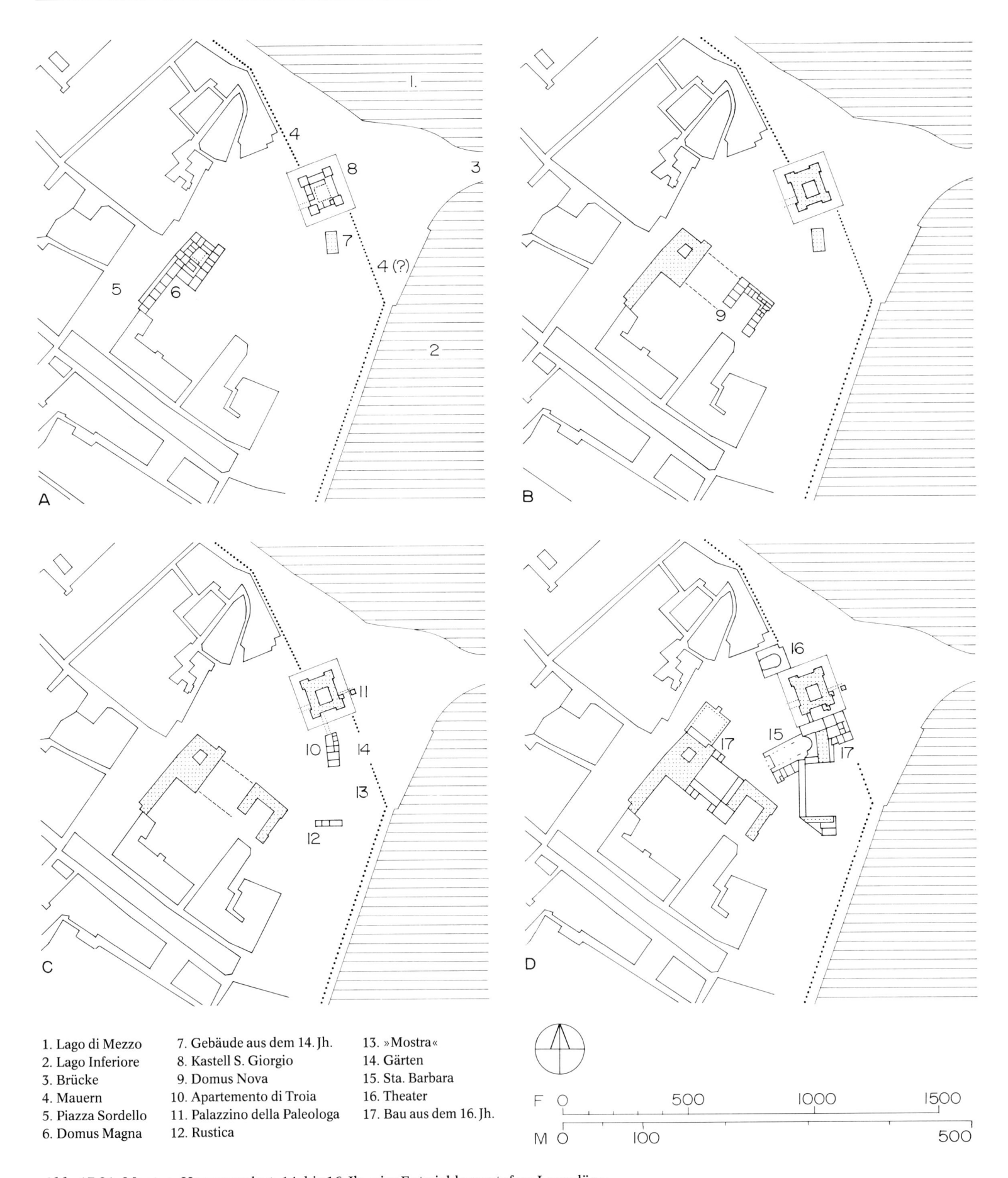

1. Lago di Mezzo
2. Lago Inferiore
3. Brücke
4. Mauern
5. Piazza Sordello
6. Domus Magna
7. Gebäude aus dem 14. Jh.
8. Kastell S. Giorgio
9. Domus Nova
10. Apartemento di Troia
11. Palazzino della Paleologa
12. Rustica
13. »Mostra«
14. Gärten
15. Sta. Barbara
16. Theater
17. Bau aus dem 16. Jh.

Abb. 17.21 Mantua, Herzogspalast, 14. bis 16. Jh., vier Entwicklungsstufen; Lagepläne.

über den Mittelblock erheben. Offensichtlich ist das eine modernisierte Erinnerung an den Aufriß des Kastells S. Giorgio. Auch der Grundriß könnte dieser Anordnung des Kastells gefolgt sein – ein quadratischer Block mit vier herausragenden Ecktürmen –, doch wurden zwischen 1450 und 1484 nur drei Flügel des Domus Nova um den Hof, die heutige Piazza Paradiso, errichtet. Unklar bleibt, ob ein vierter Flügel überhaupt geplant war, oder ob der Grundriß des Schlosses dem neuen Geschmack dadurch angepaßt wurde, daß man eine Seite der Domus Nova nach der Stadt hin öffnete – eine Geste der Vertrautheit zwischen dem Fürsten und dem Volk.

Sollte dieses gute Verhältnis je bestanden haben, so hielt es nicht lange an. Als Federico Herzog wurde, begann Giulio Romano mit dem Bau der Corte Nova südöstlich des Kastells. Nach 1560 füllte die große Palastkirche Sta. Barbara den Raum zwischen dem neuen Palast und Fancellis Bau aus, und an der Westecke des Kastells entstand ein Theater. Nachdem der herzogliche Palast durch Mauern, die einen Bau mit Wohnungen für die Hofbediensteten enthielten, verschlossen worden war, verwandelte er sich in eine Stadt in der Stadt. Der Herr zog sich von seinem Volk zurück, und der Hof entfernte sich schrittweise vom Leben auf den Straßen.

Urbino

Der berühmte Herzogspalast von Urbino, einer kleinen Stadt südlich von Rimini, den Federico da Montefeltro während seiner langen Regierungszeit (1444–1482) errichtet hatte, bezeugt eine andere Einstellung (Abb. 17.22). Statt Abgeschlossenheit anzustreben, zieht er vielmehr die Stadt von allen Seiten an sich heran, mit Ausnahme der Südostecke, wo der Boden jäh zur Valbonaschlucht abfällt. In dieser Lücke erhebt sich der Palazzo mit einer außergewöhnlichen Front, die darauf berechnet ist, daß man sie von der Hauptstraße, welche sich von Rom her der Stadt nähert, deutlich sehen kann. Dank dieses großartigen Entwurfs ist die Stadt mit ihrer Umgebung verbunden, der Herr mit seinem Herrschaftsgebiet. Der Gebäudekomplex lastet nicht auf der Stadt wie in Mantua, sondern verhilft ihr zu Monumentalität und gibt ihr eine Würde, die ihre geringe Größe und das steinige Bauernland, das ihr gehört, vergessen läßt. Besser als die großen Zentren Italiens – Mailand, Venedig, Florenz oder Rom – stellt dieser kleine Fürstensitz des 15. Jh. das humanistische Ideal des guten Fürsten und die Kraft des frühen Renaissancestils noch ganz undogmatisch und doch wagemutig zur Schau, um den besonderen Herausforderungen der Lage und den Intentionen des Auftraggebers gerecht zu werden.

Abb. 17.22 Urbino (Italien), Herzogspalast, etwa 1444–1482, Luciano Laurana und Francesco di Giorgio; Gesamtansicht von Nordwesten.

Federico hatte seine frühe Ausbildung in Mantua am Hofe der Gonzaga empfangen. Die erste Phase seines Palasts in Urbino verrät das durch zwei Tatsachen: ältere Bauten wurden beibehalten, und die stadtwärtsgerichtete Fassade erinnert mit ihren Zinnen an den Anblick des Palasts in Mantua von der Piazza Sordello aus, obwohl sie hundert Jahre später erbaut wurde. So mußte für den jungen Federico der Palast eines *Signore* von außen aussehen.

Seine Vorfahren hatten in Urbino zwei Wohnsitze benutzt. Der eine war eine schmucklose Feste neben der Kirche Sta. Maria della Rocca, der winzigen Vorgängerin des späteren Doms. Diese Feste lag auf dem Gipfel eines der beiden Hügel, über die sich die Stadt erstreckte (Abb. 17.23). Etwa 150 Meter südlich davon hatte Conte Antonio am Rande des Steilhangs zum Valbona im 14. Jh. ein quadratisches Kastell gebaut, das die Familie zu ihrem offiziellen Wohnsitz machte. Zwischen diesen beiden Bauwerken standen mehrere mittelalterliche Häuser, die Federico jetzt kaufte, da er entschlossen war, drei von ihnen in seinen neuen Palast einzubeziehen. Natürlich geschah das nicht aus Sparsamkeit. Ältere Teile verliehen dem, was neu entstand, historische Tiefe genauso, wie ein Stammbaum den Status der Familie untermauerte. Eines der Häuser wurde zum Mittelpunkt des ersten Bauabschnitts. Erweiterungen an beiden Enden deuteten schon auf eine geplante Verbindung der alten Feste mit Antonios Kastell hin.

Die Planung sah offenbar zwei Höfe hinter dieser langen Front vor, eine Art Doppelpalast, der sich der Südostecke der Feste annähern und mit ihr durch einen Verbindungsbau vereinigen würde. Die nördliche Hälfte dieses Plans war kurz nach 1460 zumindest in der Richtung zur Stadt hin im wesentlichen verwirklicht. In der Tat war dies damals die Hauptorientierung des Palastes. Die lange, absichtlich altertümlich gehaltene Fassade wandte sich den mittelalterlichen städtischen und religiösen Denkmälern zu, die den Kern dieses alten Stadtteils bildeten. Eine L-förmige Piazza neben dem Dom, die von der Nordflanke des Palasts und dem Verbindungsbau zur Feste begrenzt wurde (Abb. 17.24), öffnete sich schräg zur Hauptverkehrsader hin, die am Lavaginetor begann, wo die Straße von Rimini einmündete und den Sattel zwischen den beiden Hügeln benutzte (Abb. 17.25).

1. Valbona-Schlucht
2. Porta Valbona
3. Stadtmauern
4. S. Domenico
5. Mittelalterliches Haus
6. Kastell (Palazzo Antonio)
7. Feste
8. Sta. Maria della Rocca
9. Dom
10. Mercatale
11. Ställe und Rundturm
12. Palast

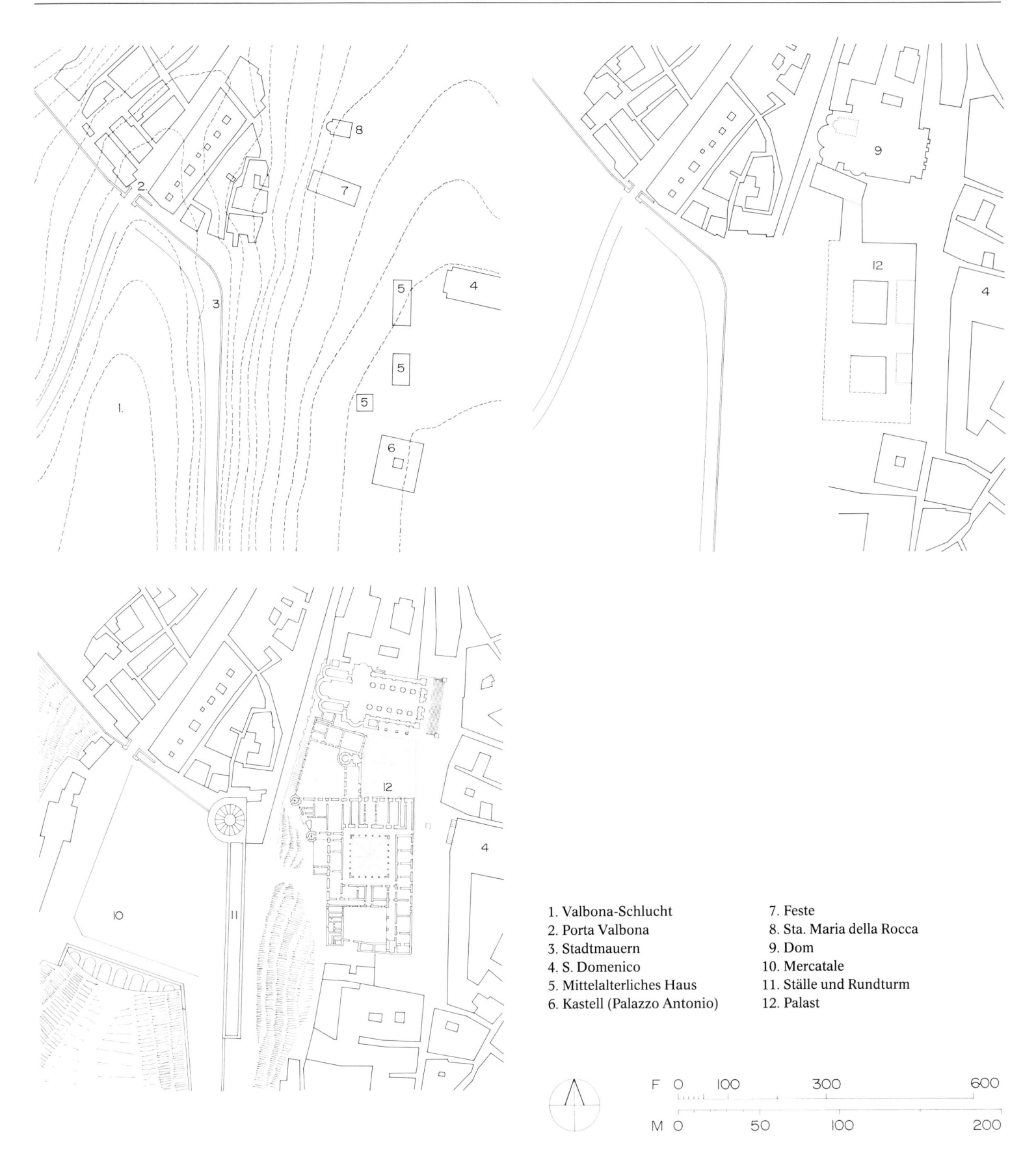

Abb. 17.23 Urbino, Herzogspalast, Phasen seiner Entwicklung; Lagepläne.
Links oben: Palastgebäude im späten Mittelalter;
rechts oben: die erste Bauphase des Palastes von Federico da Montefeltro; unten: letzte Bauphase.

Nachdem sie die Stadt zur Hälfte durchquert hatte, verzweigte sich die Straße, um beide Hügelkuppen zu erreichen. Die Abzweigung nach links führte über den L-förmigen Platz und an der langen Palastfront entlang und stieg dann südwärts durch das S. Polo-Viertel ab.

Die meisten Forscher sind der Meinung, daß Federico um 1464 seine Palastplanung änderte. Die Wendung mögen die L-förmige Piazza und der neue Dom ausgelöst haben, der dort die kleine Kirche Sta. Maria della Rocca ersetzte. Überraschender ist der Entschluß, den schwierigen Abhang im Westen zu einem pompösen Anblick auszugestalten. Die über die Verzweigung weitergeführte Hauptstraße endet an der Porta Valbona, wo die Landstraße von dem 200 Kilometer südlicher gelegenen Rom auf der Trasse der antiken Via Flaminia einmündete. Außerhalb des Tors schuf man jetzt auf massiven Aufschüttungen eine Terrasse, die unter dem Namen Mercatale bekannt wurde. Die Straße verlief an ihrer Westseite, nachdem sie an der Südwestecke eine scharfe Kurve gemacht hatte. Der Palast stand hoch oben auf dem Ostabhang, etwa dreißig Meter über der Mercatale. Am unteren Teil dieses Abhangs wurde ein langes Gebäude aufgeführt, in dem die Ställe untergebracht waren und das man von der Mercatale aus über eine schraubenförmige Rampe innerhalb eines mächtigen halbkreisförmigen Turms erreichte. Der Turm stand an der Nordwestecke der Mercatale.

Das Auge des auf dieser Straße ankommenden Reisenden wurde zuerst von diesem mächtigen Markstein gefangengenommen, ehe er seinen Blick auf die Baumasse des Palasts und dessen prächtigen neuen Anblick lenkte (Abb. 17.26). Von der oberen Ebene der Stallungen stiegen zwei hohe schlanke Türme auf, deren Spitzen über das Palastdach hinausragten. Zwischen ihnen öffnete sich ein dreigeschossiger Bau in der Mitte zu übereinandergestellten Loggien. Die Turmfront stand in einem Winkel zum Hauptblock des Palasts, welcher der Hauptstraße genau gegenüberlag. Er vereinte die unregelmäßig gruppierten Bauten des Doms, der Feste und des Verbindungsbaus auf der linken und die rohen Endstücke des halbfertigen Palasts auf der rechten Seite. Durch dieses ungewöhnliche Vorgehen war die Rückseite des Palasts zu seiner Hauptfassade geworden, so daß von jetzt an die Stadt häufiger von dieser Seite her abgebildet wurde als – wie früher – von der Nordseite aus.

Die Veränderung hatte einen anderen Grund als die persönliche Vorliebe, die Pius II. bewogen hatte, eine Seite seines Palasts in Pienza der Landschaft zuzuwenden. Italienische Stadtstaaten waren immer von einem Territorium abhängig, das sie unbedenklich ausbeuteten. Und trotzdem riegelte sich die Stadt von ihrem Land durch hohe, mit Türmen versehene Mauern ab. Fortschritte in der Kriegstechnik, über die in Kürze zu reden sein wird, werden die Höhe dieser Mauern verringern und Verteidigungsanlagen nach außen in das Umland verlegen. Auch Urbino wird im 16. Jh. auf diese Weise seine Befestigungen erneuern. Federico jedoch bewegen weniger praktische als symbolische Aspekte. Der Palast steigt ins Tal hinab, sitzt rittlings über den Mauern und breitet die Mercatale wie einen Empfangsteppich am Ende einer großen Überlandstraße von Süden her aus. So befindet er sich, wie Alberti es vorschrieb, »außerhalb der Stadt, aber auch in ihr«.

Doch die Türme der neuen Fassade haben auch eine kriegerische Note. Sie sind wie Banner, die den Entschluß des Herzogs verkünden, sein väterliches Erbe zu verteidigen. Der bessere Teil dieses Landes, einschließlich botmäßiger Städte wie Casteldurante und Gubbio, lag südlich von Urbino. Das sollte die mit Türmen geschmückte Fassade ausdrücken. Federicos Anrecht auf diese Städte war von den Päpsten, denen er als Lehnsmann diente, bestätigt worden. Sixtus IV. hatte den Grafen zum Herzog erhöht und ihn zum Bannerträger der Kirche und Ritter von St. Peter gemacht. Sich umzuwenden und Rom ein Bauwerk entgegenzuhalten, das wie ein Triumphbogen wirkt, war ein wohlberechneter und intelligenter Regieeinfall.

In den Einzelheiten der Palastanlage und in dessen Dekor verfügen wir über besseres Beweismaterial für die steigende Bedeutung Federicos und die Attribute, welche er sich als vorbildlicher Gebieter zulegte. Ein Vergleich seines ersten Studierzimmers in dem langen Ostflügel mit dem im Frontispiz zwischen den Türmen befindlichen im Westen ist sehr aufschlußreich. Die Stämme und Krieger an den Wänden des ersten Raumes passen zu seiner Herkunft. Federico war ein illegitimer Sohn, von dem erwartet wurde, daß er eine militärische Karriere einschlug – und das tat er auch. Doch die Kriegskunst war nur eine der Fertigkeiten, die man von einem Renaissancefürsten erwartete. Waffen waren nichts ohne Wissenschaften, das

Abb. 17.24 Urbino, Herzogspalast; Blick von Nordosten. Der abgebildete Block ist Nr. 12 in Abb. 17.23.

humanistische Studium, welches die Tugenden vermittelte, die ein guter Regent brauchte. Diese Ausbildung hatte Federico in Mantua und Venedig erhalten. Seine Biographen betonen, daß zu seinen Gaben auch Einsicht, Beredsamkeit, Wissen, Güte und die Unterhaltung »eines prächtigen Hofs und ... großartiger und prächtiger Bauten gehörten«.

Dieses Wesen des Fürsten ist an den Wänden des winzigen Raums mit feinstem Geschmack in Einlegearbeit, dem beliebten neuen Kunstmittel der Renaissance, bildlich dargestellt (Abb. 17.27). In Höhe der Attika finden sich gemalte Porträts berühmter antiker und zeitgenössischer Autoren; unter ihnen ist auch der Herzog, in Rüstung und Staatsgewand, lesend dargestellt. Auf den Holzfüllungen ganz unten zeigen Schränke mit weitgeöffneten Türen ihren Inhalt: Musikinstrumente, naturwissenschaftliche Geräte und Bücher klassischer Schriftsteller wie Cicero, Seneca, Vergil. Auf den Hauptpaneelen sehen wir die abgelegte Rüstung des Herzogs und ein Porträt von ihm in voller Größe, auf dem er, nach einem erfüllten Leben, den Speer mit der Spitze nach unten hält. Seinen Lohn zeigt ein anderes Paneel: eine Paradieslandschaft, gesehen durch eine antike Arkade. Das *Studiolo* bietet dem Betrachter ein Beispiel des tugendhaften christlichen Fürsten, dessen Reich nach weiser und gerechter Regierung dem Himmel nahe ist.

Die Teile des Palasts hat man unter ähnlichen Gesichtspunkten analysiert. Der öffentliche Bereich liegt rund um den L-förmigen Platz. Ein Portal in dem Flügel, der dem Dom am nächsten liegt, führt in eine Loggia und einen dahinterliegenden Garten. Das ist die Umgebung, in welcher der Herzog seinem Volk begegnete. Ein Zeitgenosse berichtet uns, daß Federico den Tag frühmorgens mit Inspektionsbesuchen auf dem Land begann, dann die Messe hörte und sich danach »in einen Garten begab, zu dem alle Türen offen standen und wo er bis zur Essenszeit allen Gehör schenkte, die es wünschten«. Über der Loggia befand sich der Saal für Einladungen und Empfänge. Im anderen Flügel lag über den Eingängen, die in den Haupthof führten, der Thronsaal, der für Staatsgeschäfte benutzt wurde, welche die Außenpolitik des Herzogtums betrafen. Die Privaträume des Herzogs befanden sich zwischen dem Ostende des Thronsaals und der mit Türmen versehenen Fassade, die auf die Landschaft hinausgeht. Sie enthalten das *Studiolo,* eine Kapelle und einen Mu-

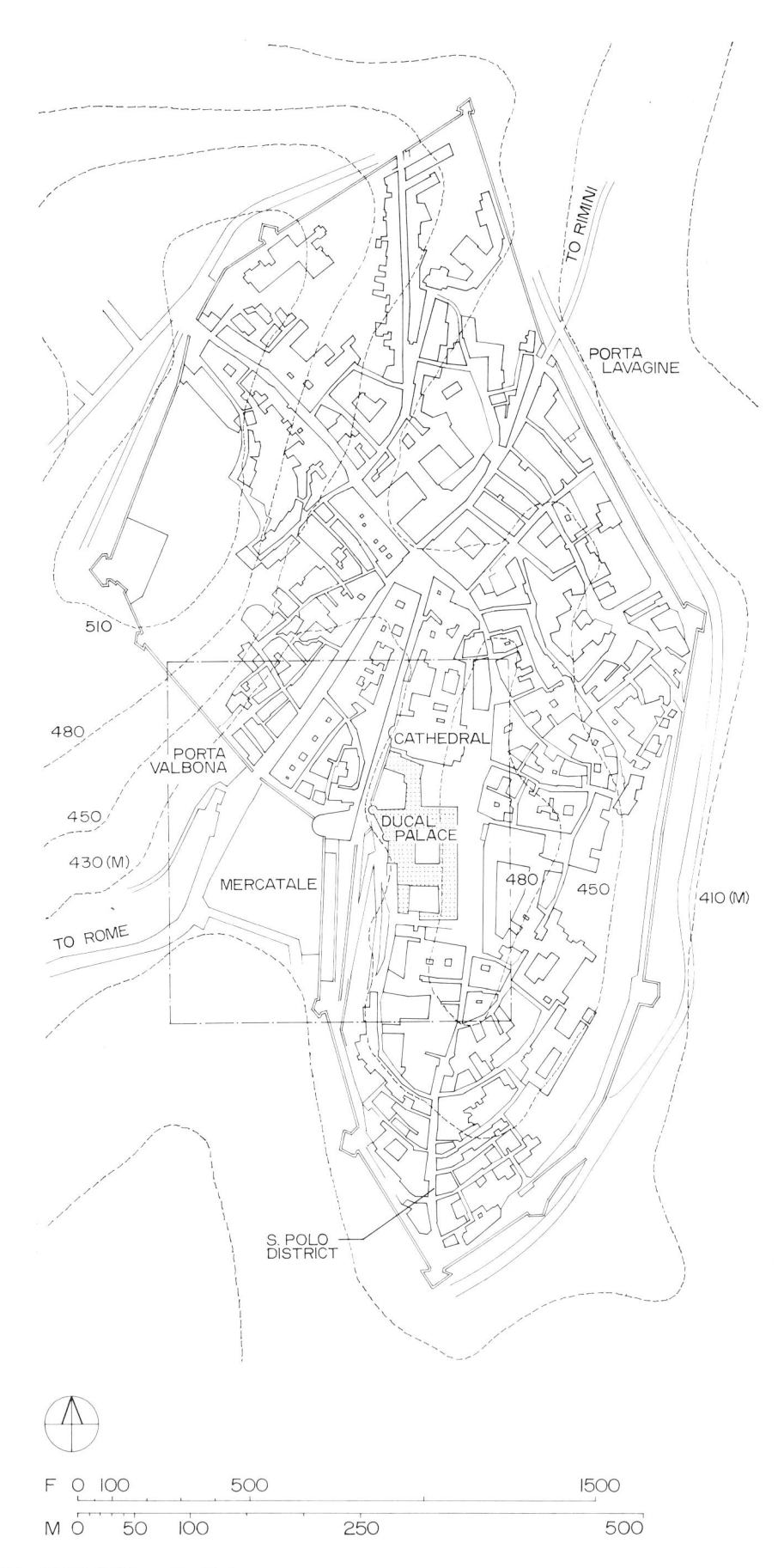

Abb. 17.25 Urbino; Stadtplan.
Das eingezeichnete Quadrat entspricht der Fläche von Abb. 17.23.

sentempel. Die Räume der Herzogin liegen neben dem Dom und sind mit denen des Herzogs durch einen Gang verbunden, der über die westliche Umfassungsmauer des Gartens führt. Der zweite, nie vollendete Hof sollte ein kreisförmiges Mausoleum für den Herzog enthalten – eine Absicht, die wahrscheinlich deshalb nicht ausgeführt wurde, weil eine gewichtige Tradition Begräbnisse auf nichtkirchlichem Grund verbot.

Ferrara

Federico da Montefeltro starb 1482, und mit seinem Tod kam die Arbeit an dem mächtigen Palast zum Stillstand. Pienza war schon früher in sein ruhiges ländliches Leben zurückgefallen, weil Pius II., sein großer Sohn und Förderer, nicht mehr da war. In Rom hatte die denkwürdige Umgestaltung des Vatikanpalasts und der Peterskirche noch nicht begonnen. Der Bau am herzoglichen Palast in Mantua ruhte, Fancellis Domus Nova bot sich erst halbfertig dar, und die leidenschaftlichen Eingriffe Giulio Romanos standen noch bevor. Die Franzosen rüsteten für einen Einfall in Italien im Einverständnis mit der Familie Sforza in Mailand, wo Leonardo eingetroffen war, um als Militäringenieur zu arbeiten, und Bramante sich mit dem Umbau der Kirche Sta. Maria presso San Satiro befaßte.

Ferrara, die Stadt der Familie Este, war der Ort, an dem im ausgehenden ersten Jahrhundert der Renaissance das ehrgeizigste Bauunternehmen in Angriff genommen wurde. Hier ging es nicht mehr um den Fürstenpalast, sondern um die ganze Stadt. Der Hauptakteur, ein gewisser Biagio Rossetti (1447?–1516), war vor allem Stadtplaner, das heißt ein Mann, der alle Gebäude in erster Linie unter dem Gesichtspunkt ihrer spezifischen Auswirkung auf die Stadt sah. Er war weniger daran interessiert, das gewohnte Stadtbild durch einzelne Beispiele heroischer Architektur zu heben, als vielmehr daran, die bodenständige Bauweise nicht allzu hart mit der monumentalen zusammenprallen zu lassen und ein allgemein höheres Niveau des Straßenbilds zu fördern.

Ferrara, wie Urbino eine Stadt römischen Ursprungs, war im Mittelalter ein verhältnismäßig bedeutungsloser Ort, der im Schatten Venedigs stand (Abb. 17.29). Die Familie Este saß hier schon seit dem 13. Jh. und sammelte langsam Kraft für ihren kleinen Staat. Um 1400 stand sie in der Po-Ebene an der Spitze. Mit der Ankunft des bekannten Humanisten Guarino da Verona 1436 trat Ferrara ins Zeitalter der Renaissance ein. Der Hof zog einige Leuchten der Kunst an, die Urbino und Mantua zu ihrem kulturellen Ansehen verholfen hatten, unter ihnen Alberti und Mantegna. Die Bevölkerung nahm infolge einer zielstrebigen Politik des Herrscherhauses zu, dessen Einkünfte aus dem produktiven Wohlstand der Stadt stammten. Die mittelalterliche Stadt zog sich lang und schmal hin und hatte wie Venedig zahlreiche Kanalstraßen. Schon in den 1450er Jahren füllte eine geplante Stadterweiterung den Raum zwischen dem Südrand und dem Fluß aus. Die andere Seite begrenzte der Giovecca-Kanal, der von Nordwesten nach Südosten verlief. Das Kastell der Este lag nahe der Mitte dieser Linie an der Mauer der Stadt; vor ihm breiteten sich der Verwaltungskern, der Dom und der Markt aus.

Abb. 17.26 Urbino, Herzogspalast; Westfassade.

Abb. 17.27 Urbino, Herzogspalast; Federicos Studierzimmer (das *Studiolo*), unmittelbar hinter der mit Türmen versehenen Giebelseite auf Abb. 17.26.

Abb. 17.28 Vigevano (Italien), Piazza Ducale, 1492–1494, Donato Bramante; Blick nach Westen. Links das Kastell.

Das flache Land nördlich des Giovecca-Kanals wies einige wichtige Gebäude auf, die durch ein System ländlicher Straßen miteinander verbunden waren. Eine dieser Straßen führte in gerader Linie vom Kastell etwa 600 Meter nordöstlich nach Belfiore, dem vorstädtischen Grundbesitz der Herzöge. Östlich von dieser Achse lag ein Karthäuserkloster, und noch weiter draußen erstreckte sich ein weites Jagdgelände. Dieses Gebiet wurde von den Venezianern im Krieg von 1482 mühelos überrannt. Der Ausbau einer Verteidigungslinie außerhalb der Stadt, die diese Anlagen schützen sollte, war ein Grund für die riesige Stadterweiterung zwischen der Giovecca und dem herzoglichen Grundbesitz – Belfiore und Jagdgelände –, die Ercole d'Este in Auftrag gab und Biagio Rossetti entwarf und ausführte. Ein anderer Grund für diese Erweiterung war die chronische Wohnungsknappheit, verursacht durch den Zuzug der vielen Juden aus Spanien seit 1480. Wohnquartiere waren inzwischen schon im Westen der alten Stadt und jenseits des Flusses entstanden. Die geplante Erweiterung sollte diesem Wildwuchs durch eine geordnete und mit einer Mauer umgebene neue Stadt ein Ende machen.

Verteidigung war in der Renaissance ein vordringliches Anliegen. Die stetige Verbesserung der Artillerie hatte die mittelalterliche Umfassungsmauer mit ihren hohen Türmen und mit Pechnasen versehenen Wehrgängen nutzlos gemacht. Mauern konnten jetzt von Kanonen aus der Entfernung durchbrochen werden. Mit dem Auftreten der Eisenkugel Ende des 15. Jh. erreichte diese neue Methode eine verheerende Wirksamkeit. Die Aufgabe, eine wissenschaftlich einwandfreie Verteidigung und entsprechende Gegenmaßnahmen zu ersinnen, entsprach genau jener Art von Problemen, die wie die Linearperspektive die rationale Neugier humanistischer Bildung herausforderten.

Wie Nordeuropa bewiesen hatte, boten Erdwälle dem Artilleriefeuer offensichtlich Widerstand. Aber die Vorliebe der Italiener für Stein saß tief und war eine symbolisch wie auch technisch schwer zu erschütternde Tradition. Um die Wirkung der Artillerie zu mindern, mußten die Mauern jetzt niedriger gemacht und die Türme bis zur Höhe der Umwallung abgetragen werden. Ein Teil dieser Mauermasse wurde noch weiter dadurch reduziert, daß man sie hinter breiten Gräben verbarg, die das Geschützfeuer in angemessener Entfernung halten und so den Einschlag dämpfen sollten. Wollte man dem Feind mit derselben Waffe begegnen, so mußte man für geräumige Geschützplattformen oben auf den Türmen und für einen bequemen inneren Zugang zu diesen Plattformen über Erdrampen sorgen. Für den Fall, daß der Angreifer die Mauern einnahm, mußte von Turmpaaren aus ein Kreuzfeuer eröffnet werden. Polygonale und runde Türme verursachten tote Stellen an der Mauerfront, die von oben nicht bestrichen werden konnten. Als Lösung erwies sich die dreieckige Bastion. Diese Giuliano da Sangallo (etwa 1443–1516) zugeschriebene Erfindung wurde schrittweise vervollkommnet, bis der bekannte pfeilspitzenförmige Grundriß, weit vorspringend und mit schrägen Walloberflächen versehen, um die Mitte des 16. Jh. die Norm wurde.

Rossettis Verteidigungsanlagen für die Stadterweiterung sind ein frühes Beispiel einer bastionierten Umwallung. Die Erdrampen, die riesigen Terrassen, die niedrigen, funktionalen, bewußt nicht-monumentalen Wälle kann man heute noch deutlich sehen – und auch die Bastionen, die allerdings im Vergleich mit den weit überlegenen Exemplaren auf der Flußseite etwas zaghaft wirken. Rossetti läßt sich dabei nicht von den Abstraktionen zeitgenössischer Architekten wie Francesco di Giorgio (1439–1501) in Versuchung führen, die jetzt in dem mit Bastionen versehenen Mauernsystem eine moderne Begründung für ihre idealen Stadtformen sehen. Die Erweiterung umfaßt, was sie muß, und hat Befestigungen, wo es notwendig ist, ohne sich um formale Probleme der Symmetrie oder um die geometrische Reinheit der Kontur zu kümmern.

Diese vernünftige pragmatische Haltung nimmt Rossetti auch in seiner Planung für das neue Quartier als Ganzes ein. Radial- oder Rasterformen lehnt er ab, weil sie den natürlichen Gegebenheiten des Platzes und den alten Grenzziehungen nicht entsprechen. Die Achse zwischen dem herzoglichen Kastell und Belfiore ist beibehalten. Die längsverlaufende Querachse, die sich etwa parallel zur oberen Mauer hinzieht, verbindet zwei wichtige Tore, liegt aber nicht auf einer Linie mit ihnen. Der Befestigungsring und der Straßenplan sind nicht aufeinander bezogen, weil Rossetti die Straße als einen gerichteten Raum sieht, der seinen Sinn in der Gesamtstruktur der Stadt hat, nicht aber als eine Straßenflucht, deren Ziel eine Sehenswürdigkeit, etwa ein Stadttor ist. Manche vertikalen Linien des Plans sorgen zum Beispiel dafür, daß Straßen der

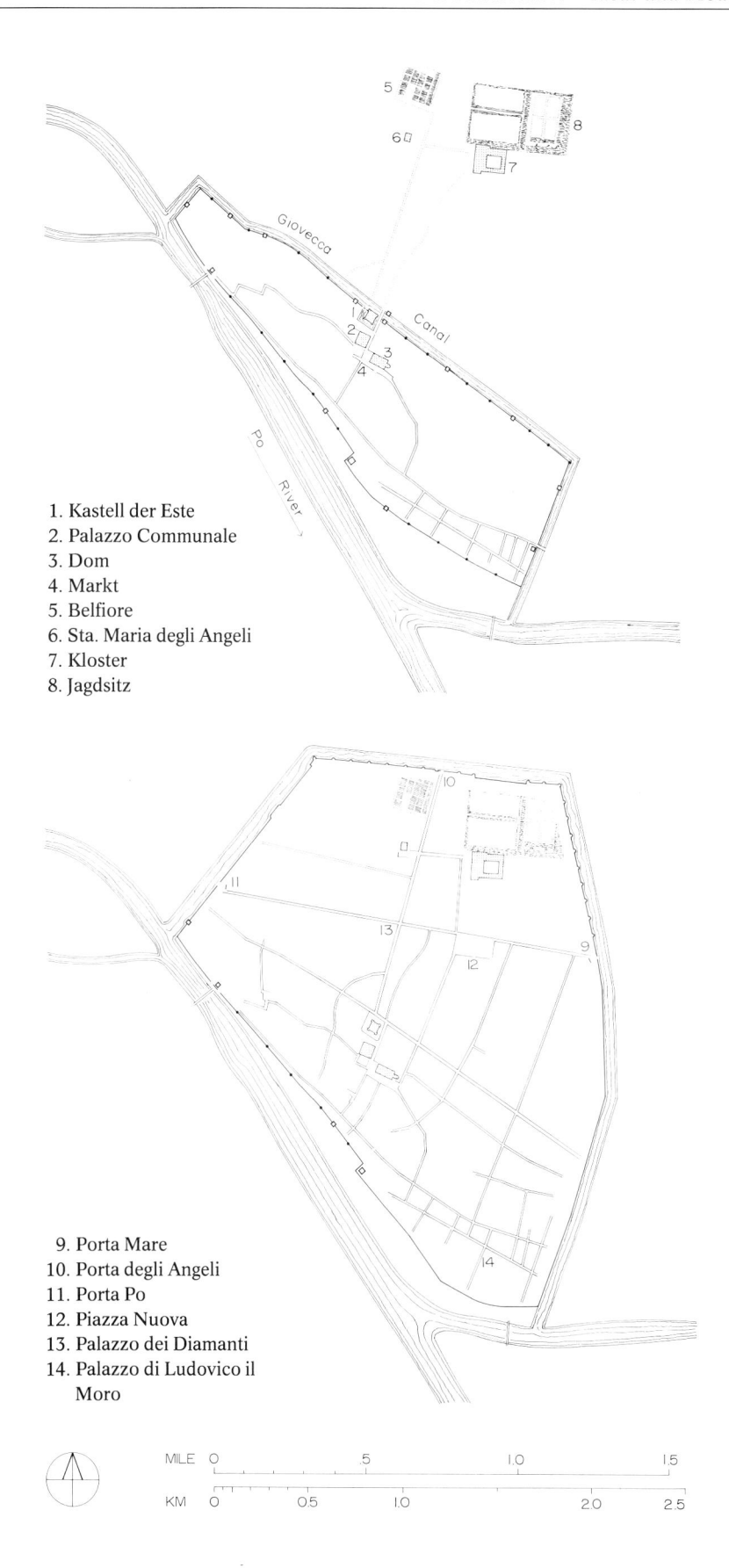

1. Kastell der Este
2. Palazzo Communale
3. Dom
4. Markt
5. Belfiore
6. Sta. Maria degli Angeli
7. Kloster
8. Jagdsitz

9. Porta Mare
10. Porta degli Angeli
11. Porta Po
12. Piazza Nuova
13. Palazzo dei Diamanti
14. Palazzo di Ludovico il Moro

Abb. 17.29 Ferrara (Italien), zwei Phasen der Stadtentwicklung; Lagepläne. Oben: die mittelalterliche Stadt mit den vorstädtischen Besitzungen der Familie Este und die geplante Erweiterung entlang des Flusses; unten: die Stadt um 1510 mit der Erweiterung durch Herzog Ercole I. und die neuen Mauern.

Abb. 17.30 Ferrara, Corso Ercole d'Este, der vom Kastell der Este zur Porta degli Angeli (Nr. 1 und 10 in Abb. 17.29) verläuft; Blick nach Norden.

alten Stadt über den jetzt aufgefüllten Giovecca-Kanal hinweg fortgesetzt werden und so die Erweiterung an den gewohnten Verkehr des Geschäftsviertels anschließen.

Perfekte Geometrie im Stadtentwurf ergibt gewöhnlich geschlossene Modelle. Sie lassen kein gleichmäßig verteiltes Wachstum zu, sondern versuchen die Bautätigkeit den Höhepunkten des hierarchischen Programms entlang zu lenken. Daß Rossetti entschlossen war, für Wachstumsanreiz in allen Teilen der Erweiterung zu sorgen, geht aus seinem geometrisch nicht exakten Entwurf hervor. Die große Piazza Nuova liegt nicht an der Kreuzung der Hauptachsen, wo wir sie erwarten würden, sondern zwei Blöcke weiter östlich. Dieser Brennpunkt des Stadtlebens kommt infolgedessen der Entwicklung der Osthälfte der Erweiterung zugute. Er verleiht der neuen Stadt außerdem ein eigenes Herz, anstatt die zentrale Lage der fürstlichen Residenz noch dadurch zu unterstreichen, daß der Platz auf die Kreuzungen der Hauptverkehrsadern festgelegt ist, also an der Palastachse liegt.

Wie wir feststellten, hatte die Institution des *Signore* in den Städten mit Geschichte Identitätsschwierigkeiten gegenüber dem Selbstregierungsapparat der Gemeinde, zu dem der Marktplatz, der Platz des Volks, gehörte. Im allgemeinen grenzten fürstliche Paläste an diesen Stadtkern an, gleichviel, ob sie, wie in Urbino, bereit waren, die Verbindung mit ihm zu pflegen, oder sich, wie in Mantua, in eine abgeschlossene Enklave zurückzogen. In mindestens einem spektakulären Fall, nämlich in der Stadt Vigevano, die im Gebiet der Sforza von Mailand lag, wurde 1490 das gesamte Stadtzentrum derart umgestaltet, daß vor dem Kastell ein riesiger arkadengeschmückter Hauptplatz entstand (Abb. 17.28). Der im Vergleich mit der mittelalterlichen Stadtplanung viel zu große neue Platz verkündete die absolute Autorität des Fürsten ebenso überzeugend, wie es Sforzinda getan haben würde, wäre es gebaut worden. Die einheitlichen Arkaden, die den Platz einrahmen, entzogen das lebhafte Treiben der älteren städtischen Umwelt dem Blick. Auf diese Weise wurde die Stadt als Ganzes zum Vorhof der fürstlichen Residenz. Diese wahrscheinlich auf Bramante zurückzuführende Lösung wurde später in einigen anderen Städten nachgeahmt.

Ferrara ist insofern ungewöhnlich, als es mit Herzog Ercoles Erweiterung, welche die Größe der Stadt verdreifachte, die Möglichkeit hatte, das Problem der fürstlichen Dominanz dadurch einer idealen Lösung zuzuführen, daß es das alte Zentrum hinter eine eindeutig absolutistische Aussage in der neuen Stadt zurücktreten ließ. Diese Möglichkeit wurde – ob mit bewußter Zustimmung des Herzogs oder durch Rossettis geschickte Manipulation seines Auftraggebers – nicht genützt. Rossettis Piazza gibt dem alten Marktplatz seine Bedeutung zurück, denn beide Plätze sind durch eine gerade Straße verbunden, die über die Giovecca verläuft. Es stehen ferner keine wichtigen öffentlichen Gebäude an der Piazza. Ihr unfeierlicher Charakter wird durch die nüchterne Gestaltung der umliegenden Häuser und durch die Tatsache unterstrichen, daß die Laubengänge den riesigen Platz nicht durchgehend umgeben, sondern nur an zwei Punkten auftreten, die durch die einmündenden Straßen am schwächsten wirken. An diesen entlanggeführte Portiken tragen dazu bei, den Gegensatz zwischen ihnen und der Riesenfläche des Platzes zu mildern. An der Kreuzung der beiden Hauptverkehrsadern wiederum sieht Rossetti davon ab, um der formalen Ausgewogenheit willen vier gleiche oder einander ähnliche Eckgebäude hinzustellen. Eine Ecke erhält ihren Akzent durch einen auffallenden zweigeschossigen Palast mit Diamantrustika und einem verzierten Eckbalkon. Die Plazierung des Palasts an der Südwestecke macht ihn zu einem besonderen Anziehungspunkt in den wichtigsten Zufahrtsstraßen zum Kastell einmal aus Richtung Belfiore längs der Nord-Süd-Achse und dann von Osten her, wo die neue Piazza liegt.

Das Paradoxon der Renaissancestraße liegt in der Tatsache, daß die Betonung der Perspektive die Individualität der Häuserblöcke zurücktreten läßt. Alberti empfahl, alle Fassaden einheitlich zu gestalten, nahm also die schattige tunnelartige Wirkung des öffentlichen Raums in Kauf, der sich zwischen den beiden Häuserzeilen auf den Punkt hin erstreckt, an dem sie zusammenlaufen. Rossetti hält an der Perspektive fest, meidet frontale Anordnungen und betont den gerichteten Verlauf der Fassaden (Abb. 17.30). Aber er bricht die Wandflächen der Straßen an beiden Seiten durch grüne Räume und Durchblicke in Höfe und Gärten auf, so daß die Straßen voll von Lichtflecken sind und der Passant ein Gefühl für die Querstraßen und die Ganzheit der Häuserblöcke bekommt. Die besondere Gliederung der Ecken führt zu demselben Ergebnis: Uns wird bewußt, daß an dieser Stelle eine Querstraße die Tunnelperspektive durchschneidet.

Doch der ungewöhnlichste Aspekt der Arbeit Rossettis für Ferrara war wohl seine Deutung des Renaissancestils als einer Formensprache, die auf gewöhnliche Gebäude ebenso mühelos angewendet werden konnte wie auf höfische Paläste. Die Fronten der Bauten Rossettis zeigen keine einheitlichen Aufreihungen von Fassadenmotiven, die an den Palästen etwa der Medici und der Rucellai keinerlei Vorstellung von dem vermitteln, was im Inneren vorgeht, sondern seine Bauten betonen, gleichviel, ob sie einfach oder prächtig sind, die funktionalen Einteilungen des Gebäudeinneren. Rossettis Fassade verrät, obwohl sie durchgeplant ist, die Vielfalt der Innenräume (Abb. 17.31). Sie verwendet runde, gewölbte und rechtwinklige Fenster, einzeln oder paarweise, über die Fassadenfläche verteilt, und mißachtet bisweilen sogar die Trennungslinie zwischen zwei Geschossen. Eine übliche Form ist das *Binato*, die aus zwei Fenstern bestehende Fenstergruppe. Zwischen den beiden Fenstern liegt gewöhnlich die Trennwand zweier Zimmer. Innenhofwände zeigen sich in gleicher Weise belebt.

Die Italomanie

Zwischen den Frühwerken Brunelleschis und dem Tod Biagio Rossettis 1516 liegen hundert Jahre. In dieser Zeitspanne eroberte Italien jene führende Stellung in der abendländischen Architektur zurück, die es ein volles Jahrtausend vorher mit dem Imperium verloren hatte.

Die auf einige wenige Städte beschränkte Bewegung war zutiefst auf Logik und Moral hin angelegt. Zu ihren höchsten Zielen gehörte die Eröffnung eines neuen Zeitalters der Anmut. In der Praxis ging es dabei wie bei jedem neuen Stil um eine dreifache Aufgabe. Der schwerste Schritt ist auch der grundlegende: eine aussagestarke Formensprache zu finden, die eine Vielfalt von Problemen anspricht und die von starken und weniger starken Talenten gehandhabt werden kann. Wie wir sahen, wirkt sich dieser Schritt unweigerlich auf die Systeme der Bauplanung und Arbeitsweise aus. Zumindest am Anfang muß der neue Gestaltungsprozeß einen besonderen Sinn, Grund oder Zweck aufweisen, den er durch seine Sprache vermitteln will. Wir könnten das als die Politik des Stils bezeichnen. Und dann ist die Frage, wie der Stil sich einfügen wird – ob er abseits und fremd bleiben und auf vorbehaltlose Anerkennung warten, oder ob er irgendwie versuchen wird, neben dem zu bestehen, was bereits da ist. Pienza, Urbino, Mantua, Ferrara – das sind einige Experimente im 15. Jh., bei denen die Bemühung, den klassischen Aspekt der Renaissance einzuführen, auf verschiedene Weise eine Rolle spielte.

Im Europa jenseits der Alpen beobachtete man neugierig, was da vorging. Wenn man

Abb. 17.31 Ferrara, Wohnsitz an der Via degli Angeli, nach 1490, Biagio Rossetti.

versuchsweise von dem, was Italien geschaffen hatte, etwas ausprobierte, so geschah das ganz und gar oberflächlich – ohne Rücksicht auf die örtlichen Gegebenheiten, ohne innere Notwendigkeit, nur in Hinsicht auf die Ergebnisse, auf den äußeren Anblick, die erkennbaren Regeln. Letztere waren verschiedenartig. Da gab es zuerst einmal innen und außen Renaissancedekor: Gebrauchsgegenstände, Fensterrahmungen, klassische Motive. Zweitens, und weniger leicht zugänglich, die von den italienischen Meistern entwickelte Reihe von Gebäudetypen, beispielsweise den Stadtpalast, oder die Villa mit geometrisch angelegten Gärten, oder die bastionierten Verteidigungsanlagen. Schließlich gab es noch die der Renaissance eigenen Prinzipien: Symmetrie, Proportionsbeziehungen, die Ausgewogenheit der Teile, wie sie allesamt formal dem konstruierten Gebilde zugrunde lagen und jene der Architektur innewohnende Qualität erzeugten, die Alberti »Schönheit« nannte.

Der unmittelbarste Weg, auf dem man diese italienischen Vorstellungen mit allem Drum und Dran importieren konnte, bestand darin, daß man sich italienische Künstler holte. Auf diese Weise hatte sich der französische Stil dreihundert Jahre zuvor verbreitet. Schon 1467 war der Bologneser Architekt Aristotele Fioravanti (1415?–1486?) nach England gegangen, und 1475 war er in Rußland, wo kurz danach Pietro Antonio Solari (nach 1450–1493) aus Mailand an den Festungsmauern des Kremls und am Facettenpalast – so benannt nach der Art seiner Rustizierung – arbeitete. Der König von Portugal, Johann II., lud 1492 Andrea Sansovino durch Vermittlung Lorenzos de' Medici ein. Eine Reihe bedeutender Künstler und tüchtiger Arbeitskräfte war in den folgenden Jahren am französischen Hof gern gesehen. Im Ungarn eines Mathias Corvinus folgten Magnaten dem Beispiel ihres humanistischen Königs und hießen italienische Talente und Ideen willkommen.

Doch der Erfolg aller dieser Sendboten hielt sich in Grenzen. Wahrhaft italienisierte Bauten kamen nicht zustande, weil weder die Bauherren noch die örtlichen Baugewerbe dafür reif waren. Bis zur Mitte des 16. Jh. blieb der Einfluß italienischer Methoden fragmentarisch. Meist zeigten Gebäudetypen, die im Gastland allgemein üblich waren, nur einzelne Verzierungen oder ganze Verkleidungen im neuen Geschmack. Stammten Entwurf und Ausführung von lokalen Meistern, so war damit zu rechnen, daß selbst dieser Oberflächenschmuck zumindest in den Augen eines italienischen Begutachters mißraten war. Am einfachsten waren direkte Importe. Marmorgrabmäler, die aus den Häfen von Genua oder Neapel kamen, standen dann in Kircheninnenräumen, welche einen ganz anderen Geist atmeten. Andererseits konnte man die Arbeitskräfte importieren.

Für das Château de Gaillon in der Normandie stellte der Kardinal von Amboise italienische Handwerker ein, die den Torbau des 1501 begonnenen, im wesentlichen mittelalterlichen Schlosses auf erlesene klassische Weise fertigstellen sollten. König Franz I. (1515–1547) übertrug seinen Italienern (G. Romano, G. B. Rosso) die Ausschmückung der Innenräume seines Schlosses in Fontainebleau und ließ sie einen Torbau hinzufügen, der so etwas wie eine Kopie der mit Türmen versehenen Fassade von Urbino darstellt und von dem ortsansässigen Steinmetzmeister Gilles le Breton errichtet wurde (Abb. 17.32, 17.26). Chambord, ein 1520 begonnenes Königsschloß an

Abb. 17.32 Fontainebleau (Frankreich), Königsschloß, Baubeginn 1528, Torbau *(Porte dorée)*, Gilles le Breton.

Abb. 17.33 Chambord (Frankreich), Königsschloß an der Loire, Baubeginn um 1520, Domenico da Cortona (?); Blick von Südosten.

der Loire, zeigt eine wildwuchernde Dachlandschaft aus Schornsteinen, Türmchen und Mansardenfenstern, die sämtlich ziemlich wahllos mit klassischen Details übersät sind (Abb. 17.33).

Allerdings hatte Chambord das Glück, am Anfang des Planungsprozesses über einen italienischen Architekten zu verfügen. Es zeigt deshalb mehr als nur dekorative Effekte und läßt im Ganzen ein gewisses Gefühl für Renaissanceordnung erkennen. Die Beeinflußbarkeit durch den italienischen Lehrmeister reicht hier tiefer. Sie erlaubt es, vertraute mittelalterliche Strukturen aller Art nach Renaissanceprinzipien zu deuten, auch wenn der Dekor im Sinne des Renaissancestils nicht korrekt ist. Insofern ist Chambord ein Renaissancebau; sein Zeitgenosse, der Palast Nonesuch Heinrichs VIII., der in Anlage und Masse wenig Disziplin erkennen läßt, ist es nicht.

Als eines der gelungenen Beispiele ist der von dem florentinischen Architekten Berecci in den Jahren 1531 bis 1535 für den polnischen König Sigismund I. in dessen Krakower Wawelschloß errichtete Arkadenhof zu nennen.

Diese Veränderung im Verhalten, welche dem grundlegenden Denken vom Entwurf her verhaftet sind, gehen langsam und unter ungeheuren Schwierigkeiten vor sich. In Rußland haben sie niemals stattgefunden, und in Ungarn wurden sie durch die osmanische Eroberung abgeschnitten. In Europa müssen wir auf die ersten ernsthaften Versuche einheimischer Vertreter, die Logik der italienischen Erfahrungen aufzunehmen und weiterzugeben, bis zur Mitte des Jahrhunderts warten. Noch länger dauerte es, bis das Baugewerbe es gelernt hatte, ein von Grund auf verändertes Verfahren zu unterstützen. Doch gerade das mußte geschehen, denn kein noch so großer Aufwand an schmückendem Beiwerk konnte die europäische Architektur allein aus ihren mittelalterlichen Gewohnheiten herauslösen und in das Licht des Humanismus führen.

Isleta (New Mexico), Missionskirche San Augustin de la Isleta, Baubeginn um 1613;
Ansicht nach der Renovierung, 1959–1960.

18. Kapitel

Spanien und die Neue Welt

Die Wiedererweckung der Antike war das eine der beiden großen Abenteuer, die der Renaissance Gestalt gaben. Das andere war die Erforschung und Eroberung Amerikas.

Der europäische Kolonialismus begann mit den Kreuzzügen. Als die Handelswege in den Fernen Osten im 15. Jh. durch die Türken für immer blockiert wurden, wandte sich Europa anderen Gebieten zu. Diesmal waren Portugal und Spanien die führenden Nationen. Die Ziele waren Afrika, die Südküsten Asiens und die bisher unbekannten Gebiete jenseits des Atlantischen Ozeans. Reicher als irgendein nachhaltiger Nutzen aus Handel mit Waren aller Art entschädigten Sklaven und Gold die gekrönten Häupter, welche die Expeditionen ausrüsteten. Die Kolonisten hatten die Möglichkeit, ein neues Leben zu beginnen. Ressourcen an Menschen und Material, die alles europäische Maß überstiegen, entschädigten sie für die Gefahren des Siedlerdaseins. Aus dem langen Lauf der Menschheitsgeschichte traten unvermutete Kulturen zutage – und wurden zerstört. Diese neugefundenen Kulturen hätten beweisen können, daß der Wert der Errungenschaften des Abendlands nur relativ war, und hätten sie in neue Kanäle leiten können. Doch das geschah nicht. Die Schätze der eroberten Neuen Welt trugen zur Bereicherung des christlichen Abendlands ausschließlich in materiellem Sinn bei.

Die portugiesische Hälfte der Geschichte ist schnell erzählt. Als winziger Vorposten, eingeklemmt zwischen einem aufsteigenden Spanien und der unerforschten Weite eines Ozeans, hatte Portugal keine andere Wahl, es mußte den Blick nach außen richten. Portugiesische Seefahrer hatten sich schon etwa fünfzig Jahre vor Columbus bis zu den Azoren und nach Madeira vorgewagt. Beim ersten Ansatz eines Unternehmens, das eine neue Route nach China eröffnete, waren sie auch schon an der Küste Afrikas entlanggefahren. Billige Sklavenarbeit und außerordentlich fruchtbarer Boden bescherten den atlantischen Inseln Luxusprodukte wie süße Weine und Zucker. Um die Mitte des Jahrhunderts waren an der Westküste Afrikas in Arguin und dem heutigen Agadir ständige Handelsstationen gegründet worden. Als 1482 Elmina an der Goldküste besiedelt wurde, bereicherten Elfenbein, Gold und Pfeffer die Erträge des portugiesischen Handels. 1486 wurde das Kap der Guten Hoffnung umfahren. Am Ende des Jahrhunderts erreichte Vasco da Gama auf diesem Wege Indien. Es kam zu einer Invasion der Westküste des Subkontinents, und 1510 wurde die wichtigste Hafenstadt Goa erobert. Sie lag damals eine Jahresreise von Lissabon entfernt.

Der kühne Ausgriff machte Portugal reich und seinen König mächtiger, als es seinem abgelegenen kleinen Land eigentlich zukam. Der kulturelle Gewinn jedoch war unerheblich. Die Entdecker waren nicht daran interessiert, etwas über die Wesensart der neuen Gebiete und ihrer Bewohner herauszufinden oder von ihnen zu lernen. Sie hielten sich an die Küste. Auf jeden Fall gab es in Afrika jenseits des moslemischen Nordens keine Hochkultur, die der Ankömmling aus Europa ernst nahm. Mit Goa änderte sich das Bild. Den Portugiesen standen jetzt zwei hochentwickelte Traditionen gegenüber, deren Monumentalarchitektur der ihrigen mehr als ebenbürtig war – dem Hindustaat Vijayanagar und Delhi, das seit dem 12. Jh. ein führendes Moslemzentrum gewesen war. In Goa bauten die Portugiesen Kirchen unmittelbar neben den bereits vorhandenen Hindutempeln, ohne daß von einer Anpassung die Rede sein konnte. Es dauerte nicht lange, und das unvermeidliche Bekehrungsfieber setzte ein. 1542 trafen die Jesuiten ein; zur selben Zeit wurden Befehle erlassen, die Heidentempel zu zerstören.

Die Stadtform richtete sich überall nach dem Vorbild Lissabons und dessen mittelalterlicher Anlage: Städte auf Hügeln mit der Handelsstation unten am Meer. Beispiele hierfür sind Agra auf den Azoren und São Paolo de Loanda (heute Luanda, Angolas Hauptstadt und wichtigster Hafen) in Westafrika. Die indischen Besitzungen erhielten im 16. Jh. einige moderne Forts mit Rastergrundriß und bastionierten Wällen. Aber die Kolonisierung war nur oberflächlich und wurde seit etwa 1600 allmählich vom Unternehmungsgeist der Holländer gebremst. Was das Mutterland anging, so führte die Anregung eines überseeischen Reiches zu seltsamen expressionistischen Ornamenten aus tropischen Pflanzen, Meerestieren und nautischen Geräten, die sich um Fenster und Eingänge spätgotischer Bauten schlangen, etwa der Klöster von Batalha, Tomar und Belem (Abb. 18.1).

18

408 *Neue Ansprüche*

Abb. 18.1 Tomar (Portugal), Christus-Kloster, Fenster des Kapitelhauses, um 1250, Diego da Arruda.

Der Schauplatz Amerika

Das bedeutendere Ereignis ist die spanische Expansion (Abb. 18.2). Unter den katholischen Königen politisch geeint und ohne jede Rücksichtnahme dem Diktat der Staatsreligion unterworfen, war Spanien darauf vorbereitet, eine maßgebliche Rolle in europäischen Angelegenheiten zu spielen. Das amerikanische Gold verbesserte seine Chancen noch zusätzlich. Im 16. Jh. nahm Spanien lange Zeit den Rang der ersten Weltmacht ein. Kastilische Seefahrer hatten von Anfang an dem portugiesischen Abenteuergeist entgegengewirkt. Die Vorstellung, daß die Erde rund sei – eine Überzeugung, die sich im 15. Jh. immer weiter verbreitete –, brachte die letzte Herausforderung. Wenn man unentwegt Kurs nach Westen nahm, mußte man das Festland Asien erreichen können.

Columbus versuchte, Portugal für eine Expedition zu gewinnen, die diese Behauptung beweisen sollte. Als König Johann II. Einwände erhob, bot der Genuese seine Dienste den katholischen Majestäten Isabella und Ferdinand an. Seine erste Reise, von 1492–1493, führte ihn nach Cuba, Haiti und Santo Domingo, das später Hispaniola genannt wurde. Johann wollte diese Gebiete für Portugal beanspruchen, hatte aber das Spiel schon verloren. Der Streit wurde 1494 mit dem Vertrag von Tordesillas beigelegt, in dem Papst Alexander VI. die Grenzlinie zwischen dem spanischen und dem portugiesischen Herrschaftsanspruch im Atlantik festlegte: auf einem imaginären Meridian 370 Meilen westlich der Kapverdischen Inseln.

Abb. 18.2 Die spanischen und portugiesischen Gebiete in Mittel- und Südamerika mit Nebenkarten für das Reich der Azteken (links) und der Inka (rechts).

Auf seiner vierten und letzten Reise hielt sich Columbus nahe der Ostküste Mittelamerikas und landete 1502 auf Guanaja, einer der Honduras vorgelagerten Bahia-Inseln. Eine Gruppe indianischer Kaufleute war in einem großen Kanu ebenfalls dort gelandet. Sie sagten, sie kämen aus einem Land, das Maya heiße. Noch vermutete niemand, daß dieses Land nichts mit Asien zu tun hatte, daß diese Leute Eingeborene einer neuen, bisher nicht vermuteten Welt waren. Die Kugelform der Erde war Tatsache, aber die Kugel war viel größer, als alle gedacht hatten. Ein riesiger Kontinent lag zwischen Europa und Asien. Und da die Spanier nicht lockerließen, entdeckten ihre Leute großartige, phantastische Kulturen mit volkreichen Städten, Steinmonumenten und kostbaren Kunstwerken. Am 9. Dezember 1519 lief ein Schiff in den Hafen von Sevilla ein, das mit wunderbaren Schätzen beladen war. Ein Sonnenrad aus Gold war darunter, das einen Durchmesser von zwei Metern hatte und mit Zeichen bedeckt war – ein schlagender Beweis für den Wert der Expansionspolitik. Das waren goldene Länder da draußen. Sie mußten erforscht und besiedelt werden. Die begabten Heiden, die sogar Bücher besaßen, mußten zum katholischen Glauben bekehrt werden.

Die Kolonisten stießen, wenn man kleinere Gebilde nicht mitzählt, auf drei Hochkulturen in Mittel- und Südamerika – die *Maya*, den Bund der *Azteken* in Zentralmexiko und das *Inkareich*, das sich mehr als dreitausend Kilometer längs der Westküste Südamerikas erstreckte. Zwischen der Gründung Hispaniolas 1493 und dem frühen 17. Jh. wurden auf amerikanischem Boden mehr als zweihundert Städte gegründet, von Lima und Buenos Aires im Süden bis Santa Fe, New Mexico und St. Augustine in Florida. Das Wesen dieser eindrucksvollen Aktivität und die Architektur, die ihr zu danken ist, sollen uns nun beschäftigen.

Die Maya

Unsere bisher einzige Begegnung mit diesem fernen Teil der Welt in Kapitel 10 gipfelte in der Darstellung der Stadt Teotihuacán im Tal von Mexiko um 200 n. Chr. Dieses ausgedehnte Zentrum eines Volkes, der Tolteken, war die großartigste Schöpfung Mittelamerikas bis etwa 600. Damals wurde Teotihuacán von einem Volk angegriffen, das wir nicht kennen, und verödete. Doch inzwischen lag die Oberherrschaft bei dem Gebiet, das heute Ostmexiko, Guatemala, San Salvador und Honduras umfaßt. Das alles ist Mayaland. Seine Siedlungsgeschichte ist lang. Als eine bedeutende Kultur erweist es sich in den frühen Jahrhunderten der christlichen Ära durch drei vielsagende Eigenheiten: es bringt Steintempel mit Kraggewölben über abgestuften Pyramiden hervor, Stelen, die mit Zeithieroglyphen beschriftet sind, und polychrome Töpferware. Die mehreren Millionen Indianer, die dort lebten und Tikal, Copán, Palenque und dazu noch mehr als ein Dutzend weniger bedeutende Ritualzentren erbauten, gerieten erstmals in der Blütezeit Teotihuacáns unter den Einfluß der Tolteken und dann wieder im 10. Jh. n. Chr., als Dissidentengruppen aus der neuen Toltekenhauptstadt Tula flohen, in das Flachland Yucatáns einfielen und Chichén Itzá zu ihrem Operationszentrum machten. Die Spanne zwischen diesen beiden mexikanischen Eingriffen, um 600 bis 900, ist die große Zeit der Mayakultur. Um 1200 beginnt ein langsamer Niedergang der Mayasiedlungen. In dem Jahrhundert vor den spanischen Eroberungen sind die Maya ein rückständiges Volk geworden, ihre prachtvollen alten Stätten sind verlassen oder vernachlässigt, ihre Ressourcen verschwendet und ihre Kunstfertigkeit im Bauen heruntergekommen. Trotzdem leisteten sie erbitterten Widerstand. Der letzte Stützpunkt – auf einer Insel inmitten des Flores-Sees in den sengendheißen Dschungeln des Petén – fiel erst 1697.

Die Grundzüge der Maya-Architektur sind rasch aufgezeichnet. Die monumentalen Kerne der bedeutendsten Städte bestehen aus Tempelpyramiden, Ballspielhöfen und »Palästen«, die um gepflasterte öffentliche Plätze angeordnet sind. Die beschrifteten Stelen, von denen man einst glaubte, sie hätten rituale Bedeutung, sind wahrscheinlich dynastische Denkmäler, von Herrschern und deren Familien aufgestellt und mit den entsprechenden Bildnissen versehen (Abb. 18.3). Hinsichtlich der Paläste ist man sich nicht einig. Diese einstöckigen langgezogenen Bauten von geringer Tiefe haben unpraktische Innenräume: Reihen fensterloser Räume, von denen manche fast gänzlich mit riesigen Podien angefüllt sind. Für Wohnzwecke scheinen sie schlecht geeignet. Manchmal sind sie so gruppiert, daß sie Höfe bilden, aber die völlig klosterartige Einschließung ist vermieden.

Die steile und hohe Tempelpyramide hat eine einzige axiale Treppe mit schmalen Stufen, die zu dem Tempel auf der Spitze

Abb. 18.3 Quiriguá (Guatemala), Stele E, spätes 8. Jh. Die Sandsteinstele hat eine Höhe von mehr als 10 Metern.

hinaufführt (Abb. 18.4). Weniger häufig finden sich zwei korrespondierende Treppen, und in ein oder zwei seltenen Fällen zeigen alle vier Seiten Treppen. Die wichtigsten Ruinenorte sind voll von solchen teils erschreckend hohen Pyramiden. Sie sind zu rituellen, wahrscheinlich geomantischen Zwecken angelegt. Bei üblicher Anordnung blickt eine Tempelpyramide nach Osten und stehen drei andere auf einer Nord-Süd-Terrasse jenseits der Plaza. Man weiß, daß im Inneren Bestattungen vorgenommen wurden, aber es wäre sicherlich falsch, wenn man diese imponierenden Bauten für monumentale Grabmäler hielte wie die ägyptischen Pyramiden des Alten Reichs. Der krönende Tempel, klein im Verhältnis zu seiner Plattform, besteht aus zwei Räumen, die hintereinander liegen. Der erste ist über eine oder auch drei Türen zugänglich. Der zweite innere Raum enthält ein sehr kleines Heiligtum in Form eines Modells des Tempels. Beide Räume zeigen typische Mayakraggewölbe. Zwischen ihnen liegt eine gemauerte Rinne, welche den Dachkamm trägt, einen Giebelaufbau, der wie die Tempelfassade mit bemalten Stuckreliefs verziert ist.

Die Konstruktion ist charakteristisch. Lassen wir das Kraggewölbe außer Be-

410 *Neue Ansprüche*

Abb. 18.4 Tikal (Guatemala). Die große Plaza von Nordwesten mit Tempel I (Tempel des Riesenjaguars) am zurückliegenden Ende, Tempel II im Vordergrund und links die Nordakropolis, um 700; Luftbild.

tracht, so haben wir es mit einer gemauerten Architektur aus Pfosten und Sturz zu tun, aber mit folgender Eigenheit: Sie verwendet Kalkmörtel, so daß die Wände Monolithe aus Geröll und Mörtel darstellen mit einer Verkleidung aus behauenem Stein, die oft sehr schön geglättet und gelegt und mit Stuck überzogen ist, auch dann, wenn der Stein die schöne Qualität des hellgrünen Trachyts besitzt, die wir in Copán sehen, oder etwa des Dolomits aus dem Usumacintatal. Hölzerne Stürze aus metallhartem Sapotillholz spielen bei der Konstruktion eine Rolle, werden dann aber dekorativ behandelt und oft mit erlesenen Schnitzereien verziert.

Freilich wird diese trockene Aufzählung nicht die Überraschung auslösen, die der Fremde heute empfindet, wenn er Tikal oder Palenque im Dschungelmeer liegen sieht und die stillen Plazas aufsucht, in deren Umkreis große und kleine Tempelpyramiden und breite, flachgedeckte Baumassen auf verschiedenem Niveau und von verschiedener Höhe in feierlicher Erhabenheit angeordnet sind. Die Ausmaße sind überwältigend, sie erinnern an Ägypten und an die Welt von Pergamon und Rom. Heute wagen nur wenige, die arg mitgenommenen Schrägen etwa von Tempel IV in Tikal zu erklimmen, der eine Höhe von 70 Metern erreicht. Die schadhaften Stufen sind stark abgenutzt, und selbst in ihrem ursprünglichen Zustand waren sie so schmal, daß man den Fuß seitlich aufsetzen mußte. Der Tempel bleibt unsichtbar, bis man dicht vor der Plattform steht. Hierher führten die Priester in ihren bizarren Gewändern ihre Opfer, spannten sie über den steinernen Altar vor dem Tempel und schnitten ihnen mit Obsidianmessern das Herz heraus. Amerikanische Götter waren hart und forderten lebendige Nahrung.

Die Aussicht ist atemberaubend. Die schimmernden Spitzen anderer Tempelpyramiden tauchen aus dem üppigen Gewirr von Zedern, hochragenden Mahagonibäumen, Sapotillas, Palmen und für die Maya heiligen Kapokbäumen auf, alle überspannen von endlosen Schlingen der Lianenranken. Ringsum erheben sich die Hügel der bisher noch nicht freigelegten Pyramiden, die der Dschungel erobert hat. Tikal war sehr ausgedehnt. Bisher sind allein im mittleren Bereich, der insgesamt 16 Quadratkilometer umfaßt, über 3000 einzelne Bauten archäologisch aufgenommen worden. Zur Blütezeit der Stadt wurde die Vegetation in Schranken gehalten, aber selbst damals trennte keine Grenzlinie den Wald vom bebauten Gelände.

Die Mayastädte kannten keine Mauern. Dämme von verschiedener Breite, bis zu zweieinhalb Meter hoch über dem Boden trockengemauert und mit Kalksteinkies befestigt, verbanden sie miteinander. Diese hellen Bahnen durchquerten die Außenbezirke, wo das gemeine Volk in Hütten aus Weidenzweigen wohnte, die mit Adobe verkleidet und in lebhaften Farben bemalt waren. Die Hütten standen auf rechteckigen Hügeln aus Erde und Steinen und hatten strohgedeckte steile Dächer. Kaufleute und Adlige wohnten in festeren Häusern dichter am Zeremonialzentrum, in dessen Bereich die Priesterschaft und die Beamtenschaft untergebracht waren. Dieser ungeordnete Wohngürtel und seine Lage zum Zentrum war Ausdruck einer Klassengesellschaft mit einer erblichen Elite an der Spitze. Die Stadt umgab locker den monumentalen Kern mit seinen verschiedenen dichtgedrängten Ensembles, die zum Teil durch bedeckte Fußwege miteinander verbunden waren. Monumentalachsen wie in Teotihuacán gab es nicht. Ein Gang durch diese Ensembles ist sowohl von ihrer Anordnung wie von ihrem Anblick her ein Erlebnis. Derart eindrucksvolle Effekte von Massierung und Abfolge waren wohl kaum zufällig.

Die Tolteken aus Tula brachten in das Mayaland einen aggressiven Militarismus mit, dazu auch neue Kulte, vor allem den der gefiederten Schlange Quetzalcóatl. Diese grundlegende Neuorientierung des Lebens können wir an der architektonischen Umwelt ablesen. Zuerst gibt es einen deutlichen Wechsel von offenen Städten zu solchen, die verteidigt werden können. Sie lie-

Abb. 18.5 Chichén Itzá (Yucatán, Mexiko), Tempel der Krieger, 12. Jh. eine Replik der Pyramide B in Tula, Mexiko.

Abb. 18.6 Tenochtitlán (Mexiko), Hauptstadt der Azteken und Vorgängerin von Mexico-City; das Ritualzentrum, wie es sich 1519 bei der Ankunft der Spanier darbot; rekonstruierte Ansicht von Südosten. Links der Doppeltempel von Huitzilopochtli und Tláloc.

men zu betonen. Säulen und schmale Pfeiler verringern die Kompaktheit der Mayabauten. Ein Blick auf den Tempel der Krieger in Chichén Itzá sagt alles: das neue Profil der Plattform, der geräumige Tempel, die Kolonnadenreihen längs beider Seiten des Gebäudes, die Wandgemälde mit Schilderungen der Mayaniederlagen zu Wasser und zu Lande (Abb. 18.5). Wir sind jetzt im 12. Jh. Von nun an finden wir in den Heimatgebieten des stolzen Mayavolks nichts mehr, das einen so großartigen Anblick bietet.

Die Azteken

Der traurige innere Verfall des Gebiets, das ungünstige natürliche Umfeld und am meisten wohl der Mangel an Silber und Gold nahmen den Spaniern den Mut, Guatemala und Yucatán auszubeuten, und so kommt es, daß uns hier das konstruktive Genie des Indianers am ausgeprägtesten begegnet. Mexiko war nicht so glücklich. Der Bund der Azteken war zur Zeit der Eroberung die starke Macht in Mittelamerika. Die Hauptstadt Tenochtitlán, eine strahlend schöne Metropole, so groß wie das damalige London, wurde ganz selbstverständlich das Hauptziel der Expeditionsstreitkräfte Cortés'. Sie leistete Widerstand, unterlag und wurde zerstört. Heute breitet sich Mexico-City über sie und mehrere andere Städte aus, die an den See Texcoco angrenzten. Die Kathedrale steht in dem Bereich des Doppeltempels von Huitzilopochtli und Tláloc auf der ausgedehnten Plaza, die fast genau dem heutigen Zócalo-Platz entspricht. An der Stelle des heutigen Präsidentenpalasts erstreckte sich der üppig ausgestattete Residenzkomplex König Montezumas. Die moderne Stadt hat alles übrige verschlungen – die Seen, die Dämme, die Aquädukte, die botmäßigen Städte Coyoacán und Chapultepec, Tlacopán und Ixtapalapa. Aber die Azteken konnten lesen und schreiben und hinterließen schriftliche Aufzeichnungen, und Cortés' Gefolge konnte es nicht lassen, in Briefen und Tagebüchern mit den wunderbaren Dingen zu prahlen, die sie sich angeeignet hatten. Der große *Conquistador* selbst fertigte eine Zeichnung von Tenochtitlán an, um sie seinem König zu senden. So wissen wir trotz des Ausgangs eine ganze Menge vom Land Mexiko zur Zeit seiner Vergewaltigung.

Die Azteken waren Nachzügler. Sie kamen aus dem Norden und tauchten um 1200 als Stamm auf. Damals lag die Oberherrschaft noch bei den Tolteken. Zu den

gen auf Berggipfeln oder Landzungen, die durch tiefe Gräben geschützt sind. Der architektonische Dekor nimmt kriegerische Züge an, und die monumentalen Baugruppen enthalten auch Unterkünfte für die Kriegerorden, etwa der Jaguare und der Adler. Die *Tableros* von Teotihuacán tauchen als Plattformbauten wieder auf. Die Architektur, die unter den Maya auf massive Formen abzielte, beginnt jetzt, das Innenvolu-

lebensfähigen Staaten zählten Monte Albán, Cholula und Veracruz. Freies Land war rar. Die Azteken bemächtigten sich deshalb einer Insel in der Mitte des Sees Texcoco und gründeten dort 1325 Tenochtitlán. 1450 nahmen sie bereits eine Vorrangstellung in Zentralmexiko ein. Sie erweiterten ihre Stadt, indem sie den Seeschlamm in großen Behältern aus Korbgeflecht (*chinampás*) zu Ackerland machten und die Dörfer und Städte an den Ufern annektierten. Die rivalisierende Stadt Tlatelolco auf einer Insel im Norden wurde 1473 unterworfen und zu einem Teil von Groß-Tenochtitlán gemacht, das jetzt eine Fläche von 1000 Hektar bedeckte. Der Doppeltempel trat ab 1480 an die Stelle älterer Heiligtümer, die dort gestanden hatten. Als die Spanier Tenochtitlán belagerten, war es eine junge, kraftvolle Stadt an der Spitze eines Reiches, das im Kommen war.

Drei Dammwege führten vom Festland radial zur zentralen Plaza. Sie dienten auch als Schutzdämme. Nur der Südzugang war befestigt. Ein vierter Damm endete am Ostufer der Insel, wo es eine Anlegestelle für den Kanudienst zum Festland gab. Die meisten Straßen waren Kanäle, von hölzernen Brücken überspannt, die sich entfernen ließen. Die fensterlosen weißgetünchten Häuser mit flachen Dächern blickten nach innen auf Gartenhöfe. Die bedeutenderen unter ihnen waren zwei Stockwerke hoch. Der Grundriß war rechteckig. Stammesbezirke, deren es zwanzig gab, gruppierten sich um ihre Tempel. Verwaltungsmäßig gehörten sie zu einem der vier Distrikte, in welche die Stadt eingeteilt worden war. Es gab zwei Geschäftsviertel. Tlatelolco besaß eine eigene Tempelpyramide und einen von Arkaden eingefaßten Marktplatz. Von der Spitze dieser Pyramide aus gewann Cortés' Gefolge, ehe die Feindseligkeiten begannen, in Gegenwart des Königs Montezuma einen Überblick über die Stadt. Bernal Días del Castillo, der dabei war, hat eine lebendige Schilderung dessen, was sie sahen, hinterlassen. Er spricht von Ortschaften längs der Küste, von den Booten auf dem See, die Nahrungsmittel hereinbrachten und Waren hinausbeförderten, von Terrassenhäusern, vom Aquädukt, der von Chapultepec hereinkommend die Stadt mit Süßwasser versorgte (da Texcoco selbst ein Salzsee war). Vom Markt Tlatelolco schreibt er: »Unter uns gab es Soldaten, die schon in vielen Teilen der Welt gewesen waren, in Konstantinopel, in ganz Italien und in Rom, und sie sagten, sie hätten noch nie einen so gut eingerichteten und so ordentlichen, so großen und so von Menschen wimmelnden Markt gesehen.«

Abb. 18.7 Cusco (Peru), Mauer der späten Inkazeit, um 1500.

Die mit Steinen gepflasterte Plaza von Tenochtitlán maß 160 m × 180 m. An der Ostseite stand der Palastkomplex Montezumas, eine ganze Stadt aus Verwaltungs- und Wohnbauten, zu denen auch ein königliches Vogelhaus gehörte. Die Westseite der Plaza begrenzten zweistöckige Häuser der Würdenträger. Ein breiter Ostwestkanal floß längs der Südseite neben dem Dammweg von Coyoacán, der einen zweiten Aquädukt begleitete und in der Südostecke auf einer Achse mit dem Plazazugang zum Tempelbezirk einmündete.

Dieser riesige Ritualkern von Tenochtitlán bestand aus einem ummauerten Rechteck an der Kreuzung der vier Dammwege (Abb. 18.6). Der große Doppeltempel für den Aztekenkriegsgott Huitzilopochtli und für Tláloc, den alten Regengott Mittelamerikas, stand östlich der Mitte und blickte nach Westen. Er verherrlichte die beiden Hauptanliegen des jungen Staates – Landwirtschaft und Eroberung. Geringere Tempel rings um ihn ehrten die Götter unterworfener Völker. Der Rundtempel Quetzalcóatls, des Kulturbringers und Gottes der Winde, lag auf der Achse der Doppeltreppe zum Haupttempel, und westlich von ihm befand sich der vom Wohnbereich amtierender Priester und Angehöriger der Kriegerorden flankierte Ballspielhof. Auf einem reichverzierten Gerüst waren Schädel kultischer Opfer ausgestellt. Jeder Tempel besaß sein *Calmecac*, eine Mönchsschule, in der die Priester des Kults wohnten und dessen Akolythen ausgebildet wurden. Die Musiker, die bei Festlichkeiten spielten, hatten eigene Quartiere.

Die aztekische Architektur ist nicht originär. Sogar der Rundtempel Quetzalcóatls hat einen fernen Vorfahren: wir haben ihn in Cuicuilco im Pedegral um 500 v. Chr. gesehen. Originalität läßt sich in der Anlage der Hauptstadt erkennen, die in anderen Aztekenstädten nachklingt. Die ummauerte Akropolis inmitten eines ausgedehnten Wohnbezirks unterscheidet sich stark von der aufgelockerten Monumentalität der Mayastätten. Dort findet sich dagegen keine Parallele zu dem Zwang, unter dem axiale Koordinaten sich in diesem Ritualzentrum überschneiden und maßgebend sind für die rechtwinklige Anordnung der Straßen des Wohnbezirks. Diese entscheidende Zentralität gibt es nicht einmal in Teotihuacán.

Es ist verständlich, daß die Spanier das sehr bewunderten. Geordnete Städte von dieser Größe und Pracht hatten sie noch nie gesehen. Die fürstlichen Foren und breiten Straßen der Renaissance kamen damals in Europa gerade erst auf – und zwar in Italien.

Cortés und seine Gefolgsleute nennen »die große Stadt Tenochtitlán« in einem Atemzug mit Sevilla und Córdoba, und wo sich der Vergleich mit der heimischen Umgebung als zu schwach erweist, um das Wunder dieses verlorenen »El Dorado« zu vermitteln, greifen sie zu mythischen Analogien. »Wir haben gestaunt«, schreibt Bernal Días vom ersten Anblick der Stadt Montezumas, »und wir fanden, es gleiche den Zauberwelten der Amadissage«.

Die Inka

Es gibt keinen Grund anzunehmen, daß die Azteken, die Maya und andere Gemeinschaften des vorspanischen Mittelamerikas Kenntnis von dem Reich hatten, das zu gleicher Zeit neben dem ihren in dem riesigen Gebiet des heutigen Peru, Ecuador und Nordchile in Blüte stand. Es war der größte Indianerstaat, und er war sehr stark. Die Inka, die seit 1200 n. Chr. im Hochland von Cusco lebten und wirkten, unternahmen im 15. Jh. einen erfolgreichen Feldzug, um die ungleichartigen Gruppen, welche die hochgelegenen Andenebenen und die Flußtäler an der Küste bewohnten, zu unterwerfen und zu vereinigen. Die zähesten Gegner waren die Chimú, deren Königreich sich von Lima aus Hunderte von Kilometern nordwärts erstreckte. Als sie unterworfen waren, sahen sich die Inka in Cusco als unbestrittene Herren eines hervorragend organisierten und dicht verwalteten Gebiets von Quito und Tumbes bis Santiago (Abb. 18.2).

Ein bewundernswertes Straßennetz hielt diesen langen, wechselvollen Streifen aus Küstenwüste, Taloasen und schwindelerregenden Berggipfeln zusammen. Ausgedehnte öffentliche Bewässerungsbauten förderten städtisches Leben längs der Flüsse, die sich ihren Weg durch die Sanddünen der Ebene im Westen bahnen. In der Gebirgsregion, wo früher nur ganz wenige flache Talböden und Becken größere Mengen von Menschen ernähren konnten, bezeugte die gleichermaßen erstaunliche Anlage landwirtschaftlicher Terrassen den Reichtum des Reichs an Hilfsquellen.

Natürlich war das nicht alles neu. Man hat die Inka die Römer des vorkolumbischen Amerikas genannt, weil sie es fertigbrachten, eine bunte Menge älterer politischer Ordnungen zu übernehmen, aus ihnen eine leistungsfähige zentralisierte Struktur zu bilden und diese zu entwickeln. Viele Inkastädte waren bereits bestehende Zentren verschiedenen Alters, die den neuen Herrschern durch Eroberung zugefallen und entsprechend ausgerüstet worden waren. Tatsächlich ist im alten Peru gewichtige kulturelle Leistung ebenso langlebig und ebenso reichlich vorhanden wie in Mittelamerika. Bauweisen reichen weit zurück.

Abb. 18.8 Nazca-Ebene (Peru), Scharrbilder, um 500; Luftbild.

Mauerbau aus Lehmmischung in massiver Gußform war schon seit mindestens 700 v. Chr. ununterbrochen in Anwendung. Der einfache Adobeziegel ist noch über 2000 Jahre älter. Der Glanzpunkt der Inkaarchitektur, wie wir ihn noch in der Festung von

Cusco, Sacsahuaman, bewundern, ist die schön geglättete Mauer aus ungeheuren polygonalen Blöcken, die ohne Mörtel ineinandergreifen (Abb. 18.7). Doch daß man es liebte, Steine von solcher Größe zu bearbeiten, kündigt sich schon in dem großartigen monolithischen Tor von Tiahuanaco von etwa 500 n. Chr. oder in den Mauerbauten der dortigen Pyramiden an, bei denen manche Einzelblöcke bis zu 100 Tonnen wiegen.

Einzelbauten sind in den Andenkulturen nie so eindrucksvoll wie die Ergebnisse von Planungen in großem Maßstab oder öffentlichen Arbeiten ganz allgemein. Da so vieles weggespült, zerstört oder noch nicht ausgegraben ist, gewinnt man die besten Ansichten oft aus der Luft. Vom Boden her gesehen erreichen die Plattformen und Pyramiden nicht die Großartigkeit von Teotihuacán oder Tikal. In Cusco hat der berühmte Tempel den Grundriß eines gewöhnlichen Hauses, eine Anzahl rechtwinkliger Räume rund um einen Hof, der von einer Mauer umschlossen ist. Er war das Haus der Gottheit und ihrer Diener; ihr goldenes Bildnis wurde bei den großen öffentlichen Zeremonien auf den Stadtplatz getragen. Das ist etwas Neues in der sakralen Architektur Amerikas. Die runden Grabtürme, *Chullpas* genannt, im Bereich von Tiahuanaco sind ebenfalls einzigartig. Entweder befindet sich die Grabstätte in ihnen, oder sie sind massiv, und der Tote ist in der Erde darunter bestattet. Ab und zu finden sich auffallende architektonische Details. Erwähnt seien der in Lehm geschnittene Chimú-Dekor und die Vorliebe der Inka für Türöffnungen mit nach innen geneigten Pfosten, die wahrscheinlich die Spannweite des Sturzes verkürzen sollten.

Die Haustypen sind überraschend vielfältig. In den Zentralanden ist das Rundhaus üblich. Vielleicht ist diese Tradition ein Nachklang der Chullpas. Der Distrikt Cajamarca zeigt Turmhäuser mit Kragdächern in Trockenmauerung, Chiripá im südlichen Hochland dagegen rechteckige Adobehäuser mit doppelten Wänden, welche die Bewohner vor Kälte schützen. Der Hohlraum zwischen den Wänden enthielt Vorratskästen. Doch selbst hier ist die Gruppengestaltung das Interessantere – die Weise, in der Wohnungsgruppen in verschiedenen Regionen und zu verschiedenen Zeiten entworfen wurden. Bei den Inka ist eine Anordnung der Häuser in einem Viereck mit gemeinsamem Hof (*Cancha*) üblich. Rechtwinklig geplante Wohneinheiten innerhalb massiver Mauern finden sich im Bereich von Chimú.

Abb. 18.9 Chan-Chan (Peru), Hauptstadt der Chimú, gegründet um 1000; Luftaufnahme der Zitadellenbezirke.

Sie entstanden bereits vor der Entstehung dieses Königreichs. Ihre Einführung hängt mit der Planung von Gemeinden und dem Beginn der Stadtbildung zusammen, die sich in der zweiten Hälfte des 1. Jh. n. Chr., mehrere Jahrhunderte nach den ersten echten Städten Mittelamerikas, feststellen läßt.

Ein ganz einzigartiges Beispiel für das Talent Perus, Land in großem Maßstab einer Ordnung zu unterwerfen, gehört vielleicht noch in die Zeit vor den frühen Städten. Gemeint sind die berühmten *Scharrbilder* auf den Pampas oberhalb der Flüsse Palpa und Ingenio in Südperu (Abb. 18.8). Dort auf den unfruchtbaren felsigen Hochebenen um Nazca ist einem Gebiet von etwa 90 Kilometern Länge ein riesiges Netz aus Linien, geometrischen Figuren und Abbildungen von Pflanzen und Tieren peinlich genau aufgeprägt worden. Die gelbe Oberfläche des Plateaus aus Sand und Kies ist von einer verwitterten dunkelbraunen Steinkruste überzogen. Die Scharrbilder sind dadurch zustande gekommen, daß diese Kruste entfernt und die dunklen Steine zu beiden Seiten aufgehäuft wurden. Höchstwahrscheinlich handelt es sich hier um Visierlinien für Sonnenwenden und den Aufgang und Untergang von Sternen, die mit lokalen landwirtschaftlichen Zyklen zusammenhingen. Das Programm ist das gleiche wie in Carnac, Stonehenge und Teotihuacán ohne die dortige dreidimensionale Monumentalität. Die Präzision ist bestaunenswert. Die vollkommen geraden Linien, die sich an manchen Stellen acht Kilometer weit erstrecken, verlaufen in jeder Richtung quer durch das Land, überschneiden sich häufig, erklimmen steile Abhänge und enden abrupt mitten im Nirgendwo.

Städte aus der Zeit vor dem Chimúkönigreich liegen im dunkeln. Bewässerungs- und Straßensysteme gehen ernsthaft betriebener Urbanisierung voraus, und das gilt auch für die *Pukios* an der Nordküste, ein System versenkter Kultivierung, das Parzellen benützt, die bis zum Grundwasserspiegel hinab gegraben sind. Der entscheidende Wendepunkt in der Wohnarchitektur mag der Übergang von ungezwungenen Gruppen zu rechtwinklig ummauerten Komplexen von Wohnungsgruppen oder kleinen Dörfern gewesen sein. Nach dem Jahr 1000 n. Chr. verstärkt sich die Tendenz zu solchen geplanten Gemeinden; sie nehmen jetzt städtische Ausmaße an.

Abb. 18.10 Cusco mit der Festung Sacsahuaman im Norden, 15. bis frühes 16. Jh.; Luftbild.

Die Chimú-Hauptstadt war Chan-Chan in der Nähe der heutigen Stadt Trujillo (Abb. 18.9). Die Ruinen bedecken heute ein Gebiet von 20 Quadratkilometern und erstrecken sich bis zur Pazifikküste. Der ausgegrabene Teil läßt elf ungleiche Zitadellenbezirke erkennen, die ohne erkennbaren Plan einander zugeordnet sind. Es gibt auch Anzeichen für eine Bautätigkeit in den Zwischenbereichen. Die Bezirke haben hohe Mauern aus Adobeziegeln und nur winzige Eingänge. Sie sind mit einheitlichen Häusern auf niedrigen Plattformen ausgestattet, die um rechteckige Höfe liegen. Ein Teil des Bodens ist unbebaut und wahrscheinlich für gärtnerische Bestellung freigelassen.

Handelte es sich hier um Paläste, Industrieansiedlungen oder Quartiere, die einzelnen Clans oder speziellen Zwecken vorbehalten blieben? Warum die außerordentlichen Bemühungen um Abgeschlossenheit? Wurden, wenn die Bevölkerung zunahm, neue Bezirke hinzugefügt, oder war jeder einer anderen sozialen Schicht zugeordnet? Gab es ein älteres Schema, vielleicht einen Raster, wie man aus manchen Luftbildern schließen könnte? Zur Zeit läßt sich das nicht zuverlässig beantworten, und da es keinerlei schriftliche Aufzeichnungen aus dem alten Peru gibt, besteht wenig Hoffnung, daß wir je dazu in der Lage sein werden.

Wie auch immer diese Struktur zu begründen sein mag – sie hat jedenfalls die Planungen der Inka beeinflußt. Cusco wird ebenfalls von großen ummauerten Bezirken beherrscht. Hier wissen wir aus den Berichten spanischer Beobachter, daß jeder Bezirk der Regierungszeit eines Inkas zugeordnet war. Nach seinem Tod lebten seine Nachkommen und deren Familien darin. Das alte Zentrum befand sich auf der südlichen Erhebung (Abb. 18.10). Hier stand der Haupttempel. Pachacuti, der 1438 gekrönt wurde und Hauptarchitekt des Reichs war, erweiterte die Stadt nach Norden zu durch ein offizielles Viertel, das einen riesigen Zeremonialplatz enthielt. Er begann auch den Bau der Festung Sacsahuaman. Diese Elemente – Tempel, Plaza und Festung – wurden zur Norm.

Inkastädte kennen keine Verteidigungsmauern, aber manche liegen im Schutz einer nahe gelegenen Festung. Raster oder andere geometrische Grundrisse sind selten. Stets vorhanden ist die zentrale Plaza, sie kann aber verschieden aussehen. In Cusco sind zwei Trapeze von verschiedener Größe durch das kanalisierte Bett des Huatanay getrennt. Andere sind quadratisch, rechteckig oder vieleckig oder bilden einfach eine unregelmäßige Lichtung im Dickicht der Stadtform. Die Plaza war der Schauplatz öffentlicher Zeremonien, des auf Tausch beruhenden, vom Staat überwachten Handelsverkehrs und der Justizausübung. Eine der Reichsstraßen, welche die größeren Städte miteinander verbanden, durchquerte sie.

Alle Straßen führten von Cusco in die vier Provinzen, in die das Reich eingeteilt war. Diese Einteilung richtete sich nicht nach den Himmelsrichtungen, sondern nach der Geographie. Die etwa 5000 Kilometer lange sog. Königsstraße durchschnitt die Anden auf schwierigem Gelände. Die kürzere Küstenstraße begann an der Grenzstadt Tumbes und durchlief die öde Wüste in einer gleichbleibenden Breite von etwa sieben Metern. Seitenstraßen verbanden die Bergstädte mit den Flußtälern unten. Die Straßen waren nicht gepflastert. Da Zugtiere und Räder unbekannt waren, hätte das einen unnötigen Aufwand bedeutet. Niedrige

Mauern an den Straßenseiten verhinderten Sandverwehungen der Küstenstraße. Auf dem schwierigen Gelände im Gebirge ließ sich der normale Verkehr von Menschen und Lamas auf einer viel schmäleren Trasse durchführen. Die Straße führte in Tunneln durch Felsnasen, verwandelte sich in eine Treppe, um steile Rücken zu erklimmen, und überquerte Sümpfe auf steingepflasterten Dämmen. Brücken über Wasserläufe und Flüsse waren einfache Bauten aus Holz oder Stein, sofern die Spannweite nicht zu groß war. Über breitere Täler spannte man Hängebrücken. Sie bestanden aus Seilen, die aus Pflanzenfasern gefertigt waren und auf beiden Seiten an Steintürmen befestigt wurden. In regelmäßigen Abständen gab es Stationen für die Stafettenläufer mit amtlichen Nachrichten sowie Rasthäuser für Beamte und Kaufleute, die in offiziellem Auftrag reisten.

Der spanische Einfluß

Der plötzliche Zusammenbruch des Inkastaats kam völlig überraschend, doch folgte ihm eine so lange Periode lokaler Bürgerkriege, daß die Kolonisation bis 1570 auf Hindernisse stieß. Inzwischen war in Europa die Stoßkraft der protestantischen Bewegung gebremst worden. Der militante, unversöhnliche Katholizismus der Gegenreformation verstärkte seinen Einfluß auf Spanien und seine amerikanischen Besitzungen und kannte keine Gnade gegenüber den bisherigen Verhältnissen. Die wichtigsten Inkastädte wurden zerstört, und das ländliche Leben verkam. Bewässertes Land wurde nicht mehr genutzt, das Straßennetz verfiel. In dem riesigen Gebiet wurden mehrere spanische Städte gegründet; die Bekehrungsarbeit wurde jetzt ernsthaft betrieben. In der Architektur richtete man sich nach spanischen Moden, doch kam vor 1600 nichts Bemerkenswertes zustande.

Die Inselkolonien der Antillen, die Karibikküste und der Golf von Mexiko, wo Spanien in der Neuen Welt zuerst Fuß gefaßt hatte, hielten sich eng an die Baustile des Mutterlands. Die Ostküste Südamerikas stand auf ganz niederer Kulturstufe. Hier stießen französische, spanische und portugiesische Interessen zumindest bis ans Ende des Jahrhunderts aufeinander, als beide iberischen Königreiche in eine Hand kamen. Brasilien blieb im wesentlichen portugiesisch. Die wenigen Städte der Anfangszeit ließ man planlos wachsen – im Gegensatz zu den amerikanischen Siedlungen der Spanier, die im allgemeinen nach Rastern angelegt waren.

Mexiko war das Land, in dem der Kolonialismus der Europäer die raschesten und kühnsten Erfolge zeitigte. Eine Generation nach der Eroberung war der größte Teil der einheimischen Bevölkerung bekehrt. Dutzende geplanter Siedlungen boten der winzigen spanischen Minorität angemessenen Schutz und gewöhnten die weitgehend auf dem Land lebenden Indianer an das Stadtleben. Die mexikanische Landschaft wurde durch dieses Netz aus Städten, seine wasserbaulichen Anlagen und die hochragenden Kirchen für immer verändert. Das Transportsystem, das bisher fast ausschließlich auf menschlichen Trägern beruhte, erfuhr eine revolutionäre Veränderung durch die Einführung des Karrens mit Scheibenrädern, von Zug- und Lasttieren und Maultierzügen. Mit den Siedlern kamen auch die Töpferscheibe, Wollstoffe, neue Feldfrüchte und Dächer mit roten Ziegeln ins Land. Eine entwicklungsfähige Gesellschaft bildete sich heraus, die imstande war, große Menschenmengen unterzubringen und zu beschäftigen, eine vielfältige Industriestruktur in den Bergwerks- und Produktionsstädten zu fördern und Wander- und Nomadenstämme außerhalb der Stadtgrenzen zu halten.

Die Architektur dieser atemberaubenden Jahrzehnte blieb zwar im wesentlichen hartnäckig europäisch, war aber dennoch stark von den mexikanischen Verhältnissen geprägt. Das uralte Land, das üppig und fruchtbar war und fremden Kulten anhing, erinnerte nur ganz von fern an die gelbbraunen Hügel und Weideflächen Spaniens. Indianische Handwerker und Arbeiter bauten die Städte und Dörfer. Die Steine und Balken holte man aus den Tempelbezirken von Huitzilopochtli, Quetzalcóatl und der Maisgöttin Tonantzin, die bald zur Jungfrau von Guadelupe verblaßte. Die Klöster und Kathedralen standen auf den Maya- oder Aztekenplattformen. Und zumindest in einem besonderen Fall erfand das Mexiko des 15. Jh. mit den Freiluftkirchen eine wirkungsvolle neue Form, die lokale Bedürfnisse vorzüglich erfüllte.

Die Städte

Mexiko war besiedelt und bekehrt worden, ehe die Härte der Gegenreformation einsetzte. Auf dem spanischen Thron saß damals Kaiser Karl V., dessen Regierung am Anfang humanistische Ansprüche erhob, und der Auftrag, die Indianer zu unterweisen, wude den Bettelmönchen übertragen. Erstmals trafen 1524 zwölf Franziskaner ein, bald darauf folgten die Dominikaner und die Augustiner. Und diese kleine Schar tapferer, hilfsbereiter und unternehmender Männer plante die Städte, baute die Kirchen und stand den Gemeinden vor (Abb. 18.11). Sie zeigten sich bestimmt, aber doch auch gütig und wurden nie müde, die Rechte der Indianer gegenüber den Kolonisten zu vertreten, die sich bei deren Ausbeutung Erschreckendes geleistet haben.

Das System der *Encomienda* garantierte den Siedlern einheimische Arbeitskräfte, mehrere hundert dienstbare Indianer pro *Encomendero*. Während sich die Mönche bemühten, die Seelen der Indianer zu retten und sie zu bilden, machten deren Herren profitbringende Leibeigene aus ihnen. Viele Kolonisten stimmten mit berühmten Autoritäten wie Gines de Sepulveda darin überein, daß Indianer eine minderwertige Rasse und dazu bestimmt seien, die Sklaven anderer zu werden. Die Mönche dachten anders. So schrieben Franziskanermönche 1533 an den Kaiser:

»Wie könnte jemand sie unvernünftig oder Tiere nennen? Wie kann man sie für untüchtig halten, bei soviel Pracht in ihren Bauten, solch erlesener Feinheit in ihrer Hände Arbeit... da sie doch darin geübt sind, Arbeit anzuordnen und zuzuweisen... da sie durch Wahl zu vergebende Ämter und Strafen für Verbrechen und Ausschreitung kennen?«

Für die Mönche waren die Indianer ein kindliches Volk, das immerwährend missionarischer Führung bedürfe.

In einer Hinsicht aber gab es keine Kompromisse. Heimischen Gottheiten und ihren Bräuchen mußte abgeschworen werden. Die Bauwut, die der Eroberung folgte, ging mit Zerstörung einher. Die ersten Wellen von Bekehrten halfen den Mönchen bei ihrem kompromißlosen Sturm gegen die Bilder und Schauplätze ihrer alten Kulte. Aus Groll über die Machtlosigkeit ihrer Götter, die ihre Unterwerfung zugelassen hatten, waren die Indianer bestrebt, ihren neuen Herren gefällig zu sein. So rissen sie alle religiösen Monumente in den Zentren ab, die zur Zeit der Eroberung in Gebrauch gewesen waren. Nur vorher schon aufgegebene Stätten wie Teotihuacán, Palenque und Chichén Itzá entgingen der planmäßigen Vernichtung. 1531 konnte Bischof Zumárraga melden, daß bereits 20 000 »Bilder des

Spanien und die Neue Welt 417

Abb. 18.11 Franziskaner bei ihrer Arbeit in der Region Michoacán, Mexiko; Zeichnung aus dem 16. Jh.

Teufels« und über 500 »Häuser des Teufels« zerstört waren.

Neue Städte wurden oft in drastischer Symbolik über den Ruinen erbaut. Zuerst entstand natürlich Mexiko-City. Tlaxcala, Texcoco und Cholula wurden schnell wieder aufgebaut. Doch vor der Eroberung hatte es nur wenige Städte gegeben, und der größte Teil der Bevölkerung lebte auf dem Land. Das Land also mußte organisiert werden. Die Mönche und die Krone waren sich darin einig, daß die geistliche Wohlfahrt der neuen Untertanen Konzentration auf die Stadt voraussetze. In diesem Fall stimmte das mit den Wünschen der Kolonisten überein. Städte machten eine politische Kontrolle leichter, und an einem Ort zusammengezogene Arbeitskräfte erleichterten öffentliche und private Arbeiten. Infolgedessen wurden umfangreiche Bevölkerungsverschiebungen in die Wege geleitet.

Niemand dachte an rassisch gemischte Gemeinschaften. Die Indianer sollten in eigenen Städten isoliert werden, in denen keine Weißen wohnen durften. Auch für Spanier waren abgeschlossene Wohnquartiere bestimmt. Mexico-City, dessen Anlage ein Geometer namens Alonso García Bravo geplant hatte, besaß zwei verschiedene Stadtverwaltungen. Die spanische Hauptstadt deckte sich mit dem eigentlichen Tenochtitlán. Cortés übernahm Montezumas Palast als Verwaltungszentrale, und der Sonnentempel in der Südwestecke des Huitzilopochtli/Tláloc-Bezirks wurde zur Plattform einer neuen Kathedrale. Die Indianergemeinde hatte ihre eigene Verwaltung und Plaza in Tlatelolco, und dahinter lagen die unregelmäßig angeordneten *Barrios* oder Bezirke der Einheimischen.

Die Stadt war unbefestigt. Trotz aller zeitweiligen Nervosität der eingeborenen Stämme hatte Neuspanien doch kaum etwas zu befürchten. Feuerwaffen und Kavallerie hatten den Kampfgeist der Indianer gebrochen und nicht wiederaufleben lassen. Nur im »Silbergebiet« von Zacatecas gab es – vor allem nach dem Andrang auf die Bergwerke von 1564 – noch Feindseligkeiten seitens der Chichimeken. Längs dieser Nordgrenze errichtete die Regierung des Vizekönigs ein System von Verteidigungsstädten und -posten. Auch Küstenstädte wurden vor Angriffen anderer Europäer vom Meer aus abgesichert. So erklären sich die neuzeitlichen Befestigungen von Veracruz, Cartagena, Acapulco und auch Havanna, Santo Domingo und Alt-Panama (Abb. 18.12). Im übrigen waren mexikanische Städte offen.

Der Kern einer neuen Stadt war üblicherweise ein Kloster. Es überblickte die Plaza und bildete mit ihr das Stadtzentrum. Rings um die Plaza entstanden nach und nach Verwaltungsgebäude: Rathaus, Gefängnis, Krankenhaus und Schlachthaus. An Bischofssitzen nahm eine Kathedrale die Stelle des Klosters ein. Meist waren die Städte klein. Sie konnten aus nur wenigen Familien bestehen, aber auch von Menschen wimmeln wie Mexico-City, das über 100 000 Einwohner gehabt haben muß. Natürlich gab es viel mehr Indianerstädte als Städte der Spanier, obwohl die Sterblichkeitsziffer infolge kolonialer Mißstände, Naturkatastrophen und vor allem durch eine Reihe epidemischer Krankheiten erschreckend hoch war und die eingeborene Bevölkerung drastisch verminderte. Die Planer siedelten die Leute um, wie es ihnen gerade paßte. Die Bergwerke und Verwaltungszentren wie Mexico-City, Puebla und Oaxaca brauchten Arbeitskräfte in unmittelbarer Nähe, und die Mönche arbeiteten am besten mit großen konzentrierten *Congregaciones*. Behörden, die Siedlungen auf leicht zu verteidigenden Berggipfeln gar nicht gern sahen, trieben die Bewohner hinunter ins flache Land, wo sie leichter im Zaum gehalten und in die Hauptverkehrskanäle eingeschleust werden konnten. Es war nicht ungewöhnlich, daß eine Stadt einmal oder zweimal verlegt wurde, weil man hoffte, eine optimale Lage zu finden.

Die Schnelligkeit und der Wirkungskreis der mexikanischen Urbanisierung erforderten eine methodische Planung wie einst bei den ähnlichen kolonialen Städtegründungen der Griechen und Römer im Altertum und den Bastides im Mittelalter. Am Anfang ihres amerikanischen Abenteuers waren die Spanier sorglos gewesen, nicht viel anders als ihre portugiesischen Konkurrenten in Afrika und Südasien. Mit Ausnahme von Santo Domingo entstanden und wuchsen die spanischen Städte auf den Antillen aufs

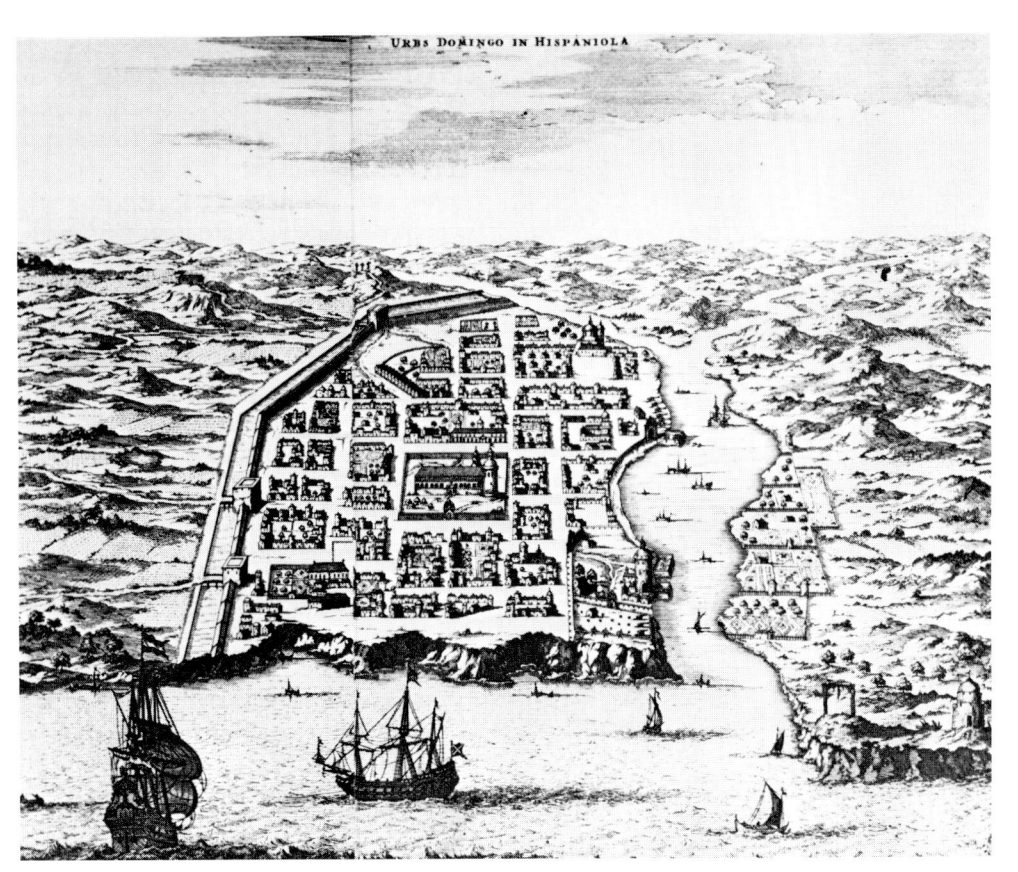

Abb. 18.12 Santo Domingo (Dominikanische Republik), gegründet 1496; Ansicht aus dem 17. Jh.

Geratewohl. In Mexiko dagegen war man von Anfang an entschlossen, methodisch vorzugehen. Jede Stadt sollte einen Grundriß haben, der bestimmte Standardvoraussetzungen erfüllte. Das Straßenschema sollte ein Raster sein und in der Mitte sollte eine Plaza liegen, auf der oder in deren unmittelbarer Nähe sich eine Kirche und andere öffentliche Bauten befänden. Doch das ist nur eine knappe Zusammenfassung. In Abständen kamen Verordnungen heraus, die sich auf diffizilere Dinge bezogen, bis schließlich die allgemeinen Gesetze für Westindien vom 13. Juli 1573 148 Artikel kodifizierten, die sich mit jedem Aspekt der Platzwahl, Planung und Organisation befaßten.

Die Gesetze betonen nachdrücklich, »Hauptzweck unseres Auftrags, diese Entdeckungen und Siedlungen durchzuführen«, sei es, den Indianern das Evangelium zu verkünden (Artikel 36). Doch selbstverständlich war dieses christliche Wunschbild mit Imperialismus gekoppelt. Die Formung Amerikas nach dem spanischen Modell sollte in Übereinstimmung mit drei Zielen erfolgen: eine *christliche Gesellschaft*, ein *absoluter Staat* und eine *koloniale Wirtschaft*. Für jede Entdeckung und Siedlung mußte eine Genehmigung des Königs eingeholt werden, und alle künftigen Angelegenheiten sollten unter der unmittelbaren Leitung Madrids durch das Amt des Vizekönigs betrieben werden. Großen Nachdruck legten die Gesetze darauf, daß die Territorien »ohne Schaden für die Eingeborenen kolonisiert würden« – ein edler Gedanke, dem freilich öfter zuwidergehandelt als Folge geleistet wurde.

Die vorbildliche Lage für eine neue Stadt beschreibt Artikel 111. Sie muß liegen »an einer erhöhten und gesunden Stelle; befestigt sein, auf fruchtbarem Boden und mit viel Land für Ackerbau und Viehzucht; Brennholz, Bauholz und andere Hilfsmittel haben; über Süßwasser, eine eingeborene Einwohnerschaft, bequeme Transport-, Einlaß- und Auslaßmöglichkeiten verfügen; dem Nordwind zugänglich sein; bei Lage an der Küste sollte gebührend auf die Güte des Hafens geachtet werden und darauf, daß das Meer nicht südlich oder westlich davon liegt; und wenn möglich, sollte sie die Nähe von Lagunen oder Sümpfen meiden, in denen es giftige Tiere, unreine Luft und unreines Wasser gibt.« Nachbarschaft von älteren Städten und Besitzungen wird ebenfalls empfohlen, damit das bei deren Zerstörung übriggebliebene Material wiederverwendet werden kann.

Die Stadt soll mit »Schnur und Lineal« angelegt werden. Die Hauptplaza soll Ausgangspunkt für die Stadtform sein. Sie sollte eineinhalbmal so lang wie breit sein, weil diese Form sich besser für Fiestas eignet, bei denen Pferde verwendet werden. Die Größe sollte der Örtlichkeit der Stadt entsprechen und Wachstum zulassen, doch sollte die Plaza keinesfalls weniger als 61 Meter breit und 91 Meter lang sein und auch nicht größer als 162 m mal 243 m. Von diesem öffentlichen Platz sollen Straßen folgendermaßen ausgehen: eine von der Mitte einer jeden Seite und zwei von jeder Ecke, die einen rechten Winkel bilden. Rund um die Plaza und längs diesen Hauptstraßen sollte es Arkaden (*Portales*) geben, »denn diese sind sehr angenehm für die Kaufleute, die sich gewöhnlich hier versammeln«. Die Straßen, die auf die Ecken der Plaza führen, dürfen nicht auf diese Arkaden stoßen, die zurückgesetzt sein sollen, so daß sich zwischen den Arkaden und dem öffentlichen Bereich der Plaza ein Fußweg befindet.

Die Hauptkirche soll nahe der Plaza, aber nicht unbedingt auf ihr stehen. Wenn die Siedlung nahe am Meer liegt, sollte die Kirche so gelegen sein, daß ankommende und auslaufende Schiffe sie sehen können. Andere eigens genannte öffentliche Gebäude sind das Rathaus, das Zollhaus, ein Krankenhaus, sämtlich um die Kirche angeordnet, und dann weiter draußen Schlachthäuser, Fischereien, Gerbereien und ähnliches. Diesen Hauptgebäuden sollten ganze Blöcke zugeteilt werden, damit geringere Bauten nicht an sie angrenzen.

Bauplätze sollen durchs Los zugeteilt werden, von der Plaza an nach außen hin, und einige sollten für später Zuziehende freigehalten werden. Kein Siedler soll mehr als fünf Peonias (eine Peonia ist eine Parzelle von 15 Meter in der Breite und 30 Meter in der Tiefe) oder drei Caballerias (Bauparzellen 30 m mal 60 m) erhalten. Den Siedlern stehen Korn, Saatgut und auch Vieh zu. Die Grundstücke werden eingefriedet sein. Jeder Siedler, der ein Grundstück in der neuen Stadt erhalten hat, ist verpflichtet, es innerhalb kurzer Zeit zu bebauen, sein Land zu bearbeiten und Viehherden und Weiden zu erwerben. Jedes Haus muß so gebaut sein, daß Pferde und Arbeitstiere darin untergebracht werden können, und jedes muß Gehege und Pferche haben. Soweit möglich, sollen »die Gebäude alle vom gleichen Typ sein um der Schönheit der Stadt willen« (Artikel 134). »Die Stadt soll ein Verzeichnis anlegen von allem, was gebaut wird« (Artikel 137).

Manches wird uns hier sehr vertraut klingen. Ähnliche Vorstellungen sind uns in den Verfassungen der mittelalterlichen *Bastides* begegnet. Diese europäische Erfahrung, an der Spanien teilhatte, war der Übungsplatz für die Kolonisierung Amerikas. Die regelmäßigen Parzellen, die Verwendung von Schnur, der Hauptplatz mit seinen Arkaden – das alles war ein Erbe der Bastidores. Auf der Iberischen Halbinsel hat das von Jaime I. 1271 gegründete Villareal de Burriana in Castellón einen zentralen Platz an der Kreuzung zweier Hauptstraßen (Abb. 15.2). Der Platz in dem vergleichbaren Raster von Briviesca, nördlich von Burgos, zeigt dasselbe Schema ausstrahlender Straßen wie das für die spanisch-amerikanischen Plazas in den Gesetzen für Westindien vorgeschriebene. Empfehlungen des Rastergrundrisses finden sich stellenweise noch in theoretischen Werken des späten Mittelalters – in der Beschreibung der Idealstadt des katalanischen Franziskaners Eximenic aus dem späten 14. Jh. und – knapp ein Jahrhundert später – im Werk des Prälaten, Gesandten und Staatsmanns Rodrigo Sánchez de Arévalo. In der nächsten Generation gab es die nachmoslemischen Raster von Santa Fe bei Granada 1491 und etwas früher von Puerto Real an der Bucht von Cadiz. Inzwischen waren einschlägige Abhandlungen der italienischen Renaissance allmählich auf der anderen Seite der Pyrenäen bekannt geworden. Die Gesetze für Westindien zeigen, daß man von Vitruv wußte, und wir können als sicher annehmen, daß Exemplare der Schriften Vitruvs, Albertis und Sebastiano Serlios von mexikanischen Buchhändlern eingeführt worden waren.

Dennoch war diese Ahnenreihe einer systematischen Stadtplanung eine Ausnahme. Das allgemeine Stadterleben der Spanier leitete sich fast durchweg von unübersichtlichen Städten her, die, falls sie römischen Ursprungs waren, ihren Raster während der langen moslemischen Okkupation eingebüßt hatten. Keine konnte eine geplante monumentale Plaza in der Mitte der Stadt aufweisen. Als erstes Beispiel ist Valladolid zu nennen, und auch das erst seit 1592. Es gab natürlich Marktplätze, die meist außerhalb der Stadttore lagen, und in den Geschäftsvierteln öffentliche Plätze mit einer engen funktionalen Beziehung zu dem Straßenschema, das sich ohne Zutun entwickelt hatte. Als monumentale Plazas in Spanien dennoch auftauchen, handelt es sich meist um ausgedehnte geschlossene Foren, die mit dem Rhythmus von Handel und Verkehr nichts zu tun haben. Wie man sehen kann, verbindet hier die *Plaza mayor*, in Befolgung der Gesetzsammlung für Westindien, die formalen Eigenschaften der monumentalen Plaza mit einem starren, aber funktionalen System hereinkommender und hinausführender Straßen. Möglicherweise haben die Kolonisten sich hierin vom Beispiel der Eingeborenen anregen lassen – man denke vor allem an das großartige Zentrum von Tenochtitlán. Die Kathedralplaza von Mexico-City hat die aztekische Anordnung eines ausgedehnten Platzes, der als öffentlicher Vorhof für den sakralen Bezirk dient, unmittelbar übernommen. Als Cortés den Montezumapalast besetzte, behielt er den Verwaltungsteil in dieser Anordnung bei. Was davon nach Madrid durchsickerte, hat wahrscheinlich für die Stadtgestaltung in Neuspanien ebensoviel Bedeutung wie die Renaissancetheorie im europäischen Spezialfall.

Viele Abbildungen mexikanischer Städte sind erhalten geblieben; sie wurden um 1580 von indianischen Künstlern als Teil einer großen kosmographischen Übersicht über die Kolonie ausgeführt, die unter König Philipp II. (1556–1598) in Angriff genommen wurde. Unsere Abbildung zeigt Cholula mit seinen rechtwinkligen Blöcken, der Plaza mayor am Schnittpunkt der Hauptstraßen, das weitläufige Kloster mit seinem ummauerten Hof und sechs Kirchen von Barrios, die jeweils unmittelbar neben den Ruinen einer Tempelpyramide stehen (Abb. 18.13). Auf der Plaza finden sich ein öffentlicher Brunnen, das Haus des Bürgermeisters und das Rathaus mit Arkaden.

Die meisten Pläne vermitteln uns eine lebhafte Vorstellung von der Umwelt. Sie zeigen Wasserläufe und Straßen und eine Landschaft mit Dörfern und Bauerngütern. Die Verteilung der Städte richtete sich nach der Regionalplanung. In der Nähe der Hauptstadt waren keine großen Städte gestattet, und als sich die Klöster in den günstig gelegenen Tälern von Mexiko und Morelos allzusehr häuften, ordnete Philipp II.

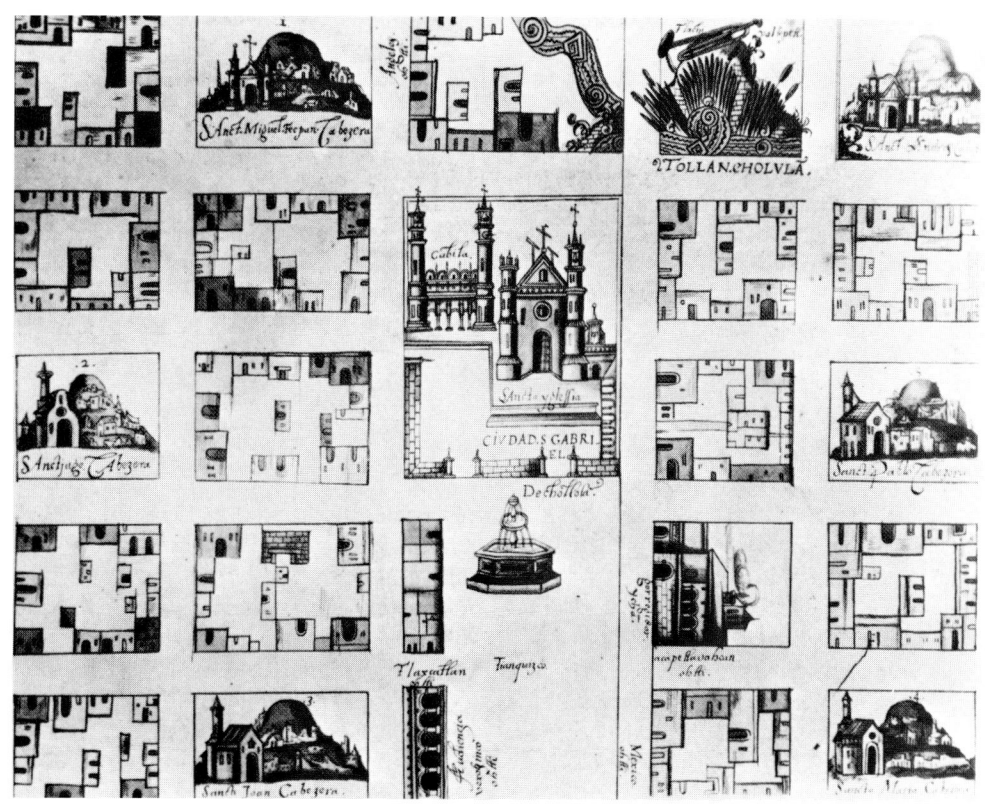

Abb. 18.13 Cholula (Mexiko); die Stadt auf einer Zeichnung von 1580. Der Künstler hat die Zeichnung teils in aztekischer, teils in spanischer Sprache beschriftet.

Abb. 18.14 Mexico-City, der Hauptplatz oder Zolalco, angelegt im 16. Jh.; Luftbild.
Der Hauptplatz entspricht genau dem Ritualzentrum von Tenochtitlán (Abb. 18.6).
Die Kathedrale (links) steht auf dem Bezirk des aztekischen Doppeltempels.

Abb. 18.15 Querétaro (Mexiko), spanischer Aquädukt, 18. Jh.

Abb. 18.16 Cholula, S. Gabriel, Kirche des Franziskanerklosters, 1549–1552 (die Turmspitze ist jünger) (vgl. auch Abb. 18.13 Mitte).

einen Abstand von mindestens 24 Kilometern zwischen den einzelnen Niederlassungen an.

Die Gebäude

In Mexico-City oder Puebla oder in irgendwelchen anderen größeren Städten findet sich kaum eine Spur der ursprünglichen Gebäude. Doch selbst nach vierhundert Jahren ist es nicht völlig unmöglich festzustellen, wie diese mexikanischen Städte im 16. Jh. ausgesehen haben. Aus der Luft läßt sich noch die vollkommene Ordnung des Rasters von Puebla erahnen, und die große Plaza mayor von Mexico-City erinnert heute noch an den großartigen städtischen Freiraum, der sie einst gewesen ist (Abb. 18.14). Cholulas Plaza hat ihre *Portales* auch heute noch, und in Merida hat die mit schönen indischen Lorbeerbäumen bepflanzte Plaza ihren ursprünglichen architektonischen Charakter bewahrt, da die Kathedrale und der Palast des Conquistadors Montejo an zwei Seiten des Platzes noch aus dem 16. Jh. stammen. Das Rathaus und andere Bauten sind zwar später entstanden, halten sich aber an Maßstab und Rhythmus ihrer Vorgänger. Auf der Plaza von Tepeaca hat sich der maurisch wirkende Turm mit Namen Rollo erhalten, von dem aus Rechtsprechung ausgeübt wurde. In Hunderten von kleinen Städten der Staaten Hidalgo und Oaxaca, vor allem aber Yucatáns, erkennt man immer noch sehr genau jene Gemeinden, die von den Mönchen einst in der fruchtbaren Landschaft angelegt worden waren.

Häuser, die bis in die Anfänge zurückreichen, dürfen wir allerdings nicht erwarten. Es gab Blockhäuser und Patiohäuser, und der Patio war wie in Spanien ein Privileg der reichen Stadtbewohner. Zu weiteren Anzeichen des sozialen Status der Bewohner gehörte ein pittoreskes burgähnliches Äußeres, Fenstergitter aus Schmiedeeisen und gemalte Verzierungen, darunter Rosetten und erbauliche Inschriften. In Mexico-City waren die Dächer flach wie in den Moslemstädten Nordafrikas und in Andalusien. Verschwenderisch ausgestattete Landhäuser nahmen die Haziendas des 19. Jh. vorweg. Das fensterlose Einzimmerhaus der armen Azteken gelangte unverändert in die christliche Ära, es wurde auch jetzt aus Adobe, lehmbedecktem Flechtwerk oder Stein errichtet. Stadthäuser enthielten im Erdgeschoß kommerzielle Einrichtungen, und rings um die Plaza in den Kolonnaden waren Läden, hinter oder über denen sich die Wohnräume befanden. Wir kennen außerdem auch freistehende, einstöckige Ladenbauten.

Von anderen Gebäudetypen ist hier wenig zu berichten. Vor allem in der Karibik wurde die Befestigung der Küstenstädte gegen Ende des Jahrhunderts beschleunigt, da

reichte auch nur annähernd die Großartigkeit des von Cortés 1524 im südöstlichen Stadtviertel errichteten Baus. In seiner endgültigen Gestalt enthielt es eine Kirche und vier Bereiche, die zwei große Höfe umschlossen. Das ist eines der beiden miteinander verwandten Schemata, die im 15. und 16. Jh. im Westen für große Krankenhäuser üblich waren (Abb. 22.29,A). Beide kommen aus Italien. Der kreuzförmige Grundriß, der zuerst im Hospital S. Maria Nuova in Florenz auftritt, hatte vier Abteilungen, die wie die Flügel eines Kreuzes von der Mitte ausgehen, wo der Altar seinen Platz hatte. Der Grundriß mit zwei Höfen könnte auf das Ospedale Maggiore in Mailand zurückgehen, das der Florentiner Filarete gegen 1450 für Francesco Sforza entwarf. Zwischen zwei Palastblöcken liegt ein rechtwinkliger Hof mit einer Kirche in der Mitte. Die Blöcke rahmen faktisch kreuzförmige Gebäude ein, die zwischen den (Kreuz-)Armen und der äußeren Begrenzung vier kleine Höfe freilassen. Spanische Parallelen finden sich im 16. Jh. in Santiago – das Hospital Real – und in Sevilla – das Hospital de la Sangre, dessen Grundriß der Gründung Cortés' in Mexico-City am nächsten kommt.

Am besten jedoch verkünden die Kirchen die spanische Präsenz. Die Conquista war der letzte mittelalterliche Kreuzzug, und die anschließende Bekehrung ist einer der großen Triumphe in der Geschichte des Christentums. Die wenigen Mönche, die diese Leistung ohne viel Zwang und Blutvergießen vollbrachten, ersannen auch eine sehr geeignete architektonische Umgebung für ihre Schützlinge und sich selbst. Die Missionare hatten beim Bauen keinerlei Anleitung, und ihren einheimischen Arbeitskräften mußten in etwa einer Generation Techniken beigebracht werden, für deren Erfindung und Vervollkommnung das Mittelmeergebiet Hunderte von Jahren gebraucht hatte – Dinge wie Tonnengewölbe, gotische Rippen und die Proportionsplanung der Renaissance. Überwunden wurden alle diese Schranken von dem fast intuitiven Genie der drei Bettelorden, vor allem wohl der Franziskaner, mit dessen Hilfe sie eine würdevolle monumentale Form erzielten, ohne sich auf eine Theorie oder stilistische Folgerichtigkeit zu stützen. Sie erreichten das, indem sie sich wahlweise Stimmungen und Vorbilder christlicher Architektur ins Gedächtnis riefen, ihrer eigenen Ausprägung des Mönchtums und ihrem Instinkt für wirkungsvolle Improvisation vertrauten.

Abb. 18.17 Laguna Pueblo (New Mexico), Kirche San José, 1699; (a) Blick auf den Altar; (b) Blick zum Eingang.

englische und französische Angriffe zu befürchten waren. Viele Arbeiten wurden von italienischen Militäringenieuren überwacht. Aquädukte werden in den zeitgenössischen Dokumenten mit Stolz erwähnt (Abb. 18.15). Dieser Stolz ist angesichts der Überreste des von Francisco de Tembleque in den 1540er und 1550er Jahren erbauten großen Aquädukts von Zempoala durchaus gerechtfertigt. Er führte Wasser 45 Kilometer weit über ein Bogensystem herbei, dessen Ausmaße und Technik offensichtlich römisch sind. Die Hauptstadt zeichnete sich auch noch durch eine andere Gebäudeart, die Krankenhäuser, aus. Davon gab es im 16. Jh. in Mexico-City zwölf, aber keines er-

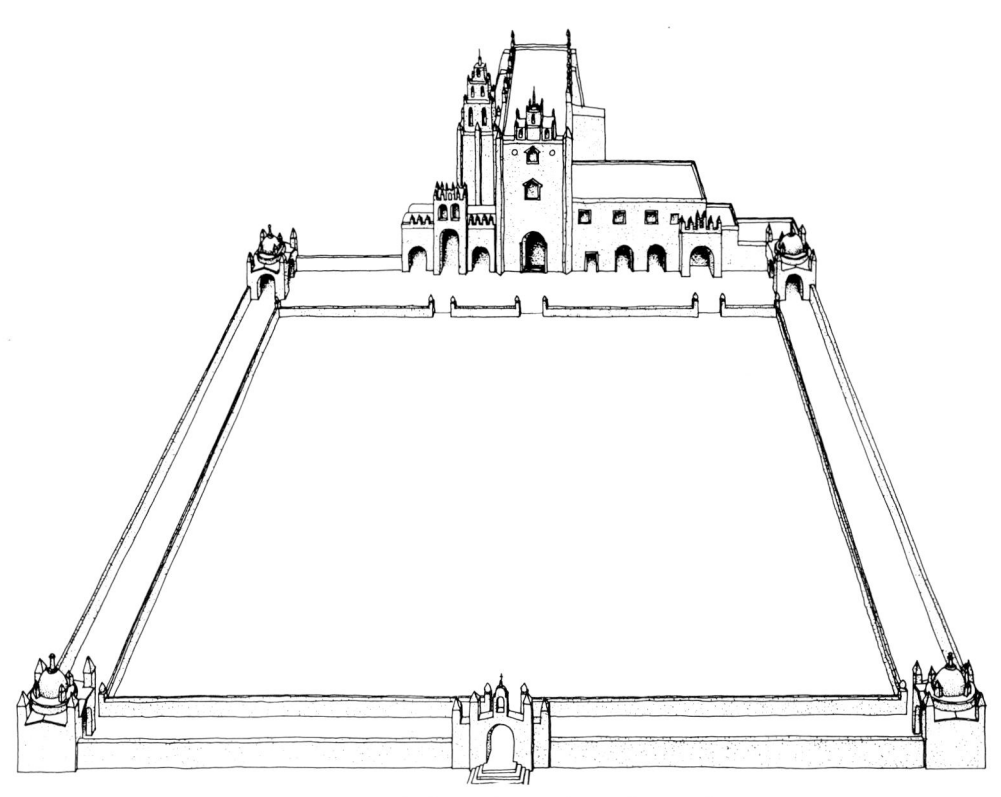

Abb. 18.18 Atlaláuhcan (Mexiko), Kirche und *Atriokomplex*, nach 1570; Rekonstruktionszeichnung. Das Atrio, etwa 112 m × 82 m, wird von einem Plattenweg eingefaßt und weist die typischen *Eck-Posas* auf.

Abb. 18.19 Cholula. Die *Capilla de Indios*, genannt Capilla real, nach 1560, in einer Form, die älter ist als die in Abb. 18.13 gezeigte. Sie befand sich östlich des Atrios, ihre Bedachung bestand aus neun in Ziegelmauerwerk ausgeführten Tonnengewölben über Steinarkaden. In ihrer seitlichen Ausdehnung und der Vielzahl von Stützen erinnerte sie an moslemische Moscheen wie die Große Moschee von Kairuan.

ihrer Gemeinde. Ihre klösterlichen Quartiere waren bescheiden und nicht außergewöhnlich: Kreuzgang, Refektorium, der Vorraum, in dem vor den Mahlzeiten das De profundis deklamiert wurde, und die Küche, sämtlich im Erdgeschoß. Mönchszellen und ein Dormitorium für Durchreisende lagen im Stockwerk darüber, wo sich vielleicht auch eine Bibliothek befand.

Der bei weitem häufigste Kirchentyp ist ein Saal ohne Seitenschiffe mit einem vieleckigen fensterlosen Sanktuarium am Ostende (Abb. 18.16). Die stets ehrgeizigeren Dominikaner fügten längs beiden Seiten des Schiffs eine Reihe flacher Kapellen zwischen Innenstrebepfeilern hinzu, ein Verfahren, das in Ostspanien üblich war. Sofern die Mittel es erlauben, erhält die Kirche ein gotisches Rippengewölbe zumindest über dem Sanktuarium. In ärmeren Gegenden oder dort, wo man jeden Luxus ablehnte, findet sich üblicherweise ein einfaches Tonnengewölbe, das eher an Romanik als an Renaissance erinnert, oder ein schlichtes Holzdach. An der Außenseite wird die einfache hohe Masse, die über den Dachansatz hinausgeht, durch Strebepfeiler in mehr oder weniger regelmäßigen Abständen betont und wahrscheinlich auch durch eine Reihe von Zinnen am oberen Abschluß unterstrichen. Die Strebepfeiler fungieren als Wasserableitungen, wobei der endgültige Sammelpunkt eine Zisterne an der Rückseite der Kirche ist. Es gibt nur wenige und uneinheitliche Fenster. Sie sind unregelmäßig oben in die dicken Seitenwände gesetzt und haben manchmal, etwa in Actopan, überraschend vielfältige abstrakte Formen – Dreiecke, Ellipsen, Rhomboide. Die Fassade ist als ein Element der Massierung behandelt. Am Anfang des Jahrhunderts ist sie von diagonal angeordneten Eckstrebepfeilern begrenzt, die um 1576 Türmen wichen.

Das militärische Äußere stimmt mit dem Pioniercharakter der Conquista und Bekehrung überein, aber auch mit der Strenge des Glaubens, der Vorstellung vom Herrgott als einer mächtigen Festung. Die Einfachheit ist den Bettelorden angemessen. Seit dem 13. Jh. standen die Kirchen der Brüder dem Reformgedanken nahe – einer Entmystifizierung der zentralen Rituale und einer Betonung des gesprochenen Worts, der Predigt. Dazu kommt, daß die Niederlassungen der Bettelmönche in Mexiko in einer Zeit allgemeiner religiöser Zweifel entstanden. In ganz Europa konnte man Proteste gegen prunkvolle Gottesdienste und dagegen hören, daß die Messe an mehreren Altären ge-

Auf den Stadtplänen indianischer Zeichner waren die Kirche und der ummauerte Hof oder das *Atrio* die beiden Bestandteile des Klosters, die bevorzugt dargestellt wurden. In Cholula sehen wir auch ein eindrucksvolles, mit einem Turm und einer offenen Arkadenfront versehenes Gebäude, das als *Capilla* bezeichnet ist. Diese drei Bauten – die Kirche, das Atrio und die »indianische Kapelle« – bildeten die Fassade des Bezirks der Mönche nach außen hin und den Schauplatz für den Umgang mit

lesen wurde. Der Geist der Reformation und die Tradition der Bettelmönche standen hinter diesen naiven, aber kraftvollen Kirchen Mexikos.

Die Innenräume sind besonders charakteristisch (Abb. 18.17). Das einheitliche Volumen mit einem unbehinderten Blick zum Altar verlangt eine Gemeinde, die in der Gemeinschaft eines einzigen Gottesdienstes zusammenkommt. Die Wände sind – mit Ausnahme schmückender Fensterumrahmungen – kahl, die glatten Flächen nur selten in Joche unterteilt. Manchmal sind die Wandflächen durch belehrende Schwarzweiß-Fresken belebt, wahrscheinlich im Hinblick auf die kunstvoll bemalten Wände indianischer Tempel. Am Westende nimmt eine tiefe Empore auf der Rückseite der Fassadenwand den Chor auf. Sie überbrückt das Kirchenschiff und erstreckt sich bisweilen über ein volles Drittel des Kirchenraums. Die Empore erhält Licht durch ein einziges Fenster, das neben dem verzierten Eingang und bisweilen einer krönenden Espadaña, der typischen mit Arkade versehenen Turmwand, das auffälligste Element der Fassade war. Für Musik sorgte wahrscheinlich ein Harmonium oder bei größeren Kirchen eine Orgel mit horizontalen Trompetenpfeifen. Als weitere Ausstattung besaß die Kirche zwei Weihwasserbecken im Eingang und ein Taufbecken dicht daneben.

Am anderen Ende stand, unbehindert von irgendeinem Chor mit Sängern und Zubehör, der Altar in der Apsis, die einige Stufen höher lag als das Kirchenschiff. Er bestand aus einer schlichten Steinplatte, die sich von dem glitzernden Hintergrund des Retabels abhob. Die Entwicklung dieses vielfach unterteilten Korpus mit seinen verschiedenen Teilen, den Tafelbildern und vergoldeten Skulpturen hatte in Spanien im 15. Jh. begonnen und schließlich dazu geführt, daß das polierte mittelalterliche Sanktuarium stark glänzte. In den mexikanischen Kirchen bewirkt das eine starke Introversion, eine sehr viel stärkere Betonung des Altars.

Man kann heute schwer sagen, welchen Gebrauch die Indianer von der Kirche machten. In vielen Fällen wäre sie nicht groß genug gewesen und hätte nicht alle Bekehrten der Siedlung fassen können. Vor der Kirche jedoch hielt man eine ganz andere Art rituellen Theaters für sie bereit (Abb. 18.18). Zuerst gab es hier kaum mehr als einen freien Platz, auf dem die vielen Eingeborenen, die in den Schoß der Kirche aufgenommen worden waren, sich vor der provisorischen Kapelle, der Vorgängerin eines festen Kirchengebäudes, zu Gottesdiensten versammeln konnten. Der als *Atrio* be-

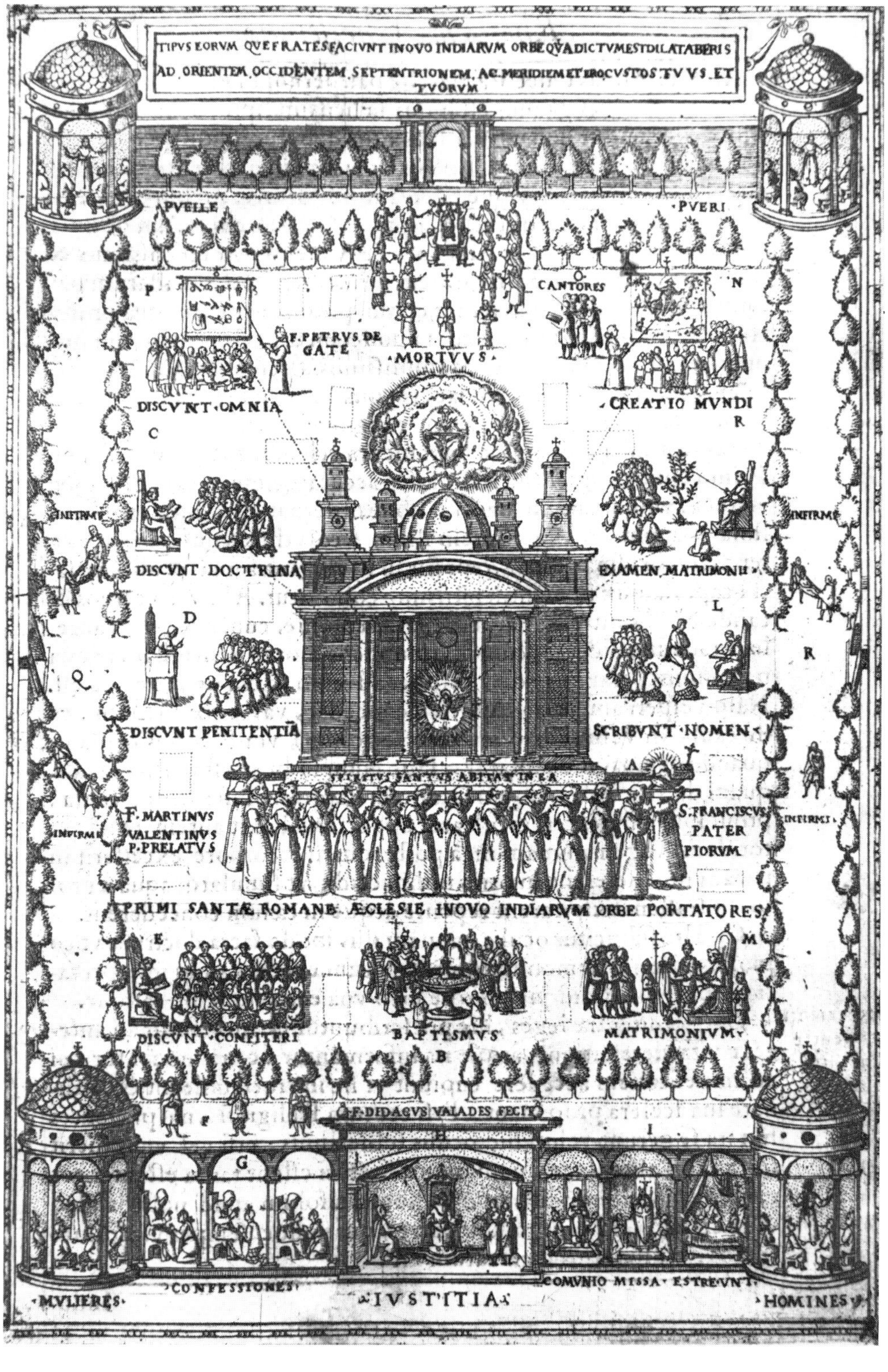

Abb. 18.20 Fray Diego de Valades, *Rhetorica*; die Zeichnung stellt das franziskanische Ideal des Atrio und seiner Funktionen dar. In der Mitte die Kirche, getragen von Mönchen, die der heilige Franz anführt; ringsherum Darstellung der Lehrtätigkeit und des Spendens von Sakramenten, etwa der Taufe und der Ehe.

zeichnete Platz wurde, da er sich als sehr praktisch erwies und außerdem den Indianern einleuchtete, die ja ihre Götter immer unter freiem Himmel vor den Tempelpyramiden verehrt hatten, als feste Einrichtung beibehalten. Man sollte also in dem Atrio weniger eine mutmaßliche Analogie zu einer frühchristlichen Basilika oder zum Hof einer Moschee sehen als eine Übernahme des aztekischen sakralen Hofraums.

Von der Plaza führten einige Stufen zu dem mit einer Mauer eingefaßten Hof hinauf, in dessen Mitte ein Kreuz stand. Am oberen Ende der Treppe durchbrach gegenüber der Kirche ein Tor mit drei offenen Bogen die Mauer. Die farbenfrohe Prozession, die von den Brüdern klugerweise eingeführt worden war, um die Freude der Eingeborenen an Gepränge zu nutzen, steuerte eine weitere Komponente bei. Vier kleine Kapellen standen in den Ecken des Atrio, und ein gepflasterter Weg führte an der Umfassungsmauer entlang von einer zur anderen. Diese *Posas* (wörtlich »Stationen«) waren überkuppelte oder mit Pyramidendach versehene rechtwinklige Pavillons mit Bogenöffnungen an einer oder zwei Seiten. Vor ihnen machten die Prozessionen halt, und der Priester sprach jeweils am Altar besondere Gebete. Sie waren deshalb nicht zentral auf die Kirche, sondern auf die Prozession hin orientiert, die an der Kirche begann und sich entgegen dem Uhrzeigersinn bewegte.

Da die Mönche die Messe im Atrio feierten, mußte ein Sanktuarium vorhanden sein, das groß genug war, um die Zelebranten, den Altar und die rituelle Handlung fassen zu können. Man erreichte das, indem man auf einer Seite der Kirche eine Kapelle hinzufügte, die gegen das Atrio offen war. In zeitgenössischen Quellen heißt sie oft *Capilla de Indios* und ist bisweilen sehr kunstvoll ausgeführt. Ein verbreiteter Typus bestand aus einer Säulenhalle mit einer aus der Rückwand vorspringenden Apsis. Man hält dies allgemein für das erste Stadium in der Entstehung eines ganz außergewöhnlichen Grundrisses, den die indianische Kapelle San José de los Naturales in Mexico-City und die Kapelle in Cholula erhielten. Letztere nennt John McAndrew, der über sie berichtet, mit Recht »eine mexikanische Moschee« (Abb. 18.19). Säulenreihen begrenzen eine Vielzahl von Schiffen, und die dem Atrio zugewandte Front ist in ihrer ganzen Breite offen. Bei San José läßt ein einzelner Turm, der sich hinter der Halle erhebt, an ein Minarett denken.

War man sich dieser Ähnlichkeit bewußt? Die letzten Moscheen wurden in Spanien 1525 geschlossen und die widerstrebenden Moslems unter Zwang getauft. Indessen entwischten einige von diesen Morisken nach Neu-Spanien. Doch es scheint, daß auch ohne ihr Zutun reinblütige Siedler gern arabische Sitten nachahmten. So könnte sich die Moscheeform erklären. Möglich wäre auch, daß die Mönche in der etwa gleichzeitigen Bekehrung der Mauren und der Indianer etwas Verwandtes sahen und dem architektonisch Ausdruck verleihen wollten.

Die unorthodoxen Methoden der frühmexikanischen Christenheit machten der offiziellen Kirche beträchtlichen Kummer. Vor allem nach dem Konzil von Trient, das wegen der Bedrohung durch den Protestantismus zusammengetreten war und dem Kirchenritual feste Formen vorgeschrieben hatte, begann man, die improvisierte Freiheit der amerikanischen Observanz für unentschuldbar zu halten. Die Kirche unter freiem Himmel mit ihrem Atrio, den Posas und der indianischen Kapelle war vom Dogma nicht gebilligt. Wahrscheinlich duldete man sie, weil sie die Bekehrungsarbeit stark erleichterte und beschleunigte. Dennoch war die Vorstellung vor allem deswegen beunruhigend, weil derselbe Boden zugleich für Prozessionen und für Spiele benutzt wurde; und diese endeten trotz ihres angeblich christlichen Inhalts oft mit Tänzen, die von den alten Instrumenten und dem übermütigen Absingen frommer Lieder – *Alabados*, *Pasiones* und *Calvarios* – begleitet waren (Abb. 18.20).

Die Weltgeistlichkeit Neu-Spaniens war nie sehr erfreut gewesen über die Selbständigkeit der Bettelorden und darüber, daß die Krone die Orden mit der Aufgabe betraut hatte, Millionen Heiden in dem riesigen von spanischen Waffen unterworfenen Gebiet zu befrieden. Der außerordentliche Erfolg der Brüder und ihre alleinige Aufsicht über diese Menge, die ihnen offenbar eine überwältigende Liebe und Folgsamkeit entgegenbrachte, machten alles nur noch schlimmer. In der zweiten Hälfte des Jahrhunderts wurde in Madrid zunehmend Druck ausgeübt mit dem Ziel, die Aufsicht über die Glaubensgemeinschaft der Indianer der Priesterschaft unter der höchsten Autorität des Primas von Mexiko, des Erzbischofs von Mexico-City, und der ihm unterstellten Bischöfe von Puebla, Guatemala, Oaxaca und Michoacán zurückzugeben. Die von ihnen geförderte Architektur war deutlich anders. Die Pfarrkirchen der kleinen Städte waren lieblos errichtete primitive Bauten, während in den großen Städten stattliche und anspruchsvolle Kathedralen emporwuchsen, die berühmten europäischen Vorbildern folgten. Die prächtigen neuen Kathedralen, die nach 1580 in Mexico-City, Guadalajara und Mérida entstanden, kennzeichnen das uneingeschränkte Übergewicht der Weltgeistlichkeit.

Die Bischöfe hatten die Oberhand gewonnen. 1574 wurden die Bettelmönche dem Amt des Vizekönigs und der Verwaltung der Diözesen unterstellt. Bald wurden ihnen auch ihre Priesterprivilegien entzogen. Der Klosterbau wurde eingestellt. Man befand, daß die angrenzenden Freiluftkirchen nicht mehr sinnvoll seien. Die Brüder beeilten sich, im Norden neue Gebiete zu zivilisieren, wo die mexikanische Architektur ihren Platz als ein achtbarer Abkömmling europäischer Bildung einnahm. Vielleicht war etwas Vielversprechendes verlorengegangen. Und die Stimme, die sich am warmherzigsten für die Sache der Indianer eingesetzt hatte, war mit Erfolg zum Verstummen gebracht worden.

19. Kapitel

Istanbul und Venedig

1521 erlag Tenochtitlán Cortés' Konquistadoren. Im selben Jahr nahmen die Heere Süleimans des Prächtigen, des Sultans der osmanischen Türken, Belgrad und fielen in Ungarn ein. Die Welt war in den ersten Jahrzehnten des 16. Jh. nicht mehr die alte. Europa hatte die Küsten des Pazifischen Ozeans erreicht, und Asien grenzte an Österreich. Italien, die Heimstätte der Renaissance und das Licht des Abendlands, fand sich zwischen zwei Großmächten eingesperrt, die es hundert Jahre zuvor noch nicht gegeben hatte. Karl V. auf der einen Seite trug die beiden Kronen Spaniens und des Heiligen Römischen Reichs. Er herrschte über Mexiko, aber auch über Flandern, Österreich, Sizilien und Neapel. Süleiman im Osten war der Herr Ägyptens, Syriens, Kleinasiens und des Balkans, Hüter der heiligen Stätten Mekka und Medina und einziger Kalif der moslemischen Welt. Er hatte Venedigs beherrschender Stellung im östlichen Mittelmeer ein Ende bereitet. Türkische Galeeren tummelten sich im Roten Meer, in der Straße von Otranto und längs der Küste von Algerien und Tunis.

Diese Entwicklungen untergruben die Kraft Europas. Spanischer Wohlstand und osmanische Angriffslust, beide führten zum wirtschaftlichen und politischen Niedergang des Mittelmeerraums. Die *neuen Handelsrouten nach Asien* hatten Kolonialmächten im Handel das Übergewicht verschafft, und die lange Herrschaft der Republik Venedig im kaufmännischen Fernverkehr war zu Ende. Jetzt waren Lissabon und Sevilla die maßgebenden Häfen der so gewaltig erweiterten Welt. Was sich dort durch den interkontinentalen Handel ansammelte, fand seinen europäischen Markt in Antwerpen, Augsburg oder Nürnberg. Gleichzeitig bedrohte noch eine andere Krise die alte Ordnung in Europa, nämlich die *Abspaltung der Protestanten*, die 1530 auf dem Reichstag von Augsburg Tatsache wurde; in ihrer Nachfolge fielen 1534 auch die Engländer von Rom ab. In der Geschichte des 16. Jh. geht es um die differenzierte Anpassung an derart erregende Herausforderungen – und an weitere, die weniger augenfällig, aber ebenso real sind: eine stetig *zunehmende Bevölkerung*, eine *unaufhaltsame Inflation*, die allenthalben spürbare *Kommerzialisierung der Landwirtschaft*, den *Rückgang der städtischen Gewerbe* und die *erste Welle des modernen Kapitalismus*.

Dieser flüchtige Überblick läßt den Umfang der Themen erkennen, die sich dem Baugeschichtler eröffnen. Im Osten bringt das Auftreten der Türken für ein ausgedehntes städtisches und ländliches Environment, das ursprünglich von Byzanz oder Rom geprägt war, eine neue kulturelle Ordnung mit sich. Im Norden führt die Reformation schnell zur Umgestaltung vieler tausend mittelalterlicher Kirchen in Deutschland, England, Schottland, Frankreich und den Niederlanden; und das ist nur der erste Schritt. Am Ende des Jahrhunderts werden Neubauten für den protestantischen Gottesdienst eine große Vielfalt experimenteller Formen zeigen. Die Architektur des Katholizismus wird daraufhin in eine erfinderische Phase eintreten, für die als Beispiel hier nur die Bautätigkeit der Jesuiten und die venezianischen Kirchen Andrea Palladios genannt seien. Ein stärker bevölkertes Europa und der starke Zuzug in die Städte beeinflußten zwangsläufig den Wohnungsbau. In den Kolonien wurde die klassische Formgebung beibehalten, während man sie in Europa, zaghaft oder radikal, mit einer produktiven Erfindungskraft interpretierte, die keine Grenzen kannte.

Vor allem zwei Städte, Istanbul und Venedig, werden eine Vorstellung von dieser aufblühenden Welt im Mittelmeerraum vermitteln können (Abb. 19.1, 19.3). Die Auswahl ist einigermaßen willkürlich, aber doch wohlüberlegt. Istanbul, die Hauptstadt des Osmanenreichs seit 1453, birgt die schönsten Resultate türkischer Architektur. Die Entscheidung, die tausendjährige Stadt der byzantinischen Kaiser, die bei ihrer Eroberung durch Mehmed II. (1451–1481) nur noch ein Schatten ihrer selbst war, wieder zum Leben zu erwecken, war höchst bewußt getroffen worden. In hundert Jahren entwickelte sie sich dann neben Neapel zur volkreichsten Stadt des Mittelmeergebiets. Wie die legendäre Bastion der Ostchristenheit, die Stadt Konstantins und Justinians, zur vornehmsten Hauptstadt der moslemischen Staatenwelt umgestaltet wurde, ist ein faszinierender Vorgang (Abb. 19.2).

Venedig erreicht den Scheitelpunkt seines städtischen Systems im 16. Jh., d. h. am Beginn seines langen Niedergangs. Die endgültige Vollendung des Markusplatzes stellt einen Gipfel und ein ganz und gar einmaliges Kapitel im Stadtdenken der Renaissance dar. Andrea Palladio (1508–1580), der große Architekt Venedigs und des Venetos, gilt

Abb. 19.1 Istanbul (Konstantinopel, Türkei); Ansicht auf einem Stich von 1635.
Im Vordergrund das Europäerviertel, genannt Pera oder Galata; im Hintergrund die alte Stadt jenseits des Goldenen Horns (Halic).

als »der am meisten nachgeahmte Baumeister in der Geschichte«. Doch darüber hinaus zeichnet sich Venedig noch durch etwas anderes aus. Es ist vielleicht die einzige Stadt in der Geschichte, die stets genau gewußt hat, daß Stadtform letztlich das unauflösliche Gewebe aus Alltäglichem und Erhabenem ist. Diese Einsicht führte in Venedig zu zwei außergewöhnlichen Haltungen. Das Establishment sah es als seine Pflicht an, die Armen und Mittellosen angemessen unterzubringen. Und der berufsmäßige Architekt war bereit, sich trotz seines neugewonnenen Ranges auch mit der Gestaltung des üblichen Wohnhauses zu befassen. So schrieb der Venezianer Alvise Cornaro um 1520, weil er rechtfertigen wollte, daß er in seinem Traktat über Architektur seine Aufmerksamkeit dem Wohnungsbau zuwandte:

»Die Schönheit und Bequemlichkeit der Häuser, Wohnungen und Unterkünfte von Bürgern ist wichtig, weil es davon unzählige gibt und sie die Stadt bilden... Ich schreibe nicht über Theater, Amphitheater oder darüber, wie man eine neue Stadt baut, weil das niemals geschieht und weil diese anderen Gebäudetypen (dem einfachen Bürger) nichts nützen können.«

Eine türkische Renaissance

Die Türken, ein Volksstamm aus Zentralasien, lernten den Islam im 9. Jh. kennen. Sie waren unerschrockene und von den frühen Abbasidenkalifen und anderen späteren Herrschern als Palastwachen hochgeschätzte Krieger. Doch es gab auch unabhängige türkische Staaten, und bedeutende Herrscherhäuser – die Mamelucken Ägyptens und die Seldschuken, die um 1000 Persien eroberten und das Byzantinische Reich im östlichen Kleinasien angriffen, waren türkischer Abstammung. Die Gründer des Osmanenstaats kamen im 13. Jh. als Emigranten nach Kleinasien. Sie waren einer von vielen nomadisierenden und kriegführenden Stämmen, die vom Seldschukenstaat an den unentwegt zurückweichenden Grenzen des Byzantinischen Reichs eingesetzt wurden. Als die Mongoleninvasion von 1253 die Macht der Seldschuken untergrub, nützten die osmanischen Türken die Gelegenheit, sich selbständig zu machen.

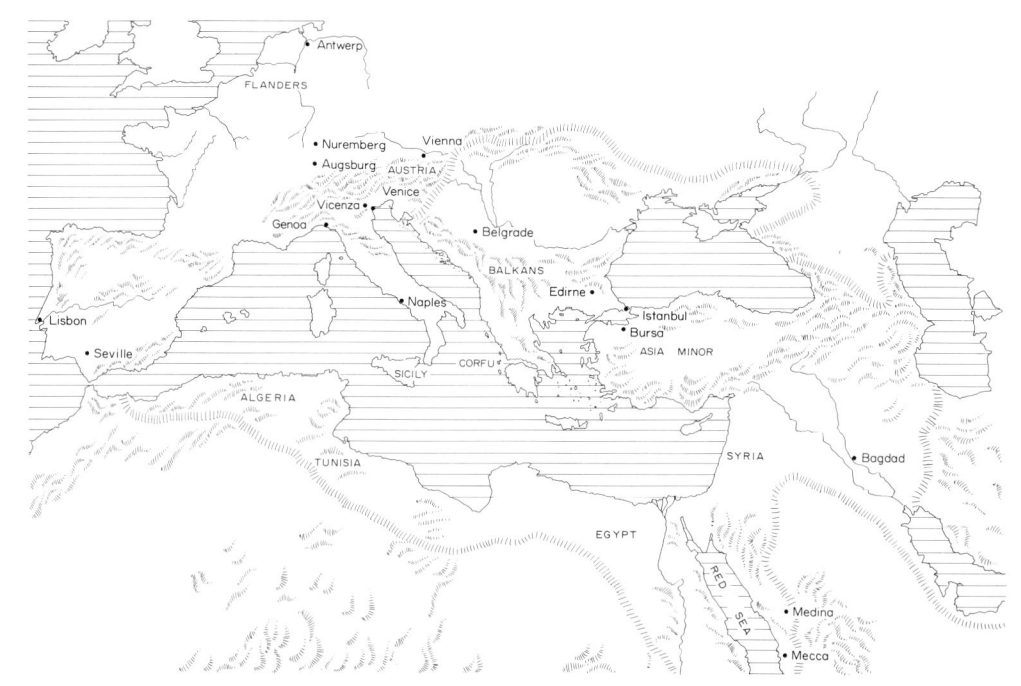

Abb. 19.2 Osmanisches Reich im 16. Jh.
Die schraffierte Linie bezeichnet die größte Ausdehnung des Reichs.

Abb. 19.3 Canaletto (Antonio da Canal), *Venedig.*
Das Bacino di S. Marco am Himmelfahrtstag, um 1740 (National Gallery, London).
Rechts der Dogenpalast mit dem Campanile der Markuskirche dahinter.
Links von der Mitte die Einfahrt in den Canal Grande und daneben die Dogana
(Zollgebäude) und die Kuppeln von S. Maria della Salute.

Abb. 19.4 Bursa (Türkei); Teilansicht der Stadt auf einer alten Aufnahme,
die den Charakter der alten Bauweise verdeutlicht.

Sie gliederten sich die benachbarten Moslems ein und setzten ein großartiges Eroberungsprogramm in Gang, das schließlich den Griechen alles entriß, was noch von Kleinasien übrig war, und dann auch noch ihren Besitz im Balkan, auf der europäischen Seite der Meerenge. Nur das vom Meer und von seinen unbezwinglichen Mauern auf der Landseite umgebene Konstantinopel hielt stand. Doch am 29. Mai 1453 mußte es sich ebenfalls geschlagen geben. Sein neuer Herr, Mehmed II., der Eroberer, nannte die Stadt »Istanbul« und machte sie zu seiner Hauptstadt.

Zwei andere byzantinische Städte waren schon vorher so umgestaltet worden, daß sie einem osmanischen Staat als Hauptstädte dienen konnten – Bursa und Edirne. Bursa schmiegte sich an die Südküste des Marmarameers in die Vorberge des Ulu Dağ (Abb. 19.4). Es hat auch heute noch die Atmosphäre einer kleinen, alten türkischen Stadt mit ihren bescheidenen Moscheen und Grabstätten, deren Kuppeln mit schönen Ziegeln gedeckt sind, und ihren lichtgetränkten Häusern an sanften Hängen, ihren vorspringenden Erkern mit dem erquickenden Blick ins Grüne. Edirne, das byzantinische Adrianopel, liegt in Thrakien an der Tundscha. Es war die erste Basis der Türken in Europa, von der aus sie nach Bulgarien, Serbien, Rumänien und hinunter nach Griechenland ausschwärmen konnten.

Komplexplanung und Sinan

Das Hauptelement der osmanischen Stadtgestaltung war die *Külliye*. Das Wort stammt aus dem Arabischen und bedeutet »das Ganze«. Eine Külliye war das funktionale Zentrum einer gut abgegrenzten Gruppe von Menschen, die in diesen ersten Jahrzehnten durch Familienzusammengehörigkeit, Beruf oder Herkunft miteinander verbunden waren. Es bestand aus einer Gebäudegruppe rund um eine Moschee, die vom Sultan als öffentlicher Versammlungsort gehorsamer Untertanen eingerichtet und dotiert worden war. Sie ist zu unterscheiden vom Verwaltungszentrum der Stadt, das gewöhnlich eine Zitadelle war, und dem Handelszentrum der Bazare und Khans, die in der Nähe der Freitagsmoschee lagen.

Begonnen hatte das in Bursa. Hier wurden an den Rändern der alten Stadt zum Zwecke der Stadterweiterung mehrere Külliyes errichtet, die gleichzeitig den Unterricht im islamischen Glauben und die Kenntnis der osmanischen Lebensweise fördern sollten. Das Gelände ist hügelig, die Gruppierung aufgelockert. Auf dem höchsten Punkt steht die Moschee, während die übrigen Gebäude sich auf niedrigerem Niveau um sie scharen. Der südöstliche, nach Mekka gerichtete Sektor bleibt frei. Unser Beispiel zeigt die Külliye Bajazets I., die zwischen 1390 und 1395 erbaut wurde (Abb. 19.5) und in weitem Abstand von einer Mauer umgeben ist. Vom Haupteingang führt ein Weg zum Gipfel, wo drei Hauptgebäude von verschiedener Form und Größe und auf verschiedenem Niveau ihm zugewandt sind: die *Medrese* (die theologische Schule), die Grabstätte des Gründers und die Moschee, vor der sich ein öffentlicher Brunnen befindet. Weiter draußen liegen die Armenküche, die Bäder, das Hospital und ein kleiner Palast.

Schon hier sind die Hauptcharakteristika der osmanischen Architektur erkennbar; Mauern aus behauenem Stein (im Falle Bursas ein grauer, recht eintöniger Kalkstein) und einfache, klare Formen, die oft in Reihung verwendet werden. Die immer wiederkehrende Einheit ist das von einer echten Kuppel überwölbte quadratische Joch. Die massige Wirkung beruht auf dem Gegensatz zwischen den kubischen Formen der Mauern und den vollen straffen Halbkugeln, die sich über ihnen erheben. Abwechslung und Betonung entstehen durch auffallend große Einheiten, die aus dem Hauptblock hervorspringen, und dadurch, daß die Kuppeln nach Größe und Niveau verschieden sind. Schlanke vertikale Akzente vermitteln ein Gefühl von Heiterkeit. Ein bleistiftdünnes zylindrisches Minarett mit einem oder zwei Balkonen, den *Šerefes*, erhebt sich an einer Ecke, oder zwei Minarette rahmen an den Enden der Eingangsvorhalle die Hauptfassade ein. Bei funktionalen Bauten, etwa Küchen oder Reihen von Wohneinheiten, wird die Kuppelsilhouette durch kecke Schornsteine unterbrochen. Den Übergang von

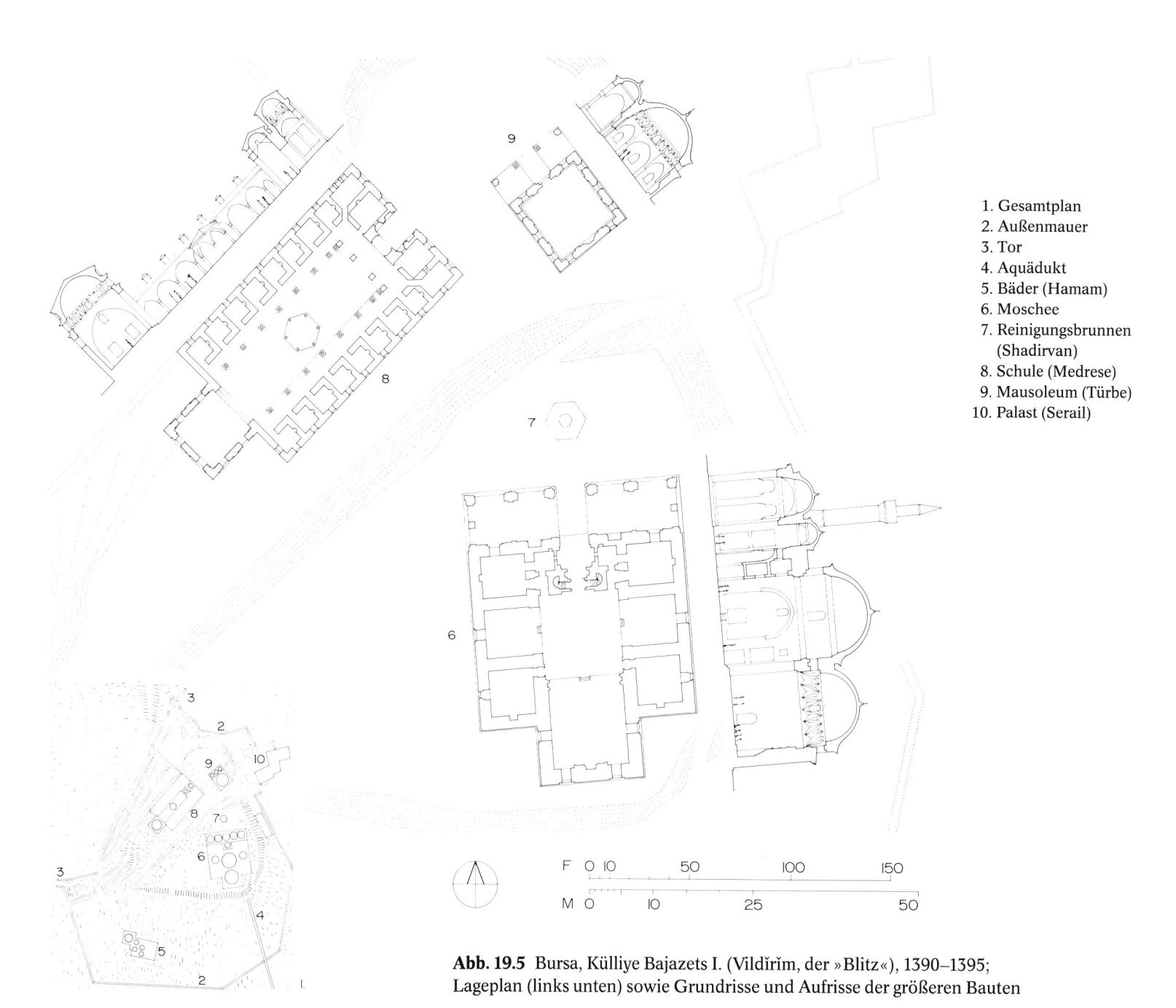

1. Gesamtplan
2. Außenmauer
3. Tor
4. Aquädukt
5. Bäder (Hamam)
6. Moschee
7. Reinigungsbrunnen (Shadirvan)
8. Schule (Medrese)
9. Mausoleum (Türbe)
10. Palast (Serail)

Abb. 19.5 Bursa, Külliye Bajazets I. (Vildĭrĭm, der »Blitz«), 1390–1395; Lageplan (links unten) sowie Grundrisse und Aufrisse der größeren Bauten

den quadratischen Jochen zu den Kuppeln bilden Stalaktitenstützbogen oder flache Dreiecke, selten echte Pendentifs. Bogen sind leicht gespitzt oder rund. Die flache Bogenform, die uns in der Vorhalle der Moschee Bajazets begegnet, ist eine Spezialität von Bursa. Im allgemeinen erheben sich türkische Arkaden über unkannelierten Säulen mit Stalaktitenkapitellen.

Bisweilen erinnert diese Form in ihrer Reinheit an Brunelleschi (Abb. 19.6). Das Thema Ost-West-Kontakte ist in der Architekturgeschichte noch kaum angeschnitten worden, aber es könnte durchaus sein, daß solche Ähnlichkeiten kein reiner Zufall sind. Italienische Künstler wurden an den osmanischen Hof eingeladen. Mehmed II. sprach italienisch neben griechisch und arabisch, und es gibt ein sehr schönes Porträt von ihm, das der Venezianer Giovanni Bellini gemalt hat. Die Külliye des Eroberers in Istanbul läßt etwas mehr als fünfzig Jahre nach jener Bajazets I. in Bursa eine imposante Komposition in strenger zweiseitiger Symmetrie erkennen (Abb. 19.7). Macht sich hier nur das Reich in seiner Größe und Organisation bemerkbar, oder will Mehmed zeigen, wie fortschrittlich er ist? Sicher ist jedenfalls eines: Die riesige Terrasse auf gewölbten Unterkonstruktionen, welche den hügeligen Grund ebnen, die Anordnung ausgedehnter Zellenbauten zu beiden Seiten (die Medresen der Universität der neuen Hauptstadt, Herbergen und Wohlfahrtseinrichtungen), die selbstsicheren Proportionen der hauptsächlichen Einheiten, die auf ein großes Modul schließen lassen, und die höfisch anmutende Achse, die am Haupteingang des Komplexes beginnt und durch die Moschee verläuft – das alles hat das Gewicht des antiken Roms. Diese Großartigkeit ist so früh in der westlichen Renaissance nirgends zu finden. Wir dürfen nicht vergessen, daß Konstantinopel ursprünglich als das Neue Rom geschaffen worden war. Der Eroberer erbte hier die einzige Stadt, die in der Osthälfte der christlichen Welt die klassische Tradition ebenso echt bewahrte wie Rom im Westen. Nach dem Fall Konstantinopels waren die Türken am rechten Ort, um ihre eigene Renaissance in Szene zu setzen.

Richten wir den Blick kurz auf die Moschee (Abb. 19.8). Schon auf den ersten Blick wird klar, daß der Grundriß sich stark von dem der Moschee Bajazets in Bursa unterscheidet (Abb. 19.5). Die Eingangshalle ist zu einem ganzen Hof erweitert worden, der genauso groß ist wie der eigentliche Ge-

Abb. 19.6a Edirne (Adrianopel), Külliye Bajazets II., 1484–1488, Hayrüddin; Teilansicht der Vorhalle des Asyls für Geisteskranke.

Abb. 19.6b Florenz (Italien), Waisenhaus (Ospedale degli Innocenti), 1419, Filippo Brunelleschi; Außenansicht von Nordwesten.

betsraum. Das Mihrabjoch darf hier nicht über die rechtwinklige Hülle des Heiligtums hinausragen. Seine Wölbung ist auf eine Halbkugel reduziert, die niedriger als die große Mittelkuppel und ihr nachgeordnet ist. Drei kleine überkuppelte Einheiten, die en miniature den Baldachin des Mitteljochs zu beiden Seiten dieses Kerns wiederholen, erweitern den Raum nach außen. Die Kuppelreihe, welche die vier Hofseiten umläuft, ist noch kleiner gehalten. Seitliche Treppen verklammern die äußere Verbindungsstelle des Hofs mit dem Heiligtum und schaffen eine Querachse, welche die äußeren Bauten des Komplexes und deren viele Bewohner mit einbeziehen, wie ja auch die Hauptachse in die Stadt hinausgreift. Was die Größe angeht, so hat die Mittelkuppel fast die doppelte Spannweite der Moscheekuppel von Bursa. Noch wichtiger ist, daß sie mutig auf die Unterstützung durch Seitenwände verzichtet. Die Kuppel ruht auf vier Pfeilern, von denen zwei aus der Eingangswand heraustreten, und auf kleinen Säulen halbwegs

430 *Neue Ansprüche*

längs der Spannbogen an der Seite, die gleichzeitig als Eckstützen der Seitenschiffkuppeln dienen.

Dieser neuartige Grundriß läßt sich teilweise aus den unterschiedlichen Programmen erklären. Bajazets Bau war mehr als eine Moschee. Das überkuppelte Joch in der Mitte ist in Wirklichkeit ein überdeckter Hof, der dem Gebetsraum, aber auch zwei Iwanen vorgelagert ist, die sämtlich zwei Stufen über ihm liegen. Die Iwane wiederum sind jeweils von zwei Räumen flankiert, von denen die neben dem Gebetsraum gelegenen in die Wände eingelassene Fächer und bedeckte Kamine aufweisen. Die Räume nächst der Eingangshalle betritt man durch einen kleinen Vorraum, von dem aus Treppen zu kleinen Zellen im zweiten

1. Hof
2. Reinigungsbrunnen
3. Gebetsraum der Moschee
4. Friedhof
5. Mausoleum Mehmeds II.
6. Medresen
7. Hospital
8. Tabhane (Hospiz)

Abb. 19.7 Istanbul, Külliye Mehmeds II. (Fatih, der »Eroberer«), 1463–1470, Atīk (der »Ältere«) Sinan; Gesamtplan (der Komplex trägt in Abb. 19.14 die Nr. 10). Errichtet über der byzantinischen Apostelkirche (Nr. 22 in Abb. 11.29b)

Stockwerk führen. Wir haben hier nicht nur eine Moschee im Rahmen eines ganzen Komplexes, sondern einen Bau, der eine fürstliche Kapelle mit einer Pilgerherberge vereint.

Doch die Funktion erklärt nicht alles. Im Entwurf der Moschee Mehmeds spielten sicherlich die so stark angewachsenen Gemeinden von Istanbul und auch die alte türkische Vorliebe für einen einzigen Erdgeschoßraum unter der deckenden Wölbung der Kuppeln eine maßgebliche Rolle. Warum aber die außergewöhnliche Wölbungsabstufung über dem Gebetsraum, da doch die einfachere Lösung der Freitagsmoschee von Bursa, wo Reihen einheitlicher Kuppeln den Gebetssaal überwölben, ebenso ihren Zweck erfüllt hätte? Die Antwort ist zweifellos in der Herausforderung zu suchen, eine Aufgabe zu lösen, die der Architekt sich selbst stellte, und herausgefordert fühlte er sich offensichtlich von Justinians Hagia Sophia (Abb. 1.4, 11.27, 11.28). Wie der Felsendom in Jerusalem uns schon zeigte, begann die Moslemarchitektur im Zeichen des Wettbewerbs. Jetzt, im letzten Kapitel ihrer bewundernswerten Geschichte, übernimmt sie noch einmal das Beste aus dem rivalisierenden Glauben.

Damit soll nicht gesagt sein, daß die majestätischen Moscheen der Sultane, welche die Topographie dieser alten Stadt zwischen zwei Kontinenten für immer verändert haben, der Beachtung nicht würdig wären. Die Hagia Sophia ist kein einfaches Vorbild. Hätte nicht die osmanische Architektur in den hundertfünfzig Jahren vor dem Fall Konstantinopels ihre Erfahrungen in Bautechnik und überlegener Organisation sammeln können, so wäre der Versuch, sich mit einem Bauwerk dieses Ausmaßes und derartiger Kompliziertheit zu messen, ein Ding der Unmöglichkeit gewesen. Abrechnungsbücher für die Moschee Süleimans des Prächtigen (1520–1566) zeigen eine höchst effiziente Werkstatt mit Tausenden von Steinmetzen, Zimmerleuten, Glasern, Zeichnern, Schmieden, Erdarbeitern und Dachdeckern. Der Staat finanzierte Hunderte von Gebäuden in den eroberten Gebieten, und die Hauptstadt selbst war ein riesiger Bauplatz. Der Hof nahm die Besten aus jedem Handwerkszweig für sich in Anspruch. Die wirtschaftlichen und industriellen Reserven des Reichs standen dem Hofbaumeister zur Verfügung. Der Bau machte erstaunlich schnelle Fortschritte. Külliyes entstanden innerhalb von zehn Jahren. Süleimans Külliye brauchte sieben Jahre.

Doch die Sultane und ihre Wezire hatten auch das Glück, über gute Architekten zu verfügen. Der Ruhm Sinans (etwa 1490–1588), des Staatsarchitekten unter Süleiman und dessen Sohn Selim II. (1566–1574), stellte mehrere begabte Vorgänger und Nachfolger in den Schatten, die freilich diesem fruchtbaren Geist und vielseitigen Könner nicht ebenbürtig waren. Nach einer frühen militärischen Laufbahn, die ihn durch den gesamten Nahen Osten und den Balkan führte, wurde er 1539 als etwa Fünfzigjähriger zum Oberhaupt der Architektenschaft des Reichs ernannt. Sein Titel lautete: Baumeister der Wohnung des Glücks. Sinan war Konvertit und hatte seine Stellung als Militäringenieur während der Feldzüge gegen Belgrad, Korfu, Apulien, Bagdad und Persien erworben, und die große Zahl der Bauten, die ihm zugeschrieben werden, schließt alle nur denkbaren Gebäudetypen ein. Doch die Moscheen waren sein Wunderwerk und die Hagia Sophia seine fixe Idee. Von seinem Spätwerk, der Moschee Selims in Edirne, schrieb er in seiner Autobiographie:

»Architekten in christlichen Ländern mögen sich in ihren technischen Fertigkeiten über die Moslems stellen, weil diese es nicht fertiggebracht haben, etwas zu erreichen, das der Kuppel der Hagia Sophia nahekommt. Die Behauptung, daß es etwas Schwierigeres überhaupt nicht gebe, hat den Schreiber dieser Zeilen gekränkt. Indessen ist es mir mit Gottes Hilfe und der Gnade des Sultans gelungen, für Sultan Selims Moschee eine Kuppel zu bauen, welche die der Hagia Sophia im Durchmesser um vier und in der Höhe um sechs Ellen übertrifft.«

Das ist menschliches Prahlen, das Prahlen eines Baumeisters, das eigentlich nicht den Kern der Sache trifft. Die Moscheen, Privatkapellen und Staatsmonumente Sinans spielen so souverän mit einer ganzen Reihe von selbstgestellten Aufgaben, die teilweise von der Hagia Sophia übernommen, teils eigene Erfindungen sind, daß sie genaueste Untersuchungen verdienen. Selbst ein zufälliger Besuch jedoch wird Staunen und Entzücken erregen. In jedem Falle wird Sinan, der fast Zeitgenosse Michelangelos und Palladios ist, durch seine Originalität noch stärker wirken als durch die Kraft seiner Inspiration. Eine großartige Kuppel auf echten Pendentifs mit niedrigeren, halb überkuppelten, durch halbkreisförmige Nischen erweiterten Einheiten stellt Sinan dem Architektenpaar Isidoros und Anthemios zur Seite. Damit beginnt er. Man betrachte zuerst seine Grundrisse (Abb. 19.9). Die Halbkugel bleibt auf einer Seite

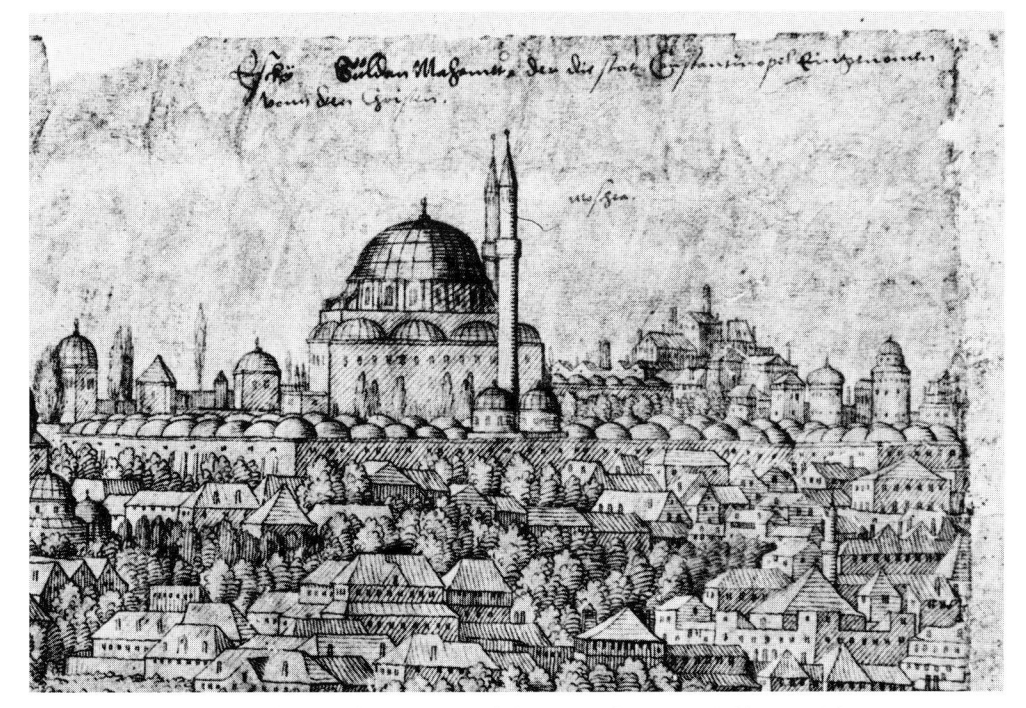

Abb. 19.8 Istanbul, Külliye Mehmeds II.; auf einem Stich von Melchior Rorich aus der Mitte des 16. Jh.

des Mittelquadrats wie in der ersten Moschee des Eroberers; sie stützt sich auf zwei einander gegenüberliegende Seiten wie in der Hagia Sophia; oder aber sie bildet ein vierblättriges Kleeblatt mit begleitenden Nischenpaaren auf allen vier Seiten. Dann wird das Zentrum ein Sechseck, und vier Raumteile mit Halbkugel öffnen sich schräg zu den Nord- und Südseiten. In Edirne sind die mächtigen Halbkuppeln ganz weggefallen. Die Kuppel ruht auf acht gleichen Bogen mit Öffnungen in Nischen, die abwechselnd mit Halbkuppeln und Tonnengewölbe versehen sind.

Doch das ist nur der Anfang. Um diesen Kern und in die Höfe an der Vorderseite verteilt Sinan eine Fülle kleinerer Kuppeln, die der Hagia Sophia gänzlich fehlen. Am besten sehen wir sie in drei Dimensionen im Aufbau der Außenmasse. In kontrapunktischem Rhythmus steigen sie empor zur mächtigen mit Blei verkleideten Halbkuppel des Mittelquadrats, wie unsere Ansicht der Moschee Süleimans von Südwesten zeigt (Abb. 19.10). Zwischen abgestuften Strebepfeilern sehen wir über einer zweistöckigen Loggia, die den Brunnen für die rituelle Waschung birgt, die drei Kuppeln des Seitenschiffs, deren mittlere größer und höher ist. Dann kommt die mächtige Bogenwand, die Licht in die oberen Zonen des Mittelschiffs bringt – ein unmittelbares Zitat aus der Hagia Sophia. Flankiert wird sie von zweien der überkuppelten Stütztürme, die an die Ecken des Mittelquadrats gestellt sind. Und nun zum allesbeherrschenden Gipfel. Von links in Bodennähe laufen die überkuppelten Joche der Hofarkaden unter den mit Galerien versehenen Schäften der vier Minarette entlang. Auf der rechten Seite liegen jenseits der südlichen Halbkuppel die ebenfalls mit Kuppeln versehenen Mausoleen des Sultans und seiner Favoritin in einer Grünanlage, in welcher sich Grabsteine befinden.

Wir treten axial von Norden her oder durch vier Seitentore ein. Der große, von vielen hundert Fenstern, die stellenweise bis zum Boden herabreichen, gleichmäßig beleuchtete Raum ist überwältigend, aber ganz und gar nicht geheimnisvoll (Abb. 19.11). Von dort, wo wir stehen, können wir unbehindert in jede Richtung und bis ans obere Ende der Innenwände blicken. Die Wand des Heiligtums ist wie alle anderen glatt. Überall dämpfen horizontale Akzente die nach oben strebende Wirkung. Viele im Kreis angeordnete Leuchten, die an Schnüren von den Gewölben herabhängen, bilden ein niedriges Lichtdach unmittelbar über den Köpfen der Gemeinde. Rings um den Innenraum verläuft in Höhe des Ansatzes der Pendentifs (Eckzwickel), der Halbkuppeln und der Nischen eine Bedienungsgalerie auf schönen Konsolen. Das alles hat seine eigene kulturelle Grundstimmung, die nicht byzantinisch ist. Das Programm einer moslemischen Moschee hat, so stark sie ihrer Form nach der Hagia Sophia verpflichtet sein mag, keine Verwendung für die raffinierte Verdunkelung des Struktursystems, für die durchlässigen Scheidewände zwischen Hauptschiff und Nebenschiffen und

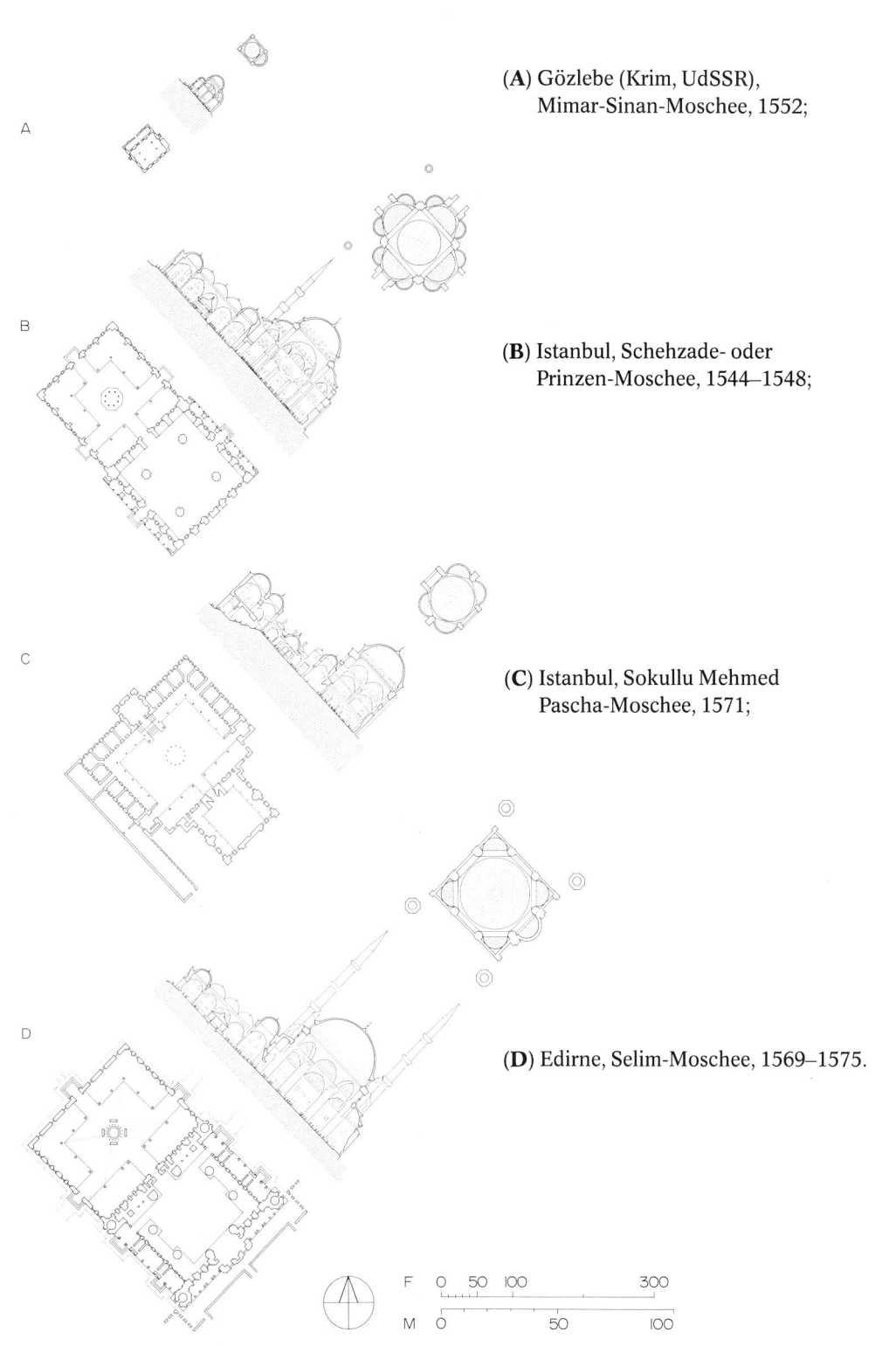

(A) Gözlebe (Krim, UdSSR), Mimar-Sinan-Moschee, 1552;

(B) Istanbul, Schehzade- oder Prinzen-Moschee, 1544–1548;

(C) Istanbul, Sokullu Mehmed Pascha-Moschee, 1571;

(D) Edirne, Selim-Moschee, 1569–1575.

Abb. 19.9 Moscheen des Baumeisters Sinan aus dem 16. Jh.; Diagramme

Abb. 19.10 Istanbul, Külliye Süleimans I., des Prächtigen, 1550–1557, Sinan; Nahaufnahme der Moschee von Südwesten.

für das theatralische, mit einer Apsis versehene Sanktuarium – lauter Dinge, die Justinians gewaltiger Kirche ihre besondere Wirkung verleihen (Abb. 11.28).

Und wie Sinan die mystische Erhabenheit des byzantinischen Konstantinopels ablehnt, so ist er auch von der gleichzeitigen Praxis der Renaissance – die ihm zweifellos wohlbekannt war – genügend weit entfernt, um seine Identität als moslemischer und türkischer Architekt zu wahren. Weder das Innere der Peterskirche in Rom noch das einer Kirche Palladios in Venedig lassen, obwohl etwa gleichzeitig mit Süleimans Moschee entstanden, eine über das Allgemeinste hinausgehende Ähnlichkeit mit Sinans Gestaltung anklingen (Abb. 19.12, 20.23). Teilweise liegt das daran, daß wir in Sinans Moschee Muqarnas, Koraninschriften und andere derartige traditionelle islamische Motive vorfinden, die den im Westen verwendeten klassischen Säulen und Gebälken, Nischen mit Frontispiz und urnenähnlichen Balustern widersprechen. Doch die Gründe liegen tiefer: Sinan komponiert nicht mit voneinander unabhängig gegliederten Teilen, die in konsequenter Proportionalität miteinander verbunden sind. Er geht lockerer an die Gestaltung heran. Die Baueinheiten sind nicht aus ineinander verflochtenen architektonischen Teilen gebildet, sondern statt dessen völlig umhüllt von Schalen und Wänden, die von vielen Fenstern ohne gestalteten Rahmen durchbrochen werden. Unter religiösem Aspekt hat diese Architektur ihren Platz irgendwo zwischen der metaphysischen Theozentrität der Hagia Sophia und der mathematischen Klarheit der Renaissance – das heißt, irgendwo zwischen Ehrfurcht und Vernunft.

In einem neutraleren Bereich, in der Planung, wird deutlicher, daß Sinan fortschrittlichem europäischem Denken nahesteht. Der Grundriß der Külliye Süleimans, deren prächtiges Zentrum die Moschee ist, läßt ein unvergleichliches Gespür für Organisation und technisches Geschick erkennen (Abb. 19.13). Hundert Jahre zuvor hatte die Külliye des Eroberers die Norm für derartige geordnete Planung gesetzt (Abb. 19.7). Doch dieses Schema wirkt statisch und mechanisch konzipiert, wenn man es mit der Art und Weise vergleicht, in der Sinan sein hügeliges Gelände nützt. Auch er achtet auf Symmetrie und axiale, rechtwinklige Anlage. Der zentrale rechtwinklige Bezirk von Hof, Gebetsraum und Friedhof bleibt unverändert. Doch Sinan gruppiert die Begleitbauten intimer um diesen Kern. Mit unbeirrbarer Erfindungsgabe bezieht er die Niveauunterschiede und die Gegebenheiten der Zugangswege ein, indem er Beziehungen zu den umliegenden Gebäuden und Fernblicke geschickt ins Spiel bringt.

Der Hügel überragt im Osten das Goldene Horn. Auf dem Südhang sind einige Gebäude und der Park des alten Sultanspalasts stehengeblieben, den der Eroberer an dieser Stelle begonnen hatte, ehe er sich im Topkapi niederließ. Darunter erstreckte sich der Markt. Der Bereich im Westen, wo heute die moderne Universität von Istanbul steht, war vermutlich als ein neuer Bezirk geplant. Alte Karten zeigen ein Stück Schachbrettmuster zwischen der Külliye Süleimans und der etwas älteren Schehzade, die Sinan für denselben Sultan zum Gedenken an seinen verstorbenen Kronprinzen gebaut hatte. Alles in allem ergibt das ein recht ehrgeiziges Stadtprojekt. Nördlich lagen die alten Stadtviertel, deren Kernstücke die Külliye des Eroberers und die näher an den Landmauern gelegene seines Vaters, Selims I., bildeten. Ihre Holzhäuser an krummen Straßen und steilen Gassen müssen die Wucht der starr angeordneten steinernen Befestigungsbauten unterstrichen haben, die sich drohend über ihnen erhoben.

Im Süleimankomplex hält Sinan alle seine Außenbauten niedrig, um das Primat der Moschee zu betonen. Es handelt sich meist um Medresen, die den ursprünglichen Kern der osmanischen Universität bei der Külliye Mehmeds II. erweitern sollten. Die zwei Medresen an der Ostseite versenkt er unter die gewaltige künstliche Terrasse, damit sie das Panorama des Goldenen Horns und des Bosporus nicht beeinträchtigen. Eine übliche Dammstraße verläuft längs der zwei Gebäude, zwischen denen ein Gartenhof liegt. Der Grundriß liegt allen Einheiten der Külliye ohne Rücksicht auf ihre Funktionen zugrunde – ein von kubischen überkuppelten Räumen umschlossener Hof. (In diesem Fall Räume für Studenten.) Die Schule liegt auf der Westseite über dem Hof. Man betritt sie durch kleine Torhäuser an den Nord- und Südenden der westlichen Umfassungsmauer. In den gewölbten Kammern der Dammstraße bringt Sinan unter den östlichen Zellen eine dritte Medrese unter – ein Beispiel seiner einfallsreichen Verwendung von Unterlagerungen, das an Pergamon und Praeneste denken läßt.

Diese Hälfte des Komplexes, genauer gesagt, seine Ost- und Südseite, benützt schräge Straßen, um die Monotonie einer imposanten geradlinigen Komposition aufzulockern. Sinan stellte sein eigenes Haus auf das dreieckige Grundstück in der Nordostecke;

dazu kam ein offenes Mausoleum für ihn im Garten. Am entgegengesetzten Ende befindet sich ein kleines Bad, und gegenüber als Abschluß der Linie der Moscheeumfriedung und dann weiter in der Diagonale der Straße, die zum Markt hinabführt, lag Darülhadis, die bedeutendste Schule prophetischer Überlieferungen im Reich. Zusammen mit der südlichen Friedhofsmauer begrenzte sie einen öffentlichen Platz, der jede Woche einmal für die beliebten Ringkämpfe benutzt wurde.

Dies war die Richtung, aus der die meisten Gläubigen zur Moschee kamen. Die Eingangstore sind deshalb hier zu beiden Seiten des Friedhofs am breitesten. Das Osttor blieb den Angehörigen des Hofs vorbehalten, die über eine Rampe heraufstiegen und den Gebetssaal nahe der Wand des Sanktuariums betraten. Der Westeingang mit der anschließenden Latrinenreihe wurde vom Volk und von den Karawanen benutzt, die in dieser Hälfte des Bezirks ihre Zelte aufschlagen durften. Die Menge zog ein, machte an den Reinigungsbrunnen halt und betrat dann die Moschee von der Seite. Merkwürdigerweise war der offizielle Zugang von Norden her durch den Hof von geringerer Bedeutung. Er lag gegenüber der Suppenküche und dem Hospiz, in dem Reisende drei Tage lang kostenlos wohnen durften. Neben der Küche befand sich in der Nordwestecke ein Hospital. Die gesamte Westseite war im übrigen von Schulen und einer kleinen Elementarschule am Südende der Reihe besetzt. An der Dammstraße gab es auf dieser Seite kleine Läden, deren Mietzins die Einkünfte der Külliye erhöhten.

Die ideale Moslemstadt

Die Külliye Süleimans des Prächtigen krönte den dritten Hügel der berühmten Stadt (Abb. 19.14). Die des Eroberers lag auf dem vierten Hügel, über Konstantins Apostelkirche. Zwischen diesen beiden Hügeln verlief der Aquädukt des Kaisers Valens aus dem 4. Jh., an dessen anderem Ende der Schehzade-Komplex stand. Auf dem fünften Hügel stand am Saum des Goldenen Horns die Moschee Selims (1512–1520), des Vaters Süleimans, als Teil einer unvollständigen Külliye. Unmittelbar unter ihr zwischen der Moschee und der Landmauer lag das dichtbesiedelte Wohngebiet der Griechen rings um die Kirche und Residenz ihres Patriarchen. Nach der festen Korantradition der Toleranz sollte Istanbul eine Weltstadt sein, wie der Islam Nachfolger und Beschützer aller Religionen sein sollte. In der türkischen Hauptstadt lebten Griechen, Armenier und Juden unbehindert und konnten sich ziemlich weitgehend selbst verwalten. Die markanten Külliyes trennten die Moslemgemeinde von diesen fremden Untertanen und verkündeten ihre Herrschaft über sie. Europäern war es gestattet, sich jenseits des Goldenen Horns in Galata niederzulassen, wo es zur Zeit der Byzantiner schon seit langem eine Kaufmannskolonie gegeben hatte.

Ideologisch gezügelt überlebte das byzantinische Konstantinopel dennoch. Die Mauern, die unterirdischen Zisternen und die Straßen waren ein neutrales Erbe. Die Medrese blieb das Rückgrat der Stadt, obwohl die Kette der Foren in ihrem Verlauf so gut wie ganz verschwand. Kirchen wurden meist in Moscheen umgewandelt, ärgerniserregender christlicher Dekor übertüncht. Der Große Palast wurde zu weiten Teilen überbaut. Der Hippodrom verwandelte sich in einen Pferdemarkt. Mehmed siedelte die osmanischen Sultane mit ihrem Verwaltungsapparat endgültig weiter östlich auf dem ersten Hügel an, wo die alte Akropolis von Byzanz gestanden hatte (vgl. Abb. 11.29). Diese befestigte Zitadelle, Topkapi genannt, breitete sich auf einem offenen, mit Bäumen bepflanzten Raum aus, auf dem die Gebäude sich nicht vordrängten und nie eine beherrschende Größe ausspielen konnten. In der Mitte stand der eigentliche Pa-

Abb. 19.11 Istanbul, Moschee Süleimans (Nr. 3 in Abb. 19.13); Blick in die Kuppel.

last, der sich aus einer Abfolge von Höfen und Pavillons zusammensetzte. Die Objekte mit der geringsten Baumasse werden unter dem Aspekt ihrer Funktion die wichtigsten: die Portiken, Tore und Pavillons, die hier und da wie abgemessene Portionen plaziert sind und stets in Beziehung zur Bepflanzung, zu Wasser oder zum Ausblick stehen.

In diesen sehr kleinen Gebäuden, errichtet auf Fundamenten, von denen sie ans freie Licht emporgehoben werden, lassen horizontale Fensterbänder die Festigkeit der Mauer und die Einengung durch sie vergessen und stellen den eigentlichen Sinn der Fußböden wieder her – den Benutzer auf gleiche Höhe mit dem Licht zu bringen (Abb. 19.15). Die Fensterlinie ist sehr tief angesetzt, der Raum ist für Sitzende oder Kniende gedacht. Architektur in dieser Form ist eine Erweiterung des Bodens, auf dem sie steht. Man hat eine unmittelbare Beziehung zu der Umgebung. Es ist nicht wünschenswert, hohe Möbel aufzustellen oder den unteren Bereich des Raums vollzustopfen, wie das im Westen so oft geschieht, weil man dort an die aufrechte Gestalt und deren Normalmaß denkt. Der Nachdruck liegt auf dem Zwischenbereich – wo Außen und Innen sich begegnen. Sogar in Moscheen reichen die Fensterbänke hinab bis zum Boden. Inszenierte Spannung, die Offenbarung von Tiefen, das Geschehen einer räumlichen Sequenz – das alles ist keine Aufgabe für den osmanischen Architekten. Einzelräume, übersichtlich, freundlich und gleichmäßig beleuchtet – das ist sein Ziel.

In der übervölkerten, von Mauern umgebenen Stadt bevorzugte man im Wohnungsbau hohe aneinandergebaute Häuser, deren Straßenansicht vergitterte Erkerfenster bestimmten. Am Bosporus jedoch waren die Abhänge auf der europäischen wie auf der asiatischen Seite in beiden Richtungen von kleinen Gemeinden besetzt, in denen das freistehende Haus mit beliebigem Grundriß üblich war. Längs der Küste sprangen die *Yalis* der reichen Leute auf hölzernen Stützen über das Wasser vor, schützten so die darunterliegenden Bootsanlegestellen und gaben dem verglasten Hauptbau mit breit überkragenden Gesimskästen Schatten. Die Halle, auf türkisch Sofa, war der Mittelpunkt dieser Sommerhäuser und Strandvillen. Wo die Halle nicht verglast war, öffnete sie sich weit gegen die anderen Zimmer, so daß sich innerhalb des Hauses Raum unbehindert durch massive Zwischenwände oder sperrige Möbel von Zimmer zu Zimmer zog.

Abb. 19.12 Venedig, Il Redentore (Der Erlöser), 1576–1580, Andrea Palladio; Inneres, Blick nach Südwesten (vgl. Abb. 19.27 und 19.28).

In Bursa hat sich das Modell dieses luftigen türkischen Hauses bis heute erhalten. Gewöhnlich ist es in zwei Stockwerken angeordnet, obwohl es nicht selten auch geteilte Ebenen oder Zwischengeschosse enthält. Es nimmt die Hälfte des Grundstücks ein, während die andere Hälfte als Obstgarten angelegt ist. Oft betritt man das Haus zuerst durch ein Tor in der Gartenmauer und dann durch eine Tür, die weit hinter der Außenfläche liegt und von der aus ein Treppenhaus in das Obergeschoß führt. Das Erdgeschoß zeigt uneinheitliche Form und enthält Küche und Wirtschaftsraum. Das vorspringende Obergeschoß aus Holz ist rechtwinklig mit vielen in Streifen angeordneten Fenstern, teilweise als Erkerfenster. Für die männlichen und weiblichen Bewohner ist jeweils ein eigener Wohnbereich vorgesehen. In den größeren Häusern befinden sich diese in eigenen Gebäuden, die durch einen gedeckten Gang miteinander verbunden sind. Im Sofa kam die Familie zusammen. Es ist eigentlich eine breite Veranda am Ende der Treppe über dem Erdgeschoß. Wo es möglich war, hatten die Zimmer Fenster zur Straße und auch zur Gartenseite. Eine zweite Fensterreihe darüber ließ zusätzliches Licht ein. Zwischen den Fenstern standen sehr niedrige Sitzmöbel, die man im Westen als »Sofa« bezeichnete. Den Fußboden bedeckten farbenfrohe Brücken und Teppiche oder in Teppichmustern verlegte Fliesen. Kleinere und größere Schränke an den Wänden bargen das Bettzeug, mit dem nachts ein Wohnzimmer in ein Schlafzimmer verwandelt wurde. In anderen waren niedrige Tische untergebracht, die man zu den Mahlzeiten heraushole. Die Speisenden saßen dabei auf Kissen. Der typische türkische Kamin war kreisrund mit kegelförmiger Haube aus Stuck oder Bronze.

Diese Häuser, denen der Westen bis in dieses Jahrhundert hinein keine Beachtung schenkte, nahmen schon vieles vorweg, was

1. Hof
2. Reinigungsbrunnen
3. Gebetsraum der Moschee
4. Friedhof
5. Mausoleum
6. Tor für den Sultan
7. Ringplatz
8. Darül Hadis
9. Hamam (Bäder)
10. Medrese
11. Tabhane (Hospiz)
12. Imaret (Suppenküche)
13. Hospital
14. Grundschule
15. Läden
16. Taksim (Wasserleitung)
17. Latrinen
18. Haus Sinans

Abb. 19.13 Istanbul, Külliye Süleimans I. (Nr. 11 in Abb. 19.14); Gesamtgrundriß

modernen Wohnungsbau heute auszeichnet: den offenen Grundriß, die äußere Massierung, welche die schachtelartige Anordnung der Wände ablehnt, die horizontal durchlaufenden Fensterbänder und die großen Dachüberstände. Diese Charakteristika fallen uns jetzt als etwas Besonderes auf, weil unser heutiges visuelles Gedächtnis sie mit Voysey, Frank Lloyd Wright, dem Shinglestil und den offenen Grundrissen von Häusern Bruce Prices oder des jungen Charles McKim in Verbindung bringt. Wir werden wieder daran erinnert, daß wir uns einheimischer Traditionen gewöhnlich auf zweierlei Weise bewußt werden. Entweder weist uns ein moderner Architekt speziell auf eine Region als Quelle und Inspiration seiner Arbeit hin, verhält sich also wie Le Corbusier, der sich die Häuser der griechischen Inseln aussuchte, oder wir verfallen, wenn wir uns eine bestimmte moderne Ge-

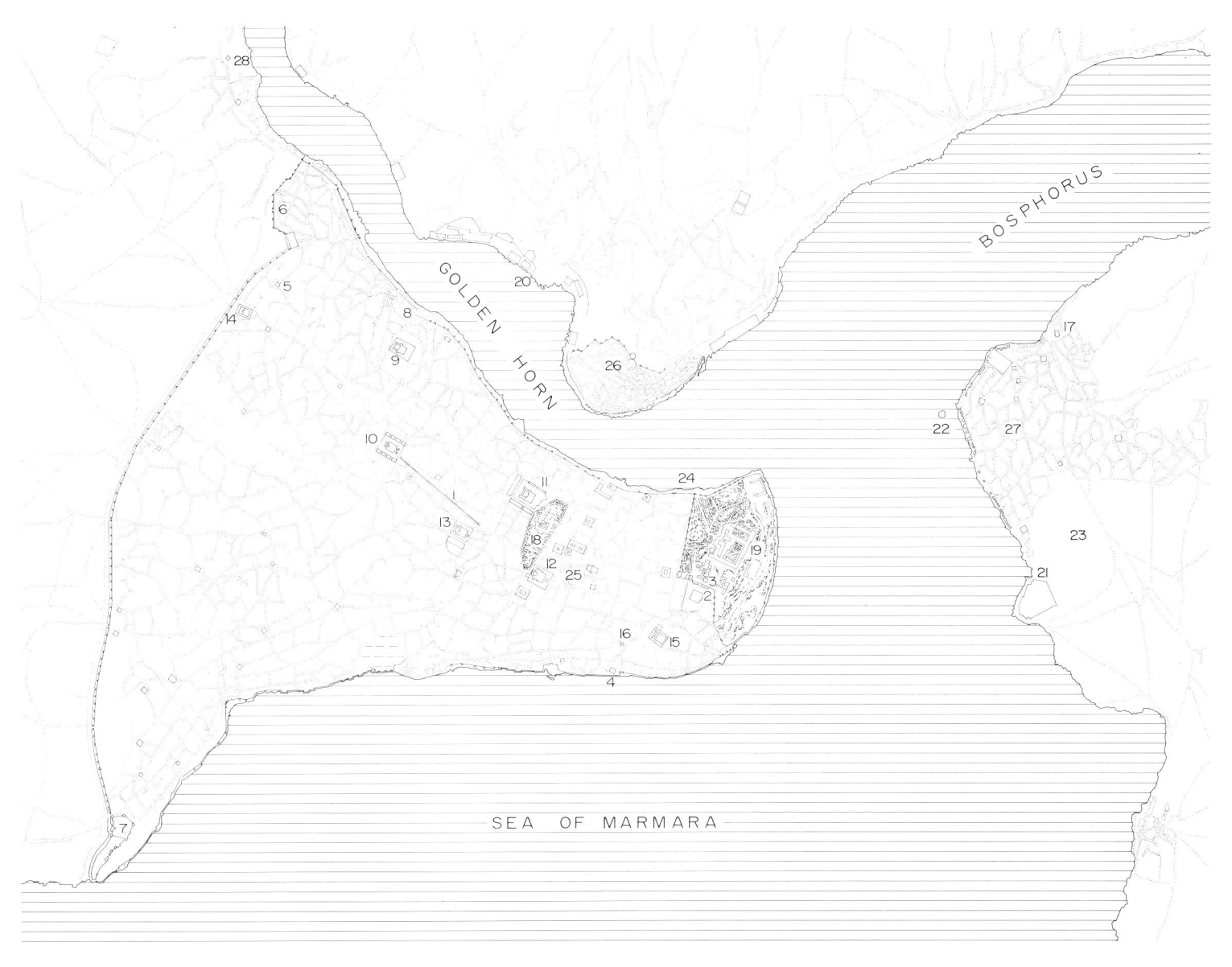

1. Aquädukt des Valens
2. Hagia Sophia
3. Hagia Eirene
4. Hagios Sergios und Bakchos
5. Chora-Erlöserkirche (Kariye)
6. Blachernenpalast
7. Festung Yedi Kule
8. Orthodoxes Patriarchat
9. Moschee Selims I.
10. Külliye Mehmeds II. (Fatih)
11. Külliye Süleimans I.
12. Moschee Bajazets II.
13. Schehzada-Külliye
14. Mihrimah-Moschee
15. Moschee Sultan Ahmeds
16. Mausoleum Sokullu Mehmed Paschas
17. Iskele-Moschee
18. Alter Palast
19. Topkapi Serail
20. Marine-Arsenal
21. Kasernen
22. Leanderturm
23. Büyük Mezaristan
24. Hafen des Sultan
25. Märkte
26. Galata (Pera)
27. Üsküdar
28. Eyüp

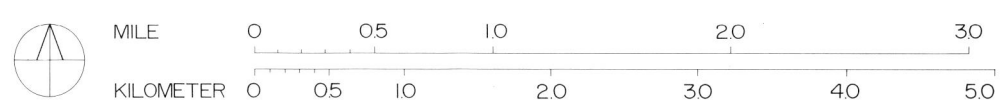

Abb. 19.14 Istanbul im 16. Jh. mit den wichtigen byzantinischen und osmanischen Baudenkmälern

Abb. 19.15a Istanbul, Topkapi Serail, Pavillon Kara Mustafa Paschas, aus der zweiten Hälfte des 17. Jh.

Abb. 19.15b Konya (Türkei); Inneres eines Hauses.

staltungstendenz bereits zu eigen gemacht und anerkannt haben, dem Zauber irgendeines entlegenen Objekts, das diese Tendenz ganz zufällig bereits anzukündigen scheint. Letzteres ist der Fall bei der Architektur der Wohnhäuser im alten Bursa und in anderen frühtürkischen Städten.

Die Vollendung Venedigs

Die italienische Renaissance brauchte lange, bis sie sich auf das Marschland des Venetos und dessen im Meer gelegene Hauptstadt auswirkte. Italien erhob keine entschiedenen Ansprüche auf Venedig, das aus eigener Kraft emporgekommen war, eine frühmittelalterliche Schöpfung, dem römischen Erbe nicht verpflichtet. Es gab keine antiken Denkmäler, die man wiederentdekken, keine antiken Denkweisen, die man zu Richtlinien erheben konnte. Die fromme, aber seit eh und je dem Papst abgeneigte Stadt war unter einem offiziellen Exkommunikationsedikt in das 16. Jh. eingetreten. Es war vorherzusehen, daß der im Hintergrund wirkende klassische Stil – das Gewicht einer kaiserlichen Vergangenheit und der Internationalismus einer katholischen Gegenwart – am Canal Grande oder auf der stillen Terra ferma nicht überzeugen konnte.

Venedig hatte seine eigene Vergangenheit, an der es stolz festhielt. Es war selbst Weltstadt, und seine Welt war die internationale Gemeinschaft des Handels. Seine Anregungen bezog es aus Anlaufhäfen ferner Länder und aus Marktstädten auf dem Festland: aus Byzanz, den arabischen Ländern, dem gotischen Europa. Sein Geschmack war in der Architektur ebenso exotisch und dem Luxus zugewandt wie die Fracht seiner Galeeren. Die Bauten Venedigs schätzten Farbe, kostbaren Stein, Skulpturenschmuck und spitzenartigen Zierat. Das war Oberflächenglanz, Überzug für althergebrachte Bauten, die sich seit Jahrhunderten kaum verändert hatten.

Klassische Ordnungen waren für Venedig auch ein solcher Putz. Man übernahm sie sparsam und ohne jede innere Verpflichtung. Der Standardgrundriß und die luftige Offenheit der überlieferten Fassaden blieben dabei unberührt. Selbst als die Stadt mit Jacopo Sansovino (1486–1570), der nach der Plünderung Roms 1527 von dort nach Venedig kam, den italienischen Stil offiziell importierte, hielten sich lokale Muster, denn Sansovino verstand es, die fortschrittlichste Renaissancearchitektur in dieses vergoldete Gewebe einzufügen – das war das Geheimnis seines Erfolgs. Mit dem einheimischen Baumeister Palladio erfand sich das Veneto in der zweiten Hälfte des Jahrhunderts seine eigene Renaissance – sie war eklektizistisch, empirisch funktional, anpassungsfähig und voll von dem Glanz und der für ihre Umgebung jederzeit charakteristischen Heiterkeit.

Palladio war als Steinbildhauer ausgebildet, ehe er sich dem Humanistenkreis von Vicenza anschloß. Seine 1570 veröffentlichten und an den Berufsarchitekten gerichteten *Vier Bücher über Architektur* quellen über von handfesten praktischen Ratschlägen, die von gelehrten Erläuterungen begleitet sind. Palladios Villen bekennen sich äußerlich mit Vorhallen, die wie Tempelfassaden aussehen, zur Antike, während alles übrige aus einem schlichten würfelförmigen Bau von entschiedener geometrischer Klarheit besteht. Seine weit »akademischeren« Kirchen in Venedig vereinigen mit ihrer humanistischen Aussage Elemente byzantinischer und gotischer Architektur und römischer Nutzbauten. Ihre Innenräume in weißem oder cremefarbenem Stuck, deren Beleuchtung eine weiche, subtile Modulierung anstrebt, sind von dem Aufwand der nach der Reformation in Italien andernorts entstandenen Kirchen mit ihren freskengeschmückten Gewölben und Kuppeln weit entfernt. Seine Kirchen, die zu einem guten Teil in städtischem oder privatem Auftrag entstanden, halten eine religiöse Mitte zwischen dem laut verkündeten Triumph des Katholizismus und der protestantischen Schlichtheit.

Häuser für jedermann

Venedig legte, wie wir in einem früheren Kapitel schon sagten, die Grundzüge seiner Stadtform im 12. Jh. fest. Man hatte Land aus der Lagune gewonnen und auf beiden Seiten einer gewundenen Wasserstraße, des Canal Grande, eine Anzahl Inseln miteinander verbunden. Damit war die Hauptlandmasse fixiert (Abb. 15.3, 19.16). Die einzige wesentliche Vergrößerung bis etwa 1500 erfolgte an drei Stellen: im Norden *jenseits des Ghettos*, dann durch ein dreieckiges Stück *in der Gegend des Arsenals* und durch die *Erweiterung der Isola di Spinalonga* zu einem Landstreifen in der Form eines Krummsäbels, der Giudecca genannt wurde und mit der Insel S. Giorgio an seiner Spitze die Stadt von der langen südlichen

1. La Giudecca
2. Canal Grande
3. Ghetto
4. Markuskirche
5. Rialto
6. Arsenal
7. Dogana da Mare
8. Marinarezza
9. S. Maria della Salute
10. Il Redentore
11. S. Giorgio Maggiore

Abb. 19.16 Venedig um 1550

Lagune abschirmte. Die Achse des Markusplatzes zum Meer hin verlief hinüber zu dieser Insel.

Dort, wo der Canal Grande auf den viel breiteren »Kanal« der Giudecca stieß, erhob sich der Turm des Zollhauses, der Dogana da Mar, samt den Reihen der Lagerhallen mit ihren Grabendächern und der Kirche S. Maria della Salute dahinter. Es gab sechs Verwaltungsdistrikte und viele Wohnbezirke, jeweils mit eigener Kirche auf einem zugehörigen Platz, die im Stadtbild durch einen hohen Glockenturm aus Ziegeln sichtbar wurde.

Charakteristisch war ein weiterer öffentlicher Gebäudetyp – die *Scuola*. Diese Gebäude waren Zentren von Bruderschaften, Handwerkerinnungen oder Ausländergruppen, die sich mit Mildtätigkeit, Sozialdiensten und der allgemeinen Wohlfahrt ihrer Mitglieder befaßten. Sie alle hatten den gleichen Grundriß. Im Erdgeschoß eines zweistöckigen rechteckigen Gebäudes befanden sich für gewöhnlich Büroräume, und vor der Tür einer der Schmalseiten stand ein Altar. Das obere Geschoß war aufgeteilt in einen Versammlungssaal mit einem zweiten Altar und einen kleineren Raum, *Albergo* genannt, in dem der Exekutivausschuß seine Beratungen abhielt.

Der Rest dieses dichten Geflechts aus Wasser und Land war Wohngebiet. Die Häuser standen gewöhnlich mit der Fassade zum Wasser, während die Rückseite bis zum 13. Jh. eine feste Form angenommen hatte: sie blickte in einen Hof, den eine zinnenbewehrte Mauer umschloß (Abb. 19.17). Für Häuser des Adels und des Besitzbürgertums wie auch für die bedeutenderen öffentlichen Gebäude war von Anfang an die dauerhafte *Pietra di Rovigno* verwendet worden, während Häuser für die besitzlose Bevölkerung, Nutzbauten und Bezirkskirchen aus groben Ziegeln bestanden. Auch sehr viel Holz war zu sehen. Die Außentreppen von Häusern, Altane im obersten Geschoß und Konsolen, die vorspringende darüberliegende Stockwerke stützten, bestanden alle aus Holz. Von Anfang an war die kleinste Wohneinheit ein schmales zweistöckiges Haus mit einem Laden im Erdgeschoß oder auch – bei Familien, die sich mehr Raum leisten konnten – mit Vorraum, Küche und Wohnzimmer. Von hier führte eine Treppe, die oft an die Rückfront angefügt war, zum *Piano nobile* mit zwei zusätzlichen Zimmern. Weitere Stockwerke kamen nach und nach hinzu, aber kein Viertel erreichte ganz

Abb. 19.17 Venedig, Palazzo Centani; Hof mit Außentreppe und Brunnen, 15. Jh.

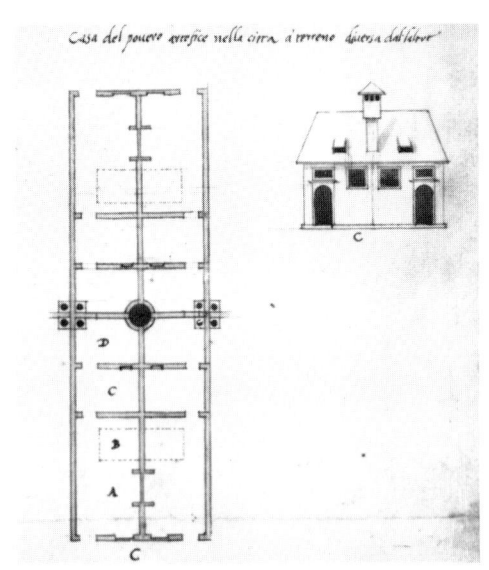

Abb. 19.18 Sebastiano Serlio, Haus eines Handwerkers; Grundriß und Aufriß, aus seinem Buch *Der Bau von Wohnhäusern*, 1541–1551. Die Zeichnung trägt die Unterschrift »Wohnhaus eines unbemittelten Handwerkers« und zeigt ein Zweifamilienhaus im Reihenhausstil.

die Bevölkerungsdichte des Ghettos mit seinen sechs- oder siebenstöckigen Häusern. Da es ein beschränkter Bezirk war, konnte es sich nur nach oben ausdehnen.

Jede Familie hoffte, in einem eigenen Haus wohnen zu können. Im 16. Jh. jedoch machten Mietblöcke und Reihenhäuser, die auf Grund persönlicher Legate, durch Staatsinitiative oder durch Bruderschaften oder sonstige wohltätige Einrichtungen *Amore dei* errichtet worden waren, einen ansehnlichen Prozentsatz aller Wohnungen aus. Auch sie enthielten so viele Türen und Treppen, wie Familien darin wohnten.

Das übliche Schema sah vor, daß die zu vermietenden Einheiten rings um einen eingefriedeten *Campiello* errichtet wurden, der als gemeinsamer Hof diente und ermöglichte, daß sich das tägliche Leben größtenteils im Freien abspielte. Es konnten aber auch zwei Blöcke aus Reihenhäusern an zwei Straßen stehen, die rechtwinklig auf einen Kanal oder eine gepflasterte Hauptuferstraße zuführten. In der Nähe dieses Zugangswegs waren die beiden parallelen Blöcke durch einen Brückenbau miteinander verbunden. Solche Verbindungen über Straßen hinweg waren auch bei aufwendigeren Häusern beliebt – eines der vielen Beispiele für die Neigung der Venezianer, mit gleitender Reihung des gebauten Environments das Strömen ihres Verkehrsnetzes nachzuformen.

Örtlich geht die Tradition von Sozialwohnungen auf das späte Mittelalter zurück. In der ersten Hälfte des 16. Jh. herrschte in Europa eine schwere Wohnungsnot, da die armen Leute vom Lande, geschlagen von Krieg, Hungersnot und einer Wirtschaftskrise, die durch eine steigende Geburtenziffer noch verstärkt wurde, auf der Suche nach Arbeit, Brot und Unterkunft in die Städte strömten. In manchen Städten war auf diese Weise über die Hälfte der Stadtbevölkerung besitzlos, und man versuchte auf zweierlei Weise diesen Zustand zu bessern.

Eine davon war der subventionierte Wohnungsbau. Das erste Beispiel dafür ist die Fuggerei, ein Wohnviertel mit Reihenhäusern und eigener Schule und Kirche, das der große Bankier Jakob Fugger gegen 1520 in einer Vorstadt von Augsburg für Arbeiterfamilien errichtete. Die Häuser sollten, abgesehen von einem Nominalbetrag für ihre Erhaltung, nichts kosten. Die Nutznießer sollten, wie es in der Gründungskurkunde heißt, »fromme Arbeiter und Handwerker, Bürger und Einwohner der Stadt Augsburg sein, die bedürftig und ihrer am würdigsten sind«. Im selben Jahrzehnt verabschiedete Venedig ein Armengesetz zum Zweck der Errichtung von provisorischen Unterkünften aus den Mitteln einer Armensteuer, die von allen Bürgern erhoben wurde. Zudem übertrug es dem Senat die Aufgabe, Beschäftigung für alle Arbeitsfähigen zu fin-

Abb. 19.19 Venedig, Canal Grande; Teilansicht.

den. Gleichzeitig bauten der Staat und seine Ämter Gemeinschaftswohnungen für bestimmte Menschengruppen, etwa unverheiratete adlige Frauen über dreißig, Witwen ohne männliche Nachkommen, bußfertige Prostituierte und andere Personen, für deren Versorgung der Staat, wie man fand, verantwortlich war. Auch hierfür gibt es Präzedenzfälle aus dem späten Mittelalter, zum Beispiel die Beginenhäuser in den Niederlanden und in Deutschland für Frauen aus der Mittel- und Unterschicht.

Der zweite Weg war mehr auf Gewinn abgestellt und ergab sich unmittelbar aus verfügbarem Einkommen. Grund und Boden und Arbeitskraft waren immer noch die Hauptstützen von Wirtschaftseinrichtungen, aber Einzelpersonen oder Konsortien mit viel Grundbesitz oder Kapital suchten neue Betätigungsfelder. Dazu gehörten der Erwerb von Ämtern im Bereich des Militärs, der Verwaltung und der Rechtsprechung durch das neureiche Bürgertum, Geldanlagen in Staatsanleihen und Staatspapieren und in Anteilen von Aktiengesellschaften, die im nächsten Jahrhundert als Ergebnis des Kolonialhandels auf den Plan treten, und natürlich auch das Bankwesen. Außerdem sah man jetzt im Bau von vermietbaren Immobilien eine günstige Möglichkeit, Geld anzulegen.

In Venedig, wo die Mieten extrem hoch waren, begann nicht nur privates Kapital, sondern auch der Staat in das Geschäft spekulativen Wohnungsbaus einzusteigen. In den ausgedehnten städtischen Konzentrationen des römischen Kaiserreichs waren Appartementwohnungen etwas ganz Übliches. Wir sprachen schon von den *Insulae* des antiken Roms und seines Hafens Ostia. Ähnliches begegnet uns jetzt wieder, etwa in Paris, und ist bis heute eine feste Einrichtung auf dem Wohnungssektor geblieben. In Venedig jedoch findet sich jetzt auch spekulativer Wohnungsbau für Arbeiter und die Mittelschicht, und Architekten legen jetzt Modelle für diesen Zweck vor. Sebastiano Serlio (1475–1554) aus Bologna, der in Rom arbeitete, nach dem Sacco di Roma von 1527 aber nach Venedig kam, hat uns ein Manuskript über Wohnungsbau hinterlassen, in dem auch für eine Serienproduktion geeignete Doppelhäuser und Doppelwohnungen für Handwerker enthalten sind (Abb. 19.18).

Häuser für die Oberschicht und für Patrizier wiesen an der Hauptfassade zwei Zonen offener Arkaden auf, die von turmähnlichen Bauteilen seitlich begrenzt wurden

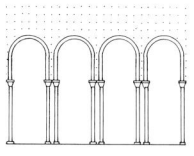

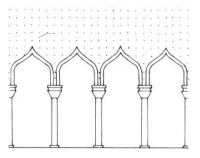

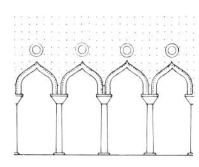

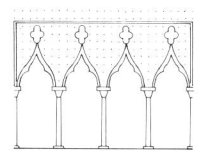

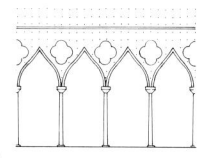

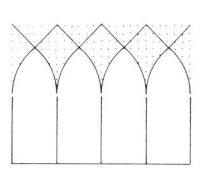

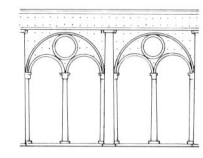

Abb. 19.20 Das venezianische Fenster und seine Wandlungen. Ganz oben: die früheste Form 11. bis 12. Jh.; die dritte von unten die gotische Form 14. bis 15. Jh., wie sie im Dogenpalast (Abb. 19.23) auftritt; das letzte in dieser Reihe ist das Renaissancefenster wie in Abb. 19.21 (16. Jh.).

(Abb. 19.19). Die Erdgeschoßarkade war in Wirklichkeit ein Portikus für die Ankunft und Abfahrt der Gondeln und das Abladen und Speichern von Waren. Im nächsten Geschoß öffnete eine Loggia aus schmalen zierlichen Bogen die rechteckige oder L-förmige große Halle zum Canal Grande oder einer Wasserstraße von vergleichbarer Bedeutung hin. In reicheren Palästen konnte sich diese Loggia über zwei Geschosse ausdehnen. Die spätantike Villenform mit einer Loggia zwischen Turmblöcken an den Ecken (wir erinnern uns an die dem Meer zugewandte Fassade des Diokletianspalasts in Split, Abb. 11.18) scheint sich in Norditalien einer anhaltenden Beliebtheit erfreut zu haben und in den volkstümlichen Stil der Bauernhäuser übertragen worden zu sein. Venedig als ein Produkt der frühmittelalterlichen Welt könnte diesen Typus vom Festland mitgebracht und dann in seiner zutiefst konservativen Baugeschichte bewahrt haben.

Diese Loggien brachten die jeweilige Mode und die Eleganz Venedigs zum Ausdruck. Wir können verfolgen, wie sich aus einfachen überhöhten Bögen eine verspielte Spitzbogen-Form entwickelte, die in einer Anlehnung an den Islam gelappt und verschränkt sein konnte und schließlich zur klassischen Interpretation des 16. und 17. Jh. gelangte. Veränderungen sind auch in den begleitenden Verzierungen über und zwischen den Bogen festzustellen – runde Felder, Vierpaßmaßwerk und Rosen. Unsere Zeichnung skizziert eine mögliche Abfolge – vom byzantinischen und romanischen Geschmack über die verschiedenen Stadien der Gotik zur Renaissance (Abb. 19.20).

Die Masse des typischen italienischen Palasts mit seinem Mittelhof hatte keinen Platz in einer Stadt, in welcher der Boden kostbar war und ein Bau oft die mühselige Aufgabe mit sich brachte, Pfähle in den Grundwasserspiegel zu treiben. Seltene Versuche, die Palastfassade der Renaissance zu wiederholen, führten zu gemischten Ergebnissen. Das hier abgebildete Beispiel stammt aus dem ersten Jahrzehnt des 16. Jh. (Abb. 19.21). Es reguliert die Fensterung und ersetzt die mit Zierzinnen versehene Dachkante durch ein echtes klassisches Gesims, zeigt jedoch noch immer die besondere Behandlung des unbewohnbaren Erdgeschosses und die herkömmliche Teilung der Fassadenfläche in drei senkrechte Abschnitte, von denen der mittlere der breiteste ist.

Die Stadt als Gesamtentwurf

Die Piazza S. Marco war das Schaufenster der Republik. Markuskirche, Dogenpalast und auch der öffentliche Platz selbst durften anhaltender und aufwendiger Pflege sicher sein. Im wesentlichen hatte dieses vielgeliebte Ensemble um 1400 seine feste Form gefunden (Abb. 19.3, 19.22). Damals war der Batario, der Kanal, der westlich des Campanile verlief, zugeschüttet worden, und man hatte S. Geminiano, die Kirche, die ihn überspannte, abgerissen und am Ende des erweiterten Platzes, gegenüber der Markuskirche, neu errichtet. Dieser an drei Seiten umschlossene Platz, die eigentliche Piazza S. Marco, enthielt Ämter der Prokuratoren der Markuskirche und längs der Südseite ein Hospiz aus dem 13. Jh. Alle drei Fassaden des so eingefaßten Raums waren mit Loggien versehen, so daß er mit seinem langen Ausblick zur Markuskirche hin einem römischen Forum nahekam. Pompeji ist ein uns bekanntes Beispiel (Abb. 9.8), das mit seiner Längsachse dem Tempel zugewandt war. Der Graben, der sich um den ursprünglichen Burg-Palast der Dogen zog, war ebenfalls schon lange zuvor beseitigt worden; nur der Kanal an der Ostseite war geblieben. Das Uferstück am Meer hatte man verbreitert und nach Westen ausgedehnt, und ein Gebäudestreifen, der auf einer Achse mit dem Campanile lag, hatte an der Ostseite des Palasts einen schmalen Platz, die sog. Piazzetta, gebildet.

Die Palastfront auf dieser Seite ist in der ersten Hälfte des 15. Jh. umgebaut worden (Abb. 19.23). Mit dem Portikus im Erdgeschoß und der eleganten unverglasten Loggia des *Piano nobile* ist sie beispielhaft für die venezianische Bauweise. Sie durfte trotz zweier verheerender Brände in den Jahren 1574 und 1577 nicht verändert werden. Der Innenhof mit seiner großartigen Treppe auf der einen Seite war nach einem früheren Brand in der klassischen Mode gestaltet worden, allerdings in einer so reichen Ausführung, daß er dem venezianischen Geschmack entsprach. Die deutlichste Anpassung an den Renaissancestil erfuhren die Piazza S. Marco und die Piazzetta seit 1537 durch die Bauten Jacopo Sansovinos.

1501 übernahm ein eigener Ausschuß, der *Magistrato all'Acqua*, der aus drei Senatoren und drei Patriziern bestand, die Leitung aller Planungsaktivitäten. Er erteilte Konzessionen *(gratiae)* an Private, die unter strenger Kontrolle und nach genehmigtem Verfahren Teile der Stadt ausbauen sollten. Das Durchführungsprogramm bestand darin, die Form des Stadtgebiets zu erhalten und einige Ordnung in das innere System der Kanäle und Straßen zu bringen. Die alte Methode, aus dem Wasser aufragendes Land zu befestigen, stützte sich auf den Uferverbau durch Palisaden. Jetzt ersetzte man sie durch steinerne Kais. Gleichzeitig führte man die Wasserstraßen und Straßen senkrecht zum Canal Grande, wo dieser einen mehr oder weniger geraden Verlauf hatte, und radial, wo er eine deutliche Krümmung aufwies.

An dem Gedanken eines Hauptzentrums und einer Gruppierung lokaler Kleinzentren hielt man eisern fest. Die Regierung lehnte ein Programm Fra Giocondos (1433 bis 1515) ab, der, angeregt durch Vitruvs Ausführungen über die griechische Agora, den Entwurf eines zentralen Handelsviertels am Rialto vorschlug. Statt dessen schuf man neue Einrichtungen rein funktioneller

Abb. 19.21 Venedig, Palazzo Loredan, später Vedramin-Calergi, am Canal Grande, Baubeginn um 1502, Mauro Codussi; Hauptfassade. Der Bau beherbergt im Winter das Casino Municipale.

444 *Neue Ansprüche*

Art, während gleichzeitig der Markusplatz von dem volkstümlicheren Geschäftsbetrieb gesäubert wurde, der sich mit Buden und Tischen der Geldwechsler auf ihm breitmachte. Es sollte nur einen einzigen offiziellen Platz geben, wo er immer gewesen war: an der Stelle, wo der Canal Grande in die breiteren Gewässer der See einmündete. Zwei freistehende Granitsäulen am Südende der Piazetta rahmten von innen her diesen weiten Horizont ein und bildeten den festen Blickpunkt für die flüchtigen Annäherungen von der Wasserseite. Dieses erlesene Proszenium zwischen der Welt und dem Schauspiel Venedig trug Symbole der Stadtgeschichte: den geflügelten Löwen des heiligen Markus und die Statue eines älteren Schutzheiligen, Theodor, der auf einem Krokodil steht.

Sansovinos Aufgabe bestand darin, Klarheit in diese Anlage zu bringen und eine erstaunliche Menge Architektur, die sich in mehreren Jahrhunderten am Eingang zur Stadt angesammelt hatte, äußerlich aufzufrischen. Sie umfaßte die Markuskirche und ihren Campanile, den Dogenpalast und die heraldischen Säulen. Dabei waren zwei Überlegungen wichtig: Die Piazza S. Marco und die Piazetta mußten jeweils unter Berücksichtigung der Basilika und des Palasts überprüft werden, und dann war ein Weg zu finden, auf dem die beiden Plätze miteinander verbunden und zu einem gemeinsamen Stadterlebnis gemacht werden konnten. Der bestehende L-förmige Zusammenschluß gestattete jedem Monument, einen offenen Platz unterschiedlicher Form zu beherrschen, so wie es dessen Funktion und axialer Bestimmung entsprach. Der Palast zeigte eine Erdgeschoßarkade ohne zentralen Brennpunkt. Es handelte sich um einen seitlichen Block, eigentlich die Flanke eines Gebäudes, dessen Hauptfassade theoretisch auf das Wasser hinausging. Der öffentliche Hof vor dieser Flanke mußte breit und kurz sein; einmal, um ihrer unzentrierten Ausbreitung zu entsprechen, und zweitens, um den Verkehr auf die Markuskirche hinzuleiten. Tatsächlich gibt der Palast ehrerbietig den Blick auf die Markuskirche frei. Diese lange Nord-Süd-Perspektive, die mit den heraldischen Säulen begann, schloß jenseits der Markuskirche mit einem neuen Glockenturm über dem hohen Tor ab, das den Eingang zur Merceria, der Hauptgeschäftsstraße bildete, die zum Rialto führte. Die tiefe, schmal zulaufende Piazza S. Marco, die rechtwinklig zu dieser Perspektive verläuft, hebt die glänzende Fassade der Mar-

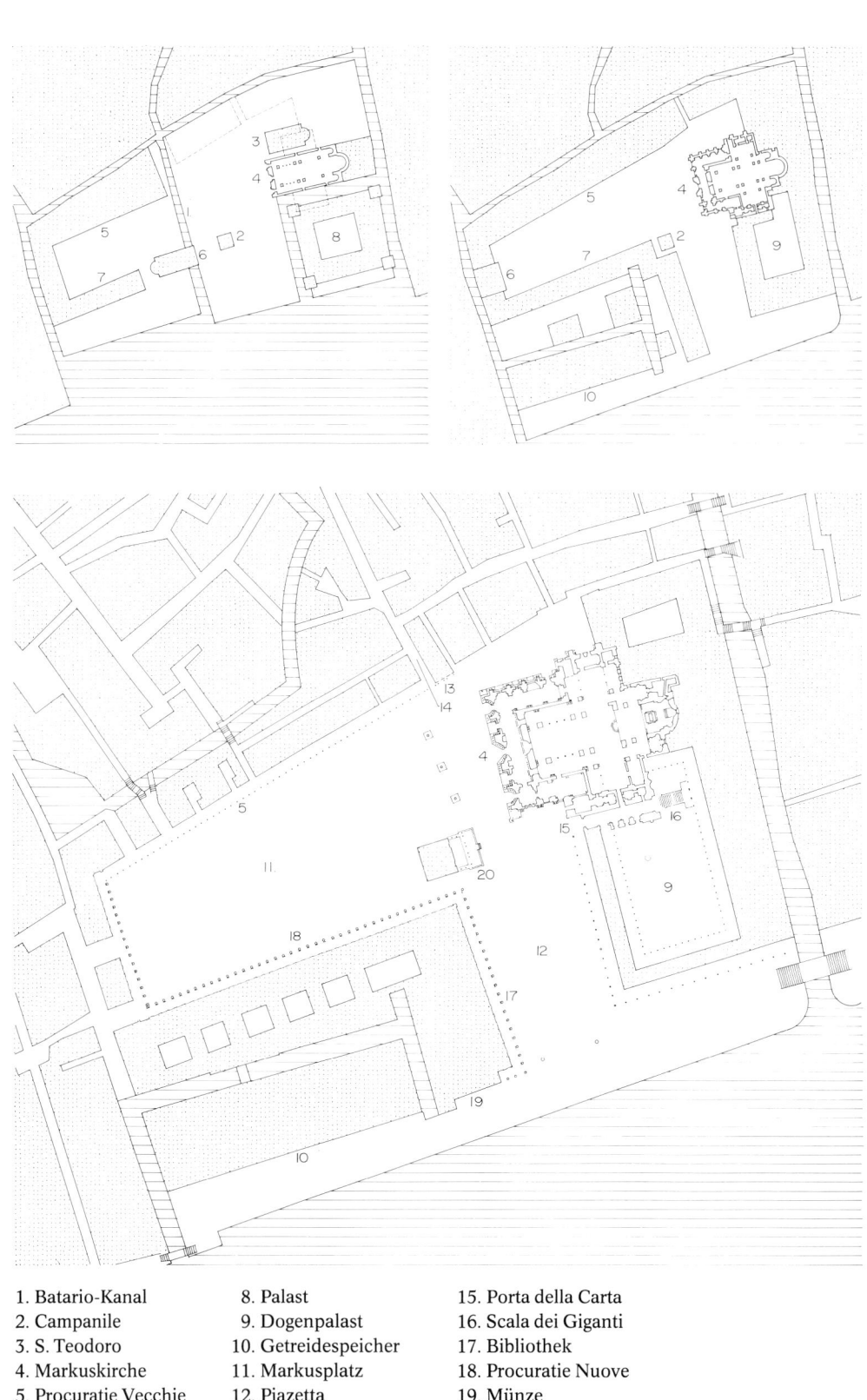

1. Batario-Kanal
2. Campanile
3. S. Teodoro
4. Markuskirche
5. Procuratie Vecchie
6. S. Geminiano
7. Hospiz
8. Palast
9. Dogenpalast
10. Getreidespeicher
11. Markusplatz
12. Piazetta
13. Glockenturm
14. Merceria
15. Porta della Carta
16. Scala dei Giganti
17. Bibliothek
18. Procuratie Nuove
19. Münze
20. Campanile und Loggia

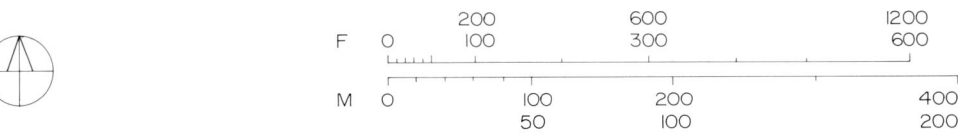

Abb. 19.22 Venedig, Markusplatz, drei Phasen seiner Entwicklung; Grundrisse.
Links oben: 10. Jh.; rechts oben: um 1400; unten: um 1550

Abb. 19.23 Venedig, Piazetta, Blick nach Norden, rechts der Dogenpalast, dahinter die Markuskirche und links die Bibliothek von Jacopo Sansovino.

Abb. 19.24 Venedig, Markusplatz, Blick nach Südwesten, im Vordergrund der Campanile (Nr. 20 auf Abb. 19.22), Bibliothek und Procuratie Nuove (Nr. 17 und 18 auf Abb. 19.22) links. Rechts ein Teil der Vorhalle der Markuskirche.

kuskirche und die Gruppe ihrer zwiebelförmigen Kuppeln hervor und saugt die Innenachse der Basilika mit hinein in das Innere des Stadtviertels an der Südkurve des Canal Grande.

Der berühmte Campanile stand an der Ecke des L gegenüber der Verbindung von Kirche und Palast. Hier begann der zeremonielle Zugang zu den Dogengemächern an der »Porta della Carta«. Dann verlief der Weg längs der Arkaden zum Palasthof und die prachtvolle »Scala dei Giganti« hinauf zum höchsten Treppenabsatz, auf dem die Dogen gekrönt wurden. Die merkwürdige Stellung des Campanile geht der Entstehung des L voraus. Man hatte ihn vielleicht deshalb so weit von der Markuskirche entfernt plaziert, weil er die Basilika mit der kleinen Kirche S. Geminiano, die damals nicht weit entfernt lag, und den Palast, dessen Fassade der Kirche zugewandt war, zusammenschließen sollte. Irgendwann vor 1400 war S. Geminiano, wie bereits erwähnt, versetzt worden, und die Piazetta war entstanden. Jetzt war der Campanile plötzlich mit beiden Flügeln des L verbunden, ohne auf einen von beiden genau ausgerichtet zu sein. Das mit Arkaden versehene Hospiz bildete den langen Arm; der kürzere gegenüber dem Palast bestand aus mehreren unbedeutenden Gebäuden, zu denen auch eine Bäckerei gehörte.

Das war die Situation, die Sansovino vorfand. Er riß zuerst die Bäckerei und die angrenzenden Gebäude ab und baute für St. Markus eine neue Bibliothek mit einer einheitlichen zweistöckigen Fassade, welche die Horizontale betonte (Abb. 19.23). Das Erdgeschoß war als Kolonnade entworfen, das obere Stockwerk enthielt den Lesesaal und das Büchermagazin. Die Sprache dieser Architektur ist eine üppige Version der reifen Renaissance, aber der Aufriß soll offensichtlich die Fassade des gegenüberliegenden Dogenpalasts widerspiegeln. Von weitem zeigt der lange Bibliotheksblock zwei übereinanderliegende Kolonnaden. Aus der Nähe erweist sich, daß es sich um vorgestellte Säulen handelt, zwischen denen sich Bogen wölben – von niedrigeren Pfeilern im Erdgeschoß, ähnlich wie beim Marcellustheater in Rom, und von kleinen ionischen Säulen im oberen Geschoß. Zwischen diesen Säulen und der vorgestellten Hauptordnung liegen flache, von Gebälkstücken bekrönte Streifen (Abb. 19.25). Wären die Felder offen, so würde man diese dreigeteilten Bogenfenster als palladianisch oder serlianisch bezeichnen – ein Motiv, das wahr-

Abb. 19.25 Venedig, Markusplatz, Bibliothek, Baubeginn 1536, Jacopo Sansovino; Detail der Außenansicht.

Abb. 19.26 Gentile Bellini, *Corpus Domini-Prozession auf dem Markusplatz*, 1496 (Accademia, Venedig). Das Bild zeigt den Markusplatz vor seiner Umgestaltung durch Sansovino (vgl. Abb. 19.22, Grundriß rechts oben). Blick nach Westen auf die Fassade der Markuskirche, rechts das mittelalterliche Hospiz (Nr. 7 auf Abb. 19.22) mit Campanile und Dogenpalast unmittelbar dahinter; links die Procuratie Vecchie.

scheinlich Bramante um die Jahrhundertwende erfunden hatte und das, da Palladio es überaus häufig verwendete, im Ausland sehr beliebt wurde.

Die Bibliothek endete etwa 5 Meter vor dem Campanile. Das diesem zugewandte Ende mit drei Jochen bestimmte den Entwurf der Procuratie Nuove, die schon bald an die Stelle des mittelalterlichen Hospizes traten. Die Fassade dieses Gebäudes erhob sich nicht über den alten Fundamenten, sondern wurde in einer geraden Linie zurückgesetzt. Dadurch verbreitete sich der Markusplatz um etwa 70 Meter auf der Ostseite und um 50 Meter auf der Westseite. Das genügte für eine Plazierung der Basilika in der Mitte der Ostseite des Platzes, während sie vorher eher in der Südecke stand. Der Campanile, jetzt ein freistehendes Monument, befand sich nun in einer Linie mit der entscheidenden Südwestecke des L, die fast einen rechten Winkel bildete. Eine reizende neue Loggia an der Ostseite orientierte ihn auf den Verbindungspunkt zwischen Kirche und Palast, auf die Achse der Porta della Carta (Abb. 19.24). Schließlich entstand unmittelbar neben der Bibliothek an der Wasserseite ein wuchtiges Münzgebäude.

Doch unsere Beschreibung hat das lebendigste Element dieses städtebaulichen Meisterstücks unberücksichtigt gelassen: seine pomphaften Aufzüge. Venedig liebte öffentliche Schaustellung über alles. Seine in der gesamten Christenheit und darüber hinaus berühmten Maler zeigten gern bis in die feinsten Einzelheiten das äußere Erscheinungsbild ihrer Stadt, eingefangen im Glanze ihres Wasserreichs und dem sanften Glühen ihres Lichts. Sie präsentieren Schauplätze und das Volk, den Betrieb, die Festlichkeiten. Anläßlich irgendeines historischen oder religiösen Ereignisses malte jeder die Stadt seiner Zeit, die Gebäude und die Gewänder, und das alles ist für den heutigen Forscher eine große Hilfe. So erfahren wir aus Gentile Bellinis Gemälde mit der Corpus-Domini-Prozession, wie die Piazza S. Marco unmittelbar vor Sansovinos Eingriff aussah (Abb. 19.26). Dutzende von Skizzen und Gemälden aus dem 17. und vor allem aus dem 18. Jh. zeigen den großartigen Komplex von allen Seiten und, was noch wichtiger ist, wie er im Alltag und bei Festen aussah (Abb. 19.3). Wenn man bei Canaletto sieht, wie der Doge vom Molo am Himmelfahrtstag aufbricht, um in einem goldenen Schiff auf offener See das alte Ritual der Vermählung Venedigs mit dem Meer zu wiederholen, so wird uns eine alte, aber hochbedeutsame Wahrheit aufs neue vermittelt. Kein noch so hervorragender Architekt kann das Leben und Treiben für die von ihm geschaffenen Formen entwerfen. Keine Architektur wird wirklich verstanden ohne Kenntnis des Sozialgefüges, das sie hervorgebracht hat.

Palladio in Stadt und Land

Wenn Sansovino die Ehre zuteil wurde, das Zeremonialzentrum von Venedig zu gestalten, so fiel Palladio die Aufgabe zu, in der zweiten Hälfte des Jahrhunderts die Silhouette der Stadt zu verändern und visuelle Beziehungen zwischen dem Kern und der außerhalb gelegenen Landmasse der Giudecca und der Insel S. Giorgio zu schaffen. Die Gelegenheit bot sich durch den Bau zweier Kirchen in diesem Bereich, die zusammen mit einer dritten Kirche, die hundert Jahre später an der Stelle der alten S. Maria della Salute errichtet wurde, für Venedig das leisteten, was Brunelleschis Kuppel zu Beginn der Renaissance für Florenz geleistet hatte. Auch bei Palladios Kirchen kommt es darauf an, daß eine richtig proportionierte und aufgebaute Kuppel die Teile der Stadt miteinander verbindet oder der Ausdehnung des Stadtgebiets Sinn und Einheitlichkeit verleiht. Im Mittelalter kündigte sich die niedrige, flache Stadtlandschaft über der Lagune den nahenden Schiffen durch ihre vielen Kirchtürme aus Ziegeln an, unter denen der Campanile der Markuskirche der höchste war. Hielten die Venezianer über die Gewässer, auf denen ihre Galeeren kreuzten, Ausschau nach ihrer Stadt, so fanden sie kein weithin sichtbares Kennzeichen, an dem der Blick aus der Ferne sich festhalten konnte. Palladios Kirchen mit Kuppeln und Fassaden aus weißem istrischen Stein schaffen einen Mittelgrund zwischen der Stadt und dem fernen Horizont, der aus beiden Richtungen wirksam ist.

Beide Gotteshäuser – die vom Senat als Dank für die Erlösung von der schrecklichen Pest der Jahre 1575/76 errichtete Kirche Il Redentore (Der Erlöser) und die Benediktinerkirche S. Giorgio Maggiore auf der Insel gleichen Namens – setzten italienische Bemühungen fort, ein geräumiges Hauptschiff mit entsprechenden Seitenkapellen und einer Tribuna in der Mitte unter einer großen Kuppel zu vereinigen (Abb. 19.27). So hatte der Kompromiß der Renaissance zwischen der theoretischen Vollkommenheit des Zentralbaus und den Vorschriften des liturgischen Raums ausgese-

Abb. 19.27 Venedig, Il Redentore (Nr. 10 auf Abb. 19.16), 1576–1580, Andrea Palladio. Von links nach rechts: Schnitt, Grundriß, Lageplan.

hen. Doch für Palladio waren die Kirchen auch Versuche, einen modernen städtischen Tempel zu gestalten. Er experimentierte zu diesem Zweck mit einem neuartigen Innenraum (wir erwähnten schon die cremefarbene Tönung, die bei ihm vorherrschte) und mit dem ungelösten Problem einer Rehabilitierung der römischen Tempelfront als Kirchenfassade. Das Innere von Il Redentore zeigt Abb. 19.12; wir finden hier die Verengung des Schiffs am Anfang des überkuppelten Jochs wie auch den halbkreisförmigen offenen Säulenschirm hinter dem Hauptaltar, durch den das Licht einfällt und die Gesänge des Chors unser Ohr erreichen. Dieser Schirm und alle eingelassenen Säulenpaare, welche die Hauptgewölbe tragen, sind von gleicher Höhe und durch ein fortlaufendes Gebälk miteinander verbunden. Als Gegensatz zu dieser Hauptordnung ist eine flachere kleinere Ordnung ausschließlich den Seitenkapellen vorbehalten. Die halbkreisförmigen Fenster sind ebenfalls typisch für Palladio. Man bezeichnet sie als »Thermenfenster«, weil wir sie in spätrömischen Bauten, vor allem in den Kaiserthermen, finden.

Die Fassade von Il Redentore stellt Palladios virtuosen Formalismus zur Schau (Abb. 19.28). Sie setzt sich aus mehreren verschiedenen Reliefebenen oder -flächen zusammen, wobei zwei getrennte Tempelfronten ineinandergreifen. Die vordere entspricht der größeren Ordnung im Kircheninneren und setzt ihr Giebelfeld vor eine rechteckige Attika – ein Einfall, der letztlich auf das Pantheon zurückgeht. Eine zweite, niedrigere und breitere Tempelfront ist auf beiden Seiten zu erkennen; sie erklärt sich aus den dahinterliegenden Seitenschiffen. Die Stützen für das Tonnengewölbe des Schiffs wirken wie eine weitere Garnitur von Halbgiebeln unmittelbar hinter und unter der Attika. Das Ganze erhebt sich über einem hohen Podium, das in der ganzen Breite des Hauptschiffs vorspringt und eine Treppe vor sich hat. Der Zugang ist also wie in den meisten Bauten Palladios streng frontal, und die visuell komplizierte Konstruktion der Fassade rückt in die rechte Ordnung, wenn wir sie aus einiger Entfernung betrachten. Diese Axialität fand ihre Begründung am Fest des Erlösers, dem dritten Sonntag im Juli, an dem aus Gondeln ein Zugang über das Wasser geschaffen wurde, damit die Prozession der Würdenträger das Votivdenkmal auf geradem Weg erreichen konnte.

Die venezianischen Kirchen treten in Palladios Lebenswerk erst ziemlich spät auf. Er hatte um die Mitte des Jahrhunderts mit einem neuen Rathaus für Vicenza begonnen, in Wirklichkeit mit der Umhüllung des mittelalterlichen Rathauses durch eine zweistöckige Loggia, die stark an Sansovinos Bibliothek in Venedig erinnerte; dann war er darangegangen, für reiche Auftraggeber aus Vicenza Villen und Stadtpaläste zu bauen.

Vicenza gehörte zum Herrschaftsgebiet Venedigs. Es hatte eine eigene Palasttradition, einen Block mit Erdgeschoßloggia, die dem Straßenverkehr freigegeben war, und ohne Innenhof. Palladio, der diese mittelalterlichen Arkaden längs der Stadtstraßen bewunderte, gibt uns in dem schönen Palazzo Chiericati (1549–1557) eine humanistische Auslegung dieses Themas (Abb. 19.29). Die dorische Ordnung der Erdgeschoßloggia und die ionische des Hauptgeschosses, das in einen Fenstertrakt in der Mitte und zwei flankierende Loggiaflügel aufgeteilt ist, sind von großer Reinheit. Die Loggia erinnert auch an ein klassisches Präzedens, denn sie sollte sich ursprünglich um vier Seiten eines symmetrisch geplanten Platzes fortsetzen, ganz wie ein römisches Forum.

Der Grundriß läßt die Bemühung um Geschlossenheit erkennen (Abb. 19.30). Eine Mittelachse verläuft durch die mit doppelter Apsis versehene Eingangshalle und wird von zwei Parallelachsen begleitet, welche die Flügel ausrichten. Querachsen durchziehen die Loggia, die Halle mit den anschließenden großen Räumen und dann wieder die Treppen und Treppenabsätze rückwärts.

Abb. 19.28 Venedig, Il Redentore; Ansicht von Norden.

Alle diese Achsen passieren Türöffnungen, die auf sie ausgerichtet sind, und enden in Fenstern oder Kaminen.

Der Grundriß wird nicht nur durch diese nirgends unterbrochenen Durchblicke zusammengehalten, sondern die Einheiten sind auch proportional miteinander verbunden. In den Flügeln sind die Zimmer in ihrer Größe planmäßig abgestuft. Das Vorderzimmer mißt 9 m mal 5,5 m, in Palladios Maßeinheit 30 Fuß mal 18 Fuß. Das hinter ihm liegende Zimmer hat dieselbe Tiefe und reduziert die Breite auf das gleiche Maß. Das rückwärtige Zimmer behält diese Tiefe bei und vermindert die Breite auf 12 Fuß oder 3,65 m. Diese Zahlen sind sämtlich ein Vielfaches von 6, und man weiß, daß sie in ihren Verhältnissen mit musikalischen Harmonien übereinstimmen, die seit dem Mittelalter in dem einen oder anderen System in die Architektur eingeführt wurden. (In unseren Ausführungen über Cluny haben wir dieses Thema schon berührt.) Palladios Proportionen gehen über alles vorherige insofern hinaus, als sie das gesamte Gebäude erfassen, in dem ein Zimmer auf das nächste, der Grundriß auf seine Aufrisse, das Äußere auf das Innere bezogen ist.

Der Palazzo Chiericati ist keineswegs kanonisch für Palladios Palazzi. Im Palazzo Thiene finden wir die gleiche Rustika-Großspurigkeit des Manierismus, der wir im Mantua Giulio Romanos begegneten. Der Palazzo Valmarana (1565–1571) verwendet riesige Pilaster, die von einem hohen Sockel aus über die Geschosse bis zum Dachgesims verlaufen (Abb. 19.31). Die Anregung hierzu kommt, wie wir im nächsten Kapitel sehen werden, von Michelangelo, wenn auch Alberti mit S. Andrea diese Tendenz schon ins Leben gerufen hatte (Abb. 17.12, 20.9). Bei den Endjochen wurde diese Riesenordnung aufgegeben, weil sich der Palazzo auf diese Weise leichter zu weniger monumentalen Bauten auf beiden Seiten in Beziehung setzen ließ. Die Silhouette sollte über all den Pilastern durch Statuen akzentuiert werden – ein Schmuckelement, das Palladio besonders liebte.

Alle diese Palazzi in Vicenza sind unvollendet. Die Wirklichkeit hinderte die Adelsfamilien in dem für die Mitte des Jahrhunderts reichlich späten Bestreben, ihre humanistische Bildung und ihren öffentlichen Status architektonisch zur Schau zu stellen. Als nicht selbständige Stadt, die bei Landkriegen gegen die Republik Venedig eine Frontstellung einnahm und als Sammelplatz protestantischer Reformer in Italien galt, war Vicenza allzu vielen Wechselfällen des Schicksals ausgesetzt. So konnte von den etwa zehn Palazzi, die Palladio hier bauen sollte, selten mehr als die Fassade vollendet werden. Wir müssen seine Absichten den

Abb. 19.29 Vicenza, Palazzo Chiericati, 1549–1557, Andrea Palladio; Außenansicht von Osten.

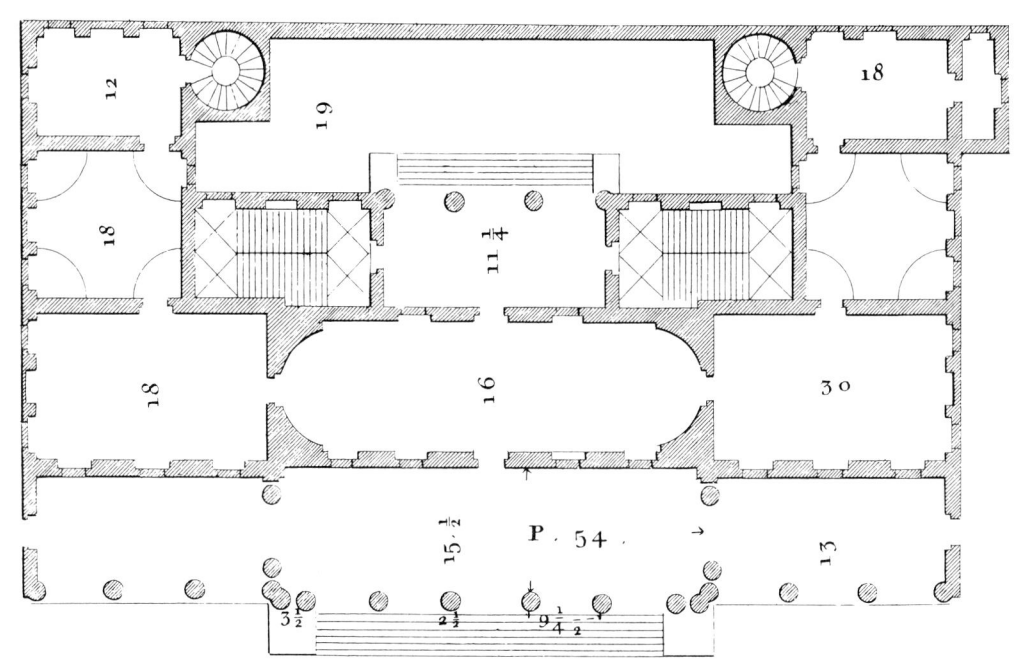

Abb. 19.30 Grundriß aus Palladios *Vier Bücher über Architektur*. Die Maße sind in Palmi angegeben (eine Spanne oder 23 Zentimeter).

Quattro libri entnehmen, jener Quelle, die auch die übrige Welt noch lange nach seinem Tod heranzog, wenn sie nach Ideen für ihre Bauten suchte.

Die Villen hatten ein anderes Grundprinzip. Die Ereignisse in der ersten Hälfte des 16. Jh. hatten die Seerepublik und ihre Verbündeten gezwungen, ihre Interessen zu überdenken. Wandlungen im Welthandel und das inflationäre Einströmen des amerikanischen Goldes und Silbers strapazierten den nationalen Wohlstand. Die Industrie – vor allem die Tuchindustrie – und die Landwirtschaft wurden für die vermögende Klasse, die sichere Anlagemöglichkeiten suchte, allmählich wieder interessant. Der Staat, der sich bisher um seine Getreideversorgung nie Gedanken zu machen brauchte, konnte nicht mehr damit rechnen, daß seine Bezugsquellen im Adriabereich für die Ernährung einer mächtig angeschwollenen Bevölkerung – über 150 000 – ausreichen würden. Zwingende Notwendigkeit und wirtschaftliche Erwägungen verwiesen auf die *Terra ferma*. Es war ein gewaltiges Unterfangen, dieses von Malaria heimgesuchte Sumpfland in ein gewinnbringendes Geschäftsunternehmen großen Maßstabs zu verwandeln. Der Staat ergriff die Initiative. Er finanzierte Landgewinnungsprojekte, verteilte ungenutztes Land unter Investoren, die es zu kultivieren planten, und koordinierte die privaten Bemühungen einzelner Grundbesitzer und Investmentgesellschaften. Die adligen Familien, die lange von den enormen Gewinnen in Handel und Bankwesen verlockt worden waren, kehrten auf ihren Grundbesitz zurück mit der Absicht, dort auch zu bleiben.

Für diese neue Gruppe aristokratischer Grundbesitzer erfand Palladio eine Architektur, die ihrer adligen Herkunft gerecht wurde, gleichzeitig aber auch als Wirtschaftsbetrieb befriedigend funktionierte. Die Villa Palladios gleicht deshalb ganz und gar nicht der Renaissancevilla anderswo in Italien. Es hatte immer schon – etwa bei Alberti – den Unterschied zwischen gewinnbringenden Landgütern und Villen, die

Abb. 19.32 Maser (Italien), Villa Barbaro, nach 1550; Gesamtansicht.

Abb. 19.31 Vicenza, Palazzo Valmarana, 1565–1571, Andrea Palladio; Hauptfassade.

Abb. 19.33 Vicenza, Villa Rotonda (Villa Capra), nach 1560, Andrea Palladio.

dem Vergnügen dienten, also zwischen *Negotium* und *Otium*, gegeben. In Florenz war man sehr um einen Ausgleich bemüht, aber der Nachdruck lag doch auf dem kontemplativen Leben, auf der Zufluchtsstätte vor den zermürbenden Tagen in der schmutzigen Stadt.

Schon Feudalherren des Mittelalters hatten die Mode der Jagdsitze und Parks aufgebracht. Das wurde zum zusätzlichen Antrieb für die *Villegiatura,* und davon wurden auch die Kirchenfürsten angesteckt, obwohl der Geistlichkeit durch das Kirchenrecht die Jagd verboten war. Tatsächlich waren gerade die Würdenträger des Heiligen Stuhls diejenigen, welche den Villenspleen anregten. Vom Juni bis zum Oktober, wenn der Hof in Rom in Ferien war, zogen sich die Kardinäle auf ihre herrlichen Landsitze zurück, die antike Villen nachahmten und sich durch erbarmungslos gestaltete Landschaftsenvironments und geometrisch angelegte Gärten auszeichneten.

Im Veneto ist das alles ganz anders. Palladio vergreift sich nicht nur nicht an der Natur, sondern er holt auch nutzbringende Funktionen in das stattliche Haus herein. Die langen Flügel, die sich vom Hauptblock aus erstrecken, dienen keinem höheren Zweck als der Unterbringung von Tieren und landwirtschaftlichen Geräten. In der Attika wird Getreide gespeichert. Ringsum liegen Felder und Obstgärten, und der Hausherr, der auch dort wohnt, überwacht das ganze Jahr über persönlich die Bestellung seines Grundbesitzes. Darum sind die schlichten Stuckaußenwände, die klaren, scharfkantigen kubischen Massen dem Programm ebenso angemessen wie die ein- oder zweistöckigen Vorbauten des Hauptblocks und die bisweilen verschwenderisch ausgeschmückten Säle. Bei Palladio umfaßt die klassische Sprache innerhalb desselben Bauprogramms das Aristokratische ebenso wie das rein Nützliche. In Ferrara löst Rossetti eine ähnliche Aufgabe dadurch, daß er diese Sprache den städtischen Maßstäben entsprechend demokratisiert. Es handelt sich hier um eine besonders scharfsinnige Auslegung des griechisch-römischen Altertums. Palladio verhielt sich genauso wie die Praktiker im antiken Rom, welche die kanonischen Regeln außer acht lassen konnten, wenn es sich um einen Nutzbau handelte. Wie sie vor allem in der späten Kaiserzeit bereit waren, die klassische Pracht zu einem System sparsamer Mauern und Öffnungen zu vereinfachen – und das selbst in anspruchsvollen Bauten, etwa in der Audienzhalle des Palasts in Trier (Abb. 11.12) –, so verfuhr auch er.

Werfen wir einen kurzen Blick auf die etwa zwanzig erhaltenen Villen, so wird uns Palladios Vielseitigkeit der künstlerischen Gestaltung wieder ganz bewußt. Sie alle sind mit einer Vorhalle in Form einer Tempelfassade mit Tympanon versehen – für ein Haus ein seltsamer Eingang. Palladio nahm jedoch an, Tempel und andere öffentliche Gebäude der Antike hätten dieses Merkmal von Wohnbauten übernommen. Jedenfalls

Abb. 19.34a Piombino Dese (Italien), Villa Cornaro, 1551–1553, Andrea Palladio.

Abb. 19.34b Charleston (South Carolina), Miles Brewton House, 1765–1769.

gefiel es ihm, weil es »zur Großartigkeit und Pracht des Baus sehr viel beitrug«, und weil das Giebelfeld sehr geeignet war, das Wappen des Bauherrn aufzunehmen.

Einen umfangreicheren Bautyp stellt die Villa Barbaro in Maser (nach 1550) dar (Abb. 19.32). Hier ist die Tempelfassade im Mittelblock enthalten, der nur ein Obergeschoß aufweist. Von ihm aus erstrecken sich mit Arkaden (oder Kolonnaden) versehene Flügel zu kleinen Seitenpavillons, die für landwirtschaftliche Funktionen bestimmt sind. In einem Fall – bei der Villa Badoer – verlaufen die Flügel im Bogen. Man nähert sich dem Gebäude stets axial in einer Allee, und die Haupthalle liegt wie in einem klassischen Atriumhaus in der Mitte des Grundrisses unmittelbar hinter der Eingangshalle und ist von kleineren Räumen umgeben. Bei einem anderen Typ steht die Vorhalle auf einem hohen Podium, und man erreicht sie über seitliche Treppen. Hier gibt es keine Seitenflügel. Ist der Hauptblock zweigeschossig, so verdoppelt sich auch die Vorhalle. Die berühmteste dieser Villen zeigt auf jeder der vier Seiten eine Tempelfassade, dazu eine Kuppel über der Haupthalle. Diese Villa Rotonda (um 1560) vor Vicenza war ausnahmsweise nicht der Mittelpunkt eines im Betrieb befindlichen Gutes, sondern ein echtes Refugium (Abb. 19.33). Sie liegt etwas erhöht, und »weil sie nach allen Seiten die schönsten Aussichten bietet«, schrieb Palladio, »manche begrenzt, andere weiter in die Ferne, und noch andere bis an den Horizont, wurden alle Fronten mit Loggien versehen«.

Warum kommt sie gerade Amerikanern so bekannt vor? Warum gefallen Amerikanern die meisten Villen Palladios besser als Bauten Albertis oder Giulio Romanos? Weil den Grundbesitzern des amerikanischen Südens im 18. Jh. Palladios Vorstellungen mit den ihrigen vereinbar schienen und weil sic scin Buch bcsaßcn, an das sie sich halten konnten. Die Villa Rotonda kennt Amerika als Jeffersons Monticello, die geschwungenen, mit Arkaden versehenen Flügel von Mount Vernon erinnern sie an die Villa Badoer; der zweistöckige Portikus mit Giebelfeld von Drayton Hall oder das Miles Brewton House in Charleston ist ein amerikanischer Vetter der Villa Cornaro in Piombino Dese, die so weit von Süd-Carolina entfernt liegt (Abb. 19.34a, b).

Doch der Weg von Italien nach Süd-Carolina verlief nicht direkt, denn Palladio war schon im ländlichen England vom höheren und niederen Adel eingebürgert worden, der seine eigenen Monticelli und Drayton Halls besaß. Diese Villen waren für einen Gentleman des kolonialen Südens mit Geld und kulturellen Ambitionen ein willkommenes Vorbild. Und es gab Möglichkeiten für ihn, es sich zu eigen zu machen, weil er dank der Arbeit seiner schwarzen Sklaven die Wirtschaftskraft der englischen Landsitze oder der eleganten Landgüter des Veneto weit in den Schatten stellte.

Dennoch – wie kam es, daß Palladio in diesen Ländern ein so großer Erfolg war? Diese Frage ist leicht zu beantworten. England und Nordeuropa öffneten sich sehr spät dem vollen Einfluß der Renaissance. Zu dieser Zeit wirkten die frühen Phasen des italienischen Klassizismus bereits veraltet. In der zweiten Hälfte des 16. Jh. hatten zwei Architekten das Format, universell anerkannt zu werden: Michelangelo, den wir bald gebührend besprechen werden, und Palladio. Ersterer erwies sich für den nordischen Geschmack als zu launenhaft, zu leidenschaftlich, und dasselbe galt für den Barock des 17. Jh., der sich so stark auf Michelangelos Genie stützte. Diese reiche römische Tradition sprach die katholischen Länder an. Der protestantischen Welt standen die reinen, rationalen Formen Palladios weit näher. Seine Neigung zu klassischen Regeln war nie auf fanatische Weise puristisch. Er erkannte, daß gelehrte Bildung den Gegebenheiten von Lage, Programm und Ressourcen zugänglich sein müsse. Sein illustrierter Traktat erleichterte den Export seiner Formenwelt. Doch muß unbedingt betont werden, daß es nur deshalb dazu kommen konnte, weil sie von so fundamentaler Einfachheit und Klarheit war, daß viele spätere Architekten seine Absichten auf ihren lokalen Kontext übertragen konnten. Man muß bezweifeln, daß ein Handbuch von Michelangelo ausgereicht haben würde, ihm diese Art von Popularität zu verschaffen. Ein Architekt, der zwischen Leidenschaft und gesundem Menschenverstand zu wählen hat, tut gut daran, sich für letzteren zu entscheiden. In der Architektur ist nichts mehr an die Person gebunden und widerstrebt nichts entschiedener Assimilierungsversuchen als ausdrucksstarke Intensität.

20. Kapitel

Die Päpste als Planer: Rom, 1450 bis 1650

»Wir erklären, daß der Heilige Stuhl und der römische Papst das Primat in der ganzen Welt innehaben, und daß der Papst der Nachfolger Petri, des Fürsten der Apostel, und der wahre Stellvertreter Christi und das Haupt der allumfassenden Kirche und Vater und Lehrer aller Christen ist.«

Es könnte scheinen, als wiederholte dieser Satz aus der päpstlichen Bulle *Laetentur Coeli* vom 6. Juli 1439 die altbekannten Ansprüche des Papsttums. Der Zeitpunkt jedoch, an dem er verkündet wurde, und die Betonung der priesterlichen Gewalt des Bischofs von Rom machen ihn zu einem überaus wichtigen Manifest, das für die Geschichte der Renaissance nicht weniger bedeutsam werden sollte, als es die Konstantinische Schenkung für das Mittelalter war. In diesem gefälschten Dokument aus dem 8. Jh. hatten die Päpste versucht, ihrem Erbe, das in der Autorität und den Privilegien der römischen Kaiser bestand, im Abendland eine legale Grundlage zu geben und damit auch ihr Recht zu begründen, Herrscher einzusetzen, die von den Päpsten dazu ausersehen waren, Roms Interessen zu vertreten. Die Belastung durch weltliche Macht verwickelte das Papsttum in verlustreiche Auseinandersetzungen im Ausland und auf heimischem Boden. Am Ende des Mittelalters war das Ansehen dieser ehrfurchtgebietenden Institution, die sich, schwer angeschlagen, jetzt auf französischem Boden niedergelassen hatte, kaum mehr zu retten. Rom war so gut wie ausgestorben. Der größte Teil des innerhalb der Stadtmauern gelegenen Bereichs bot den Anblick eines rückständigen Ortes, an dem ganz sinnlos unförmige Trümmerhaufen erstaunlicher Ruinen aus einer unwiderruflich vergangenen Zeit unmittelbar neben neueren und keineswegs ärmlichen Bauten des christlichen Kultus standen. Petrarca beschrieb diese einstige Weltstadt als »eine Matrone mit der Würde ihres Alters, aber mit zerzaustem grauen Haar, zerrissenen Kleidern und einem Gesicht, über dem die Blässe des Elends liegt« (Abb. 20.1).

Doch das sollte nicht das Ende sein. Die Päpste kehrten zurück, die Bürger begannen die Scherben aufzulesen, in der Tiberschleife rings um die großen Wallfahrtszentren an den ausgefransten Rändern des wiederaufgebauten Stadtkerns und in den verlassenen Gegenden innerhalb und außerhalb der Mauern Aurelians regte sich das Leben. Die päpstliche Macht und ihr fest verwurzelter Sitz sahen einer allmählichen, aber grandiosen Erneuerung entgegen. Und die Bulle von 1439 erklärte, daß das Fundament dieser Erneuerung der geistliche Vorrang des Bischofs von Rom in der christlichen Welt sein sollte. Die Verlegung der päpstlichen Regierung vom Lateran, jenem vom Kaiser errichteten Hauptsitz des Heiligen Stuhls, in den Vatikan, wo Petrus seinen Ruheplatz gefunden hatte, gab diesem Wechsel sein besonderes Gewicht.

Nach dem Fall Konstantinopels 1453 verlor der einzige verehrungswürdige Mitbewerber Roms um den Vorrang, der griechische Patriarch, seine Macht. Die Päpste richteten nunmehr ihre Abwehrkräfte gegen den Widerstand in den eigenen Reihen und die reformerische Gärung im Norden. Es entspräche kaum den Tatsachen, wollte man behaupten, daß sie sich mit dem Preis der geistlichen Führerschaft begnügt hätten. Dennoch ist der taktische Übergang vom offenkundigen Imperialismus zur priesterlichen Macht unverkennbar. Hieraus erklären sich die strengen Kirchenkonzilien und die Militanz der Gegenreformation, und wir vestehen infolgedessen auch den langen und verwirrenden Kampf besser, der die Peterskirche mit dem angrenzenden Palast zur unbestrittenen Königin christlicher Residenzen machen sollte – eine Kampagne, die Papst Nikolaus V. um 1450 begann und die sich fast ohne Unterbrechung bis in die Mitte des 17. Jh. fortsetzte, als Berninis großartige Piazza vollendet wurde (Abb. 20.2).

Die Stadt wird zu einem Ganzen

Doch zuerst kam die Stadt an die Reihe. Seit dem Volksaufstand von 1144 war eine städtische Verwaltung, die sich auf dem Kapitolinischen Hügel etabliert hatte, für die Angelegenheiten der Bürgerschaft – oft in offenem Streit mit päpstlichen Interessen – zuständig. Rom war ein Tummelplatz feudaler, bürgerlicher und päpstlicher Gerichtsbarkeiten gewesen. Das führte zu einem Übermaß feindlicher Gruppierungen, welche die Struktur der Stadt zerrissen. Die Adelsfamilien waren in ihren Treuepflichten gespalten, die Gemeinde kämpfte darum, das Übergewicht auf die Barone zu gewinnen, die sich in stillschweigendem Einvernehmen befanden, und die Päpste bemühten sich unablässig, jene Herrschaft zurückzu-

Abb. 20.1 Rom, Miniatur von 1447 aus einer bebilderten Handschrift, *Dittamondo*, einem Lehrgedicht aus der Mitte des 14. Jh. von Fazio degli Uberti (Bibliothèque Nationale, Paris). Rom ist als alte Frau dargestellt, die neben dem Colosseum sitzt. Sie hört dem Dichter Fazio zu, der außerhalb der Stadtmauern neben dem römischen Geographen Gaius Julius Solinus (3. bis 4. Jh.) steht. Norden liegt im unteren Teil der Miniatur, wo rechts die Engelsburg abgebildet ist. Der Rundbau links davon auf dem anderen Ufer des Tibers ist das Pantheon.

Abb. 20.2 Rom, Petersplatz, während eines päpstlichen Segens; Luftbild, Blick nach Südwesten.

gewinnen, die ihnen im 12. Jh. verlorengegangen war, als die revolutionäre Bewegung für die Freiheit des Individuums ihren Höhepunkt erreicht hatte. Jetzt war die Zeit gekommen, die Stadt aus einem Stück neu zu formen, eine einzige Herrschaft und eine einzige Ordnung zu etablieren. Nachdem der Adel gezähmt und das Selbstbewußtsein der städtischen Verwaltung im Schwinden war, übernahm der Vatikan die Führung der Stadt in jeder Hinsicht, wenn auch ohne entsprechenden Titel.

Das Planungsamt, die *Maestri di strada*, das seit dem 13. Jh. in den Händen der Gemeinde lag, wurde im 15. Jh. der Apostolischen Kammer zugeteilt. In einer päpstlichen Bulle von 1480 erhielt es die Befugnis, zum Wohl der Allgemeinheit und für den Bau wichtiger kirchlicher oder städtischer Gebäude Privateigentum zu enteignen und abzureißen. Zu Beginn des 16. Jh. wurden die Finanzierung neuer und die Begradigung oder Verbreiterung alter Straßen aus einer von der Kirche den Grundbesitzern auferlegten Verschönerungssteuer bestritten. Als schließlich 1574 eine Art Baugesetz ausgearbeitet wurde, veröffentlichte man es als päpstliche Bulle. Sogar die Neuplanung des Stadtzentrums auf dem Kapitolinischen Hügel seit 1530, die sich auf einen Plan Michelangelos stützte, war im wesentlichen ein päpstliches Unternehmen.

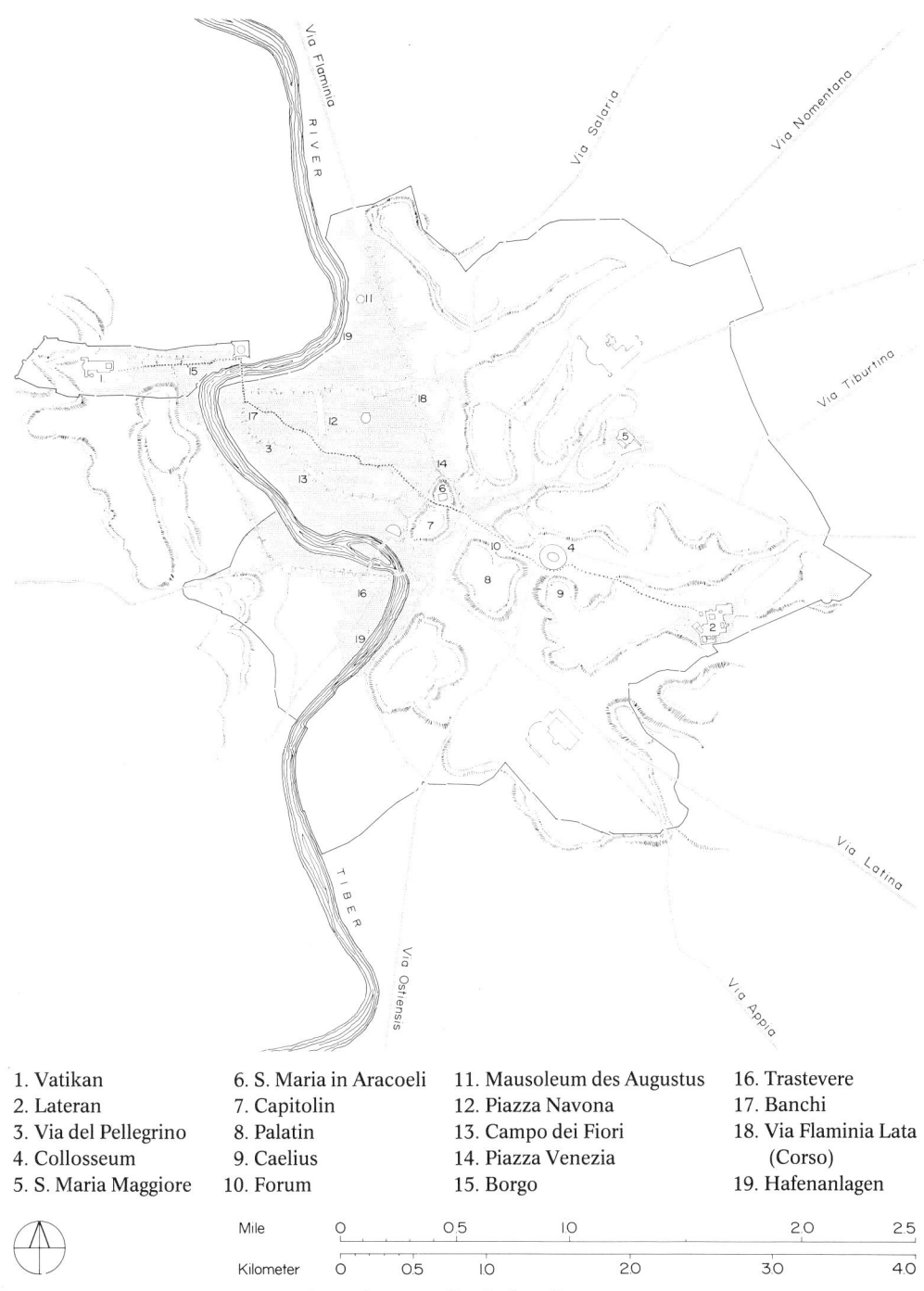

1. Vatikan
2. Lateran
3. Via del Pellegrino
4. Collosseum
5. S. Maria Maggiore
6. S. Maria in Aracoeli
7. Capitolin
8. Palatin
9. Caelius
10. Forum
11. Mausoleum des Augustus
12. Piazza Navona
13. Campo dei Fiori
14. Piazza Venezia
15. Borgo
16. Trastevere
17. Banchi
18. Via Flaminia Lata (Corso)
19. Hafenanlagen

Abb. 20.3 Rom, um 1450. Die bewohnten Teile sind getönt.

so –, die am Kapitolinischen Hügel endete, das bebaute Gebiet (Abb. 20.3). Südlich und östlich davon erstreckten sich der Friedhof des kaiserlichen Roms, das Forum, das Kolosseum, der Palatin und die Thermen. Nur wenige Wohnbereiche gab es hinter dem Mausoleum des Augustus auf der Westseite des Corsos und noch weniger auf der Ostseite, wo die wasserlosen Hügel nach den Mauern hin anstiegen.

Auf dem rechten Ufer trennte ein Landstreifen zwei Gemeinden mit jeweils eigenen Mauern – Trastevere und den Borgo. Trastevere war die bei weitem ältere; es war bis 1474 mit dem Hauptteil der Stadt nur über die antiken Inselbrücken verbunden, dann spannte man weiter flußaufwärts den Ponte Sisto auf den Pfeilern einer weiteren antiken Brücke über den Fluß. Damit war Trastevere näher an die Hauptmärkte gerückt: an den Campo dei Fiori für Bodenerzeugnisse und Vieh und den allgemeinen Markt, der sich im Mittelalter am Fuß des Kapitolinischen Hügels befand, 1478 jedoch auf die Piazza Navona verlegt wurde, das freie Gelände, das in der Antike Domitians Stadion eingenommen hatte.

Der Borgo war im frühen Mittelalter ursprünglich ein an St. Peter angeschlossener Ausländerbezirk gewesen. Seine Brücke, der Ponte Sant'Angelo, überquerte den Fluß zwischen der Engelsburg (dem Mausoleum des Kaisers Hadrian) und einem kleinen Platz auf dem linken Ufer, wo mehrere wichtige Straßen zusammentrafen. Eine von ihnen, die Via Papale, führte vom Platz bis an den Fuß des Kapitols und dann durch die Ruinen des Forum Romanum und am Kolosseum vorbei durch die Verlassenheit des Caelius bis zum Lateran. Das war die Prozessionsstraße im Mittelalter. Neue Päpste durchschritten sie während ihrer Inthronisationszeremonien, aber auch Herrscher aus dem Norden, wenn sie in der Peterskirche zum Kaiser gekrönt wurden. Der städtische Teil dieses Weges gab für das mittelalterliche Rom ein freilich sehr unvollkommenes Rückgrat ab.

Die wichtigsten Eingriffe in die alte Stadt während der Renaissancezeit erfuhren die beiden Enden dieser Straße. Am Ostende stand der um die Mitte des 15. Jh. errichtete Palazzo Venezia unterhalb des Nordabhangs des Kapitolinischen Hügels, der früheste Renaissancepalast in Rom. Hundert Jahre später ließ Michelangelos Campidoglio die Via Papale über eine noble Treppenrampe auf diesen Hügel steigen und beiderseits des Senatorenpalasts sich wieder zum

Die Neugestaltung alter Stadtviertel

Die Absicht, die Stadt zu modernisieren, verfolgte drei Hauptziele. Der mittelalterliche Kern mußte ausgedünnt und verbessert werden, die damalige politische Botschaft der triumphierenden Kirche sollte ihm aufgeprägt werden. Für eine rasch anwachsende Einwohnerschaft waren neue Wohnbezirke zu erschließen. Und schließlich mußten die weithin verstreuten Brennpunkte – vor allem die großen Basiliken und die Stadtviertel, die rings um sie aus dem Boden geschossen waren – miteinander und mit dem Stadtkern verbunden werden.

Zur Zeit Nikolaus' V. begrenzten der Tiber und die gerade Straße von Norden her, die alte Via Flaminia Lata – der heutige Cor-

Forum hinabsenken. Am Tiberende lag ein sehr verwinkelter Bezirk, der außerordentlich volkreich war. Pilger, die zur Peterskirche oder von dort her in die Stadt strebten, drängten sich auf dem Ponte Sant'Angelo, was sich in den Jubiläumsjahren besonders schlimm auswirkte. In diesem Bezirk hatten norditalienische, meist toskanische und ausländische Bankiers ihre Niederlassungen. Daher rührt auch sein Name Banchi.

In den Anfangsjahren des 16. Jh. wurde unter Julius II (1503–1513) zum ersten Mal ein kühner Plan zur Neugestaltung des Banchi-Bezirks verwirklicht. Alt-St. Peter sollte durch eine neue Kirche ersetzt und der Vatikan gründlich überholt werden. Was er sich für den Banchi-Bezirk vorstellte, ging über eine einfache Beseitigung der Enge hinaus und paßte in seinen grandiosen Plan einer koordinierten und prächtigen Behausung für die päpstliche Regierung. Das war mehr als der humanistische Traum seines Vorgängers Nikolaus' V. Eine neue Brücke unterhalb des Ponte Sant'Angelo sollte in einer geraden Straße, der Via Giulia, ihre Fortsetzung finden, die parallel zum Fluß verlief und sich nach Süden bis zum Ponte Sisto erstreckte (Abb. 20.4). Eine entsprechende Straße sollte auch am linken Ufer den Borgo mit Trastevere verbinden. Die Via Giulia war als eine völlige Neuschöpfung vorgesehen. Von Bramante entworfen, verlief sie quer zu den vorhandenen Straßen und war von Einzelkomplexen offizieller Bauten und von Palästen flankiert, die einer einheitlichen Höhenbegrenzung unterlagen. Der bedeutendste unter ihnen war der Justizpalast (Nr. 10 in Abb. 20.4). Er sollte unter einem Dach die kritischste weltliche Institution des Papsttums, die Gerichtshöfe, beherbergen, deren Dienststellen jetzt im Vatikan und in Prälatenpalazzi auf dem linken Ufer verstreut waren. Ein großer regelmäßiger Platz vor diesem Gebäude sollte sich längs der Via Papale bis zu einem dieser Palazzi nach Osten erstrecken. Dieses gewaltige architektonische, an die Flanke des Handelszentrums angesiedelte Projekt einer Neugestaltung stellte einen Versuch des Papstes dar, in die Verwaltungsgerichtsbarkeit der Stadt einzugreifen, das Rechtssystem der Kirche zu stabilisieren und zu vereinheitlichen und die Zuständigkeit der kommunalen Gerichtshöfe in Frage zu stellen. Absichtlich glich man den Justizpalast mit seinen vier Ecktürmen und dem Glockenturm in der Mitte dem Senatorenpalast auf dem Kapitolinischen Hügel an.

Dieses kühne Vorhaben wurde nach dem Tod des Papstes aufgegeben. Schon bald sollte die Gemeinde ihr eigenes glanzvolles Schaustück auf dem Kapitolinus haben, von dem gleich noch die Rede sein soll. Doch inzwischen hatte der Heilige Stuhl die Stadt so fest im Griff, waren die städtischen Ämter so eindeutig zum weltlichen Zweig des Vatikans geworden, daß man sich den durch die Verteilung über die Stadt hin erzeugten symbolischen Eindruck einer Zweigleisigkeit leisten konnte.

Julius' Nachfolger, Leo X. (1513–1521), war Florentiner. Seinen Landsleuten, dem dominierenden Element des Banchi-Bezirks, zu Ehren begann er am oberen Ende der Via Giulia mit dem Bau einer Nationalkirche für sie, die ihrem Schutzpatron, Johannes dem Täufer, geweiht war. Da die von Julius geplante axiale Brücke nicht gebaut worden war, wurde die neue Kirche S. Giovanni dei Fiorentini um 1530 in gerader Linie mit dem Ponte Sant'Angelo verbunden. Diese kurze Straße bildete einen spitzen Winkel mit dem Anfang der Via Papale. Die rein ästhetische Entscheidung, diesem Winkel auf der anderen Seite durch eine weitere kurze Straße ein Pendant zu verschaffen, führte mit dem *Trivium* zu einem neuartigen urbanen Element, das in diesen Jahren in weit größerem Maßstab am Nordeingang der Stadt, an der Piazza del Popolo, wiederholt wurde (Abb. 20.5).

Von einem *Trivium* spricht man, wenn drei Straßen auf einer Piazza radial zusammentreffen oder von ihr ausgehen. Der mittlere Strang verläuft axial, und die seitlichen bilden gleiche oder fast gleiche Winkel mit ihm. Dieses formale Schema ist auf die Re-

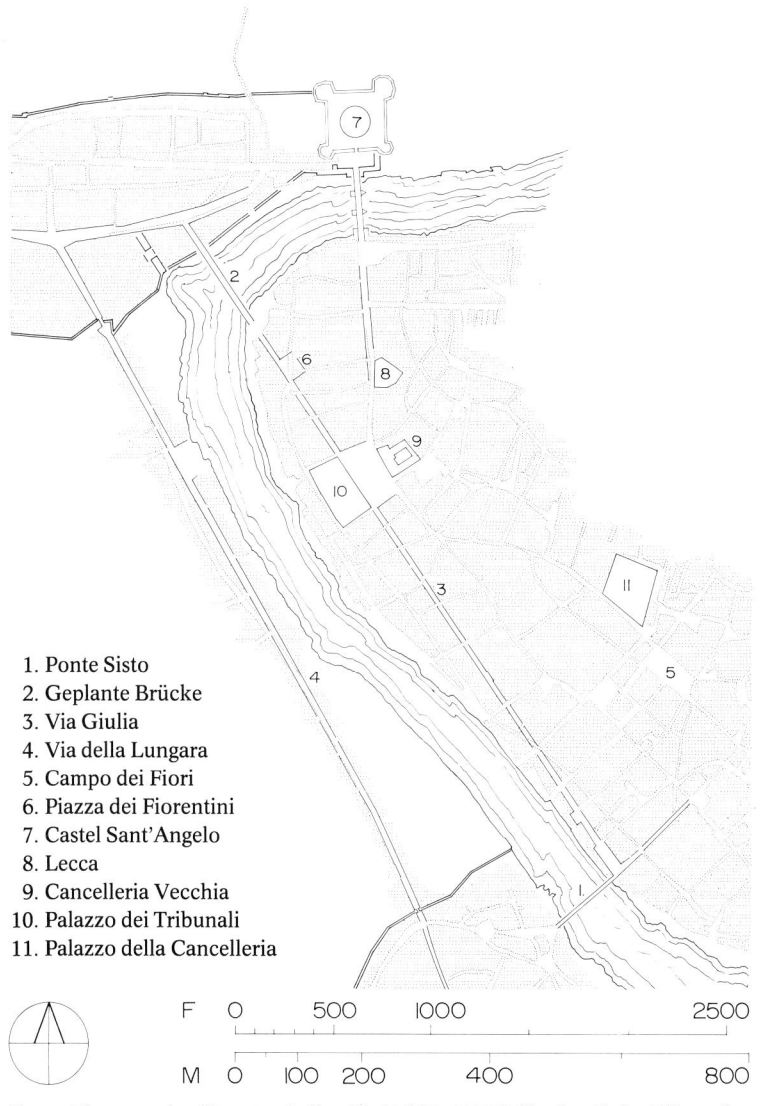

1. Ponte Sisto
2. Geplante Brücke
3. Via Giulia
4. Via della Lungara
5. Campo dei Fiori
6. Piazza dei Fiorentini
7. Castel Sant'Angelo
8. Lecca
9. Cancelleria Vecchia
10. Palazzo dei Tribunali
11. Palazzo della Cancelleria

Abb. 20.4 Rom, Planung des Papstes Julius II. (1503–1513) für das linke Tiberufer quer zum Borgo; Gesamtplan. Der leitende Architekt war Donato Bramante.

naissanceexperimente mit dem radialen Städtebau zurückzuführen, doch ist es weniger totalitär und auch flexibler. Es bietet die überaus wirksame Möglichkeit, einen Stadtbereich von variabler Größe auf einen entscheidenden Sammelplatz hin zu konzentrieren. Das *Trivium* hat keinen Vorgänger in der Antike oder im Mittelalter. Am nächsten kommen ihm mehr oder weniger regelmäßige Y-Schnittpunkte. Das von Nikolaus V. für den Borgo vorgeschlagene Schema könnte die erste theoretische Formulierung dieses Plans in der Renaissance sein. Nachdem es im Banchi-Bezirk und bei der Piazza del Popolo angewendet worden war, wurde es im späten 16. und 17. Jh. sehr beliebt und fand Verbreitung weit über Rom hinaus (Abb. 21.29, 23.18).

Als Haupt eines absolutistischen Regimes entschied der Papst, wieviel Geld für öffentliche Gebäude und für spezielle Projekte ausgegeben werden sollte. Das Schicksal unvollendeter Bauten lag in seinen Händen. Meist baute jeder Amtsinhaber auf den Bemühungen seiner Vorgänger weiter. Die Stadt erhielt allmählich ihre Form, indem man stückweise Anpassungen an frühere Initiativen vornahm. Als oberstes Gebot galt, jene Stadt wohnlich und glanzvoll zu gestalten, die Sixtus V. (1585–1590) später »die Heimat der christlichen Religion« nannte, und die meisten Päpste stimmten mit seinem Vorgänger Gregor XIII. darin überein, daß »auch Bauen eine Form von Nächstenliebe« sei. Doch auch taktische Überlegungen Einzelner, Familieninteressen, persönliche Eigenarten – das alles spielte eine Rolle. Für den neugewählten Papst stand oft sein Grundbesitz in der Stadt im Mittelpunkt seiner Planungstätigkeit. Der Familienpalazzo wurde vergrößert, eine Piazza und eine neue Straße hinzugefügt oder eine alte verschönert. Der venezianische Papst Paul II. (1464–1471) brachte den Corso in ein System, weil er axial auf seinen Palast, den Palazzo Venezia, hinführte. Leo X., ein Medici, legte westlich des Corsos den Arm des Triviums an der Piazza del Popolo an, weil es damit möglich war, ihn in gerader Linie mit dem Familienpalazzo mitten in der Stadt, zwischen der Piazza Navona und dem Pantheon, zu verbinden. Die Wahl eines Kardinals aus der Familie Farnese veränderte den Bereich um den Palazzo Farnese, schenkte der Stadt ihren ersten vollkommenen Renaissanceplatz und bewirkte, daß er durch bewußt geplante Lösungen mit dem Campo dei Fiori davor, der Via Giulia dahinter und, mittels einer Brücke, mit der Familienvilla auf dem jenseitigen Tiberufer verbunden wurde.

Die Paläste der Kardinäle waren ohnehin Knotenpunkte der städtischen Ordnung. Ein Antrieb, viel Geld in sie zu investieren, war ein Gesetz aus den 1470er Jahren, das unbewegliches Eigentum von Beamten, die während ihrer Dienstzeit am römischen Hof starben, der Einziehung durch den päpstlichen Fiskus entzog, während diese für beweglichen Besitz weiterhin galt. Prälaten und andere prominente Mitglieder des Adels oder der Geldaristokratie bauten ihre Paläste an wichtigen Verkehrsadern, an alten wie der Via Papale und an neugeplanten wie der Via Giulia. Das war sowohl unter ökonomischen wie auch unter zeremoniellen Gesichtspunkten sinnvoll.

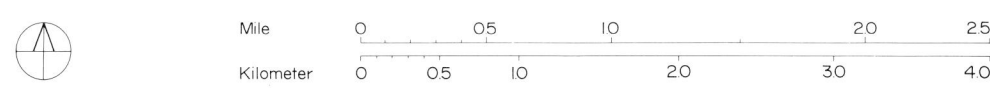

1. Neue Stadtmauern
2. Trivium im Banchi-Bezirk
3. Trivium im Popolo-Bezirk
4. Strada Pia
5. Gregoriana
6. Via d'Aracoeli
7. Via Trinitatis
8. Trinità dei Monti
9. Via della Lungara
10. Quirinalpalast
11. Palazzo Medici
12. Palazzo Farnese
13. Il Gesù
14. Palazzo Venezia
15. Via Giulia
16. Vatikanisches Belvedere

Abb. 20.5 Rom um 1585. Die Karte zeigt die größeren Eingriffe in den Stadtplan seitens der Päpste des 16. Jh., von Julius II. (1503–1513) bis zu Gregor XIII. (1572–1585).

Vorbild war der florentinische Palast des 15. Jh. – jetzt allerdings verfeinert, vergrößert und mit reicherem und plastischerem Detail versehen (Abb. 20.6, 16.4). Zu diesem Zweck riß man ältere mittelalterliche Komplexe ab oder ordnete sie zu Gruppen von zwei oder drei geschmackvollen Bauten, die beieinanderstanden, aber nicht zusammengebaut waren. Manche »Paläste« bargen immer noch bäuerliche Attribute hinter einer schönen Fassade, wie Ställe, Scheunen und Arbeiterunterkünfte. Wir dürfen nicht vergessen, daß ein Hauch des Ländlichen, eine merkwürdige Mischung aus Monumentalität und Bauernwirtschaft, dem päpstlichen Rom auch im Zeitalter seiner Größe noch anhaftete. Kühe grasten auf dem römischen Forum, Büffel wurden in Herden auf der Tiberinsel gehalten und zogen Boote die Straße zum Südhafen entlang, und die stärkste Gilde der Stadt war die der Viehzüchter.

Die neuen Palastblöcke standen hier wie überall in Italien unmittelbar den Wohnbezirken des späten Mittelalters mit ihren unregelmäßigen Höfen, Gärten und Türmen gegenüber. Durch ihre Masse und regelmäßige Form brachten diese Paläste monumentale Ausmaße in ihre Umgebung und trugen zur Anlage geordneter Straßen, Plätze und rechtwinkliger Stadtblöcke bei. Die quadratische Masse war der Feind krummer Straßen, die Gesimse und systematisch angeordneten Geschosse bildeten den absoluten Gegensatz zu den pittoresken Gruppen und zufälligen Fassaden. Wir sollten jedoch diesen Bauten nicht mehr an stilbildenden Absichten zuschreiben, als sie tatsächlich hatten. Sie waren anpaßbar, und durch Entwurf und Bauweise trugen sie zu einer Normierung bei. Fenster und Türen dienten als eine Art zusätzlicher Modulen. Es war deshalb nicht unbedingt notwendig, die Höhe oder Breite des Palasts vor dem Bau endgültig festzusetzen. Die einheitlichen Joche und verbindenden Gesimse glichen Unregelmäßigkeiten des Geländes oder der Straßenführung aus. Die Fassaden sagten etwas aus. Eine Familie mit einem Papst in ihrer jüngsten Geschichte mußte unbedingt einen Präsentationsbalkon über dem Haupteingang haben; der untere Teil der Fassade wies Bänke für das Personal und Passanten auf, und die Benutzung der Plätze und ihrer Brunnen durch die Öffentlichkeit durfte nicht beschränkt werden.

Als geschäftige Betriebe gaben die Paläste vielen Menschen der unteren Klassen Arbeit und Unterkunft. Das waren die »Mün-

Abb. 20.6 Rom, Palazzo Farnese, 1530–1589; Antonio da Sangallo der Jüngere und Michelangelo; auf einer Ansicht aus dem frühen 18. Jh. von Jan Goerée.

der« der Eigentümer, und ein Kardinal im Rang eines Farnese konnte leicht über 200 oder 300 solcher Münder verfügen, wie wir aus Volkszählungsunterlagen wissen. Sie wohnten im Dach- und im Kellergeschoß, in dem sich Amtsräume, Ställe und Küchen befanden. Ein Teil des an der Straße gelegenen Raums konnte als Wohnung oder Laden vermietet sein. Der Piano nobile enthielt ausgedehnte Zeremonialräume und die Herrschaftsschlafzimmer. Im dritten Geschoß lagen Gastsuiten und Wohnräume für geringere Familienangehörige sowie für die oberen Ränge des Gefolges.

Das Gesetz begünstigte diese ausgedehnten Prachtbauten. Es sah vor, daß Nachbarn dazu verpflichtet werden konnten, angrenzende Grundstücke an Bauherren zu verkaufen, die beabsichtigten, ein altes Gebäude zu modernisieren oder ein von Grund auf neues zu bauen. Außerdem konnte ein Grundbesitzer infolge eines mit den *Maestri di strada*, den eigentlichen Stadtplanern, getroffenen Abkommens eigenen gegen öffentlichen Grund eintauschen, um die Form des Blocks zu regulieren, die Ausrichtung benachbarter Fassaden zu ändern, ja sogar die Breite und Richtung von Straßen neu zu bestimmen. Das war nicht nur die Voraussetzung für die Kategorie der patrizischen Palastkomplexe wie den Palazzo Farnese, sondern damit begann auch der lange Prozeß, in dessen Verlauf die zwei- oder dreistöckigen Familienhäuser, aus denen das mittelalterliche Rom bestand, durch vielgeschossige Apartmenthäuser ersetzt werden konnten. Errichtet wurden diese teils von Privatleuten, teils wie in Venedig von Institutionen und vor allem von Bruderschaften, kirchlichen Vereinigungen und religiösen Orden.

Am aktivsten waren in dieser Hinsicht die mächtigen gegenreformatorischen Gruppen wie die Jesuiten und die Oratorianer des heiligen Filippo Neri. Ihr Programm verlangte nach einer Kirche, nach Wohnungen für die Weltgeistlichen und die Laienbrüder, nach Räumen für musikalische Veranstaltungen, für Predigten und für den Empfang wichtiger Gäste – kurz, nach einer Art städtischen Klosters, das allerdings viel weltlicher und liberaler sein sollte.

Eine solche Gruppe faßte in der Nähe eines Wohngebiets Fuß, indem sie eine alte Kirche oder irgendein heruntergekommenes Haus erwarb. Dann erklärte sie ihre Absicht, umzubauen, und richtete die Grenzen des Grundstücks rechtwinklig aus. Auf diese Weise führte sie das städtische System in diesem Bereich ein. Abbruch und Beseitigung kleiner privater Besitze setzten sich fort, sobald die Gruppe die Mittel aufbrachte, ihren Hauptsitz zu vervollständigen, Plätze vor und manchmal auch hinter der

Abb. 20.7 Rom, Kapitol; Ansicht, etwa 1554–1563, von einem unbekannten Künstler. Die Fassade des Senatorenpalastes in der Mitte zeigt bereits Änderungen, die nach Michelangelos Entwurf vorgenommen werden, doch ist sonst noch nicht viel davon durchgeführt. Der Palazzo auf der rechten Seite ist das mittelalterliche Bauwerk, das den Kern des Palazzo dei Conservatori bilden wird. Der Zugang von der Stadt ist noch ein Erdhügel mit steilen Fußwegen, der bald durch Michelangelos Rampe, die Cordonata, ersetzt werden soll (vgl. Abb. 20.9a).

neuen Anlage frei zu machen und abzugrenzen und am Rande dieser Plätze oder an benachbarten Straßen Mietwohnblöcke als Geldanlage zu errichten. Wenn das Geld ausreiche, setzte sich eine solche institutionelle Übernahme mittelalterlicher Wohngebiete so lange fort, bis man auf ein ebenso mächtiges anderes Interesse stieß, etwa das einer Adelsfamilie, eines anderen geistlichen Ordens oder von Teilen der päpstlichen Bürokratie.

Campidoglio

1536 beschloß Kaiser Karl V., auf seiner Rückkehr von einem siegreichen Feldzug gegen die Türken in Tunesien Rom einen Besuch abzustatten. Er sollte wie die römischen Triumphatoren der Antike nach ihren Eroberungen auf der Via Appia ankommen, dann die antike Via Triumphalis bis zum Kolosseum entlang marschieren, das Forum der Länge nach bis zur Piazza Venezia überqueren und seine glänzende Parade dann auf der Via Papale durch die bewohnten Stadtteile zum Ponte Sant'Angelo und von dort zur Peterskirche führen. Der damalige Papst, Paul III. (1534–1549), befahl, diese drei Kilometer lange Prozessionsstraße innerhalb der Mauern eiligst instand zu setzen. In fünfzehn Wochen wurde der »Weg des Kaisers« gesäubert, geebnet, teilweise gepflastert, geschmückt und mit Triumphbogenattrappen überspannt.

Man beschloß, daß der feierliche kaiserliche Zug vom Forum her aufsteigend durch das Stadtzentrum über das Kapitol ziehen sollte, um dann südlich vom Palazzo Venezia wieder die Via Papale zu erreichen. Das Kapitolgelände befand sich in einem beklagenswerten Zustand (Abb. 20.7). Die ungepflasterte und verwilderte Hügelkuppe wurde von dem um das antike Tabularium herumgebauten Senatorenpalast beherrscht. Auf der Südseite bildete das alte Zunfthaus mit dem Senatorenpalast einen Winkel von 80°. Im Norden war die Grenze des Franziskanerklosters S. Maria in Aracoeli. Michelangelo, der damals am Palazzo Farnese des Papstes beschäftigt war, erhielt den Auftrag, die Hügelkuppe und die Zugänge vom Forum im Osten und von der Stadt im Westen in ein System zu bringen. Aus Mangel an Zeit und Geld konnte vor dem Besuch Karls V. außer Aufräumungsarbeit nicht viel getan werden. Man holte auch die bronzene Reiterstatue Mark Aurels, den man für den ersten christlichen Kaiser, Konstantin den Großen, hielt, vom Lateran, wo sie das ganze Mittelalter hindurch wie ein Talisman vor dem päpstlichen Palast gestanden hatte, und stellte sie in der Mitte der kapitolinischen Hügelkuppe mit Blick zur Stadt auf.

Doch Michelangelos Programm wurde nicht zu den Akten gelegt. In den folgenden Jahrzehnten führte man es nach und nach aus, und so, wie es heute dasteht, ist es in allen wesentlichen Punkten sein Werk. Auf den ersten Blick war die von Michelangelo vorgesehene Lösung einfach. Er gab den beiden vorhandenen Palästen Renaissancehüllen und verdoppelte dann auf der gegenüberliegenden Seite den spitzen Winkel, den sie bildeten, dadurch, daß er einen dritten Block (eigentlich nur einen Schirm, da für ein vollständiges Gebäude kein Platz war) vor dem Kloster Aracoeli oder vielmehr vor der langen Flanke der zugehörigen Kirche errichtete, die auf den offenen Raum blickte. Dieser durch die Reiterstatue bereits festgelegte Platz wurde jetzt gepflastert und erhielt ein Streifenmuster, das radial von der Statue ausging. Eine Treppenrampe, die Cordonata, bewältigte den sanften Abhang von der Stadt herauf.

Die Anlage erinnert in mancher Hinsicht an Pienza (Abb. 17.5, 17.7). Doch die Ähnlichkeiten sind nur oberflächlich. Als erstes stellen wir fest, daß die Oberfläche von Michelangelos Piazza del Campidoglio konvex wie ein Schild ist und daß das Pflaster ein Oval innerhalb des offenen Raumes bildet, der die Form eines länglichen Trapezes hat. Diese beiden Eigenheiten schwächen die formale Vollkommenheit ab, die etwa durch einen ebenen Kreis auf einer viereckigen Piazza hätte erreicht werden können. Die sternförmigen Linien des Pflasters verteilen außerdem unsere Aufmerksamkeit über den ganzen Raum und halten uns davon ab, das Muster wie bei Pienza als einfache Aussparung vor dem Hauptgebäude am fernen Ende, in diesem Falle vor dem Senatorenpalast, aufzufassen. Dieses Gebäude wirkt trotzdem dadurch beherrschend, daß es auf ein fensterloses Sockelgeschoß gestellt wurde, vor dem ein dreieckiger Treppenblock uns zwingt, von jedem Ende her seitlich dem Treppenabsatz vor dem Hauptportal zuzustreben. In der Mitte des Dreiecks steht eine antike Minervastatue, die so verändert wurde, daß sie der Göttin Roma gleicht, während an den Ecken liegende, ebenfalls antike Flußgötter den Nil und den Tiber darstellen. Römische Statuen des göttlichen Zwillingspaars Kastor und Pollux, die 1560 in der Nähe des Kapitols ausgegraben wurden, rahmen am oberen Ende der Cordonata die Mitte des schmalen Endes der Piazza ein. Die Paläste an den Seiten sind niedrig. Ihre zwei Geschosse – unten ein Portikus und oben Büros – werden durch eine Kolossalordnung von Pilastern zusammengehalten, die vom Pflaster bis zum Gesims reichen. Diese zwei Stockwerke umfassende Pilasterordnung ist eine glückliche Erfindung Michelangelos. Wir sahen sie bei Palladio nachgeahmt, und sie wird im folgenden Jahrhundert sogar recht häufig (Abb. 19.31).

Die wichtigste Neuerung am Campidoglio besteht jedoch darin, daß es erst dann voll zur Wirkung kommt, wenn der Besucher sich längs einer weitreichenden Achse bewegt, ganz so, wie wir uns durch eine hellenistische Tempelanlage wie Kos oder den römischen Komplex in Praeneste oder schließlich auch durch den Grabkomplex der Königin Hatschepsut in Dêr el-Bahri bewegen sollten (Abb. 20.8). Alle diese Komplexe verbinden eine mehr oder weniger strenge Axialität mit dem abgestuften Anstieg der Architektur, die sich auf einen letzten Höhepunkt zubewegt, an dem auch die Achse endet. So betrachtet erzielt jeder Komplex seine Wirkung auf einmalige Weise. Die breiten Terrassen, die bei den anderen ein Nachlassen des Drangs nach oben bewirken, sind beim Campidoglio nicht zu finden. Auch die Umfassungsmauer, welche die Beispiele aus der Antike mit Ausnahme der Zugangsseite einschließt, ist am Campidoglio an den rückwärtigen Ecken des Trapezes durchbrochen und dehnt das Raumvolumen über die Grenze der Komposition aus. Die Treppenrampe der Cordonata gleicht nicht genau jenen schmalen Terrassenrampen von Dêr el-Bahri, den großartigen Treppen von Kos oder den scharfen leiterähnlichen Treppenläufen von Praeneste. Andererseits verwendet auch Michelangelo wie die Baumeister von Kos und Praeneste massive Objekte und Blockbildungen auf der Strecke der Mittelachse, um eine frontale Annäherung aufzuhalten und uns nach den Seiten abzulenken.

Kos und Dêr el-Bahri sind Environments, die selbstbewußt in der Öde ihrer Landschaft stehen, und sogar in Praeneste beendet der Tempelkomplex der Fortuna Primi-

Abb. 20.8 Rom. Das Kapitol, verglichen mit anderen terrassierten Bauten: das hellenistische Kos (Abb. 8.14), das römische Praeneste (Abb. 9.19) und der ägyptische Komplex von Dêr el-Bahri bei Theben (Abb. 4.14).

Die Päpste als Planer: Rom, 1450 bis 1650 461

Der Gesamtplan des Kapitols zeigt dessen Lageverhältnis zu der im 14. Jh. errichteten Kirche S. Maria Aracoeli (Nr. 2),
zu dem modernen Nationaldenkmal für Viktor Emanuel II. (Nr. 1) und zum Forum Romanum (Nr. 6).
Die Palazzi um die ovale Piazza sind der Palazzo dei Senatori (Nr. 4), der Palazzo Capitolino (Nr. 3) und der Palazzo dei Conservatori (Nr. 5).
Der Schnitt ist durch Nr. 4 gelegt, er zeigt die Fassade des Palazzo Capitolino und den Umriß von S. Maria Aracoeli.

genia mit einem gigantischen Ausbruch nur die intime Aussage der kleinen Stadt weiter unten. Michelangelos Programm jedoch verlangte die Einschaltung eines monumentalen Zwischenspiels in den langen Prozessionsverlauf der Via Papale, und zwar genau an der Stelle, wo die städtische Strecke endete und der heroischen Romantik der antiken Ruinen wich. Die beiden Fassaden des Senatorenpalasts passen genau zu dieser janusartigen Lage des Campidoglio mit dem rauhen Tabularium auf seiner klotzigen, dem Forum zugewandten Basis und den abgestorbenen Überresten einer alten Ordnung, und dem fortschrittlichen Klassizismus Michelangelos an der Westfront, die der neuen Stadt der Päpste huldigt.

Auf dieser Seite zweigte eine kurze neue Straße unmittelbar westlich des Palazzo Venezia von der Via Papale ab und erweiterte sich zu einer langgezogenen Piazzetta am Fuße des Kapitols. Hier begann die Cordonata, im spitzen Winkel von der Treppe zu S. Maria Aracoeli abweichend, die sich etwas weiter nördlich den Abhang hinaufzog. Diese Marmortreppe wurde als Sühnegabe des Volks anläßlich der Pest von 1348 erbaut. Kein Gegensatz könnte größer und aussagekräftiger sein als der zwischen dem steilen, anstrengenden Anstieg, den die Büßenden auf den Knien zurücklegen mußten, und den breiten Stufen der Cordonata, welche die Steigung dämpfen und ein gemessenes Tempo verlangen, um uns dem Raumerlebnis entgegenzuführen, das vor uns liegt.

Beim Hinaufgehen sehen wir hinter den Statuen der Zwillinge ganz oben nur die Fassade des Senatorenpalasts, oder vielmehr den Teil von ihr, der über dem Sockelgeschoß liegt. Diese Statuen sind Ziel und Anreiz für uns, ähnlich wie die Wappensäulen am Eingang zur Piazzetta in Venedig. Während wir uns ihnen langsam nähern, kommen die seitlichen Paläste und das Reiterdenkmal in Sicht, während der Senatorenpalast noch höher aufsteigt. Von dem verengten Standort zwischen Kastor und Pollux aus überblicken wir jetzt wie durch einen Triumphbogen die ganze Piazza (Abb. 20.9a). Das ist der Augenblick, in dem wir einen perspektivischen Anblick gewinnen, wie die Renaissance ihn dem Betrachter gerne bietet. Doch schon beim nächsten Schritt erschließt sich uns der Raum, das Pflaster wölbt sich, die gebieterische Präsenz Mark Aurels drängt uns an die Ränder des Ovals, wo wir uns umdrehen und den Fassaden der ergänzenden Paläste gegenüberstehen. Das Oval erfüllt bewundernswert den doppelten Zweck, den Raum auf einen Punkt zu konzentrieren und dabei doch die Kraft der Längsachse zu bewahren, die uns die Cordonata herauf- und in den Platz hineingetrieben hat.

Jenseits dieses Punkts – der Kaiser befindet sich jetzt hinter uns – steht die Ikonographie des Senatorenpalasts vor uns wie ein Bühnenbild: die sitzende Roma zwischen den Flüssen, von der Seite her ansteigend die beiden Treppenrampen, der Glockenturm unmittelbar über dem Portal in Höhe des ersten Geschosses und oben die mit Statuen geschmückte Balustrade über die ganze Länge des Gebäudes hin. Wir begeben uns an die Ecken des Treppendreiecks, wo uns eine neue Überraschung erwartet (Abb. 20.9b). Wieder erschließt sich der Raum; diesmal in einer tiefen Querachse mit Treppen, welche nordwärts zum Kloster führen und südwärts zu einer Galerie, die in einem Park endet. Jetzt folgen wir der Hauptachse und steigen zum Portal des Senatorenpalasts hinauf, wir drehen uns um, wie es die öffentlichen Redner getan haben müssen, und blicken hinab auf den Platz und die Menschen um das Standbild. Darüber hinaus folgen wir der ausgestreckten Hand des Kaisers zu den Kuppeln und Ziegeldächern der Stadt bis hin zur Peterskirche (Abb. 20.9c).

Das Ziel des Stadtentwurfs der Renaissance war eine ruhevolle visuelle Ordnung, frei von Spannung und ungelösten geometrischen Problemen. Beherrschung und vollkommene Stabilität des Entwurfs waren Ausdruck eines ausgeglichenen Gesellschaftssystems, der Sublimierung von Konflikten. Was das Stadtbild angeht, so bringt das Campidoglio dieses Idealbild in Unordnung, genau so, wie Giulio Romano mit seinem Manierismus der Logik der Renaissance einen Streich gespielt hatte, als er die Betrachter seiner Fassaden und Innenräume mit verwirrenden Einfällen verstörte. Die theatralische Plazierung, die zwingende und doch wieder unterbrochene Achse, die Verengungen und Auflockerungen unterwegs, die Eindringlichkeit, mit der das Raumvolumen der Piazza nicht weniger nachdrücklich, ja vielleicht noch stärker geformt wurde als die Massen, die sie einrahmen, die Entschlossenheit, auf den Betrach-

Abb. 20.9a Rom, Kapitol, entworfen 1537; Blick auf die Piazza von der Rampe der Cordonata aus. Die Statuen von Kastor und Pollux rahmen die Ansicht ein.

ter einzuwirken – das alles führt uns weg von den ruhig-heiteren neutralen Räumen der Renaissanceplanung, bei der die Gebäudeblöcke die Volumina der Straßen und Plätze begrenzen, aber doch auch ihre eigene, individuelle Identität wahren. Auf dem Campidoglio werden die Paläste in das räumliche Geschehen hineingezogen, das der Architekt gestaltet. Sie gehen ein in das Szenarium, das heraufbeschworen wird, so daß sie bisweilen – wie der Palast auf der Seite zur Kirche hin – keine andere praktische Funktion haben als die, wie Kulissen einen Beitrag zur Wirkung der Gesamtgestaltung zu leisten.

»Eine Weide für alle unsere Sinne«

Das Rom der Jahrhundertmitte steht an einem Scheideweg. Dynamik, ungestümes Ausgreifen, sinnlich erfaßte Raumdurchquerung, der Illusionismus des Theaters, Requisiten in Form von Skulpturen und Monumenten – das sind von nun an die treibenden Motive und Elemente der Stadtplaner. Rom hatte etwas Extravagantes an sich; etwas, das sich in das auf Vernunft gegründete Denken der Renaissance nicht einfügen ließ. Die unübersichtliche, von Hügeln durchsetzte Topographie, das jahrhundertealte Durcheinander, die Weite der unerschlossenen Hügel im Osten, die Lockung der Ruinen, all das Krampfhafte und Weitgedehnte förderte maßlose Visionen, dramatische Gesten und Schaustellung. Alles drängte, die Stadt an ihre alten Grenzen zu führen, ihre brachliegenden Flächen neu zu beleben. Leo X. hatte damit begonnen, indem er die unmittelbar dem Fluß folgende Straße (die heutige Via Ripetta) am Mausoleum des Augustus zum Corso am Nordeingang der Stadt gelenkt hatte. Paul III. reagierte darauf mit einem dritten Straßenstrang auf der Ostseite, der Via Babuino, die an der Piazza del Popolo begann und südwärts durch Felder und Weinberge unterhalb des Pincio und der neuen französischen Kirche Trinità dei Monti zum Quirinal hin verlief, auf dessen Kuppe schon bald ein Sommerwohnsitz für den Papst in Angriff genommen wurde (Abb. 20.5).

Auf diesem Hügel legte der nächste Papst, Julius III., eine eigene Straße an, die Strada Pia (heute Via XX Settembre), die zum nordöstlichen Stadttor, der Porta Nomentana, führte (Abb. 20.10). Seine Absicht war eine Erneuerung der alten Straße gleichen Namens über die Mauern hinaus bis zur Wallfahrtskirche S. Agnese, während die neue Straße stadtwärts mittels einer in den Abhang des Quirinals eingeschnittenen Treppe – ähnlich der Cordonata Michelangelos am Kapitol – zur Piazza Venezia führen sollte. Der Planer war wiederum Michelangelo, doch konnte er nur die Strecke vom Hügelrand bis zum Tor vollenden. Beide Seiten des Durchblicks wurden kunstvoll betont. Das eine Ende erhielt eine antike Skulpturengruppe – Kastor und Pollux mit ihren sich aufbäumenden Pferden – mit Blick zur Straße hin. Am gegenüberliegenden Ende entzog man die befestigte Toranlage aus römischer Zeit mit Hilfe eines neuen inneren Tors dem Blick. Es bestand aus einer dünnen Ziegelmauer, die nicht als Befestigung gedacht, sondern dem Durchblick angepaßt war, den die Gartenmauern der Villen zu beiden Seiten begrenzt hatten.

Abb. 20.9b Rom, Kapitol; Palazzo dei Senatori (Nr. 4 in Abb. 20.8), von Nordosten gesehen.

Abb. 20.9c Rom, Kapitol; Blick von der Rampe des Senatorenpalastes auf die Stadt. Das Nationaldenkmal ist rechts oben zu sehen.
Die Kuppel rechts von der Mitte ist die von Il Gesù (Abb. 17.11b und 21.1); die Kuppel der Peterskirche erscheint links von der Mitte ganz im Hintergrund.

464 *Neue Ansprüche*

Das war eine bedeutsame Lösung. Im Rom der Renaissance waren – nicht anders als in Rossettis Ferrara – neu angelegte Straßen wie die Via Giulia in erster Linie Kommunikationskanäle. Sie erleichterten den Verkehr und machten Mut, ein Stadtviertel zu erkunden, waren aber nicht als großartige Durchblicke auf lohnende Zielpunkte hin entworfen. Hier war die Straße nun auf eine Aussicht nach zwei Blickpunkten hin komponiert. Sie drängte ihre Benutzer aus beiden Richtungen, ihrem Verlauf in der Richtung des visuellen Anreizes bis zum Endpunkt zu folgen.

Der Gesamtplan Sixtus' V.

Dies war das Vorspiel zum ehrgeizigsten päpstlichen Projekt für die Gestaltung des neuen Roms, meisterhaft ersonnen von Sixtus V. und ausgeführt von einem Architekten namens Domenico Fontana (1543 bis 1607) (Abb. 20.11). Es war ein erstaunliches Vorhaben. Sixtus V. verschmähte die von seinen Vorgängern betriebene Planung in Abschnitten. Er betrachtete die ganze Stadt samt ihrer außerhalb der Mauern gelegenen Umgebung als Grund für sein Gemälde, und mit breitem Pinsel trug er atemberaubende Straßen auf, die quer durch den leeren Raum der östlichen Hügel und stadteinwärts zu den Rändern des bebauten Kerns vordrangen. Jedes einzelne dieser langen Straßenbänder (oder Teile von ihnen) war zwischen zwei bedeutsamen Punkten aufgehängt – es konnten Kirchen, antike Ruinen oder Stadttore sein.

Das Ziel, zu dem er sich bekannte, war die Förderung des christlichen Kults und insbesondere die Bußwallfahrt zu den sieben Hauptkirchen. Außer der Peterskirche, S. Giovanni in Laterano und S. Croce in Gerusalemme innerhalb der Mauern und S. Agnese, S. Lorenzo und S. Paolo außerhalb gehörte zu ihnen das mächtige, der Jungfrau Maria geweihte Bauwerk auf dem Esquilin, deren Verehrung vom Trientiner Konzil leidenschaftlich neu bestätigt worden war, nachdem die Protestanten sie abgelehnt hatten. S. Maria Maggiore, wie man die Kirche benannte, wurde zum Zentrum dieses großartigen und umfassenden Gesamtplans. Heidnische Denkmäler, die in seinen Bereich fielen, wurden pflichtgemäß christianisiert oder irgendeinem guten Zweck zugeführt. Die Säulen Trajans und Mark Aurels erhielten als Bekrönung Statuen der Heiligen Petrus und Paulus. Und es bestand der Plan, aus dem Kolosseum eine Wollspinne-

Abb. 20.10 Rom. Die Strada Pia (heute Via XX Settembre); Ansicht um 1590 auf einem Gemälde im Lateranpalast. Die Straße und das sie abschließende Tor (Porta Pia) wurden 1561 von Michelangelo entworfen.

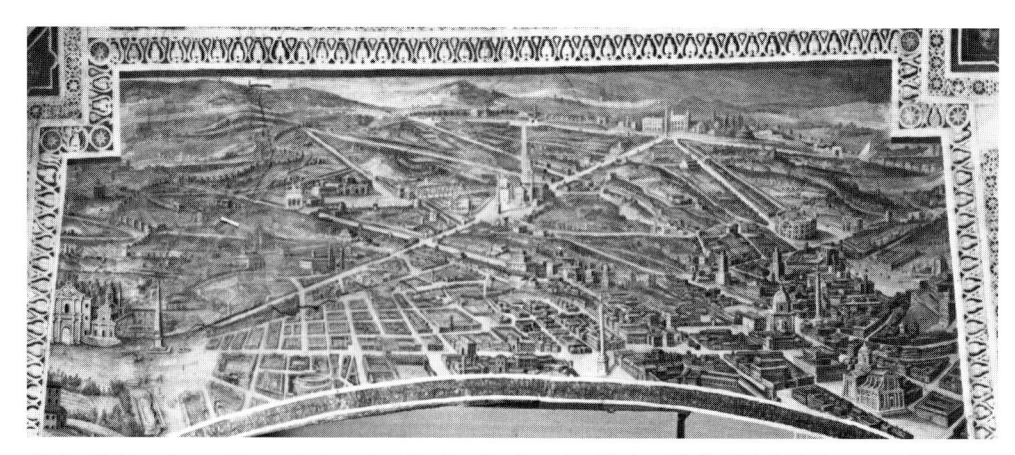

Abb. 20.11a Rom, Gesamtplan, der für die Stadt unter Sixtus V. (1585–1590) entworfen wurde; Wandgemälde in der Bibliothek des Vatikanischen Palasts.
Norden ist links im Bild, wo die Piazza del Popolo mit dem kurz zuvor errichteten Obelisk zu sehen ist. Von da zieht sich die gerade Linie der Strada Felice an Trinità dei Monti (Nr. 4 in Abb. 20.11b) vorbei auf S. Maria Maggiore (Nr. 6) zu und weiter bis zum Lateran im Hintergrund. Die Triumphsäule im Vordergrund rechts von der Mitte ist die Mark-Aurel-Säule; die Trajanssäule ist weiter rechts zu sehen.

rei und aus den Diokletiansthermen eine öffentliche Wäscherei zu machen.

Doch Papst Sixtus V. hatte außer Frömmigkeit und öffentlicher Wohlfahrt noch andere Beweggründe. S. Maria Maggiore lag unmittelbar neben dem Familiengrundbesitz des Papstes, der Villa Montalto, die aus der geplanten baulichen Neugestaltung beträchtlichen Nutzen ziehen mußte. Unsere Quellen lassen auch deutlich erkennen, daß die scheinbar um ihrer selbst willen vorgesehenen großen Straßen neue Wohnviertel erschließen sollten. Das für die Erweiterung bestimmte Gelände war das hügelige Terrain östlich des Corsos, die Hänge des Pincios, des Quirinals und des Esquilins. Zwei Vorbedingungen mußten erfüllt sein: Straßen und Wasser. Sixtus V. wollte für beides sorgen.

Als erste hatten Privatvillen dieses unerschlossene Gelände genutzt. Im Mittelalter war nur einer der antiken Aquädukte ständig in Betrieb gewesen, und das war der Hauptgrund dafür, daß die Stadtbevölkerung allmählich in die Tiberschleife überwechselte und daß die aristokratischen Außenbezirke in dem einst grünen Hügelkranz aufgegeben worden waren. Die Aquädukte kamen allmählich wieder zum Vorschein, nachdem man 1429 ein Manuskript – *De aquis urbis Romae* – entdeckt hatte, verfaßt von Frontinus, der unter Trajan Curator aquarum (Leiter der Wasserkommission) gewesen war. Es schilderte sehr eingehend die Wasserversorgung der Hauptstadt und deren Betrieb. Sixtus V. war nicht der erste Renaissancepapst, der über die ungeheure Aufgabe, dieses System wiedererstehen zu lassen, nachdachte, aber ihm ist zu verdanken, daß er den ersten Aquädukt seit der Antike wiederaufbauen und in Betrieb setzen ließ. Diese Aqua Felice (die antike Alex-

1. Peterskirche
2. Engelsburg
3. Piazza del Popolo
4. Trinità dei Monti
5. S. Agnese
6. S. Maria Maggiore
7. S. Lorenzo fuori le Mura
8. S. Croce
9. Lateran
10. S. Paolo fuori le Mura

Abb. 20.11b Das Rom Sixtus' V. Gestrichelte Doppellinien bezeichnen geplante Straßen, die nicht gebaut wurden.

Abb. 20.12 Rom, der ägyptische Obelisk auf der Piazza del Popolo, aufgestellt 1589. Er war zur Zeit Ramses' II. am Sonnentempel in Heliopolis errichtet worden und wurde 10 v. Chr. von Kaiser Augustus nach Rom gebracht und im Circus Maximus aufgestellt.

466 *Neue Ansprüche*

andrina) sollte sich als Lebensader für den ausgreifenden Stadtkern und die Landsitze der Reichen erweisen.

Sixtus V. ließ eine Reihe von Bildern für die Vatikanische Bibliothek malen, die deutlich zeigen, wie Rom sich durch seinen Gesamtplan verändern werde, und Fontana, der Architekt und Zivilingenieur des Papstes, hat einen aufschlußreichen Bericht über ihre Unternehmungen hinterlassen.

Diese Bilder und die Worte Fontanas sagen uns mehr als alle praktischen und sozialen Begründungen dieses Projekts – wir spüren etwas von dem Reiz, von der Schönheit dieses visionären Vorhabens (Abb. 20.11a).

»Unser Heiliger Vater (schreibt Fontana) ... hat diese Straßen vom einen Ende der Stadt bis zum anderen ausgedehnt, und weil er die Hügel und Täler, die sie überqueren mußten, nicht scheute, sondern bald abtragen, bald auffüllen ließ, hat er sie zu sanften Ebenen und wunderschönen Stätten gemacht. Auf ihrem Weg eröffnen sich an vielen Stellen Aussichten auf die niedrigsten Teile der Stadt in verschiedenen und wechselnden Perspektiven. So erschließen diese Schönheiten über ihre religiösen Ziele hinaus eine Weide für alle unsere Sinne.«

So ist es wirklich. Man muß sich eine Straße vorstellen, die in der Südostecke der

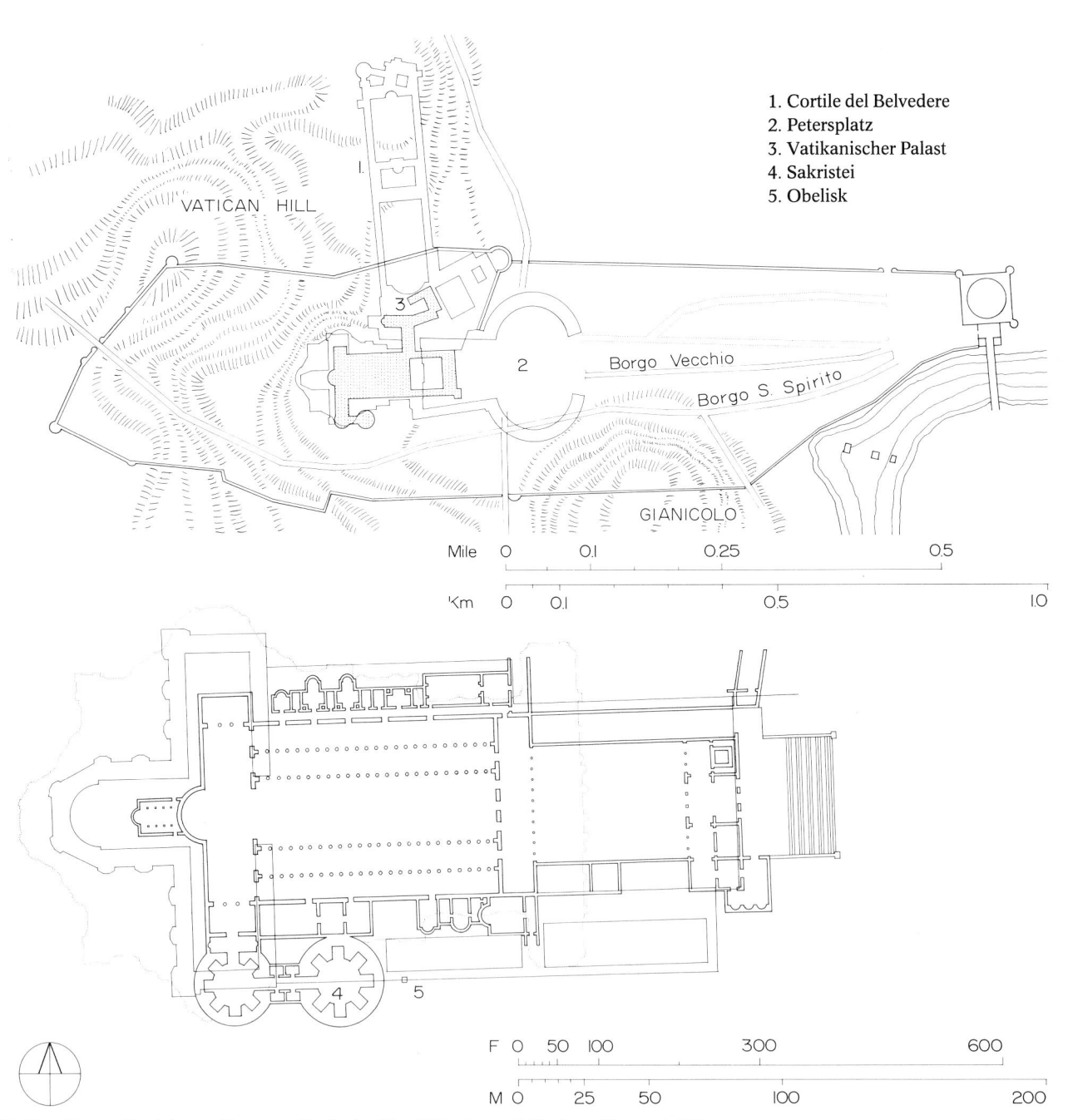

1. Cortile del Belvedere
2. Petersplatz
3. Vatikanischer Palast
4. Sakristei
5. Obelisk

Abb. 20.13 Der Borgo-Bezirk von Rom am Ende des Pontifikats von Nikolaus V., um 1455.
Die Umgestaltung von Alt-St. Peter nach den Entwürfen von Bernardo Rossellino zeigt der ausführliche Grundriß (unten).
Schwächere Linien im oberen Plan bezeichnen spätere Änderungen am Vatikanischen Palast und den Komplex der Peterskirche einschließlich der ovalen Piazza von Bernini.

Stadt bei S. Croce beginnt, schnurstracks zum Esquilin und zu S. Maria Maggiore hinführt, sich dann geradeaus durch das dazwischenliegende Tal zum Quirinal fortsetzt, wo sie Michelangelos Strada Pia kreuzt, dann ein weiteres Tal bis zum Pincio und der oben gelegenen Kirche Trinità dei Monti überquert und zur Piazza del Popolo östlich des großen Triviums weiterführt. Mit Ziegeln gepflastert und eingegrenzt von hohen verputzten Gartenmauern, legt dieses rötliche Band, die Strada Felice, das der braungrün gemusterten Landschaft mit ihren Schlängelpfaden in so unerschütterlicher Zuversicht aufgeprägt wurde, vier Kilometer durch die Stadt zurück und scheint auf Gemälden über die Mauern hinaus zu fernen Horizonten vorzustoßen. Ihre Steuerung und die Rhythmisierung ihres ungestümen Vorwärtsdrängens erfährt sie durch die architektonischen Akzente, welche die Kirchen und die eingrenzenden Stadttore setzen. Sie verlangsamen ihren atemlosen Lauf und zerteilen die Straße in überschaubare Abschnitte mit doppeltem Brennpunkt, so wie Michelangelo es als erster bei der Straße am Quirinal getan hatte.

Doch der Sixtusplan hatte noch einen zusätzlichen Reiz. Man sieht die Straßenteile nicht als abgeschlossene, tunnelartige Durchblicke. Die Akzente an beiden Enden – so dachte man wohl – sollten den Straßenraum bestimmen und konzentrieren, ohne seinen Fluß zu behindern oder abzuschneiden. Für diesen Zweck waren Bauten wie S. Maria Maggiore zu massig; dünne senkrechte Markierungen würden ihn am besten erfüllen, entweder allein oder vor größeren Bauten. Da fanden der Papst und sein Architekt eine glänzende Lösung: den Obelisken.

Die Form war ägyptisch. Römische Kaiser hatten mehrere Obelisken in die Hauptstadt bringen lassen und als exotische Trophäen in den Zirkussen und an anderen öffentlichen Plätzen aufgestellt. Einer von ihnen, der zu Neros Zirkus im Vatikanbereich gehörte, überstand das Mittelalter aufrecht an der Südseite der Peterskirche. Seit der Zeit Nikolaus' V. war die Rede davon, daß er vor der Kirche aufgestellt werden sollte. Der Monolith aus Granit war 25 Meter hoch und wog 320 Tonnen. Es war keine leichte Arbeit, ihn unbeschädigt zum Petersplatz zu transportieren und dort aufzustellen. Fontana brachte das 1586 fertig und war so stolz auf seine Leistung, daß er ein Buch darüber schrieb (Abb. 20.18).

An dieser Stelle bewies der Obelisk, daß

Abb. 20.14 Raffael, *Die Schule von Athen*; Wandgemälde im Vatikanischen Palast in der Stanza della Segnatura, 1509–1511.

er visuell auf vielerlei Weise wirksam sein konnte. Er konnte sich auf einem öffentlichen Platz behaupten, selbst wenn er so mißgestaltet war wie jener vor der Peterskirche, indem er ihm einen einfachen Zusammenhalt gab. Er zog auch die Bewegung in der Straße durch den Borgo auf sich zu, die von der Engelsburg zur Peterskirche führte. Wir hatten diese Raumeigenschaften als Umkreisungsprinzipien und Wegweiser bezeichnet, als wir am Anfang des Buchs von Menhiren sprachen. Doch der Obelisk vor der Peterskirche hatte noch einen weiteren Vorzug. Er brachte die Kirchenfassade in ein System für alle, die sich ihr näherten, indem er deren Aufmerksamkeit auf den Eingang lenkte und auf diese Weise einer allzu genauen Überprüfung ihrer damals noch recht ungeordneten Front zuvorkam.

Das alles begriff man sehr schnell. Obelisken waren ideale Markierungspunkte für das wuchernde Geflecht der päpstlichen Planung. Ein vom Circus Maximus herübergeholter Obelisk durchbohrte jetzt das nördliche Trivium der Piazza del Popolo, ein anderer den Zugang zum umgebauten Lateran. Ein Obelisk vom Augustusmausoleum, der vor der Apsis von S. Maria Maggiore aufgestellt wurde, gab einem entschei-

Abb. 20.15 Rom, Vatikanischer Palast, Cortile del Belvedere, Baubeginn 1505, Donato Bramante. Diese Ansicht auf einem Stich von Etienne Dupérac von 1565 zeigt den Cortile während eines Turniers. Die große Nische am oberen Ende war Bramantes Entwurf wenige Jahre vor dem dargestellten Ereignis angefügt worden.

Abb. 20.16a Donato Bramante. Erster Entwurf für die Peterskirche in Rom, 1506; Teilgrundriß (Uffizien, Florenz). Wie die Kirche ausgesehen hätte, wenn sie nach diesem Plan gebaut worden wäre, läßt sich Raffaels Gemälde *Die Schule von Athen* entnehmen (Abb. 20.14).

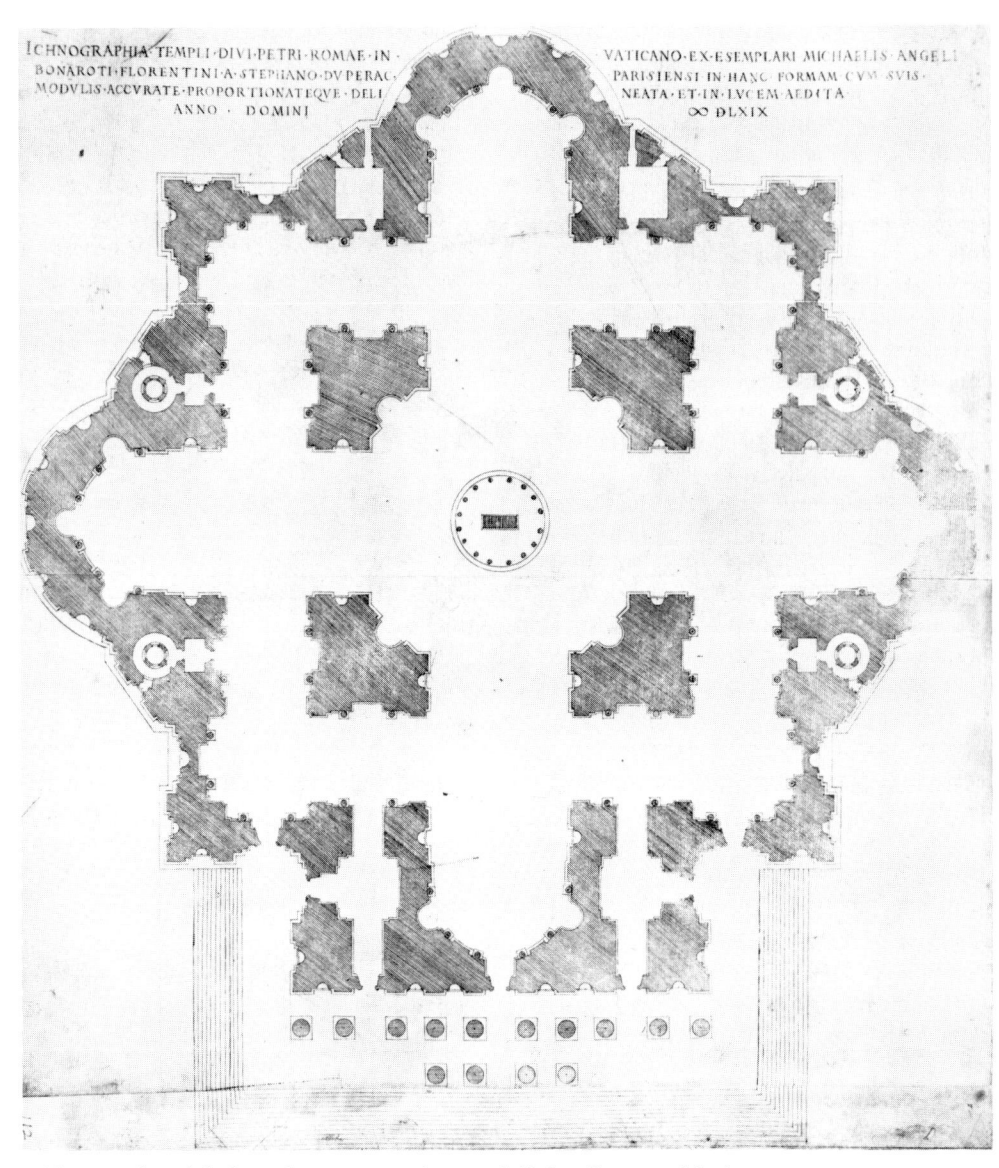

Abb. 20.16b Michelangelo Buonarotti, Grundriß für die Peterskirche, 1546; Stich von Etienne Dupérac und Antoine Lafréry, 1569.

denden Abschnitt der Strada Felice den Akzent. Auf der Spitze eines jeden Obelisken brachte man eine Erdkugel mit einem Kreuz an und zwang damit diesen Masten der ägyptischen Sonnenverehrung, die schon einmal in Trophäen des römischen Kaisertums verwandelt worden waren, eine weitere Botschaft allumfassender Macht auf – den Triumph der katholischen Kirche (Abb. 20.12).

Die Bauhütte der Peterskirche

Verglichen mit der überschäumenden Kühnheit der päpstlichen Planung ist das, was Fontana für den Papst gebaut hat, langweilig. Er war verantwortlich für den neuen Sommerpalast auf dem Quirinal, für größere Anbauten am Vatikan und am Lateran, für den vollständigen Ersatz der ehrwürdigen, aber verfallenden päpstlichen Residenz aus dem Mittelalter. Das alles sind ziemlich nichtssagende, unbeseelte Gebäude mit glatten altmodischen Fassaden. Es ist, als wäre der Mann, der doch wußte, wie Michelangelos Experimente im Städtebau angepackt und zur Wirkung gebracht werden konnten, blind gewesen für die architektonische Kraft, die der Meister in den Palästen des Kapitols und in seiner späten Arbeit an der Peterskirche bewies.

In Wirklichkeit stand Fontana mit seinem Konservatismus nicht allein. Der Schock der Reformation und die reaktionäre Strenge des Konzils von Trient ließen die hitzigeren Tendenzen in den Künsten und der Architektur während der ersten Jahrzehnte des Jahrhunderts erkalten. Prüderie, Feierlichkeit und Zurückhaltung gewannen die Oberhand. Erst um die nächste Jahrhundertwende überzeugten das neue Raumgefühl des Campidoglio und der Straßen des Papstes, der verführerische Reiz des Stadtbilds und der Lobpreis, den Heilige der Gegenreformation dem unmittelbaren religiösen Erlebnis zollten, die Auftraggeber – und nun erst lockerten sich die Künste, und Formen schäumten in überschwenglichen, sinnenfrohen und üppigen Environments über.

Doch kehren wir zunächst zum Vatikan zurück. Das Programm war, wie wir sahen, dreiteilig (Abb. 20.13). An erster Stelle stand die Peterskirche. Als die Päpste von Avignon zurückkehrten, war sie schon über tausend Jahre alt und sehr reparaturbedürftig. Ihr veralteter Grundriß und vor allem der Umstand, daß sie keinen eigentlichen Chor besaß, ließen sie als führende Pilgerkirche Europas als ungeeignet erscheinen. Doch es kam noch etwas anderes hinzu. Am 25. März 1436 hatte Papst Eugen IV. Brunelleschis Dom eingeweiht, dessen mächtige Kuppel, wie wir sahen, Florenz und seine ländliche Umgebung einander nahegebracht hatte. Das päpstliche Rom brauchte ein Symbol von gleicher Stärke, einen geistlichen Anziehungspunkt.

Dann der Vatikanpalast – auch er war veraltet. Am Ende des Mittelalters bestand er aus zwei ineinandergreifenden Gebäudegruppen – einem älteren, niedrigeren Palast an der Nordseite des Atriums der Peterskirche (das niemals als ein ganz von einem Kreuzgang umgebender Hof vollendet worden war) und einem größtenteils im 13. Jh. erbauten oberen Flügel auf einem Plateau des Mons Saccorum, einer nach Norden gerichteten Erhebung. In diesen Neubau, der eine gute Aussicht auf die Stadt und die Landschaft bot, verlegte man die privaten Funktionen der päpstlichen Residenz, während der untere Palast für den Verwaltungsapparat des Hofes umgebaut wurde. Wenn der Palastkomplex unter Nikolaus V. überhaupt irgendwie hervorstach, dann wahrscheinlich durch eine rauhe, trutzige Monumentalität, die viele Türme aufwies und mit Zinnen versehen war.

Schließlich gab es zwischen der Peterskirche und der Engelsburg noch den Borgo, eine geschäftige päpstliche Stadt aus Klöstern, Gemeinden frommer Fremder mit jeweils eigener Kirche und Unterkünften, Pilgerherbergen, den Häusern von Angestellten der Kurie und den kleinen Geschäften, die diese so verschiedenartige Menge versorgten. Die Planung Nikolaus' V. für den ganzen Bezirk verband den Idealismus Albertis mit der nüchternen Erkenntnis, daß der Papst sich noch immer nicht ganz sicher fühlen konnte. Infolgedessen sah der Grundriß neben den beiden vorgeschlagenen Plätzen und den zwischen ihnen verlaufenden Straßen auch Ecktürme zur Verstärkung der Engelsburg vor, ferner zusätzliche Verteidigungsanlagen für den Vatikanpalast und eine gründliche Befestigung der Peterskirche, die gleichzeitig mit der Erweiterung des Chors nach den Plänen Bernardo Rossellinos vorgenommen werden sollten.

Ein Teil dieser kriegerischen Verstärkung, mehrere neue Räume im Palast und der Anfang des neuen Rossellino-Chors – das war alles, was von Nikolaus' V. Planung bei seinem Tod durchgeführt worden war. Eine Benediktionsloggia wurde der Kirchenfassade angefügt, und in den 1480er Jahren entstand auf einem Hügel nördlich vom Palast ein kleines Sommerhaus, das Belvedere, in dem Nikolaus V. sein Theater hatte unterbringen wollen.

Als 1503 Julius II. Papst wurde, schlug die Stimmung um. Die Hoffnungen auf eine echte Renaissance-Umwelt erhielten neue Nahrung. Der Papst war der mächtigste Auftraggeber geworden, der päpstliche Hof verfügte über die erlesensten Talente Italiens. Raffael schmückte mehrere Räume des Vatikans mit aufsehenerregenden Fresken, der junge Michelangelo arbeitete an vierzig Statuen, die das Grabmal Julius' schmücken sollten, Architekten vom Range eines Fra Giocondo, der aus Paris herbeigerufen worden war, eines Giuliano da Sangallo und des Mailänders Bramante lieferten Modelle für den Grabbau, der entweder in Rossellinos Chor eingefügt oder als selbständige Kapelle behandelt werden sollte.

Abb. 20.17 Rom, Peterskirche, 1546–1564, Michelangelo, vollendet 1590 von Giacomo della Porta; Blick von den Vatikanischen Gärten nach Nordosten.

Worauf oder auf wen in dieser Zeit der radikale Einfall zurückgeht, die alte Basilika ganz abzureißen und durch einen Zentralbau mit Kuppel zu ersetzen, läßt sich nicht feststellen. Bramante entwarf zu diesem Zweck einen Bau mit dem Grundriß des griechischen Kreuzes, bei dem alle vier Flügel mit Tonnengewölben in jeweils einer Apsis endeten. Die Kuppel in der Mitte sollte flach und genauso groß sein wie die des Pantheons und auf einem Tambour ruhen, der zwischen den Fenstern innen und außen von Säulen umgeben war. Kleine Kuppeln über untergeordneten kreuzförmigen Einheiten sollten die Verbindungen zwischen den Flügeln ausfüllen und Türme die Ecken eines Quadrats bezeichnen, das die Kirche mit Ausnahme der vier Apsiden einfaßte.

Es scheint jedoch, als sei dieses Projekt, das möglicherweise eine Verlegung des Petrusgrabs notwendig gemacht hätte, selbst Julius II. schließlich zu anmaßend erschienen. Man entschied sich für einen Kompromiß und beschloß, Bramantes Kirche irgendwie der Basilika Konstantins aufzupfropfen, indem man auf die östlichen der mit Apsiden versehenen Kreuzarme verzichtete.

Am 28. April 1506 wurde der Grundstein für diese Kuppelbasilika gelegt, und 1510 waren die vier Kuppelpfeiler vollendet. In diese und in die Hilfspfeiler schnitten große Nischen sehr tief ein (Abb. 20.16a). In Bramantes kompliziert wucherndem Grundriß war überall Masse ausgespart, und so durfte sich vom Mitteljoch her Raum durch dieses vollkommen beherrschte System überallhin verbreiten. Einen Eindruck von dem, was Bramante beabsichtigte, gewinnen wir aus dem Hintergrund von Raffaels Gemälde *Schule von Athen* (Abb. 20.14).

Inzwischen überwachte Bramante den Durchbruch der Via Giulia am linken Ufer und den Bau des Justizpalasts an dieser Straße. Im Vatikan befriedigte er die weitgespannte Phantasie des Papstes durch eine Reihe kühner Projekte, die den Bau zum bemerkenswertesten fürstlichen Palast seit Urbino machte. Zuerst wurde die der Stadt zugewandte östliche Fassade mit mehreren Stockwerken anmutiger Loggien versehen, die ihr ein anziehendes, unkriegerisches Aussehen verliehen, und dann erwogen Julius II. und Bramante – als Auftraggeber und Architekt ein ideales Gespann – Möglichkeiten, wie man den veralteten mittelalterlichen Kern mit dem etwa 300 Meter entfernten Sommerhaus auf dem nördlichen Hügel verbinden könne. Sie einigten sich auf eine terrassierte Raumüberbrückung, den *Cortile del Belvedere*, der den Palast nach außen fortsetzen, einen weiten, offenen Freiraum umschließen und so, den zusammengedrängten klösterlichen alten Gebäuden Luft schaffend, etwas von der kaiserlichen Aura des Palatins ausstrahlen könnte (Abb. 20.15). Die Form, die man wählte, erinnerte tatsächlich an den ummauerten versenkten Garten längs der Domus Augustana, der einem Stadion ähnelte, oder auch der Poikile, jenem umfriedeten Garten der Hadriansvilla in Tivoli (Abb. 9.27).

Doch das waren ebene Grundstücke. Bramante hielt sich, da er die starke Steigung zwischen dem Vatikan und dem Sommerhaus auf dem Nordhügel überwinden mußte, an römische Terrassenbauten wie Praeneste. Nach Osten und Westen zog er lange Galerien, die am Palastende dreigeschossig begannen und weiter hügelaufwärts zweigeschossig weitergeführt wurden. Auf diese Weise konnte vom zweiten Geschoß der neuen Loggien an der Ostfassade des Palasts und einem vergleichbaren Punkt im Westblock ein ebener Gang zum Gelände des Sommerhauses geschaffen werden. Im Raum zwischen den beiden Galerien wurden drei verschiedene Terrassen angelegt. Die südliche war die größte und tiefste. Sie war eingerahmt von den dreistöckigen Fassaden der Galerien, von denen die zweite beidseitig hohe rechteckige Fenster mit tiefen Nischen aufwies, während die dritte eine offene, durch korinthische Pilaster in Joche unterteilte Loggia war.

Zwischen dieser und der kurzen zweiten Terrasse verlief quer über die ganze Breite eine großartige Treppe. Die zweite Terrasse war von einfachen, unverzierten Wänden der Galerie umgeben. Zugang zur dritten Terrasse boten zwei Rampen neben einem kleinen Nymphäum. Eine prächtige halbkreisförmige Nische mit Treppen in einer Doppelkurve schloß diese Ebene ab und verdeckte die Schrägstellung des Sommerhauses. Hinter der Nische, am Hauseingang, nahm ein Statuenhof jetzt den Laokoon auf, der 1506 auf dem Gelände von Neros Goldenem Haus gefunden worden war, ferner den Apollo Belvedere, Flußgötter und andere Kostbarkeiten, die den Anfang der berühmten Antikensammlung des Vatikans bildeten.

Julius II. starb 1513, Bramante 1514. Weder die neue Peterskirche noch der Cortile des Belvedere waren sehr weit fortgeschritten, und an beiden wurden unter nachfolgenden Päpsten und Architekten einschneidende Veränderungen vorgenommen. So durfte beispielsweise Fontana unter Sixtus den großartigen Freiraum des Cortile durch

Abb. 20.18 Rom, Petersplatz, auf einem Fresko im Vatikanischen Palast. Fontanas Obelisk, der 1586 vor die Fassade der Kirche versetzt wurde, steht schon auf seinem Platz. Michelangelos Kuppel ist noch unvollendet, weiter fehlt Madernos Fassade (Abb. 20.22).

einen Bibliotheksblock in zwei Höfe teilen und die Stadtansicht des Vatikans verändern, indem er Bramantes Loggien einschloß und sie zu einer Seite eines Hofes machte, der zu einem neuen, steil aufragenden, weiter östlich gelegenen Palastblock gehörte. Doch die gewaltige architektonische Wirkung des ursprünglichen Cortile, der Schwung und die Findigkeit, die der Entwurf bewies, leiteten jene Reihe von Experimenten ein, aus denen Michelangelos Campidoglio, der Urbanismus Fontanas und letztlich die bühnenbildartige Prachtentfaltung des barocken Roms hervorgingen. Die Darstellung eines dort 1565 abgehaltenen Turniers zeigt, wie der Cortile ursprünglich hätte benutzt werden sollen. Die Galeriefassaden, die großartigen Treppen, die Dächer, sind voll von Zuschauern, die dem Turnier beiwohnen (Abb. 20.15).

Jene ersten Jahrzehnte des 16. Jh. waren die Zeit der großen Gesellschaft unter Julius II. und seinem Nachfolger Leo X. Rom war die Metropole der Diplomatie in Europa. Die Spitzen der Aristokratie Italiens drängten sich nach Stellungen in der Hierarchie des päpstlichen Hofes, rücksichtslos, aber in großem Stil, gemäß dem Kodex für adlige Aufsteiger, wie ihn Baldassare Graf Castiglione 1528 in seinem *Il libro del Cortegiano* herausgearbeitet hatte. Man lernte Griechisch bei Johannes Lascaris und anderen berühmten Flüchtlingen aus Byzanz, städtische Beamte besuchten täglich Geschichtsvorlesungen auf dem Kapitol, und schöne Kurtisanen, die sich Imperia und Isabella de Luna nannten, unterhielten Salons für Kunstkenner und Literaten.

Unterdessen ging die Geschichte der Peterskirche weiter. Nach Bramantes Tod stellte sich heraus, daß der großartige, als Zentralbau konzipierte Chor sich niemals mit dem Kirchenschiff Konstantins vereinigen ließ. Man hatte die Wahl zwischen einer Wiederaufnahme des ursprünglichen Bramantegrundrisses in Form eines griechischen Kreuzes, das vielleicht nach Osten durch ein neues Atrium oder geräumiges Vestibül erweitert werden könnte, und einem neu zu entwerfenden Schiff, das sich mit dem großartigen Chorraum von Bramante in Einklang bringen ließe. In den rückwärtsgewandten autoritären Jahrzehnten der Gegenreformation neigte man deutlich zur zweiten Lösung. Inzwischen bewirkten strukturelle Veränderungen an den Pfeilern und eine allgemeine Vereinfachung des Bramanteplans, daß die Kirche auf eine stämmigere, kompaktere Form zusteuerte.

Zu diesem Zeitpunkt – im Jahr 1546 – wurde Michelangelo, damals schon ein alter Mann, zum leitenden Architekten ernannt. In seiner entschlossenen Art, Dinge, die andere begonnen hatten, in Ordnung zu Ende zu führen, ging er die Arbeit an dem regellosen Steinhaufen an, der nur von der unveränderlichen zentralen Idee einer Kuppel auf vier Pfeilern und dem Dreiblattsystem der Apsiden zusammengehalten wurde. Zuerst räumte er die dazwischenliegenden Bereiche aus, indem er die kleineren kreuzförmigen Einheiten mit Ausnahme ihrer winzigen überkuppelten Kerne aufgab (Abb. 20.16b). Letztlich ergab das einen breiten quadratischen Umgang zwischen dem Mitteljoch und den drei Apsiden. Um eine Konzentration auf diese grundlegende Massierung herbeizuführen, eliminierte er als nächstes die Ecktürme und die einzelnen Umgänge der Apsiden und verringerte dadurch den Gesamtbereich der Kirche beträchtlich. Zuletzt erhielt der Bau eine kräftig gestaltete Mauer, deren äußere und innere Oberfläche in Kontur und Höhe unabhängig voneinander waren (Abb. 20.17). Außen wurde sie in zwei Zonen geteilt, eine durch zwei Stockwerke verlaufende Kolossalordnung mit einem vorspringenden Gesimsband und einer schmaleren Attika. Diese einheitlich gefaltete und durchbrochene Fassade war hoch genug, um die kleinen Eckkuppeln zu verdecken, was – zusammen mit dem verkleinerten Umfang – dazu beitrug, die Mittelkuppel noch mächtiger erscheinen zu lassen.

Das unsterbliche Vorbild für diese Krönung des Ganzen war der Dom in Florenz (Abb. 16.12). Die Kuppelfelder, die Rippen, die Laterne – das alles hatte Brunelleschi vorgemacht. Dennoch gibt es bemerkenswerte Unterschiede zwischen den beiden großartigen Kuppeln. An der Peterskirche sehen wir einen plastisch viel stärker gegliederten Körper, zu dem das Auge durch die Kolossalordnung und ihre Fortsetzung in den Pilastergruppen der Attika emporgeführt wird (Abb. 20.17). Der Tambour ist durch Säulenpaare hervorgehoben, die eigene Gesimsteile tragen. Zwischen ihnen liegen vertieft Fenster mit abwechselnd dreieckigen und halbkreisförmigen Giebelfeldern, die das Hochrelief hervorheben. Die Kuppel hat doppelt so viele Rippen. Sie sind

Abb. 20.19 Rom. Die Engelsbrücke (der antike Pons Aelius, 2. Jh. n. Chr.), umgebaut 1668–1671, Bernini. Im Vordergrund die Statuen des heiligen Paulus (rechts) von Paolo Romano, 1464, und des heiligen Petrus (links) von Lorenzetto, um 1534. Im Hintergrund das Castel Sant' Angelo (Engelsburg), ursprünglich das Mausoleum des Kaisers Hadrian.

kräftiger, und die Felder zwischen ihnen sind nicht abgeflacht, sondern Teile einer einzigen sphärischen Oberfläche. Vor allem fehlt die florentinische Farbigkeit. Die Peterskuppel sollte durch ihre runde, volltönende Form, ihre straffe Festigkeit auffallen und nicht wegen ihrer verdeutlichenden Farbigkeit oder bloßen Größe.

Michelangelo scheint für seine Kuppel die Form einer vollkommenen Halbkugel bevorzugt zu haben. Der heutige leicht überhöhte Umriß geht auf seinen Nachfolger Giacomo della Porta zurück (etwa 1532–1602), der in den 1580er Jahren für den Kuppelbau zuständig war. Auch das Ostende der Kirche war noch unvollendet, als Michelangelo 1564 starb. Sollte die Kuppel von dieser Stadtseite her einen eindrucksvollen Anblick bieten, so mußte man das Schiff kurz und die Fassade verhältnismäßig niedrig halten. Michelangelos Entwurf ließ von einem Schiff nicht viel erkennen. Die äußere Fassade sollte auf dieser Seite fortgeführt werden, eine Säulenvorhalle mit Tempelfront vor ihr sie vervollständigen und die erstrebte Axialität deutlich machen (Abb. 20.16b).

Doch als sie schließlich ausgeführt wurde, war die Kirche um drei Joche mit korrespondierenden Kapellen auf beiden Seiten verlängert worden, woraus sich eine Gesamtlänge der neuen Basilika von 212 Metern ergab. Vor die Front setzte man eine prächtige Vorhalle mit einer voll ausgebildeten Fassade mit Portikus, welche die Kolossalordnung von Michelangelos Außenwand fortführte. Sie wurde so hoch hinaufgezogen, daß sie das Dach des mit Tonnengewölbe versehenen Schiffs verdeckte (Abb. 20.22). Schiff und Fassade waren leicht nach Süden gedreht, damit sie in der Achse des Fontana-Obelisken lagen. Das alles geschah im Rahmen eines 1607 veranstalteten Wettbewerbs, den ein Neffe Fontanas, der Architekt Carlo Maderno (etwa 1556–1629), gewann.

1612 beschloß man, der Fassade Türme anzufügen, und baute zu diesem Zweck seitliche Joche. Wie sich zeigte, konnten sie die Last der Türme nicht tragen. Deshalb wurde auf sie verzichtet. Allerdings blähten die angefügten Joche die Fassade auf und blockierten jeden Blick auf das, was dahinter lag. Außerdem beschnitt ihre Höhe die Aussicht auf die großartige Kuppel für alle, die auf dem freien Raum vor der Kirche standen.

Die Innenausstattung zog sich etwas länger hin. Ein neuer Architekt hatte jetzt die Leitung übernommen: Gian Lorenzo Bernini (1598–1680), ein Name, der für die Geschichte der Architektur eine neue Periode bedeutet. Bernini war für den Barock, was Bramante für die Renaissance war. Seine Tätigkeit für die Peterskirche, die vom Zugang aus der Stadt und einem riesigen Platz bis zur Innenausstattung schlechthin alles einschloß, stellt zumindest in den katholischen Ländern gewissermaßen eine Manifestation der künstlerischen Kultur des 17. Jh. dar.

Berninis erster Auftrag bestand darin, die Vierung der Peterskirche hervorzuheben. Das Grab des Apostels, das man dort belassen hatte, wo es immer gewesen war, befand sich jetzt unter der Kuppel Michelangelos. Der Hochaltar über ihm wäre ohne eine architektonische Begrenzung in der erhabenen Weite des dreilappigen Chors völlig verloren gewesen. Zunächst einmal verlangte er einen rituellen Baldachin, der sich zwischen dem tiefliegenden, von 95 Ewigen Lampen erhellten Grabbereich und der fernen Pracht der Kuppel behaupten mußte.

Abb. 20.20 Rom, Engelsbrücke (Ponte Sant'Angelo), Engelsfigur, 1668–1671, Antonio Raggi.
Einer der Engel, die längs der Brücke aufgestellt sind (vgl. Abb. 20.19) und von denen jeder ein Marterinstrument Christi trägt – in diesem Fall die Säule, vor der Christus gegeißelt wurde.

Berninis Bronzebaldachin erreicht dieses Ziel hervorragend. Hoch wie ein Renaissancepalast, aber doch auch gewichtslos, erhebt er sich über dem Boden der Vierung, ein wenig westlich von der Mitte (Abb. 20.23b). Vier gedrehte Säulen, mit Olivengezweig verziert und von Engeln gekrönt, halten ein mit Quasten versehenes Dach empor – eine täuschende Nachahmung der leichten tragbaren Baldachine, die Chorknaben während der Prozession über heilige Gegenstände halten. Doch diese heitere Leichtigkeit trügt: Der Aufbau ist ungeheuer schwer, und die massiven Fundamente für die Säulen reichen bis tief unter den Fußboden, ja bis hinab zum Boden der Kirche Konstantins und dann noch weiter in den Grund des alten Friedhofs, in dem Petrus bestattet worden war. Die Konstruktionstechnik ist also die eines beachtlichen Gebäudes, aber die Form vermeidet den Eindruck baulicher Stabilität und wählt eine leicht wogende plastische Dynamik, reich an Oberflächenbewegung und Glanz, die uns faszinieren und verblüffen soll – und das eben ist das Wesen barocker Architektur.

Die andere Seite des Barock, seine Überschwenglichkeit, seine schöpferische Improvisation, das Talent, ein beliebiges Durcheinander von Gebäuden oder ungeplanten städtischen Raum in ein aufregendes Tableau zu verwandeln, wird ganz deutlich an Berninis Petersplatz. Der öffentliche Raum vor der vollendeten Basilika war alles andere als geordnet oder großartig (Abb. 20.18). Im Norden erhob sich die unsymmetrische Masse des Palasts. Die Südseite nahmen die uneinheitlichen niedrigen Bauten der zum Kapitel der Peterskirche gehörenden Ämter ein. Nach Osten hin lagen der Borgo und die schmalen Zugangsstraßen. 1657 erhielt der nun schon bejahrte und weltberühmte Bernini den Auftrag, einen städtischen Versammlungsplatz zu schaffen, welcher den Renaissancewundern der Kirche und des Palasts ebenbürtig wäre. Es sollte ein Platz sein, der die nach vielen Tausenden zählenden Menschen aus aller Welt faßte, vor allem an Festtagen wie Ostern, wenn der Papst seinen Segen *urbi et orbi* (»der Stadt und dem Erdkreis«) vom Benediktionsbalkon über dem Hauptportal der Fassade Madernos seinen Segen erteilte. Der Platz mußte diese Leitidee der Weltkirche zum Ausdruck bringen, dabei aber einfach bleiben, damit er weder der Basilika noch dem Vatikan Abbruch tat oder sie gar überstrahlte. Der Entwurf mußte außerdem mehrere ältere Inventarstücke, unter anderem den alten Vatikanzugang nördlich der Kirchenfassade, Fontanas Obelisken und einen neben ihm von Maderno errichteten Brunnen einbeziehen.

Von mehreren Varianten, in denen Bernini trapezförmige und ovale Formen mit Arkaden- oder Kolonnadenumrahmung ausprobierte, entschied er sich für eine dreiteilige Anlage aus einem unmittelbar vor der Kirchenfassade gelegenen viereckigen Eingangsplatz, einem riesigen ovalen Platz, der in seiner Breite die Länge der Kirche um ein geringes übertraf, und einer kleinen stadtseitigen Eingangshalle für dieses Oval, die aber nie gebaut wurde (Abb. 20.2). In seinen Proportionen richtete sich Bernini nach der Kolossalordnung der Fassade. Der Eingangsplatz erinnert ein wenig an die Piazza del Campidoglio: am Ende eine beherrschende Fassade und niedrige Flügel, die einen trapezförmigen Raum einschließen. Doch die Flügel sind hier nur Korridore, welche die Fassade mit der Piazza verbinden. Im Gegensatz zum Campidoglio gestatten sie keine Durchblicke in den spitzen Winkeln, die sie mit der Fassadenfläche bilden, da hier der Besucher völlig in eine Art Freiluftvorzimmer eingeschlossen sein soll, das in die Kirche führt. Zwei Drittel des Trapezes beanspruchte ja auch die kaskadenförmige Treppe, die zur Ebene der Kircheneingänge hinaufführt.

Von den Ostenden dieser Korridorflügel schwingen zwei mächtige Halbkreise toskanischer Säulen aus, die in vier Reihen angeordnet sind. Sie grenzen eine bedeckte Kolonnade mit drei Bahnen ein, von denen die mittlere breiter ist. An der Kolonnade läuft oben das Gebälk der Korridorflügel ohne Unterbrechung weiter, so daß der gesamte Piazzakomplex horizontal zusammengehalten wird. Über dem Gebälk stehen 140 Heiligenstatuen. Die Halbkreise enden in Tempelfronten, zwischen denen die »Eingangshalle« ihren Platz haben sollte. Die Längsachse von hier zur Kirche hätte in der Gegenrichtung verlängert werden sollen, wenn es nach Bernini gegangen wäre. Als breite Straße hätte sie dann bis zum Brückenkopf der Engelsburg geführt. Dieser Teil seines Entwurfs wurde erst in den späten 1940er Jahren verwirklicht.

Die Kirchgänger und die Touristen sollten durch verschiedene Stadtteile bis zu jenem Punkt des Bankbezirks geführt werden, an dem der Ponte Sant'Angelo den Verkehr in den Borgo leitet (Abb. 20.19). Statuen von Petrus mit den Schlüsseln zum Paradies und Paulus mit einem Schwert bewachten dieses Ende der Brücke und hießen die Menge in diesem besonderen Bezirk willkommen. Von hier aus sah man die gelbbraune Masse der Engelsburg aus der Nähe, während Michelangelos Kuppel sich als Silhouette vom leeren Himmel abhob.

Beim Überqueren des Flusses sah sich die Menge längs dem Brückengeländer

Abb. 20.21 Rom, Petersplatz, entworfen 1667, Bernini; Blick nach Osten.
Die Aufnahme zeigt die Achse des Petersplatzes noch bebaut, bevor Mussolini die Häuser in den späten 30er Jahren abreißen ließ und die heutige Via della Conciliazione entstand.

Abb. 20.22 Rom, Peterskirche, Hauptfassade, 1606–1612, Carlo Maderno; Blick vom Petersplatz nach Westen.

von schönen steinernen Engeln begleitet, welche die Marterinstrumente der Passion Christi trugen – die Säule, an der er gegeißelt wurde, die Dornenkrone, den Schwamm und das Kreuz (Abb. 20.20). Hinter der düsteren Festung war die Menge gezwungen, eine der beiden Straßen zu wählen, die einen schmalen Häuserkeil, die sog. Spina di Borgo, flankierten, und die etwa einen Kilometer lange Strecke bis zu ihrem Ziel zurückzulegen (Abb. 20.21). Hier tauchte die Kuppel wieder auf, doch zwischen ihr und dem kleinen Raum, in den die Menge sich ergossen hatte, lag das phantastische Phänomen der Piazza. Die Eingangshalle hätte sie, wäre sie gebaut worden, für einen kurzen Augenblick festgehalten, bevor sie in die überwältigende Weite des Ovals träte (Abb. 20.2).

Das Gelände fiel nach der durch den Obelisken bestimmten Mitte hin leicht ab, und in diesem Punkt liefen auch die Linien des radialen Musters zusammen, die den überwältigenden Platz mit seinem dichten Schirm aus unkannelierten Travertinsäulen und der Schar von Heiligen, die er emporhob, ein wenig besser überschaubar machten. Die vier Säulenreihen waren den Radien der Halbkreise folgend so angeordnet, daß die vordersten, wenn man sie vom Mittelpunkt aus betrachtete, die rückwärtigen verdeckten. Von allen anderen Stellen des Platzes konnte man nicht feststellen, wie tief sich der Säulenwald wohl erstreckte. Dieser Mittelpunkt ist markiert vom Obelisken. Dies gab der Menge die Möglichkeit, sich von den riesigen Halbkreisen umschlossen zu fühlen, die für Bernini die mütterlichen Arme der Kirche waren, »mit denen sie Katholiken umschlang, um ihren Glauben zu stärken, Ketzer, um sie mit sich zu versöhnen, und Ungläubige, um ihnen den wahren Glauben zu enthüllen«.

Die Menge schritt nun die sanfte Steigung jenseits der Brunnen und des Obelisken hinan. In Höhe der Treppe, die 70 Meter über die Kirchentore hinausreicht, standen nochmals Petrus und Paulus, die allen vertrauten Zwillinge des christlichen Roms, wie Kastor und Pollux die der antiken Stadt gewesen waren (Abb. 20.22). Die Kuppel war jetzt hinter der Fassade verschwunden. Die Menge strömte durch eines der fünf Tore in Madernos noble Vorhalle. Fünf Türen an der Westwand der Vorhalle entsprachen jenen der Fassade, aber die eine, an der äußersten Nordseite, blieb verschlossen und war nur in besonderen Jahren geöffnet.

Jetzt befand sich die Menge im Kirchen-

Abb. 20.23a Rom, Mittelschiff der Peterskirche, 1606–1612, Carlo Maderno; Inneres, Blick nach Westen. Das Gemälde von Louis Haghe zeigt die Basilika während eines Gottesdienstes im Jahre 1867.

Abb. 20.23b Rom, Peterskirche; die Vierung, Blick nach Südwesten mit Berninis Baldachin von 1624–1633. Rechts im Vordergrund die berühmte Petrusstatue aus der alten Basilika. In den Nischen der Vierung Andrea Bolgis Statue der heiligen Helena mit dem Echten Kreuz und Francesco Mochis Statue der heiligen Veronika mit dem Schweißtuch, in das sich Christi Gesicht abdrückte, beide aus den Jahren um 1630.

Abb. 20.24 Rom, Peterskirche; Blick über Berninis Baldachin in die Kuppel.

schiff, unter dem kassettierten Tonnengewölbe. Es zog sie zu dem Lichtsee, der die Vierung bezeichnete, und zu Berninis Baldachin, der aus der Entfernung klein und zierlich wirkte (Abb. 20.23a). Die Pfeiler und die Bogen, die sich auf reichgeschmückte Seitenkapellen hin öffneten, waren besetzt mit Skulpturen und gerahmten Reliefs allegorischer Figuren, Heiligen und Gründern geistlicher Orden: Tatkraft ausstrahlenden Gestalten, die himmelwärts wiesen und blickten oder ungestüm Medaillons der ersten Päpste, päpstliche Kreuzstäbe und Tiaren emporhoben, um so protestantischem Widerstand gegen die Herrschaft des Papstes Trotz zu bieten.

In der Vierung bargen Nischen in den Pfeilern die ekstatischen Bildnisse von vier Heiligen, die mit Christi Passion in Verbindung stehen. Mit ausgestreckten Armen lenkten sie die Aufmerksamkeit auf ihre Attribute: Longinus mit der Lanze, die er bei der Kreuzigung in Christi Seite stieß; Helena, die Mutter Konstantins, mit dem »Echten Kreuz«, das sie wunderbarerweise in Jerusalem entdeckte; Veronika mit dem Schleier, den sie Christus auf dem Weg zum Kreuz darbot, damit er sich den Schweiß vom Gesicht wischen konnte, und auf dem sie später seine Züge aufgeprägt fand; schließlich Andreas, an das furchtbare X seines Marterkreuzes geschlagen. In den Loggien über ihnen befanden sich die echten Reliquien – die Lanze, Stücke des Kreuzes, Veronikas *Sudarium* (Schweißtuch) und Andreas' Haupt –, die an hohen Festtagen mit Gepränge zur Schau gestellt wurden (Abb. 20.23b).

Noch weiter oben, in den Pendentifs (Eckzwickeln), finden sich Porträts der vier Evangelisten und im Kranzgesims des Tambours ein goldener Fries, auf dem in blauen Mosaikbuchstaben die entscheidenden Worte aus dem Matthäusevangelium (16, 18–19) geschrieben stehen: *Tu es Petrus et super hanc petram aedificabo ecclesiam meam et tibi dabo claves regni coelorum* (»Du bist Petrus, und auf diesen Felsen will ich meine Kirche bauen... und ich will dir des Himmelreichs Schlüssel geben«) (Abb. 20.24). Und Petrus war hier gegenwärtig, über der Inschrift im Himmel, zu dem die Kuppel emporstrebt, wie auch unter ihr, unter dem Baldachin, in seinem Grab in den Tiefen des Vatikanhügels. Er war der Felsen, und dies war die Kirche, von der Christus an den Küsten Judäas gesprochen hatte.

Weiter hinten flammt hinter dem Hochaltar noch ein letzter Glanz aus Gold und Bronze auf: die Tribuna, die Petris Bischofsthron darstellt, die *Cathedra Petri*, getragen von vier Kirchenlehrern: Augustinus und Ambrosius aus dem Westen und Athanasios und Chrysostomos aus dem Osten. Über ihm in einem Schwall von Wolken voller Engel die leuchtende Taube des Heiligen Geistes.

Im Umkreis der in diesem Buch behandelten Architektur kommt der Vierung der Peterskirche ein hervorragender Platz zu. Ganz sicher gibt es unter den christlichen Kirchen nur wenige, die ihr ebenbürtig sind – Hagia Sophia, Chartres, die alte Grabeskirche –, und sie bewegen uns auf ganz verschiedene Weise. Wie bei ihnen müssen wir uns wieder die feierlichen Zeremonien vorstellen, für die dieser Altar in seinem Rund unter seinem Bronzebaldachin aufgestellt wurde. Dies war nicht der Schauplatz gewöhnlicher Gottesdienste, sondern der großartiger religiöser Schauspiele: der Heiligsprechungen und Seligsprechungen, der Krönungen und Totenfeiern der Päpste, der Kirchenkonzile und päpstlichen Hohen Messen. Dann quoll die Basilika über von Volksmassen, und der Chor war der Platz für die Ränge der Geistlichkeit, – die Meßdiener, Mönche, Äbte, die Patriarchen aus dem Osten, die Bischöfe und Erzbischöfe aus allen Teilen der Welt, die Kardinäle – und für den Papst, der auf der vergoldeten *Sedia Gestatoria* hereingetragen wurde, umgeben von seinen Schweizer-, Nobel- und Palast-Ehrengarden in ihren prächtigen Uniformen.

Zweihundert Jahre nachdem Papst Nikolaus V. dazu aufgerufen hatte, die Autorität der römischen Kirche mit der »Bestätigung durch prachtvolle Bauten« zu mehren, und hundert Jahre nach dem fast tödlichen Schlag des protestantischen Schismas hatte der Katholizismus nunmehr den greifbaren Beweis seiner Wiederherstellung vor Augen. Die Peterskirche war nicht die Hauptkirche von Rom; diese Funktion erfüllte immer noch die Lateransbasilika. Sie war auch nicht einfach eine Pilgerkirche, obwohl sie als solche sehr wichtig war; in der Stadt und im übrigen Italien gab es deren im Überfluß. Die Peterskirche war das Denkmal des Stolzes einer Universalkirche. Ihre Größe und prachtvolle Ausstattung stärkten den Glauben des Volks, und Nikolaus V. wußte, daß solche Dinge diese Wirkung hatten. Das glänzend orchestrierte Programm verkündete laut die Macht des Bischofs von Rom und erhob die Tatsache des päpstlichen Primats gegenüber allen Skeptikern und Andersdenkenden zum Dogma.

Daß diese Botschaften sichtbar wurden, war weitgehend eine Leistung Berninis. Bramantes Peterskirche hatte durch die vollendete hierarchische Ordnung des Zentralgrundrisses eine *ideelle* Universalität erzeugen wollen. Michelangelos von starken Gefühlen bewegte und kraftvolle Gestaltung brachte bedeutungsvolle Wahrheiten, eine *materiell plastische* Universalität zum Ausdruck, die uns mitriß, ohne daß wir genau sagen konnten, was wir glauben oder bekennen sollten. Bernini zieht uns in eine greifbare Welt der Frömmigkeit hinein, er entzückt unsere Sinne, überzeugt uns durch sichtbares Zeugnis, nicht durch Vernunftgründe oder abstrahierte Leidenschaft. Architektur, Malerei und Skulptur – alle Künste und jedes Mittel theatralischer Illusion wirken zusammen und versetzen uns in ein Reich ungehemmter Empfindsamkeit. Wir sehen, fühlen und glauben die Schmerzen der Märtyrer, die Weisheit der Kirchenväter, die Erhabenheit der Kirche, die Majestät ihrer Päpste – nicht viel anders, als Ignatius von Loyola, der Begründer der »Societas Jesu«, in seinen *Geistlichen Exerzitien* darauf bestand, daß wir über Sünde nachdenken, indem wir die Höllenflammen *sehen*, den Schwefel *riechen*, die Schreie der Verdammten *hören*. Die anfängliche Skepsis der Gegenreformation gegenüber den Künsten, der kühle Akademismus, der noch in Fontanas Architektur zu spüren ist, wird im 17. Jh. zugunsten einer ungezügelten, erregenden Sphäre der Überredung beiseite geschoben, die etwas Triumphierendes hat und stolz ist auf die Gefühlsausbrüche und die Requisiten ihrer Frömmigkeit. Für Berninis Peterskirche und alle anderen Barockkirchen Roms gab es keinen Anlaß mehr für Rechtfertigung, Besorgnis, strenges Gebot und für eine scharfe Verteidigung der Vorrechte der Kirche. Ihr Stil ist triumphierend, er singt Loblieder auf den kommenden Romanismus, den selbsternannten Vorkämpfer und einzigen legitimen Interpreten des christlichen Glaubens.

Die Geschichte des 17. Jh. macht ganz deutlich, wie bedingt dieser Optimismus und wie tief die Spaltung Europas war. Gehen wir von heute aus, so brauchen wir nur ein Bild vom Inneren der Peterskirche neben das einer gleichaltrigen niederländischen Kirche, etwa der Nieuwe Kerk in Haarlem, zu stellen, um zu sehen, daß Rom die christliche Welt so wenig beherrschte wie Bernini mit seinen Nachfolgern die christliche Architektur (Abb. 21.33). Die Peterskirche war ein wunderbares Zeugnis des Stolzes und der Bejahung für ihre eigene weit verbreitete Gemeinde, und das ist sie heute noch. Aber sie hat die Ansprüche der Päpste nicht bestätigt, und sie hat die gesamte Christenheit nicht geeint. Für viele Christen ist gerade die Herrlichkeit ihres verführerischen, üppigen, selbstbewußten Ambientes ein Hindernis für eine alles heilende Einmütigkeit.

21. Kapitel

Absolutismus und Bourgeoisie: Europäische Architektur, 1600 bis 1750

Europa war im 17. Jh. ein geteilter Kontinent. Zwischen protestantischen und katholischen Kräften kam es bei jeder Gelegenheit im sozialen Bereich und auf dem Schlachtfeld zum Zusammenstoß. Das Schwergewicht der Gegner des Papsttums lag zwar im Norden, aber die Grenzlinie war nicht scharf gezogen. So blieb beispielsweise Polen unerschütterlich katholisch. In Frankreich hatte das Edikt von Nantes (1598), das den Hugenotten die freie Ausübung ihres Glaubens gestattete und ihren Truppen und Geistlichen staatliche Unterstützung gewährte, zur Folge, daß zwei rechtmäßige Konfessionen nebeneinander bestanden. England verhielt sich das ganze Jahrhundert hindurch schwankend. Die deutschen Fürstentümer und die autonomen Schweizer Kantone waren teils katholisch, teils lutherisch oder kalvinistisch. Der Dreißigjährige Krieg (1618–1648), der Mitteleuropa verwüstete, schlug den beiden feindlichen religiösen Lagern tiefe Wunden, und das Jahrhundert endete mit der Aufhebung des Edikts von Nantes und der Vertreibung vieler Tausender Hugenotten aus Frankreich, unter denen sich auch eine große Menge Handwerker befand.

Abgesehen von den Glaubensstreitigkeiten gab es auch noch andere Rivalitäten. England und die Niederlande fochten einen langen Kampf um die Vorherrschaft im internationalen Handel aus. Mehrere Male kam es zwischen den katholischen Mächten zu dynastischen Zwisten, die mit Waffen ausgetragen wurden. Gegensätze in den politischen Systemen taten sich auf. Der absolutistischen Herrschaft Spaniens, Frankreichs und des Kirchenstaats stand die stolze und blühende holländische Republik feindlich gegenüber. Zwischen diesen beiden Polen bot sich ein sehr buntes Bild. In England hatte Bürgerkrieg die absolutistischen Pläne der Krone vereitelt. In weiten Teilen Osteuropas verwaltete der grundbesitzende Adel seine ausgedehnten Güter immer noch autokratisch wie kleine Königreiche und verhinderte jede Form einer Zentralregierung, selbst die des deutschen Kaisers. In den absolutistischen Staaten jedoch, vor allem in Frankreich, konnte städtische Macht sich immer noch behaupten und gegen Weisungen von oben Widerstand leisten. Das Paris Heinrichs IV., Ludwigs XIII. und des Sonnenkönigs Ludwigs XIV., des absoluten Herrschers par excellence, wurde durch die Tatkraft der Bürger nicht weniger geformt als durch die Triebkraft des Hofs.

Alle diese Verschiedenheiten spiegelt die Architektur des 17. Jh. wider. Wie bei den religiösen und politischen Richtungen ist das Bild auch hier nicht eindeutig oder ohne weiteres überschaubar. Der von Bernini und anderen in Rom zur Verherrlichung der triumphierenden Kirche geschaffene Stil wird auf die katholischen Länder übergreifen, aber – wie vor ihm die Gotik und die Renaissance – nur in örtlich abgewandelter Form. In Frankreich wird man manche seiner Dogmen zugunsten einer rationalen Umbildung des klassischen Repertoires grundsätzlich ablehnen, um dem Staat in seiner großen Zeit zu dienen. Protestantische Länder werden der mehr repräsentativen und gefühlsmäßigen Seite des Barock und dem Bombast des französischen *grand goût* widerstehen, doch werden sich aus beiden formale Elemente in ihre Schöpfungen einschleichen, da der Geschmack der Zeit es so haben will.

Außerdem dürfen wir nicht vergessen, daß, architektonisch gesehen, sich die Auseinandersetzung innerhalb jener breiten Tradition abspielt, der sich im frühen 16. Jh. ganz Europa zugewandt hatte – also innerhalb der Formen und der Denkweise des Klassizismus, wie er sich durch das Erbe der Antike und dessen moderne Bereicherung in den zwei Jahrhunderten seit Brunelleschi herausgebildet hatte. Diese Tradition stellte eine überzeugende symbolische Sprache dar, die starke Botschaften politischen und sozialen Inhalts übermitteln konnte. Sie war auch das Mittel für die Architekten in ganz Europa, ihren Bauten Ausdruck zu verleihen. Sowohl Protestanten wie auch Katholiken bedienten sich der fünf Ordnungen bei der Gestaltung ihrer unterschiedlichen Kirchen, wie ja auch die Kirchen selbst innerhalb derselben Konfession miteinander wetteiferten. Klassische Pfeiler, Giebelfelder und ähnliche Standardmotive fanden sich an den Häusern wohlhabender, gebildeter Holländer ebenso wie an den Palästen des Sonnenkönigs. Es geht also darum, Nuancen der Betonung, Wechsel in der Gestaltung und beliebte Kombinationen überall üblicher Elemente herauszufinden und nicht etwa radikale Veränderungen, wie wir sie in einer spätgotischen Welt beim Experimentieren eines Brunelleschi und Alberti feststellten.

Der römische Barockstil

Einer solchen akzentuierten neuen Richtung, dem Barock, sind wir bereits im nachreformatorischen Rom begegnet. Wenn wir uns der allgemeinen Meinung anschließen und unter diesem Terminus Dynamik, von Leben erfüllte Form, Vorliebe für das Oval, Gliederung von Wänden durch Säulen- und Pilastergruppen, mächtige Ausmaße und bedeutsame Sequenzen verstehen, beginnt der Barock mit Michelangelo und der Stadtgestaltung unter Sixtus V. Doch erst nach 1600, als die entschiedene Abwehrhaltung der Gegenreformation, wie sie im Konzil von Trient beschlossen worden war, der jubilierenden Bejahung der Kirche und ihrer erneuerten Lebenskraft wich, fand der Stil eine einheitliche und übertragbare Ausdrucksweise. Bernini steht im Mittelpunkt dieses Wagnisses, auf andere Weise aber auch sein berühmter Rivale Francesco Borromini.

Die Behandlung der Peterskirche hat uns einen hinlänglichen Eindruck vom Verdienst Berninis vermittelt. Wir lernten seine souveräne Beherrschung der Örtlichkeit und der vorangegangenen Zustände kennen, seine Vorliebe für geschwungene Linien und eindrucksvolle Beleuchtung, seine gefühlsbetonte oder eher auf Gefühlserregung zielende Antwort auf das Gebot des Glaubens und seine Anwendung einer Kombination aller Künste zum Zweck der Vermittlung dieses Erlebnisses. Er war der vollendete Vorkämpfer des grenzenlosen Selbstbewußtseins Roms – gleich begabt als Bildhauer, Maler und Architekt, verantwortlich für riesige Projekte und leistungsfähige Werkstätten und mit genügend angeborenen Talenten, mit dem Selbstvertrauen und dem Schwung, das Interesse eines ganzen Zeitalters auf sich zu ziehen. Urban VIII., einer seiner Hauptförderer, hatte recht, wenn er erklärte: »Es ist Unser Glück, daß Meister Bernini während Unseres Pontifikats lebt.« Und der Sonnenkönig konnte nicht umhin, ihn wegen des neuen Louvre zu Rate zu ziehen und dafür zu sorgen, daß seine Reise durch Frankreich einem Triumphzug glich.

Francesco Borromini (1599–1667) arbeitete für weniger hochgestellte Auftraggeber. Er war reiner Architekt, der eine Ausbildung als Steinmetz gehabt hatte. Und doch konnte er in seiner introvertierten, gefühlsstarken Art die europäische Bauweise genauso stark beeinflussen. Beide Meister erkannten natürlich das klassische Ideal als

Abb. 21.1 Rom, Il Gesù; Inneres, 1568–1584, Giacomo Barozzi da Vignola. Die Ausstattung der Kirche wurde 1669–1683 erneuert.

die führende Autorität an. Doch während Bernini ein großer Meister im Verschmelzen und ein Neuerer war, der sich dennoch an die Regeln hielt, ließ Borromini eine persönliche Erfindungsgabe erkennen, welche die zulässigen Zwänge der Tradition ausweitete, wenn nicht geradezu herausforderte (Abb. 21.3, B; 21.5a). Am deutlichsten zeigt sich das an den Details des Dekors. Ein Fenster oder eine Laterne von Borromini kann eine auffallende Neuheit sein, die auch als solche gesehen werden soll. Aber am eindrucksvollsten an seiner Originalität, die seine Zeitgenossen so verwirrte, sind die Gedankengänge, die Gesamtentwürfen zugrunde liegen. Ein einziges Bauwerk möge uns eine Vorstellung von seiner provokativen Bauweise vermitteln: das kleine Kloster S. Carlo alle Quattro Fontane für die spanischen Trinitarier.

Kirchen

S. Carlo war ein Heiliger der Gegenreformation, einer aus der neuen Garde der kanonisierten Helden, zu denen Filippo Neri, Teresa von Avila und der Gründer des Jesuitenordens, Ignatius von Loyola, gehörten, die zu feiern die Künste sich beeilten. Im frühen 17. Jh. gab es zwei Grundtypen katholischer Kirchen. Der erste war das von der Mutterkirche in Rom, Il Gesù, vorgeführte Modell. Die Kirche wurde in den 1560er Jahren von Giacomo Barozzi da Vignola (1507–1573) entworfen, in ihrer Endausführung dann abgeändert und erhielt hundert Jahre später eine eindrucksvolle neue Innenausstattung. Der Entwurf zeigt ein breites Mittelschiff mit Tonnengewölbe, das von deutlich untergeordneten Kapellen flankiert wird, weiter ein nur wenig vorspringendes Querschiff mit einer Kuppel über der Vierung und eine in zwei Zonen abgesetzte Fassade, deren oberer Bereich schmäler ist, ein Giebelfeld trägt und durch Voluten mit dem aus drei Abschnitten bestehenden Erdgeschoß korrespondiert, welche die innere Teilung von Hauptschiff und Nebenschiffen wiederholen (Abb. 17.11b, 21.1).

Diese Fassadenformel geht letztlich auf Albertis S. Maria Novella (Abb. 17.11a) zurück, ist aber natürlich nicht mehr flach innerhalb einer einzigen Ebene angelegt, sondern gegen die Mitte hin zunehmend reliefartig bewegt. Der prächtige Innenraum ist von Licht durchflutet und mit aufgesetztem Dekor überzogen. Die Pfeiler bestehen aus Pilastergruppen, die Gesimse springen rhythmisch vor und zurück, und der Rand der Decke wird von Himmelswesen aus Stuck durchbrochen, die kraftvoll eine Vision emporhalten: die von Giovanni Battista Gaulli (Baciccio) (1639–1709) in der schwindelerregenden teleskopischen Perspektive der neuen Ära gemalte *Anbetung des Namens Jesu* (1674–1679) (Abb. 21.2).

Die Geschichte der Gestaltung von Il Gesù umfaßt die expressive und formale Entwicklung des römischen Barocks. Die Fassade steht am Anfang des Stils oder gehört wohl eher zu jenen Tendenzen und Werken des späten 16. Jh., die ihn vorwegnehmen. Es läßt sich leicht zeigen, wie dasselbe Grundschema später in reicheren, stärker vertieften und Schatten einfangenden Oberflächen wiederkehrt, etwa an Kirchen in der Art von S. Maria in Campitelli (Abb. 21.3, C). Das Gewölbefresko andererseits steht auf dem Höhepunkt einer außergewöhnlichen Entfaltung des Deckendekors in Kirchen und Palästen. Sie beginnt mit eingerahmten Bildern, die ihre eigene innere Einheit haben, geht dann weiter zu eingerahmten Bildern, in denen die Perspektive auf den Betrachter unter ihnen und auf die Entfernung zwischen ihm und der Decke eingerichtet ist, und erreicht schließlich illusionistische Höhen in Darstellungen wie Gaullis *Anbetung*, die ihre Rahmen sprengen und wimmelnde, schwindelerregende Paradieseswelten und himmlische Ekstase zeigen, wenn es sich um Kirchen, oder allegorische Variationen antiker Mythen oder geschichtlicher Ereignisse darbieten, wenn es sich um Paläste handelt.

Der zweite grundlegende katholische Kirchentypus des 17. Jh. war die als Zentralbau geplante Kirche, die bei den Renaissancearchitekten vielleicht höher im Kurs stand als bei ihren Auftraggebern. Die gelöste, fast draufgängerische Stimmung des Hochbarocks schwelgte geradezu in diesem Bautyp und ersann eine breitgefächerte Vielfalt von Lösungen. Diese betonen das griechische Kreuz, das Oval, den Kreis, den Stern und Kombinationen aus zweien oder mehr, im Gegensatz zur Geometrie der Seitenkapellen. Die Fassade braucht hier nicht die Verteilung von Nebenschiffen und Hauptschiff auszudrücken, sie geht infolgedessen eigene Wege und nimmt erstaunliche Formen an. Bei Berninis S. Andrea al Quirinale (1658–1670) bildet ein mit Tympanon versehener Rahmen aus riesigen korinthischen Pilastern eine halbkreisförmige Vorhalle,

Abb. 21.2 Rom, Il Gesù, Blick in das Deckengewölbe des Kirchenschiffs 1669–1683, mit dem Gemälde *Die Anbetung des Namens Jesu* von Giovanni Battista Gaulli (Baciccio) und den Stuckskulpturen von Antonio Raggi.

über der sich ein freistehendes Wappen der Familie Pamphili erhebt (Abb. 21.3, B). Bei S. Maria in Campitelli (1663–1667) besteht die Fassade aus zwei vollentwickelten Geschossen, in deren Mitte je ein Tabernakel mit Giebelfeld sitzt, während über dem Ganzen ein mächtiges gebrochenes Giebelfeld den Abschluß bildet (Abb. 21.3, C).

S. Maria della Pace weist ebenfalls zwei Geschosse auf, von denen das obere sich zwischen stark vorspringenden Pfeilern leicht nach außen wölbt und das untere, eine halbkreisförmige Säulenvorhalle, weit in den öffentlichen Raum vorspringt. Wir können durch sie die gerade Wand des Eingangstors erkennen (Abb. 21.3, A).

Borrominis S. Carlo (1638–1641) gehört zu dieser Gruppe barocker Zentralkirchen. Der Grundriß ist im wesentlichen ein Oval mit dem Eingang auf der Schmalseite (Abb. 21.4b). Vier Kapellen treiben den ovalen Raum nach außen und machen ihn so zu einem Gebilde, das auch als griechisches Kreuz mit konvexen Winkeln gedeutet wer-

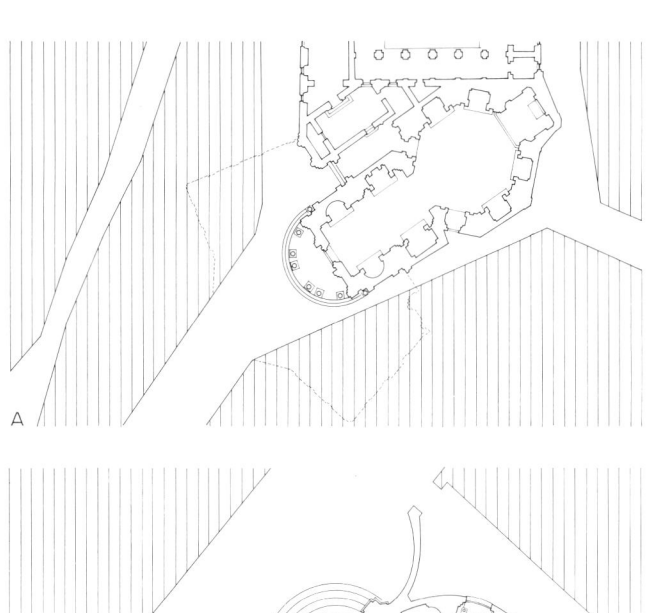

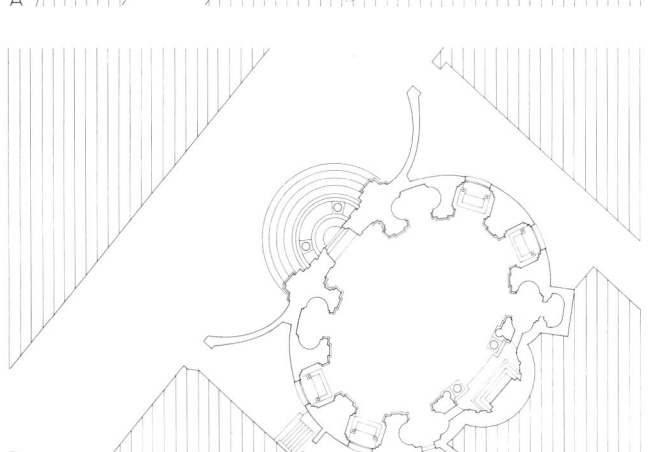

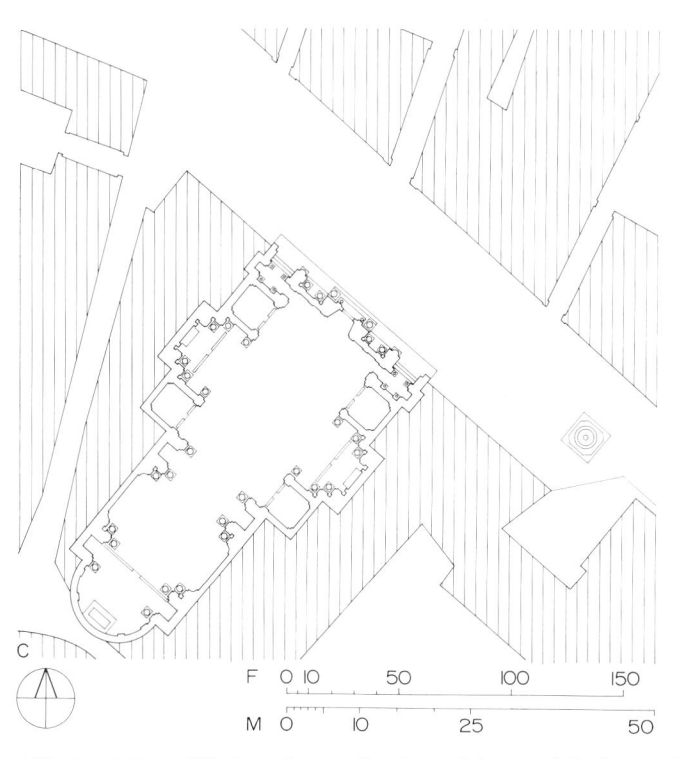

Abb. 21.3 Rom, Kirchen des 17. Jh.; Grundrisse und Außenansichten
(**A**) S. Maria della Pace, 1656–1657, Pietro da Cortona;
(**B**) S. Andrea al Quirinale, 1658–1670, Bernini;
(**C**) S. Maria in Campitelli, 1663–1667, Carlo Rainaldi.

den kann. In jedem Fall überrascht uns die geschwungene Form des Grundrisses, wie er sich einzieht und ausdehnt, als ob die Wand biegsam und einem Druck von außen ausgesetzt wäre. Im allgemeinen wird barocke Formbarkeit durch den skulpturellen Einsatz von Säulen und Pilastern erreicht, die der – gebogenen oder geraden – Wandfläche vorgestellt werden. Hier dagegen ist die Wandfläche selbst gekrümmt; der Mittelraum und die Kapellen verfließen ineinander.

Der überkuppelte Hauptraum ist ebenfalls in seinen drei Dimensionen nicht von den Kapellen getrennt – alles geht vielmehr sanft ineinander über (Abb. 21.5b). Die im Verhältnis zur geringen Größe des Innenraums dicken und deshalb beherrschenden Säulen sind ringsum in verschiedenen Abständen mit leichter Drehung von Basis und Kapitell, aber durchweg im selben Rhythmus angeordnet. Sie bilden die Rahmen der Kapellen ebenso wie die der darin befindlichen Altarnischen, deren abschließende Ziergiebel in die Höhlung der radial kassettierten Halbkuppeln eindringen. Ein mächtiges Gebälk bekräftigt diese Einheit.

Natürlich widerspricht das alles ganz und gar dem Gefühl der Renaissance für selbständige statische Einheiten, von denen jede deutlich und ihrer Rangordnung gemäß zu einem beherrschenden Zentrum in Beziehung gesetzt wird. Die meisten Barockarchitekten respektieren eine derartige Individualisierung von Teilen trotz der prahlerischen Behandlung. Bei S. Carlo sind die vier Apsidenkapellen nur Teile kleiner Ovale, die das große Oval des Hauptschiffs berühren oder in dieses eingreifen und mit ihm verschmelzen (Abb. 21.4b). Um zu erkennen, wie außergewöhnlich dieser Versuch ist, sollten wir ihn mit Zentralbauten Berninis vergleichen (Abb. 21.3, B). Oder auch mit Borrominis erstem Entwurf für S. Carlo (Abb. 21.4a), wo ein regelmäßiges Oval von einer Reihe von Seitenkapellen umgeben ist – manche sechseckig, jede sorgfältig umrahmt und dem Mittelraum in der üblichen Weise untergeordnet. Der Entschluß, von diesem Entwurf zum endgültigen Grundriß fortzuschreiten, führte zu einem der glücklichen Augenblicke in der Geschichte der Architektur.

Wir hatten das Prinzip der gekrümmten Linie in Teilen römischer Architektur aus der Kaiserzeit gefunden, zum Beispiel in manchen Zimmern der Hadriansvilla in Tivoli (Abb. 10.5b). Und was das Oval betrifft, das kraftvolle Spiel von Nischen und andere Kunstgriffe des Barocks im Stil Borrominis, so gab es erreichbare Vorbilder in Grabmälern, in der Palastarchitektur und an den Bühnenfassaden von Theatern. Wenn Borromini diese isolierten Beispiele der augenfälligeren und »reineren« Inspiration vorzog, die seine Zeitgenossen von Bauten wie dem Pantheon und natürlich auch aus den Schriften Vitruvs übernahmen, so geschah das, weil sie seinen rastlosen Erfindergeist legitimierten und bewiesen, daß das, was an seinen Arbeiten seltsam wirkte, nicht ein Ergebnis eigenmächtiger Phantasie war. Wie in der Renaissance bemühte sich auch jetzt wieder jeder, seine ganz persönliche Auffassung der Antike zu finden.

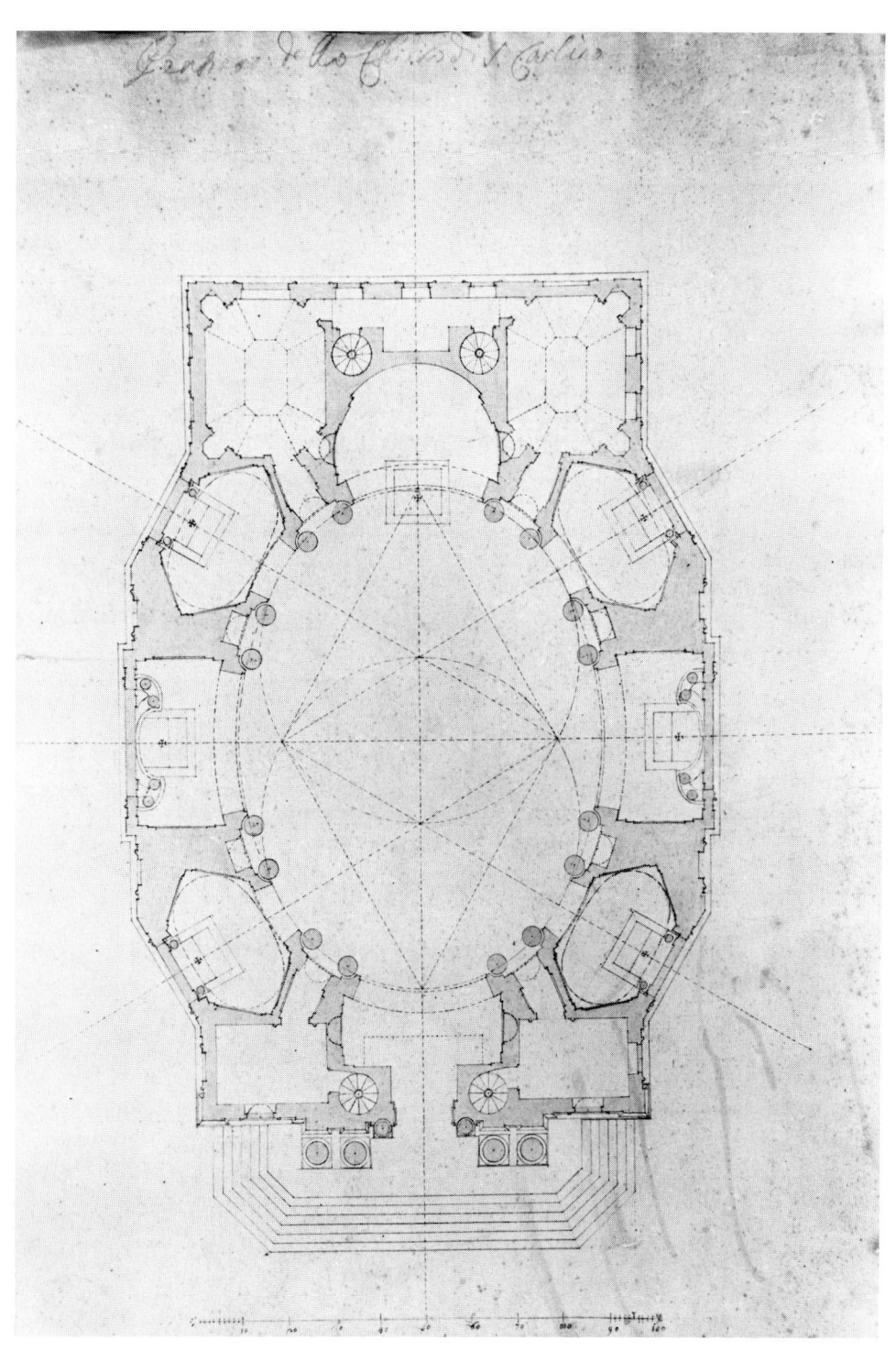

Abb. 21.4a Rom, S. Carlo alle Quattro Fontane, 1638–1641, Francesco Borromini; Grundriß des frühen Entwurfs (Albertina, Wien).

Die ovale Kuppel von S. Carlo ruht auf Pendentifs über der Gebälklinie (Abb. 21.5a). Sie ist mit tief eingeschnittenen achteckigen, sechseckigen und kreuzförmigen Kassetten verziert, die zur Laterne hin an Größe abnehmen. In den unteren Kassetten befinden sich versteckte Fenster, und der Kuppelbereich ist auch von oben durch die Laterne beleuchtet. Hier gibt es keine gemalten Visionen, die sich ins Unendliche verlieren. Die Architektur setzt ihre zurückhaltenden Effekte in Szene, wenn das gleichmäßige Licht aus Laterne und Fenstern auf die weiße Glätte des verwendeten Steins fällt.

Offensichtlich steht Geometrie im Mittelpunkt von Borrominis Entwurf. Natürlich arbeiteten jetzt alle Barockarchitekten mit geometrischen Figuren, aber sobald hinsichtlich der Form die grundlegende Wahl getroffen war, ging alles Weitere in erster Linie nach Maßgabe eines Moduls vor sich, wobei dieser immer noch der Durchmesser einer Säule war. Sowohl der Gesamtgrundriß als auch seine Teile wurden von diesem Modul abgeleitet. Borromini dagegen denkt konsequent geometrisch. Seine Grundrisse werden von Formen erzeugt, die ohne Rücksicht auf modulare Proportionen in geometrische Untereinheiten aufgeteilt werden. Diese Methode ist fast eine Umkehrung mittelalterlicher Verfahren. An S. Carlo können wir zum Beispiel sehen, daß der Gesamtgrundriß mit zwei gleichseitigen Dreiecken, die – Basis gegen Basis gestellt – einen Rhombus bilden, und zwei sie umschreibenden Kreisen begann. Bogen, welche die Kreise verbinden, bestimmen die Ellipse der Kuppel, während die Spitzen der Dreiecke auf die Achsen der vier Kapellen treffen (Abb. 21.4b.).

Die Fassade von S. Carlo, einem Spätwerk Borrominis, ist ebenso mit Bewegung erfüllt wie das Kircheninnere (Abb. 21.5b). Konkave und konvexe Flächen antworten einander in schwingendem Rhythmus, und zwischen den beiden Geschossen verläuft ein wellenförmiges Gurtengesims. Über der Kirchentür steht die Statue des Heiligen in einer tiefen Tabernakelnische mit einem aus zwei Engelsflügeln gebildeten Giebel. Im Mittelteil des oberen Geschosses stößt ein gemaltes ovales Medaillon des Heiligen, von zwei Engeln über einem ovalen Tempelchen gehalten und von einem Voluntengiebel überdacht, in die bekrönende Balustrade vor. Die so in Gang gesetzte Schaukelbewegung wird von der Laterne und dem Glockenturm an der Ecke des Blocks aufgenommen, dem das winzige Kloster auf geniale Weise in den beengten Platz eingefügt war. Diese Ecke ist abgeschrägt und mit dem Brunnen eines Flußgotts geschmückt. Ein Becken ist die negative Entsprechung der Brunnennische. Die gleiche Anordnung findet sich an den drei anderen Ecken der Kreuzung. Hier stößt Michelangelos Straße, die von der Porta Pia kommt, auf die Strada Felice – das großartige Rückgrat des Gesamtplans Sixtus' V. Auf diese Weise belebt Borrominis Außengestaltung dieser kleinen Kirche eine wichtige städtische Kreuzung und schließt den Trinitarierkonvent in das große Ganze der Stadt Rom ein.

Bühnenarchitektur

Hierbei sollte uns eine sehr wichtige allgemeine Tatsache klarwerden: Der römische Barock ist ein städtischer Stil. Die geschwungenen Fassaden treten auf die Straße hinaus. Ihre gestikulierenden Statuen wenden sich unmittelbar an die Passanten. Flügel springen aus den Gebäuden vor, um einen öffentlichen Platz zu umfassen. Die Fassade von S. Andrea hat kurze, aber wirkungsvolle viertelkreisförmige Flügelmauern, die aus dem Fußweg einen Bereich individueller Aufmerksamkeit herausschneiden (Abb. 21.3, B). Bei S. Maria della Pace kaschieren ausgedehnte konkave Flügel die vorhandene Ungleichmäßigkeit im städtischen Raum und helfen eine kleine Piazza gestalten, die dem Vorstoßen und dem Umfang des halbkreisförmigen Portikus vor dem unteren Teil der Fassade Gewicht verleiht (Abb. 21.3, A). Architekten sind glücklich, wenn sie sich irgendeines offenen Raums, der von zusammengewürfelten Teilen städtischer Architektur umgeben ist, bemächtigen und daraus eine großartige neue Einheit schaffen können. Manchmal kommt es wie bei der Peterskirche zu einer umfassenden Gesamtgestaltung. Meist jedoch werden ein oder zwei charakteristische Einzelteile hinzugefügt, die dem Raum ungezwungen Energie zuführen und improvisiert, impulsiv und angemessen erscheinen. Was war es doch zum Beispiel für ein großartiger Einfall, an der Piazza del Popolo dort, wo das Trivium beginnt, zwei genau gleiche Kirchen hinzustellen wie Wachtposten am Eingang ins nachreformatorische Rom und als katholisches Gegenstück zum Triumphbogen (Abb. 21.6a). Wie großartig wurde der Abhang zwischen dem westlichen Apsisende von S. Maria Maggiore und der Fläche für den Obelisken Sixtus' V. unten auf dem freien Platz mit Hilfe einer monumentalen städtischen Freitreppe bewältigt, die Nutzen zieht aus der schlichten Apsiskurve und den geraden Flügeln zu beiden Seiten (Abb. 21.6b)!

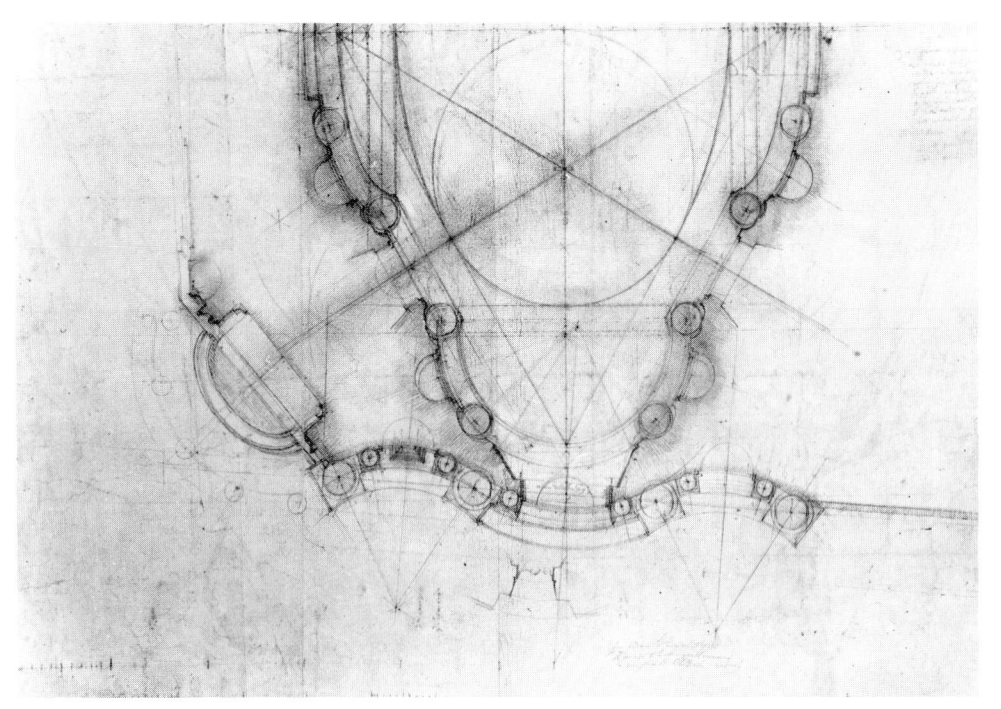

Abb. 21.4b Rom, S. Carlo alle Quattro Fontane; Grundriß des endgültigen Entwurfs, westliche Hälfte der Kirche mit Fassade (Albertina, Wien).

Die Piazza Navona, das Stadion Kaiser Domitians, das die lange Phase des Mittelalters als öffentlicher Platz überlebt hatte, wurde ebenfalls einer großartigen Neugestaltung unterzogen (Abb. 21.7a). Das geschah, weil dort der Palazzo Pamphili stand und ein Angehöriger dieser Familie 1644 als Innozenz X. den Heiligen Stuhl bestieg. Bernini und Borromini waren beide beteiligt. S. Agnese, die Kirche auf einer der Langseiten, ist größtenteils ein Werk Borrominis. Er übersteigert die Ausmaße der Kuppel und holt sie fast bis zur Fassade nach vorn, um ein Gegengewicht zur Schmalheit der Front zu schaffen und um die Schrägsichten interessant zu machen, die sich von den verschiedenen Zugängen zur Piazza aus bieten. Die kräftig gefügte Fassade mit ihren breiten Kurven steht im Gegensatz zur Gemessenheit des Palazzo Pamphili. Doch vor der Kirche explodiert Berninis Vierströmebrunnen, einer von drei Brunnen, die das Rückgrat des langen U-förmigen Platzes kennzeichnen. Die bewegten Körper der gestikulierenden Flußgötter – Nil, Ganges, Donau und Rio de la Plata – gruppieren sich um eine Felsgrotte, aus der ihre Gewässer entspringen (Abb. 21.7b). Über der Höhlung der Grotte erhebt sich ein ägyptischer Obelisk mit einer Taube auf der Spitze – eine doppelte Metapher für die Pamphili, deren Wappen eine Taube zeigte, und für die Taube des Heiligen Geistes, das Zeichen der Kirche, die über vier Kontinente triumphiert hatte.

Diese reizvollen städtischen Schaustücke bildeten die Bühne für öffentliche Aufzüge. Das neue Statussymbol der Oberklassen war die Kutsche, und hier auf der Piazza Navona protzte man abends mit Kutschen, die livrierte Kutscher in Einerreihe rings um den hufeisenförmigen Platz lenkten. An Feiertagen und bei besonderen Festlichkeiten verwandelten provisorische Aufbauten die Piazza Navona. Sie war der Schauplatz festlicher Darbietungen, wenn man sie unter Wasser setzte, um antike *Naumachiai* (Seeschlachten) nachzuahmen oder die Erinnerung an die Sintflut der Bibel und Noahs Arche wachzurufen. An Augustsonntagen legten die Kutschen der Aristokraten ihre Runden in zwei oder drei Fuß hohem Wasser und unter Musikbegleitung zurück.

Es gibt nichts, was die Absichten des Barock – und auch seine grenzenlose Phantasie – deutlicher zum Ausdruck brächte als diese gelegentlichen Schaustellungen. Hier bildet sich jene Sprache der Spontaneität und des Wunderbaren heraus, die in der realen Architektur dauerhafter nachklingt. Mit Leinwand, Holz, Wandbehängen und sehr viel Farbe sowie mit Anleihen bei der reichen Bilderwelt der Antike und des Christentums ließen Architekten und Maler – oft in einer Person – ganze Environments in kürzester Zeit entstehen. Die neuen Innenräume und Plätze boten den Rahmen für ihre Phantasie. Es gab Regisseure wie den Venezianer Giacomo Torelli, der sich auf derartige »Spektakel« spezialisiert hatte, und Gelehrte, die das Programm der Dekoration entwarfen.

Das alles hatte seit dem 16. Jh. an Gewicht und Umfang zugenommen. Wir sprachen von den Vorbereitungen für den Einzug Karls V. 1536 in Rom und von Venedigs Freude an arrangiertem Gepränge, sind aber trotzdem nicht ausreichend vorbereitet auf die meisterhaft inszenierten italienischen Festlichkeiten (Bravura) im Barockzeitalter und auf die Begeisterung, mit der sie in anderen Ländern aufgenommen wurden. Die endlosen Feste am französischen Hof und die Maskenspiele Englands zur Stuartzeit blühten unter italienischer Vormundschaft. Sie rechneten mit prächtigen Ausstattungen, mit Überraschungseffekten und spektakulären Ereignissen wie Stürmen, Feuersbrünsten oder Epiphanien.

Abb. 21.5a Rom, S. Carlo alle Quattro Fontane; Blick in die Kuppel.

Doch zusätzlich zu den in Auftrag gegebenen Schaustellungen dieser Art gab es öffentliche Darbietungen, die mit kirchlichen Feiertagen oder städtischen Festen und mit der Krönung, Vermählung oder dem Tod hochgestellter Persönlichkeiten zusammenhingen. Italien machte wieder den Anfang mit der Ausweitung von Staatsbegräbnissen zu einer sorgfältig ausgearbeiteten Kunstform. Ermutigt durch den Nachdruck, den das Konzil von Trient auf Gebete für Verstorbene legte, verwandelte man die Begräbnisse der Päpste und Kirchenfürsten in theatralische Ausstattungsstücke (Abb. 21.8). Stiche mit geschmückten Kircheninnenräumen, in denen der Katafalk gestanden hatte, zeigen Attrappen von Obelisken und Türmen, Wiedergaben bekannter antiker und neuerer Denkmäler, etwa der Trajanssäule oder des Baldachins von Bernini, dazu eine Fülle von Feder- und Helmbüschen und Schilden.

Es überrascht nicht, daß in dieser Zeit auch das Theater als Gebäudetyp wieder auftaucht. Die Renaissance hatte ihre Vorstellungen in Palasthöfen, Kirchen oder im Freien gegeben. Mit den ersten dauerhaften Theaterbauten für hochgestellte Bauherren versuchte man antike Modelle nachzuahmen und stützte sich dabei stark auf Beschreibungen Vitruvs. Ferrara machte 1531 vielleicht den Anfang, aber das schönste erhaltene Exemplar ist das Teatro Olimpico (1580–1585), das Palladio in Vicenza für die Olympische Akademie errichtete, der er selbst als Mitglied angehörte (Abb. 21.9). Hier wurden die bisher nur gemalten Theaterprospekte wirklich gebaut. Ein zweigeschossiger Säulenschirm mit Attika erinnert an die römische *Scaenae frons*, überrascht aber dadurch, daß sie sich im Hintergrund zu einem Schauplatz aus fünf Stadtstraßen lokalen Charakters öffnet, die in raffinierter Perspektive so gebaut sind, daß sie in die Ferne zu führen scheinen.

Diese Anordnung wurde jedoch nicht nachgeahmt. Das Übliche war ein Blick auf Architektur, die bildhaft in Zentralperspektive wiedergegeben war, und dazu kamen *Periaktoi* (Abb. 21.10, A). Das waren drehbare Prismen auf beiden Seiten, die auf einer abgeschrägten Bühne standen und so eine bestimmte Anzahl von Szenenwechseln ermöglichten. Im Gegensatz hierzu paßte sich das volkstümliche Theater den Bedürfnissen seiner weniger anspruchsvollen Stücke und seines sozial gemischten Publikums an. Das elisabethanische Theater zum Beispiel, in dem auch die Stücke Shakespeares aufgeführt wurden, war ein runder oder vieleckiger Hof, anfangs ohne Dach, auf den fünf Reihen Galerien hinunterschauten. Die wohlhabenderen Besucher saßen in den Galerien und auf der Bühne, die einen zweistöckigen Prospekt aufwies, die »Gründlinge« in der Vertiefung vor dem Podium, das den Bühnenraum erweiterte.

Im Laufe des 17. Jh. näherten sich das volkstümliche und das höfische Theater immer stärker einer mehr oder weniger einheitlichen Form an. Katalysator war die Oper, eine neue Form des Musikdramas italienischer Herkunft, die sich rasch durchsetzte und schon bald zur Lieblingsunterhaltung des gebildeten Europas wurde. Für sie ordnete das Theater seine Bestandteile neu an, so daß jetzt der Zuschauerraum und die hinter einem Vorhang verborgene Bühne zwei deutlich voneinander getrennte

Abb. 21.5b Rom, Fassade von S. Carlo alle Quattro Fontane, 1665–1667, vollendet nach Borrominis Tod 1682; Aufnahme Anfang des 20. Jh.

Bereiche darstellten (Abb. 21.11). Der Zuschauerraum, der U-förmig, hufeisen- oder glockenförmig sein konnte, war in zwei Hauptabschnitte unterteilt, so daß die unbemittelten Bevölkerungsschichten von den wohlhabenderen getrennt waren – der eine enthielt die billigeren Sitze im Parkett, der andere Logen, die an die Stelle der alten Galerien getreten waren. Auf der Bühne bestand eine wichtige Neuerung darin, daß die *Periaktoi* durch flache Seitenkulissen ersetzt wurden, die sich in Vertiefungen auf dem Bühnenboden bewegten – ein wandlungsfähiges System, das eine Vielzahl schneller Szenenwechsel ermöglichte (Abb. 21.10, B).

Der Barock in katholischen Ländern

Die Verbreitung des römischen Barocks im übrigen Italien ging langsam und sporadisch vor sich. In Venedig, wo der Stil Palladios zu Hause war, hatte er nur mäßigen Erfolg, und Florenz, das seine eigenen Renaissancewege ging, berührte er so gut wie gar nicht. Neapel und Sizilien, beide von Spanien regiert, warteten bis ins frühe 18. Jh., ehe sie irgendwie bemerkenswert reagierten, und dann geschah es durch einen Architekturstil, der von Rom ziemlich unabhängig war und den formalen Überschwang ihrer Architekten in nüchternere Bahnen lenkte.

Nur in Piemont bewirkten die Förderung durch das Haus Savoyen und das Talent eines Theatinermönchs namens Guarino Guarini (1624–1683), daß ein Stil in unmittelbarer Nachfolge römischer Architektur entstand, der vor allem dem Beispiel Borrominis folgte und sogar ein gutes Stück darüber hinausging. Guarinis Palazzo Carignano (1679–1692) für Emmanuel Philibert, den Herzog von Savoyen, führt die gekrümmte Wand in die profane Architektur ein (Abb. 21.12). Der großartige Bogen der Fassade, der mit den geraden Seitenflügeln durch konkave Gegenbogen verbunden ist, beachtet sowohl Berninis unausgeführtes erstes Projekt von 1664 für den Louvre Ludwigs XIV. als auch die kurvolinearen Feinheiten Borrominis. Doch in einigen Kirchen für den Theatinerorden und in der Kapelle des Heiligen Grabtuchs im Turiner Dom geht Guarini in einer neuen Art räumlicher Erregung noch einen Schritt weiter als sein Lehrmeister. Die Entwürfe sind überaus kompliziert und bauen sich zu hohen Kuppelskeletten auf, die aus einem Gerüst ineinandergreifender Rippenbogen bestehen und

Abb. 21.6a Rom, Piazza del Popolo, Blick nach Süden mit den Zwillingskirchen S. Maria di Monte Santo (links) und S. Maria de' Miracoli (rechts), 1662–1679, Carlo Rainaldi und andere. Situation um 1750 nach einem Stich von Giovanni Battista Piransesi. (Eine Ansicht des Obelisken zeigt Abb. 20.12.)

Abb. 21.6b Rom, S. Maria Maggiore; Treppe am Apsisende, die zur Piazza del Esquilino führt, 1673, Carlo Rainaldi.

Abb. 21.7a Giovanni Paolo Pannini, *Piazza Navona unter Wasser*, 1756 (Niedersächsisches Landesmuseum, Hannover). Der Platz wurde an Wochenenden im Sommer maschinell unter Wasser gesetzt. In diesem improvisierten See fanden Wasserturniere und historische Aufzüge statt.

Abb. 21.7b Rom, Piazza Navona, Vierströmebrunnen, 1648–1651, Gian Lorenzo Bernini, Detail. Die sitzende Gestalt mit dem Ruder stellt den Ganges dar und wurde 1650–1651 von Berninis Gehilfen Claude Poussin geschaffen. Im Hintergrund die Fassade von S. Agnese von Borromini, 1653–1655.

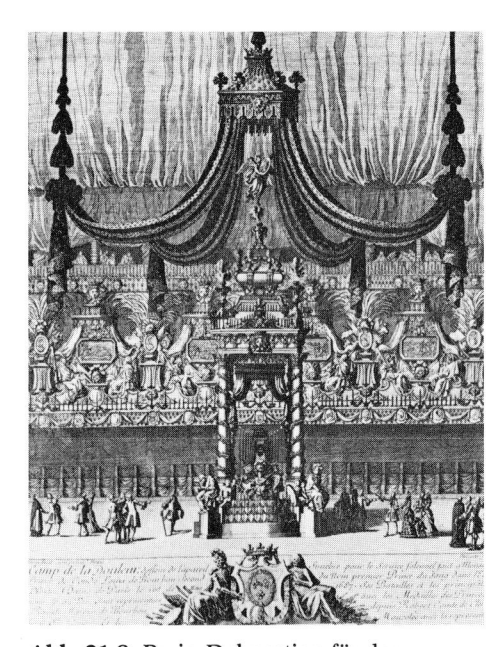

Abb. 21.8 Paris, Dekoration für das Leichenbegängnis des Prinzen Condé, 1686, Jean Berain.

Abb. 21.9 Vicenza (Italien), Teatro Olimpico, 1580–1585, Andrea Palladio; Ansicht der Bühne. (Die Kleidungsstücke am Boden gehören zur Ausstattung einer modernen Aufführung.)

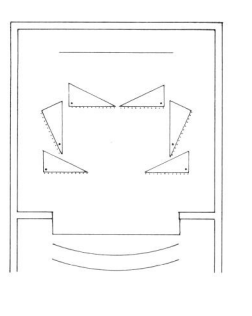

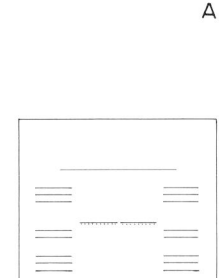

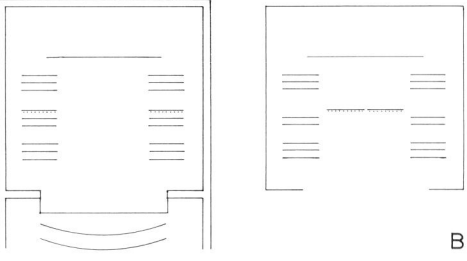

Abb. 21.10 Bühnen und Kulissenanordnungen, schematische Darstellungen. (**A**) *Periaktoi*, (**B**) flache Kulissen.

Abb. 21.11 Mailand, Scala, 1776–1778, Giuseppe Pier Marini; Innenansicht auf einem Stich von L. Cherbuin nach einem Gemälde von Sidoli.

Abb. 21.13 Turin, S. Lorenzo, 1668–1687, Guarino Guarini, Blick in die Kuppel.

Abb. 21.12 Turin (Italien), Palazzo Carignano, 1679–1692, Guarino Guarini; Fassade.

Abb. 21.14 München, St. Johannes Nepomuk, Baubeginn 1733, geweiht 1746, Cosmas Damian Asam und Egid Quirin Asam; Detail vom Apsisende.

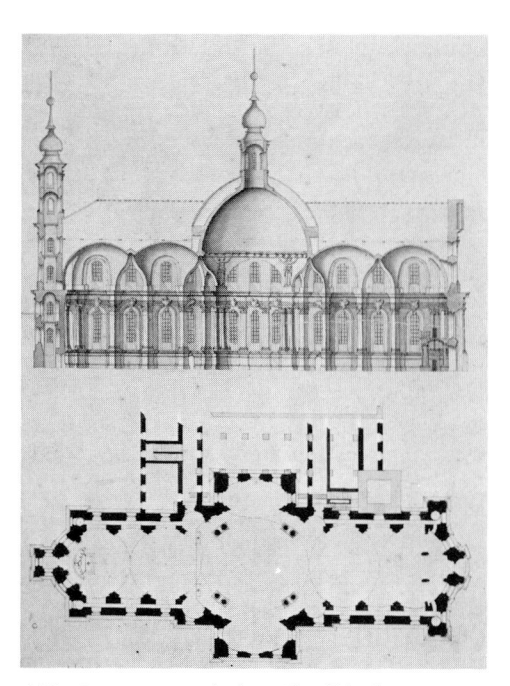

Abb. 21.15 Neresheim, Abteikirche, Baubeginn 1750, Johann Balthasar Neumann; Grundriß und Schnitt des Architekten (Mainfränkisches Museum, Würzburg).

Abb. 21.16 Neresheim, Abteikirche; Innenansicht des südlichen Schiffs.

an maurische Kuppeln in Spanien und Nordafrika erinnern. Allerdings fehlt hier die gemauerte Verbindung zwischen den Rippen, es gibt nur den Raum und das Licht, das durch geschickt plazierte Öffnungen eindringt (Abb. 21.13).

Über Italien hinaus drang der Barock längs der Donau nach Mitteleuropa vor. Dieses Gebiet war durch den Dreißigjährigen Krieg, dynastische Streitigkeiten und die Bedrohung durch die Türken bis ins frühe 18. Jh. starken Belastungen ausgesetzt. Danach jedoch breitete sich eine gewaltige Flut neuer Bauten über Süddeutschland, Österreich und Böhmen aus, welche die furchtbaren Kriegsschäden ausbessern und die dortigen Fürsten auf das Niveau anderer absolutistischer Herrscher Europas emporheben sollte. Während die herrschaftlichen Paläste sich an die königliche Architektur in Paris und Versailles hielten, setzten die Kirchen meistens die Geschichte des italienischen Barocks in einer späten, aber keineswegs sklavisch nachahmenden Form fort.

Wenn wir die Hunderte bäuerlicher Pfarrkirchen mit ihren charakteristischen Zwiebeltürmen beiseite lassen, ist der Großteil der neuen Kirchen den Mönchsorden zu verdanken, die in den deutschen Staaten noch überaus mächtig waren. Ihre Baumeister waren, im Gegensatz zu den vielgereisten Hofarchitekten mit ihrem oberflächlichen Humanismus, im allgemeinen Handwerker aus den Zünften mit einer alten und ununterbrochenen Tradition von Stukkateuren, Malern, Steinmetzen und Zimmerleuten, die bis ins Mittelalter zurückreichte. Die auffallende künstlerische Vollendung dieser spätbarocken Kirchen erinnert in gewisser Weise sogar an die komplizierte Raffiniertheit der Spätgotik.

Die Grundrisse sind entweder zentral oder basilikal. Wie Borrominis S. Carlo entspringen sie aus ineinander verflochtenen geometrischen Formen. Die Struktur ist untrennbar verbunden mit einem reichen Dekor aus Stuckverzierung, Freskomalerei und Skulptur, dazu kommt eine großzügig gehandhabte Vergoldung. Die visuelle Einheit des Inneren von S. Carlo wirkt zahm und stoffgebunden gegenüber den wirbelnden, nicht zu zügelnden und sprudelnden Rhythmen der Brüder Asam, der Brüder Zimmermann, Balthasar Neumanns (1687–1753) und anderer erstrangiger deutscher Meister (Abb. 21.14). Von den Fenstern und Türen bis zu den Altären, Kanzeln und Sängerporen verschmilzt alles zu einer scheinbar nicht analysierbaren Überfülle an schmückenden Kräften. In der fast überall herrschenden Helligkeit der weißen, rosa und goldenen Farbtöne läßt man die gewölbten Decken in die unteren Bezirke der Kirche übergehen. Diese Kuppeln und Tonnengewölbe bestehen aus leichten Ziegelschalen oder aus Latten- und Stuckeinheiten, in die man einschneiden oder die man über die Basislinie hinunterziehen konnte. Säulen mit gewundenem Schaft, geschweifte Balkone und Beichtstuhleinfassungen, in der Luft schwebende Engel und hervorgehobene Stränge kurvolinearer Verzierung setzen eine mitreißende, wogende Bewegung in Gang, die an den Wänden entlangflattert (oder besser: an den Wandpfeilern, denn nur selten verläßt man sich auf tragende Wände) und das Auge nach oben führt.

Wenn wir heute vor der, wie uns scheint, zügellosen Sinnenfreude dieser Kirchen stehen, die uns je nach unserem persönlichen Geschmack entzücken oder beunruhigen mögen, kann es leicht passieren, daß wir ihren künstlerischen Wert übersehen oder unterschätzen. Natürlich sollten sie erfreuen, aber es ging doch nicht nur um oberflächlichen Glanz. Was wir sehen, ist keineswegs eine willkürliche Ansammlung von dekorativen Effekten – wie ja auch ein zur gleichen Zeit entstandenes Musikstück von Bach nicht etwa nur eine Kette hübscher Melodien ist. Der Vergleich ist gerechtfertigt. Gelehrte, die behaupten, daß die Konzeption dieser Kirchenplanung deutschen Fugen und Opern des 18. Jh. entspricht, und die vom räumlichen Kontrapunkt oder von polyphonen Aufrissen sprechen, sind im Recht. In diesem Zusammenhang könnten wir auch das Schaffen von Naturwissenschaftlern und Mathematikern wie Galilei und Descartes bis Newton und Leibniz nennen, nicht weil es eine genaue Entsprechung zwischen ihnen und Barockkünstlern gäbe, sondern wegen Gleichartigkeiten in der Struktur ihres Denkens und weil sie fasziniert waren von Gedanken über das Unendliche, über Bewegung und Kraft und über die allumfassende, aber expansive Einheit der Dinge. Die Bereiche der Kunst und der Wissenschaften hatten sich seit dem späten 16. Jh. allmählich immer weiter voneinander entfernt. Die Wissenschaftler brachten mit ihrer zunehmend spezialisierten Forschung die Natur durch rationale Beweisführung und Berechnung unter Kontrolle. Die Künstler, nun von der verstandesmäßigen

Abb. 21.17 Sevilla (Spanien), S. Luis, 1731, Leonardo da Figueroa (?); Detail vom Hochaltar.

490 *Neue Ansprüche*

Abb. 21.18a Neu-Breisach (Frankreich), Festung, 1699, Sébastien Le Prestre de Vauban; Luftbild.

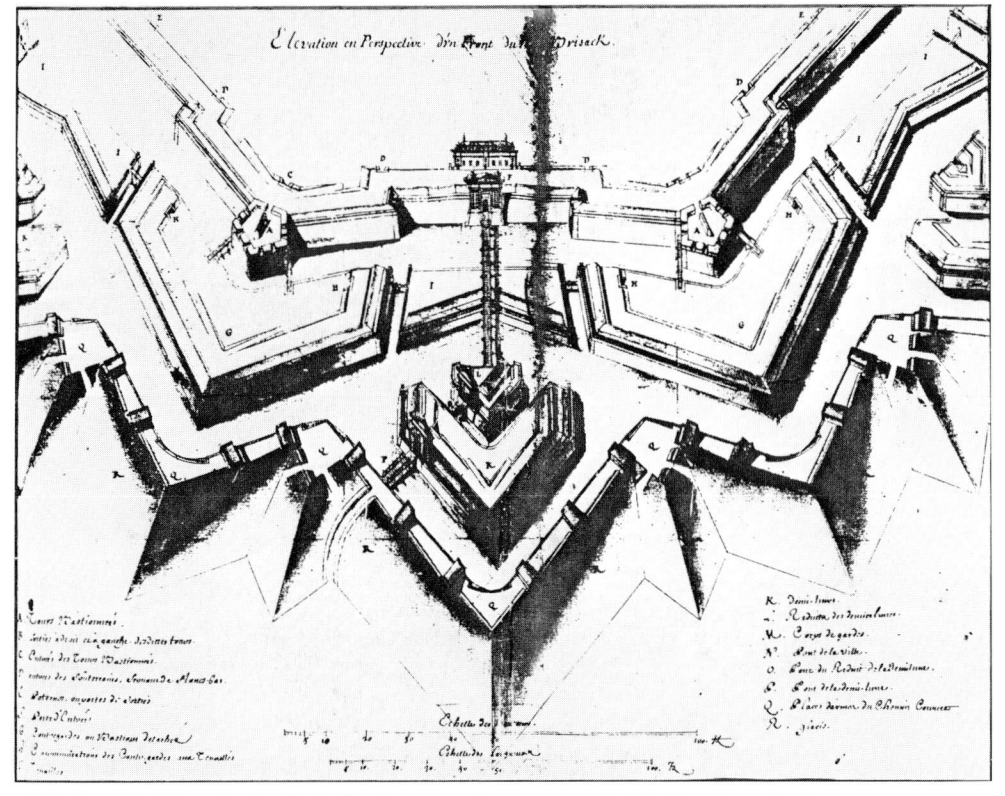

Abb. 21.18b Neu-Breisach, Befestigungsanlagen, perspektivischer Ausschnitt; Zeichnung eines anonymen Künstlers aus dem 18. Jh.

Betrachtung ausgeschlossen, die in der Renaissance ihren Leistungen galt, wandten sich der Welt der Emotionen zu und wurden zu Gebietern der wahrnehmbaren Realität. Nichtsdestoweniger hätten Kirchen des Spätbarocks in Mitteleuropa unmöglich in den früheren übersichtlicheren Zeiten vor der projektiven Geometrie, dem Infinitesimalkalkül, den Präzisionsuhren und der Optik Newtons entstehen können.

Damit soll gesagt sein, daß man der sakralen Architektur Bayerns oder Österreichs nicht gerecht wird, wenn man sie nur unter dem Aspekt der Sinnenfreude sieht. Sie verlangt und lohnt eine genaue Analyse. Beginnen könnte man vielleicht mit weniger überladenen, zurückhaltenden Beispielen, etwa mit Neumanns Kirche vom Heiligen Kreuz für die Benediktinerabtei in Neresheim, die 1750 begonnen wurde. Der Grundriß ist zunächst eine dreischiffige Kirche mit einem Querhaus und einer Kuppel über der Vierung (Abb. 21.15). Beiderseits vom Querhaus haben Schiff und Chor dieselbe Länge, und das ovale Vierungsjoch stößt, längsgerichtet, in beide Flügel vor. Zwei kleinere, quer zur Richtung dieses Mittelovals gestellte Ovale bilden das Hauptschiff, zwei weitere den Chor. Ihre Bogen fallen mit der Apsisrundung an der einen und einer konvexen Fassade an der anderen Seite zusammen und erinnern damit über die Jahrhunderte hinweg an die karolingische Tradition der »Doppelender«. Diese Bogen bestimmen auch die von diagonal gestellten Pilastergruppen besetzten keilförmigen Innenseiten der Stützpfeiler im Hauptschiff. Die Flügel des Querhauses sind innen ebenfalls Ovale. Die Außenwand zeigt große Öffnungen; die Wandfläche ist faktisch überall unbetont wie in gotischen Kirchen, aber die Fenster haben hier klares Glas, und die Fassade öffnet sich in Fenstergeschossen wie ein profanes Gebäude.

Die Seitenschiffe sind zu schmal, um als solche zu zählen. Sie bilden vielmehr einen äußeren Filter, der Transparenzeffekte ermöglicht (Abb. 21.16). Blickt man rings um sich, wird die Reduzierung der festen Teile deutlich, so daß der gesamte Kirchenraum von jedem Standpunkt aus sichtbar ist. Und doch ist der Eindruck, wenn man umhergeht, alles andere als festgelegt. Die starke Wirkung der ovalen Hohlräume im zweistöckigen Aufriß wird von den konvexen Balustraden der Galeriejoche pariert. Zwischen den Ovalen schwingen in Höhe der Gewölbe Halbellipsenbogen. Sie begegnen einander oben und öffnen sich an ihrer

Ansatzstelle zu Gratbogen, die ein wenig dem Spannbogen der Kathedrale von Wells ähneln (Abb. 16.21). Die vier flachen Kuppeln über Hauptschiff und Chor werden auf diese Weise von einer Art freistehender durchbrochener Bauteile getragen, haben keinen Zusammenhang mit der Außenwand und werden von den Pfeilern und diesen Drehungsbogen umschlossen. Die riesige Mittelkuppel dagegen ruht auf vier Paaren freistehender Säulen, die auf den Kreuzachsen vor den Stützpfeilern stehen. Die sich verschiebenden wechselnden Verhältnisse zwischen Masse und Leere ergeben Lichtflecken, die schrägwinklig auf sie auftreffen und von den elfenbeinfarbenen Oberflächen aufgesogen werden. Alles ist subtiler Austausch, sich windende Tangentenfläche und Überlagerung.

Nur nach einer solchen Bestandsaufnahme ist es möglich, die enge wechselseitige Abhängigkeit zu beurteilen, die zwischen der Architektur und den sie unterstützenden Künsten besteht, unter der Verspieltheit die Disziplin zu erkennen. Und das wiederum erleichtert die Unterscheidung zwischen dieser Art Barock und jener anderen, die in Spanien und seinen Kolonien blühte, wo die Lust am Dekor noch extremer hervortritt, meist jedoch ohne jeden Ansporn seitens der Architektur. Entkleidet man die »vergoldeten Grotten« Mexikos ihrer unglaublichen Dekorkaskaden, so findet man darunter das Standardgehäuse einer Kirche des 16. Jh. Hier interessierte man sich nicht für die komplizierten Raumkomplexe und Strukturformen Roms, Turins oder Neresheims. Wohl ließ die Architektur in Spanien sich bisweilen von dieser ornamentalen Raserei mitreißen, aber im großen und ganzen blieb der Kirchenbau konventionell. Der eigentliche Ruhm der sakralen Bauten im barocken Spanien und seinem Reich sind die steinernen Westseiten der Kirche und die großartigen vergoldeten *Retabel* (Altaraufsätze) oder verzierten Lettner hinter dem Hochaltar (und manchmal auch die Seitenaltäre in Quer- und Mittelschiff).

Die Hauptbestandteile dieser phantastischen Schöpfungen sind die Säulen mit gewundenem Schaft, die oft mit Weinreben verziert sind und von Putti wimmeln, und der *Estipite*, ein Pfeiler, dessen Oberfläche mit Nebenkapitellen, geometrischen Feldern, Schnörkelornamenten und ähnlichem überladen ist (Abb. 21.17). Die Anregung zu diesen Motiven kam zumindest in der als Churriguerismus bezeichneten Phase (so benannt nach Benito de Churriguera, 1665–1725, ihrem maßgeblichen Vertreter) weniger aus dem in Europa vorherrschenden Stil als vielmehr aus dem unschönen Manierismus der Musterbücher, die im 16. Jh. in dem damals spanischen Flandern und Holland zu erscheinen begannen und jene rankenähnliche Ornamentik pflegten, die wir unter der Bezeichnung Bandelwerk kennen. Das spätere *Trasparente* ist – allerdings nur vergleichsweise – verfeinerter und aufgelöst. Das Dessin bleibt stets unter Kontrolle, und die Virtuosität ist erstaunlich. Der in verschiedenen Ebenen seines Reliefs plastische Dekor-Dschungel ist durchsetzt mit eingefügten kostbaren Materialien und Luxussteinen wie Graniten und farbigen Marmoren und beherbergt ekstatische Heiligenfiguren in Rundplastik.

Frankreich: Das *Grand Siècle*

Das 17. Jh. gehört wieder Frankreich. Wenn Rom die Hauptstadt des katholischen Christentums war, wurde jetzt Paris mehr als jede andere Stadt der politische und soziale Mittelpunkt Europas. Infolge jenes Übergewichts des Königshauses, das schon zur Zeit Sugers mit einem laut hallenden Erfolg seinen Anfang genommen hatte, war der erbliche Adel machtlos an den Hof gebunden. Eine neue unternehmungsfreudige Klasse von Administratoren und Zivilbeamten erledigte die Routineangelegenheiten des Landes, und die große Masse der Bauern arbeitete und zahlte hohe Steuern. Frankreich war auf dem Wege, eine beherrschende Stellung auf dem Kontinent einzunehmen. Spaniens große Zeit des Reichtums und der Macht war vorüber. Ein politisch ungefestigtes England litt unter inneren Spannungen. Dem deutschen Kaiser fehlte es faktisch an Macht, sein Ansehen zur Geltung zu bringen. Wie die Dinge lagen, waren die Könige von Frankreich bereit, die Initiative zu ergreifen. Wirtschaftlich war ihr Staat nicht der modernste. Er konnte weder mit dem holländischen Überseehandel noch mit dem wirtschaftlichen Liberalismus Englands konkurrieren. Doch mit einer Bevölkerung von 20 Millionen war er bei weitem die größte Nation Europas. Er war zumindest eine Zeitlang die entscheidende Militärmacht. Sein Talent, die Verwaltung zu zentralisieren, vermochte flüchtige soziale Kräfte in einem geschlossenen nationalen Ganzen nutzbar zu machen, das von oben her überwacht und beeinflußt wurde.

Die Architektur galt als ein wichtiger Sektor des öffentlichen Lebens und wurde entsprechend gelenkt. Sie war ein Staatsgeschäft – und wurde auch so betrieben; sie unterstand Zivilbeamten, nicht Fachleuten. Die Aufsicht über die Bauarbeiter führte ein

Abb. 21.19 Paris (Frankreich), Place Vendôme, Baubeginn 1698, Jules Hardouin-Mansart; Stich von Jean Le Pautre.

vom Staat angestellter Beamter. Die Zünfte, die weitgehend zu Regierungsämtern geworden waren, wurden aufgefordert oder gezwungen, bindende Vorschriften einzuführen, die sich auf Arbeitszeit und Lohn bezogen. Ihre Zahl wurde zwecks Stärkung des regelnden Zentralismus stark erhöht. Unter Jean-Baptiste Colbert, dem großen Minister Ludwigs XIV., übernahmen subventionierte königliche Werkstätten die Herstellung von Tapeten, Möbeln und Glas. Colbert versuchte auch, eine für alle verbindliche nationale Geschmacksbildung einzuführen, und gründete zu diesem Zweck 1666 eine Akademie der Architektur nach dem Vorbild älterer Akademien für Malerei, Skulptur und Literatur. Ihre Aufgabe bestand darin, Regeln auszuarbeiten für »eine einzige und vollkommene Schönheit, die von allen Schaffenden befolgt werden könnten und der gesamten Öffentlichkeit zugänglich wären«. Der Akademie war eine Architekturschule angeschlossen, welche die traditionelle Ausbildung durch eine Lehrlingszeit ersetzte.

Der Staat legte ein ausgedehntes Programm öffentlicher Arbeiten fest, das drei Kategorien umfaßte. An erster Stelle standen die Schlösser des Königs. Das war eine Angelegenheit von enormer politischer Bedeutung. Angesichts der Abhängigkeit des Geburtsadels von der Person des Königs war der Palast das Symbol nationaler Einheit. Sein Standort und sein Aussehen waren gewichtige Staatsanliegen. Außerdem diente der Palast dazu, die Einheit international sinnfällig zu machen:

»Aufwendungen für die Pracht und Würde des Königs (schreibt Jacques Bénigne Bossuet, der Bischof von Meaux) sind... notwendig..., um seine Erhabenheit in den Augen Fremder zu behaupten... Wenn heutzutage ein Monarch gesalbt wird..., bringt die Kirche folgendes Gebet dar: ›Möge die glorreiche Würde und die Majestät des Palasts für alle sichtbar den Glanz und die Größe der königlichen Macht ausstrahlen, so daß sie wie ein Blitzstrahl überallhin Licht ausgießt.‹ Alle diese Worte wurden gewählt, um die Herrlichkeit einer Königsresidenz zu beschreiben, die von Gott als eine notwendige Unterstützung des Königtums verlangt wird.«

Ohne dieses Bekenntnis können wir Versailles kaum als das großartigste Schloß Europas verstehen.

Öffentliche Arbeiten

An zweiter Stelle stand die Verteidigung. Die Kriegsmacht der Nation bestand jetzt aus Berufssoldaten. Dieses Jahrhundert ist eine Zeit großer stehender Heere, moderner Flotten und riesiger Arsenale. Die Unterbringung und Versorgung dieser nationalen Streitmacht waren erstrangige Aufgaben der Architektur.

Jetzt war es nicht mehr der grundbesitzende Adel, der auf eigene Kosten Truppen aufstellte. Alle Verantwortung lag beim Staat. Zum ersten Mal mußte man sich planmäßig um die Verwundeten, die Veteranen und die Kriegerwitwen kümmern. Das ist der Hintergrund der englischen Hospitäler in Greenwich und Chelsea und des ebenso riesigen Hôtel des Invalides in Paris (Abb. 21.24b, 22.4).

Alte Verteidigungsanlagen mußten modernisiert werden. Während Paris, das inmitten seines ausgedehnten Reichs in Sicherheit war, seine Mauern abriß und sie in Boulevards verwandelte, verstärkten strategisch wichtige Städte im ganzen Land die ihren nach den neuesten Erkenntnissen in Kriegführung und Verteidigung. Der überragende Geist auf diesem Gebiet war Sébastien Le Prestre de Vauban (1633–1707), Ludwigs XIV. Militärarchitekt und Festungsbaumeister.

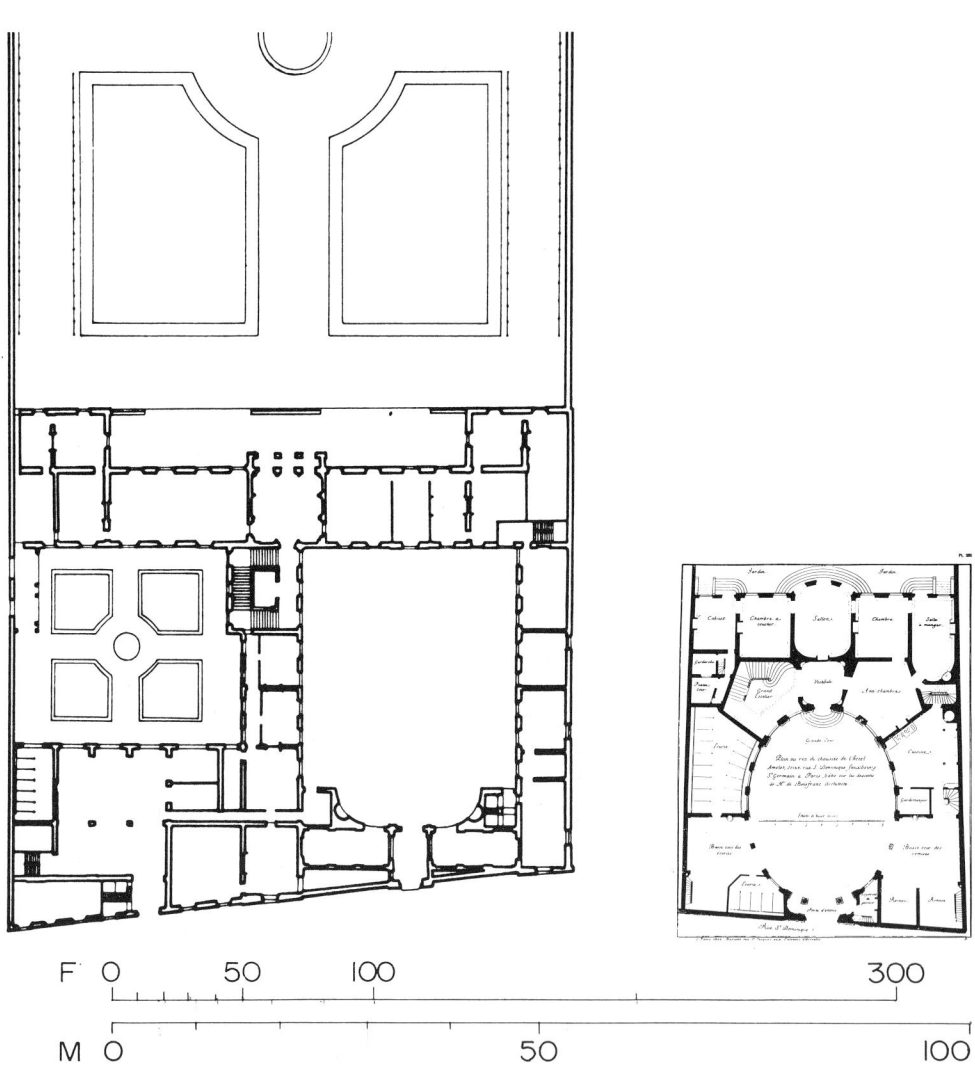

Abb. 21.20 Pariser Hôtels (Stadtpaläste): Grundrisse: (**A**) Hôtel Liancourt, 1613–1623, Salomon de Brosse und Jacques Lemercier. Der Hauptwohntrakt erstreckt sich über die ganze Breite des Gebäudes vor einem großen Garten auf der Rückseite. An der Vorderfront liegt rechts der offizielle Einfahrtshof. Links befinden sich ein kleiner Hof mit Ställen und dahinter ein kleiner Garten. (**B**) Hôtel Amelot de Gournay, 1712–1714, Germain Boffrand; aus einem zeitgenössischen Stich. Die ovale *Grande cour* wird von zwei kleineren Höfen flankiert, von denen der linke für Ställe, der rechte für Kutschen bestimmt ist. Dieses Stadthaus hat ebenfalls einen Garten auf der Rückseite.

Die größere Reichweite und Durchschlagskraft der Artillerie bewirkten, daß die Bastionswälle der Renaissance nicht mehr genügten. Man ersetzte sie infolgedessen jetzt durch riesige Außenwerke, die in einem hundert oder mehr Meter breiten Grabenring errichtet wurden. Die Anfangsverteidigung ging auf die halb selbständigen Vorwerke über – die Zangenwerke, Lunetten und Ravelins – und auf die befestigte Konter-Escarpe. Dieser imponierende Befestigungsring, der weit über die Stadtmasse hinausreichte, ließ die Stadt winzig erscheinen und schnitt sie bis zu einem gewissen Grade von ihrer ländlichen Umgebung ab. Andererseits griff die durch ihren Gürtel aus leerem Raum aufgeblähte Stadt mit mächtigen Stoßkeilen nach fernen Horizonten aus.

Neue, befestigte Außenplätze brauchte man auch an den hinausgeschobenen Grenzen und als Flottenstützpunkte vor allem an der Atlantikküste. Die meisten von ihnen werden Vauban zugeschrieben. Da die alten Bastionen an Gewicht verloren, schien es nicht mehr dringend, sie mit langen Nachschubstraßen auszustatten, infolgedessen wurde die Radialplanung seltener. Neu-Breisach am Rhein (1699), Vaubans bekannteste Festung, beruht auf einem Standardraster innerhalb der riesenhaften achteckigen Schale der Außenwerke (Abb. 21.18). Die Atlantikhäfen, deren erster Rochefort war (1655), machten Schiffswerften, Seilereien und Kanonengießereien erforderlich. Solche Bauten und auch die wesentlichen Teile der Außenwerke wurden in einem schlichten Nützlichkeitsstil errichtet, der von der prachtliebenden Mode der öffentlichen Architektur weit entfernt war. Diese Tatsache bewirkte zusammen mit dem Vorrang bester technischer Sachkenntnis, daß diese Programme aus dem Repertoire der Architekten ausschieden und daß seither Architekten und Zivilingenieure verschiedene Berufe sind. Zwei Umstände jedoch bezeugen Vauban und die Baumeister von Versailles als Exponenten derselben Ära: die alle Grenzen sprengenden Ausmaße und die rationalen Planungsmethoden bei Projekten, die als jeweils für sich instrumentierte Entwürfe angesehen werden, und die Unterordnung weiter Naturbereiche unter Richtungssysteme, welche die Dimension der Unendlichkeit erschließen.

Hier findet sich auch die Verbindung zur dritten Gruppe öffentlicher Projekte, den Eingriffen in den Stadtplan. Wir verdanken der Stadt Paris im Grand Siècle mehrere bleibende Prinzipien der Stadtplanung: den Platz – *la place* – als voll integriertes architektonisches Element, den dreispurigen Boulevard und die ins Unendliche dehnbare radiale Straße, die in einer kreisförmigen, halbkreisförmigen oder vieleckigen Anlage beginnt, sich unterwegs mit anderen solchen Systemen schneidet oder vereint und über die Ränder der Stadt hinausgreifend die Landschaft ordnet. Versailles war selbst ein solcher Ausgangspunkt radialer Achsen, die visuell und symbolisch Paris und allen anderen Kompaßrichtungen zustrebten (Abb. 21.27). Und Paris saß im Mittelpunkt eines radialen Straßennetzes, das sich über das ganze Land erstreckte.

Für einige dieser Straßenplanungen gab es Vorbilder. Das Trivium Roms aus der Renaissancezeit und die weit ausgreifenden Straßen Sixtus' V. stehen hinter den gewaltigen Diagonalen und Konvergenzen Frankreichs. Aber während Sixtus bei althergebrachten Brennpunkten, christlichen Basiliken und Denkmälern der Antike ansetzte und seine unbeirrbaren geraden Linien zog, um sie miteinander zu verbinden, verlegte Paris seine *Places royales* ins Gedränge der Stadt oder an entscheidende Punkte der Peripherie und lenkte Verkehrsadern von diesen neuen Brennpunkten so, daß sie sich optisch und strukturell auf einen ungeplant

Abb. 21.21 a Versailles (Frankreich), Königliches Schloß, Salon de Diane; typische Innenausstattung im Stil Ludwigs XIV.

Abb. 21.21 b Paris, Hôtel de Soubise; ovaler Salon, 1736–1739, Germain Boffrand.

494 *Neue Ansprüche*

Abb. 21.22 Paris, Louvre, Cour Carrée, Baubeginn 1546 durch Pierre Lescot. Dieser Block wurde an der Stelle des Westflügels des alten Schlosses errichtet (vgl. Abb. 16.15).

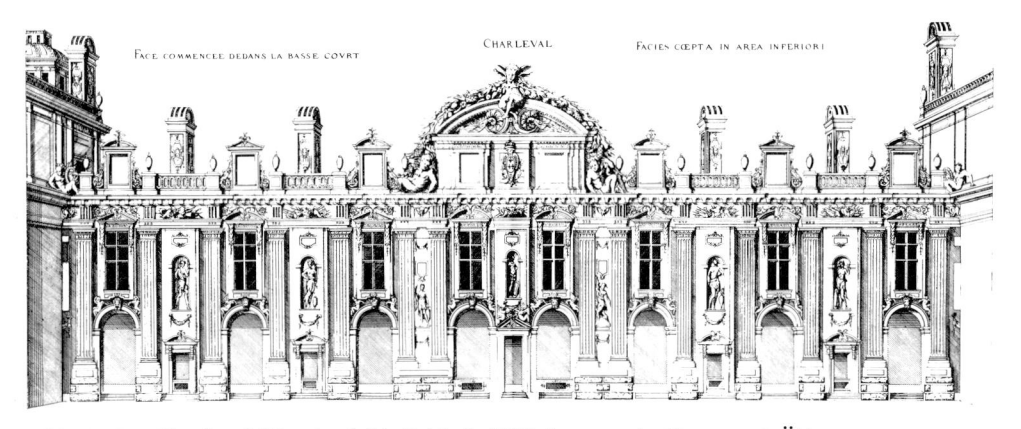

Abb. 21.23 Charleval (Frankreich), Schloß, 1573, Jacques du Cerceau d. Ältere, nach einem Stich des Architekten.

bebauten alten Bezirk oder in ein offenes Gelände auswirkten, in dem eine Ausdehnung der Stadt erwünscht war. Nochmals: wir kennen den geplanten Platz auf dem Kapitol und den Petersplatz, aber in beiden Fällen handelt es sich um geplante Ensembles. Traditionelle römische Plätze finden sich um ein auffallendes Bauwerk, eine Kirche oder einen Palast, während alle übrigen sich zufällig herausbilden und mit der Zeit verändern. Die *Places* in Paris sind Wohnensembles. Sie zeigen auf allen Seiten einheitliche Fassaden und als monumentalen Schwerpunkt nur die Statue des Königs, der sie anlegen ließ.

Die erste dieser Places royales, die Place Dauphine Heinrichs IV. (1599–1606), war ein Dreieck, das den Bug der Île de la Cité betonte, einer der beiden Inseln, die den historischen Kern von Paris bilden (Abb. 21.26,a). Unmittelbar gegenüber, auf dem rechten Ufer, lag der belebteste Teil des städtischen Uferbereichs. Der neue Platz bestätigte die Tatsache, daß die Stadt für Lebensmittel und Handel auf den Verkehr auf der Seine angewiesen war. Die Form folgte der Achse des großen Flusses, und an der Spitze, wo sich eine neue Brücke in geraden Straßen durch das bebaute Gebiet nach Norden und Süden fortsetzte, stellte man

die Reiterstatue des Königs auf, der stromabwärts blickte, in die Richtung der Atlantikküste, welche die Seine auf ihrem gewundenen Weg erreicht. Eine zweite, am Ostrand der Stadt für einen Kanal geplante *Place* war ebenfalls auf den Handel ausgerichtet. Sie hatte die Form eines Halbkreises mit acht zentrifugalen Speichen, wurde jedoch nicht zu Ende geführt.

Schon bald zeigte sich, daß Paris als königliche Hauptstadt wichtiger war als die Hafenstadt Paris. Eine Reihe von *Places* erschlossen in den folgenden zehn Jahren neue Wohngebiete für die Oberschicht, die fern vom Geschäftsviertel lagen, während der Louvre und andere offizielle Gebäude das Flußufer beanspruchten. Die Place Royale (1604–1612), heute Place des Vosges, im ruhigen aristokratischen Bezirk des Marais, hatte quadratische Form. Arkaden im Parterre und Gesimse zwischen den Geschossen vereinheitlichen die vorgehängten Fassaden, die nur von zwei einander auf der Hauptzugangslinie gegenüberstehenden höheren Pavillons unterbrochen wurden. In der Mitte stand die Reiterstatue Ludwigs XIII. Die Place des Victoires (1682–1687) Ludwigs XIV. nördlich des Louvre bildete einen vollen Kreis mit radialen Straßen, die zu mehreren wichtigen alten und neuen Mittelpunkten führten. Die Place Vendôme schließlich, die ebenfalls unter Ludwig XIV. für den neuen Westteil der Stadt geplant wurde, war ein rechteckiger Platz mit abgeschrägten Ecken (Abb. 21.19). Auch hier verlief das Walmdach ohne Unterbrechung, aber die Ecken und Mittelpunkte der Langseiten erhielten Giebelfelder, die den stetigen Rhythmus der Dachfenster unterbrachen. Bei allen diesen Plätzen war das Stadtbild das Wesentliche. Die umsäumenden Gebäude verloren ihre Individualität innerhalb der glatten Wand einer gemeinsamen Gestaltung. In manchen Fällen wurden diese langen Fassaden sogar zuerst gebaut, ohne Häuser dahinter. Käufer für jedes Grundstück, die es dann bebauten, fand man später.

Wohnarchitektur

Zwischen 1550 und 1650 war die Einwohnerzahl von 130 000 auf über eine halbe Million gestiegen. Bei reichen Leuten – Regierungsbeamten, Lieferanten und Steuerpächtern des Königs, jener Klasse der eben erst hochgekommenen Bourgeoisie, der sog. *Noblesse de la robe* – war neben luxuriösen Häusern für den eigenen Gebrauch Bauspekulation die beliebteste Geldanlage. Die Parzellierung königlichen Grundbesitzes in und um Paris zugunsten vertrauenswürdiger Höflinge begann schon im 16. Jh. Inzwischen befand sich ein bedeutender Teil städtischen Grundes, der im Lauf der Jahrzehnte zunehmend zerstückelt worden war, in den Händen von Eigentümern kleiner Grundstücke; ihrer Mitwirkung mußte man sich versichern, wenn königliche Initiativen wie die *Places* in Gang gebracht werden sollten. Gleichzeitig mit den neuen Wohnanlagen an den *Places* und deren Straßen wurden die alten Häuser durch innere Teilung und Neugruppierung ihrer Räume umgewandelt. Zu Beginn des 17. Jh. hatten sich die drei Hauptgruppen der Bürger von Paris herausgebildet: die Hausherren, die Mieter und die Untermieter.

Der Übergang von einer umherziehenden zu einer ortsfesten Hofhaltung, der uns bereits in Kapitel 16 begegnete, zwang weltliche und geistliche Herren, lange Zeitspannen in der Hauptstadt zu verbringen. Sie nahmen Wohnung in städtischen Herrenhäusern, den sog. *Hôtels*, die zu den charakteristischen Gebäudetypen jener Zeit gehörten. In Wirklichkeit sind sie keine Erfindung des 17. Jh. Seit 1350 waren derartige Gebäude als Nebenwohnsitze des grundbesitzenden Adels aufgekommen, als Stätten, an denen man Gäste empfing und Einladungen erfolgten. Neu ist im *Grand Siècle* nur, daß der ländliche Charakter – Getreide auf dem Speicher, Heubündel auf dem Hof und der Obstgarten – verschwand. Das *Hôtel* wird zu einem verfeinerten Environment für den gesellschaftlichen Verkehr von Leuten, die ihre Herkunft in früheren Zeiten nicht hätte zusammenkommen lassen. Der abgeänderte Grundriß, der zur Norm werden sollte, trat um 1620 auf (Abb. 21.20, A). Dem in einem geschlossenen Häuserblock eingebauten Haus fehlt jede äußere Regelmäßigkeit. Eine abschirmende Fassadenwand trennt es vom Straßenleben. Hinter ihr liegt die *Cour d'Honneur*, ein Hof mit Zufahrt für Kutschen, an dessen Seiten sich Ställe und Verwaltungsräume befinden. Die Hauptwohnräume sind nach hinten orientiert, und dort gibt es auch, falls genügend Raum vorhanden ist, einen intimeren Hof und noch weiter hinten einen Garten.

Im Hauptblock war eine Reihe von Räumen sehr geschickt auf zwei Ebenen verteilt, die durch eine Prunktreppe verbunden waren. Die beiden Fronten – eine zur *Cour d'Honneur* und die andere zum Garten – lagen nicht immer auf derselben Achse, wenn auch die Zimmer jeweils symmetrisch angeordnet und ihre Türen oft so aufgereiht waren, daß sie einen ungehinderten Durchblick (*Enfilade*) gewährten. Die Hälften waren so geschickt miteinander verbunden, daß in manchen späteren Beispielen eine Zimmergruppe sich um die von oben beleuchtete Treppe zu winden schien. Die Räume waren zuerst rechtwinklig, doch erwärmte man sich sehr schnell für ovale und vieleckige Formen (Abb. 21.20.B).

Die übliche Abfolge der Räume war: *Salon* oder Empfangssaal, dann ein Vorzimmer, eine Kombination aus Schlaf- und Wohnzimmer, *Chambre* genannt, und das *Cabinet* als privatester Raum. Diese Sequenz stellte ein Appartement dar, und je nach den Ansprüchen des Eigentümers gab es zwei oder mehr solche Appartements, die unauffällig durch Versorgungsräume verbunden waren. Die gleiche Anordnung findet sich auch in aufwendigeren ländlichen Châteaux. Dort nimmt der *Salon* eine Vorrangstellung in der Mitte des Gebäudeblocks ein und wird durch irgendein Giebelfeld hervorgehoben. Die *Chambres* und *Cabinets* der Appartements bilden auf beiden Seiten abschließende Pavillons mit eigenen

Abb. 21.24 a Paris, St. Gervais, Fassade, 1616, Salomon de Brosse. Die Kirche ist ein spätgotischer Bau. Die Fassade ahmt den Entwurf für die Eingangsfassade eines Schlosses nach – drei Stockwerke, von denen jedes eine der klassischen Ordnungen zeigt (von unten: dorisch, ionisch und korinthisch).

Abb. 21.24 b Paris, Invalidendom, 1680–1691, Jules Hardouin-Mansart. Das Hôtel des Invalides war eine weitläufige Anlage, entworfen von Libéral Bruant und erbaut in den Jahren 1670–1677 zur Unterbringung invalider Soldaten.

Abb. 21.24 c Paris. Kirche Val-de-Grace. Baubeginn 1645, François Mansart und Jacques Lemercier.

Abb. 21.25 Paris, Louvre, Ostfassade, 1667–1670, Louis Le Vau, Claude Perrault und Charles Lebrun.

getrennten Dächern, und die Vorzimmer dienen als einfache Verbindungsräume zwischen dem zentralen Teil und den Pavillons (s. Abb. 21.23).

Die Innenausstattung der *Hôtels* und Châteaux war stets reich, aber fast nie protzig (Abb. 21.21a). Die Wände waren mit Holz, Marmoreinlagen und Friesen oder Paneelen verkleidet, welche Gemälde oder Stuckreliefs enthielten. Die Fenster, Türen und Kamine waren von antiken Motiven eingerahmt, und auch die Simse und unteren Wandteile zeigten antik inspirierten Dekor. Möbel gab es im Überfluß. In den Salons befanden sich Gemälde mythologischer Szenen in schweren goldenen Rahmen. Im *Chambre* stand ein monumentales Bett in einer von einem Geländer umgebenen Vertiefung. Die *Cabinets* enthielten zierliche Tischchen und Stühle und waren reich bestückt mit kleinen Bildern und Kunstobjekten.

Kurz bevor Ludwig XIV. 1715 starb, begann der Geschmack sich zu ändern (Abb. 21.21b). Es trat ein leichter geschwungener Dekor an die Stelle der schweren, würdevollen Gestaltung von Wänden und Decken. Die Farben wurden heller, Spiegelflächen vervielfältigten den Raum, Winkel wurden abgerundet. Man erfand ein völlig neues Schmuckrepertoire, das auf Naturformen – Zweige, Girlanden, Akanthus – und auf abstrakte gekrümmte Formen wie Schnörkel, Verschränkungen und Arabesken zurückgriff. Es war der Stil, den Kunsthistoriker als *Rokoko* bezeichnen – ein eleganter, heiterer Dekor, der vor strukturellen Aussagen oder robuster, muskulöser Plastizität zurückscheut. Schon bald drang er auch in die Architektur ein und verbreitete sich über Deutschland und Österreich. Man könnte sagen, daß dort das Innere der Kirchen des 18. Jh. diesem spielerischen Rokokogeschmack entspricht, einer Art dahinschwindendem Spätbarock, der die Dynamik und die geometrische Kompliziertheit der italienischen Architektur des 17. Jh. mit dem gekräuselten, schäumenden Dekor verbindet, welcher in der Zeit nach Ludwig XIV. von Frankreich ausstrahlt.

Die ästhetische Aufgabe des Zeitalters Heinrichs IV., Ludwigs XIII. und des Sonnenkönigs bestand darin, einem offiziellen Architekturstil, welcher der Würde und feierlichen Größe des neuen Frankreichs Ausdruck geben sollte, Substanz zu verleihen. Das mußte gegen die verführerische Verbreitung des römischen Barocks und die allgemeine Vorherrschaft des italienischen Stils erreicht werden. Irgendwie fühlte sich das französische Wesen von der aufgeregten Ekstase eines Bernini oder auch von den Launen Borrominis nicht angesprochen. Im neuen Frankreich neigte man gedanklich zum Stoischen und Didaktischen. Die intellektuelle Welt schätzte Vernunft höher ein als Leidenschaft. Die Bourgeoisie, die *Noblesse de la robe*, glaubte an Ordnung, zuverlässige Stetigkeit und nüchternen guten Geschmack. Die vorherrschende Architektur mußte diese nationale Stimmung widerspiegeln, ohne hinter neuen ästhetischen Impulsen aus dem Ausland zurückzubleiben.

Das vergangene Jahrhundert hatte ein gemischtes Erbe hinterlassen. Da gab es einerseits eine gemilderte Version der italienischen Renaissance, deren Anfänge wir in Kapitel 17 kurz erwähnten. Sie läßt sich leicht an wesentlichen Details erkennen, etwa an der Paarung und Häufung von Säulen, der ausgiebigen Verwendung dekorativer Skulptur, krönender halbkreisförmiger Giebelfelder, geneigter Walmdächer, die oft von Dachfenstern unterbrochen sind – alles Dinge, die sich an einer 1546 begonnenen neuen Fassade des Louvre von Pierre Lescot finden (Abb. 21.22). Aus ihr wird deutlich, daß die Franzosen in der Komposition einen dominierenden Mitteltrakt und korrespondierende Eckrisalite bevorzugen, die durch zurückgesetzte Baukörper verbunden sind. Das steht im Gegensatz zu der homogenen Masse der italienischen Paläste, etwa dem ungefähr zeitgleichen Palazzo Farnese (Abb. 20.6). Andererseits gab es elegantere, exzentrische Moden wie den italienischen und flämischen Manierismus, die geradezu phantastische, antiklassische Bauten hervorbrachten, beispielsweise Jaques du Cerceaus Château in Charleval (Abb. 21.23).

Als das Jahrhundert mit dem Ende des grausamen Religionskriegs und dem Erlaß des Edikts von Nantes (13.4.1598) schloß, wandte sich die französische Baukunst von derartigen Exotika ab. Zuerst fühlte sie sich von dem strengen Konservatismus angezogen, der sich nach dem Konzil von Trient ergab, und als dann Rom nach 1620 von diesem Konservatismus zugunsten der lebensvollen Kraft des Barocks abließ, reagierte Frankreich mit einer rationalen, vergeistigten Auslegung dieses neuartigen Ungestüms.

Die ruhige, überlegte und, wie manche finden, ziemlich kalte und berechnete Stabilität sollte an mehreren Kirchenfassaden deutlich werden, die in unserer Abbildung nebeneinandergestellt sind, vor allem dann, wenn man sie mit jenen römischen Barockkirchen vergleicht, die weiter vorn in diesem Kapitel gezeigt wurden (Abb. 21.24, 21.3). Auffallen werden die im Grunde statische, geradlinige Komposition und das Fehlen jener gekrümmter Wandflächen und gegenläufigen Linien, die in Rom so beliebt sind. Die Artikulation ist einfach. Säulen und Pilaster stehen meist einzeln oder in gefälligen Paaren, nicht in kraftvollen Bündeln. In der Regel dürfen Einzelelemente einander nicht durchdringen: sie werden von konservativen Friesen und Gesimsen eingerahmt und getrennt. Die allgemeinen Formen wiederholen italienische Prototypen vor Bernini und Borromini (Abb. 17.11b, 20.22).

Louvre und Versailles

Die stärke dieser nationalen Stilart liegt aber nicht in der sakralen Architektur. Wir denken dabei eher an die Planung von Wohnbauten, von *Places* und *Hôtels* und natürlich von königlichen Palästen – an die Erweiterung des Louvre, an Versailles mit seinen Gartenanlagen. Bei ersterem wird, vor allem in der von Claude Perrault 1665 entworfenen Ostfront, das ruhige Vertrauen in eine gefestigte Ordnung deutlich (Abb. 21.25). Die berühmte Fassade, die der mittelalterlichen Kirche St. Germain-l'Auxerrois zugewandt ist, wirkt traditionsverbunden und neuartig zugleich. Die Verschiedenheit von Mitteltrakt und Eckrisaliten ist typisch französisch, die Idee der gekoppelten Säulen, die Fenster mit halbkreisförmigen Giebelfeldern und der Skulpturenschmuck – das alles erinnert an Lescots etwa hundert Jahre ältere Hoffassade. Doch Perrault ordnet die gesamte Front dem mit Frontgiebel versehenen Hauptakzent in der Mitte unter, indem die Eckrisalite keine eigenen krönenden Elemente erhalten und indem er das traditionelle Walmdach durch ein Flachdach mit einer Balustrade im italienischen Stil ersetzt. Säulenpaare skandieren die Fassade in ihrer ganzen Länge, sie sind durch ein nirgends unterbrochenes Gebälk aneinandergebunden und nicht mit individuellen Stürzen im Stil des 16. Jh. versehen. Diese schlanke Kolonnade ist von der Fensterebene abgesetzt, und ihre Tiefe bildet einen Gegensatz zu dem glatten Untergeschoß, über dem sie sich wie auf einem Podium erhebt. Das Ganze ist hervorragend stimmig – wie die Politik Colberts oder eine Beweisführung von Descartes – und wirkt in seiner unverwässerten Zentralität wie eine elegante graphische Darstellung der absolutistischen Ethik der Ära Ludwigs XIV.

Der Louvre hatte sich schon seit geraumer Zeit zur offiziellen königlichen Residenz entwickelt. Der Palast, im wesentlichen immer noch ein mittelalterliches Schloß aus dem frühen 16. Jh., war in mehreren Abschnitten umgebaut und vergrößert worden. Sein Verhältnis zur Stadt hatte sich deutlich verändert. Das Gelände stellte für Generationen eine riesige offene Werkstatt dar. Unter Franz I. (1515–1547) wurde als erstes der zentrale Hauptturm zerstört, und Lescot begann mit einer neuen Bebauung im Renaissancestil. Am Ende des 16. Jh. waren nur der westliche und der südliche Bereich am Fluß vollendet (Abb. 21.26). Im Osten überquerte jenseits der königlichen Pfarrkirche von St. Germain Heinrichs IV. neue Brücke den Fluß zur Île de la Cité, wo das Dreieck der Place Dauphine im Bau war. In der Zwischenzeit begann man um 1560 westlich des Louvre mit dem Bau eines neuen großen Palasts, der Tuilerien, und legte zwischen ihm und der Stadtmauer einen Garten im italienischen Stil an. Von da an gab es in Hülle und Fülle Pläne für eine Verbindung der beiden Paläste.

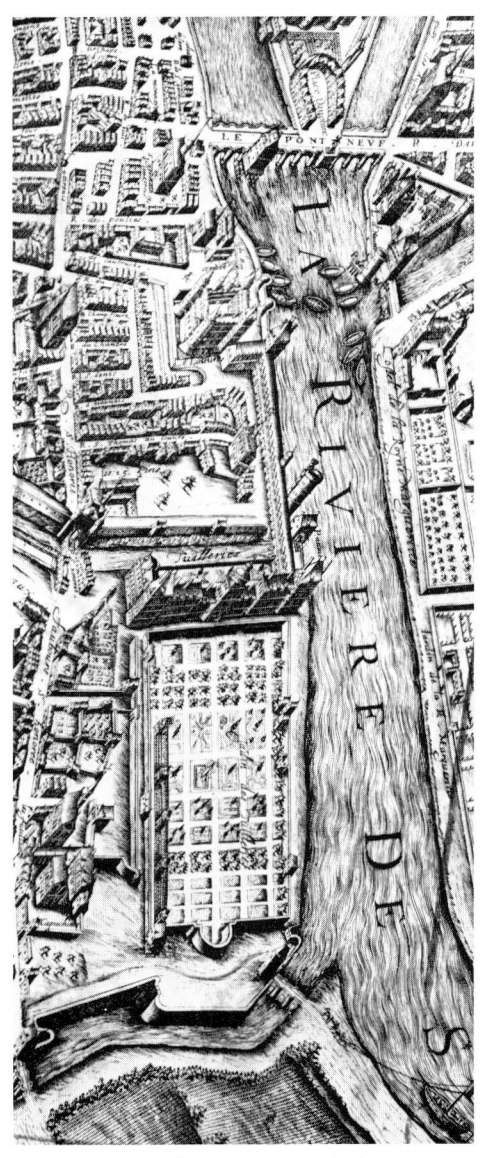

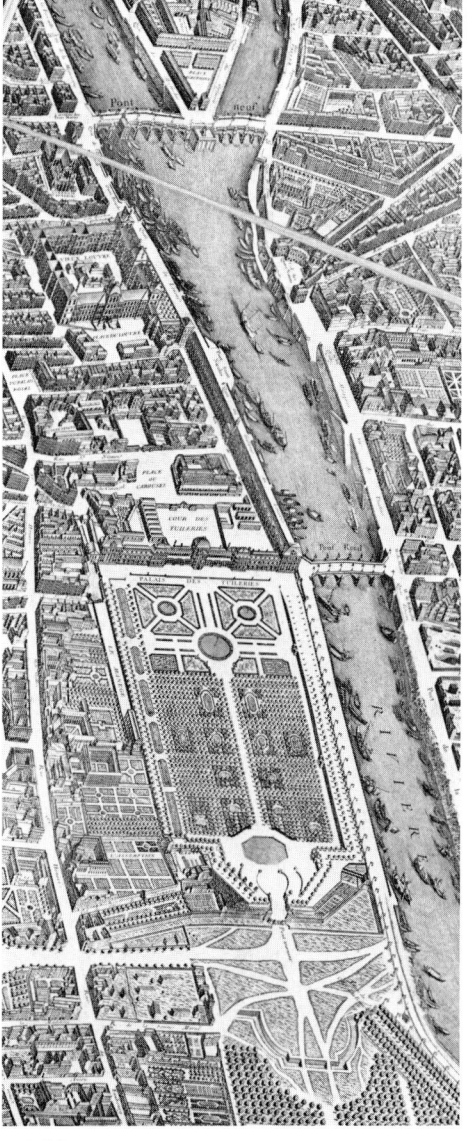

Abb. 21.26 Paris, Louvre; zwei Phasen seiner Entwicklung
(**a**) Im Jahr 1609 auf dem Stadtplan von Vassalieu (genannt Nicolay). Die Tuilerien stehen bereits (unteres Drittel, mit Garten) und sind mit dem Louvre durch die lange Galerie längs der Seine (Grande Galerie) verbunden; oberhalb des Louvre (oberes Drittel) die Île de la Cité, mit der Place Dauphine (1599–1606) Heinrichs IV. an der Spitze und dem Pont Neuf, der die Place mit den beiden Ufern verbindet.
(**b**) In den 1730er Jahren auf der berühmten Karte von Etienne Tourgot. Die Tuileriengärten sind von Le Nôtre umgestaltet worden. Der Louvre ist stark erweitert. Ihm gegenüber auf dem linken Seineufer das Collège des Quatre Nations von Le Vau. Die berühmte Ostfassade (s. Abb. 21.25) findet sich in der linken oberen Ecke gegenüber der Schloßkirche St. Germain l'Auxerrois. (Eine Ansicht des Louvre im Mittelalter zeigt Abb. 16.15.)

Eine kleine Galerie rechtwinklig zur Ecke der Louvrebauten Lescots und die lange eindrucksvolle Grande Galerie längs dem Fluß waren die ersten Verbindungselemente. Diese und die gleichzeitig entstandenen Uferstraßen und Kais kamen dem Erscheinungsbild der königlichen Residenz zugute und förderten die Einbeziehung der Seine in das städtische Leben. Unter Ludwig XIII. (1601–1643) wurde dann die quadratische Masse des Louvre verdoppelt. Unter Ludwig XIV. (1643–1715) wurde die Seinefassade von dem Architekten Louis Le Vau (1612–1670) großartig neu gestaltet und in der Mitte durch einen Kuppelbau hervorgehoben. Auf dem gegenüberliegenden Ufer errichtete Le Vau genau auf der Achse eine ähnliche Kuppel. Sie gehörte zu der Kirche des Collège des Quatre Nations, eines infolge eines Vermächtnisses des Kardinals Mazarin errichteten Bildungsinstituts. Eine vom Architekten geplante verbindende Brücke wurde nie gebaut, doch besteht kein Zweifel, daß sich dieser ganze Stadtbereich zwischen der Insel und den westlichen Mauern zu einem prachtvollen Anblick barocker Größe gestaltete.

Nur der Hauptzugang zum Louvre von Osten her war noch ungelöst. Dieser Seite eine feste Form zu geben und die widersprüchlichen Bruchstücke der letzten hundert Jahre zu einem einheitlichen Ganzen zusammenzufassen war die großartige Leistung Colberts, an der Le Vau, Bernini und Claude Perrault beteiligt waren, dessen erfolgreicher Entwurf die Fassade zu St. Germain hin einschloß. Das Projekt sah sogar vor, daß die Fläche des Louvre noch einmal verdoppelt werden sollte, so daß der Gesamtblock jetzt viermal so groß war wie die mittelalterliche Burg. Auch die Tuilerien hatten Schritt gehalten und sich zum Louvre hin und auf der Westseite ausgedehnt, wo der bescheidene Park im italienischen Stil längs einer großartigen Achse bis zur Stadtmauer und darüber hinaus in der Richtung des Bois de Boulogne beträchtlich erweitert wurde.

Der Gestalter dieser Tuileriengärten war André Le Nôtre (1613–1700), ein Name, mit dem sich vielleicht mehr als mit jedem anderen die Vorstellung von der Großartigkeit der Environments des *Grand Siècle* verbindet. Sein Meisterstück ist der Park von Versailles. Hierher hatte sich die Aufmerksamkeit der königlichen Werkstätten verlagert, als Ludwig XIV. gegen den Rat Colberts beschloß, den Hof und den staatlichen Verwaltungsapparat in dieses kleine, etwa 20 Kilometer südwestlich von Paris gelegene Familienschloß zu verlegen. Er hatte es schon einmal Anfang der sechziger Jahre nach Plänen von Le Vau vergrößern und den Park von Le Nôtre neu gestalten lassen. Jetzt sollte dieses Lustschloß in das Regierungszentrum der Nation verwandelt werden, und nach seiner Vollendung sollte dort ein Hofstaat mit 100 000 Menschen Platz finden (Abb. 21.27). Um 1685 war ein Heer

Abb. 21.27 Versailles, Luftbild.

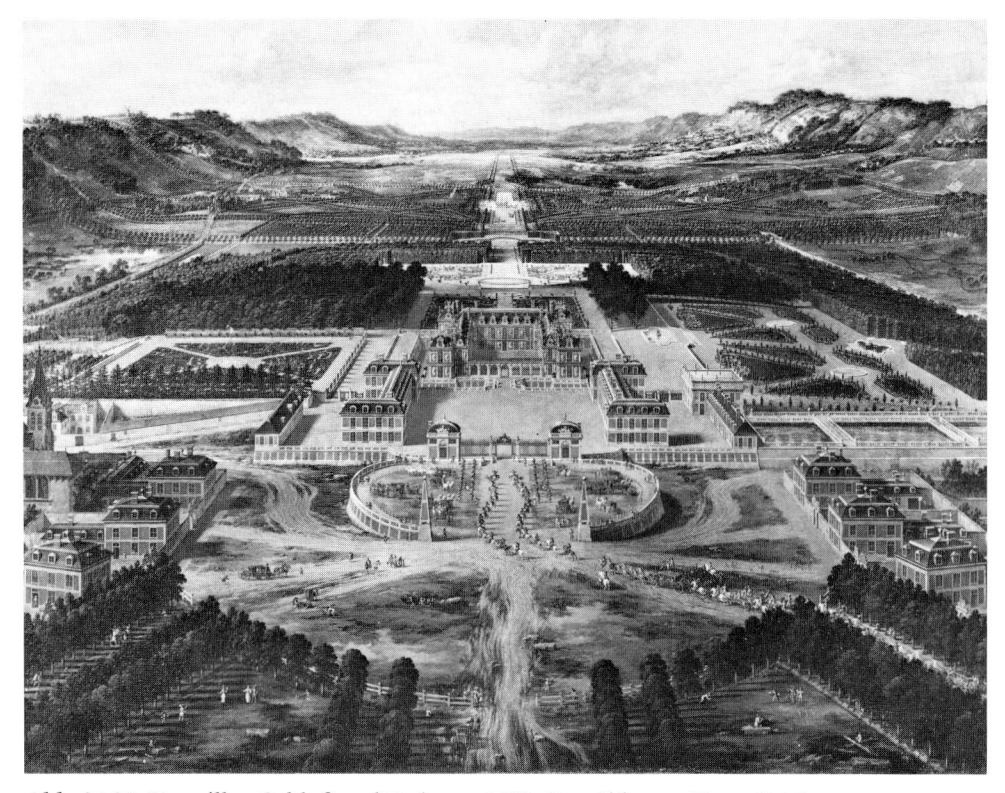

Abb. 21.28 Versailles, Schloß und Park, um 1668; Gemälde von Pierre Patel.

von 36 000 Arbeitern in den ausgedehnten neuen Parkanlagen und bei den Erweiterungsbauten des Châteaus beschäftigt, dessen Kapazität um mehr als das Dreifache erhöht wurde. Um die Teiche und den Grand Canal zu füllen und die vielen Brunnen in Betrieb zu halten, setzte Vauban Truppen ein, die Wasser aus der Eure mittels eines Aquädukts über das Tal von Maintenon ableiteten. Königliche Werkstätten arbeiteten mit Hochdruck, um Hunderte von Räumen auszustatten. Seide und Brokate kamen aus Lyon und Tours, gewirkte Tapeten und Teppiche aus Gobelins und Savonnerie, Spiegel aus St. Gobain, Porzellan aus Sèvres. Seit der Zeit des kaiserlichen Roms hatte Europa keine vergleichbare Mobilisierung auf einem Bauplatz erlebt.

Das Ziel war die Schöpfung einer königlichen Stadt, aber Schloß und Park sollten den meisten Raum in ihr einnehmen. Was von einer Stadt samt Pfarrkirche und Präfektur vorhanden war, entwickelte sich in den durch Raster vorgegebenen Räumen zwischen den Straßen eines großartigen Triviums, das auf die bedeutenderen westlichen Vororte von Paris ausgerichtet war. Monumentale hufeisenförmige Stallungen füllten die Spitzen des Triviums aus, die auf den Palast zuliefen. Die gekrümmten Linien wurden von drei Einfriedungen aufgefangen, die sich übereinander auf der ansteigenden Auffahrt erhoben. Der oberste Gitterzaun schirmte einen großen Hof mit seitlichen Gebäudeblöcken ab, der nach hinten schmaler wurde und in einem kleineren Hof endete. Dieser wiederum verengte Hof konzentrierte den Blick auf den Haupteingang des Schlosses. Hier befand sich der Kern des alten von Ludwig XIII. erbauten Châteaus, eines schlichten Baus aus Holz und Ziegeln, dessen drei Gebäudeteile um einen Hof angeordnet waren (Abb. 21.28). Le Vaus Umbau um 1660 beließ den Hof wie er war, gab ihm aber eine mächtige Umfassung durch einen Neubau. Die neue Parkfront nach Westen bestand aus einem riesigen Block mit fünfundzwanzig Jochen, dessen Fassade in der Mitte des zweiten Geschosses zurücksprang und eine tiefe Terrasse aufwies. Ganz wie wenig später Perrault beim Louvre, verzichtete Le Vau auf das steile französische Dach zugunsten eines Flachdachs mit Balustrade im italienischen Stil.

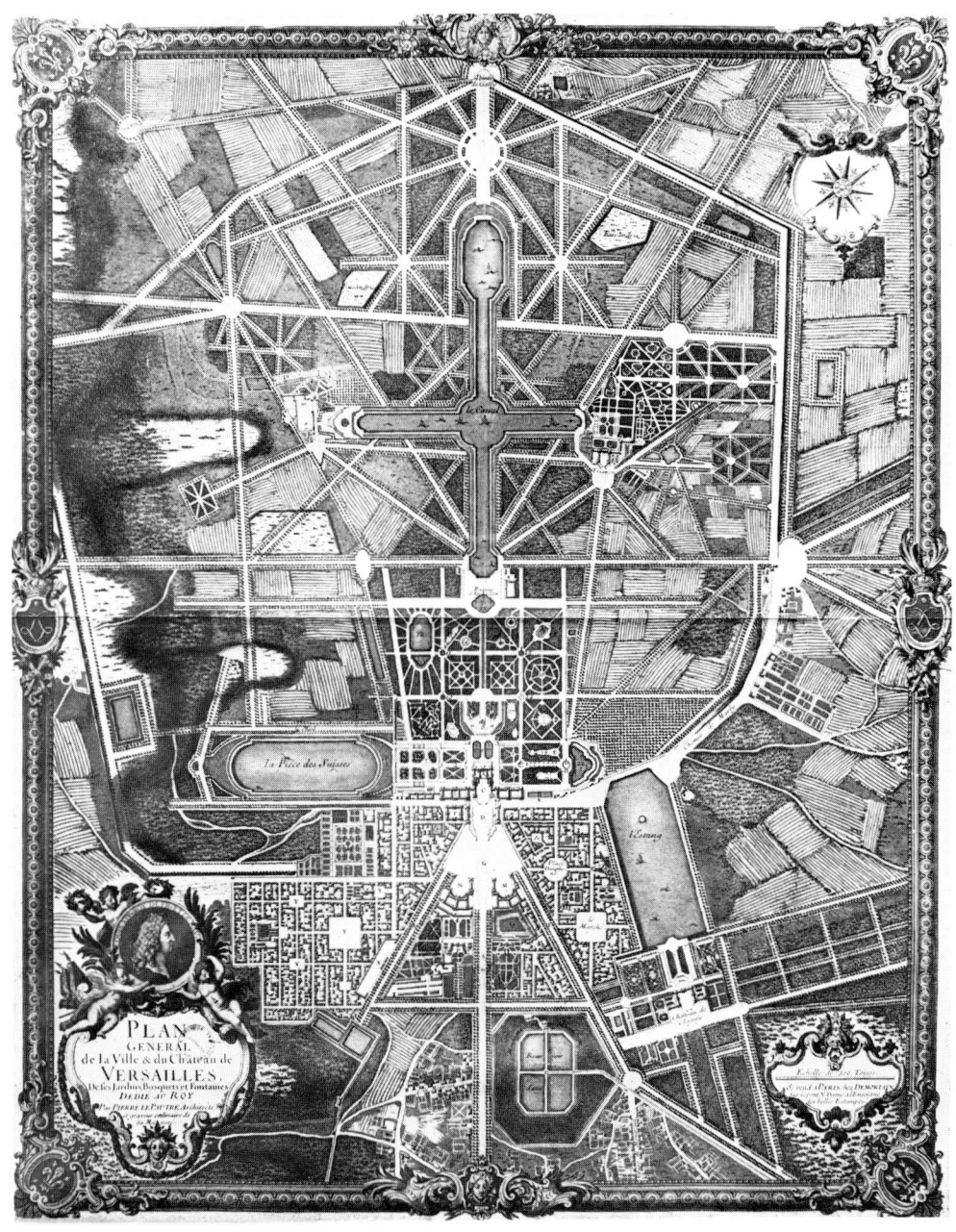

Abb. 21.29 Versailles. Der Park von André Le Nôtre, begonnen 1660; Plan, Stich von Jean Le Pautre.

Abb. 21.30 Versailles. Der Hain der drei Brunnen, André Le Nôtre, um 1680; Gemälde von Jean Cotelle. Einer von zahlreichen Hainen, die Le Nôtre im Nordteil des Parks anlegte; sie sind seither verschwunden, nur ihre Stellen sind noch kenntlich.

Das eingezogene Geschoß gestaltete Jules Hardouin-Mansart (1646–1708), der Architekt der Hauptkampagne nach 1677, zu dem berühmten Spiegelsaal aus. Auf beiden Seiten dieses Mittelblocks fügte Mansart riesige, in der Breite nach Norden und Süden verlaufende Flügel hinzu. Sie sollten Verwaltungen, ein Theater, eine Kapelle und andere Nebenräume aufnehmen. Die gesamte Parkfassade einschließlich des vorspringenden Hauptblocks, der die königlichen Gemächer enthielt, maß jetzt in der Länge 600 Meter. Diese einheitliche Steinfassade barg eine Vielzahl von Funktionen und die dafür erforderlichen vielgestaltigen Räume. Vor der Fassade erstreckten sich, soweit das Auge reichte, die erweiterten Parkanlagen Le Nôtres.

Symmetrische Anlagen mit beschnittenen Bäumen und Hecken und geometrischen Beeten waren nichts Neues, im Zusammenhang mit italienischen Renaissancevillen waren sie üblich geworden. Im Laufe des 16. Jh. war in diese strengen Formen ein Element des Scherzes eingedrungen. Die Vollkommenheit des Gesamtentwurfs wurde aufgelockert durch versteckte Belustigungen, überraschende Veränderungen, wenn man um eine Ecke bog, ablenkende Bauten und Ruheplätze und Passagen durch freie Natur, welche die Empfänglichkeit für die vorherrschende Künstlichkeit hoben. Das alles übernahm Le Nôtre als Erbe. Doch zwei Aspekte seiner Arbeit waren vollkommen neu. Italienische Villen neigten mindestens bis zu Domenico Fontanas Villa Montalto für den künftigen Papst Sixtus V. dazu, auf die räumliche Anordnung ihrer Parks keinerlei Rücksicht zu nehmen. Selbst danach sind die axialen Beziehungen zwischen Villa und Park noch immer nicht konsequent auf das Hauptgebäude ausgerichtet, das gewöhnlich als beherrschender Partner auftreten darf. Radiale Wege breiten sich beispielsweise von entfernten Punkten fächerförmig auf die Fassade hin aus, anstatt an ihr zusammenzutreffen. In allen Fällen sind die Pläne als geschlossene Systeme mit einer begrenzenden Mauer und Toren entworfen, welche die Ränder der Komposition genau bestimmen.

Le Nôtres Parks enden offen (Abb. 21.29). Die Perspektive entfaltet sich nicht innerhalb eines begrenzten Rahmens. Da der Fluchtpunkt stets in der Mitte des Hauptgebäudes liegt, verteilt sie sich auf den Bereich jenseits der Grenzen des eigentlichen Parks. Dieses im Verhältnis zum Gebäude überaus weitläufige Gelände geht aus der genauen Symmetrie in den mittleren Bereichen an den Rändern allmählich in eine verhältnismäßige Ungezwungenheit über, so daß eine deutliche Trennung zwischen dem Park und der angrenzenden Landschaft vermieden wird. Die Ausmaße gleichen hier denen der freien Natur. Das Hauptgebäude hat jetzt nur mehr als Brennpunkt Bedeutung, und in der Weite seiner Umgebung muß es umfangreich oder markant genug sein, um zumindest diese Rolle übernehmen zu können. L. Benevolo stellt fest, daß in Versailles zum ersten Mal »ein höfisches Bauwerk die räumlichen Ausmaße und das Gewicht der gewaltigen Nutzbauten, der Brücken, Deiche und Aquädukte annahm«.

Wie bei Vaubans Außenwerken und den alten Städten, die sie umgeben, haben wir auch bei dem Werk Le Nôtres die Wahl zwischen verschiedenen Gesichtspunkten. Wenn wir traditionell denken und die gebaute Form in den Vordergrund stellen,

Abb. 21.31 Nieuwekerk aan de Ijssel (Niederlande), ein Beispiel für Landneugewinnung und Kanäle; Luftbild.

werden wir finden, daß die Parkanlagen die Substanz der Architektur beeinträchtigen. Wir können aber auch von der Zähmung der Natur ausgehen, die sich nach fernen Horizonten hin öffnet, und sie als einen Triumph des Bauwerks und seines Auftraggebers über die Umgebung ansehen. Innerhalb der Kultur seiner eigenen Zeit lassen sich Le Nôtres Experimente als eine Bestätigung des durch die Wissenschaft neu bestimmten Raums als einer unendlichen und von den Körpern, mit denen er besetzt ist, unbehinderten Größe auffassen. »Der unendliche Raum ist mit unendlicher Qualität ausgestattet«, schrieb Giordano Bruno (1548–1600), »und in dieser unendlichen Qualität wird der unendliche Akt des Daseins gepriesen.«

Die Achse des Parks von Versailles setzte die Linie der mittleren Straße des Triviums zur Stadt hin fort. Der dicht an der Parkfront des Palasts gelegene Abschnitt begann an Teichen und verlief dann an symmetrischen Blumenbeeten, die von beschnittenen Buchsbaumhecken eingefaßt waren. Nach Süden hin erreichte man die Orangerie über eine doppelläufige Treppe. Dann folgte die sog. Königliche Avenue, ein grüner Teppich, der einen abgezirkelten Weg durch eine Fläche führte, die mit feinem Kies und zerkleinertem Ziegel oder Schiefer eingefärbt war. Auf halbem Wege abwärts bog die Achse auf den Grand Canal zu, eine breite kreuzförmige Wasserfläche. Hier hielt Ludwig XIV. die Gondelflottille, die ihm von der Republik Venedig geschenkt worden war, und seine Privatflotte aus zwei langen, vergoldeten Galeoten, neun Schaluppen und der Großen Galeere, die mit karminrotem Brokat behängt und mit Lilien verziert war. Am Ostende des Grand Canal führten fünf radial angelegte Straßen in einen Jagdpark, und dahinter verschwand ein weiteres Bündel gerader Linien in der umliegenden Landschaft.

Zu beiden Seiten dieses großartigen Mittelstreifens war die Landschaft jedoch nicht symmetrisch gestaltet. Die überwiegend geometrische Anlage war durch sorgfältig geplante Abwechslung aufgelockert. Es gab Blumenbeete, von Blumen eingefaßte Rasenflächen, klare Wasserbecken mit Springbrunnen, Haine und Lichtungen, die als echte Freilufträume behandelt waren, Grotten, Standbilder aller Art und eine Menge Belustigungen und Verstecke. Doch selbst hier war nichts ohne beabsichtigte Wirkung, keine Statue und kein Hain ohne thematische Rechtfertigung. Die Ikonographie der

Abb. 21.32 Amsterdam (Niederlande), Prinsengracht. Die seitlich verlaufenden Straßen sind jetzt Parkplätze.

Abb. 21.33 Haarlem (Niederlande), Nieuwe Kerk; Inneres, Blick nach Osten, in einem Gemälde von 1652 von Pieter Janszoon Saenredam.

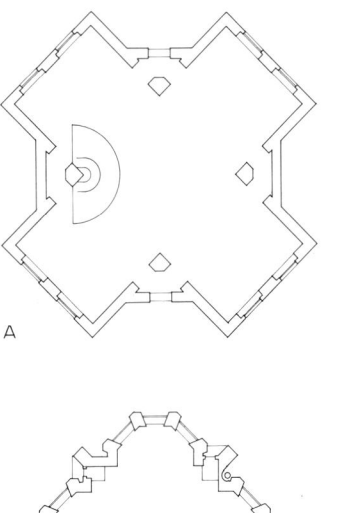

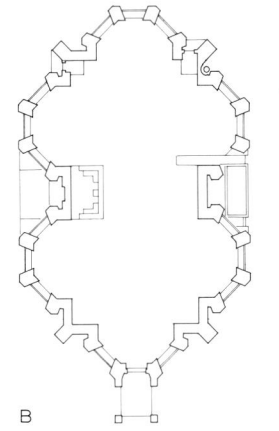

Abb. 21.34 Protestantische Kirchentypen des 17. Jh.; schematische Grundrisse:

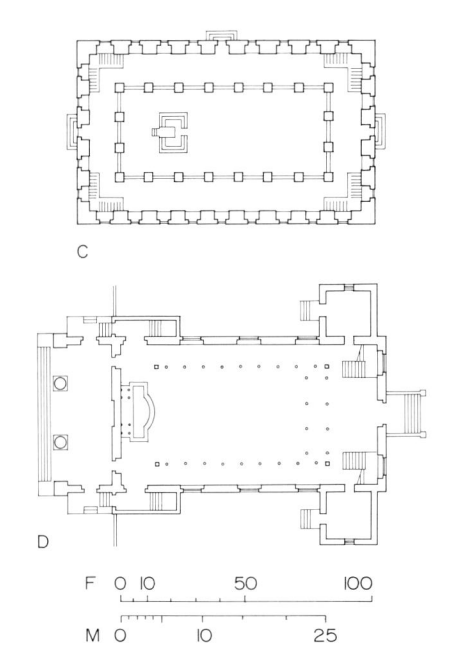

(A) Amsterdam, Noorderkerk, 1623;
(B) Den Haag, Nieuwe Kerk, Baubeginn 1649;
(C) Paris, Tempel von Charenton, 1623 (als Ersatz für den ersten Tempel, der 1606 durch Feuer zerstört wurde), Salomon de Brosse;
(D) St. Paul's Covent Garden, 1630–1631, Inigo Jones.

Abb. 21.35 London, Kirchturm von St. Stephen's Walbrook, 1672–1687, Sir Christopher Wren.

Staatsgemächer, die den König als eine Verkörperung des Sonnengotts Apollo darstellte, drang sogar in den Park ein. Das berühmte Bassin d'Apollon beherrschte die Achse am Beginn des Grand Canal. Im Schloß und auch im genau geplanten Park entfaltete sich ein Leben in Tätigkeit und Nichtstun nach dem strengen gesellschaftlichen Gesetz der sog. *Etikette*, das man von dem sinnlosen Zeremoniell des spanischen Hofs übernommen hatte (Abb. 21.30). Der Luxus der Ausstattungen und die übertriebene Pracht der Kleidung, das Gepränge und der einstudierte Pomp besonderer Feste setzten neue Verhaltensregeln für alle europäischen Höfe.

Vor allem waren es jedoch Le Nôtres Parkanlagen, welche die Herrscher beeindruckten und überall Schule machten. Le Nôtre wurde noch in hohem Alter von Monarchen zu Rate gezogen, genau wie vor ihm Bernini, und sein Stil fand das ganze 18. Jh. hindurch Nachahmung in Spanien, Italien, Österreich und vielen deutschen Staaten, aber auch in protestantischen Königreichen im Norden und sogar im fernen Petersburg. Fürstliche Bauten wie Nymphenburg in München, der Zwinger in Dresden, die Schlösser von Capodimonte und Caserta bei Neapel wären ohne Versailles nicht denkbar gewesen. Le Nôtres einander kreuzende Diagonalen und radiale Explosionen waren schon von seinen französischen Zeitgenossen auf die Stadtplanung übertragen worden. Auch diese Erfindungen schlugen Wurzeln. Sie verliehen der Erweiterung oder Neugestaltung bedeutender europäischer Hauptstädte Farbe und drangen mit dem georgianischen Annapolis und L'Enfants Stadtplan für Washington bis nach Nordamerika vor (Abb. 24.25). Selbst als der romantische englische Park eine ansprechende Alternative zum Formalismus Le Nôtres geboten hatte und die Stadtform allmählich auf die Zwänge der Industriellen Revolution reagierte, war der Einfluß der Anlagen des *Grand Siècle* noch allenthalben und fast bis in unsere Zeit hinein spürbar (Abb. 26.7).

Das Antlitz des Protestantismus

Gab es im 17. Jh. eine protestantische Antwort auf Versailles? Gab es irgendwo in Europa ein Environment, das nicht absolutistisch war und eine nationale Hochkultur förderte? Können wir von einer protestantischen Architektur sprechen? Betrachten wir das holländische Plandenken und den protestantischen Gottesdienst. Im Zeitalter der Pracht und der Größe hielten unter den bedeutenden europäischen Nationen nur die Niederlande an den mittelalterlichen Traditionen des bürgerlichen Merkantilsystems, der Selbstregierung und des Zunftwesens fest. Und nur in der Kirchenarchitektur sowohl in den Niederlanden als auch in den von Monarchen regierten protestantischen Ländern ist ein Vergleich der beiden Tendenzen in Europa möglich und sinnvoll.

Niederländische Bewässerungsplanungen und wiedergewonnenes Land, durchzogen von Kanälen und mit Windmühlen bestückt, bezeugen am besten die Gegenposition zum großartigen Kosmos der Parkanlagen Le Nôtres (Abb. 21.31). Und eine praktische Methode der Stadtplanung, frei von dem Drang, großartige Geometrie aufzuprägen, unterscheidet das Vorgehen der Niederlande vom formalen Urbanismus Italiens und Frankreichs. Man schätzt, daß am Ende des 16. Jh. die Hälfte der Bevölkerung aller sieben kalvinistischen Provinzen der Republik der Vereinigten Niederlande in Städten

Abb. 21.36b London, St. Stephen's Walbrook, Inneres.

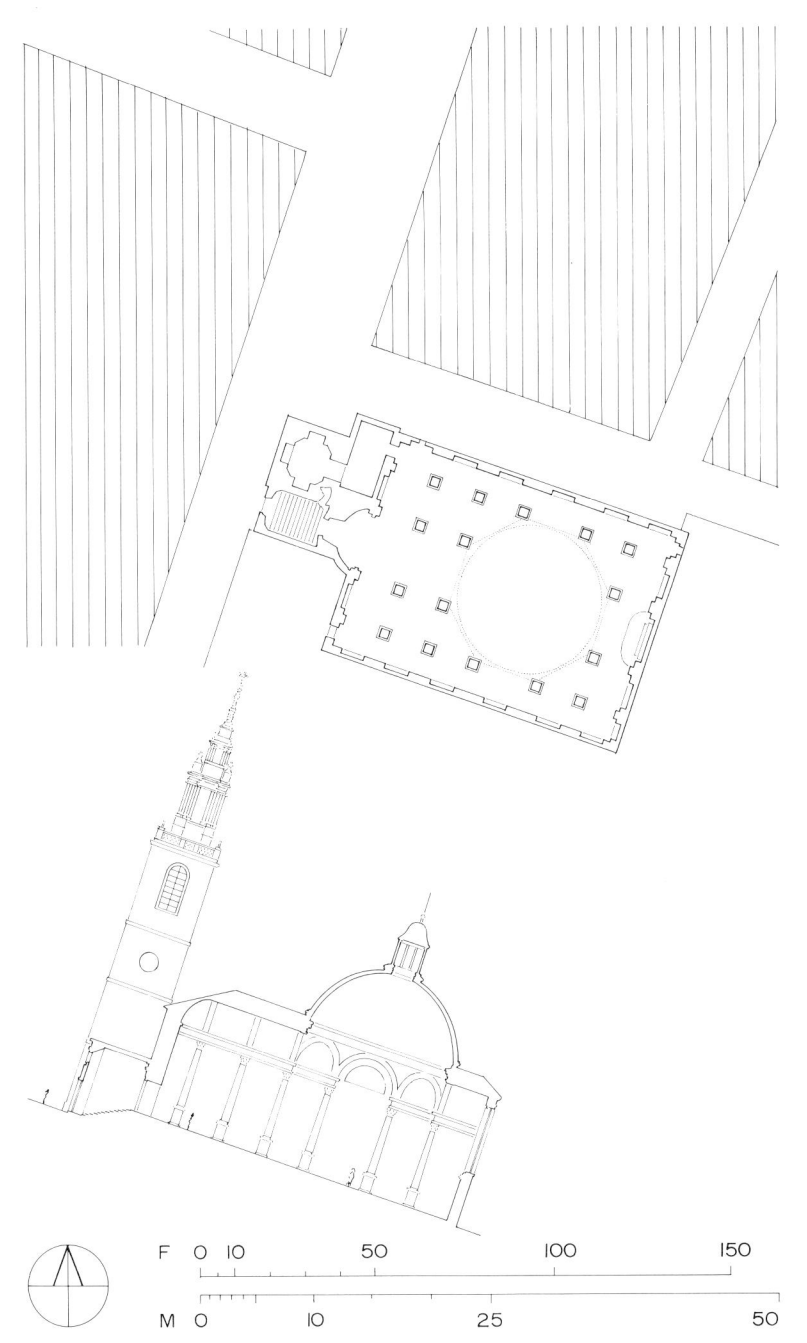

Abb. 21.36a London, St. Stephen's Walbrook, Grundriß und Schnitt.

lebte – während in Frankreich oder England mehr als drei Viertel der Bevölkerung noch auf dem Land wohnte. Wirtschaftliche und landwirtschaftliche Prosperität war in den Niederlanden nur insofern ein nationales Ziel, als es mit der Wohlfahrt der Städte zusammenfiel. Bürgerliche Tüchtigkeit, Konservatismus und Steuerung durch die Öffentlichkeit, nicht aber Monumentalität oder die Prachtentfaltung der *Grandeur* waren maßgebend für die Durchführung der Stadtplanung.

Der mittelalterliche Kern wurde respektiert und wohlüberlegt erweitert. Da für die Wirtschaft der Stadt die Lage am Wasser günstig war, wurde der Kanal zum Hauptelement der Expansion, denn er zog den Hafen ins Land, und die Kosten des Grundstücks am Wasser hielten sich in Grenzen. Zudem boten die Wasserwege der Stadt Möglichkeiten zur Verschönerung ihrer Form und zur Entwicklung ihres öffentlichen Lebens. Der Kanal war Hollands Antwort auf den französischen Boulevard oder die barocken Diagonalen, die den Raum durchschnitten. In den Schriften Simon Stevins (1548–1620) wurde dieses einfache Prinzip in Verbindung mit dem traditionellen Raster und dem Konzept, daß allen öffentlichen Gebäuden gleiche Prominenz gebühre, zu einer praktikablen Theorie verfeinert und gewann schon früh Einfluß auf die neuen Städte, die in den rivalisierenden Königreichen Dänemark und Schweden auf beiden Seiten des Sunds entstanden.

Amsterdam drückt das holländische Ideal am deutlichsten aus. Die alte Stadt lag an den beiden Ufern der Amstel. Der Stadtkern befand sich dort, wo ein Deich das Wasser staute. Nach mehreren durch Bevölkerungszuwachs verursachten Änderungen, zu denen auch die Einbeziehung des umlaufenden Stadtgrabens als eines Innenkanals gehörte, umschloß im späten 16. Jh. ein neuer halbkreisförmiger Mauerzug die Stadt. Bald danach wurde ein Gesamtplan für eine zusätzliche Stadterweiterung beschlossen. Er machte die Aushebung von drei Kanälen erforderlich, die parallel zum Mauerhalbkreis konzentrisch verliefen, und unterbrach den Kreis immer wieder, um regelmäßigere Bauplätze zu gewinnen. Die Häuser zu beiden Seiten dieser Kanäle glichen nicht im entferntesten den einheitlichen Fassaden der Pariser *Places* (Abb. 21.32). Jede Fassade war in sich symmetrisch und individuell gestaltet. Auf den kilometerlangen Kais an diesen neuen Verkehrsadern herrschte das übliche geschäftige Treiben beim Beladen und Entladen, während dahinter auf dreispurigen Straßen Fußgänger und Wagen eine rhythmische Folge vielgestaltiger Ansichten vor sich hatten, die in weichen Kurven dem Blick entschwanden.

Wenn holländisches Planen mehr mit Bürgerkultur zu tun hat als mit der Reformation, sind die Kirchen der Bereich, in dem der Protestantismus sich am deutlichsten als eine neue Bewegung, eine neue Lebensweise ausdrückt. Trotzdem sollte man nicht erwarten, daß sofort eine vollentwickelte Aussage in Erscheinung tritt. In Ländern, in denen der Protestantismus Staatsreligion wurde, übernahm man einfach die vorhandenen katholischen Gebäude und änderte sie entsprechend um. Das Erste war eine neue Anordnung des beweglichen Mobiliars, woraus sich dann ein neues Konzept für den Grundriß und in der Folge auch ein neues Erscheinungsbild und Dekorprogramm entwickelte. Man sollte auch nicht erwarten, daß alle diese auf Selbständigkeit bedachten Menschen auf dem ganzen Kontinent, die in ihrem Protest und ihren Reformwünschen einig waren, – Lutheraner, Calvinisten, Hugenotten, Wiedertäufer, Mennoniten und andere – eine konsequente Linie verfolgt hätten. Der Reichtum des lutherischen Barock in den Kirchen Deutschlands und Skandinaviens sollte uns vor dem Versuch warnen, einen protestantischen Architekturstil allzu genau festzulegen. Doch es besteht ausreichende Übereinstimmung darin, was Gottesdienst ausmacht, um die Gebäude, in denen Protestanten aller Glaubensrichtungen beteten, von Bauten wie S. Carlo oder Neresheim unterscheiden zu können.

Die maßgebliche liturgische Mitte ist jetzt die Kanzel mit dem gewaltigen Schalldeckel darüber (Abb. 21.33). Der Altarraum mit seinem prächtigen feststehenden Altar wird als ganz und gar papistisch abgelehnt. Wenn alte Kirchen umgebaut werden, gibt man diesen Bereich für Gottesdienstzwecke auf und entfernt oder zerstört die Altäre und Kruzifixe. In den neuen Kirchen versammelt sich die Gemeinde um die Kanzel und den beweglichen Altar, und der Geistliche leitet den Gottesdienst von dieser Stelle aus, »von der aus alles, was er sagt, von allen Anwesenden deutlich vernommen werden kann«, wie Martin Bucer es ausgedrückt hat.

Unter dem Gesichtspunkt der Architektur bedeutet das einen Übergang von einem Prozessionsraum zu einem Auditorium, von einem longitudinalen zu einem zentralen Grundriß. Diese Zentralisierung wirkt sich nicht nur horizontal, sondern auch vertikal aus, das heißt, sie erzeugt die Empore, welche bisweilen mit hintereinanderliegenden Reihen wie in einem Opernhaus die ganze Gemeinde rings um den wichtigsten Punkt versammelt. Der Grundriß konnte viele verschiedene Formen annehmen (Abb. 21.34). Er kann L-förmig, T-förmig, vieleckig oder rund sein. Die »neue« Kirche in Den Haag ist hantelförmig, die Noorder Kerk in Amsterdam ein griechisches Kreuz mit abgeschrägten Ecken. Das Dach wurde gesenkt und leicht gehalten – beispielsweise durch die Verwendung von Stuckgewölben –, damit die Stützen schlank sein durften und die Sicht besser war. Es gab weder farbiges Glas noch Skulpturen, Retabel (Altaraufsätze) oder sonstige Verzierungen, wenngleich die Orgeln in den sonst so nüchternen holländischen Kirchenräumen recht prächtig sein konnten. Die Veränderungen im Inneren führten zwangsläufig auch zu einem neuen Äußeren. An den Seiten wurde eine zweigeschossige Fassade horizontal durch Simse gegliedert. Sie zeigte ein charakteristisches Fensterschema: unten unter der Empore niedrige Fenster und oben hohe, die über

Abb. 21.37 London, St. Paul's Cathedral, 1675–1710, Sir Christopher Wren, Westfassade.

die Empore Licht in das Kirchenschiff warfen. Da man die alte Dreiteilung in Haupt- und Nebenschiffe aufgegeben hatte, konnte die Fassade als Einheit wirken, und zumindest in England wurde mit der Zeit die Tempelfront zur Norm.

Das englische Kapitel ist eigenartig. 1534 kam der Bruch mit Rom, 1549 das *Book of Common Prayer*. Lange Zeit bestand kaum Bedarf an neuen Kirchen, da der Protestantismus über ein reiches Erbe an ziemlich modernen Kirchen aus der wohlhabenden Zeit des Wollhandels verfügte. Außerdem blieb England etwa hundert Jahre lang hinsichtlich der Form seines Protestantismus unentschieden. Um 1620 lassen sich an Neubauten schwache Spuren eines Wiederauflebens der Gotik feststellen; dazu gehören Fenster, Tabernakel und Lettner im Perpendikularstil. Zur selben Zeit trat mit Inigo Jones (1573–1652) die klassische Tradition auf den Plan, nicht wie unter Elisabeth und Jakob als dekorative Zutat an mittelalterlichen Bauten, sondern als reife, einheitliche Gestaltungssprache. Jones übersprang den römischen Barock und kehrte zu einer älteren und reineren Quelle zurück, die vom antiken Rom und von Palladios Architektur gespeist war. In Abänderung der Westfront der St. Paul's Cathedral in London schuf er einen großartigen europäischen Portikus und baute auch eine außergewöhnliche Kirche für Covent Garden, den ersten geplanten Platz Londons, die als erste seit der Reformation eine eindrucksvolle protestantische Aussage in sakraler Architektur darstellte. Die Kirche hatte eine schlichte Tempelform mit einem Portikus aus freistehenden toskanischen Säulen, den ursprünglichsten und klarsten der klassischen Ordnungen, und die breiten Dachüberstände wurden von vorkragenden Dachbalken getragen (Abb. 21.34, D). Dieser Typus fand allerdings keine Nachfolge.

Nach dem großen Brand von London 1666 trat der Kirchenbau, der bis dahin nur eine sehr geringe Rolle gespielt hatte, in den Vordergrund. Siebenundachtzig Pfarrkirchen brannten ab, und einundfünfzig von ihnen wurden bis zur Jahrhundertwende durch Neubauten ersetzt. Den Wiederaufbau leitete Christopher Wren (1632–1723), Generalinspizient der *King's Works*. Dabei handelte es sich meist um kleine Kirchen auf unregelmäßigen Grundstücken, die von benachbarten Bauten beengt wurden. Sie machen nach außen hin keinen großen Eindruck. Doch Wren sicherte ihnen Beachtung, indem er sie mit hohen Türmen ausstattete. Er hält sich an den wohlbekannten gotischen Turm, gestaltet ihn aber neu, indem er klassische Blöcke charakteristisch zusammenstellt – eine Phantasiewelt aus Miniaturtempeln, Triumphbogen, Portalen und Obelisken (Abb. 21.35). Die Vielfalt ist verblüffend.

Im Inneren sind diese Kirchen erstaunlich erfindungsreich und überraschend. Obwohl es nur wenige klassische Vorbilder gab, an die er sich halten konnte, ersann Wren Grundrisse, die von einfachen Basiliken ohne Emporen bis zu griechischen Kreuzen, ja sogar zu zentral geplanten überkuppelten Kernen reichten, welche in Grundrisse mit Haupt- und Seitenschiffen eingepaßt waren. Wie Grundriß und Schnitt von St. Stephen's Walbrook erkennen lassen, sind die Zentralbauten unter ihnen am geschicktesten geplant (Abb. 21.36). Der Neubau von St. Paul's verbindet ebenfalls einen zentralen Raum mit einem fast mittelalterlichen Grundriß. Die mächtige Doppelschalenkuppel, die so breit ist wie Mittelschiff und Seitenschiffe zusammen, steht in der Tradition der Peterskirche, erinnert aber auch an neuere französische Bauten (Abb. 21.37). Die gekoppelten Säulen der Fassade gehen

Abb. 21.38a London, St. Martin-in-the-Fields, 1721–1726, James Gibbs.

auf Perraults Arbeit am Louvre zurück, während die beiden Seitentürme deutlich barock wirken. Also eine meisterliche Mischung aus mittelalterlichen, klassischen und barocken Vorstellungen.

Wrens Nachfolger, Thomas Archer (1668–1743) und Nicholas Hawksmoor (1661–1736), neigen in ihren Kirchen deutlicher zum Barock, doch ist Hawksmoors Stil auf eine sehr persönliche Weise schwerfällig und unharmonisch, während Archer der einzige englische Architekt ist, der sich in der römischen Bauweise Berninis und Borrominis zu Hause fühlte. Er kannte sie offenbar aus erster Hand. Inzwischen konnte man beim katholischen Stil par excellence Anleihen machen, ohne ideologisch verdächtig zu werden. Den vorherrschenden Typus der anglikanischen Pfarrkirche hat allerdings nicht diese zweite Generation recht exzentrischer Kirchen hervorgebracht. Dieser Ruhm gebührt James Gibbs (1682–1754) und in erster Linie seinem Entwurf für St. Martin-in-the-Fields am Trafalgar Square (1721–1726), der den Amerikanern von St. Michael's in Charleston und Christ Church in Philadelphia her sowie aus der langen Tradition der kongregationalen Architektur in New England bekannt ist, die sich bis in die Neuzeit gehalten hat (Abb. 21.38). Die schlichte rechteckige Masse der Kirche ist außen reich mit Pilastern und eingelassenen Säulen geschmückt, welche die Joche einer zweigeschossigen Front trennen. Der Turm erhebt sich erstmals vom Kirchenkörper aus hinter dem Giebelfeld eines kolossalen korinthischen Portikus. Innen ruht das an den Dachträgern aufgehängte Gewölbe aus Holz und Stuck auf hohen schlanken, mit Sockeln versehenen Säulen, während Emporen auf halber Höhe durch deren Schäfte verlaufen. Jede der acht Säulen trägt ihr eigenes Gebälk. Ein großes Fenster im Palladiostil erleuchtet die Chorwand.

Wir sind jetzt zweihundert Jahre von der Reformation und hundert Jahre vom Beginn der Karrieren Berninis und Borrominis entfernt. Der protestantische Gottesdienst erhält sein englisches Meisterwerk, das ebenso einmalig und beispielhaft ist wie die Barockkirchen Roms oder Neumanns Neresheim. Doch es gibt gewisse Paradoxa, die für die Welt der Architektur typisch sind. Gibbs war sein Leben lang katholisch. Nicht immer teilen Architekten die Überzeugungen ihrer Auftraggeber. In den amerikanischen Kolonien wurde St. Martin-in-the-Fields von Konfessionen, die keineswegs anglikanisch waren, mit Begeisterung als Vorbild aufgenommen, wie das First Baptist Meetinghouse in Providence, Rhode Island, beweist. Nicht immer bringen Auftraggeber architektonische Formen mit ihrem Inhalt in Zusammenhang. Was die Ursprünge dieses Entwurfs angeht, so sind auch sie vielfältig: Palladio, eine Andeutung von Bernini und eine gute Portion Wren – das heißt Vorbarock, Barock und die nationale englische Formensprache, die in den nach dem großen Brand gebauten Londoner Pfarrkirchen zum Ausdruck kam. Das Neue in der Architektur ist, wie wir schon lange herausgefunden haben, oft eine Neuordnung des Alten.

Doch um zu sehen, wie die klassische Architektur in England James Gibbs erreicht, müssen wir uns neben den Kirchen noch anderen öffentlichen Gebäuden, Palästen und Landsitzen zuwenden. Damit läßt sich recht gut das nächste Kapitel beginnen, denn gerade in England werden wir verweilen müssen, um Themen wie die industrielle Revolution, den Historismus und die Verwendung neuer Baustoffe, das heißt die Voraussetzungen für das Thema des letzten Teils dieses Buches vorzuführen: die Geschichte der modernen Architektur.

Abb. 21.38 b London, St. Martin-in-the-Fields; Inneres, nach einem Stich aus dem späten 18. Jh.